태백진훈(太白眞訓)과
천부사상(天符思想)

譯註 및 저자 : 眞一郎

(태백진훈 원저 : 행촌 이암)

진일랑(眞一郎)

1961년 인천에서 태어났다.

20대 초반부터 내면세계의 수련에 탐구를 해오면서

우리민족의 상고철학에 관심을 가져왔다.

태백진훈과 천부사상

초판발행	2024년 8월 21일
지은이	眞一郎
펴낸이	김동섭
펴낸 곳	도서출판 거발환
등록번호	2011. 10. 5 (제 2011-34호)
총 공급처	대전 서구 도마로 25번길 31, 2층
전화	070-8126-3721
E-mail	samsirang77@naver.com
값	35,000원
ISBN	978-89-967400-3-2

태백진훈(太白眞訓)

서문

태백진훈(太白眞訓)은 행촌(杏村) 이암선생(李嵒先生)의 저서이다. 행촌 삼서(三書) 중에 한 권으로 일컬어지는 선생의 태백진훈은 도학심법서(道學心法書)로 알려진 책이다. 책은 상편, 중편, 하편으로 구성되었다.

〔상편〕은 도학(道學)을 위한 자세, 큰 하나가 되기 위한 길, 삶의 도(道), 신도(神道)의 길, 법치의 엄중함, 정치의 도(道) 등으로 되어 있다. 〔중편〕에는 상고시대(上古時代)의 창업시조와 문명을 전한 영웅들의 이야기들로 전반부가 구성이 되어졌다. 그 대표적 인물들이 환웅천왕과 치우천왕, 그리고 단군왕검과 부루단군이다.

후반부에서는 중고시대(中古時代)의 창업시조와 국운을 열은 영웅들에 대한 이야기들로 구성이 되었다. 해모수와 동명성왕으로 알려진 고두막한과 고구려의 시조인 고주몽이 중고시대의 개막을 열고, 고구려를 빛낸 광개토태왕과 장수왕이 그 뒤를 이어 부흥을 이끈 행적이 담겨져 있다. 고구려 후기에 이르러서는 고수전쟁(高隋戰爭)을 승리로 이끈 영양열제와 을지문덕장군, 그리고 고당전(高唐戰)의 두 영웅 연개소문과 양만춘에 대한 기록이 담겼다. 고구려 이후로는 대진국을 열은 대중상과 고려를 개국한 왕건에 대해 다루어졌고, 끝으로 역사를 회고하는 선생의 철학적 심중(心中)을 전해준다.

〔하편〕에는 국가관과 학문의 길, 그리고 삼일철학(三一哲學)의 내용을 중심으로 우웅(禹雄), 범장(范樟), 조릉(趙凌), 이색(李穡), 이강(李岡), 백문보(白文寶), 최영(崔瑩), 한방신(韓方信), 정지상(鄭之祥), 이순(李珣) 등 고려 말의 저명인사들과 문답식으로 나눈 내용으로 엮어졌다.

─ 태백진훈 상편의 주요 내용 ─

태백진훈의 상편을 보게 되면 선생은 대저 도(道)는 하나(一)일 따름이라고 한다. 그러면서 전체가 하나가 되는 하나라고 하였다. 선생의 이와 같은 말씀은 생명이 하나의 근원으로부터 나와서 분화되었다가 다시 하나로 통일되어 갈 때는 전체의 모습을 머금은 상태로 되어 간다는 뜻이다. 이와 같기에 문명사에 있어서도 모든 사람들의 의식이 처음에는 각기 나름대로의 성향을 형성하지만 궁극에는 하나의 통일된 세계관으로 돌아가게 된다는 것을 말한다. 이것은 인류가 하나의 근원으로부터 시작되어 궁극에 가서는 큰 하나로 통일이 되는 전 세계 통일문명이 나오게 된다는 것이다. 이런 점에서 보아 이암선생은 작은 하나의 문화로부터 인류가 시작되었지만 궁극에 가서는 큰 하나로 통일이 되어, 하나 된 세계가 이루어진다는 안목을 가지셨던 분이다.

도학(道學)을 배우는 자세에 대해 선생은 뜻을 세우고 정성을 다해야 한다고 말한다. 그런데 그 행함에 있어 사람들의 생각 속에 천신(天神)만이 참임금으로 알고, 뇌신(腦神)이 참임금인지 모른다고 했다. 그러면서 뇌신이 참임금임을 모르기에 스스로 힘쓰지 않는다고 하셨다. 이 말은 뇌

4

신이란 뇌(腦)를 주관하는 일기(一氣)이며, 참나(眞我)를 말하기에 천신을 섬기는 것도 중요하지만 나를 찾기 위한 뇌신을 찾는 것이 무엇보다 중요하다는 것이다.

뇌신(腦神)에 대한 가르침은 《삼일신고》에서도 나온다. 그것이 제2장 일신(一神)에서의 성기원도(聲氣願禱) 절친견(絶親見) 자성구자(自性求子) 강재이뇌(降在爾腦)의 구절이다. 이 구절에서의 핵심은 외부에서 도(道)를 구하지 말고 너의 머릿골에 내려와 있는 곳에서 찾아보라는 것이다. 이것은 밖으로부터 절대자를 찾는 것 이상으로, 너의 머릿골에 머무는 뇌신에 대해 찾아보는 것이 중요하다는 말씀이시다.

상편에서 주목되는 것은 교육은 인도(人道)를 통한 신도(神道)의 길로 가야 한다는 방법론이다. 이는 인간의 도리를 기반으로 궁극에 가서는 '신도(神道)의 법칙'에 따라야 하기 때문임을 말한다. 여기서 신의 가르침인 신도는 외부적인 神에 의한 통치의 법칙이 아닌, 삼신(三神)의 작용을 나타낸다. 그런 까닭에 배움을 통한 의식의 확장을 이루면 곧이어 성숙을 위해 조교치(造敎治)로 이루어지는 삼신의 작용인 생명의 법칙을 알아야 한다는 것이다.

신도(神道)의 길은 삼신이 어떻게 조화(造化), 교화(敎化), 치화(治化)를 통한 세 가지의 역할로 작용하며, 이를 통해 만물이 운행하게 됨을 나타내는 법칙이다. 그 목적으로는 가륵단군 시절, 삼랑 을보륵이 신시개천지도(神市開天之道)를 통해 말했던 것처럼, 신의 가르침은 나를 알고(知我), 홀로 구하며(求獨), 나를 비워(空我), 만물을 존재(存物)하게 함으로 해서 인간세상을 복되게 하는데(爲福) 있다. 신의 가르침이 이처럼 조교치(造敎治)의 작용과 인간세상을 복되게 하는데 있기에 배움을 통한 성장이 이루어지면 이제는 삼신의 가르침을 바탕으로 성통광명과 재세이화를 거쳐 홍익인간을 하는데 있다는 것을 알려준다.

인간세상을 복되게 하는 가르침은 잃어버린 나의 참된 자아(自我)를 찾아 회복하는 과정을 통해 이루어진다. 외부적 지식이 아닌 내면을 통한 각성을 일으킬 수행(修行)이 전제가 되지 않으면 진정 깨어남이 없기에 인간을 복되게 할 수 없기 때문이다. 이러하기에 선생께서는 〈단군세기〉「서문」에서 무엇보다 중요한 것이 먼저 나를 닦는데 있고, 대저 삼신일체의 도(道)는 대원일(大圓一)에 뜻이 있다고 했던 것이다.

─ 태백진훈 중편의 주요 내용 ─

중편의 내용은 크게 1부와 2부로 나뉜다. 1부는 상고시대(上古時代)의 창업시조와 문명을 전한 영웅들에 대한 이야기이다. 2부는 중고시대(中古時代)의 창업시조와 국운을 열은 영웅들에 대한 이야기를 담고 있다.

1부에서 눈여겨 볼 내용으로는 환웅천왕의 가르침이다. 이는 다른 역사서(歷史書)에서 찾아보기 힘든 환웅천왕의 많은 말씀이 담겨져 있기 때문이다. 간단하게나마 그 핵심만을 보게 되면 다음과 같다.

첫째, 삶과 멸망의 길을 제시하고,
　순(順)으로 돌아오는 길을 제시한 것이다.
둘째, 천상의 임금이신 상제(上帝)님과 항시 함께 하고,
　근본이 되는 조상님을 섬겨야 하는 길을 제시한 것이다.
셋째, 궁극의 근원이 되는 하늘로부터는 복이 내린다 하여
　하늘의 뜻을 받드는 천부(天符)의 길을 제시한 것이다.
넷째, 도(道)를 행함에는 삼신(三神)의 가르침을
　바탕으로 삼을 것을 제시한 것이다.
다섯째, 깊은 생각과 의로움을 가지라 하여

삶을 살아가는 바른 자세에 대해 제시한 것이다.

여섯째, 중(中)을 세우라 하여 그 철학적 배경을 제시하고,

  삶을 살아감에 있어 중정(中正)의 길을 제시한 것이다.

일곱째, 밝음을 등지고 어둠을 향하는 삶을 질타하여

  어둠을 등지고 밝음을 향하는 길을 제시한 것이다.

여덟째, 우듬지를 잡으라고 하여 삶에 목적이

  항시 근원으로 향해야 함을 제시한 것이다.

1부에 대해 좀 더 알아보면 웅후(熊后)에 대한 이야기가 눈길을 끈다. 《태백진훈》에서는 밝겨레(桓人)가 시작이 됨은 웅후님으로부터 비롯되었다고 한다. 이것은 생명을 낳는 여성의 중요성을 강조한 까닭이다. 이러한 까닭에 밝겨레를 낳는 역할을 웅후님이 하게 됨에 따라 밝겨레의 시작을 웅후님이라 말하고 있는 것이다.

웅후님께서는 환웅천왕의 가르침에 머물지 않고, 직접 수행(修行)을 통해 밝음을 얻은 민족의 어머니였다. 그래서 〈태백일사〉「삼신오제본기」를 보게 되면 오방의 신들 중에 중앙에서 질병을 맡은 신은 황웅여신(黃熊女神)이었다. 최근에는 황웅여신으로 여겨지는 수행하는 모습의 여신상(女神像)이 홍산문화에서 발굴되기도 했다. 이런 점에서 보아 웅후님은 밝겨레의 시초가 되는 어머니일 뿐 아니라, 수행을 통해 오방신들 중에 최고가 되어 질병까지 치유하던 여신이었던 것이다.

우리에게 황웅여신에 대한 인식은 미천한 상태이다. 고작 곰이 변화되었다든가, 아니면 곰족의 여성이었다든가 하는 차원에 머물러 있기 때문이다. 하지만 웅후님께서는 민족의 어머니로서 수행을 통해 신성(神性)을 얻은 모습까지 《태백일사》와 더불어 홍산문화를 통하여 보여주고 있어 우리에게 성경에서 이브(Eve) 이상의 인식과 이집트 건국의 어머니 이시

스(Isis) 이상의 인식을 심어주기에 충분하다. 그런 까닭에 웅후님을 민족의 어머니로서 떠 받들어 주어야 할 의무가 우리의 후손들에게는 있다고 여겨진다.

중편 2부에서 제시하는 특별함은 단군조선이 끝나가는 시점에 천왕랑(天王郎) 해모수(解慕漱)와 동명성왕(東明聖王) 고두막한(高豆莫汗)의 등장이다. 이들이 있었기에 단군조선의 맥(脈)이 강성한 대국 고구려로 이어졌기 때문이다. 더군다나 끊어진 역사의 고리로 알려진 열국시대에 단군조선의 맥이 고구려로 연결될 수 있게 만든 장본인들이 해모수와 고두막한이었기 때문에 이들에 대한 기록은 더욱 더 조명되어야 할 가치가 있다고 본다.

해모수의 등장에 대해 《태백진훈》에서는 그의 정치를 이 세상에 계실 때는 배움을 충족시킬 여건이 안 되고, 태평성대에는 조금 미치지 못했으나 해모수가 붕어(崩御)한 후에는 나라를 버리고 마흔다섯의 수로 나뉘는 운명을 맞게 되었다고 하였다. 이 말은 나라의 기강이 무너져 내리던 단군조선의 말기와 여러 소국으로 나뉘는 열국시대의 사이에 그 나마 민족을 지켜내는데 있어 해모수가 있었다는 이야기이다.

해모수가 등장하던 시기는 47세 고열가 단군 무렵이다. 당시 단제께서는 어질고 순하기만 하고 결단이 부족하여 나라의 기강이 무너져 내릴 수밖에 없었다. 그래서 오가(五加)들에 의해 펼쳐지는 공화정치(共和政治)를 그들에게 맡기고 단제의 자리에서 물러나셨다. 이후로 6년간 펼쳐지던 공화정치시기에 등장한 인물이 해모수였다. 해모수는 태평성대에서 열국시대로 가는 난국의 시기에 그나마 진한(眞韓)의 맥을 이어 대국(大國)의 명맥을 유지시킨 군왕이었다. 이러한 까닭에 해모수의 등장은 북부여를 통해 단군조선의 맥을 조금이라도 지탱하게 하고, 고구려로 이어질 수 있도록 중요한 역할을 했던 것이다.

북부여 4세 단군 고우루 때에 이르러서는 중국의 한무제(漢武帝)가 등장하여 다시 한 번 민족의 수난기를 겪게 된다. 이때에 등장하는 인물이 고두막한(高豆莫汗)이다. 고두막한은 의병으로 일어나 한나라 무리들을 쳐부수는데 큰 공을 쌓으면서 북부여를 계승한다. 이로써 고구려를 낳는 제2의 발판을 마련하게 되면서 민족의 수난기를 극복하게 되니, 난세를 바로 잡은 동명성왕 고두막한이야말로 역사의 중심에서 빼놓을 수 없는 인물이다.

중편의 끝에 나타나는 이암선생의 역사를 보는 회고(回顧)에서는 즐거움과 전쟁이 하나를 얻는데 있다고 한다. 이 말은 즐겁든 슬프든 역사의 목적지는 근본인 하나로 돌아가게 되어 있다는 것을 말한다. 다시 말해 우리는 여섯 티끌(六塵)의 구름에 덮인 삶을 살고 있지만 전체가 하나로 통일이 되는 과정으로 가게 된다는 것을 나타낸다.

선생은 다시 아름다운 사람(이상적지도자)을 바라봄이여 이에 하늘은 한 방향이라고 하였다. 이 말은 흥망성쇠하는 역사 속에서 사람들은 누구나 대인대의(大仁大義)한 참된 지도자를 기다린다는 것이다. 이는 역사가 한사람에 의해 좌우되는 것은 아니나, 모범된 그 한사람으로 인해 태평성대의 길로 가고자 하는 열망을 심어주기 때문이다. 이 때문에 역사는 위대한 지도자를 기다린다는 것이 선생이 가진 생각이었다.

선생은 환국의 '다섯 훈'과 부여의 '아홉 서'로 깨우침을 열어 구제하니, 밝은 무리가 되게 함이라고 말하기도 하였다. 이 말은 역사 속에서 나의 삶을 올곧게 세우고, 바른 길로 가게 하는 가르침으로는 오훈(五訓)과 구서(九誓)가 있었다는 것을 말한다. 선생은 여기에 그치지 않고 학인(學人)이 행해야할 도리는 반드시 계율을 지켜 밝은 무리가 되도록 해야 한다는 것이다. 이것은 우리가 선왕(先王)들이 전해준 계율을 소중히 여기고, 그것을 바탕으로 실천하는 삶을 살아야 한다는 말씀과 같다. 그러

므로 선생께서는 학인이라고 한다면 반드시 구도자의 삶을 살아야 한다
는 철학을 가지고 계셨던 분이다.

― 태백진훈 하편의 주요 내용 ―

하편에서 전하고 있는 내용들은 문답식으로 기록이 되어 있다. 이암선
생과 문답을 주고받은 인물 중에 우웅(禹雄)은 생몰년이나 행적에 대해
역사의 기록에서는 찾아보기가 힘들다. 다만 문답에 참여하는 대부분이
관직에 있던 인물들임을 감안하면 우웅이란 인물도 관직에 있었던 인물
정도로 여겨질 뿐이다. 그런 그가 선생에게 나라(邦)의 다스림을 물었다.
여기에 그치지 않고 현묘(玄妙)한 도(道)에 대해서도 묻는다. 이러한 그의
질문으로 보아 그는 다스림의 도리와 현묘한 풍류사상에 관심을 가졌던
인물로 보인다.

범장(范樟)은 《북부여기(北扶餘記)》와 《화동인물총기(話東人物叢記)》를
남긴 인물이다. 그는 이암(李嵒), 이명(李茗)과 함께 소전거사(素佺居士)로
부터 비서(秘書)를 얻었던 인물 중 한사람이다. 당시 이들은 소전거사로
부터 비서를 전해 받고나서 이암선생은 《단군세기》와 《태백진훈(太白眞
訓)》을 짓고, 이명은 《진역유기(震域遺記)》를 쓰고, 복애거사 범장은 《북
부여기(北夫餘紀)》를 집필할 수 있었다.

두 권의 서적을 집필했던 범장이 선생에게 질문한 내용은 허조동체(虛
粗同體)의 설(說)이다. 이 허조동체의 설은 생명철학의 근본을 보는 개념
이며, 천부경에서의 일기(一氣)에 대한 실체를 밝히는 내용이다. 그러므로
범장은 천부사상의 본질에 대해 인식이 있었던 인물로 여겨진다.

조릉(趙凌)은 남평윤씨의 족보에 전제(田制)개혁론자의 선봉장이던 이성
계파에 앞장섰던 인물정도로만 나온다. 그런 그가 선생에게 물은 두 가지

질문은 배움(學)에 대해 묻고, 인간의 첫 번째 일(事)이 됨은 무엇이냐에 대해 물은 것이다. 질문의 내용으로 보아 그는 개혁적 성향을 가졌다는 것을 짐작하게 한다.

이색(李穡)은 이암선생의 제자로서 선생의 묘비명을 쓰기도 하였다. 그의 문하에서는 고려 왕조에 충절을 지킨 명사(名士)와 조선 왕조 창업에 공헌한 사대부들이 많이 배출되기도 했다. 그런 그가 선생에게 질문한 내용은 조릉이 언급했던 배움(學)에 대해서 물었다. 그래서인지 그는 정몽주, 정도전, 하륜, 권근, 이숭인, 남은, 조준 등의 많은 제자들을 두었다.

이강(李岡)은 이암선생의 넷째 아들이다. 그는 고려말기에 문신으로 밀직제학(密直提學)과 이부낭중(吏部郎中)을 지내기도 하였다. 그가 아버지인 이암선생에게 질문한 내용은 인도(人道)란 무엇을 먼저 해야 하느냐는 것이었다. 당시 그는 인사(人事)의 문제를 다루는 이부낭중의 관직에 있었기에 이러한 질문을 했던 것으로 보인다.

백문보(白文寶)는 고려 말의 학자로서 성품이 청렴결백(淸廉潔白)하고 정직하며 이단에 의혹되지 않고 문장에 뛰어났다고 한다. 그런 그가 이암선생에게 질문한 내용은 삼신(三神)에 대해서이다. 그가 삼신에 대해 물었다고 함은 학문의 정수(精髓)를 물은 것이나 다름이 없었다. 왜냐하면 도(道)의 근원인 삼신을 물었다고 함은 신(神)의 가르침인 신교(神敎, 三一哲學)를 물은 것이나 다름이 없기 때문이다.

최영(崔瑩)은 고려 말의 명장(名將)이다. 강직용맹하고 청렴했던 그가 남긴 유명한 말은 아버지의 유언에 따른 황금보기를 돌같이 보라는 것이었다. 최영은 그런 인물이었기에 그가 참수 당했을 때에는 온 백성들이 슬퍼했다고 한다. 최영이 이암선생에게 질문한 내용은 양기(良氣)에 대한 내용과 천부인(天符印)에 대한 내용이다. 먼저 그가 질문한 양기는 범장이 질문한 허조동체의 설과 같은 내용으로 생명의 본질인 도(道), 태극(太

極), 일기(一氣) 등을 말하는 것이다. 그러므로 그는 사물에 있어서 근본을 중시하는 성향을 가졌다는 것을 알려준다.

두 번째 질문으로 그가 천부인(天符印)에 대해 물었다는 것은 민족의 최고 어른이신 환웅천왕에 대한 인식이 있었다는 것을 나타낸다. 그래서인지 그는 민족의 부흥을 꿈꾼 고토회복주의자이기도 했다.

한방신(韓方信)은 장수다운 지략이 있어, 문과에 급제한 후 상장군(上將軍)에 오른 문무에 능한 인물이었다. 홍건적의 난(亂)에는 경성을 수복한 공으로 정당문학(政堂文學)에 승진되기도 했다. 그런 그가 이암선생에게 하나(一)에 대해 물었다. 이는 일기(一氣)에 대해 묻고, 사물의 근본이 되는 입장에서 물은 것과 다름이 없다. 이로 볼 때 그는 문무에 능한 인물답게 만물의 본질을 뚫어 꿰는 성향을 가졌다는 것을 느끼게 한다.

정지상(鄭之祥)은 원나라 단사관(斷事官)으로부터 국문을 받고 투옥까지 되었고, 궁성이 계엄 중에 순군제공(巡軍提控)이 되어 왕을 호위하기도 했던 인물이었다. 그는 1358년 왜적이 수원에 이르자 찰방(察訪)에 임명되어 군사를 이끌고 가서 방어하기도 했다. 매사에 매우 엄격했던 인물이었기에 그가 판사(判事)로 관직에 있을 때 큰 죄를 판단할 때는 나라에서 정지상을 보내기도 했다고 한다. 그런 그가 선생에게 마음(心)과 신(神)에 대해 물었다는 것은 그가 마음의 경계를 바로 세우고, 신의 엄중함을 인식했던 인물이었기에 가능했다고 여겨진다.

이순(李珣)은 이암선생의 종질(從姪)로 1359년(공민왕 8) 홍건적(紅巾賊)이 침입하였을 때 대장군이 되어 적을 물리쳤던 인물이다. 그런 그가 선생에게 무극생사(無極生死)의 관쇄(關鎖)에 대해 물었다. 이것은 그가 영원히 살고 영원히 죽지 않는 잠긴 문으로 들어가는 것을 물은 것이나 다름이 없다. 이것으로 볼 때 당시의 사회가 도교적인 풍미(風靡)가 있었다는 것을 말해주기도 한다.

12

― 태백진훈이 전하는 메시지 ―

《태백진훈》의 저자 이암선생은 《단군세기》의 저자이기도 하다. 〈단군세기〉「서문」에서 나타나는 선생의 도정일치(道政一致)에 성향은 《태백진훈》을 통해 보다 구체화 된다. 그렇기에 태백진훈에는 도학심법서(道學心法書)란 명칭이 붙기도 하였다.

《태백진훈》이 도학심법서로서 명칭이 붙을 수 있었던 것은 〈태백진훈〉「상편」에서 도학을 배우는 자세를 언급하고 있으며, 사람은 주체성을 가지고 뜻으로 산다고 하여 사람이 어떻게 살아가야할 것인가에 대해 대도(大道)의 길을 제시하고 있기 때문이기도 하다. 이 때문에 〈태백진훈〉「하편」에서는 다양한 문답을 통해 참나(眞我)를 회복하는 길을 알려주고 있으며, 보다 구체적으로는 밝음을 얻는 체험까지 전해주기도 한다.

태양과 같은 밝은 존재인 거발환을 이루기 위한 목적에 있어서 《태백진훈》이 전하는 메시지는 삼신(三神)을 받고 태어난 사람으로서 주체의식과 당위성을 갖고, 나를 닦아 참나(眞我)를 회복하여 철인(哲人)의 삶을 살자는 데 있다. 이는 밝은 자에 의한 도정일치(道政一致)를 펼쳤던 삼성조(三聖祖)시대로 돌아가자는 의도이다. 그래야만이 덕화(德化)를 통한 무위이화(無爲而化)의 시대가 펼쳐질 수가 있기 때문이다.

선생께서는 〈태백진훈〉「상편」에서 오직 능히 몸을 다스리는 자 역시 또한 나라를 다스리게 된다고 언급하기도 하셨다. 선생이 내세웠던 나를 다스리기 위한 법은 삼신이 한 몸인 삼신일체(三神一體)의 도(道)를 말한다. 삼신일체의 도는 삼신이 한 몸인 하나로 되어 있다는 의미이기에 하나가 셋이 되고, 셋이 하나가 되는 가르침 속에서 삶을 살자는 데 있다. 이렇게 될 때만이 자아실현과 더불어 나를 다스려 참나(眞我)를 이룰 수가 있기 때문이다. 이것으로 보아 삼일철학(三一哲學)이 우리에게 전해주는 가르침은 삶을 통한 인격완성과 구도의 길을 통한 참나(眞我)의 완성에 있다는 것을 알려준다.

— 태백진훈에 담긴 부록 —

〈태백진훈〉「중편」에서 부록으로 실은 《삼황내문 유비》는 자부선생의 숨결이 느껴지기에 첨부하게 되었다. 《삼황내문》이 비밀리에 남겨졌다고 하여 이름 붙여진 《삼황내문 유비》는 짧은 내용이지만 천부사상을 느끼게 하는 문구들이 들어가 있는 까닭에 독자들에게 깨우침에 울림을 줄 수 있으리라 믿어 의심치 않는다.

〔행촌 이암의 생애와 사상〕편에 있는 또 다른 부록인 〈단군세기〉「서문」에 대해서는 참나(眞我)의 회복에 중점을 두고 일부분을 간략하게나마 첨부하게 되었다. 첨부하게 된 동기는 책 한 권으로 이암선생의 삼일철학에 대한 내용을 폭넓게 담고 싶었기 때문이다. 그러므로 독자들은 《태백진훈과 천부사상》의 한 권만으로도 이암선생의 철학적 세계관과의 만남에 있어 부족함이 없으리라 생각한다.

차례

태백진훈(太白眞訓)

상편(上篇)

홍행촌수(紅杏村叟) 저(著)

1장. 대저 道는 하나일 따름이다

道는 허조동체(虛粗同體)

천지가 하나(一)일 때 도(道)가 생겨나고, 허(虛)한 것과 조(粗)한 것이 나누어질 때 道를 떠나게 되느니라. (허조는 하나의 理氣와 같다.)

〔天地一而道生하고 虛粗分而道離하나니라. (虛粗는 一作理氣라)〕

◉ 虛 : 빌 허(비다, 없다). 粗 : 거칠 조. 分 : 나눌 분. 離 : 떠날 리(갈라지다, 흩어지다, 가르다)

❏ 천부사상에서의 본질적인 하늘은 유형의 별자리들이 있는 세계를 말하는 것이 아니다. 〈삼일신고〉「제1장 허공(虛空)」에서도 언급했듯이 무한계

22

인 무형의 세계를 말한다.[1] 그런 까닭에 하늘은 허(虛)함을 나타내고, 땅은 조(粗)라고 하는 근본물질로 나타난다.

무형의 세계와는 다르게 형상으로 나타나는 유한계인 하늘과 땅이 있다. 이것이 도(道)에 해당하는 일기(一氣)로부터 생겨난 눈에 보이는 하늘과 땅이다. 그렇다면 천지(天地)가 하나일 때 道가 생겨난다는 말은 유한계의 하늘과 땅을 말하는 것이 아니라, 무형의 하늘인 허(虛)와 근본물질이 되는 조(粗)가 하나가 되면서 처음으로 道가 생겨났다는 것을 말한다. 이와 같기에 이암선생은 다시 허(虛)와 조(粗)가 나누어질 때에 대해서도 마찬가지로 본래의 상태로 돌아가 분리가 되는 까닭에 도(道)를 떠나게 된다고 하였던 것이다.

고대의 철인(哲人)

고대(古代)의 철인(哲人)은 물에 들어가도 빠지지 않으며 불에 들어가도 뜨겁지 않으니 이는 다름이 아니라 오직 하나(一)를 잡은 까닭이니라. 〔古之哲人은 入水不沈하며 入火不熱하나니 此는 無他라 惟執一故耳니라.〕

◉ 沈 : 잠길 침. 熱 : 더울 열. 此 : 이 차. 耳 : 귀 이(뿐 이)

❏ 고대의 철인이 물에 들어가도 빠지지 않으며, 불에 들어가도 뜨겁지

---

[1] 〈삼일신고〉「제1장」에서 보면 하늘이 무한계인 무형으로 되어 있다는 것을 다음과 같이 나타낸다.

"푸르고 푸른 것이 하늘이 아니며, 검고 검은 것이 하늘이 아니다.
하늘은 형상과 바탕도 없고, 시작과 끝도 없으며,
위아래 사방도 없이 허허공공하니
존재하지 않음이 없고 감싸지 않는 것이 없느니라."

않다는 것은 오직 하나인 일기(一氣)를 회복한 자는 일양(一陽, 물)과 이음(二陰, 불)으로 나뉘어도 그 근본은 다함이 없고, 마르지 않고, 부족함이 없기 때문임을 말한다. 이는 근본을 회복한 자는 더 이상 현상계에 놓인다고 해도 욕망의 그늘에 좌우되지 않기 때문이다.

道는 근본이 되는 길

대저 道는 하나일 따름이니라. 그런 까닭에 충(忠)을 행하는 자는 오직 한 마음으로 임금을 받들 뿐이고, 효(孝)를 행하는 자는 오직 한 마음으로 어버이를 섬길 뿐이고, 경(敬)을 행하는 자는 오직 한 마음으로 스승을 대할 뿐이니 이것을 인도(人道)의 시작이라 한다.

〔夫道는 一而己矣라. 故로 忠者는 一於君하고 孝者는 一於親하고 敬者는 一於師하나니 是爲人道之始니라.〕

◉ 己 : 몸기(어조사). 矣 : 어조사 의(~었다, ~뿐이다). 於 : 어조사 어

❑ 근본이 되는 道는 둘이 될 수 없는 까닭에 오직 한 마음으로 임금께 충성하고, 오직 한 마음으로 어버이에게 효도하고, 오직 한 마음으로 스승에게 공경을 하게 된다는 말씀이다. 특히 근본이 되는 道를 언급함에 군사부(君師父)를 나타내었다는 것은 인간사의 기강(紀綱)이 국가를 이끌어가는 군왕에게 있고, 가정을 이끌어가는 어버이에게 있고, 사회를 이끌어가는 스승에게 있기 때문임을 말한다.

천하(天下)의 가르침은 오직 하나

이로써 천하(天下)의 가르침이 오직 하나인 즉, 존재(存在)하지 않는 바가 없고, 오직 셋으로 한 즉, 허용(許容) 되지 않는 바가 없다.

〔是以로 天下之敎이 惟一則無所不存하고 惟三則無所不容이니라.〕

◉ 是 : 이 시(여기, 무릇). 以 : 써 이(~로, ~에 따라). 是以 : 이로써(이에 따라, 이에 의해서). 則 : 법칙 칙, 곧 즉

❑ 무릇 만물은 하나로부터 시작한다는 말씀이다. 그러니 하나는 근본을 이루어 만물에 내재되어 있는 까닭에 세상에 존재하지 않는 바가 없다는 것이다. 반면에 셋으로 작용하게 될 때에는 음양과 중일(中一)을 통한 분화작용을 하기 때문에 만물에 미치지 않는 곳이 없듯이 천지에 가득하게 됨이니 허용되지 않는 바가 없다는 것을 말한다.

만물이 하나(一)를 근본으로 하여 셋으로 작용하게 됨은 노자(老子)의 《도덕경》에서도 나타난다. 그 내용에 의하면 道一生(도일생), 一生二(일생이), 二生三(이생삼), 三生萬物(삼생만물)이라고 하여 만물의 근본이 되는 道에서 하나가 시작되어, 하나가 둘을 낳고, 둘이 셋을 낳고, 셋이 만물을 낳는다고 했다. 그러므로《도덕경》을 통해서도 우리는 근본이 되는 하나(一)를 통해 1·2·3인 셋이 나오고, 셋을 통해 만물을 낳게 됨을 알게 되어 있다.

하나(一)라 함은 고립(孤立)이 아니다

그렇지만 내가 이르는바 하나(一)라 함은 고립(孤立)이 아니오, 곧 무리와 함께 함이니 사지백체(四肢百體)[1]가 모아져 한 몸이 되고, 부부(夫婦)와 형제(兄弟)가 모아져 한 집이 되고, 군신(君臣)과 이민(吏民)이 모아져 한 나라가 됨이니라.

〔然이나 吾所謂一者는 非孤立也오 乃衆共也니 頭目肢體가 合而爲一身하고 夫婦兄弟가 合而爲一家하고 君臣吏民이 合而爲一國이니라.〕

◉ 肢 : 팔다리 지(수족). 吏 : 벼슬아치 리(관리)

---

1) 사지백체(四肢百體) : 몸의 전체 부분을 말한다.

❏ 이암선생의 말씀을 삼신일체(三神一體)의 가르침으로 보자면 그것은 하나(一神)를 잡으면 셋(三神)이 포함되는 집일함삼(執一含三)과 셋(三神)이 모이면 다시 하나(一神)로 돌아가게 되는 회삼귀일(會三歸一)을 말하고 있다는 것을 알게 된다. '하나로 돌아가게 된 셋(會三歸一)'은 독단적인 하나가 아닌 만법을 수용하고, '셋으로 뭉쳐진 하나(執一含三)'는 만법을 낳을 수 있는 하나가 되기 때문이다. 그러므로 하나라 함은 전체와 한 몸이 된 하나임을 말한다.

하나가 고립이 아니라는 것을 우리는 씨앗을 통해서도 알 수가 있다. 씨앗이 작은 하나이지만 식물이 되었든 나무가 되었든 성장을 통해 펼쳐질 수 있는 전체의 모습을 간직하고 있기 때문이다. 씨앗이 이처럼 전체의 모습을 간직하고 있기 때문에 하나(一)로 돌아가면 고립이 아니라, 전체를 포용하는 하나가 된다. 이것이 근본에 대한 이해이다.

수신(修身)은 나라 다스림의 근본

그런 까닭에 국가는 큰 집이오, 몸이라 함은 작은 국가이니, 오직 능히 몸을 다스리는 자 역시 또한 나라를 다스리느니라.

〔故로 國者는 大家也오 身者는 小國也니 惟能治身者는 亦能治國也니라.〕

❏ 선생께서는 앞서 하나(一)라 함은 전체를 포용한 하나라고 했다. 이와 같기에 선생이 말하고 있는 국가라고 하면 개개인이 모인 집단을 말하고 있으며, 몸이라 하면 사지백체(四肢百體)를 이룬 개인의 몸을 말한다. 하나가 이처럼 전체를 포용하였기에 국가는 큰 집과 같고, 개인의 몸은 작은 국가(작은 집)와 같다는 것이 선생의 생각이었다. 그러므로 선생께서는 국가(國)라는 큰 집과 몸(身)이라는 작은 집의 차이만 있기에 능히 몸

을 다스리는 자, 역시 또한 나라를 다스릴 수 있다고 말씀하신 것이다.

2장. 도학(道學)을 배우는 자세

道를 구하는 자, 먼저 뜻을 세우라

대저 도(道)를 배우기를 구할진대 반드시 먼저 뜻을 세우고, 반드시 먼저 정성스러움을 닦아야만 정성(精誠)이 이르는 곳에 하늘이 역시 감응하느니라.

〔夫求學道인대 必先立志오 必先修誠이니 誠之所到에 天亦感焉이니라.〕

◉ 到 : 이를 도. 焉 : 어찌 언(어디, ~보다 더, 이에)

☐ 구도자의 첫 번째 요건은 뜻(志)을 세우는데 있다고 했다. 다음으로 필요한 것이 정성에 있다고 말한다. 다만 이때에 중요한 것은 먼저 뜻을 세움에는 어떤 서원을 세웠느냐가 매우 중요하다. 그 까닭은 서원의 깊이와 크기에 따라 생명을 바치는 실천을 하게 되기 때문이다.

정성은 지극함과 한결같은 마음이다. 주희(朱熹)는 진실하고 망령됨이 없는 것, 즉 진실무망(眞實無妄)을 성(誠)이라고 했다. 그런데 이러한 가르침은 참됨의 단계인 삼진(三眞)에서 망령됨의 단계인 삼망(三妄)으로 떨어지지 않기 위한 삼일신고(三一神誥)의 가르침 중에 하나이기도 하다. 이와 같기에 정성이란 참됨에서 망령됨으로 떨어지지 않는 것, 즉 지극함 속에서 한결같은 마음을 놓지 않는 것이 정성이 되는 것이다.

정성은 삶의 근본

몸 가지기를 공경(恭敬)치 않으면 정성(精誠)이 아니며, 벗 사귀기에 믿음이 없으면 정성이 아니며, 말을 함에 있어 진실이 없으면 정성이 아니며 직무사업(職務事業)에 부지런하지 않으면 정성이 아니며, 환란(患亂)에 용감치 않으면 정성이 아니니라.

〔持身不敬이 非誠也며 交友不信이 非誠也며 言語不實이 非誠也며 職事不勤이 非誠也며 患亂不勇이 非誠이니라.〕

◉ 持 : 가질 지. 勤 : 부지런할 근

❑ 선생께서 말씀하신 정성은 우리의 몸가짐으로부터 비롯하여 사회전반에 걸쳐 최선을 다하는 모습이다. 여기에 더하여 이전에 말했듯이 최선을 다하는 마음을 놓지 않는 것이 정성이 되는 것이다.

뇌신(腦神)은 참임금

중인(衆人)들은 천신(天神)이 참임금이 되는 줄만 알고, 나의 뇌신(腦神)이 참임금이 되는 줄을 알지 못하니 어찌 능히 스스로 힘쓰겠는가.

〔衆人은 知天神之爲眞君이요 不知吾腦神之爲眞君이니 安得不自勉哉아〕

◉ 勉 : 힘쓸 면. 哉 : 어조사 재(비롯하다, 처음)

❑ 선생은 사람들이 우주를 주재하는 천신만이 참임금인 줄 알고, 내 몸에 내재된 뇌신(腦神)이 참임금인지는 모른다고 언급하고 있다. 이는 인격신(人格神)인 천신만이 참된 주재자의 역할을 하고 있는 것으로만 알고 있지, 각자에 내재된 원신(元神)이 참된 주재자의 역할을 하고 있는 것에 대해서는 모른다는 것이다. 이 때문에 능히 스스로 힘쓰겠느냐는 것이 선생의 말씀이시다.

신(神)은 크게 두 분류로 나뉜다. 하나는 사람의 혼령(魂靈)과 같은 인

28

격신이다. 반면에 원신(元神)은 생명의 근원이 되는 일기(一氣)를 말한다. 이 일기를 근원적 자아(我)라고 하여 내 몸에 내재되어 있는 주체로 본다. 그래서 참임금이라 한다. 이런 점에서 선생은 천신만이 참임금이 아니라, 각자가 지닌 근원적 자아도 참임금이기에 이를 회복해야 하지 않겠냐고 말씀하신 것이다.

참임금과 함께 하라

의(義)와 이(利)가 두뇌 속에서 싸우고 있는데 의(義)가 약하고 이(利)가 강하며, 의(義)가 적고 이(利)가 많게 되면 진실(眞實)로 참임금과 함께 함을 얻지 못하여 반드시 패(敗)하느니라. (함께 함은 하나의 돕는다는 것과 같다.)

〔義利之戰于腦中也에 義弱而利强하고 義寡而利衆하야 苟不得眞君之與則必敗矣니라. (與는 一作助하니라)〕

◉ 利 : 이로울 리(편리하다, 탐하다). 寡 : 적을 과. 苟 : 진실로 구. 與 : 더불 여. 敗 : 패할 패

❏ 선생은 본래의 모습으로 있는 자아(自我)를 찾기 위해서는 의(義)와 이(利)의 싸움에서 반드시 의로워야 한다고 말한다. 이는 참됨을 바르게 세우는 의로움을 통해서만이 망령되이 함부로 행하는 편리함에서 벗어나 참임금인 참나(眞我)와 함께 할 수 있기 때문이다.

3장. 천하가 함께 하나로 돌아오는 길

같은 길을 가는 자

삼신(三神)의 도(道)를 같이하는 사람은 비록 천리(千里)에 있으나 반드시 기운으로 서로 구(求)하고, 소리로 서로 응(應)하여 천하가 함께 하나로 돌아오느니라.

〔同道之人이 雖在千里나 必氣相求而聲相應하야 天下同歸于一矣니라.〕

❑ 삼신의 도는 천지인(天地人)의 법칙이요, 조교치(造敎治)의 원리로써 삼수법칙에 의한 생명철학이다. 이러한 道에 뜻이 있는 자들은 멀리 있어도 그 마음이 서로 통하고, 그 곳에서 같은 소리를 내어 천하의 뜻이 하나임을 알리게 된다는 말씀이시다.

무리를 이룸이란

여러 개로 더한 실은 가히 끊지 못하며, 묶은 살대는 가히 꺾지 못하나니 무리의 이룸을 말하느니라.

〔累絲는 不可斷이오 束箭이 不可折하니 群成之謂也니라.〕

◉ 累 : 여러 루. 絲 : 실 사. 束 : 묶을 속. 箭 : 화살 전. 折 : 꺾을 절

❑ 선생께서는 가까이에서 뜻이 맞는 자들이 모이든, 아니면 멀리 있어도 뜻을 같이 하는 사람들이 많아지면 삼신의 도가 쉽게 사라지지 않게 됨을 말하고 있는 것이다.

4장. 사람은 주체성을 가지고 뜻으로 산다

모든 일은 나로 말미암아 생겨난다

사람이 능(能)히 스스로 부(富)하면 누가 능히 가난(貧)하게 하며, 사람이 능히 스스로 강(强)하면 누가 능히 약(弱)하게 하리요. 富하고 强함이 내 자신에게 있을 뿐이니, 백성(四民)이 제각기 그 직책(職責)을 닦아 서로 침월(侵越)함이 없어야만 천하(天下)는 곧 다스려지느니라.

〔人能自富면 孰能貧之며 人能自强이면 孰能弱之리오 富强이 在我而已니 四民이 各修其職하야 無相侵越이라야 天下는 乃治니라.〕

◉ 孰 : 누구 숙. 貧 : 가난할 빈. 越 : 넘을 월

❑ 사민(四民)은 백성들이 사(士), 농(農), 공(工), 상(商)으로 나뉘어졌다고 하여 붙여진 명칭이다. 그런데 이러한 백성들이 서로 간에 이권다툼이 있으면 싸움을 벌이게 되어 있다. 그래서 선생은 약하고 강함과 빈부의 격차가 자신의 노력과 능력에 따라 정해짐을 알고, 서로 탐내어 침월함이 없어야 한다고 가르친다. 이른바 노력과 능력에 따라 주어지는 것을 만족할 줄도 알아야 한다는 말씀이시다.

사람은 뜻으로 산다

사람이 비록 굶주리나 개, 돼지의 먹이를 먹으라 하면 아마도 틀림없이 불끈 성을 낼 것이니 이것을 일러 뜻이라 한다. 그런 까닭에 능히 남의 나라를 빼앗을 수는 있으나 능히 남의 뜻을 빼앗지 못하나니 뜻이 있는 바에 나라도 또한 있느니라.

〔人雖飢나 使之食犬彘之食이면 則必勃然怒矣리니 此之謂志也니라. 故로 能奪人之國이나 不能奪人之志니 志之所在에 國亦存焉이니라.〕

◉ 彘 : 돼지 체. 勃 : 노할 발. 然 : 그럴 연(~이다, 듯하다). 발연(勃然) : 벌컥 일어나는 모양. 奪 : 빼앗을 탈

❏ 국가란 뜻에 의해 세워지고, 뜻에 의해 지켜지고, 뜻에 의해 부국강병이 될 수 있다는 것을 말한다. 선생은 〈단군세기〉「서(序)」에서 부여는 부여다운 스스로 그러함을 잃고, 고려는 고려다운 스스로 그러함을 잃었기에 통탄의 세월이 있었다고 했다. 그러므로 뜻을 잃지 않으면 지켜지고, 뜻을 잃게 되면 무너지게 된다는 말씀이시다.

5장. 힘써 일하는 떳떳한 삶

불의한 식록(食祿)을 먹지 말라

지금 불의한 식록(食祿)을 먹는 것이 어찌 개와 돼지의 먹이와 다르리오. 장정들은 반드시 몸소 밭갈이를 하는 것이니 그런 까닭에 그 밭을 소유할 수 있고, 아내(妻)는 반드시 베를 짜는 것이니 그런 까닭에 그 베와 비단을 소유할 수 있다. 밭 갈지 않고 베 짜지 않으면서 입고 먹는 것은 남에게서 훔치는 도둑과 같은 종류니라.

〔今夫食不義之食者가 何以異於犬彘之食也리오 健者는 躬必耕也니 故로 得有其田하고, 妻必織也니 故로 得有其布帛이라. 不耕不織而衣食於人者는 偸盜之類也니라.〕

◉ 健 : 굳셀 건. 躬 : 몸 궁. 耕 : 밭 갈 경. 妻 : 아내 처. 織 : 짤 직. 偸 : 훔칠 투. 盜 : 도둑 도. 類 : 무리 류. 偸盜 : 남의 물건을 몰래 훔침

❏ 스스로 일을 하지 않고 얻는 식록이나, 남의 일을 하더라도 불의한 일을 하여 재물을 얻는 것은 옳지 않다는 말씀이다. 스스로 정직하게 땀 흘린 만큼 소유할 때 그것이 행복하다는 것을 말한다.

임금과 백관(百官)의 직책

　왕(王)은 나라를 다스림으로서 경직(耕織)을 삼고, 백관(百官)은 직책에 이바지함으로서 경직(耕織)을 삼나니 경직(耕織)의 잘되고 못되는 것은 백성들의 거취에 관계가 되느니라.

〔王者는 以治國爲耕織하고 百官은 以供職爲耕織하나니 耕織之善惡은 民之去就係焉이니라.〕

◉ 耕 : 밭 갈 경. 織 : 짤 직. 去 : 갈 거. 就 : 나아갈 취. 거취(去就) : 물러감과 나아 감. 경직(耕織) : 밭 갈고 베 짜는 일

□ 경직(耕織)은 밭 갈고 베 짜는 일을 말함이니 힘들여 일하는 업무를 말한다. 임금에게 그 업무는 다스림이고, 백관에게 그 업무는 직책에 힘쓰는 일이다.

　백성에게 거취는 '행복한 길로 가느냐', 아니면 '불행의 길로 가느냐' 하는데 있다. 백성의 거취가 이와 같기에 임금과 백관이 얼마나 자신의 업무에 힘을 썼느냐에 따라 백성들에게 두 길이 결정된다는 말씀이시다. 그러므로 임금과 문무백관의 업무란 가장 큰 공덕을 쌓는 일이기도 하지만 가장 큰 불행을 줄 수 있는 일임을 명심해야 한다는 것을 말한다.

6장. 국가란 백성의 소유이다

국가는 임금의 소유가 아니다

　국가라 함은 백성의 소유요, 임금의 소유가 아니다. 그런 까닭에 임금이 비록 성(姓)이 바뀌어도 나라는 땅을 바꾸지 못하고, 그런 까닭에 내가 여기에서 입을 수 있고 먹을 수 있다.

〔國者는 民有也오 非君有也라. 故로 君有易姓이나 國不易地니 故로 吾
得以衣於斯하고 食於斯니라.〕

◉ 易 : 바꿀 역, 쉬울 이. 於 : 어조사 어(~에, ~에서). 斯 : 이 사

❑ 왕조가 바뀌고 국가의 명칭이 바뀌어도 국가가 지닌 땅은 그대로이기
에 국가는 백성의 소유라는 말씀이다. 이 말은 임금이 천명(天命)에 의해
나라를 다스린다고 해도 백성을 위한 일꾼이지 주인이 아니라는 것을 말
한다.

나라의 기강과 국토의 중요성

그렇기 때문에 나라 구실 못하는 곳에 살고 있는 백성을 야만인(野蠻
人)이라 이르고, 나라 없는 백성을 부로(俘虜, 捕虜 포로)라 이르느니라.
〔是以로 以不國之民을 謂之野蠻이오 無國之民을 謂之俘虜니라.〕

◉ 謂 : 이를 위. 野 : 들 야. 蠻 : 오랑캐 만(미개한 민족). 俘 : 사로잡을 부.
虜 : 사로잡을 로(노). 야만(野蠻) : 문화가 미개(未開)한 상태

❑ 앞서 살펴보았듯이 국가의 주인(主人)은 임금이 아니고 백성(百姓)이라
고 했다. 그런 까닭에 나라의 구실을 못하는 곳에 살고 있는 백성은 깨어
있지 못한 야만인의 상태라는 말씀이시다. 달리말해 나라가 구실을 하는
것은 지각(知覺)이 있는 백성이 살고 있다는 말씀과 같다. 그러므로 임금
과 백성 모두 배움을 충만히 하고, 깨어있어야 함을 선생은 말하고 있는
것이다.

선생은 다시 나라의 주인은 백성이건만 나라를 잃게 되면 부로(俘虜,
포로)라 일컬어지게 된다고 했다. 이 말은 주인 행사할 수 없이 여기저기
로 정처 없이 떠돌아다니게 되기 때문이다. 그러므로 선생의 말씀에 의도

는 백성이 나라를 잃지 않기 위해서는 정치와 관련하여 자신들의 성숙된 역할이 얼마나 중요한지를 알라는 것이다.

7장. 교육은 인도(人道)를 통한 신도(神道)의 길

가르침은 참다움으로 가는 길

대저 사람이 새 짐승보다 다른 것은 그 가르침이 있기 때문이니 '가르침'이라 함은 곧 신시(神市)의 오사(五事)요, 부여(夫餘)의 구서(九誓)요, 다물(多勿)의 오계(五戒)이다.

〔夫人之異於禽獸者는 以其有敎也니 敎者는 乃神市五事也오 乃夫餘九誓也오 乃多勿五戒니니라.〕

◉ 禽 : 새 금(날짐승). 獸 : 짐승 수

❏ 선생께서는 인간이 금수(禽獸)와 다른 점은 가르침이 있기 때문이라고 한다. 그런데 그 가르침이 신시의 오사(五事), 부여의 구서(九誓), 다물의 오계(五戒)라고 하였다. 이것은 오사, 구서, 오계 등이 사람과 금수를 구분 짓는 참다운 길이요, 참다운 가르침임을 말한다.

▣ 신시오사(神市五事)
1) 우가(牛加)는 곡식을 주관(主穀)하고
2) 마가(馬加)는 왕명을 주관(主命)하고
3) 구가(狗加)는 형벌을 주관(主刑)하고
4) 저가(豬加)는 질병을 주관(主病)하고
5) 양가(羊加, 혹은 계가鷄加)는 선악을 주관(主善惡)한다.

■ 부여구서(夫餘九誓)의 핵심
  1) 너희는 집에서 효도하기에 힘쓰라. (勉爾孝于家)
  2) 너희는 형제와 우애 있기를 힘쓰라. (勉爾友于兄弟)
  3) 너희는 스승과 벗에게 믿음이 있기를 힘쓰라. (勉爾信于師友)
  4) 너희는 나라에 충성하기를 힘쓰라. (勉爾忠于國)
  5) 너희는 뭇사람에게 겸손하기를 힘쓰라. (勉爾遜于群)
  6) 너희는 정사를 밝게 아는 일에 힘쓰라. (勉爾明知于政事)
  7) 너희는 싸움터에서 용감하도록 힘쓰라. (勉爾勇于戰陣)
  8) 너희는 몸가짐에 청렴하도록 힘쓰라. (勉爾廉于身)
  9) 너희는 직업에 있어서 의로움에 힘쓰라. (勉爾義于職業)
                                〈태백일사〉「소도경전본훈」

다물오계(多勿五戒)

오계(五戒)의 종목(種目)은 첫째 임금을 섬기되 충성(忠誠)으로 함이요, 둘째 어버이를 섬기되 효도(孝道)로 함이요, 셋째 벗을 사귀되 믿음으로 함이요, 넷째 싸움터에 임(臨)하되 물러섬이 없음이요, 다섯째 생물(生物)을 죽이되 가려서 함이다.

〔五戒之目은 一曰事君以忠이오 二曰事親以孝요 三曰交友以信이오 四曰臨戰無退오 五曰殺生有擇이니라.〕

❏ 오계(五戒)에 대한 기록은 〈환단고기〉「태백일사/고구려본기」에서도 찾아볼 수 있다. 그 내용에 의하면 삼한(三韓)의 풍속에 충효신용인(忠孝信

勇仁)의 오계가 있었다고 한다. 화랑(花郞)의 세속오계(世俗五戒)도 삼한 시대에 있던 다물오계(多勿五戒)를 계승한 것으로 보인다.

낮고 가까운 데로부터 시작하라

우리 태백(太白, 크게 빛나는)의 도(道)가 높기로는 천 길이며 멀기로는 만리(萬里)이지만 가히 한걸음으로 빨리 이룰 수는 없다. 그런 까닭에 그 배우는 것이 반드시 낮고 가까운 데로부터 시작해야 한다.

〔吾道之高는 千仞也며 之遠이 萬里也로되 不可一步而趣道니 故로 其學 이 必自卑近으로 始니라.〕

◉ 仞 : 길 인(재다). 趣 : 뜻 취(내용, 멋, 빨리 달려가다), 재촉할 촉

❑ 개인이든 국가든 태백의 가르침을 익히고 확장시키기 위해서는 한걸음 으로 이룰 수 없다는 말씀이다. 그 이유는 개인의 의식이 점차 성숙되고, 나라에 인재가 모여야 하기 때문이다. 이 때문에 반드시 차곡차곡 밟고 올라서는 과정이 필요하다는 것을 말한다.

인도(人道)와 신도(神道)의 길

교육은 두 가지의 길이라. 이르되 인도(人道)요, 이르되 신도(神道)이다. 인도(人間의 道)를 극진히 함으로 신도(三神의 道)에 이르게 되나니, 이것 이 그 순서이다.

〔教育은 二途라. 曰人道也오 曰神道也라. 盡人道而至神道나니 此其序也 니라.〕

❑ 인도(人道)는 몸 밖의 일이요, 신도(神道)는 몸 안의 일이다. 몸 밖이 지극한 상태에 이르면 내적인 성숙을 가져와 안쪽에 있는 神道(내적 밝음

의 길)가 열리기 시작한다. 이것은 물질의 내면적 궁극에는 신령한 기운이 내재되어 있기 때문이다.

밖으로부터 시작하여 안으로 들어오게 되면 점차 성숙되듯이 교육에서도 현상적인 人道의 가르침을 먼저 하고, 나중에 내적인 밝음을 주도하는 神道의 가르침으로 해야 한다는 것이 선생의 생각이었다. 이른바 여름은 초목이 갖가지 모습을 뽐내지만 가을이 되면 본질적인 씨앗만을 남겨 놓고 다 사그라지듯이 그 순서가 외향중심에서 내적인 중심으로 옮겨오게 된다는 것을 말한다. 이와 같기에 처음에는 밖의 세계인 人道로부터 시작하지만 나중에는 차츰 안의 세계인 신령한기운인 神道가 열리기 시작하기에 선생은 그 순서가 人道로부터 시작하여 神道에 이르게 된다고 말씀하신 것이다.

인도(人道)는 합당함에 따르는 일

인도(人道)는 무엇을 가리킴인가? 무릇 날마다 쓰는 사물(事物)의 종류가 이것이다. 옛적에는 변두(籩豆, 나무나 대나무로 된 그릇)에 먹더니 지금은 자와(瓷瓦, 사기그릇, 토기그릇)에 먹으며, 옛날에는 피모(皮毛, 가죽, 털)를 입더니 지금은 포백(布帛, 베, 비단)을 입으니 진실로 때에 마땅하지 않으면 건전(健全)한 이는 취(取)하지 않느니라.

〔人道는 何謂也오. 凡日用事物之類가 是也라. 昔에 食於籩豆러니 今에 食於瓷瓦하고 昔에 衣於皮毛러니 今에 衣於布帛하나니 苟非時宜면 健者不取也니라.〕

◉ 謂 : 이를 위(일컫다, 가리키다). 籩 : 제기(祭器) 이름 변. 瓷 : 사기그릇 자. 瓦 : 기와 와. 布 : 베 포. 帛 : 비단 백. 苟 : 진실로 구. 宜 : 마땅할 의

❑ 이암선생은 인도(人道)의 정의(定義)를 보다 다듬어지고 실용적인 것이

어야 한다고 말한다. 이른바 현실을 더욱 발전되고 성숙된 상태로 이끌어 가는 것이 人道임을 말한 것이다. 그런데 이암선생께서는 이전에 人道의 지극함 속에서 神道가 이르게 된다고 했으니, 인류는 장차 발전된 사회의 극점에 이르러서는 물질세계를 뛰어넘어 본질세계로 들어가게 되어 있다 는 이야기이다. 그런 까닭에 인류는 장차 물질문명을 뛰어넘어 신도문명 (神道文明)으로 가게 된다는 것을 말한다.

날로 새로워지는 길

지나간 것은 날로 썩고, 오는 것은 날로 새로운 것이다. 날로 새로운 것은 내 자신이 새로운 것임을 말함이니, 그렇기에 능(能)히 유구(悠久)하 게 되느니라.

〔往者는 日腐하고 來者는 日新이니라. 日新者는 我新之謂也니 是以能 悠久也니라.〕

◉ 腐 : 썩을 부. 悠 : 멀 유. 유구(悠久) : 길고 오랜

☐ 날로 새로운 것은 내 자신이 새로운 것이기 때문이라고 했다. 이는 내 자신이 과거의 모습에 머물러 있지 않고, 항시 변할 수 있는 존재이기 때 문이다. 내 자신이 이처럼 변할 수 있는 존재이기에 '나날이 새로워지고, 또 새로워지도록(日日新 又日新)' 노력을 한다면 결코 고이지 않고 썩지 않게 된다는 것을 말한다. 그래서 선생께서는 이러한 삶에 모습만이 나를 아득하게 오래도록 보전하는 길이라 말씀하고 계신 것이다.

8장. 법치(法治)의 엄중함

형(刑)을 폐(廢)할 수 없다

철인(哲人)이 만물을 사랑함에 차별이 없으나 날짐승과 물고기를 죽이고, 풀과 나무를 불태우는 것은 사람을 양육하는 것이 귀중하기 때문이다. 철인(哲人)이 사람 사랑하기를 차별이 없이 하나, 그 도적을 베이고 횡포(橫暴)한 자를 처벌함은 선(善 : 평화와 질서)을 보존함을 귀중하게 여김이라. 그 천하를 귀중하게 여기는 자는 열 가지 이익을 일으킴 보다 한 가지 해(害)를 제거함만 같지 못한 것이다. 그런 까닭에 비록 지극히 다스리는 세상일지라도 형(刑)을 폐(廢)할 수 없느니라.

〔哲人之愛物이 均也나 其殺禽魚하고 焚草木者는 以養人爲重也니라. 哲人之愛人이 均也나 其誅盜賊하고 戮橫暴者는 以存善爲重也니라. 其爲天下者는 興十利론 不如除一害라. 故雖極治之世나 不得廢刑이니라.〕

◉ 均 : 고를 균. 焚 : 불사를 분. 誅 : 벨 주. 戮 : 죽일 륙. 橫 : 가로 횡. 除 : 덜 제. 廢 : 폐할 폐

❑ 철인이 사람을 위해 동식물도 제거할 수 있다는 말은 만물 중에 사람을 최고로 귀하게 여기기 때문이다. 사회의 질서를 위해 법질서가 필요하다는 말씀은 바른 길을 가는 사회인들을 보호할 필요가 있다는 이야기이다. 이는 동식물보다는 사람을 귀하게 여기고, 범죄자보다는 평범한 사회인을 더욱 귀하게 여기기 때문이다. 이러한 이유로 볼 때 반드시 형벌은 필요하다는 것을 말한다.

9장. 정치의 도(道)

국가와 백성의 도(道)

국가라 함은 인민(人民)을 모아서 이루고, 인민은 임금을 세워서 흥(興)하나니 임금은 그 나라를 사사(私私)로이 함으로써 얻지 못하고, 국가는 그 인민을 사나웁게 함으로써 얻지 못하는 것이다.

〔國者는 聚民而成하고 民者는 立君而興하나니 君不得以私其國하고 國不得以虐其民也라.〕

◉ 聚 : 모을 취. 虐 : 모질 학

❑ 국가라 함은 사람이 모이면서 형성되는 것임을 말한다. 그런데 사람들이 임금을 세운다고 한다. 이 말은 지금의 선거를 통한 민주주의를 말하는 것으로 비춰질 수 있다. 하지만 지금의 선거제도는 자기중심적 가치관을 통해 선거를 하기에 공평하게 흘러가지 않을 수 있고, 대중이 어리석을 때는 보다 현명한 자를 선별하기가 힘들다. 이와 같기에 민주주의에 선거제도는 한계가 내포되어 있다는 것을 알려준다.

선생의 말에는 나라를 일으킨 창업시조나 국란의 상태에서 환란을 바로잡아 반석위에 올려놓은 인물을 추종하여 임금으로 세우는 것으로 봐야 한다. 그 이후에는 최상위에 있는 임금이 혈통이 되었든 그렇지 않든 가장 높은 의식을 가지고 있고, 현명함과 공덕이 많은 아랫사람 중에 선별하여 임금을 세우는 것이 바른 길이다. 그래야 사람을 가장 잘 선별할 수 있기 때문이다. 이것이 물이 아래로 내려가는 것과 같은 도정일치(道政一致)의 실현인 것이다.

부국강병은 백성을 편안케 하는 일

그런 까닭에 임금은 도덕(道德)으로 백성을 얻고, 백성은 가정 경제(食)로 하늘을 삼아서 한사람도 스스로 얻는 것을 잃지 않도록 하면 백성을 주체로 능히 그 공효(功效 : 공을 들인 보람)를 이룰 것이다. 그러니 더할 나위 없이 중요한 것은 국체(國體 : 국가의 위신과 체면)요, 더할 나위 없이 긴요한 것은 인정(人情 : 백성의 자유와 행복)이다. 이렇게 되지 않고서야 널리 단합하고 크게 화합함이 비롯될 수 있겠는가.

〔故로 君이 以道得民하고 民이 以食爲天하야 無一人失自得이면 民主能與成厥功이라. 莫重者는 國體也오 莫緊者는 人情이라. 可無普合弘和之道也哉아.〕

◉ 厥 : 그 궐. 莫 : 없을 막(말라, 불가하다). 緊 : 긴할 긴(요긴하다)
哉 : 어조사 재(비롯하다, 처음)

❑ 임금이 도덕(道德)으로 백성을 얻는 것은 국가의 위신(威信)과 관련이 있고, 백성의 가정경제는 백성의 안정(安定)과 관련이 있다는 말씀이다. 그런 까닭에 국가가 위엄(威嚴)과 신망(信望)을 잃지 않고, 백성이 안정을 누리게 되면 널리 단합되고 크게 화합되지 않겠느냐는 것이다.

교육은 운명을 바꾸는 길

근본(根本)에 보답하여 하나가 되는 것은 제사(祭祀)요, 운명이 정(定)해지는 것을 고쳐 나가는 것은 가르침(敎育)이요, 형벌을 없애도록 기약하는 것은 정치(政治)이다.

〔一以報本者는 祭也오 改以定命者는 敎也오 期以廢刑者는 政也니라.〕

◉ 期 : 기약할 기(결정하다, 바라다). 廢 : 폐할 폐

❑ 근본에 보답하여 하나가 된다는 것은 제사의 대상과 하나가 되는 것을 말한다. 이것은 베풀어 준 은혜에 보은하는 순환적인 관계가 되면서 영원히 일체감을 갖게 되어 있기 때문이다.

운명이 정해짐을 고쳐나갈 수 있는 것은 가르침에 있다고 했다. 이것은

배움을 통해 타고난 본성을 다듬어갈 수 있기 때문이다.

형벌을 없애도록 기약하는 것은 정치에 있다고 했다. 이것은 정치를 통해 태평성대를 이루면 범죄자들을 적게 할 수 있기 때문임을 말한다.

세력(勢力)을 균등히 하는 일은 철인의 과업

옛날부터 사람이 나면서 귀천(貴賤)이 있으니 어진 이는 스스로 존귀(尊貴)하고, 어리석은 이는 스스로 천박(賤薄)함이 있다. 내려와 중세(中世)에 이르러서는 세족(世族 : 代代로 祿을 받는 귀족)의 법이 일어나면서 싸우고 뺏는 버릇이 생겨났다. 이런 까닭에 철인(哲人)이 천하를 다스림에 그 세력(勢力)을 균등히 함에 있을 뿐이다. (哲人은 하나의 임금과 같다.)

〔故로 人生而有貴賤이나 賢者自貴하고 愚者自賤이라. 降及中世하야 世族之法이 作而爭奪之習이 生焉하니라. 是故로 哲人之治天下也에 在乎均其勢力而已니라. (哲人은 一作王者라)〕

◉ 奪 : 빼앗을 탈. 習 : 익힐 습. 而 : 말 이을 이(같다, 너, 자네). 已 : 이미 이(벌써, 너무, 뿐). 이이(而已) : ~ 할 따름, ~ 할 뿐임

❑ 선생이 말하고자 하는 귀천은 양반과 상놈에서 오는 귀천이 아니다. 자신의 행실로부터 나오는 귀천을 말한다. 이른바 어진 이는 귀하고, 어리석은 이는 천한 것이다.

중세에 이르러서는 세족(世族)의 법이 생겨나면서 권력을 가진 자를 귀하게 여기고, 빈궁한 자를 천대하는 세상이 되었다는 것을 선생은 지적한다. 그런 까닭에 임금이 해야 할 일은 그 세력을 균등히 하는데 있다는 말씀이시다.

태백진훈(太白眞訓)

중편(中篇)

1부. 상고시대(上古時代)의 창업시조와
문명을 전한 영웅들

1장. 철인(哲人)의 길

만신지왕(萬神之王)

　환히 밝으신 천상의 임금님은 하늘의 한 분뿐인 주인이요, 일만신(一萬神)의 왕(王)이로다. (천상의 임금은 하나의 존귀함을 나타낸다.)
〔桓桓上帝는 天之一主요 萬神之王이로다. (帝는 一作尊이라)〕

❑ 천상의 임금이신 상제(上帝)님은 우주의 주재자이시다. 그래서 한 분

44

뿐인 주인(主人)이라 선생은 말한 것이다. 일만신(一萬神)의 왕이라 함은 신(神)의 세계에 상하구별이 있다는 것을 말한다. 그런 까닭에 상제님은 천상과 지하를 통틀어 신명(神明)들을 주재하는 최고의 통치자하나님이 되신다.

일체삼신(一體三神)

주체(主體)는 하나이시니 제각기 신(神)이 있음이 아니라 작용(作用)을 삼신(三神)으로 할 뿐이다.

〔主體爲一이시나 非各有神이시며 作用三神이시라.〕

□ 주체(主體)가 하나라는 것은 다스림의 근본이 되시는 분은 오직 한 분 뿐이라는 뜻이다. 제각기 신이 있음이 아니라고 함은 삼신상제님이라고 했다고 해서 세 분의 상제님이 계신 것이 아닌, 한 분으로서 세 가지의 역할을 하고 계심을 말한다. 그것이 천일신(天一神)으로서의 낳는 역할(造化), 지일신(地一神)으로서의 기르는 역할(教化), 태일신(太一神)으로서의 다스리는 역할(治化)이다.

참과 거짓의 두 길

상제(上帝)님이 사람의 목숨을 정(定)한다는 것을 믿지 않는다는 말은 아니나, 참(眞)과 거짓(妄)의 갈림 길에 의해 정해지게 됨이라. 일신(一神)이 참마음(衷)에 내려온다는 것을 정성(精誠)으로 인함이 아니라고 말하지는 않으나, 이로부터 뭇사람과 철인(哲人)이 나뉘게 됨이라.

〔上帝定命이 非曰不信이라. 眞妄所歧오 一神降衷이 非曰不誠이라 衆哲乃分이로다.〕

◉ 妄 : 망령될 망. 所 : 바 소(것, 곳). 歧 : 갈림길 기. 乃 : 이에 내(비로소)

❏ 상제님이 천하를 다스리는 법도에 의해 사람의 목숨이 운명론적으로 정해져 있다고 말하나, 실질적으로는 나의 결정에 의한 참과 거짓의 갈림 길에 의해 정해진다는 말씀이다. 이 말의 요지(要旨)는 자신의 정성(精誠)에 의해 운명을 뛰어넘는 경우도 있을 수 있다는 것을 말한다.

일신(一神)이 참마음(衷)에 내려온다는 그 참마음은 "회삼귀일하는 마음"을 말한다. 일신이 참마음에 내려옴이 정성에 있다고 함은 정성을 통한 참마음을 가질 때만이 일신이 내려오기 때문이다. 그런데 정성으로 인함이 아니라고 말하지는 않으나, 이로부터 뭇사람과 철인이 나뉘게 된다고 선생은 말씀하신다. 이 말은 정성이라는 의미를 따지기 이전에 운명을 바꾸는 절대적인 가치가 정성이라는 낱말에 있기 때문임을 말한다. 이 때문에 우리는 잠시라도 정성을 놓지 않는 자세가 중요할 수밖에 없다.

진선미(眞善美)의 길

가장 뛰어난 참됨(眞)은 생각(思)에 있고, 가장 뛰어난 착함(善)은 얻음(得)에 있고, 가장 뛰어난 아름다움(美)은 합침(合)에 있다. 어찌 생각이 참됨이며, 어찌 얻음이 착함이며, 어찌 합침이 아름다움이라 하리요. (합은 하나(一)와 같음을 말한다.)

〔最眞在思하고 最善在得하고 最美在合이라. 何思之眞이며 何得之善이며 何合之美리요. (合은 一作一이라)〕

❏ 이번 문장은 이암선생께서 독자들에게 화두(話頭)를 던졌다. 참됨이 생각에 있고, 착함이 얻음에 있으며, 아름다움이 합침에 있는데, 어찌 생각이 참됨이며, 어찌 얻음이 착함이며, 어찌 합침이 아름다움인지를 답을 구해보라는 것이다.

첫 째, 선생이 말한 생각(思)이란 만물에 대해 인식하고 분별하고자 하는 성향을 가졌다. 그런데 가장 뛰어난 참됨(眞)이 생각에 있다고 했다. 이 말은 참됨이 생각에 내재되어 있다는 뜻으로 문뜩문뜩 떠오르는 생각의 근원에는 성품과 더불어 참됨이 자리 잡고 있기 때문임을 말한다. 그러므로 만물에 대해 인식하고 분별하고자 하는 성향의 생각은 참됨과 성품에 근원을 두고 발동하게 되어 있다는 이야기이다.

선생은 다시 뛰어난 참됨이 생각에 내재되어 있는 것과 관련하여 어찌 생각(思)이 참됨이냐고 했다. 이 말은 생각이 참됨(眞)에 근원을 두고, 아직까지는 선악(善惡)으로 나뉘기 이전이기 때문이다. 하지만 장차 생각이 삼망(三妄)에 떨어지게 될 때에는 선(善)과 악(惡)으로 나뉘게 됨에 따라 생각은 어쩔 수 없이 참됨에서 벗어날 수밖에 없다. 그러니 이때에는 삼망으로 떨어지지 않게 하는 것이 무엇보다 중요하다고 하겠다.

둘 째, 선생이 말한 얻음(得)이란 기운을 충만하게 채우고자 하는 성향을 가졌다. 그런데 가장 뛰어난 착함(善)이 얻음에 있다고 했다. 이 말은 착함이 얻음에 내재되어 있다는 뜻으로 충만하게 채우고자 하는 얻음의 근원에는 목숨과 더불어 착함이 자리 잡고 있기 때문임을 말한다. 그러므로 기운을 충만하게 채우고자 하는 성향의 얻음은 착함과 목숨에 근원을 두고 발동하게 되어 있다는 이야기이다.

선생은 다시 뛰어난 착함이 얻음에 내재되어 있는 것과 관련하여 어찌 얻음(得)이 착함이냐고 했다. 이 말은 얻음이 착함(善)에 근원을 두고, 아직까지는 청탁(淸濁)으로 나뉘기 이전이기 때문이다. 하지만 장차 얻고자 함이 삼망에 떨어지게 될 때에는 청(淸)과 탁(濁)으로 나뉘게 됨에 따라 얻음은 어쩔 수 없이 착함에서 벗어날 수밖에 없다. 그러니 이때에는 삼망으로 떨어지지 않게 하는 것이 무엇보다 중요하다고 하겠다.

셋 째, 선생이 말한 합침(合)이란 몸을 통해 하나가 되고자 하는 성향을 가졌다. 그런데 가장 뛰어난 아름다움(美)이 합침에 있다고 했다. 이 말은 아름다움이 합침에 내재되어 있다는 뜻으로 하나가 되고자 하는 합침의 근원에는 정수와 더불어 아름다움이 자리 잡고 있기 때문임을 말한다. 그러므로 몸을 통해 하나가 되고자 하는 성향의 합침은 아름다움과 정수에 근원을 두고 발동하게 되어 있다는 이야기이다.

선생은 다시 뛰어난 아름다움이 합치고자 함에 내재되어 있는 것과 관련하여 어찌 합침(合)이 아름다움이냐고 했다. 이 말은 합침이 아름다움(美)에 근원을 두고, 아직까지는 후박(厚薄)으로 나뉘기 이전이기 때문이다. 하지만 장차 합치고자 함이 삼망에 떨어지게 될 때에는 후(厚)와 박(薄)으로 나뉘게 됨에 따라 합침은 어쩔 수 없이 아름다움에서 벗어날 수밖에 없다. 그러니 이때에는 삼망으로 떨어지지 않게 하는 것이 무엇보다 중요하다고 하겠다.

	참됨(眞)	아름다움(美)	착함(善)
一氣		− 참나(眞我) −	
三眞	성품(性) 생각(思)	정수(精) 합침(合)	목숨(命) 얻음(得)
三妄	마음(心) 선(善)·악(惡)	육신(身) 후(厚)·박(薄)	기운(氣) 청(淸)·탁(濁)

지금까지의 내용으로 보아 '사물을 인지(認知)하게 되는 생각(思)'은 온전한 마음(心)인 성품으로부터 오고, 그 성품(性)은 성품의 바탕에 있는 참됨(眞)으로부터 온다는 것을 알게 되었다. 생각이 이처럼 성품과 참됨

으로부터 오게 됨에 따라 구도자라면 여러 생각을 거두어들여 온전(全)한 성품 속에서 천일신(天一神)에 해당하는 참됨을 이루어야만 한다. 그래야 부처(佛)가 되는 길은 멀지 않기 때문이다.

　나의 기운을 '충만하게 채우고자 하는 얻음(得)'의 경우도 활달한 기운(氣)인 목숨으로부터 오고, 그 목숨(命)은 목숨의 바탕에 있는 착함(善)으로부터 온다는 것을 알게 되었다. 얻음이 이처럼 목숨과 착함으로부터 오게 됨에 따라 구도자라면 얻음을 충만히 하여 활달(山)한 목숨 속에서 지일신(地一神)에 해당하는 착함을 이루어야만 한다. 그래야 신선(神仙)이 되는 길은 멀지 않기 때문이다.

　나의 행동에 있어 '중정(中正)의 道를 실현시킬 합침(合)'도 존귀한 몸(身)인 정수로부터 오고, 그 정수(精)는 정수의 바탕에 있는 아름다움(美)으로부터 온다는 것을 알게 되었다. 합침도 이처럼 정수와 아름다움으로부터 오게 됨에 따라 구도자라면 좌우로 치우침이 없이 합치됨을 하나로 하여 존귀(宗)한 정수 속에서 태일신(太一神)에 해당하는 아름다움을 이루어야만 한다. 그래야 성현(聖賢)이 되는 길은 멀지 않기 때문이다.

중인(衆人)과 철인(哲人)

　저 중인(衆人)들은 시작(始作)만 있고 마침은 게으르니, 함께 널리 단합(團合)하기가 어렵다. 오직 철인(哲人)이라야 처음도 능(能)하고 마침도 잘하나니, 즐거이 함께 어짐(仁)을 같이 할 수 있다.
〔彼衆人者는 有始而慢終하나니, 難與普合이로다. 惟哲人者야 能始而善終하나니, 樂與同仁이로다.〕
◉ 彼 : 저 피(그, 저쪽). 慢 : 거만할 만

❑ 철인이 아닌 뭇사람들은 시작만 있고, 마침이 게으르기에 뜻을 세워

함께 일을 도모하기가 어렵다는 것이다. 이 말은 철인에 비하여 뭇사람들은 성경신(誠敬信)이 지극하지 못하기 때문이다. 이 때문에 현자(賢者)가 되어 세상을 구제하는 일에 함께할 수 없다는 것을 말한다.

2장. 환웅천왕의 가르침

삶과 멸망의 길

환웅께서 이르시기를 야아, 야아, 너희 웅족(熊)과 호족(虎)들이여, 명(命)을 들으면 이것이 사는 길이오, 命을 거스르면 이것이 멸(滅)하는 길이라. 너희들에게 권면(勸勉)[1]하노니 내 자신을 다스려 감히 교만하고 사치하지 말며, 능히 충(忠)하고 능히 순(順)하여 서로 침학(侵虐)[2]함이 없도록 하라.

〔桓雄曰噫라. 噫爾熊虎아 聽命是生이오 抗命是滅이라. 勉爾守我하야 無敢驕奢하며 克忠克順하야 無相侵虐하라.〕

◉ 勉 : 힘쓸 면(부지런히 일하다, 권하다). 守 : 지킬 수(다스리다, 머무르다). 侵 : 침노할 침. 虐 : 모질 학

❑ 환웅께서는 삶(生)과 멸(滅)하는 길이 명(命)에 있다고 한다. 이는 하늘의 뜻과 자연의 이법(理法)에 따른 법칙에 따르면 사는 길이나, 그렇지 못하면 멸망하는 길로 갈 수밖에 없기 때문이다. 그러하기에 권면하노니 자신을 다스려 감히 교만하고 사치하지 말며, 능히 충(忠)하고 능히 순(順)하여 서로 침노하여 포학하게 행동하지 말라는 것이다. 이를 어길 시

---

1) 권면(勸勉) : 권하여 힘쓰게 함
2) 침학(侵虐) : 침노하여 포학하게 행동함

는 자연의 이법에 따른 생멸의 두 길에서 멸망의 길로 들어설 수밖에 없기 때문임을 말한다.

순(順)으로 돌아오라

환웅께서 이르시기를 야아, 야아, 너희 웅족(熊)과 호족(虎)들이여, 오직 하늘에 한 분의 신(神)이 나에게 명(命)하여 임금(王)이 되게 하셨도다. 여러 한(汗)들이여, 나의 뜻에 맞추어 온갖 물건(物件)을 가져오니, 영화(榮華)롭도다. 너희들이 저항하여 스스로 커지기를 바라나 순(順)으로 돌아오지 않겠느냐? (王은 하나의 桓과 같다.)

〔桓雄曰噫라. 噫爾熊虎아 惟天一神이 命我爲王하셨도다. 諸汗稱旨하고 百物이 來榮이로다. 爾抗自大하야 不歸于順가. (王은 一作桓이라)〕

◉ 稱(偁) : 일컬을 칭(부르다, 부합하다). 旨 : 뜻 지

* 稱旨 : 임금의 뜻에 맞음

❑ 오직 하늘에 한 분의 신(神)이 있어 나에게 임금이 되게 하셨다고 함은 환국에서의 7대 지위리환인(智爲利桓仁)을 말한다. 당시에 지위리환인을 신이라고 말하는 것은 그는 신성(神性)을 지닌 사람이었고, 그가 살던 곳은 신국(神國, 天國)이었기 때문이다. 이러한 신정일치(神政一致)의 문화는 환웅천왕에 의해 배달국에서도 실현되면서 개국(開國)의 터전을 신시(神市)라 명칭하기도 하였다.

천왕께서는 처음 태백에 당도하였을 때 무리 3,000을 이끌고 왔다. 점차 집단의 무리가 안정이 되고 세력화 되자 주변의 곰족과 호족이 조공을 바친 것으로 여겨진다. 그런데 천왕은 교화(敎化)에 뜻이 있었기에 서로 대립을 통한 상하의 관계보다는 군사부(君師父)의 질서에 뜻을 두고 호족과 웅족에게 나의 뜻에 따르기를 요청(要請)했던 것으로 보인다.

크나큰 광명(光明)이 있는 나라

환웅께서 이르시기를 야아, 야아, 너희 곰족(熊)과 범족(虎)들이여, 천상의 임금께서 이렇게 좋아하시고, 한 분의 신(神)이 이렇게 도우시니 크나큰 광명(光明)이 있어, 크나큰 나라에 조림(照臨)하였도다. 너희들 재미에만 빠져서 전에 있던 허물(욕심)을 생각하지 않느냐? (하나(一)는 하나의 많음과 같다.)

(桓雄曰噫라. 噫爾熊虎아 上帝是好시고 一神是佑시니 有大光明하야 照臨大邦이로다. 爾況滋味하야 不省舊慾가. (一은 一作萬이라))

◉ 況 : 상황 황(하물며). 滋 : 불을 자(증가하다). 省 : 살필 성(깨닫다). 慾 : 욕심 욕(탐내다)

□ 천상의 임금이신 상제(上帝)님과 더불어 한 분의 신으로 계신 일신(一神)은 지위리환인을 말하기도 하고, 역대의 많은 환인(桓仁)들을 의미하기도 한다. 그런데 그 분들이 도우심에 크나큰 상서로움(밝은 빛)이 있고, 그 분들이 크나큰 나라에 성령으로 강림했다고 하였다. 우리가 이 대목에서 느낄 수 있는 것은 천왕께서 천상의 임금이신 상제(上帝)님과 자신의 뿌리가 되는 지위리환인을 동시에 받드는 법도를 제시했다는 점이다. 이것은 천상의 상제님과 자신의 뿌리를 동시에 받들어 그 은혜에 보은하는 문화가 고대로부터 있어 왔다는 것을 말해준다.

다음으로 천왕께서는 웅족과 호족에게 흥밋거리에만 빠져서 전에 있던 허물(욕심)에 대해서는 되돌아보지 않는다고 타이르신다. 이것은 새로운 변화를 가져오는 가르침을 내릴 것을 예고하는 것으로 보인다.

중재자의 역할을 하다

환웅께서 이르시기를 야아, 야아, 너희 곰족(熊)과 범족(虎)이여, 조상

(祖上)은 곧 한 근원이시고 덕(德)은 곧 하늘(天)로부터 내리시거늘 너희들 풍습(風習)은 점점(漸漸) 갈림길이로구나. 탐(貪)내기를 즐겨 잔인(殘忍)하고 너희들 사는 곳을 서로 빼앗기를 일삼으니 어찌 재앙(災殃)됨을 뉘우치지 못하는가.

〔桓雄曰噫라. 噫爾熊虎아 祖乃一源이시고 德降自天이시어늘 爾俗漸歧로구나. 嗜貪殘忍하고 爾生相奪하야 何不悔禍리오.〕

◉ 漸 : 점점 점(차츰, 번지다). 歧 : 갈림길 기. 嗜 : 즐길 기. 殘 : 잔인할 잔

❑ 조상이 한 근원이고, 은혜로움(德)이 하늘로부터 내린다고 함은 조상인 하나의 근원으로부터 생명을 받고, 궁극의 근원인 하늘로부터는 은혜를 받아 살아가고 있기 때문임을 말한다. 그렇거늘 너희들은 점점 갈림 길이 나는 말씀이시다. 이러한 환웅천왕의 말씀으로 보아 곧 조상과 나를 연결시켜주고, 하늘과 나를 연결시켜 주는 중재자의 역할을 천왕께서 하고 있는 것으로 보여 진다. 이로 보건대 천왕께서는 현실에서의 삶에 방향만을 가르친 지도자의 역할에 그치지 않고, 근본으로 가는 길도 가르친 위대한 스승으로서의 역할까지 했던 것이다.

도(道)는 삼신(三神)의 가르침으로

환웅께서 이르시기를 야아, 야아, 너희 곰족(熊)과 범족(虎)이여, 하늘이 나를 보내셨고, 너희들 살릴 자는 나 환웅이로다. 너희들은 깨달음을 바탕으로 이치(理致)를 좇아 의심(疑心)하거나 두려워 말며, 제 각기 너희들 직책을 안정케 하여 능히 너희들 땅을 지켜야 하느니라. (이치는 하나의 타고난 성품과 같다.)

〔桓雄曰噫라. 噫爾熊虎아 天遣者我오 活爾者我라 爾覺循理하야 勿疑勿懼하고 各安爾職하야 克守爾土니라. (理는 一作性)〕

◉ 遣 : 보낼 견. 活 : 살 활(생존하다). 循 : 돌 순(좇다)

❏ 위의 내용에서 하늘이 나를 보내셨다고 함은 하늘에 해당하는 환국(桓國)에서 자신을 보내셨다는 것을 말한다. 당시의 환국은 12연방제로 다스려졌으며, 오환건국(吾桓建國)이 최고(最古)라는 〈삼성기 전〉「상편」의 말에서 알 수 있듯이 가장 일찍 나라를 열었던 국가였다. 그래서 〈삼국유사〉「정덕본(正德本)」에도 환국은 가장 오래된 국가였기에 석유환국(昔有桓國)이라 하여 '옛적에 환국이 있었다'고 하였다.

너희들을 살릴 자가 나 환웅이라 함은 생명의 도(道), 즉 살고 잘되는 길을 천왕께서 터득하고 있었다는 것을 말한다. 이것은 천왕께서 삼신의 도(道)를 통해 깨달음을 얻은 경지에 있었기 때문이다. 너희들은 깨달음을 바탕으로 이치를 좇아 의심하거나 두려워 말라 말함은 무슨 일을 하든, 스스로 깨우침 속에서 이치(理致)에 따라 확고한 신념을 갖고, 고난 속에서도 절대 흔들리지 말라는 것이다. 그러면 반드시 성취하는 삶을 살게 될 것이라는 이야기이다.

제 각기 너희들 직책을 안정케 하여 능히 너희들 땅을 지켜야 한다는 것은 각자에게 주어진 일에 최선을 다할 때에 너희들 땅도 지켜질 수 있다는 말씀이다. 이것은 군사(軍士)의 힘만으로 너희들 땅이 지켜지는 것이 아닌, 각자의 소임(所任)을 다할 때에 부국강병(富國强兵)을 이룰 수 있듯이, 맡은바 소임이 중요하다는 것을 말한다.

깊은 생각과 의로움을 가지라

환웅께서 이르시기를 야아, 야아, 너희 곰족(熊)과 범족(虎)이여, 행하는데 변화됨을 알지 못하며, 말하는데 떳떳함에 적중(的中)하지 못하면 안으로 점점 무너지고 밖으로 초라하게 되어 어려움에 빠지게 되느니라.

54

남녀가 서로 의심을 품으며, 부자(父子)가 서로 등지게 되면 근본이 하나(一)로 정(定)함이 없게 되니, 강역(疆域)이 편안할 때가 없음이로다.

〔桓雄曰噫라. 噫爾熊虎아 行不知變하며 言不中常하야 內漸以崩하고 外侵爾溺이라. 男女懷疑하며 父子見背하니 本無定一하야 域無寧時로다.〕

◉ 常 : 항상 상(떳떳할 상). 漸 : 점점 점. 侵 : 침노할 침. 疆 : 지경 강. 溺 : 빠질 닉(어려움에 빠지다). 懷 : 품을 회. 疑 : 의심할 의. 域 : 지경 역(경계, 구역, 국토). 점점(漸漸) : 점차, 차차. 회의(懷疑) : 마음속에 품은 의심

❏ 행하는데 변화됨을 알지 못한다고 함은 너희 뜻에 맞지 않게 지혜(慧)의 부족으로 변화를 읽지 못한다면 반드시 무너지게 된다는 말씀이다. 말하는데 있어서 떳떳함에 적중(的中)하지 못한다고 함은 의로움(義)이 약하면 점차 초라해지게 된다는 것을 말한다. 그런 까닭에 너희는 상대를 헤아리는 깊은 생각과 의로움이 충만해야 한다는 것이다.

환웅께서는 다시 남녀가 서로 의심을 품으며, 부자가 서로 등지게 되면 근본이 하나(一)로 정(定)함이 없게 된다고 했다. 그러면서 이 때문에 강역이 편할 때가 없게 된다고 말하였다. 이 말은 서로의 뜻에 일치를 보지 못하고, 서로 다투게 되면 개인의 문제일 뿐 아니라, 더 나아가 강역을 튼튼히 할 수 없어 국가를 안정시키지 못할 수 있다는 것을 말한다.

중(中)을 세우라

환웅께서 이르시기를 야아, 야아, 너희 곰족(熊)과 범족(虎)이여, 배우는데 중(中)을 세우지 못하고, 칭호(稱號)를 하나로 정(定)하지 못하니, 곰족은 자식(子息)됨을 알지 못하고, 범족은 신하(臣下)가 됨을 알지 못하도다. 하늘의 곡척(曲尺 : 法道)이 지극히 바르나 너희들은 법을 지킬 것을 게을리 하고, 크신 명령은 지극히 엄(嚴)하나 너희들은 법을 지키기를 게

울리 하여 위태롭게 되었느니라.

〔桓雄曰噫라. 噫爾熊虎아 學不立中하며 號不定一하야 熊不知子하고 虎不從臣니라. 天矩至正이나 爾慢以絜하고 皇命至嚴이나 爾慢以傾이로다.〕

◉ 絜 : 헤아릴 혈(재다, 묶다). 慢 : 거만할 만. 傾 : 기울 경(위태롭다)

❑ 중(中)을 세운다고 함은 좌우로 기울어짐이 없는 상태요, 근원으로 향하는 상태를 말한다. 이 상태가 되면 흠잡을 일이 없을 것이라는 말씀이다. 칭호(稱號)를 하나로 정하지 못함은 곰족과 범족이 서로 뜻을 하나로 묶지 못한 상태를 말한다. 그런 까닭에 천왕께서는 군사부일체(君師父一體)의 주군(主君)으로서 곰족은 자식(子)[1]이 됨을 알지 못하고, 범족은 신하(臣)[2]가 됨을 알지 못한다고 꾸짖고 계신 것이다.

밝음을 등지고 어둠을 향함

환웅께서 이르시기를 야아, 야아, 너희 곰족(熊)과 범족(虎)이여, 곰족의 한 여인과 범족의 한 남자로서 홀로 신(神)의 일을 독단으로 결정하며, 어리석고 괴팍(乖愎)하여 스스로의 믿음만으로 노략질과 뺏는 것에 힘을 썼도다. 병(病)을 앓고도 의원(醫員)[3]을 꺼리고, 원망을 지어 쌓고자만 했으며, 근본에 보답함이 결여되었으니 밝음을 등지고 어둠만을 향함과 같도다.

〔桓雄曰噫라. 噫爾熊虎아 女熊男虎하야 獨專神事하며 愚愎自恃하야 掠奪是務로다. 抱病忌醫오 做怨爲功이요 且缺報本하야 背明向暗이로다.〕

---

1) 자(子) : 환웅과 곰족의 관계는 군사부일체로 볼 때 부모와 자식 간의 관계임을 말한다.
2) 신(臣) : 환웅과 범족의 관계는 군사부일체로 볼 때 군주와 신하 간의 관계임을 말한다.
3) 의원(醫員) : 고대에는 질병을 고치는 자가 도덕적 가치를 가르치는 스승이기도 했다. 그래서 의(醫)자 뒤에 스승 사(師)를 붙여 의사(醫師)라는 말이 생겨났다.

◉ 愎 : 강퍅할 퍅(괴팍하다). 恃 : 믿을 시(의지하다, 의뢰하다). 掠 : 노략질할
약(략). 奪 : 빼앗을 탈. 做 : 지을 주(만들다, 맡다). 且 : 또 차(또한, 우선, 장
차). 缺 : 이지러질 결(없다, 모자라다)

❏ 홀로 신(神)의 일을 독단으로 결정했다고 함은 운명이 결정지어질 수
있는 일을 홀로 결정했다는 것을 말한다. 이 말의 의미는 상대와의 관계
에 있어 다툼의 소지가 있는 일은 신의 가르침이 필요하다는 뜻이다. 그
러니 이러한 일을 결정할 때는 지혜로운 자의 의견도 들어보고, 신께 기
도도하여 영감(靈感)을 얻을 필요가 있다는 말씀이시다.

 특히 병을 앓고도 의원을 꺼리고, 원망을 쌓고자만 하고, 근본에 보답
함이 결여된 행위는 밝음을 등지고 어둠만을 향함과 같다고 했다. 이 말
은 교만하고 이기적이며 배은망덕한 자는 어둠으로 향함과 같이 죽음의
길로 들어서는 것과 같다는 말씀이다. 그러므로 죽음의 길로 들어서지 않
기 위해서는 겸허와 정성, 그리고 배려와 보은을 통한 밝음의 길로 들어
서라는 것이다.

우듬지를 잡아라

 환웅께서 말씀하시기를 야아, 야아, 너희 곰족(熊)과 범족(虎)이요, 하늘
에 있는 것을 보라. 본체는 하나(一)이나 세 가지의 신(神)으로 나타남이
니라. 너희들은 사람에게 있는 것을 살펴보라. 한 형상(像)이 곧 세 가지
의 참(眞, 성명정)으로 이루어졌나니, 우듬지를 잡은 자는 길(吉, 복되다)
하고, 수행으로 거듭나는 자는 득(得, 얻음)하고, 주시함을 사무치도록 하
는 자는 철(哲, 밝음)하고, 성취가 이루어진 자는 전(佺, 온전함)[1]하느니
라. (본다는 것은 하나의 관찰함과 같다.)

---
1) 전(佺) : 온전한 사람. 지생쌍수(智生雙修)를 통해 선인(仙人)이 된 자를 말한다.

〔桓雄曰噫라. 噫爾熊虎아 爾觀在天하라. 一體而三神이시니라. 爾察在人
하라. 一像而三眞이니 持標者吉하고 薦修者得하고 透見者哲하고 濟化者
佺이로다. (見은 一作觀)〕

◉ 察 : 살필 찰(알다, 자세하다). 標 : 표할 표(우듬지, 사물의 말단). 薦 : 천
거할 천(견뎌 내다, 거듭나다). 透 : 사무칠 투(다하다, 꿰뚫다). 哲(嚞) : 밝을
철. 濟 : 건널 제. 濟化 : 가르쳐 인도(引導)하여 잘 하게 함

❑ 환웅천왕(桓雄天王)께서는 하늘에 일체삼신(一體三神)이 있고, 사람에
게는 일상삼진(一像三眞)이 있다고 한다. 이 말에서 일체삼신은 무형의
세계이고, 일상삼진은 유형으로 시작되는 세계임을 말한다. 그런 까닭에
삼신(三神)의 본체인 일신(一神)은 무형을 근본으로 하여 삼신으로 작용하
고, 삼진(三眞)의 본체인 일상(一像, 一氣)은 유형과 무형이 혼재된 허조
동체(虛粗同體)가 되어 삼진으로 작용을 하게 되어 있다. 두 개의 작용이
이와 같기에 일신을 통한 삼신과 일기를 통한 삼진은 같은 것 같으나, 완
전히 다르다는 것을 알려준다.

환웅천왕께서 삼진(三眞)을 말함에 있어 우듬지를 잡는 자가 길(吉)하다
는 것은 나무꼭대기에서 이제는 뿌리(一像)로 향하는 마음을 가졌기에 복
되다는 뜻이다. 수행으로 거듭나는(薦修) 자가 득(得, 얻음)하게 된다는
말은 도(道)를 잘 닦으면 변화를 얻게 되기에 참나(眞我)를 이루게 된다는
것을 말한다. 주시함을 사무치도록(透視) 하는 자가 철(哲, 밝음)하게 된
다는 말은 어느 한 곳에 집중을 통해 일어나는 무위적인 변화의 흐름을
놓치지 않고 주시(注視)를 잘하게 되면 사무치게 되어 있기에 밝음을 얻
게 된다는 것을 말한다.[1] 성취가 이루어진(濟化) 자가 전(佺, 온전)하게

1) 하나의 일에 집중이 중요하다는 수행의 방법에 대해서는 태을금화종지(太乙金華
宗旨)를 통해 여동빈(呂洞賓)도 한마디 한 적이 있다. 그것은 "마음을 분산시키
지 않고 하나에 쏟아 부어야 한다"는 것이다. 그러면서 그는 "마음을 한곳에 두

된다는 말은 닦음이 궁극에 이르게 되면 성취하게 되어 있기에 온전한 삶을 살게 된다는 것을 말한다.

삼칠일(三七日)을 통한 백일(百日)공부

환웅께서 이르시기를 야아, 야아, 너희 곰족(熊)과 범족(虎)이여, 너희들이 사람이 되기를 원(願)한다면 삼신(三神)의 계율로 나아가 맹서(盟誓)하라. 너희들에게 하늘의 약(藥)을 주니 쑥과 마늘이다. 너희들에게 먹는 법을 가르치리니 햇빛을 보지 않아야 하고, 삼칠일(三七日)을 경계(戒)로 삼아 백일(百日)을 기한으로 벗어남을 정(定)하고자 하니라. (주做는 하나의 성취시킴과 같다. 왈曰은 쑥과 마늘이 있다는 것과 같다. 정定은 하나의 고요함과 같다.)

〔桓雄曰噫라. 噫爾熊虎아 爾願做人인대 神戒就盟하라. 遺爾天藥하야 曰艾曰蒜이며 敎爾食之하야 不見日光하니 三七爲戒하고 百日定解로다. (做는 一作成하고 曰은 一作有하고 定은 一作靜이라)〕

◉ 就 : 나아갈 취. 艾 : 쑥 애. 蒜 : 마늘 산. 做 : 지을 주(만들 주)

☐ 사람 되기를 원(願)한다는 말은 동물적인 삶을 벗어나 천지의 뜻을 받드는 사람이 되기를 바란다는 뜻이다. 이들에게 삼신(三神)의 계율로 가르친다고 함은 천경신고(天經神誥)와 전계(佺戒)의 내용으로 가르친다는 것을 말한다.

마늘과 쑥에 대해서는 하늘의 약(藥)이라고 했다. 이 말은 사람의 육신만이 아니라, 체질을 개선하여 정신까지 고칠 수 있기 때문임을 말한다. 그런 까닭에 땅이 아닌 하늘의 약이라고 했다. 마늘과 쑥이 육신을 통해

면 이루지 못할 일이 없다(置心一處, 無事不辨)"는 부처가 남긴 말을 전하기도 하였다.

정신을 뜯어고칠 수 있는 까닭은 사람의 정신은 육신과 별도의 개체가 아니기 때문이다. 육신과 정신이 이처럼 별도의 개체가 아니기에 육신의 변화는 정신의 변화를 가져온다. 그 대표적인 것이 수행(修行)[1]이다.

수행을 하게 되면 연정화기(煉精化氣)라 하여 精을 단련하면 氣로 변화가 된다고 한다. 氣로 변화가 되면 다시 神으로 바뀌게 되는데 이를 연기화신(煉氣化神)이라 한다. 神으로 바뀌게 되면 이번에는 虛로 변화가 되는 연신환허(煉神換虛)가 된다. 虛로 변화가 되면 결국에는 道가 성취됨에 따라 연허합도(煉虛合道)가 이루어진다. 이와 같이 물질의 변화는 정신의 변화를 가져온다.

특히 환웅천왕께서는 왜 많은 약을 놔두고 마늘과 쑥을 대표적으로 취급했나 하는 생각이 든다. 마늘은 대표적으로 강력한 살균, 항균작용을 한다. 쑥은 대표적으로 차고 습한 것을 몰아내는 효능이 있다. 마늘은 그 맛이 매운 것에 비해 쑥은 쓴 맛을 나타낸다. 그렇기에 오행으로 매운 맛인 금(金)기운은 흡수하는 힘이 있어 열기로 뭉쳐진 염증의 독소 등을 흩트려버리는 성질이 있고, 쓴 맛이 나는 쑥은 화(火)기운이 있어 냉기를 몰아내는 힘이 있다. 마늘과 쑥의 이러한 효능으로 인해 하늘이 내린 약으로 취급받았던 것으로 보인다. 그런 까닭에 〈환단고기〉「삼성기 전/상편」에서 환웅천왕이 약을 먹고 신선(神仙)이 되었다는 내용은 그 약이 마늘과 쑥이었다는 것을 말해준다.

끝으로 천왕께서는 두 부족을 위해 햇빛을 보지 않고 삼칠일(三七日)을 경계로 삼아 백일(百日)을 기한으로 벗어남을 정(定)했다고 한다. 그런데 〈삼성기 전〉「하편」이나 〈태백일사〉「신시본기」를 보게 되면 그 기한 동안 약(藥)을 먹는데 그치지 않고, 주문수행(呪文修行)을 한 것으로 나타난다.

---

1) 수행(修行) : 〈삼성기전〉「하편」을 보면 주술환골이신(呪術換骨移神)이라 하여 주술로서 몸을 바꾸고, 정신을 바꾸었다고 했다.

〈삼성기 전〉「상편」에서도 천왕 또한 약만 먹었을 뿐 아니라, 밖으로 물건을 삼가며 문을 걸어 잠그고 주문을 읽어 공(功)을 이루었다고 했다. 이것으로 볼 때 곰족과 범족도 100일을 기한으로 마늘과 쑥을 복용하면서 주문수행을 했던 것이다.

곰족과 범족의 수행에 있어 눈여겨 볼 일은 삼칠일(三七日)을 통한 100일의 기한이다. 3(三)을 우선적으로 살펴보면 천일(天一), 지일(地一), 태일(太一)에 따른 삼신(三神)을 기반으로 하여 나왔다. 그러하기에 三은 본체인 일신(一神)이 삼신으로 작용하는 수(數)가 된다. 그러므로 3은 삼천양지(參天兩地)라는 말이 알려주고 있듯이 땅과 대비되어 만물을 낳기 위한 하늘을 나타내는 수를 상징한다.

7(七)의 경우는 양수(陽數)이며 방위로 볼 때에 불(火)을 나타내는 수(數)이다. 7수가 이처럼 불을 나타내기에 성수(成數) 중에서 가장 생명력이 넘치기도 하고, 크게 밝음을 간직한 수이기도 하다. 이 때문에 7火는 왕성한 생명력을 나타내기도 하지만, 크게 밝기 때문에 하늘의 완성수가 된다. 그러므로 3·7의 의미에는 만물을 낳기 위한 하늘이 크게 밝음을 드러낸다는 뜻이 담겨져 있다고 할 수 있다.

100일에 대한 의미에 대해서도 잠시 살펴보면 이는 하도(河圖) 55수와 낙서(洛書) 45수의 합(合)을 나타낸다. 하도 55수는 1~10까지 각기 더해진 수이고, 낙서 45수는 1~9까지 각기 더해진 수이다. 하도와 낙서에 의한 100수가 이처럼 귀일을 위한 10과 최대분화를 위한 9를 바탕으로 이루어짐에 따라 100은 최대의 분화를 통해 귀일이 이루어지게 됨을 나타내어주는 숫자이다. 그러므로 100이 가진 의미는 사람이 최대분화에 의한 타락의 길을 가게 되나, 결국에는 새사람이 되기 위한 구도의 길로 들어서게 된다는 것을 알려주고 있다.

9수가 최대의 분화를 나타내고, 10수가 귀일을 통해 새사람이 되기 위한 의미가 있듯이 100일 수행의 의미는 거듭남에 있다. 100일이 이처럼 거듭남에 있기에 그 의미는 동물에서 벗어나 사람이 되기 위함이요, 사람은 영성을 지닌 사람, 즉 신(神)이 되기 위함이다. 이와 같기에 단군신화(檀君神話)에서 100일의 중요성은 의미하는 바가 매우 크다고 하겠다.

하늘의 거울은 밝고도 밝다

환웅께서 이르시기를 야아, 야아, 너희 곰족(熊)과 범족(虎)이여, 하늘에는 삼신(三神)이 있고, 나라에는 오훈(五訓)이 있도다. 신(神, 思)이 온전하면 형체가 보존되고, 백성이 상(傷)하면 나라가 패망(敗亡)함과 같이 하늘의 거울은 밝고 밝아 때로는 사물(事物)을 시험하기도 하니라.

〔桓雄曰噫라. 噫爾熊虎아 天有三神하고 國有五訓이로다. 神全形存이오 民傷國亡이니 天鑑昭昭하야 驗物以時어다.〕

◉ 鑑 : 거울 감(본보기). 昭 : 밝을 소(밝게 빛나다). 昭昭 : 사리가 환하고 뚜렷함, 밝은 모양. 驗 : 시험 험(증험, 효과, 검증, 조사)

❑ 하늘에는 삼신(三神)이 있고, 나라에는 오훈(五訓)이 있다고 함은 하늘은 삼신의 道가 주장하고, 나라는 오훈에 의해 다스려지게 되어 있기 때문이다. 천왕께서는 다시 삼신으로부터 비롯되는 신(神, 思)이 온전하면 형체가 보존되고, 백성이 상(傷)하면 나라가 패망함과 같다고 했다. 이것은 神을 온전케 하는 삼신의 가르침을 멀리하면 우리의 형체를 보존할 수 없고, 백성을 지킬 수 있는 오훈을 가벼이 여기게 될 때는 나라의 안위(安危)가 위험에 빠질 수 있기 때문임을 말한다.

특히 하늘의 거울은 밝고 밝아 때로는 사물(事物)을 시험하기도 한다고 했다. 이것은 사물의 내면을 비추는 하늘이 때로는 그 마음을 가늠하여 모범된 자를 길이 창성하게 하고, 불의한 자를 패망의 길로 가게 만들기

62

도 한다는 것이다. 그래야만 역사는 보다 나은 방향으로 갈 수 있기 때문이다.

◈ 환국오훈(桓國五訓)

    1) 성신불위(誠信不僞) : 정성과 믿음으로 거짓이 없을 것

    2) 경근불태(敬勤不怠) : 공경과 근면으로 게으름이 없을 것

    3) 효순불위(孝順不違) : 효도와 순종으로 어김이 없을 것

    4) 염의불음(廉義不淫) : 청렴과 의로움으로 음란치 않을 것

    5) 겸화불투(謙和不鬪) : 겸손과 화목으로 다툼이 없을 것

〈태백일사〉「환국본기」

3장. 농사법을 전한 고시(高矢)님

고시님의 탄생

  해 돋은 띠 덮은 집, 푸른나무 들이로다. 바람은 산 숲에 불어오고, 우거진 녹음(綠陰) 뜰에 가득하도다. 오직 산봉우리의 정기(精氣) 내리어, 이에 고시(高矢)님을 낳으시니, 고시님 으앙으앙 우실 때, 영특하고 슬기로워 숙성(夙成)하시도다.

〔日出之茨오 靑木之野로다. 風來山木하고 碧陰滿庭이로다. 惟岳降精하야 乃生高矢하시니 高矢呱呱하야 英慧夙成이로다.〕

◉ 茨 : 지붕 일 자(지붕을 이다, 잇다, 쌓다). 呱 : 울 고. 夙 : 이를 숙(이르다, 빠르다, 삼가다). 벽음(碧陰) : 푸른 나무 그늘(綠陰). 고시(高矢) : 곡식을

담당하는 주곡(主穀)에 임명된 자(고시례高矢禮의 주인공). 고고(呱呱) : 아이가 세상에 처음 나오면서 우는 소리. 숙성(夙成) : 일찍 성취함, 조숙(早熟)함

❏ 산봉우리의 정기가 내려 고시님을 낳았다고 한다. 이 말은 명산대천 (名山大川)의 지령지기(地靈地氣)를 받고 문명을 여는 고시님이 탄생하였 다는 것을 말한다. 이러한 영향에 힘입어 고시님은 산림(山林)의 기술과 농사법을 터득했으리라 생각이 된다. 그래서 고시님은 백성들에게 산림기 술과 농사법을 가르치시는 덕을 베풀 수가 있었던 것이다.

백성들의 천거(薦擧)

고시(高矢)님이 이미 자라나서 덕(德)은 세상 구제함을 겸(兼)하시고, 씨 를 뿌리고 나무심어 산림(山林) 확장하는 것을 모두 경험하여 갖추시니, 그 소문이 비로소 나타나서 길에서도 들에서도, 뭇 여론이 모아진 말을, 곧 천왕(天王)께 추천해 올리시니라.

〔高矢旣長하야, 德兼濟世하시고, 種樹殖産을, 悉驗而備하시니, 厥聲乃 彰하야, 于路于野로다, 衆神合辭하야, 乃薦于天王하시니라.〕

◉ 殖 : 불릴 식(번성하다, 번식하다). 悉 : 다 실(모두, 다하다). 驗 : 시험 험 (증험). 彰 : 드러날 창(뚜렷하다). 神 : 귀신 신(신령, 정신, 마음). 辭 : 말씀 사(문체文體의 이름). 薦 : 천거할 천. 殖産 : 생산물을 늘림

❏ 당시에는 벼농사, 밀농사, 보리농사 등의 활성화 보다는 산림을 통해 먹고사는 일을 해결했던 것으로 보인다. 이때는 각종 유실수(有實樹)들이 대표적으로 취급되었을 가능성이 크다. 당시 고시씨의 뛰어난 능력이 특 출함을 보이자 뭇 여론이 모아져 천왕(天王)께 천거함에 이르렀던 것으로 보인다.

64

명(命)을 받들다

천왕께서 이르시기를 오너라, 너를 곡식을 담당하는 책임자로 명(命)하노라. 고시님이 머리를 조아리시고 머리를 조아려서 명을 받드시니, 때에 불씨가 없고, 사람들은 밥 짓는데 어두워, 나무껍질 벗겨서 과실(果實)로 소(餡)를 하여 먹다가, 산목숨을 무너지게 함도 있었더라. (혹은 껍질이 없는 것)

〔天王曰來하라, 命爾主穀하노라. 高矢稽首하시고, 稽首承命하시니, 時無火種하고, 人昧炊爨하야, 剝樹皮餡果하야, 有壞生命하니라. (或本無皮)〕

◉ 稽 : 상고할 계(조사하다, 헤아리다). 承 : 이을 승(받들다). 昧 : 어두울 매. 炊 : 불 땔 취. 爨 : 부뚜막 찬. 剝 : 벗길 박(깎다). 皮 : 가죽 피. 餡 : 떡소 도(탐하다). 壞 : 무너질 괴

* 떡소(송편이나 계피 떡 따위의 떡 속에 넣는 재료)

❑ 때에 불씨가 없다고 함은 불씨를 만드는 재료가 충분치 않았다든가, 불씨를 만드는 기술이 부족했던 것으로 여겨진다. 처음 불씨는 환국시대에도 있었기 때문이다. 다만 고시씨로부터 불씨를 만드는 재료와 기술이 보다 간편하고, 쉽게 만들어졌을 것으로 생각이 된다.

땅의 법칙을 알아 심고 거두다

고시님이 머리를 조아리시고, 고시님이 '어!' 대답하시기를,
"어찌 땅의 마땅함을 보아, 심고 거둠을 때로서 아니 하리이까."
천왕께서 이르시기를 "야아! 그 푸른 풀을 베어내고,
높은 데는 기장으로 낮은 데는 찰벼로 하여,
오직 부지런히 심으라."

〔高矢稽首하시고, 高矢曰於라, 何不相地宜하야, 稼穡以時리오.

天王曰阿라, 刈厥靑草하고, 高粱下稌하야, 惟勤惟播하라.)

⊙ 於 : 어조사 어, 탄식할 오. 宜 : 마땅 의(알맞다). 稼 : 심을 가. 穡 : 거둘 색. 阿 : 언덕 아(대답하는 소리). 刈 : 벨 예(자르다, 없애다). 粱 : 기장 량. 稌 : 찰벼 도. 播 : 뿌릴 파. 가색(稼穡) : 곡식을 심고 거두는 농사. 고량(高 粱) : 볏과의 한해살이 풀

□ 땅의 마땅함은 때에 맞게 싹을 돋게 하고, 자라서 결실하게 하는 법칙 을 말한다. 땅의 마땅함이 이렇듯 때에 맞추어 심고 거둠에 있기에 이것 은 땅이 천리(天理)에 순응하는 법칙을 가졌다는 이야기이다.

고시씨는 산림을 통한 먹거리를 개발해 내었을 뿐만 아니라, 위의 내용 으로 보아 천왕의 뜻에 따라 차차 곡식을 심어 농사를 짓는 방법도 만들 어 내었던 것으로 보인다.

고시님의 공덕(功德)

그래서 고시님은, 날로 근심치 않음이 없고, 산에도 들에도, 비로소 오 곡을 심음이로다. 곧 돌(부싯돌)을 쳐서, 처음으로 밥을 익힐 수 있게 되 니, 음식을 익히는 기술이 일어나고, 요리를 만드는 공력이 진전하니라.

〔於是高矢, 無日不憂하야, 而山而野하야, 始播五穀이로다.

乃掊之石하야, 始得火食하니, 鑄冶術興하고, 制作功進하니라.〕

⊙ 掊 : 그러모을 부(거두다). 憂 : 근심 우. 鑄 : 쇠부어 만들 주

* 오곡(五穀) : 주례(周禮)에 의하면 벼, 기장, 피, 보리, 콩이며, 예기(禮記)에 서는 삼(麻), 기장, 피, 보리, 콩이고, 관자(管子)에서는 기장, 차조, 콩, 보리, 벼이다.

□ 고시님의 근심에 결과로 백성들은 오곡의 풍성함을 얻고, 다양한 품종

에 따른 맛을 보게 되었던 것 같다. 밥을 짓는 기술은 점차 향상되어 음식을 요리하는 공력으로 발전하니, 고시님의 공덕은 백성을 배불리 먹고 살게 하는데 있었던 것이다.

4장. 사황(史皇) 신지(神誌)님

신지(神誌)님의 출생

밝은 산 우뚝 솟아, 높이 하늘 끝에 닿으니, 오직 산봉우리돌 우뚝우뚝하고, 숲진 박달나무는 울창(鬱蒼)하게 푸르도다. 하늘이 한(大·韓)의 나라를 도우시사, 후(厚)하옵게도 신지님을 낳으시니, 신지님은 위대하고 기상이 훌륭하시어, 지혜로써 신명(神明)을 통(通)하시니라.

〔風山屹立하야, 峻極于天하니, 惟石嵒嵒하고, 林檀蒼蒼이로다.
天佑大界하야, 篤生神誌하니, 神誌偉壯하야, 智通神明하시니라.〕

◉ 屹 : 우뚝 솟을 흘. 峻 : 높을 준. 嵒 : 험할 암. 佑 : 도울 우. 篤 : 도타울 독. 偉 : 클 위. 壯 : 장할 장. 風山 : 風은 신령함과 밝음의 뜻이 있다.

❑ 하늘이 위대한 나라, 대한(大韓)을 돕고자 신지님을 낳게 하셨다고 함은 인류의 정신문화를 크게 여시기 위한 일 때문이라 여겨진다. 문자의 발생은 소통을 뛰어넘어 지혜를 전달하는 힘으로 여겨지기 때문이다.

지혜로써 신명(神明)을 통했다고 함은 그 명석함이 신령함과 밝음에 닿았다는 것을 말한다. 그러니 그의 지혜로움이 천지와 함께할 정도로 궁극에 닿았다는 말이 된다.

왕명(王命)을 받들다

신지님을 왕명을 받드는 책임자로 정(定)하사, 내고들임을 힘쓰시더니, 곧 사슴 흔적을 보시고, 이에 그 글자를 만드시도다. 말로는 뜻을 나타내고, 글로는 일(事)을 적으니, 만세의 문헌(文獻)이, 실(實)로 여기에서 근본하도다.

〔神誌主命하사, 出納是務러시니, 卽見鹿跡하시고, 乃制其字로다,

言以彰意하고, 書以記事하시니, 萬歲文獻이, 實基於此로다.〕

◉ 納 : 들일 납(수확하다, 받아들이다). 是 : 이 시(여기, 무릇). 鹿 : 사슴 록. 跡 : 발자취 적. 주명(主命) : 왕명(王命)의 출납(出納)을 맡은 벼슬

❑ 최초의 글자가 사슴의 발자취로부터 시작되었다는 말씀이시다. 글자의 시작은 왕명을 받들어 백성에게 알리고, 백성의 뜻을 왕에게 알리는 과정으로부터 시작되었다는 것이 문자가 생긴 발생의 이유이다. 이로부터 만세의 문헌이 시작되었다고 하니 신지님은 문자의 시조(始祖)가 되는 분이시다.

사황(史皇)

빛나는 문장 신지님은, 뒤를 너그러이 하여 복이 많으시니, 그 글(契) 공로를 생각하여, 높이는 이름 사황(史皇)이로다. 후에 자부(紫府)선생[1]이

---

1) 자부선생(紫府先生) : 〈태백일사〉「삼한관경본기」의 마한세가 상(上)에서 보면 자부선생은 칠회제신력(七回祭神曆)을 만들고, 삼황내문(三皇內文)을 치우천왕께 바친 것으로 나온다. 천왕께서는 이를 칭찬하고 삼청궁(三淸宮)을 지어 기거하게 했다고 한다. 이때에 공공(共工), 헌원(軒轅), 창힐(倉頡), 대요(大撓)의 무리가 찾아와서 모두 자부선생에게 배웠다고 전한다. 당시에 선생께서는 윷놀이를 만들어 환역(桓易)을 연역(演繹)함으로써 신지(神誌) 혁덕(赫德)이 기록했던 천부경의 의미를 드러내기도 했던 것이다.

발해(渤海) 고왕(高王)의 동생 대야발(大野勃)이 집필했다는 단기고사(檀奇古史)에서는 자부선생에 대해 다음과 같이 적고 있다.

"이전 때에 자부선생이 있어 상통천문(上通天文)하고 하찰지리(下察地理)하며

있어 더욱 매옵고 위대하시니, 서쪽으로 헌원(軒轅)을 가르치시고, 법식(法式)을 세상으로부터 찾게 하시니라.

〔光文神誌는, 裕後多福하시니, 念厥文功하야, 崇號史皇이로다,

後有紫府하야, 益烈而大하시니, 西敎軒侯하시고, 式求天下하시니라.〕

⊙ 裕 : 넉넉할 유(너그럽다, 느긋하다). 崇 : 높을 숭. 益 : 더할 익. 烈 : 매울 렬(대단하다, 굳세다). 사황(史皇) : 역사기록의 비조(鼻祖)

❑ 신지님이 뒤를 너그러이 했다고 함은 후세에 많은 명문(名文)들이 나올 수 있게 길을 닦아놓았기 때문임을 말한다. 그러하기에 후세에 걸쳐 그 이름을 잃지 않게 되니, '복이 많으시다'고 했다.

  사황(史皇)이라는 명칭이 신지님의 크나큰 공로를 말해주듯이 기록의 시원에는 신지님이 계셨다. 그런데 이후 자부선생이라는 분이 나와 더욱 매옵고 위대하시다고 함은 단순한 기록 문서를 뛰어넘어 고대의 지혜를 글로 묶어 가르치는 역할로 사용했기 때문이다. 이른바 모든 분야의 지혜를 서책(書冊)으로 만들어 놓는 길을 열어 놓음으로써 학문의 길을 열어준 공덕(功德)을 펼치신 것이다. 이를 계기로 황제 헌원(軒轅)도 자부선생에게 배움을 청해 중원에 신선문화를 열어주었고, 이로부터 천부사상(天符思想)을 전 인류에게 전하게 되는 계기가 되었으니 자부선생의 공덕은 말로 헤아릴 수 없는 위대함이 있다.

  특히 법식(法式)을 세상으로부터 찾게 했다는 것은 세상 속에 이미 모

도덕고명(道德高明)하니 중화국(中華國) 헌원황제가 와서 수학(修學)한 후에 내황문(內皇文)을 받고 돌아갔다. 자부선생(紫府先生)을 봉(封)하여 밝은 임금의 사부(師父)가 되는 광명왕(光明王)으로 삼았다." 〈檀奇古史〉「第一世/檀帝」

  자부선생께서 상통천문하고 하찰지리하며 도덕고명했다고 함은 처음으로 천문(天文)과 지리(地理)에 통하는 학문을 밝히고, 천지의 결실인 인간이 해야 할 바도 드러내었다는 것을 말한다.

든 진리가 갖추어져 있는 것을 알고, 그 숨은 법식을 찾게 했다는 것을 말한다. 달리말해 세상으로부터 진리를 구할 수 있도록 세상에 감추어진 원리를 들춰내어 세상의 위대함을 알게 했다는 이야기이다. 그 대표적 가르침이 천문(天文)을 통한 칠회제신력(七回祭神曆)이요, 삼황내문(三皇內文)[1])에서 알 수 있듯이 방위를 통한 풍수사상(風水思想)이요, 인사(人事)에 있어서는 신성(神聖)이 되기 위한 인문학(人文學)의 가르침이다.

다시 말해 자부선생께서는 천문(天文)을 통한 역법(曆法)과 지리(地理)를 통한 풍수(風水)를 처음으로 밝혀주셨고, 인사(人事)에 있어서는 철인이 되기 위한 인문학(人文學)을 드러내어 놓음으로써 천지인이 전해주는

---

1) 삼황내문(三皇內文) : 〈태백일사〉「소도경전본훈」에 의하면 삼황내문경을 자부선생이 황제헌원에게 주어 그로 하여금 마음을 닦아 의로움으로 돌아가게 했다고 한다. 중국의 기록에는 진(晉)나라 때의 갈홍(葛弘, 283~363)이 포박자(抱朴子)에서 다음과 같이 밝히기도 했다.

"옛적에 황제헌원이 있었는데 동방의 청구(淸丘)에 이르러 풍산(風山)을 지나다가 자부선생을 만나 뵙고 삼황내문을 전수받았다."
〈抱朴子〉「內篇」地眞 제十八

삼황내문은 처음에 신시시대의 녹서(鹿書)로 기록되어 세 편으로 나뉘어 있었다고 전한다. 이후 그 흔적을 알 수 없다가 삼국(三國, 위촉오)의 백화(帛和)가 얻은 것이 가장 오래되었다고 한다. 후에 서진(西晉)의 방사(方士)인 정은(鄭隱)이 갈홍(東晉)에게 전하게 되면서 오늘날까지 전해지고 있다. 현존하는 삼황내문의 구성을 보면 상편은 천황(天皇), 중편은 지황(地皇), 하편은 인황(人皇)으로 되어 있다.

제1편 천황(天皇)은 하늘의 위대함에 따른 바른기운(正氣)을 베푸는 성향, 바른 기운을 따르는 행위, 절제 속에서 장생하는 삶, 밝은 임금, 오묘한 가르침, 참된 글귀 등으로 되어 있다.

제2편 지황(地皇)은 땅의 위대함에 따른 합당한 법률, 아름다운 덕(德), 생명을 기르는 국토, 복을 베풀며 닦고 배우는 삶, 속됨을 벗어난 닦음의 길 등으로 구성되어 있다.

제3편 인황(人皇)에서는 자연환경의 방위 속에서 운명을 조율하는 사람의 위대함을 드러내어 준다. 이는 땅의 정령(精靈)이 4개의 방위에서 변화를 일으킴을 알아 방위의 변화에 맞게 처세하자는데 있기 때문이다. 그러므로 인황편에서는 4개의 방위가 되는 지호(地戶), 인문(人門), 천문(天門), 귀문(鬼門)을 통한 형세를 알려주기도 한다.

가르침을 만들어 놓았던 것이다. 이로 보건대 자부선생은 도학(道學)에 관해서는 역사의 한 획을 그으신 위대한 인물이다.

환웅천왕의 도(道)를 이은 자부선생(紫府先生)

굳세고 굳세어 활달하고 생기가 넘치심이 임금(환웅천왕)으로 하여 뛰어난 무용(武勇)[1]을 떨치게 하심이라.

빛나고 빛나며 밝고 밝음이 자부선생으로 하여금 중요한 부분을 이어지게 하시니 그 덕(德) 갸륵하여 자부선생(紫府先生)께서 가르침 베푸심을 좇으시고 법칙에 어긋남이 없으니 귀중함을 드러냄이라.

〔桓桓皇皇이 王奮神武함이라. 赫赫明明이 紫府核承하시니 嘉尙厥德하야 宣化以從시고 奉敎以矩하시니 圈點以彰이라.〕

◉ 桓桓 : 굳세고 굳센. 皇皇 : 활달하고 생기가 넘친 모양. 奮 : 떨칠 분. 赫 : 빛날 혁. 嘉 : 아름다울 가. 尙 : 오히려 상. 厥 : 그 궐. 矩 : 모날 구. 圈 : 우리 권(동그라미, 울타리). 彰 : 드러날 창

❏ 신지님을 언급하다가 갑자기 임금(환웅천왕)이 나옴은 천왕의 도(道)를 받들기 시작하면서 모든 가르침이 나왔기 때문임을 말한다. 신지님을 거쳐 그 첫째로 자부선생이 나옴은 천왕의 중요한 부분인 도(道)를 받들어 세상에 전했기 때문이다. 자부선생께서 천왕의 도를 펼칠 수 있었던 것은 천왕의 덕(德)이 갸륵했기에 가능했다. 그렇다면 어떠한 가르침이 갸륵했기에 자부선생은 천왕의 도를 받들고자 했을까? 그 가르침은 천부경(天

---

1) 무용(武勇) : 환웅천왕께서 뛰어난 무용을 떨치셨다는 표현은 낯설기까지 하다. 당시에 곰족과 범족을 교화로 다스리고자 했기 때문이다. 하지만 〈삼한관경본기〉에서 표현되고 있는 대일왕(大日王)인 환웅천왕은 순행하며 사냥과 천제를 올릴 적에 운사로 하여금 백 명의 군사로 하여 칼로 무장시켜 제단 밑에 늘어서서 지키게 했다는 것으로 보아 불가능하지만은 않았던 것 같다. 상대를 굴복시켜 교화하는 데에도 힘이 있어야했기 때문이다.

符經)과 삼일신고(三一神誥), 그리고 수행을 위한 전계(佺戒)였다.

자부선생은 천부경의 원리를 바탕으로 윷놀이를 만들고, 칠성력(七星曆)[1]을 만들어 인류가 일주일을 7일로 하는 계기를 만들어 놓았다. 선생이 만든 윷놀이를 보게 되면 그 중심이 북극성(北極星)이다. 그런데 천부경도 그 시작이 대허(大虛)와 일신(一神)을 바탕으로 허조동체(虛粗同體)인 일기(一氣)로부터 비롯되는바 북극성으로부터 시작되는 의미를 가진다. 이는 내적인 빛의 근원이 되는 일신과 외적인 빛의 근원이 되는 북극성이 다르지 않기 때문이다.

무엇보다 천부경과 윷판이 비슷한 점은 천부경의 수가 1~9를 통해 10을 만들고, 10~2를 통해 1을 만들어 놓았듯이 윷판도 이와 마찬가지로 구성되어 있다는 점이다. 그래서 윷판에서는 1~9를 통해 출입구와 직선으로 연결된 10을 만들고, 10~2를 통해 출입구의 직전에 있는 1을 만들어 놓기까지 했다. 그 결과로 윷판에서도 통일의 시초인 10이 만들어지고, 후천일기(後天一氣)가 되는 1이 만들어지게 되었다.

윷판에 대해 좀 더 보게 되면 본래의 윷판에서 나타나고 있듯이 그 모습은 둥근 원형(圓形)에 십자형(十字形)의 모양이 안으로 들어가 있다. 이를 바탕으로 중앙에 있는 북극성을 중심으로 하여 칠성이 사방을 선회하고, 칠요(七曜：日, 月, 木星, 火星, 土星, 金星, 水星)가 갈 수 있는 길인 28수(二十八宿)[2]를 만들어 놓기까지 하였다. 이렇게 볼 때 자부선생

---

1) 〈부도지〉「제23장」을 보게 되면 부도의 책력(冊曆)은 일주일을 7일로 하고, 한 달을 28일로 하여 4주를 이룬다고 한다. 4주는 다시 28일이 되니, 1년을 13개월로 하여 364일에 윤일인 하루를 더하여 365일로 맞춘다고 했다. 그런데 이것은 윷판에 북극성을 중심으로 4방위로 순환하는 북두칠성이 있고, 28수(二十八宿)로 나타나고 있는 것으로 보아 자부선생의 칠성력(七星曆)이 고대사회에서 사용되었던 것으로 보인다. 이와 같은 책력은 잉카문명과 마야문명에서도 발견되는 것으로 보아 고대사회와 관련이 있다는 것을 알려주기도 한다.

2) 윷판에서 사방을 선회하는 북두칠성(7×4)의 총 합은 28이다. 윷판에서는 이처럼 28의 수까지 나타내게 됨에 따라 윷판에는 북극성을 중심으로 사방을 선회하는

은 천부경이 담고 있는 순환적인 원리와 10으로부터 근원으로 향하는 귀일의 원리에 맞게 우선 순환의 상징이 되는 원형으로 윷판의 외형을 만들고, 10의 상징이 되는 십자형으로 윷판의 안을 채워놓았던 것이다. 이렇게 해서 만들어지는 모습이 원십자형(圓十字形)이다. 곧이어 천부경에서 전하고 있는 하늘(마고대성)인 태일(太一)에 대응하여 윷판에서의 정중앙을 북극성으로 나타내었고, 현상계의 중심으로 나타나는 일기(一氣)에 대응하여 사방을 선회(旋回)하는 모습의 북두칠성으로까지 나타내었던 것이다.

자부선생께서 원십자(圓十字)의 원리를 윷판에 담아 놓았다는 것은 세상의 중심(十)에서 근원(북극성, O)과 통하는 이상향을 제시해놓은 것과 같다. 뿐만 아니라 태일에 해당하는 북극성과 일기(一氣, 七神氣化)[1]에 대응하는 북두칠성을 바탕으로 28수(二十八宿)까지 나타내는 윷판을 만들어 내게 되면서 이를 바탕으로 칠요(七曜)가 가는 길을 제시해 놓았다는 것은 오늘 날의 천문(天文)을 볼 수 있는 길을 열어 놓은 것과 같다고 할 수 있다. 이와 같기에 천문의 시초가 되는 칠정운천도(七政運天圖)[2]는 윷판을 시초로 하여 나왔다고 밖에 달리 생각할 수 없다.

북두칠성만을 나타낸 것이 아닌, 뭇 생명들의 운명을 만들어 내는 28수(二十八宿)도 나타낸 것이다.

28수(二十八宿)는 다음과 같다.

동방 7수 청룡(靑龍)은 각, 항, 저, 방, 심, 미, 기(角亢氐房心尾箕)
북방 7수 현무(玄武)는 두, 우, 여, 허, 위, 실, 벽(斗牛女虛危室壁)
서방 7수 백호(白虎)는 규, 루, 위, 묘, 필, 자, 삼(奎婁胃昴畢觜參)
남방 7수 주작(朱雀)은 정, 귀, 유, 성, 장, 익, 진(井鬼柳星張翼軫)

1) 일기(一氣)가 칠신기화(七神氣化)를 이루게 됨을 삼일철학으로 보게 되면 무형인 삼신과 유형의 완성수인 4와의 합일로 인함이다. 이것이 천부경의 구절 속에 있는 운삼사(運三四)로써 일곱 가지의 신령함으로 기화(氣化)가 되어 나타나게 되는 것이다.

2) 칠정운천도(七政運天圖) : 〈태백일사〉「소도경전본훈」에 의하면 자부선생은 일찍이 해와 달을 측정하여 이를 정리하고, 오행(五行)의 수리(數理)를 따져서 칠정운천도를 저작했다고 한다.

인류는 천문과 인간 삶의 문제를 오래 전부터 둘이 아닌 하나의 문제로 인식하여 왔었다. 이와 같기에 음양사시를 예측할 수 있는 천문(天文)을 통해 절기에 맞는 농사법이 만들어지기도 하고, 우리는 지금 어떤 운명의 주기(週期)에 살고 있는가를 궁금해 하게 되면서 하늘의 변화현상을 담은 책력(冊曆)이 만들어지기도 했다. 그런데 이러한 천문이 천부경을 기반으로 윷판을 통해 나올 수밖에 없었기에 천부경이야말로 하늘의 현상을 담고 있는 경전으로서도 부족함이 없다. 그런 까닭에 천부경을 쉽게 볼 수만은 없다고 생각한다.

《환단고기》에서 전하고 있는 자부선생은 발귀리의 후손으로 치우천왕과 동시대인이었고, 헌원(軒轅)에게 삼황내문(三皇內文)을 전해준 주인공이다. 이로부터 중국의 문명이 발생하는 원인이 되었다고 하니, 자부선생은 우리의 선진문화가 세계만방에 뻗어나갈 수 있는 발판을 만들어 놓으신 인물이다. 그런 까닭에 자부선생은 학문에 있어서는 태조(太祖)가 되는 분이시다.

◈ 북두칠성은 칠요(七曜)의 중심

"북두는 칠정(七政, 七曜)의 핵심이 되는 기틀이며 음양의 본원이니라. 고로 하늘 가운데에서 빙빙 돌아서 사방을 통제해서 사시(四時)를 세우고 오행을 고르게 하니라. 북두칠성은 임금의 모습이며, 모든 별들을 호령하고, 모든 인간세계를 호령하는 주인공이며, 옥황상제님께서 타시는 수레니, 수레는 운행한다는 뜻을 취한 것이니라."

《천문류초天文類抄》

문화영웅시대(文化英雄時代)

환웅천왕의 가르침을 법으로 삼아 후대의 환웅들이 앎을 통해 무리를 이끄시고, 덕으로 강함을 굴복시키며, 용맹함으로 폭압을 제압하시고, 자애로움을 빈궁한 자에게 베풀고, 힘으로 기울어짐을 붙드시니 천신과 사람들이 이로써 화합하여 천하가 저절로 편안해지니라.

〔法桓雄之訓하야 以知引衆하시며 以德服强하시며 以勇除暴하시며 以惠施貧하시며 以力扶傾하시니 神人以和하야 天下自安하니라.〕

◉ 引 : 끌 인. 服 : 옷 복(좇다, 복종하다). 除 : 섬돌 제. 傾 : 기울 경

❑ 위의 내용에서는 환웅천왕의 가르침을 법으로 삼아 후대의 환웅들이 앎을 통해 세상을 다스렸다고 하였다. 이들이 천왕의 가르침을 법으로 삼았다는 것은 천왕의 뜻을 받들어 신정일치(神政一致)의 정치를 했다는 것을 말한다. 끝으로 이들이 신정일치의 정치를 했기에 18대에 이르는 환웅시대가 찬란한 문화영웅시대를 열 수 있었다는 말씀이다.

부록 : 삼황내문유비(三皇內文遺秘)

들어가는 말

삼황내문유비(三皇內文遺秘)는 삼황내문이 비밀리에 남겨졌다고 하여 붙여진 명칭이다. 천지인(天地人)을 높여 1편을 천황(天皇), 2편을 지황(地皇), 3편을 인황(人皇)으로 구성한 삼황내문은 그 명칭부터가 중국풍(中國風)하고는 다르게 삼일철학(三一哲學)에 기반을 둔 천지인사상(天地人思想)으로부터 나왔다는 것을 느끼게 한다. 이와 같은 의미는 본문의 내용에서도 나타난다.

본문에 있어 삼황내문유비가 중국풍하고는 다른 점은 살아서 장생(長生)만을 외치는 도교(道敎)와는 다르게 윤회를 끊는 천상에서의 장생을 앞세운다든가, 천부경의 핵심 숫자가 되는 9와 6을 대비시켜 말씀하시는 거나, 한민족이 가장 많이 언급하는 3과 9의 상징적의미를 문장에 많이 나타냄이나, 국가와 가정을 바탕으로 도(道)를 닦게 됨을 언급한 것이나, 바른 기운을 앞세워 밝음을 얻는 삶 등에 우선 목적을 두었기 때문이다. 이런 점에서 보아 삼황내문유비는 중국풍에 물들지 않은 자부선인의 독자적인 저작이라는 것을 알려주는데 있어서는 부족함이 없다.

三皇內文遺秘

金闕神章, 三皇默秘之文也. 在天與天爲道, 而統五行, 著萬神, 主萬象. 在地與地爲德, 宰萬物, 擒精怪, 斬邪神. 故爲無上御攝之法, 至神不死之道也. 內隱陰陽六化之功, 使修行之人, 不遭外患. 居山止洞林境, 修眞養素, 求訪山中岩谷, 若非斯文, 則精怪以禍人之性命者多矣. 故世市鬧宅, 堂室舍宇之中, 或年深絕於無人之跡, 精邪尚有存焉, 而況於探山幽谷, 窮路林芳之處也. 居山守靜, 若不懷斯文者, 如將身自投於死地. 今降斯文, 以辨邪正, 令後學仙之士, 不遭禍患, 橫傷命耳. 時年丙午菊節, 紫微道人序.

金闕神章, 三皇默秘之文也.
〔금궐신장, 삼황묵비지문야.〕
　황금빛 궁궐의 신령스런 문장은 삼황의 비밀이 감추어진 글이다.

❏ 요지(要旨) : 황금빛 궁궐은 머릿골에 있는 천궁(天宮)을 말한다. 이곳이 신화학(神話學)에서는 대지의 자궁인 지하세계요, 바다의 용궁(龍宮)이기도 하다. 황금빛 궁궐의 신령스런 문장이라고 함은 우리의 머릿골인 천궁을 다루고 있는 이야기야말로 신령스런 문장이라는 뜻이다. 그런데 이 문장에 대해 삼황(三皇)의 비밀이 감추어진 글이라고 했다. 이 말은 황금빛 궁궐에 대한 이야기에는 삼황인 천지인(天地人)의 비밀이 감추어져 있기 때문임을 말한다. 그런 까닭에 천지인의 비밀이 감추어진 우리의 머릿골에 대한 신령스런 문장이야 말로 위대함이 있다는 이야기이다.

在天與天爲道, 而統五行, 著萬神, 主萬象.
〔재천여천위도, 이통오행, 저만신, 주만상.〕

하늘이 있기에 더불어 하늘의 도(道)를 배우고, 오행으로서 법을 세우니 만신(萬神)이 나타나는 만 가지 현상을 주재하게 됨이라.

❑ 요지(要旨) : 하늘이 있기에 더불어 하늘의 도(道)를 배우게 된다는 말은 현상으로 나타나는 모든 것이 나름대로의 전해주는 바가 있다는 말씀이다. 〈주역〉「설괘전」에서 가까이는 자기 몸에서 취한다는 근취저신(近取諸身 : 이때 '제諸'를 '저'로 읽는다)과 멀리서는 모든 사물에서 취한다는 원취저물(遠取諸物)이 이에 해당하는 말이다.

오행(五行)으로 법을 세우니 만신(萬神)이 나타나는 만 가지 현상을 주재하게 되어 있다는 것은 신성(神性)이 깃들어 있는 만물의 모든 현상은 음양오행의 원리에서 벗어나지 않는다는 이야기이다. 이 때문에 음양오행의 원리 속에서 변화를 예측할 수 없는 사물을 관찰하고 살펴보아야 한다는 것이다. 이렇게 될 때 모든 신묘(神妙)한 현상은 상호 관계 속에서 일어남을 알게 되는 까닭에 일의 실마리를 찾게 된다는 것을 말한다.

在地與地爲德, 宰萬物, 擒精怪, 斬邪神.
〔재지여지위덕, 재만물, 금정괴, 참사신.〕
* 擒 : 사로잡을 금. 斬 : 벨 참
땅이 있기에 더불어 땅의 덕(德)을 배우고, 만물을 주재하니 괴이한 정기를 사로잡아 사악한 귀신을 베게 됨이라.

❑ 요지(要旨) : 하늘과 땅으로부터 도(道)와 덕(德)을 배우고, 만물을 주재하기 위한 상통천문(上通天文)하고 하찰지리(下察地理)를 하면 집안과 개인의 흉액(凶厄)을 제어 하게 된다는 것을 말한다.

故為無上御攝之法, 至神不死之道也.
〔고위무상어섭지법, 지신불사지도야.〕
　그러한 까닭에 위가 없는 통솔자의 법을 다스리게 되면 사라지지 않는 신령한 도(道)에 이르게 되어 있도다.

❏ 요지(要旨) : 상통천문하고 하찰지리하며 인간의 심령(心靈)을 좌우하는 영적세계에까지 꿰뚫는 중통인의(中通人義)를 하면 통솔자의 법(法)을 사용하게 된다는 말씀이다. 이때가 되면 절대법칙을 쓰기에 영원히 신령함에 머물러 있게 된다는 것을 말한다.

內隱陰陽六化之功, 使修行之人, 不遭外患.
〔내은음양육화지공, 사수행지인, 부조외환.〕
　음양을 안으로 숨기고 여섯이 되는 공을 이루면 수행인으로 하여금 바깥의 근심을 만나지 않게 할 것이로다.

❏ 요지(要旨) : 음양을 안으로 숨김은 내 몸에서 음양의 변화를 일으키자는 것이다. 이것은 몸을 통해 성명쌍수(性命雙修)의 수행을 하게 됨을 말한다. 여섯을 이룸은 음양의 조화(調和)인 중일(中一)을 얻어 대지의 자궁(子宮)에서 생명의 통일을 이룸을 나타낸다. 그러므로 위의 문장은 음양(陰陽)을 통한 수행을 하게 되면 생명의 통일을 이루게 되면서 안(內)이 신령스럽게 밝아져 밖의 일을 지혜롭게 대처하게 된다는 이야기이다.

居山止洞林境, 修眞養素, 求訪山中岩谷, 若非斯文,
則精怪以禍人之性命者多矣.
〔거산지동림경, 수진양소, 구방산중암곡, 약비사문,

칙정괴이화인지성명자다의.)

산에 거주하며 골짜기에서 멈추면 숲의 경계에 이르게 되니 참된 수행의 바탕을 기르게 되고, 산 가운데 바위 골짜기에서 찾아 구하는데 만약 이 글과 어긋나 괴기한 정기로써 법칙을 삼으면 많은 것이 사람의 성품과 목숨에 재앙을 미치게 될 것이로다.

□ 요지(要旨) : 골짜기는 음양이 조화되는 중일(中一)의 자리를 말한다. 노자의 골짜기에 대한 언급은 삼황내문으로부터 나온 것으로 보인다. 그런데 다음의 문장은 혹 구도자(求道者)가 바른 길을 찾아 바위 골짜기에서 수행을 한다고 해도 자부선인이 말하고 있는 계율을 어긴다면 성품과 목숨에 재앙이 미치게 된다고 한다. 이 말은 아무리 좋은 방법을 찾아도 바른 계율에 의지하지 않으면 실패하게 된다는 이야기이다.

故世市鬧宅, 堂室舍宇之中, 或年深絶於無人之跡, 精邪尚有存焉. 而況於探山幽谷, 窮路林芳之處也.
〔고세시료택, 당실사우지중, 혹년심절어무인지적, 정사상유존언, 이황어탐산유곡, 궁로림방지처야.〕
* 鬧 : 시끄러울 료. 深 : 깊을 심. 跡 : 자취 적. 尙 : 오히려 상(더욱이, 잇다 承, 같다同). 況 : 상황 황. 探 : 찾을 탐. 芳 : 꽃다울 방

그러한 까닭에 세상의 저자(市)와 집(宅)이 시끄러워지고, 향교(堂)와 업무실(室), 그리고 숙소(舍)의 내부에까지 이르게 될 뿐 아니라, 혹은 사람의 발자취가 없을 정도로 심하게 끊어진 세월이 있게 됨이니 사악한 정기 아직까지 이어져 존재하고 있도다. 산에서 그윽한 골짜기를 찾는 형편과 같으면 극(極)에 달해서는 아름다운 숲속 길에 머무르게 되리라.

❏ 요지(要旨) : 위의 내용은 중일(中一)의 단계에 머무른다고 해도 삼황내문의 가르침에 어긋나면 그 시끄러움이 숙소에까지 이르게 되고, 나중에는 사람의 발길마저 끊기는 재앙이 따르게 된다는 것이다. 하지만 참나(眞我)를 찾기 위해 중일에서 벗어나지 않고, 삼황내문에서 전해주는 계율을 잘 지키면 결국에 가서는 꽃길에 머무르게 된다는 것을 말한다.

居山守靜, 若不懷斯文者, 如將身自投於死地.
〔거산수정, 약부회사문자, 여장신자투어사지.〕
  산에 머무르며 고요함을 지키면서 만약 이 글을 품는 자가 아니라면 무릇 자신은 스스로 사지(死地)에 뛰어드는 것과 같도다.

❏ 요지(要旨) : 자부선인께서는 이 글에 벗어나게 될 때에는 재앙을 맞이하게 된다고 재차 언급하신다. 이러한 까닭은 수행(修行)을 함에 있어서 계율에 따라 순응하면 길이 창성(昌盛)하게 되나, 그렇지 못하고 어긋남이 있을 때는 사람의 발길이 끊어지는 재앙(災殃)을 맞이할 수밖에 없기 때문임을 말한다.

今降斯文, 以辨邪正, 令後學仙之士, 不遭禍患, 橫傷命耳. 時年丙午菊節, 紫微道人序.
〔금강사문, 이변사정, 금후학선지사, 부조화환, 횡상명이, 시년병오국절, 자미도인서.〕
  이제 이 글을 내림은 분별로서 간사함과 바름을 알고, 후에 선비가 신선술(神仙術)을 배워 재앙과 근심을 만나지 않는다면, 다침을 가로질러 목숨이 성대하게 되리라. 올해 병오(丙午) 국화꽃이 피는 계절에 즈음하여, 자미도인서(紫微道人序).

❏ 요지(要旨) : 자부선인께서는 삼황내문을 전해주는 까닭이 목숨을 성대히 하는데 있기 때문임을 명확히 밝히고 있다. 그래서 분별로서 간사함과 바름을 알고, 재앙과 근심을 만나지 않는다면 다침을 뒤로하고 성공할 수 있으리라 하였다. 이 말은 무엇보다도 삼황내문에서 전해주는 계율이 중요하다는 것을 말한다. 이는 계율을 멀리할 때 재앙과 근심 속에서 다침을 피해갈 수 없기 때문이다. 계율이 이처럼 엄중하기에 자부선생께서는 목숨을 성대히 하는 길이 어려운 것이 아니라, 간사함 속에서 만들어지는 재앙을 만나지 않는 것이 무엇보다도 중요하다고 하셨다. 이를 통해 볼 때 우리는 계율의 엄중함을 되새겨 볼 일이다.

자미(紫微)는 자부를 말한다. 자미천부(紫微天府)의 약자가 자부(紫府)이다. 그러므로 자미도사는 자부선인(紫府仙人)을 나타낸다.

천황내문상(天皇內文上) 총 309자(三百九字)

80자(八十字)

天生雲龍, 道本上昇, 張烈正氣, 麗乎太淸, 輔弼正道, 行於正平, 六甲洞元, 九天超形, 福延子孫, 仙行自眞, 次及人皇, 人敬長生, 六丁九氣, 秘密眞誠, 敬之終吉, 昊帝貴名, 久知道妙, 身體長寧, 聞此眞句, 常任之淸.

天生雲龍(천생운룡) : 하늘이 용운(龍雲)을 낳으니

道本上昇(도본상승) : 道의 바탕은 상승하고

張烈正氣(장렬정기) : 바른 기운 매웁게 베풀어지니

麗乎太淸(려호태청) : 크나큰 맑음이 아름답구나.

* 용운(龍雲) : 구름의 변화작용이 용의 상징을 닮았다하여 붙여진 명칭

❑ 요지(要旨) : 영원함을 나타내는 하늘과 흘러가는 구름(시간)이 우리로 하여금 근원적인 영원함에 대한 갈망을 불러일으킨다는 것이다. 그런 까닭에 크나큰 맑음을 얻고자 바른 기운은 매웁게 베풀어지게 된다는 이야기이다.

輔弼正道(보필정도) : 바른 길 보필하니

行於正平(행어정평) : 바르고 고르게 행하여지며

六甲洞元(육갑동원) : 여섯 갑자 골짜기 으뜸이 되니

九天超形(구천초형) : 아홉 하늘을 뛰어넘는 형세로다.

* 육갑은 육십갑자의 준말이기도 하고, 도교에서 양신(陽神)인 갑자(甲子), 갑술(甲戌), 갑신(甲申), 갑오(甲午), 갑진(甲辰), 갑인(甲寅)을 나타내기도 한다. 하지만 여기서 육갑이 의도하는 것은 가장 으뜸이 되는 생명통일의 과정을 말

한다. 그렇기 때문에 이와 상응하는 아홉(九)의 의미도 최대로 분화하게 된 마지막이나 궁극, 그리고 초월 등을 나타낸다.

* 골짜기는 중일(中一)의 길을 말함

❏ 요지(要旨) : 바른 길을 보필함은 바른 길로 가고자 하는 천자(天子)를 돕는다는 의미이다. 당시 헌원이 치우천왕에게 항복하고 신하의 길을 가게 되었기에 이와 같은 말씀을 하신 것으로 보인다. 〈태백일사〉「소도경전본훈」에서는 삼황내문경을 자부선생이 황제헌원에게 주어 그로 하여금 마음을 닦고, 의(義)로 돌아가게 한 것이라 기록하고 있어 천자의 보필에 대해 증명해주는 문구라 할 수 있다.

　여섯 갑자 골짜기와 아홉 하늘은 성명쌍수(性命雙修)를 통해 중일(中一)의 道를 행하게 되면 궁극의 생명통일(六)을 이루어 세상을 초월(九)하는 삶을 살게 될 수 있다는 것을 말한다.

福延子孫(복연자손) : 자손의 복을 늘리고자 함은
仙行自眞(선행자진) : 스스로 참된 신선(神仙)의 행위이고,
次及人皇(차급인황) : 사람이 위대함에 버금가게 됨은
人敬長生(인경장생) : 사람이 삼가는 삶 속에서 장생(長生)하는 길이다.

* 儒家에서는 敬을 공경함(恭), 엄숙함(肅), 삼가다(謹愼) 등으로 풀이한다.

❏ 요지(要旨) : 자식의 복을 늘리고자 덕행을 쌓는 일이 영원히 살게 되는 신선(神仙)의 행위이고, 천하를 건지는 것 못지않게 중요한 것이 생명력을 삼가는 엄숙한 삶 속에서 장생하는 길이라는 말씀이시다.

六丁九氣(육정구기) : 내적인 여섯 강성함이 외적인 아홉 기운 이루니

秘密眞誠(비밀진성) : 속에 감추어진 참된 정성에 있고,

敬之終吉(경지종길) : 공경함의 상서로운 끝은

昊帝貴名(호제귀명) : 귀한 명칭, 밝은 임금에 있도다.

* 육정구기(六丁九氣) : 여섯 음기운과 아홉 양기운을 나타낸다. 여섯 음기운을 나타내는 육정(六丁)은 도교에서 음신(陰神)으로서 정축(丁丑), 정묘(丁卯), 정사(丁巳), 정미(丁未), 정유(丁酉), 정해(丁亥)를 말한다. 다만 여기서는 상징적인 여섯 강성함과 아홉의 드높은 기운을 말함에 따라 최대로 통일된 상태와 최대로 확장된 상태를 나타낸다. 지금으로부터 100여 년 전까지만 해도 이와 비슷한 문장을 볼 수 있다.《증산도의 도전》에 의하면 '구절죽장고기(九節竹杖高氣) 육장금불완연(六丈金佛宛然)', 즉 "아홉 마디 대지팡이 드높은 기운에 여섯 길 금부처(가을부처) 완연하구나."라고 하여 문장에 상징적 숫자를 붙여 놓기도 하였다.

❏ 요지(要旨) : 내적인 여섯 강성함을 통해 외적인 아홉 드높은 기운을 펼치게 되는 것은 말없이 행하는 정성에 있다는 말씀이시다. 공경함과 상서로움의 궁극을 나타내는 분은 인간세계에서 오직 임금밖에 없다는 것이다. 이 말씀에서 임금이 공경함과 상서로움의 궁극을 나타냄은 나라의 백성을 대표하여 모범이 되기 때문이다.

久知道妙(구지도묘) : 오묘한 가르침 오래도록 알게 되니

身體長寧(신체장령) : 육신이 길이 편안해지고,

聞此眞句(문차진구) : 이러한 참된 글귀 들으니

常任之淸(상임지청) : 영원히 맑음을 간직함과 같도다.

❏ 요지(要旨) : 오묘한 가르침은 깊고 묘하여 말로 전부 드러낼 수 없는 가르침을 말한다. 그런데 이와 같은 가르침이 당시에 환웅천왕으로부터

전해진 천부(天符)의 道에 내재되어 있었다. 그래서 자부선인은 오래도록 이러한 가르침이 있기에 몸을 편안케 하고, 영원토록 마음을 맑혀주는 것과 같다고 말씀하고 계신 것이다.

56자(五十六字)

慶延七祖, 福及千生, 高上太一, 眞正玉文, 斬滅祆邪, 和合玉淸,

仙法本正, 名書上淸, 聖功乃久, 法成乃知, 昌運大業, 仙衆保之,

乃命金文, 扉命制期.

慶延七祖(경연칠조) : 일곱 조상이 경사스러움을 늘려나가니

福及千生(복급천생) : 복됨이 천 년의 생애에 미치고,

高上太一(고상태일) : 위의 높은 곳에 있는 크나큰 하나(太一)는

眞正玉文(진정옥문) : 참된 바른 귀한 글귀로다.

* 七祖 : 북두칠성에 인격성을 부여하여 부른 것으로 여겨진다. 지금은 북두칠성을 인격화하여 칠원성군(七元星君)이라 불러오기도 한다. 칠성은 만령(萬靈)을 주재하고, 장생(長生)을 주관하는 별이다.

* 太一의 현현(顯現)은 북극성이다. 태일은 이처럼 북극성으로 나타나기에 주체성을 가지고 만유생명을 주관하는 근원이 되는 명칭이 될 수 있었다.

* 玉文 : 아름답고 귀한 글.

❏ 요지(要旨) : 경사스러움을 늘려나감은 북두칠성이 많은 생명을 낳게 해주기 때문임을 말한다. 복됨이 천 년의 생애에 미치게 된다는 말은 우리의 삶이 저승에서도 계속 이어져 나의 현재에 의식을 잃지 않고 살아갈 수 있도록 북두칠성이 베풀어준다는 이야기이다. 태일(太一)은 이러한 북두칠성의 근원이 되는 북극성(北極星)과 같으니, 참되고 바른 귀한 명

칭이라는 말씀이시다.

斬滅袄邪(참멸천사) : 하늘(마음)의 사악함을 베고 멸하니
和合玉淸(화합옥청) : 귀한 맑음은 뜻과 화합되고,
仙法本正(선법본정) : 신선의 근본 법도는 바른 행위에 있으니
名書上淸(명서상청) : 이름난 글은 뛰어난 맑음과 같네.

❑ 요지(要旨) : 마음의 사악함을 베고 맑게 할 때 신선이 되고자 하는 뜻과 하나가 된다는 것을 말한다. 신선의 길은 불멸의 삶에 앞서 바른 행위에 있고, 이름난 글이란 뛰어난 맑음과 같아 문명을 드러내는데 있어 맑음을 중시하는 신선의 길을 전함이 가장 위대하다는 말씀이다.

聖功乃久(성공내구) : 성현에 공적은 그래서 오래도록 이어지고,
法成乃知(법성내지) : 법도가 성취됨을 그래서 알게 됨이라.
昌運大業(창운대업) : 크나큰 과업의 운명은 창성하게 되니
仙眾保之(선중보지) : 신선의 무리를 보전하게 되고,
乃命金文(내명금문) : 귀한 글은 하늘의 뜻과 같으니
扉命制期(비명제기) : 생명의 사립문은 기한을 절제함에 있도다.
* 眾 : 무리 중. 保 : 지킬 보. 扉 : 사립문 비. 制 : 절제할 제
* 생명의 사립문 : 생명을 충만케 하느냐, 소비하느냐가 결정되는 문(門)

❑ 요지(要旨) : 성현의 공적은 사악함을 멸한 본래의 '귀한 맑음(玉淸)'과 바른 성향에 의한 '뛰어난 맑음(上淸)'을 얻는데 있기에 그래서 오래도록 이어지고, 그 법도는 성취하게 되어 있다는 말씀이다. 크나큰 과업은 사악함을 베고, 바른 행위를 통해 맑고 불멸하는데 있기에 신선의 무리를

보전함에 있어 그 운명이 창성하게 된다는 말씀이다. 귀한 글이 하늘의 뜻과 같음은 푸른 하늘과 같이 맑음을 전하고 있을 뿐 아니라, 장생을 노래하기 때문임을 말한다. 그러니 우리가 할 일은 바른 행위가 아닌 일에 시간을 허비하지 말고, 내 자신을 맑게 하여 생명의 기한을 절제하는데 있다는 것이다.

80자(八十字)
授及三皇, 常遊玉清, 凶惡伏滅, 永居山堂, 青雲從我, 六癸存眞, 人若保之, 六甲護身, 勿輕我盟, 必昇太清, 永命延壽, 玉神扶形, 萬劫為仙, 常處丹天, 五嶽四瀆, 川洞丹穴, 社稷泉源, 萬靈布設, 風伯雨師, 星辰擁訣.

授及三皇(수급삼황) : 삼황(천지인)이 나에게 주어 내 몸에 미치게 되니
常遊玉清(상유옥청) : 귀한 맑음 항상 함께 하게 되고,
凶惡伏滅(흉악복멸) : 흉악함이 숨고 멸하게 됨은
永居山堂(영거산당) : 영원히 머무는 산당(수행 터)과 같기 때문이로다.

❑ 요지(要旨) : 삼황이 내 몸에 미침은 인간삼황에 해당하는 성명정이 내 몸에 주어졌기 때문이다. 귀한 맑음 항상 함께 하게 됨은 내 몸에 성명정(性命精)을 지녔기에 항상 귀함 맑음과 함께 할 수 있게 되었다는 것이다. 영원히 머무는 산당(山堂)과 같다는 말은 항시 구도심을 잃지 않고 있기 때문임을 말한다. 그러므로 구도심이 있기에 흉악함이 숨고, 멸하게 되어 있다는 이야기이다.

青雲從我(청운종아) : 내가 푸른 구름을 좇으니
六癸存眞(육계존진) : 여섯 북방(대지의 자궁) 참됨에 있고,

人若保之(인약보지) : 사람이 만약 자신을 지켜가게 되면
六甲護身(육갑호신) : 여섯 갑자 몸을 보호하게 됨이라.

❏ 요지(要旨) : 푸른 구름은 봄의 생명력을 말한다. 여섯 북방은 일기가 머무는 천궁(天宮, 대지의 자궁)을 나타낸다. 그런 까닭에 내가 푸른 구름을 뜻하는 생명력을 좇음은 생명을 통일시키는 여섯 북방의 참된 길에 뜻을 두고 있다는 것을 말한다.

우리의 몸에 대해 여섯 갑자라고 말한 것은 육신이란 가장 으뜸이 되는 생명이 통일된 형체이기 때문이다. 우리의 몸이 이처럼 그 어떤 생명체보다도 으뜸이 되는 생명이 통일된 형체이기에 자신을 지켜나감은 그 무엇보다도 위대함이 있다는 것이다.

勿輕我盟(물경아맹) : 나의 맹약 가벼이 하지 않으면
必昇太淸(필승태청) : 크나큰 맑음은 반드시 상승하고,
永命延壽(영명연수) : 영원히 생명을 더욱 더 늘려가게 되면
玉神扶形(옥신부형) : 귀한 신령이 나타나서 돕게 됨이라.

❏ 요지(要旨) : 이전의 문장과 지금의 문장을 보면 옥청, 상청, 태청이란 말이 나온다. 사악함을 멸한 본래의 '귀한 맑음(玉淸)', 바른 성향에 의한 '뛰어난 맑음(上淸)', 매웁게 베풀어지는 '크나큰 맑음(太淸)'인 삼청(三淸)은 자부선인이 기거하던 삼청궁(三淸宮)의 명칭이기도 했다. 〈예기(禮記)〉「공자한거(孔子閑居)」를 보면 맑고 밝음을 내 몸에 지니면 의기(義氣)와 의지(意志)가 신(神)과 같아 재앙이 시작되어 장차 이르려 하면 반드시 먼저 알게 되어 있다고 하였다.[1] 이와 같이 맑음은 밝음으로 가는 길이며,

---

1) 〈예기(禮記)〉「공자한거(孔子閑居)」淸明이 在躬하여 氣志如神이라 嗜欲將至에 有

신선이 되기 위한 바탕이 되기에 자부선인께서는 천지인(天地人)의 원리에 맞추어 삼청에 대해 말한 것으로 보인다.

옥청, 상청, 태청에 대해서는 후대에 여동빈의 스승인 종리권(鍾離權)이 각각의 명칭에 대해 정의(定義)를 내리기도 했다.[1] 그는 옥청경(玉淸境)은 청미천궁(淸微天宮)으로 그 氣는 시청(始靑)이라 하여 하늘의 본질을 가졌다는 것을 나타내었다. 상청경(上淸境)에 대해서는 우여천궁(禹餘天宮)으로 그 氣는 현황(玄黃)이라 하여 땅의 본질을 가졌다는 것을 나타내었다. 태청경(太淸境)에 대해서는 대적천궁(大赤天宮)으로 그 氣는 현백(玄白)이라 하여 사람의 본질을 가졌다는 것을 나타내기도 하였다.

위의 내용에서 삼청(三淸)이 각기 하늘과 땅, 그리고 사람으로 나타난 것은 우리 몸속에 있는 성명정(性命精)의 상태를 나타내었다고 볼 수 있다. 삼청이 이처럼 천지인에 머물지 않고, 성명정을 나타내었기에 수도인(修道人)이라면 마음을 맑게 하여 귀한 맑음인 성품을 이루고, 기운을 맑게 하여 뛰어난 맑음인 목숨을 이루며, 몸을 맑게 하여 크나큰 맑음인 정수를 이루어야만 한다. 그래야 나의 몸에서 삼청을 성취하여 일기(一氣)를 얻을 수 있기 때문이다.

본문에서 나의 맹약이라 함은 자부선인의 말씀을 듣고 실천을 해야 할 굳은 약속을 말한다. 굳은 약속은 자신의 생명력을 지켜나가는 것이다. 이는 삼가는 마음과 절제된 성향이 수련의 방법 못지않게 중요하기 때문이다. 이렇게 될 때 '크나큰 맑음(太淸)'은 반드시 상승한다고 했으니, 이것은 사람의 본질이 되는 정신촉(精身觸)이 크게 맑음을 이루게 됨을 말한다. 귀한 신령(神靈)이 나타나서 돕는다고 함은 생명의 기한을 절제하고 늘려가다 보면 반드시 신선의 길로 인도하는 알음귀(靈感)가 열린다는

開必先하나니라.
1) 출처 : 〈여동빈정전(呂洞賓正傳)〉「Ⅱ」

이야기이다.

萬劫爲仙(만겁위선) : 만겁 속에 신선이 되어
常處丹天(상처단천) : 언제나 머무는 곳이 붉은 하늘[1]이 되면
五嶽四瀆(오악사독) : 다섯 봉우리에 흐르는 도랑물 사방으로 흘러
川洞丹穴(천동단혈) : 골짜기 냇물은 붉은 웅덩이를 이루게 되도다.

❑ 요지(要旨) : 만겁 속에 신선이 됨은 아주 오랜 세월 윤회의 과정을 거치면서 신선이 됨을 말한다. 언제나 머무는 곳이 붉은 하늘(丹天)이 된다는 것은 생명의 근원이 되는 '북방(언제나 머무는 곳)'이 '붉은 하늘(불기운)'로 인하여 북방(北方, 丹田)에서 불기운이 뭉쳐지게 되어 있다는 이야기이다.

좀 더 자세히 보자면 자부선생께서 말씀하시는 '붉은 하늘'은 오운육기(五運六氣) 중에 오운에서 북방에 걸쳐 있는 단천지기(丹天之氣)가 화운(火運)으로 나타남을 말한다. 이것은 북방에 걸쳐있는 붉은 하늘인 단천지기로 인해 점차 북방이 뜨거워지게 되어 있다는 것을 나타낸다. 그런데 여기서의 붉은 하늘은 한 곳에 집중할 수 있는 우리의 의식(意識)을 말하고 있으며, 북방은 배꼽아래에 있는 단전(丹田)을 나타내고 있다. 그러니 붉은 하늘인 나의 의식을 언제나 머무는 북방(北方, 丹田)에 두면 붉은

---

1) 붉은 하늘을 나타내는 단천(丹天)은《소문(素問)》의 오운행대론(五運行大論)에 나오는 명칭이다. 그 내용에 의하면 오운의 내용으로는 단천지기(丹天之氣)와 금천지기(黔天之氣), 창천지기(蒼天之氣), 소천지기(素天之氣), 현천지기(玄天之氣)가 있다. 이 때문에 무계화운(戊癸火運), 갑기토운(甲己土運), 정임목운(丁壬木運), 을경금운(乙庚金運), 병신수운(丙辛水運)이 발동한다고 하였다. 동양철학에서 꽃 중의 꽃인 오운육기(五運六氣)의 시초는 황제에게 가르침을 준 기백(岐伯)으로부터 시작된 것으로 알려져 왔다. 하지만 그 이전에 황제에게 가르침을 준 자부선인의 삼황내문에서 단천(丹天)에 대한 개념이 나왔다는 것은 그 근원에 자부선인이 있다는 것을 나타내기도 한다.

하늘인 나의 의식으로 인해 단전은 뜨거운 열기가 뭉쳐지게 되어 있다는 이야기이다. 그러면 북방에 해당하는 단전은 열기가 뭉쳐지면서 신체의 변화는 일어날 수밖에 없고, 결국 이것은 신선(神仙)이 되는 길을 전하고 있는 것이다.

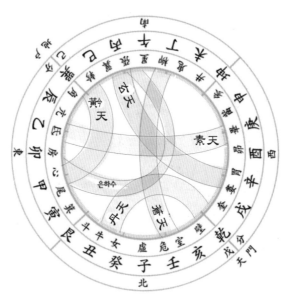

〔오운계시도(五運啓示圖)〕

다섯 봉우리에 흐르는 도랑물이 사방으로 흘러가면서 골짜기 냇물이 붉은 웅덩이를 이루게 된다는 말은 북방(北方)에 있는 웅덩이인 수원지(水源池, 생명의 근원인 丹田)로 골짜기의 물들이 모여 들면서 "붉은 웅덩이(불기운이 뭉쳐짐)"를 이루게 됨을 말한다. 이것은 오체(五體)를 이루는 신체로부터 생겨난 생명의 기운이 북방에 해당하는 단전(丹田)으로 모여들게 된다는 뜻으로, 단전에 의식을 집중하면 결국에는 단전이 붉은 웅덩이를 이루게 된다는 이야기이다. 이와 같기에 북방에 해당하는 단전에다가 하늘에 해당하는 마음을 집중하여 불기운(火氣, 丹天之氣)을 쏟아붓는 일이야말로 매우 중요하다는 것이다. 이렇게 될 때만이 결국에 가서는 신선(神仙)의 경지에 이르게 되기 때문이다.

잠시 붉은 하늘인 단천(丹天)에 대해 알아보면 오운계시도(五運啓示圖)에서 단천지기(丹天之氣)는 북방에 해당하는 우녀(牛女)와 무분(戊分)에 걸쳐 있기에 무(戊)와 계(癸)의 화운(火運)이 된다고 했다. 그렇다면 북방에는 단천지기에 의한 불기운이 들어와 있기에 겉으로는 차가운 성질로 나타나지만 내부로는 열기가 모아지게 된다는 것을 말한다. 이와 같기에 단천지기가 내포하고 있는 가르침이란 단천에 해당하는 우리의 의식(意識)을 언제든지 북방에 해당하는 단전(북방)에 머무르게 할 수만 있다면 단전에서의 뜨거운 열기는 사라지지 않는다는 것이다.

社稷泉源(사직천원) : 토지신은 샘에 근원을 두고
萬靈布設(만령포설) : 만령을 베풀어 펼치며,
風伯雨師(풍백우사) : 풍백(바람)과 우사(비)는
星辰擁訣(성진옹결) : 별들을 가리는 비결이라.
* 社稷 : 토지나 곡식의 신을 뜻한다. 星辰 : 별. 擁 : 낄 옹(가지다, 가리다)

❑ 요지(要旨) : 토지신이 샘에 근원을 두고 만령(萬靈)을 베풀어 펼침은 물줄기를 중심으로 온갖 생명들이 살아갈 수 있도록 한다는 것을 말한다. 그런데 샘에 근원을 두고 온갖 생명들을 살아갈 수 있게 한다는 것은 인간생명의 중심이 되는 북방(北方)으로 인해 온 몸의 기능들이 작용을 하게 된다는 말과도 같다. 그러므로 이번 문장에서는 온 몸의 기능(오장육부)을 활성화시키기 위해서는 단전(丹田)을 북돋아주는 일이야말로 중요

하지 않을 수 없다는 것이다.

바람과 비는 별(星)에서 오는 온갖 생명의 파장(想念을 지닌 宇宙線)을 막는 역할을 한다는 것을 말한다. 이것은 풍백과 우사의 행위에 의해 별에서 오는 온갖 생명의 파장이 막아지듯이 우리의 행위인 호흡(풍백)과 운기(運氣, 우사)에 의해서도 생명을 저해하는 기능을 막을 수 있다는 것이다. 그러니 장생을 얻는데 있어서 수련(修鍊)이 얼마나 중요한지를 알라는 말씀이시다.

56자(五十六字)
凡有玄言, 皇神秘傳, 寫於繪素, 藏於洞天, 功歸太眞, 福度千春, 無窮劫過, 海嶽成塵, 秘之斯文, 五雲覆映, 兆民敬之, 吁和昌運, 持受淸敎, 命延壽永.

凡有玄言(범유현언) : 무릇 현묘한 말씀이 있으니
皇神秘傳(황신비전) : 임금은 신령함을 비밀리에 전하고,
寫於繪素(사어증소) : 본디 비단을 본뜨는 것을
藏於洞天(장어동천) : 하늘골짜기(中一)에 감추어 둠이라.

❏ 요지(要旨) : 무릇 현묘한 말씀이라 하면 상대의 본성을 밝혀 밝음을 얻도록 해주는 것이다. 이런 신령함이 깃든 말씀을 비밀리에 전했다고 함은 도심(道心)을 지닌 자에게만 전하고자 했다는 것을 말한다.

본디 비단을 본뜬다는 것은 처음부터 있어온 훌륭한 성향인 근본바탕을 닮고자 함을 말한다. 하늘골짜기에 감추어 둠이란 근본바탕을 닮고자 하는 깨달음을 위한 길을 근본으로 가기 위한 골짜기에 감추어 두었다는 뜻이다. 그런 까닭에 근본바탕을 닮고자 하는 깨달음을 위한 길은 오직

하늘골짜기인 중정(中正)의 길을 통해서만이 가능하다는 말씀이시다.

功歸太眞(공귀태진) : 공덕은 크나큰 참됨으로 돌아가니
福度千春(복도천춘) : 복의 거듭되는 횟수는 천 년의 봄을 이루고,
無窮劫過(무궁겁과) : 다함이 없도록 오랜 시간이 가니
海嶽成塵(해악성진) : 바다와 드높은 뫼는 세월을 쌓아만 가네.

❏ 요지(要旨) : 선인(仙人)의 길에 있어서 공덕이란 크나큰 참됨으로 돌아가는 것이라고 하였다. 이는 성통광명(性通光明)을 성취하는 길, 즉 성품을 통하여 공업(功業)을 이루는 성통공완(性通功完)이야 말로 하늘의 뜻과 합치되는 진정한 덕행(德行)이라는 것을 말한다. 크나큰 참됨을 이루는 것이 이처럼 덕행이 되는 까닭에 복은 거듭되어 천 년의 봄을 이루고, 다함이 없도록 오랜 시간은 액운이 없이 태평한 세월만이 오게 된다는 것이다.

秘之斯文(비지사문) : 이 문장을 숨기고자하니
五雲覆映(오운복영) : 다섯 구름이 빛남을 덮고,
兆民敬之(조민경지) : 억조의 백성을 공경함이
吁和昌運(우화창운) : 아! 운명을 창성케 하여 합치되게 하는데 있으니
持受清教(지수청교) : 맑은 가르침을 받아 보전하여
命延壽永(명연수영) : 목숨을 영원토록 길게 늘려가게 하는데 있도다.
* 覆 : 다시 복. 映 : 비칠 영. 吁 : 탄식할 우. 持 : 가질 지

❏ 요지(要旨) : 문장을 숨기고자 함은 귀하게 여겨 함부로 취급되지 않도록 하기 위함이다. 억조의 백성에 운명을 창성케 하여 합치되게 함은

백성들로 하여금 운명을 창성케 하여 하나의 길로 가게 하는데 있기 때문이다. 그런데 그 하나의 길은 맑은 가르침을 받아 보전하여 목숨을 영원토록 늘려가게 하는데 있다고 한다. 그러므로 이것은 우리 모두의 궁극적인 삶에 목적을 불멸(不滅)의 삶에 두어야 한다는 것을 말한다.

37자(三十七字)

靈嶽九仙, 丹炎洞然, 河魁天罡, 護道玄言, 妄泄伐命, 殃及九泉, 粉軀碎體, 金文莫言. 已哉矣愼焉.

靈嶽九仙(영악구선) : 신령한 높은 산위의 아홉 신선은
丹炎洞然(단염동연) : 성심을 불태워 골짜기를 이루고,
河魁天罡(하괴천강) : 물의 신령과 하늘의 북두는
護道玄言(호도현언) : 현묘한 말씀의 도를 돕게 되네.
* 하늘의 북두칠성인 천강(天罡)은 북극성과 지상을 연결해주는 위치에 있다. 이와 같기에 북두칠성은 太一과 三極과의 연결고리가 되는 一氣에 해당한다.

❑ 요지(要旨) : 신령한 높은 산위의 많은 신선(神仙)은 성심을 불태워 성명쌍수를 통해 중일(中一, 골짜기)을 이룬 자들이다. 그래서 이들은 근원의 상징이 되는 신령한 높은 산위에 올라 설 수 있었다. 물의 신령과 하늘의 북두는 생명의 근원인 정수(精水, 물의 신령)와 일기(一氣, 북두칠성)를 나타낸다. 그런데 물의 신령과 하늘의 북두는 현묘한 말씀의 도(道)를 돕게 된다고 했다. 이 말은 물의 신령인 정수와 북두칠성에 해당하는 일기로 인해 신선의 경지에 오르게 되기 때문이다. 이것이 성명쌍수를 통해 얻은 정수를 갖고, 일기를 얻게 될 때에 득도(得道)를 하게 되는 원리이기도 하다.

96

妄泄伐命(망설벌명) : 목숨을 무너트리면 망령됨이 발생하니

殃及九泉(앙급구천) : 아홉 샘물에 재앙이 미치고,

粉軀碎體(분구쇄체) : 몸을 부수고 몸을 깨트리면

金文莫言(금문막언) : 귀한 글은 말씀이 없도다.

已哉矣愼焉(이재의신언) : 벌써 비롯되었으니 어찌 삼가지

않을 수 있겠는가!

＊ 粉 : 가루 분. 軀 : 몸 구. 碎 : 부술 쇄

❏ 요지(要旨) : 생명력을 소모시키면 망령됨이 발생하여 아홉 샘물에 재앙이 미친다고 했다. 이 말은 방탕하면 정신이 흐려지면서 궁극에는 정수(精水)가 마르게 됨을 말한다. 기력을 소모시키게 될 때 귀한 글은 말씀이 없다고 함은 귀한 글이 전달이 안 됨과 같이 아무리 좋은 글이 있어도 실천하지 않으면 소용이 없다는 이야기이다. 벌써 비롯되었다는 말은 귀한 글을 따르지 않으면 망령됨의 발생은 이미 시작되었다는 것이다. 그러니 어찌 한 치도 방심할 수 있겠느냐는 경책(警責)의 말씀이시다.

　지금까지의 내용으로 보아 〈천황내문〉은 마음의 사악함을 베고 멸해야 할 뿐 아니라, 생명의 절제를 위한 바른 행위 속에서 영원토록 장생의 삶을 살라는 가르침이다. 뿐만 아니라 귀한 맑음으로 되돌리고, 뛰어난 맑음을 얻기 위한 바른 삶의 자세를 갖는 동시에 생사(生死)를 건 정진(精進) 속에서 크나큰 맑음을 갖춰야 한다는 가르침이었다. 그러므로 〈천황내문〉은 무한계를 나타내는 하늘의 성향에 맞게 사악함을 베고, 절제와 용맹정진 속에서 장생(長生)을 이루게 하는데 있어 큰 가르침을 주는 문장이라는 것을 알려준다.

지황내문중(地皇內文中)   총 264자(二百六十四字)

64자(六十四字)

國合律法, 四海咸歸, 飄飄玉虛, 辟邪保神, 萬劫無虞, 旁生國土, 福皆霑之, 卻滅凶殃, 福德堂堂, 信欽明約, 至誠修學, 保神終年, 歸道捨俗, 精勤仙錄, 山川嶽瀆, 西南東北.

國合律法(국합율법) : 나라의 율법이 합당하면
四海咸歸(사해함귀) : 사해가 다함께 돌아옴이요,
飄飄玉虛(표표옥허) : 바람에 나부끼듯 아름다운 덕(德) 하늘과 같으면
辟邪保神(피사보신) : 간사한 마음 사라져 신령함을 보전하게 됨이라.
* 飄 : 나부낄 표. 飄飄 : 산들산들 부는 모양. 玉 : 구슬 옥(아름다움 덕)

❑ 요지(要旨) : 합당한 법률은 만백성을 따르게 하고, 행함이 없는 가운데 펼쳐지는 덕행은 신령함을 낳게 된다는 말씀이시다.

萬劫無虞(만겁무우) : 만 가지 위협과 근심이 없어지니
旁生國土(방생국토) : 나라의 땅에서는 두루 생명을 기르게 되고,
福皆霑之(복개점지) : 모든 복이 두루 미치게 되니
卻滅凶殃(각멸흉앙) : 흉악한 재앙을 물리쳐 멸하게 됨이라.

❑ 요지(要旨) : 나라가 굳게 지켜질 때 생명을 기르는 국토가 되고, 모든 복이 두루 미치게 되면 자연히 흉악한 재앙은 없어지게 됨을 말한다.

福德堂堂(복덕당당) : 집집마다 복을 베풀게 되면

信欽明約(신흠명약) : 믿음과 공경은 밝게 증험되고,
至誠修學(지성수학) : 지극한 정성으로 닦고 배우면
保神終年(보신종년) : 생명이 마친다고 해도 신령함을 보전하게 됨이라.

❑ 요지(要旨) : 집집마다 덕행(德行)을 베풀면 믿음과 공경이 더해져 태평(太平)을 이루고, 닦고 배우면 사후(死後)에는 그 혼령(魂靈)이 자유와 불멸의 상태에 이르게 된다는 말씀이다.

歸道捨俗(귀도사속) : 근본 가르침으로 돌아가 속됨을 벗어나
精勤仙錄(정근선록) : 부지런히 닦아나가면 신선의 몸으로 나타나고,
山川嶽瀆(산천악독) : 산천의 큰 산 속 도랑물과 같이
西南東北(서남동북) : 동서남북으로 미치게 됨이라.

❑ 요지(要旨) : 신선이 되는 길이 멀리 있는 것이 아니라 속됨을 벗어난 닦음의 길에 있고, 그 닦음이 미미한 일 같지만 세상에 두루 미치게 된다는 말씀이시다.

80자(八十字)
地皇秘印, 和叶天地, 三皇眞言, 福輝九泉, 有情蠢動, 皆屬上玄, 陰陽相生, 物皆有靈, 含識衆類, 皆合道藝, 修飾虔誠, 可期飛昇, 力感玄幽, 無妄我求, 學法精持, 無使狐疑, 嶽瀆水上, 咸令護之, 敬崇三文, 是即爲希.

地皇秘印(지황비인) : 땅의 위대함이 하늘의 베풀음을 간직하니
和叶天地(화협천지) : 천지는 화목함을 맞이하고,
三皇眞言(삼황진언) : 삼황(천지인)은 참됨을 드러냄이니

福輝九泉(복휘구천) : 복은 빛나고 샘은 아홉 깊이에 이르네.
* 叶 : 맞을 협. 인(印)은 찍히는 것이라 하늘의 베푸는 일과 뜻이 통한다.

❑ 요지(要旨) : 땅의 위대함은 하늘의 베풀음을 간직하는 것이라고 한다. 이 말은 하늘의 씨앗을 품고 기르는데 땅의 사명(使命)이 있기 때문이다. 삼황(三皇)이 참됨을 드러냄은 하늘은 낳는 조화(造化), 땅은 기르는 교화(敎化), 사람은 다스리는 치화(治化)에 있기 때문임을 말한다. 그래서 조교치(造敎治)로 인해 복은 빛나고, 샘은 아홉 깊이에 이른다고 하였다.

有情蠢動(유정준동) : 인정이 있어 움직임이 일어나니
皆屬上玄(개속상현) : 모든 무리 오묘함이 높고,
陰陽相生(음양상생) : 음양은 서로 도우니
物皆有靈(물개유령) : 만물이 모두 신령함이 있도다.
* 준동(蠢動) : 보잘 것 없는 무리가 법석을 부리는 것

❑ 요지(要旨) : 상대를 돕고자 하는 사람의 행위에는 오묘함이 있다는 말씀이다. 마찬가지로 만물도 음양으로 나뉘어 서로 도우니 각기 신령함이 있다는 것이다.

含識衆類(함식중류) : 해박함을 머금고 무리들을 거느리면
皆合道藝(개합도예) : 모두 도(道)와 재주(藝)가 짝을 이루고,
修飾虔誠(수식건성) : 외향을 단정히 하여 공경과 정성을 다하면
可期飛昇(가기비승) : 가히 기약하는 날에 날아오르게 되리라.
* 飾 : 꾸밀 식. 虔 : 공경할 건. 修飾 : 겉모양을 꾸밈

❑ 요지(要旨) : 도(道)와 재주(藝)는 도덕(道德)과 법도(法度)이다. 그런데 해박함을 머금고, 무리들을 모아 거느리면 도덕과 법도인 이 둘은 음양의 관계처럼 짝을 이루게 된다는 것을 말한다. 이는 근본을 깨우친 자에게 있어서는 가르침을 펼침에 있어서 본질(도덕)과 쓰임(법도)이 다르지 않기 때문이다.

날아오르게 됨은 자신을 낮추는 인격적 성숙과 하나에 집중하여 다른 곳에 가지 않는 깨어있음, 그리고 진실되어 망령됨이 없게 되면 뜻을 펼치게 된다는 말씀이다. 그러니 우리가 여기서 각인해야 할 것은 겸허와 공경, 그리고 정성 속에서 근본과 하나가 되는 경지에 이를 때만이 날아오르게 된다는 사실이다.

力感玄幽(역감현유) : 힘찬 느낌이 오묘하고도 그윽하니
無妄我求(무망아구) : 망령됨을 잊어 나를 구하고,
學法精持(학법정지) : 법도를 배워 세밀히 간직하면
無使狐疑(무사호의) : 여우에 미혹되는 방종함은 없으리라.
* 力感 : 힘찬 느낌

❑ 요지(要旨) : 힘찬 느낌이 오묘하고도 그윽하다고 함은 배우고 익히고자 하는 열정에는 현묘한 뜻이 있다는 것이다. 배움에 대한 열정에는 이와 같이 현묘함이 있기에 망령됨을 잊고 나를 구할 수 있다는 말씀이다. 법도를 배워 세밀히 간직함은 "오직 정밀하고 오직 하나가 될 때 진실로 그 中을 잡게 된다"는 유정유일(惟精惟一) 윤집궐중(允執厥中)을 생각나게 한다. 이렇게 될 때만이 방종함은 없으리라는 말씀이다.

嶽瀆水上(악독수상) : 높은 뫼 개울 위에 있는 물은

咸令護之(함령호지) : 모든 규칙에 도움을 주고,

敬崇三文(경숭삼문) : 공경함은 높고 문장은 빈틈이 없으니,

是即為希(시즉위희) : 이것은 곧 원하는 바가 이루어지게 됨이라.

＊ 셋(三)은 가득함이니 빈틈이 없다는 것을 말한다.

❏ 요지(要旨) : 높은 뫼에서 내려오는 물줄기는 개울을 만들며 흘러내린다. 물줄기가 이처럼 개울을 만들며 흘러내리기에 모든 규칙에 도움을 주게 된다는 말씀이다. 공경함을 받음은 인격의 성숙을 나타내고, 문장이 빈틈이 없음은 정신의 성숙됨을 나타낸다. 이러한 까닭에 원하는 바가 이루어지게 된다는 것이다.

80자(八十字)

河海洪江, 池源列張, 人神動用, 軌契五方, 明星大神, 高帝玉文, 却絕險厄, 護國兆民, 名川龍神, 攝禍去迆, 嶽瀆名丘, 太陰剛州, 黃龍配列, 依願應求, 陽明輔弼, 道士俗流, 知敬斯言, 家屬無憂, 祆妄邪氣, 終不稽留.

河海洪江(하해홍강) : 넓은 강과 바다의 물은

池源列張(지원렬장) : 연못의 근원으로부터 벌려져 베풀어지고,

人神動用(인신동용) : 인간과 신이 쓰임을 받아 움직임은

軌契五方(궤계오방) : 다섯 방위 궤도에 따라 맺어지게 됨이라.

＊ 軌 : 바퀴자국 궤. 契 : 맺을 계

❏ 요지(要旨) : 강과 바다는 연못을 근원으로 하고, 사람과 신(神)은 다섯 방위의 궤도에 따라 맺어지게 된다고 한다. 방위의 궤도에 따라 맺어짐은 신과 인간의 변화가 오운육기(五運六氣)의 원리에 의해 맺어지게 된

다는 것이다. 즉 간단히 말해 정수(精水)의 확장을 북방으로부터 시작해 남방에서 이루면, 서북방에서 통일되어 신인합일(神人合一)이 이루어지게 되는 원리이다. 그러므로 방위의 궤도에 따라 맺어짐은 신과 인간의 삶이 생장수장(生長收藏)하는 방위의 영향 속에서 벗어나지 않는다는 것을 말한다.

明星大神(명성대신) : 크나큰 신이 밝은 별에 있으니
高帝玉文(고제옥문) : 귀한 글귀는 높으신 상제를 말함이요,
却絶險厄(각절험액) : 간악한 액운을 끊어내어 물리침은
護國兆民(호국조민) : 나라와 억조의 백성을 보호함이로다.

❏ 요지(要旨) : 예로부터 천상의 상제(上帝)는 칠성(七星)에 있다는 말이 전해오고 있다. 그래서 옛사람들은 칠성을 상제님이 타시는 수레라고 하였다. 귀한 글귀는 높으신 상제를 말한다는 것은 상제라는 단어 하나만으로도 인간의 궁극적 지혜와 인격과 영적인 신령함을 모두 나타내기 때문이다. 이 때문에 상제라는 명칭을 지닌 분은 고귀하고 존엄한 존재라는 말씀이다.
　간악한 액운을 끊어내어 물리침은 나라와 억조의 백성을 보호하고자 함이라 한다. 이는 간악한 액운이 나라와 억조의 백성을 재앙에 빠트리는 원인이 되기 때문이다.

名川龍神(명천용신) : 이름난 냇가의 용신이
攝禍去遁(섭화거둔) : 머뭇거리는 재앙을 다스려 쫓으니,
嶽瀆名丘(악독명구) : 높은 뫼 개울가 이름난 봉우리
太陰剛州(태음강주) : 결실의 땅에 자리 잡은 고을이 굳세도다.

* 龍神 : 용왕. 攝 : 다스릴 섭. 迍 : 머뭇거릴 둔. 태음(太陰)은 艮과 坤을 나타내기에 결실이 있는 땅을 나타낸다. (太陽은 乾과 兌, 少陰은 離와 震, 少陽은 巽과 坎을 나타낸다.)

❑ 요지(要旨) : 이름난 냇가의 용신(龍神)이 재앙을 다스려 쫓아냄은 뛰어난 용신이 보호하는 길지(吉地)에 주거해야 함을 말한다. 이름난 봉우리 결실의 땅에 자리 잡은 고을이 굳세다고 함은 뛰어난 산세(山勢)의 보호아래 있을 때 그 고을이 잘 될 수 있다는 것을 말한다. 이렇게 될 때 사람들이 살아가는 고을에 변고가 있을 수 없다는 말씀이다.

黃龍配列(황룡배렬) : 황룡(군왕)은 짝지어 늘어서니
依願應求(의원응구) : 원하는 바에 의하여 청함에 응하고,
陽明輔弼(양명보필) : 밝은 햇빛이 받들어 도우니
道士俗流(도사속류) : 도사는 속인과 함께 거침이 없구나.

❑ 요지(要旨) : 황룡이 짝지어 늘어서는 것은 자부선생이 머물던 곳으로 뛰어난 인물과 군왕의 무리들이 줄지어 와서 배움을 청한 것을 말한다. 이때에 자부선생께서는 삼황내문을 지어 치우천황에게 진상하기도 했는데, 천황께서는 이를 칭찬하고 삼청궁(三淸宮)을 지어 기거하게 하셨다고 한다. 그래서 〈태백일사〉「삼한관경본기」를 보면 삼청궁을 세우고 그곳에 머무시니 공공(共工), 헌원(軒轅), 창힐(倉頡), 대요(大僥)의 무리가 여기 와서 배웠다고 하였다.
  이번 문장에서 배움이 언급되는 것은 땅의 덕성을 드러내기 위함이다. 땅의 덕성은 길러내는 교화(敎化)요, 축적하여 간직해 둔 것을 베푸는 데 있다. 이와 같기에 배움을 원하는 바에 의하여 교화를 위해 자부선생께서

104

청함에 응했다고 한 것이다. 밝은 햇빛은 삼청궁이 배움터가 되도록 치우
천왕의 협조가 있었다는 것을 말한다. 거침이 없음은 자부선생께서 속인
(俗人)들과 함께 어울리면서도 무애인(無碍人)의 삶을 살았다는 것을 말
해준다.

知敬斯言(지경사언) : 모든 말에 공경함을 알면
家屬無憂(가속무우) : 집안의 혈족들에 근심을 멈추게 하고,
祅妄邪氣(천망사기) : 망령된 하늘(마음) 간사한 기운은
終不稽留(종부계류) : 헤아려 머무르려 하는 마침을 없게 하네.
* 斯 : 이 사(잠시, 모두, 쪼개다). 稽 : 상고할 계(헤아리다, 묻다)

❑ 요지(要旨) : 내 자신이 교만하면 밖에 나가 일을 저지를까 가족들의
근심이 끊어지지 않고, 망령되고 간사함을 지니면 상대와의 관계에서 헤
아려 머무르려 하지 않는다는 말씀이다.

　40자(四十字)
處世求生, 其道必行, 歷劫安暢, 決定長生, 善能保守, 必見亨貞, 誦之萬
偏, 玉女下迎, 王者秘之, 合國咸寧.

處世求生(처세구생) : 이 세상에서 머무르기 위해 살길을 구하고자 하면
其道必行(기도필행) : 그 길은 반드시 행함에 있고,
歷劫安暢(역겁안창) : 위협은 지나가 화창한 편안함이 오면
決定長生(결정장생) : 장생은 결정이 됨이라.
* 處世 : 이 세상에서 살아감. 求生 : 살길을 찾음. 歷 : 지날 력. 劫 : 위협할
겁(가장 긴 시간). 暢 : 화창할 창. 歷劫 : 여러 겁을 지냄

❏ 요지(要旨) : 지상에서 거처하기 위한 생활은 반드시 힘써 일해야 하나, 세속의 일에 걸림이 없다면 오직 수행(修行)에 정진하는 일만 남았다는 것을 말한다. 결국 이 말은 우리의 삶이란 생활의 여건이 된다면 문명을 여는 일과 세상에 공덕을 펼치는 일이 아닌 이상, 오직 수행을 통해 밝음을 얻도록 해야 한다는 것이다. 그래야만이 윤회의 겁액(劫厄)에 좌우되지 않는 '불멸하는 영혼'으로 거듭날 수 있기 때문이다.

善能保守(선능보수) : 능히 착하면 지켜서 보전하게 되니
必見亨貞(필견형정) : 지조가 굳으면 형통하여 반드시 길함을 보게 되고,
誦之萬徧(송지만편) : 일만 가지 두루 읊조리게 되니
玉女下迎(옥녀하영) : 옥녀가 내려와 영접하게 되리라.

❏ 요지(要旨) : 착하다는 것은 쉬지 않는 것을 말한다. 〈태백일사〉「소도경전본훈」에서는 쉬지 않으면 선(善)이 되고, 쉬게 되면 악(惡)이 된다고 하였다. 그렇기에 착하면 쉬지 않기에 능히 생명력을 지켜서 보전하게 되고, 악하면 쉬게 되기에 생명력을 보전치 못한다. 그런 까닭에 우리는 생명력을 굳건하게 지키기 위해서라도 쉬지 않는 착함을 가져야만 한다는 것이다.

자부선생께서는 다시 생명력을 지키기 위해 지조가 굳으면 형통하여 반드시 길함을 얻게 된다고 하셨다. 이것은 흔들림이 없이 생명력을 오래도록 지키다 보면 결국에 가서는 장생의 길이 결정이 되듯이 반드시 길함을 얻게 된다는 것이다. 그러니 끊어지지 않는 정성이 얼마나 중요한지를 알라는 말씀이시다.

일만 가지 두루 읊조림은 박람박식(博覽博識)함을 말한다. 그런데 박람박식하게 되면 지혜가 열린다. 이와 같기에 두루 읊조리면 선녀(하늘의

106

지혜)가 내려와 영접하게 되리라고 하였다. 특히 생명의 본질을 자각하게 하는 '하늘의 지혜(玉女)'는 바로 앎을 통해 나오기에 선가(仙家)에서는 박람박식을 매우 중요시 했다. 이 때문에 참전계(參佺戒)의 계율 중에도 박식함을 이루는 축장대(蓄藏大)가 있는 것을 발견하게 된다.

王者秘之(왕자비지) : 임금이 계신 곳이 신묘하니
合國咸寧(합국함녕) : 국가는 화합되어 모두가 편안해지네.

❑ 요지(要旨) : 생명을 북돋아주는 도(道)와 덕(德)의 신묘함을 지닌 임금이 있으면 신하와 군왕의 뜻이 일치하고, 백성과 관리들이 한마음이 되기에 안정을 누리게 된다는 말씀이다. 이 말씀의 요지(要旨)는 도정일치(道政一致)의 중심에는 신령스런 임금이 있다는 것을 말한다.

　지금까지 〈지황내문〉에서 언급되어진 것은 지극한 정성으로 닦고 배우는 길과 하늘의 베풂을 간직하는 땅의 위대함이다. 뿐만 아니라 망령됨을 벗어나 공경함을 알고, 터를 잡고 살아가는 인간이 어떻게 살아 가야만이 잘사는 길인지를 알려주는 가르침이었다. 그러므로 〈지황내문〉은 삶의 환경 속에서 지조를 갖고 정성과 공경을 다할 뿐 아니라, 풍수를 잘 알아 편안한 삶을 살게 하는데 있어 큰 가르침을 주는 문장이라 하겠다.

인황내문하(人皇內文下)　　216자(二百十六字)

57자(五十七字)

舉目自天, 目心中明, 星月少小, 功曜乾坤, 而地祇斗授林, 震地戶巽坎離,
午人門坤巳兌, 酉天門乾巳坎, 子鬼門艮戊頭, 甲乙丙丁庚辛壬. 元丙上辛.

舉目自天(거목자천) : 하늘(마음)이 몸소 눈빛을 일으키니
目心中明(목심중명) : 눈동자는 마음 속 밝음과 같고,
星月少小(성월소소) : 별과 달은 작고 대수롭지 아니하나
功曜乾坤(공요건곤) : 하늘과 땅을 비추는 공로가 있도다.

❑ 요지(要旨) : 하늘이 몸소 눈빛을 일으킨다는 말은 하늘과 연결된 마음이 눈빛을 일으킴을 말한다. 눈동자가 마음 속 밝음과 같다는 말은 눈동자는 마음의 상태를 드러내는 역할을 하기 때문이다. 이와 같이 하늘은 인간의 마음을 통해 나타내고, 인간의 마음은 눈동자를 통해 드러나듯이 별과 달도 작지만은 하늘땅을 비추는 공로가 있다는 말씀이시다.

而地祇斗授林(이지기두수림) :
이와 같기에 땅의 정령이 홀연히 산림에 주어지니
震地戶巽坎離(진지호손감리) :
동방 진(震)[1]으로부터 시작되어 동남의 손(巽)방[2]인
지호(地戶)[3]에서는 물(水, 坎)과 불(火, 離)을 이루고,

---

1) 우레(震)는 수직으로 나타나는 氣流이다.
2) 바람(巽)은 수평으로 나타나는 氣流이다.
3) 지호(地戶)는 地氣가 드나드는 곳으로 지대가 낮은 동남방을 일컫는다. (辰巳사이에 巽방을 나타냄). 4개의 방위 중에 동남의 지호(地戶)는 물과 불을 이루게 되

108

午人門坤巳兌(오인문곤사태) :

남방 오(午)로부터 시작되어 서남의 곤(坤)방인

인문(人門)[1])에서는 무(武, 巳)와 못(澤, 兌)[2])을 이루고,

〔방위를 보는 패철〕

酉天門乾巳坎(서천문건사감) :

서방 유(酉)로부터 시작되어 서북의 건(乾)방인

니 수화동덕(水火同德), 즉 수화일체가 되어 만물을 기르게 된다. 만물을 번성하
게 하는 방위이다.
1) 인문(人門)은 서남방으로 낮에서 밤으로 전환하는 곳이다.
2) 태(兌)는 호소(湖沼)를 의미.

천문(天門)[1]에서는 무(武, 巳)와 물(水, 坎)을 이루고,

子鬼門艮戊頭(자귀문간무두) :
북방 자(子)로부터 시작되어 동북의 간(艮)방[2]인
귀문(鬼門)[3]에서는 무(戊)를 시초로 하여

甲乙丙丁庚辛壬(갑을병정경신임). 元丙上辛(원병상신) :
갑을병정과 경신임을 이루게 됨이라. 으뜸인 것은 병(丙, 7火)이요,
위가 되는 것은 신(辛, 4金)이다.

❏ 요지(要旨) : 위의 내용은 해와 달이 하늘과 땅을 비추는 공로에 의해
땅에서는 정령이 홀연히 산림에 주어지며, 4개의 방위에 따른 변화가 일
어나게 된다는 것을 말한다. 그런데 4개의 방위는 우리의 삶에 있어 막대
한 영향을 끼친다. 4개의 방위는 이처럼 우리에게 막대한 영향을 끼치기
에 그 변화가 일어나는 것을 알아차려 상황에 맞게 처세하자는데 있다.
그러므로 위의 내용들은 자연환경 속에서 4개의 방위가 되는 지호(地戶),
인문(人門), 천문(天門), 귀문(鬼門)을 통한 지령(地靈)의 형세를 알아 운
명을 개척하자는데 있는 것이다.

51자(五十一字)
乘天罡魁, 林人生陽, 哀人壽昌, 九天九土, 九人九命, 九眞九道, 九術九
生, 九渺九玄, 九要九成, 凡百一十七與, 超天張天公良世勿明.

---

1) 천문(天門)은 지대가 높은 서북쪽을 말하고, 천지(天地)가 만나는 곳이다. (乾방,
   戊亥방)
2) 간(艮)은 산(山)을 의미.
3) 귀문(鬼門)은 동북방의 지대를 말한다. 밤에서 낮으로 전환하는 곳이다.

乘天罡魁(승천강괴) : 하늘의 수레인 으뜸이 되는 칠성은

林人生陽(림인생양) : 숲과 사람에게 생명의 빛을 주고,

哀人壽昌(애인수창) : 사람을 가엾게 여겨 오래 살고 번창하게 함은

九天九土(구천구토) : 아홉 하늘, 아홉 땅

九人九命(구인구명) : 아홉 사람, 아홉 목숨

九眞九道(구진구도) : 아홉 참됨, 아홉 근본

九術九生(구술구생) : 아홉 재주, 아홉 인생

九渺九玄(구묘구현) : 아홉 아득함, 아홉 오묘함

九要九成(구요구성) : 아홉 요긴함, 아홉 성취함에 있으니

凡百一十七與(범백일십칠여) : 무릇 백일십칠(117=108+9)과 더불어

超天張天公良世勿明(초천장천공양세물명) : 하늘의 베풂과 하늘의 공평함을 뛰어넘어 일생(一生)의 길(吉)함을 밝다고 말라.

❏ 요지(要旨) : 하늘의 수레인 으뜸이 되는 칠성이 숲과 사람에게 생명의 빛을 주고, 사람을 가엾게 여기어 오래 살고 번창하게 함은 '아홉(궁극)을 이루는 열두 가지의 일(9×12=108)'에 있다고 한다. 뿐만 아니라 아홉(궁극)을 이루는 열두 가지 일과 아홉(궁극)을 이루는 내 자신의 일, 그리고 하늘이 베풀어주는 은혜와 차등이 없이 전해주는 공평함을 뛰어넘어 일생(一生)의 길(吉)함을 밝다고 하지 말라 하였다. 이와 같은 말은 '열두 가지의 일(108)'과 '내 자신의 일(9)'이 궁극에 이르게 되고, 하늘의 베풂과 하늘의 공평함이 있을 때 좋은 일이 있지, 그렇지 않고서는 상서롭지 않다는 말씀이시다.

다시 말해 아홉 하늘, 아홉 땅, 아홉 사람은 궁극의 천지인(天地人)이 아니라면 길함을 밝다고 하지 말라는 뜻이다. 마찬가지로 아홉 목숨, 아

홉 참됨, 아홉 근본은 궁극의 무병장수, 궁극의 참됨, 궁극의 본질이 아니라면 길함을 밝다고 하지 말라는 뜻이다. 뿐만 아니라 아홉 재주, 아홉 인생, 아홉 아득함, 아홉 오묘함, 아홉 요긴함, 아홉 성취함은 재주, 인생, 아득함, 오묘함, 요긴함, 성취함이 궁극에 달하지 않고는 일생의 길함을 밝다고 하지 말라는 뜻이다. 끝으로 하늘의 베풂과 하늘의 공평함은 차별이 없는 태평성대(太平聖代)를 말함이니, 이렇게 되지 않는다면 우리의 삶도 길함을 얻을 수 없다는 뜻이다.

지금까지의 내용으로 보아 자신의 능력 밖의 일에 대해서는 욕심을 부리지 말고 만족할 줄 알아야 하나, 천지인의 부조화와 자신이 갖출 수 있는 모든 일과 개인적 미성숙에 대해서는 부족함을 알고 만족함이 없이 항시 문제의식을 가지고 살아야 한다는 것을 말한다. 마찬가지로 하늘의 베풂과 하늘의 공평함이 있는 태평성대가 아닐 때에도 문제의식을 갖고 살아야 한다는 것을 말한다. 이것으로 보아 자부선생께서는 인황내문의 주제에 맞게 우리의 삶이 길함을 얻기 위해서는 문제의식을 가질 뿐 아니라, 삶의 철학을 담은 인문학적 자세 속에서 구해야 한다는 것이다.

특히 117(一百十七)은 '내 자신을 나타내는 아홉'과 '아홉(궁극)을 이루는 열두 가지의 일(12×9=108)'이 더해져서 나온 숫자이다. 그런데 여기서 열두 개의 아홉(궁극)은 108(12×9)이란 숫자를 만들어 놓게 되면서 불교에서 말하는 108번뇌와도 그 의미가 같다. 이것은 12가 삶의 수레바퀴인 십이지지(十二地支)를 나타내고 있으며, 9는 지상에서 '삶의 수레바퀴(12)가 극한상태(9)'로 돌아가게 되는 것을 나타내기 때문이다. 이 때문에 108이란 숫자는 인생사의 모든 모습을 나타내기에 108번뇌라는 말로 나타났다고 본다. 이로 보건대 자부선생이 언급하신 열두 개와 아홉을 통해 나온 108이란 숫자는 우리가 삶 속에서 겪게 되는 인생사의 이야기를 담고 있다고 해도 무리는 아닐 것이다.

112

74자(七十四字)

命龍神九, 建除滿平, 定房上明, 神知要屈, 命句扶明, 火三人光, 九天等神, 大出六鬼, 蒼爻遠命, 上拜必炎, 三石九王, 姦出勿勿, 必明三乾, 勿九九九, 天化九牛, 二人魚罪, 世白無九, 同明出命左右.

命龍神九(명룡신구) : 용의 다스림에 법도는 아홉 신령함에 있고,
建除滿平(건제만평) : 일으키고 덜어내게 되면 가득하고 평평해지니
定房上明(정방상명) : 머무는 곳을 평정시킴은 밝은 군주에게 있도다.

❑ 요지(要旨) : 용은 임금을 말한다. 그 다스림에 법도는 궁극적인 신령함에 있다는 것을 말한다. 신령함이 아니라면 하늘의 도(道)와 땅의 덕(德)을 드러낼 수 없기 때문이다.

일으키고 덜어내면 가득하고 평평해진다는 것은 군주(君主)의 역할이란 부국강병(富國强兵)과 더불어 불의(不義)를 뿌리 뽑아야 하고, 차별이 없는 가운데 두루 만족해하는 정치에 힘쓰는데 있다는 것을 말한다. 군주가 이처럼 정치를 하게 되면 태평성대를 이루게 됨에 따라 국가를 평정시키는 일은 밝은 군주에게 있다는 말씀이다.

神知要屈(신지요굴) : 앎이 신령하면 굽힘이 요긴하니
命句扶明(명구부명) : 생명의 마디(단계 단계) 밝게 돕게 되고,
火三人光(화삼인광) : 가득한 밝은 지혜는 사람에게서 빛나니,
九天等神(구천등신) : 아홉 하늘에 신령들이 무리를 짓도다.
* 셋(三)은 가득함을 나타냄
* 火 : 생명의 불꽃이 드러남이니 밝은 지혜를 나타냄

❏ 요지(要旨) : 앎이 신령하면 굽힘이 요긴하다는 것은 지식(知識)이 깨달음의 단계에 이르게 되면 굽힘의 귀중함을 알게 되듯이 겸허해질 수 있다는 것이다. 생명의 마디 밝게 돕는다는 말은 깨달음을 얻게 되면 삶의 어려운 단계마다 지혜롭게 처세하게 된다는 말씀이다.

가득한 밝은 지혜가 사람에게서 빛난다는 것은 깨달음을 통한 밝은 지혜는 사람에게서만 나타나게 되기 때문이다. 사람은 이처럼 만물이 갖고 있지 않는 밝은 지혜를 가질 수 있는 까닭에 만물 가운데 오직 사람만이 가장 위대하다는 것이다. 이와 같이 사람은 위대하기에 아홉(가장 높은) 하늘에 신령들이 무리를 짓는다는 것은 배움이 멀리 있는 것이 아닌, 각자 자신들에게 있기에 본인들도 서로 듣고 배우기를 위해 무리를 짓는다는 말씀이시다.

大出六鬼(대출육귀) : 여섯 귀신이 크게 출몰하나
蒼爻遠命(창효원명) : 푸르름을 본받으면 정해진 운명은 멀어지고,
上拜必炎(상배필염) : 높은 곳에 굽히면 반드시 불꽃을 얻게 되나
三石九王(삼석구왕) : 세 가지의 쓸모없음은 아홉 가지 왕성함을 이루게 됨이라.

❏ 요지(要旨) : 여섯은 생명력의 상징이다. 귀신은 이승에 집착하는 원귀(冤鬼)로 여겨졌으니, 여섯 귀신은 나의 생명력을 빼앗는 것을 말한다. 하지만 푸르른 하늘의 맑음과 가까이 하면 정해진 운명은 멀어진다고 했으니, 나의 심령을 맑게 하면 새로운 운수가 열리게 됨을 말한다.

높은 곳에 굽힌다는 것은 자연의 법도에 의한 진리에 순응한다는 것을 말한다. 그러면 반드시 불꽃을 얻게 된다고 함은 진리에 순응하는 자는 반드시 깨우침의 길로 들어서게 되어 있기 때문이다.

114

세 가지의 쓸모없음에서 세 가지는 가득함을 나타낸다. 그러니 세 가지의 쓸모없음은 무수히 많은 쓸모없는 것을 말한다. 여기에 아홉은 최상의 상태를 말하니, 무수히 많은 쓸모없는 상태가 최악에까지 이르렀다는 것이다. 그러므로 상배필염(上拜必炎)은 높은 곳에 굽히듯이 진리에 순응하면 반드시 깨우침(불꽃)의 길로 들어서게 됨을 말함이요, 삼석구왕(三石九王)은 무수히 많은 쓸모없는 것에 치우치면 최악의 왕성한 상태에 이르러서는 죽음의 문턱에서 벗어날 수 없다는 이야기이다.

姦出勿勿(간출물물) : 간사함이 나타남을 억제하고 억제하면
必明三乾(필명삼건) : 남김 없는 텅 비움 속에 반드시 밝아지고,
勿九九九(물구구구) : 아홉 가지 아홉 가지 아홉 가지를 하지 않으면
天化九牛(천화구우) : 하늘(밝음)로 변화되어 아홉 소(牛)를 이루게 됨이다.
＊ 아홉 소(牛)는 강력한 힘을 나타냄. ＊ 하늘의 성정인 乾은 텅 비움을 바탕으로 하고, 하늘의 형상인 天은 만물의 본질인 밝음을 바탕으로 한다.

❑ 요지(要旨) : 간사함이란 주관이 있게 한결같은 마음으로 밀고 나가지 못하는 마음이다. 그러니 그 간사함을 억제하지 못한다면 뜻하는 모든 일은 허물어지고 말 것이라는 말씀이다.

본문에서 건(乾)과 천(天)은 내적인 하늘과 외적인 하늘이다. 내적인 하늘인 乾은 하늘의 성정을 나타내기에 텅 비움을 바탕으로 하고, 외적인 하늘인 天은 하늘의 형상을 나타냄에 따라 밝음을 바탕으로 한다. 삼건(三乾)에 있어 三은 크게 확장됨을 나타내니 크게 확대되어 완전하게 비웠다는 것이 된다. 이와 같기에 '크게 텅 비움(三乾)' 속에서 반드시 밝아진다는 것은 간사함을 억제하면 마음은 비워지고 비워지는 가운데 반드시 밝아지게 된다는 것을 말한다.

세 번 반복되는 아홉 가지(九九九)를 하지 않는다는 것은 가득한(3) 최상(9)의 상태에 이르지 않게 해야 한다는 것을 말한다. 그러면 하늘(밝음)로 변화되어 아홉 소(牛)를 이루게 됨이라 했다. 이 말은 내 자신의 간사함이 최상의 왕성한 상태로까지 이르지 않게 되면 장차 밝음(하늘) 그 자체가 되어 강력한(아홉) 힘(牛)을 얻게 된다는 이야기이다. 그러므로 물구구구(勿九九九), 천화구우(天化九牛)는 한결같지 못한 간사함이 최상의 왕성한 상태에까지 이르지 않게 하면 결국에 가서는 우듬지에서 충(衷, 회삼귀일의 마음)이 발생하듯이 장차 다시 밝음으로 변화되어 강력한 힘을 얻게 된다는 것이다.

二人魚罪(이인어죄) : 너와 나, 우리는 나의 죄가 되고
世白無九(세백무구) : 세상이 깨끗해져 최상으로 치닫는 것이 없게 되니
同明出命左右(동명출명좌우) : 함께 밝음이 나오게 되어 있어
목숨을 좌우하게 됨이라.
* 二人 : 두 사람, 너와 나, 우리. * 魚 : 나(인칭대명사)
* 九 : 九는 숫자의 의미보다는 최상의 상태를 나타낸다.

❑ 요지(要旨) : 너와 나, 우리는 나의 죄가 된다고 함은 너의 허물은 나의 허물이라는 공동체의식을 갖자는 것이다. 그러면 서로 책임의식을 갖고 노력하게 되기에 세상이 깨끗해져 죄악이 끊어지게 된다는 말씀이다.
　세상이 깨끗해져 최상으로 치닫는 것이 없게 되면 서로 함께 밝음을 얻게 되면서 목숨을 좌우하게 된다고 했다. 이 말은 너와 내가 구분이 없는 상태인 죄악이 끊어진 상태에서 서로 함께 밝음을 얻으면 목숨을 늘려가게 되고, 단축시키는 일은 오직 나의 행위에 달려 있을 뿐이라는 말씀이시다. 그러므로 홀로 타락해가는 삶을 살기 보다는 우리 서로 장생

116

(長生)의 길을 가기 위해서라도 함께 밝음을 얻도록 해야 하지 않겠느냐는 것이다.

34자(三十四字)
四石山狐, 出命昌門, 矣也女安, 於即言中, 耶聊六左, 扉九天九, 天九天成, 焉三矣此蒼矣.

四石山狐(사석산호) : 사방에 돌이 있고 산에는 여우가 있듯이
出命昌門(출명창문) : 생명을 낳아 집안을 번성케 하면
矣也女安(의야녀안) : 너 또한 편안케 되리라.
於即言中(어즉언중) : 이제 글 가운데에서
耶聊六左(야료육좌) : 부족하나마 그대로 될지는 모르나 좌측으로
여섯을 이루고,
扉九天九天九天成(비구천구천구천성) : 아홉 번째 하늘, 아홉 번째 하늘,
아홉 번째 하늘을 통한 사립문이 이루어지면
焉三矣此蒼矣(언삼의차창의) : 셋이 될 것이니 이에 푸르게 되리라.
* 於 : 어조사 어(~에서). 耶 : 어조사 야(그런가). 聊 : 애오라지 료(부족하나마 그대로). 扉 : 사립문 비

❑ 요지(要旨) : 사방에 돌이 있고 산에는 여우가 있다는 것은 비바람을 막아주고, 안전하게 굴을 만들 수 있는 돌이 있기에 여우가 새끼를 낳고 기를 수 있게 되었다는 것을 말한다. 이렇듯이 생명을 낳아 집안을 번성케 하면 너 또한 장차 편안케 된다는 말씀이다.
  좌측으로 여섯을 이룸은 생명의 보금자리인 가정을 이루게 됨을 말한다. 이는 좌측이 물질적인 성향을 나타내고 있기 때문이다. 세 번이나 반

복되는 아홉 번째 하늘, 아홉 번째 하늘, 아홉 번째 하늘을 통한 사립문 (장생의 길인 10수의 門)을 이룸은 구도의 과정에서 밝음(하늘)이 궁극(9) 에 이르러 가득(3, 化三)[1] 채워지면 드디어 근본으로 돌아가게 되기에 생명의 사립문을 통해 우측의 여섯에 해당하는 득도(得道)의 단계를 얻게 된다는 것을 말한다. 그래서 자부선인께서는 세 번이나 반복되는 아홉 하 늘을 통한 사립문이 이루어지면 삼진귀일의 원리에 의해 근본으로 돌아 가 불멸을 얻게 됨에 따라 셋(삼진귀일)이 될 것이니, 이에 푸르게 되리 라고 했던 것이다.

자부선생의 말씀을 다시 한 번 언급하자면 이제는 가정(家庭)을 이루었 으면 남은 인생을 생명의 사립문을 통해 죽어서도 그 정혼(精魂)이 사라 지지 않는 불멸의 삶을 살도록 해야 하지 않겠느냐는 것이다. 자부선생의 이러한 말씀에서 느낄 수 있는 것은 우리의 삶이란 먹고사는 일과 불멸 을 위한 일 중에 어느 것 하나 귀중하지 않은 것이 없다는 것을 말한다. 이는 우리의 삶에 있어 먹고사는 일은 현재를 이어주고, 불멸을 위한 일 은 미래(사후세계)를 이어주는 일이기 때문이다.

지금까지 살펴본 〈인황내문〉은 자연환경 속에서 인간이 복되기 위해서 는 풍수(風水)를 잘 살피는 동시에 만사에 있어 궁극적인 삶, 그리고 앎 이 신령한 상태에까지 이르러야 한다는 것이다. 더 나아가 구도의 길을 통해 불멸의 삶을 살기 위해서는 푸른 하늘같은 맑음을 가까이 하고, 진 리에 순응하는 동시에 현상에 걸림이 없는 텅 비움 속에서 수행자의 삶 을 살아야 한다는 것이다. 뿐만 아니라 너와 나, 우리 모두 불멸을 결정 하는 밝음을 얻도록 생명의 사립문을 열고 들어가 득도(得道)의 단계에까 지 이르러야 한다는 것이 인황내문이 전해주는 골자이다. 그러므로 〈인황

---

1) 화삼(化三)은 성수(性數)인 1, 4, 7과 법수(法數)인 2, 5, 8 그리고 체수(體數)인 3, 6, 9를 말한다.

내문〉은 현실을 복되게 하는 삶과 득도를 통한 불멸을 위한 삶을 살게 하는데 있어 큰 가르침을 주는 문장이라 하겠다.

* 이슬람에서의 오른손은 신성함, 왼손은 부정함을 나타낸다. 그래서 오른손에는 코란을 들고, 왼손에는 칼을 든다. 이와 같음은 유대교도 마찬가지이다. 방위차원이 아니라 제사와 관련하여 신도(神道)차원에서 보면 우측은 밝음(陽)이요, 좌측은 어둠(陰)이다.

* 天皇 309자 / 地皇 264자 / 人皇 216자 = 총 789자
大三合六生七八九에서 나오는 789는 하늘의 완성 수(7), 땅의 완성 수(8), 사람의 완성 수(9)를 나타낸다. 그런즉 789로 이루어진 삼황내문은 천지인의 완전한 모습을 드러내는 의미가 있다고 하겠다.

天皇의 309는 45(9의 최대 數)+264(땅)에 의해 나온 하늘의 數이다.
地皇의 264는 48(대립과 투쟁)+216(인간)에 의해 나온 땅의 數이다.
人皇의 216은 36(율려수)×6(생명통일)에 의해 나온 사람의 數이다.

* 45는 1+2+3+4+5+6+7+8+9를 통해 나온 최대분화의 수이다.
* 48은 60갑자에서 중재역할의 戊己 12글자가 빠진
  대립과 투쟁을 나타내는 수이다.
* 36은 순수음양의 율려수(律呂數)를 말한다. 우주변화의 원리(한동석) 참조.

5장. 한민족 건국의 어머니 웅후(熊后)님

웅후(熊后)님의 선택

한(韓)의 시작은 고증할 수 없지만 또한 좇아서 대략 알 것이로다. 생민의 시작은 듣건대 아만(阿曼)으로부터라니 아만님이 어질고 맑으시사 나반(那般)님을 좇으시도다. 밝겨레(桓人)의 나게 됨은 웅후(熊后)님으로부터 비롯하시니 웅후님이 아름답고 슬기로워 환웅님께 시집을 가시도다.
〔大始無徵이나 亦從可略이로다. 生民之始는 聞自阿曼하니 阿曼賢淑하야 從之那般이로다. 桓人之生은 肇自熊后하시니 熊后婉慧하야 歸之桓雄이로다.〕

◉ 徵 : 부를 징. 曼 : 끌 만. 肇 : 칠 조(비롯할 조). 婉 : 순할 완

❑ 이암선생은 생민(生民)의 시작을 나반이 아닌 아만님임을 밝히고 계신다. 이는 여성의 중요성을 강조하신 까닭이다. 그런 까닭에 환족의 시작됨을 환웅천왕이 아닌 웅후(熊后)님이라 밝히고 있다. 그동안 우리는 웅후님을 토템의 관점에서 곰이라 했고, 일반적으로는 웅족의 여성이라 불러왔다. 하지만 이암선생께서는 웅후님을 환웅천왕의 왕비(王妃)로서 당당히 기록하고 있는 것이다.

특히 이암선생은 아만님이 어질고 맑으시사 나반님을 좇으셨듯이 웅후님께서도 아름답고 슬기로워 환웅님께 시집을 가셨다고 했다. 이는 웅후님께서 직접 환웅천왕의 신령하심과 남들과 다른 인격적 행위를 보고 선별할 줄 아는 지혜로움을 가지셨기 때문임을 말한다. 이러한 까닭에 웅후님은 신시(神市)의 개척자들이 신진세력이었음에도 불구하고 환웅님을 선택하실 수가 있었던 것이다.

"때에 웅녀군(熊女君)께서
환웅님의 신령스런 덕이 있음을 들으시니,
이에 무리를 거느려 가보시고 이르시되
'한 골짜기 전(廛 - 삶터)을 주어
삼신님 계율에 맹서를 하고 싶다'고 하자
환웅께서 곧 윤허하시니라."

〈참전계경〉「총론」

환족의 도정(道程)

옛적에는 일정한 제도가 없어 여럿이 함께 살더니 때에 신인(神人)이 있어 단(壇)을 세워 제사를 올리시고, 이윽고 음복하고 중매하여 정상(情狀)을 들어서 혼인하게 하셨다. 나무를 얽어서 살게 하시며 풀을 베어내어 곡식을 심게 하시니 환족의 도정(道程)[1]이 비로소 평안하여 무리와 더불어 함께 갈 수 있었다.

〔古無定制하야 群焉而棲러니 時有神人하야 立壇以祭하시고 既福而媒하야 聽情以昏이로다. 構木而居하시며 除草而稼하시니 桓道始平하야 與衆偕行이로다.〕

◉ 棲 : 깃들일 서(살 서). 既 : 이미 기(이윽고). 媒 : 중매 매. 昏 : 어두울 혼. 構 : 얽을 구(집을 짓다). 稼 : (곡식을) 심을 가. 偕 : 함께 해

❑ 옛적에 신인(神人)이 있었다고 함은 신과 같이 밝은 지혜를 가진 반신반인(半神半人)의 인물들에 의해 점차 문명이 열리기 시작했다는 말씀이다. 처음 문명이 열리게 될 때에 첫 번째가 제단을 쌓고 하늘에 제사를

---

1) 도정(道程) : 어떤 장소나 상태에 이르기까지의 과정

올리는 것으로부터 시작하여 남녀의 혼인을 주선하고, 집을 장만하여 농사를 지으며 사람들이 살아갈 수 있게 했다는 것은 삶의 중심에 먼저 하늘을 받드는 것을 우선으로 했다는 것을 말한다. 이것은 바로 환족(桓族)들이 순환의 질서를 집행하는 하늘을 경외하고, 보이지 않는 신도(神道)의 손길을 받드는 삶을 살았기 때문이다.

한민족의 근원이 되신 환웅천왕과 웅후님

사려 깊은 임금이신 환웅님께서 비로소 신령하시고 의외로 고결하신 웅후(熊后)님을 간선하여 친히 맞아 짝을 지으시도다. 아들이 없기에 빌어 잉태하기를 기원하여 뜻을 이루니 곧 낳으시어 기르시고, 곧 자라나매 가르치시니 신시(神市)가 명(命)을 이어받아 대대로 전하여 나라가 존속이 되니라. (化는 하나의 구휼救恤과 같다.)

〔惟帝桓雄이 乃神乃聖하사 納之熊后하야 親迎作配로다. 以呪無子하야 願化爲人하시니 卽生而育하시며 卽長而敎하시니 神市受命하야 傳世有國하니라. (化는 一作賑하니라.)〕

◉ 惟 : 생각할 유(사려하다). 乃 : 이에 내(비로소, 의외로). 納 : 들일 납(장가들 납). 迎 : 맞을 영. 賑 : 구휼할 진(넉넉하다)

❑ 아들이 없어 잉태하기를 기원했다는 것은 당시에도 아이를 점지해주는 천상의 임금이신 삼신상제님과 산신령을 받드는 풍습이 있었다는 것을 말한다. 〈삼성기 전〉「하편」에 의하면 환웅천왕과 웅후님에 의해 왕위를 물려받으신 분은 거불리(居佛理)환웅이시다. 이후 조식보정(調息保精)을 가르친 5세 태우의(太虞儀)환웅이 나오고, 태우의환웅의 열두 번째 아들인 복희씨(伏羲氏)는 하도와 팔괘를 만들어 세상을 문명화시키는 역할도 하였다.

복희씨의 대업을 이어 받은 여와씨(女媧氏)의 경우는 나라를 안정시켜 문명화시키는 과정에서 많은 사람들을 자신의 뜻에 따르게 만들기도 했다. 그래서 7일 동안 흙으로 사람을 빚어서 혼(魂)을 부여했다는 말이 전해오기도 한다.

　　여와님은 흙을 빚어서 조상(彫像)을 만들고
　　혼을 불어 넣어 7일 만에 이루었으니
　　모두 싸움에 사용하여 적이 감히 접근하지 못하였다.
　　　　　　　　　　　　　　　　　　　　　〈참전계경〉「총론」

여와씨가 흙을 빚어서 혼을 넣었다는 것은 인간의 정신개조를 통해 새 사람으로 만들었다는 것을 말한다. 이로 인해 철학적인 기반을 세운 복희 씨에 이어 여와씨께서는 국정을 안정화시킴으로 해서 철학적 체계를 제 도화 시켰으니, 두 인물에 의해 중원대륙은 문명을 꽃피우고, 그 터전을 굳건히 지킬 수 있었다.

8세 안부련(安夫連)환웅의 말기에 이르러서는 강수(姜水)에서 병사를 감독하던 소전씨(少典氏)에 의해 신농씨가 태어나 중원대륙에 농사와 의학(醫學)을 전했다. 14세에 이르러서는 천자국(天子國)의 위엄을 세우신 치우천왕으로 알려진 자오지(慈烏支)환웅께서 나오셨고, 같은 시기에 천문(天文), 지리(地理), 역서(曆書)의 시원을 열으신 자부선생도 세상에 나와 문명을 열으셨다. 이와 같이 신시(神市)로부터 시작된 배달국의 시기는 선진문화를 만방에 전한 문화영웅시대였다.

신시시대(神市時代)

여러 성왕이 이어 일어나시사 기름(목축)이 있어 농사지으시고 곡식이 있어 제사를 올리셨다. 횃불을 켜서 세 번 잔 드리며 삼신이 계신 곳에 제물을 올리고 환웅천왕님께 배향하였다. 인민들이 모두 허물이 없고 나라에는 도적을 없애고자 세법(世法 : 세상의 法)을 만들어 전하니 제도가 지금에 이르렀도다.

〔列聖繼作하사 有畜而農하시고 有穀而祭하시도다. 燔柴三獻하시니 三神居歆하시고 配以桓雄하시도다. 民皆無愆하고 國無亂賊하야 傳爲世法하고 式至于今이로다.〕

◉ 繼 : 이을 계. 燔 : 구울 번. 柴 : 제사지낼 시. 獻 : 바칠 헌. 歆 : 받을 흠. 配 : 나눌 배(짝 배). 愆 : 허물 건

☐ 삼신이 계신 곳에 제물을 올렸다는 것은 삼신상제님께 제사를 올리는 천제문화(天祭文化)가 있었다는 것을 말한다. 환웅천왕에게도 배향을 했다는 것은 천신인 삼신상제님과 함께 조상이신 선왕(先王)들에게도 제물을 올렸다는 이야기이다. 이것으로 보아 옛적에는 천신과 조상신을 함께 섬기는 문화가 기초를 이루었다는 것을 말해준다.

6장. 천하중심의 법통(法統)을 바로 세운 치우천왕

병장기(兵仗器)를 만들다

크시도다 치우천왕이시여, 황도(居, 皇都)가 한쪽으로 치우쳐(偏) 편할 수 없어 몸소 스스로 곡식을 심고 거두시니 노적(露積)이 구릉진 산과 같도다. 쇠를 지어 내어 병장기를 만들고, 등에 지고 어깨에 메어 한바탕 나가시니 향하는 곳 잔치로 맞이함이 무릇 나라의 큰 명절이로다.

〔大哉蚩尤여 居不偏安일세 躬自耕稼하야 露積邱山이로다. 鑄鐵作兵하

야 擔負出陣하시니 所向迎宴하야 大名是邦이로다.〕

◉ 偏 : 치우칠 편. 躬 : 몸 궁. 稼 : 심을 가. 鑄 : 쇠부어 만들 주. 擔 : 멜 담. 負 : 질 부. 陣 : 진 칠 진(무리, 전투, 한차례, 한바탕). 迎 : 맞을 영. 宴 : 잔치 연. 담부(擔負) : 등에 지고 어깨에 멤

□ 치우천왕은 나라를 다스리는 일에서 잠시라도 벗어나 마음에 여유를 갖고자 들판에 나가 농사일도 거들었던 것 같다. 그래서 황도(皇都)에서의 업무를 잠시 미루고, 초목농사를 짓기도 했던 것이다. 당시 치우천왕께서는 쇠를 이용하여 병장기(兵仗器)를 만드는 중요성에 대해서도 인식했던 것 같다. 그래서 각종 병장기를 선보이는 행진을 하고, 그 날을 축제로 모두가 함께 했던 것으로 여겨진다.

부국강병(富國强兵)을 이루다

크시도다 치우천왕이시여, 부(富)함을 쌓아 능히 무리(群)를 이루시니 사방에서 믿고 기쁨으로 오며, 의관하고 칼을 찼도다. 타고 실음은 말(馬)로 하고, 물건 옮김은 배(舟)로 하시니 사해(四海)의 안이 모두 천왕의 공로를 좇았도다.

〔大哉蚩尤여 畜富能群하시니 四來信悅하야 衣冠帶劒이로다. 乘載以馬하시고 運漕以舟하시니 四海之內에 悉遵天功이로다.〕

◉ 悅 : 기쁠 열. 帶 : 띠 대. 劒 : 칼 검. 漕 : 수레 조. 悉 : 다 실(모두 실). 遵 : 좇을 준

□ 치우천왕이 배달국을 부국강병으로 만들었다는 것을 말한다. 국가가 부유하지 못하면 강한 군대(軍隊)를 길러낼 수 없고, 강한군대가 없으면 외세에 의해 나라가 빈궁해질 수밖에 없기에 치우천왕은 이 둘을 소홀히

할 수 없었던 것 같다. 그래서 문무(文武)를 갖춘 무리를 모아 제도를 펼침과 동시에 강한 군대를 길러내고자 했던 것이 이 대목에서 엿보인다.

국가와 뜻을 함께 한다

크시도다 치우천왕이시여, 근본에 보답하게 하는 다스림을 이루시니 빈객(賓客)들이 자리에 오르고, 자손들이 뜰로 나가도다. 소 돼지를 길러 사용하고, 보리 메밀의 추수가 있으니 들녘에서 천신(天神)님께 제물을 올려 아홉 가지 맹서로 국가와 함께하도다.

〔大哉蚩尤여 報本成治하시니 賓客登席하고 子孫趨庭이로다. 豢之牛豕하야 麰麥有秋하니 薦神于郊하야 九誓同國이로다.〕

◉ 賓 : 손 빈. 客 : 손 객. 趨 : 달아날 추. 庭 : 뜰 정. 豢 : 기를 환. 麰 : 보리 모. 麥 : 보리 맥. 薦 : 천거할 천. 于 : 어조사 우. 郊 : 들 교

☐ 치우천왕께서 근본에 보답하는 정치를 했다는 것을 보여주는 대목이다. 이것은 천신(天神)과 선왕(先王)과 선영(先靈)들에 대한 보은을 근본으로 하는 정치를 했다는 것을 말한다. 이로 인해 손님들이 함께 하기 위해 자리에 오르고, 자손들이 스스로 떳떳하기에 세상으로 뛰쳐나가게 된다는 말씀이시다.

특히 아홉 가지 맹서로 국가와 함께 한다는 내용은 대부여의 구서(九誓)를 떠올린다. 하지만 삼윤구서(三倫九誓)라는 이름으로 청구시대에도 구서가 이미 있었다. 다만 다른 점이 있다면 부여의 구서는 단군조선이 쇠약해가던 시기에 구서모임을 통해 나라를 재건하고자 했다는 점이다. 반면에 청구의 구서는 국가가 지향하는 뜻과 하나가 되어 천하중심의 문명을 세우고자하는 뜻에서 강조되었기에 나름의 차이는 있었다.

마을 공동체를 이루다

크시도다 치우천왕께서 큰 물가인 이곳에 집을 세우게 되니 네 집으로 지경을 함께하여 3천이 넘는 마을과 고을이로다. 바람을 보고 비를 헤아려 땅을 나누어 밭을 갈게 하니, 힘을 통해 모두 일을 함께하여 이랑을 셈하여 생산하도다.

〔大哉蚩尤여 于汕斯閣하시니 四家同區하야 三千州里로다. 觀風測雨하야 分土而耕하고 通力合作하야 計畝以産이로다.〕

◉ 汕 : 오구 산. 斯 : 이 사. 閣 : 집 각. 區 : 구분할 구. 測 : 헤아릴 측. 計 : 셀 계. 畝 : 이랑 무

❏ 〈태백일사〉「삼한관경본기」를 보면 산꼭대기에는 어디나 사방에서 온 백성들이 있었는데 동그랗게 둘러 부락을 이루고, 네 집이 한 우물을 썼다고 한다. 이를 통해 보아 고대에는 하나의 우물에 네 집을 중심으로 마을이 형성되었던 것으로 보인다.

모두 일을 함께하여 이랑을 셈하여 생산하였다는 구절은 시골농촌에서 마을사람들이 함께 벼싹을 심고, 추수를 같이 하던 모습을 떠올리게 된다. 이를 통해 볼 때 고대에도 함께 일손을 돕는 공동체를 만들었을 것으로 여겨진다. 이러한 까닭에 전쟁에 임해서도 단합된 힘을 보였으리라 짐작이 되는 바이다.

천자국(天子國)의 위엄을 세우다

크시도다 치우천왕이시여, 구려(九黎)가 모두 천왕께 돌아가니 서쪽은 유망(楡罔)으로부터 몸소 무리를 거느리고 와서 붙도다. 헌원(軒轅)이 반란하여 원수를 지음에 친히 가서 정벌하시니 일만 나라가 모두 추대하고, 많은 무리들이 천왕의 명(命)에 돌아오도다.

〔大哉蚩尤여 九黎之歸시니 西自罔楡하야 躬率來屬이로다. 軒轅作讎하야 親往征之하시니 萬邦咸戴하야 衆多歸命이로다.〕

◉ 罔 : 그물 망. 楡 : 느릅나무 유. 躬 : 몸 궁. 率 : 거느릴 솔. 屬 : 무리 속 (붙다, 복종하다). 讎 : 짝 수, 원수 수. 咸 : 다 함. 戴 : 일 대(이다, 들다)

❑ 당시에는 구려가 각기 독자적 세력을 구축하며 분열조짐을 드러내었던 것으로 보인다. 치우천왕께서는 이와 같음이 보기 싫어 아홉 제후의 땅을 정벌하고, 유망을 쳐서 복종을 받게 된다. 그런데 토착세력의 우두머리로 있던 공손헌원이란 자가 나타나서 천자(天子)가 될 뜻을 품고 병마(兵馬)를 일으켜 공격해 왔던 것이다. 이로부터 73회나 싸웠으나 헌원이 모두 졌다고 우리 쪽 기록에는 적혀 있다. 이러했기에 헌원은 탁록에서 크게 패하여 천왕께 항복했다는 것이 〈태백일사〉「신시본기」의 기록이다.

당시에 탁록전쟁에 앞서 천왕께서는 격문(檄文)을 하나 보내게 되는데 그 내용은 다음과 같다.

"그대 헌구야! 짐의 고함을 밝게 들으렸다. 태양의 아들이라 함은 오직 짐 한 사람뿐으로 만세를 위하고, 공동생활의 옳음을 위해 인간 의 마음을 닦는 맹세를 짓노라.

그대 헌구여! 우리의 삼신일체원리를 업신여기고 삼윤구서(三倫九 誓)의 실천을 게을리 하였으니 삼신은 오래도록 그 더러운 것을 싫어 하셨느니라. 짐 한 사람에게 명하시어 삼신께서 토벌을 행하도록 하 였으니 그대 일찌감치 마음을 닦아 행동을 고칠지어다.

자신의 성품(性)으로부터 씨앗(子)을 구하고자 한다면 그대의 머릿 골에 내려와 있음이로다. 만약 명령에 순응치 않는다면 하늘과 사람 이 함께 진노하여 그 목숨이 오래가지 아니할 것이다. 네 어찌 두렵 지 않은가?"

128

치우천왕의 격문으로부터 처음 나타나게 되는 태양(太陽)의 아들이라 함은 천자문화(天子文化)의 위엄을 알리는 것이었다. 당시의 구환(九桓)이 세력이 커지자 각기 주장을 앞세워 혼란해졌기에 천자국의 임금으로서 치우천왕께서는 의로움을 앞세워 일어날 수밖에 없었다. 〈참전계경〉「총론」에 의하면 당시의 상황을 다음과 같이 전한다.

> 치우천왕은 신령스러운 용맹이 뛰어나시어 신농의 나라가 쇠패해 감을 보고, 드디어 웅대한 포부를 갖게 되어 이에 이르시되 "하늘 위에 이미 하나의 태양이 있는데 땅위에는 어찌 한 사람의 왕이 없겠는가 내가 마땅히 삼신 하느님을 대신 계승하여 하늘 아래의 주인이 될 것이로다."하시고 안으로 덕을 닦으며 밖으로 무장을 일으켜 자주 하늘군대(天兵)를 서쪽으로 기동하여 회(安徽省 揚子江方面) 대(山東半島一帶) 사이를 웅거하시니라. 그런데 뜻밖에도 공손헌원(公孫軒轅)이란 자가 무리의 우두머리가 되자 당장 탁록(涿鹿)의 벌판으로 달려가 헌원을 사로잡아 신복을 만들고, 자부 선생을 시켜 헌원을 가르쳐 대의(大義)를 타이르게 하니 헌원이 받은 것은 삼황내문이었다.

당시의 전쟁에서 패한 헌원은 이후 동방 천자국(天子國)의 가르침을 받고자 구도의 여정을 밟게 된다. 이때에 대해 《십팔사략(十八史略)》에서는 북방의 임금을 상징하는 용(龍)이 긴 수염을 드리운 채 나타나자 황제(黃帝)가 용에 올라타고 가다가 활을 떨어뜨리니 신하들이 그 활을 끌어안고 울었다고 했다. 이와 같이 그는 전쟁에 패배한 자로서 황제(皇帝)의 보좌에 앉기보다는 고행이 필요한 구도의 길에 나섰던 것이다. 이로부터 그가 구도의 길에서 만난 대표적 인물이 삼황내문(三皇內文)을 전해준 자부선생이었다.

천하의 종주(宗主)가 되다

크시도다 치우님이여, 대지세계(大地世界)에 주인이 되시니 구리머리에
무쇠이마로 무리들이 모두 위엄에 복종하도다. 동물을 사냥하고 전쟁터에
서 정벌함에 힘입어 신(神)으로 받들어지고, 큰 활을 다하도록 위용(偉容)
을 떨침에 천하가 종주(宗主)로 삼도다.

〔大哉蚩尤여 大地作主하시니 銅頭鐵額으로 衆皆威服이로다. 狩獵征戰
에 賴以爲神하시니 大弓斯振하야 天下爲宗이로다.〕

◉ 皆 : 다 개. 狩 : 사냥할 수. 獵 : 사냥 렵. 賴 : 의뢰할 뢰. 斯 : 이 사(이
것, 잠시, 다하다). 振 : 떨칠 진

❑ 대지세계에 주인이 되신다고 함은 가장 큰 영토를 누비셨다는 것을
말한다. 즉 동북아에 있는 지역은 물론, 중원 땅 모두가 천왕의 말발굽
아래에 있게 되었다는 것을 말한다. 구리머리에 무쇠이마는 이때부터 벌
써 투구가 있었다는 것을 알려준다.

전쟁터에 나가 연전연승을 하여 신(神)으로 받들어졌다는 것은 남보다
뛰어난 지략과 강력한 무기를 많이 지니고 있었다는 것을 말한다. 그런데
천왕에게는 이 뿐만이 아니라 남다른 재주가 있었다. 〈태백일사〉「신시본
기」에 의하면 치우천왕께서는 무엇보다 법력이 높아 만신(萬神)을 부르
고, 큰 안개를 일으킬 줄 알았다고 했다. 그런 까닭에 〈관자(管子)〉「도
행」에서는 "치우가 천도(天道)에 밝았다"고 전한다. 이와 같이 천왕께서
는 뛰어난 지략과 남다른 무기를 지녀서만이 아니라, 신도(神道)와 천도
에 밝았기에 연전연승을 통해 전쟁을 승리로 이끌 수가 있었던 것이다.

통일천하(統一天下)

크시도다 치우천왕이시여, 넓게 베풀고 이루시니, 이미 회대(淮岱)를 평

정하여 청구가 이를 통해 커지도다. 기름(牧畜)이 있어 힘써 농사하고, 사람은 많고 재물은 유족하시니, 사나움을 제압하고자 일어나서 때에 맞게 행하여 하나로 정(定)하였도다.

〔大哉蚩尤여 廣施而成하시니 旣平淮岱하야 靑邱斯大로다. 有畜力農하야 人多財足하시니 除暴而興하야 于時定一이로다.〕

◉ 斯 : 이 사(이것, 잠시, 모두, 쪼개다). 除 : 덜 제(없애다). 暴 : 사나울 폭.
于 : 어조사 우(향하여 가다 행하다)

❑ 사나움을 제압하고자 때에 맞게 행하였다는 말은 치우천왕께서는 정의(正義)를 앞세우는 한편, 올바른 분별 속에서 시기적절하게 난세를 바로잡고자 나섰다는 것을 말한다. 뿐만 아니라 사람이 많고 재물은 유족한 상태에서 전쟁을 했고, 각자의 세력을 주장하며 천자국에 대한 질서를 깨뜨리는 까닭에 오롯이 하나가 되게 하기 위해 전쟁을 했다는 이야기이다. 그런 까닭에 때에 맞게 행하여 하나로 정(定)할 수 있었다고 하였다.

멸하지 않는 빛

크시도다 치우천왕이시여, 덕을 세움이 크고 깊으시니, 다섯 길 크기의 릉(陵)을 가히 궐향(闕鄕)1)에 모시도다. 시월상달 진한(秦漢) 옛 땅엔 주민들이 제사 하나니, 만고에 영걸스러운 영혼이 그 빛을 멸하지 않도다.

〔大哉蚩尤여 樹德宏深하시니 五大之陵이 猶存闕鄕이로다. 十月秦漢에 住民祭之하나니 萬古英魂이 不滅其光이로다.〕

◉ 宏 : 클 굉. 猶 : 오히려 유(가히, 다만, 이미)

---

1) 《황람(皇覽)》을 인용한 《사기색은》에서는 치우의 무덤은 "동평군(東平郡) 수장현(壽張縣) 감향성(闞鄕城) 안에 있다"라고 주석을 달았다. 《태백일사》에서 궐향(闕鄕)이라고 한 것은 궐(闕)자와 감(闞)자가 비슷하게 생겨서 글자를 잘못 쓴 것으로 보인다.

❑ 치우천왕의 덕을 높이 받들어 다섯 길 크기의 릉(陵)을 궐향성(闕鄕城)
에 모셨다는 이야기이다. 시월상달이 되면 만고의 영걸을 기리기 위해 진
한(秦漢) 옛 땅의 주민들이 제사를 지냈다는 것을 말한다.

7장. 다스림의 도(道)를 열으신 단군왕검

삼한시대(三韓時代)를 열다

단군님이 옥좌(玉座)의 위에 계시옵사 빛을 하늘로부터 이으시니 단군
님이 오르고 내리심이 천제(天帝)의 곁에 계심이로다.

배달나라가 세워져 명(命)을 받음이 비록 오래 되었다고는 하지만 왕검
님께서 이르러 크게 그 덕을 새로이 하도다.

〔檀君在上하사 紹光于天하시니 檀君陟降이 在帝之側이로다. 有檀受命
이 雖云舊矣나 至于王儉하야 恢新厥德이로다.〕

◉ 紹 : 이을 소. 陟 : 오를 척. 側 : 곁 측. 雖 : 비록 수. 云 : 이를 운. 舊 :
옛 구. 矣 : 어조사 의. 恢 : 넓을 회. 厥 : 그 궐

❑ 옥좌 위에 계시어 빛을 하늘로부터 이으셨다고 함은 하늘의 상제님과
지상의 백성들 사이에 중간 매개역할을 해주고 있다는 것을 말한다. 단군
왕검께서 오르고 내리심은 그 영혼이 상제님과 백성들 사이를 오가며 왕
래한다는 뜻이니 왕검께서 상제님의 곁에 계심과 같다는 말씀이시다.

배달나라가 세워진 이후 단군왕검에 이르러서 크게 그 덕을 새롭게 했
다고 함은 주변의 제후국들에 호응을 받고, 천왕이 있는 곳을 진한(辰韓)
으로 삼아 좌우로 마한(馬韓)과 번한(番韓)을 두는 삼한(三韓)의 제도를
베풀었기 때문이다. 이로 인해 단군왕검께서는 새로운 시대를 열게 되면

132

서 조선(朝鮮)이란 국호로 새롭게 정하고 나라를 열게 되었다.

황극(皇極)을 세우다

단군왕검님께서 지극히 신령하시어 성스러움을 겸하시니 교화시켜 건 져내는 훌륭하심이 지나간 옛적으로부터 들어보지 못한 일이로다. 하늘을 이어받아 일어나시사 황극(皇極)을 세워 창성하시니 하나로 일컬어져 서 로 이어감이 커다란 복됨으로 충만하도다.

〔檀君王儉이 至神兼聖하시니 濟化之隆이 前古未聞이로다. 繼天而起하 야 建極乃昌하시니 一稱相承하야 景福充滿이로다.〕

◉ 濟 : 건널 제(돕다, 구제하다, 이루다). 隆 : 높을 륭(두텁다, 후하다, 성대하 다). 繼 : 이을 계. 稱 : 일컬을 칭(저울질 하다, 걸맞다). 承 : 이을 승(받들다). 景 : 볕 경(태양, 경치). 充 : 채울 충

❏ 하늘을 이어받아 일어나셨다고 함은 천지인사상으로 볼 때 하늘의 환 국과 땅의 배달국에 이어 사람에 해당하는 조선을 열었다는 것을 말한다. 그러기에 천지의 중심이 되는 황극을 세울 수가 있었다.

하나로 일컬어져 서로 이어감은 환국, 배달, 조선이 서로 나뉘어진 것 같으나 하나의 혈통과 하나의 문화를 가지고 서로 연결되어 이어져 왔다 는 것을 말한다. 이와 같음은 천지인의 법칙에 의해 셋으로 나뉘어 졌을 뿐이지 셋이 하나가 되고, 하나가 셋을 머금은 회삼귀일과 집일함삼의 원 리를 따르고 있기 때문이다.

구환(九桓) 통일의 대업을 이루다

단군왕검께서는 높고 크고 마땅히 매우시니 그 베푸심이 끝없이 넓으 시어 안팎이 본받아 법으로 삼도다. 알맞음을 세워 알맞게 하시고 일치하

게 정함으로 일치하게 하시니 아홉 한(韓)의 겨레가 비로소 왕(王)에게로 돌아와 가르침을 듣도다.

〔檀君王儉이 巍湯惟烈하시니 厥施斯普하야 內外效則이로다. 立中而中하시고 定一而一하시니 九土之族이 始聽歸王이로다.〕

◉ 巍 : 높고 클 외. 湯 : 끓일 탕. 惟 : 생각할 유(오직, 오로지, 마땅히). 烈 : 매울 렬(대단하다, 사납다, 굳세다). 斯 : 이 사(다하다). 普 : 넓을 보

❑ 알맞음, 즉 중(中)을 세워 중정(中正)의 도(道)를 실천했다고 함은 하늘과 땅이 사람을 중심으로 일체가 된 왕도정치(王道政治)를 했다는 것을 말한다. 왕검께서는 이처럼 왕도정치를 펼쳤기에 당시에 신인왕검(神人王儉)이 나왔다고 일컬어지기도 했다.

일치함, 즉 하나로 정(定)한다고 함은 일치(一致)된 합당한 법칙을 내세웠다는 것을 말한다. 이러한 까닭에 단군왕검께서는 치우침이 없는 알맞은 행위를 통해 모두가 한마음으로 일치되는 합당한 정책을 펼치셨던 것이다.

단군왕검의 이러한 중정(中正)의 도(道)와 하나로 일치(一致)시키는 법(法)은 구환(九桓)의 제후(諸候)들에 마음을 움직였던 것으로 보인다. 이러했기에 단군왕검께서는 구환을 통일하는 위엄을 보여 새로운 체제 속에서 치화시대(治化時代)를 열었다. 그래서 탄생한 국가가 다스림의 역할로서 태일(太一)에 정신을 실현하는 조선(朝鮮)이었다.

다스림의 도(道)를 열다

단군왕검께서 인도(人道)의 첫 번째가 되어 한(韓)을 셋으로 나누어 거느리시니, 다스림의 도(道)를 법으로 삼았음이 전해지도다. 신시의 옛 법은 상제님의 언약(言約)이 자리했음이요, 불함산(不咸山)은 몸소 편안함을

뿌리내린 곳이도다. (人은 하나의 王과 같다.)

〔檀君王儉이 人道之先이시니 分統三韓하야 傳爲治法이로다. 神市舊規
는 上帝所命이시니 不咸之山이 躬稼以寧하시니라. (人은 一作王)〕

◉ 統 : 거느릴 통. 傳 : 전할 전(펴다). 所 : 바 소(방도, 것, 곳). 命 : 목숨
명(운수, 명령, 언약, 천명). 咸 : 다 함(짤 함). 稼 : 심을 가. 寧 : 편안할 녕

❏ 단군왕검께서 인도(人道)의 첫 번째가 된다고 함은 천도(天道)를 주장
하던 환국과 지도(地道)를 주장하던 배달국에 이어 인도(人道)를 주장하는
단군조선에서의 첫 번째 천자(天子)가 되었기 때문임을 말한다.

한(韓)을 셋으로 나누어 거느리심은 진한(辰韓), 마한(馬韓), 번한(番韓)
인 삼한(三韓)을 나누어서 통솔했다는 이야기이다. 그 통솔함에 있어서는
환국의 조화법(造化法)과 배달국의 교화법(敎化法)에 이어서 치화법(治化
法)을 썼다는 것을 말한다. 특히 단군조선에 와서 진조선, 번조선, 막조선
에 대해 韓자를 붙여 삼한이라 지칭한 것은 단군조선의 치화정신이 담겨
졌기 때문이다. 그러므로 韓이란 뜻에는 하늘과 땅의 뜻을 받들어 억조창
생을 복되게 하는 홍익인간의 정신이 담겨져 있다고 하겠다.

신시의 옛 법은 상제님의 계획에 따른 가르침이 자리 잡고 있었다면
불함산(不咸山)은 단군왕검께서 몸소 편안함을 뿌리내린 곳임을 말한다.
불함산은 지금의 백두산이 아니라, 하얼빈 남쪽에 있는 지금의 완달산(完
達山)을 가리킨다. 그러므로 완달산은 송화강 아사달(왕검의 도읍)을 말한
다고 봐야 한다.

태평시대(太平時代)

신시의 나라 열림이 비로소 시작되어 멀리까지 번져나가게 되자, 단군
왕검께서 계신 곳이 사령탑(司令塔)이 되어 통솔하니 편안하고 은혜로움

에 무리가 늘어나도다.

깨달음이 넉넉하신 웅조(熊祖)님이 우리를 깨우쳐 다스리시니 밝게 빛나는 은혜 우리로 하여금 나와 자손을 보존케 하시도다.

〔神市開天이 興創流遠하시고 檀君統國이 惠康有衆이로다. 有覺熊祖가 啓我治之하시니 惠我光明하야 保我子孫하시니라.〕

◉ 興 : 일 흥(시작하다, 창성하다). 創 : 비롯할 창(시작하다, 만들다, 비로소).
惠 : 은혜 혜. 康 : 편안 강. 有 : 있을 유(많다, 넉넉하다). 我 : 나 아(우리)

❑ 웅조(熊祖)님은 환웅천왕으로부터 신임을 받아 비서갑(斐西岬)의 왕(王)이 되신 웅녀군(熊女君, 웅족 여왕)으로부터 시작하여 단군왕검에게 비왕(裨王)을 맡기기까지의 웅족의 역대에 선왕(先王)들을 말한다.

14세의 어린 왕검을 자신의 역할을 돕는 비왕(裨王)으로 삼았던 웅씨(熊氏)의 왕(王)은 왕검으로 하여금 비왕의 자리를 24년간 맡게 했으니, 웅조(熊祖)와 그 후손인 웅씨군(熊氏君)[1]은 왕검에게 정치를 가르친 스승이기도 하였다. 그래서 웅조(熊祖)의 왕들을 깨달음이 넉넉하신 분이라 이암선생은 표현하고 있는 것이다.

만물은 삼신(三神)으로부터

이르노니 야아, 만물이 모두 삼신(三神)으로부터 나오고, 천상의 임금인 상제(上帝)를 한 분으로 삼음은 지극히 엄하여 어김이 없기 때문이다.

이르노니 야아, 일만 나라의 제후가 우리의 단국(檀國)을 좇으니 농사 짓고 사는 평민이 그 근본을 생각지 아니하겠는가!

---

1) 신인(神人) 왕검이 비왕(裨王)에 올라 24년간 섭정하던 시기에 웅씨군(熊氏君)이 전쟁에서 죽자 그 자리를 계승하고 구환을 통일시켰다. 웅씨족으로부터 갈라져 나간 후손 중에는 소전(少典)이 있었다. 소전으로부터 나온 자손으로는 신농(神農)과 공손(公孫)이 있다. 헌원(軒轅)은 바로 공손의 후손이다.

〔曰噫萬物이 同出三神하시니 爲一上帝니 至嚴弗違하시다. 曰噫萬邦이
侯服于檀하시니 食土之衆은 不念其本가.〕

◉ 至 : 이를 지. 嚴 : 엄할 엄. 弗 : 아닐 불(말다, 근심하다). 違 : 어긋날 위.
侯 : 제후 후. 服 : 옷 복(좇다, 복종하다, 두려워하다). 于 : 어조사 우(~에서,
~부터, ~까지)

❑ 만물이 모두 삼신(三神)으로부터 나온다고 단군왕검께서 말씀하심은
삼신이 생명의 근원에 있기 때문이다. 삼신은 그 본체를 일신(一神)으로
하고, 작용을 천일신(天一神), 지일신(地一神), 태일신(太一神)으로 한다.
이로부터 천일신, 지일신, 태일신의 작용인 조화(造化), 교화(敎化), 치화
(治化)의 성향에 의해 만물은 생성되어 나오기에 단군왕검께서는 만물이
모두 삼신으로부터 나온다고 하신 것이다.

　단군왕검께서는 천상의 임금인 상제(上帝)를 한 분으로 삼는 것은 더
이상이 없이 지극히 엄하고, 어김이 없기 때문이라고 했다. 이 말은 옳고
그름에 있어 엄격함과 이 세상을 한 치의 오차도 없이 둥글러가게 함이
그 누구보다도 정확하기 때문이다. 삼신상제님께서는 이처럼 정확하기에
신계(神界)와 지계(地界), 그리고 인계(人界)가 되는 삼계(三界)의 주재자
로서 절대적 권능의 소유자라는 말씀이시다.

　일만 나라의 제후가 우리의 단국(檀國)을 좇으니 농사짓고 사는 평민이
그 근본을 생각하지 않겠느냐는 단군왕검의 말씀은 평범한 백성도 천자
국의 은혜에 보은하는 만방의 제후들을 보고 보은하는 삶을 배우게 된다
는 것을 말한다. 뿐만 아니라 문화종주국의 역할을 하는 조정(朝廷)의 위
대함을 느끼며 백성들이 자부심을 갖고, 뿌듯하게 살아가게 된다는 이야
기이다.

잊지 못할 근본은 나를 닦는 정성(精誠)에 있다

  잊지 못할 근본은 먼저 나를 닦는 정성에 있나니, 밝음을 열고 아름다움을 이룬 연후에야 많은 복을 구하는 것이 옳도다.

  성품을 밝은 빛에 통하게 함은 천상의 임금님이 나와 함께 함이니, 홀로 행함에도 마땅히 살피어 생각마다 게으름이 없을지어다.

〔不忘之本이 先在修誠이니 啓明濟美에 是求多福이로다. 性通光明이 上帝在我시니 宜省于獨하야 念念無怠어다.〕

◉ 宜 : 마땅 의. 省 : 살필 성. 于 : 어조사 우(행하여 가다, 동작하다). 怠 : 게으를 태

❑ 단군왕검께서는 잊을 수 없는 근본은 나를 닦는 정성에 있다고 한다. 그렇다면 나를 닦는데 있어서는 정성이 근본이 되는 일이기에 나를 변화시키기 위한 우리의 삶 속에서 정성이란 삶의 지향점이 됨을 나타낸다. 그런 까닭에 나를 변화시키기 위한 수행자의 삶에 있어 정성이란 놓칠 수 없는 삶의 철학임을 말한다.

  수행을 통해 밝음을 얻은 다음에는 아름다움을 이루는 것이라 했다. 이는 태일의 실현이다. 즉 천일(天一, 眞), 지일(地一, 善), 태일(太一, 美)인 삼신의 정신을 나타내는 진선미(眞善美) 중에 아름다움을 이루는 것이야말로 내 자신이 주체가 되어 다스림을 펼치는 일이기 때문이다. 이 때문에 아름다움을 이룬다는 것은 내 자신을 다스려 빛의 존재가 되게 하는 일이요, 천하를 밝게 하는 일이기도 하다.

  밝음을 열고 아름다움을 이룬 연후에는 많은 복(福)을 구하는 것이 옳다고 했다. 이 말은 참됨을 통한 선한 덕(德)을 갖추게 될 때 추함이 없는 아름다운 존재가 될 수 있기에 많은 복을 구할 수 있다는 것이다. 그런 까닭에 우리가 많은 복을 구하기 위해서는 참됨을 통해 나를 세우고,

덕을 쌓아 인심(人心)을 얻도록 하는 삶을 살아야만 한다는 것을 일깨워 준다.

성품이 밝은 빛에 통하게 될 때 천상의 임금님이 나와 함께 한다고 함은 서로 간에 장막이 되는 경계를 허물어 버렸기 때문이다. 그 경계가 유한계를 이루는 물질적 마음이라면, 그 경계를 허무는 것은 성품 속에 내재된 밝은 빛(光)이다. 밝은 빛이 이처럼 지역에 국한되지 않고, 시간에 걸림이 없는 까닭에 내가 밝은 빛과 통하게 될 때에는 상제(上帝)님과 함께하게 된다는 것을 말한다.

단군왕검의 덕치(德治)

단군왕검이 덕치로 다스리는 땅이 원만(圓滿)하시니 이미 홍수를 평안케 하시고, 또 알유(猰貐)1)를 평정하시었도다. 빽빽한 숲, 일만 마을에 새벽 빛살 사방으로 드리우듯 관경을 다스리니 태평함을 받아 누리도다.
〔檀君王儉이 道地圓滿하시니 旣平洪水하시고 又定猰貐로다. 密林萬村이 曙色四垂하시니 管境以治하야 受享太平이로다.〕

◉ 猰 : 짐승이름 알. 貐 : 짐승이름 유. 曙 : 새벽 서. 垂 : 드리울 수. 享 : 누릴 향

❑ 단군왕검의 위대한 도덕정치(道德政治)는 중국의 9년 홍수에서 빛을 발했다. 그 때에 우리의 선진문물인 천부왕인(天符王印), 신침(神針), 황거종(皇鉅宗)의 삼보(三寶)와 금관옥첩(金簡玉牒)이 태자 부루에 의해 전해졌기 때문이다.

---

1) 당시에 알유(猰貐)는 서쪽지역인 산서성, 섬서성 지역에 있었다고 한다. 그 명칭에 대해 하(夏)나라 때는 훈육(獯鬻), 은(殷)나라 때는 험윤(獫狁), 진(秦)과 한(漢) 때는 흉노(匈奴)라 불렀다고 한다.

알유(猰㺄)에 대한 기록은 《규원사화(揆園史話)》를 통해 나타난다. 그 내용에 의하면 "당시에 단군의 교화는 사방에 두루 미쳐 북으로는 대황(大荒)에 다다르고 서쪽은 알유(猰㺄)를 거느리며, 남쪽으로 회대(淮岱)의 땅에 이르고, 동으로는 창해(蒼海)에 닿으니, 가르침이 점차 퍼져나감은 위대하고도 넓은 것이었다."고 하였다. 그러므로 단군왕검께서는 서쪽에 있는 알유를 평정하시고, 그 외의 지역들도 널리 거느렸던 것이다.

복됨으로 무리를 존재케 하다

해가 처음 나타나니 늘어선 뫼(山)가 베풀어지고, 달이 처음 시작되니 펼쳐진 강물이 아름다운 모양을 드러냄이로다. 우리들 위해 배례하고, 복됨으로 무리를 존재케 하고자 단군왕검께서 산단(山壇)에 올라 하늘에 제사를 드리니라.

〔日之始生이 惟山之檀이오 月之初生이 惟河之檀이로다. 爲我拜之하야 以福有衆하니 檀君王儉이 祭天山壇하시니라.〕

◉ 檀 : 박달나무 단(아름다운 모양, 베풀다). 惟 : 생각 유(늘어세우다, 마땅하다, 오직)

❑ 넓게 펼쳐진 산맥은 아침 햇빛에 의해 드러나고, 어두운 밤에 흐르는 강물은 달빛을 받아 아름다운 모습을 드러낸다고 했다. 이와 같은 말은 일월지자(日月之子)가 되는 단군에 의해 꿋꿋한 기상을 지닌 정책이 펼쳐질 뿐 아니라, 만물에 두루 영향을 끼치는 덕화(德化)가 날로 더해간다는 것을 말한다.

단군왕검께서는 무리를 복되게 하기 위해 산단에 올라 제사를 드렸다고 했다. 이것은 삼신상제님께 천제를 드리는 문화가 오래 전부터 자리를 잡고 있었다는 것을 말한다. 그런데 무리를 복되게 한다는 구절은 신시개천지도(神市開天之道)[1])에서도 보이는 문구이다.

그 가르침에 의하면 나를 알기 위한 지아(知我)로부터 시작하여 홀로 구하는 구독(求獨)을 통해 나를 비우는 공아(空我)를 이루고, 만물을 존재케 하는 존물(存物)을 하게 될 때 복됨(爲福)을 이루게 된다는 내용이다. 이를 통해 볼 때에 인간만사란 만물을 보전케 하여 세상을 복되게 하는 일이야 말로 가장 보람찬 일이라는 것을 말한다.

색불루단군(索弗婁檀君)의 등극

단군왕검이 배달로부터 일어나게 되고, 백악(白岳)으로 왕권이 오게 되니 자줏빛 기운이 휘장을 드리우도다. 해가 백악 뫼로부터 나오고 달이 천하(天河)로부터 생겨나니, 산과 물의 뛰어난 정기 모이고 모여 나라가 행해지도다.

〔檀君王儉이 自檀而興하사 來御白岳하시니 紫氣垂帳이로다. 日出白岳하고 月生天河하니 山水精英이 會萃于國이로다.〕

⊙ 帳 : 장막 장. 英 : 꽃부리 영(뛰어날 영). 萃 : 모을 췌. 천하(天河) : 바이칼 호수를 말한다.

❏ 단군왕검이 배달로부터 일어나 나라를 세우고, 이후 그 왕권이 색불루단군(索弗婁檀君)에 의해 백악산 아사달로 옮겨갔다는 것을 말한다. 색불

---

1) 신시개천의 道는 참전계(參佺戒)로 귀결된다. 참전계는 여러 계율을 말하기도 하나, 대표적으로는 염표문(念標文)인 대원일(大圓一)의 가르침을 말한다. 천부경의 아홉 가지 철학적 天一・地一・人一 / 天二・地二・人二 / 天三・地三・人三의 원리가 삼일신고를 통해서는 성명정(性命精)・심기신(心氣身)・감식촉(感息觸)의 생명원리로 표현되었다면 참전계를 통해서는 인간이 행할 지능대(知能大)・택원(擇圓)・협일(協一) / 축장대(蓄藏大)・효원(效圓)・근일(勤一) / 현묵대(玄默大)・보원(普圓)・진일(眞一)의 계율로 나타난다. 그러므로 참전계는 천지인의 법칙으로 볼 때 인간이 행할 규범이라 할 수 있다.

루단군께서 이처럼 왕도(王都)를 옮겨가게 되었기에 해가 백악으로부터 나옴은 색불루단군의 시대가 열리고, 달이 천하(天河)로부터 생겨남은 색불루단군의 덕행이 실현됨을 나타낸다.

8장. 오행치수법을 전한 부루단군

기다리던 임금

  기다리던 임금 능히 다스리사 화락하고 온화하며 분명하고 편안케 하시니 단군부루 어질고 복이 많으시도다. 이웃나라와 사귐에도 도의(道義)가 있어 우(禹)에게 홍수를 다스리는 법을 가르치니, 우는 조선을 생각하여 돌에 새기어 덕을 칭송하도다.

〔嗣皇能理하사 熙穆淸康하시니 檀君扶婁는 賢而多福이로다. 交隣有道하사 敎禹治水하시고 禹思朝鮮하야 刻石頌德이로다.〕

◉ 嗣 : 이을 사. 熙 : 빛날 희. 穆 : 화목할 목. 康 : 편안 강. 隣 : 이웃 린. 刻 : 새길 각

❏ 단군왕검에 이어 제2세 부루단군을 언급하지 않고, 제22세 색부루단군을 먼저 언급했던 것은 단군조선의 제2에 개창자와 같은 인물이었기 때문이다. 하지만 이암선생은 색불루단군에 못지않은 단군부루를 기다리던 임금이라고 했다. 이 말은 부루단군께서 덕치(德治)를 펼치고, 나라의 위대함을 천하에 떨쳤기 때문이다.

  단군부루는 우사공(虞司空)에게 치수법(治水法)을 전해주어 9년 홍수를 막는 사신(使臣)으로서의 역할뿐 아니라, 기숙사를 설치하여 학문을 일으키고 백성의 삶을 편안케 하는 정책들을 펼치신 임금이었다. 이로 인해

문화는 날로 명성을 떨치고, 백성들의 신망은 두터워져 그가 붕어하는 날 백성들은 심하게 통곡하였다고 한다.

인문(人文)을 통한 산업화

단군부루께서 재물을 쌓아 크게 부유하시니 인민들과 함께 누리며 산업의 방법으로 다스리도다. 왕도의 바탕에는 한결같이 굶주리고 추움이 없나니 언제든지 생산이 있고, 이에 인문(人文)으로 다스림을 펼치시도다. 〔檀君扶婁가 居財大富하시니 與民共之하야 治道産業이로다. 王道之本이 一無飢寒이니 有恒之産이 乃文之治로다. (恒은 一作計)〕

◉ 扶 : 도울 부. 婁 : 끌 루(바닥에 대고 당기다). 飢 : 주릴 기. 之 : 갈 지 (가다, 끼치다, 사용하다, 이르다, 어조사). 恒 : 항상 항

☐ 부루단군시절 언제든지 생산이 있고, 인문(人文)이 있었다는 선생의 말씀은 오늘 날 우리에게 시사(示唆)하는 바가 크다. 현대의 물질문명은 인간의 생명사상과 가깝지 않다. 그 까닭은 생명의 존엄보다는 물질적 욕망에만 치우치는 삶으로 전락시켰기 때문이다. 이 때문에 인간은 황폐해지면서 신성(神性)을 잃는 인간들로 되어갈 수밖에 없었다.

인간사회가 생명의 존엄성을 잃게 될 때에는 이를 회복하기 위해 철학적 기반을 튼튼히 해야 한다. 그 시초가 누구나 신성을 지닌 위대한 존재라는 인식부터 필요하다. 이렇게 될 때 아무리 화려한 물질문명이 열리더라도 인간중심이 될 수 있기 때문이다. 이러한 가치를 제공하는 것이 인문학(人文學)이다. 인문학은 이처럼 물질문명 속에서도 나의 가치를 알게 하기에 우리가 펼쳐갈 꿈의 세계를 잃지 않고, 고난 속에서도 보람됨을 갖기 위해서는 우리 모두가 보전하고 발전시킬 의무가 있다고 하겠다.

하늘에 제사지냄을 정사(政事)로 하다

　신시(神市)로부터 받아들여 하늘에 제사지냄을 정사(政事)로 하시니, 삼신상제님께서 하강하사 묵묵히 아랫 백성들을 도우시도다. 단바람(甘風)과 더불어 비가 은혜를 베푸니 밭에 곡식이 풍족해져 산에는 도적이 없어 날로 사방이 편안해지도다.

〔受自神市하야　祭天爲政하시니　天神下鑑하사　默佑下民이로다.　與甘風雨하야　惠滋田穀하시며　山無盜賊하야　日康四方이로다.〕

◉ 滋 : 불을 자(증가하다, 늘다, 번식하다)

❑ 태평성대를 느끼게 하는 구절들이다. 하늘에 제사지내고, 삼신상제님은 성령으로 내려와 백성을 도우니 더 이상 무엇이 필요하겠는가! 이것이 이상적인 천자국(天子國)의 모습이다. 단바람과 더불어 비가 은혜를 베푼다고 함은 모든 일이 순조롭게 된다는 뜻이다.

뽕나무농사를 권장하다

　이에 주곡(主穀)을 부르시고 이에 주명(主命)을 부르시사 개천과 도랑을 다스리게 하시며 뽕나무농사를 권하시니라. 이로써 교화는 창성하게 되고, 이로써 가난한 자를 불쌍히 여기게 되고, 이로써 부로(포로)를 풀어주게 되니 명성과 소문이 더욱 빛나도다.

〔乃召主穀하시고　乃召主命하사　以治渠洫하시며　以勸農桑하시며　以興教化하시며　以恤貧窮하시며　以釋俘虜하야　聲聞益彰이로다.〕

◉ 渠 : 개천 거. 洫 : 봇도랑 혁. 恤 : 불쌍할 휼. 釋 : 풀 석. 俘 : 사로잡을 부. 虜 : 사로잡을 노. 彰 : 드러날 창

❑ 주곡(主穀)은 곡식을 주관하고, 주명(主命)은 임금의 명을 받들어 실행

케 하는 자이다. 이들로 하여금 개천과 도랑을 다스려 뽕나무농사를 짓게 함은 백성의 삶을 풍족하게 하기 위함이다. 이로부터 교화는 창성하게 되고, 가난한 자를 돕게 되니 포로를 풀어주는 넉넉함을 갖게 되었다는 것을 말한다.

효(孝)로 다스림을 삼다

이에 대련(大連)을 부르시고 이에 소련(少連)을 부르시사 효도로 다스림을 삼으시니, 다스리는 도가 날로 창성하도다. 사람을 사랑하고 세상을 유익되게 함이 효도가 아니면 무엇으로 권하며, 나라에 충성하고 도리를 공경함이 효도가 아니면 무엇으로 좇으리오.

〔乃召大連하시고 乃召少連하사 以孝爲治하시니 治道日興이로다. 愛人益世가 非孝何勸이며 忠國敬道가 非孝何從이리요.〕

❏ 세상을 유익되게 하고, 나라에 충성하며, 도리를 공경함이 모두 효도(孝道)로부터 비롯됨을 말한다. 그 대표적 인물로 소련과 대련을 뽑고 있다. 이들에 대해서는 이암선생의 《단군세기》에도 기록되어 있는데 그 내용을 보면 다음과 같다.

"소련과 대련은 상(喪)을 잘 치루었으니
사흘 동안을 게을리 하지 않고,
석 달 동안 느슨하지 않았고,
한 해가 지날 때까지 슬피 애통해 하였으며,
삼 년 동안 슬픔에 젖어 있었다."

이들의 효성에 힘입어 풍속이 더욱 효도에 힘쓰게 되었다고 하니, 이들은 조선에서 장려할만한 인물들이 되었던 것이다. 특히 〈참전계경〉「총론」에 의하면 묘전랑(妙佺郎) 대련은 발귀리(發貴理), 자부선인(紫府仙人), 을보륵(乙普勒)과 함께 대표적인 신선으로 태백산 밑에 사선각(四仙閣)에 모셔진 한 분이기도 했다.

발귀리선인은 태호복희씨와 함께 동문수학했던 선인으로 유명하다. 그가 남긴 대일설(大一說)과 원방각(圓方角)에 대한 내용은 〈태백일사〉「소도경전본훈」에 남아 있다. 자부선인은 발귀리의 후손으로 헌원으로부터 광명왕(光明王)으로도 불려졌던 인물이다.

대련은 형제간인 소련과 함께 효(孝)의 모범이 되었던 인물이고, 을보륵은 3세 가륵단군께 신왕종전(神王倧佺)의 도(道)를 올렸을 뿐만 아니라, 가림토(加臨土) 정음(正音) 38자를 정리했던 인물이다.

노래로 덕을 찬양하다

이에 신지를 부르시고 이에 고시를 부르시어 제단(壇)과 사당(廟)을 경영하게 하시니 예전의식이 엄숙하고 고요함이 있도다. '일곱째 날에 걸친 제사'[1]에는 북을 쳐서 바람을 움직이시고, 노래로 덕을 찬양하며, 곡식의 수확량에 따라 '구(邱)와 정(井)'[2]을 이루었도다.

〔乃召神誌하시고 乃召高矢하사 使營壇閣하시니 典儀肅肅이로다. 七回祭神하사 皷以風動하시며 歌以讚德하시며 穀以邱井이로다.〕

---

1) 칠회제신(七回祭神)은 7일 동안 하루씩 제사를 드리는 것을 말한다.
   일회(一回)에는 일신(日神)에게 제사하고, 이회(二回)에는 월신(月神)에게 제사하고, 삼회(三回)에는 수신(水神)에게 제사하고, 사회(四回)에는 화신(火神)에게 제사하고, 오회(五回)에는 목신(木神)에게 제사하고, 육회(六回)에는 금신(金神)에게 제사하고, 칠회(七回)에는 토신(土神)에게 제사한다.
2) 구정(邱井)은 고대에 토지를 구획하던 단위를 말한다. 《주례》「지관(地官)」 소사도(小司徒)에 "4정(井)으로 읍(邑)을 삼고, 4읍으로 구(邱)를 삼고, 4구로 전(甸)을 삼는다"라고 하였다.

◉ 肅 : 엄숙할 숙. 皷 : 북 고

❑ 제단은 하늘에 제사를 지내던 단을 말한다. 사당은 선왕이나 조상의 위패를 모시고 제사를 하던 곳이다. 그런데 신지와 고시에게 이 일을 맡기신 것은 신지는 제문(祭文) 등을 관장할 수 있고, 고시는 제물들을 담당할 수 있었기 때문이다.

가격을 둘로 하지 않다

  단군께서 이르시기를 야아, 아야, 너희들 오가야! 이에 오가들이 머리를 조아리시고 머리를 조아려서 명을 받들도다. 이로부터 말(斗), 저울(衡)을 모두 본보기로 시장에서의 가격을 둘로 하지 않게 되니 백성들 스스로 속이지 못하고 어디서나 두루 편하게 되도다.
〔檀君曰噫라 噫爾五加아 五加稽首하시고 稽首承命이로다. 斗衡悉準하시고 市價不二하시니 民自不欺하야 遠近便之로다.〕
◉ 稽 : 상고할 계(헤아리다, 논의 하다, 조아리다). 斗 : 말 두(용량의 단위). 衡 : 저울대 형. 悉 : 다 실(모두, 다하다). 準 : 준할 준(본보기로 삼다). 便 : 편할 편

❑ 시장에서 말(斗)이나 저울을 도입했다는 것은 당시에는 획기적인 방법이었다. 이것은 서로 속이지 못하게 되고, 무게를 정확히 측정하게 되므로 가격을 바르게 정할 수가 있어 상인들에게나 손님들에게 편리함을 줄 수 있었기 때문임을 말한다.

9장. 한민족의 노래, 어아가(於阿歌)

어아 어아,
우리 대조신[1] 크신 은덕,
배달나라 우리들 누구라도 백천만년 잊지 마세.
〔於阿於阿여 我等大祖神의 大恩德은 倍達國我等이 皆百百千千年勿忘이
로다.〕

어아 어아,
착한마음 큰 활 되고, 나쁜 마음 과녁 되니,
우리 백천만인 누구라도 큰 활시위 되어,
착한 마음 곧은 화살처럼 한마음으로 똑같아라.
〔於阿於阿여 善心은 大弓成이오 惡心은 矢的成이로다. 我等百百千千人
이 皆大弓弦同하니 善心은 矢直一心同이로다.〕

어아 어아,
우리 백천만인 누구라도 큰 활과 하나 되니,
많은 무리 과녁마다 뚫어보세.
끓는 물 같은 착한마음 가운데,
한 덩이 눈(雪)이 악한마음이라네.
〔於阿於阿여 我等百百千千人이 皆大弓一에 衆多矢的貫破하니 沸湯同善
心中에 一塊雪이 惡心이로다.〕

---

1) 대조신(大祖神) : 〈태백일사〉「소도경전본훈」에서는 "대조신을 삼신이라 부르고,
   하늘의 주재자라고 하였다.(大祖神謂三神爲天之主宰者也)" 이 말에서 보여주고
   있듯이 한민족은 하늘의 주재자이신 삼신상제님을 가장 큰 조상으로 인식했다는
   것을 알 수 있다.

어아 어아,

우리 백천만인 사람마다 모두 큰 활이라,

굳세고 강한 같은 마음 되니 배달나라 광영일세.

백천만년 크신 은덕 우리들의 대조신이시여,

우리들의 대조신이시여.

〔於阿於阿여 我等百百千千人이 皆大弓堅勁同心하니 倍達國光榮이로다.

百百千千年大恩德이여 我等大祖神이로다. 我等大祖神이로다.〕

◉ 等 : 무리 등. 弦 : 활시위 현. 直 : 곧을 직. 沸 : 끓을 비. 湯 : 끓일 탕.
塊 : 덩어리 괴. 비탕(沸湯) : 끓는 물. 堅 : 굳을 견. 勁 : 굳셀 경. 견경(堅勁)
: 단단하고 강함

❏ 어아가 중에 잠시 들여다 볼 내용은 착한마음과 나쁜 마음을 큰 활과
과녁, 그리고 끓는 물과 한 덩이 눈(雪)으로 비유를 해놓은 것이다. 여기
서 큰 활과 곧은 화살은 과녁이 되는 나쁜 마음을 뚫어 버리는 착한마음
이다. 착한마음이 이처럼 나쁜 마음을 뚫어버리는 큰 활과 곧은 화살로
나타나기에 나쁜 마음인 과녁을 뚫기 위해서는 우리는 항시 착한마음을
가져야 한다는 것이 활과 관련하여 어아가가 주는 교훈이다.

끓는 물과 한 덩이 눈(雪)은 뜨거워지는 착한마음과 커져만 가는 악한
마음을 나타낸다. 이 때문에 끓는 물 같은 착한마음은 눈덩이처럼 커져만
가는 악한마음을 녹여내자는데 있다. 그러므로 눈덩이처럼 커져만 가는
악한마음을 녹여내기 위해서는 항시 끓는 물 같은 착한마음을 갖자는 것
이 끓는 물과 관련하여 어아가가 주는 교훈이다.

어아가(於阿歌)가 가진 의도는 큰 활과 곧은 화살 같은 착한마음을 가
지고 나쁜마음인 과녁을 뚫자는 것이요, 끓는 물 같은 착한마음을 가지고

눈덩이처럼 켜져만 가는 악한마음을 녹여내자는데 있다. 이것으로 보아 어아가는 불의(不義)를 멀리하고, 정의(正義)를 앞세우는데 있어 그 어떤 노래보다도 뒤쳐질 수 없는 가사로 되어 있다는 것을 알려준다.

10장. 삼신상제님께 바치는
제천문(祭天文) 서효사(誓效詞)

삼신상제님께서 임하신 땅

아침 햇빛 먼저 받은 이 땅에 삼신께서 밝게 세상에 임하시도다. 환인님이 법 있기 전 먼저 나시어 덕을 베푸심이 크고도 깊도다. 모든 신성한 이들이 의논하여 환웅님을 보내시니 환웅께서 환인천제의 명을 받들어 처음으로 나라를 여셨도다.
〔朝光先受地에 三神赫世臨이로다. 桓因出象先하야 樹德宏且深이로다. 諸神議遣雄하야 承詔始開天이로다.〕

□ 아침 햇빛 먼저 받은 이 땅에 삼신께서 밝게 세상에 임하셨다고 함은 삼신상제님의 성령과 함께 환족(桓族)의 땅이 열렸다는 것을 말한다. 환인님이 법 있기 전 먼저 나시어 덕을 심으셨다고 함은 세상의 질서가 열리기 전에 먼저 오시어 세상의 질서를 열으셨다는 말씀이다.

환웅께서 환인천제의 명을 받들어 처음으로 나라를 여셨다고 함은 동북아시아의 땅에 처음으로 신정일치를 실현하는 나라가 열렸다는 것을 말한다. 환국(桓國)에 이어 이로써 배달국이 열렸으니 삼신상제님과 일곱분의 환인은 문명의 종주국인 한민족이 탄생할 수 있게 길을 열어주신 분들이었다.

만고에 무성(武聲)을 떨치신 치우천왕

치우천왕께서 청구에서 일어나 만고에 무성(武聲)을 떨치셨도다. 회대(淮岱)가 모두 임금에게 귀순하니 천하에 그 누구도 침범할 수 없었도다.〔蚩尤起靑邱하야 萬古振武聲이로다. 淮岱皆歸王하니 天下莫能侵이로다.〕

❑ 치우천왕이 청구(靑邱)에서 일어나셨다고 함은 신시(神市)에 이어 두 번째로 도성(都城)을 청구로 옮겼다는 것을 말한다. 만고에 무성(武聲)을 떨치셨기에 천왕에 대한 소문은 널리 퍼져 《관자(管子)》에서는 "천하의 임금이 전장에서 한 번 화를 내자 쓰러진 시체가 들판에 가득했다"고 한다. 이 밖에 〈태백일사〉「신시본기」에 있는 〔삼한비기(三韓秘記)〕에서는 치우(蚩尤)가 자오지천왕(慈烏支天王)이었으며, 그의 소문은 귀신같은 용맹함과 머리와 이마는 구리와 쇠로 되었고, 큰 안개를 일으키는 인물이었다고 전한다. 만고의 무신(武神)인 용강(勇强)의 조상으로 떠 받들어진 치우천왕이 이처럼 용맹함과 조화(造化)를 부리는 능력이 있었기에 선생께서는 회대가 모두 임금에게 귀순하고, 천하에 그 누구도 침범할 수 없었다고 하였다.

구환일통(九桓一通)을 이루신 단군왕검

단군왕검이 하늘의 명을 받으시니 기뻐하는 함성 구한(九桓)을 움직였도다. 물고기가 물을 만난 듯 백성이 소생하고, 바람이 풀을 스치듯 단군왕검의 덕화가 날로 새로웠도다. 원망하는 자는 먼저 원을 풀어주고, 병든 자는 먼저 병을 고치셨도다. 한마음으로 어짐과 효를 지니시니 온 천하가 광명으로 충만하도다.

〔王儉受大命하야 懽聲動九桓이로다. 魚水民其蘇요 草風德化新이로다.
怨者先解怨이오. 病者先去病이로다. 一心存仁孝하야 四海盡光明이로다.〕
◉ 懽 : 기뻐할 환. 歡聲 : 기뻐서 지르는 소리

❑ 치우천왕 때에 이어 두 번째로 구환을 통일하신 분이 단군왕검이시다.
단군왕검께서는 어짐도 함께 지니고 계시어 천하를 광명케 하셨다는 말
씀이시다.

진한(眞韓)은 삼한의 중심

  진한이 삼한의 중심을 굳게 지키니 정치의 도가 다 새로워지도다. 모한
(마한)은 왼쪽을 지키고 번한은 남쪽을 제압하도다. 험준한 바위가 사방
을 에워쌓는데 거룩하신 임금께서 새 수도에 납시도다.
〔眞韓鎭國中하고 治道咸維新이로다. 慕韓保其左하고 番韓控其南이로다.
巉巖圍四壁하니 聖主幸新京이로다.〕
◉ 鎭 : 진압할 진. 咸 : 다 함(모두). 維 : 벼리 유. 慕 : 그릴 모(그리워하다).
控 : 당길 공. 巉 : 가파를 참. 圍 : 에워쌀 위. 壁 : 벽 벽. 幸 : 다행 행

❑ 삼한관경(三韓管境)의 제도는 천일(天一), 지일(地一), 태일(太一)의 삼
신사상으로부터 나왔다. 삼한의 중심이 진한(辰韓)인 까닭은 태일(太一)의
정신을 본받아 주체가 되기 때문이다. 이를 통해 마한은 왼쪽에 두어 천
일(天一)로 삼고, 번한은 오른 쪽에 두어 지일(地一)로 삼았다.

삼한관경제(三韓管境制)로 다스린 단군조선

  삼경(三京)이 저울대, 저울추, 저울판 같으니 저울판은 마한 수도 백아
강이요, 저울대는 진한 수도 소밀랑이요, 저울추는 번한 수도 안덕향이로

다. 머리와 꼬리가 함께 균형을 이루어서 임금의 덕에 힘입어 삼신의 정기를 잘 간직하도다.

〔如秤錘極器하니 極器白牙罔이오, 秤幹蘇密浪이오, 錘者安德鄕이로다. 首尾均平位하야 賴德護神精이로다.〕

◉ 秤 : 저울 칭. 錘 : 저울 추. 極器 : 저울판. 牙 : 어금니 아. 罔 : 그물 망. 幹 : 줄기 간. 浪 : 물결 랑. 秤幹 : 저울대. 賴 : 힘입을 뢰

* 하얼빈은 소밀랑 * 당산(탕지보)은 안덕향 * 평양은 백아강

❑ 저울대(끈)는 무게를 측정한다. 이른바 만물의 변화 속에서 일어나는 세상사(世上事)의 옳고 그름을 판단하는 것이다. 그런 까닭에 저울대인 진한은 가치판단, 선악판단을 판가름하는 곳이다. 이는 세상을 통치하는 중심이기 때문이다. 이 때문에 진한 땅은 태일(太一)인 치자(治者)의 역할이었다.

저울대의 평평함을 유지시키는 것은 저울추이다. 저울추는 물건의 무게에 따라 추를 바꾸거나 이동시키며 무게를 잰다. 이것으로 보아 저울추가 되는 번한은 세상의 경중(輕重)을 실질적으로 조율하는 곳이다. 이 때문에 가장 시비가 많은 곳이기도 하다. 그런 까닭에 번한 땅은 균등한 질서를 위한 지일(地一)인 교화(敎化)의 역할이었다.

저울판은 만물, 즉 만물의 대표되는 백성을 달아매는 것이다. 백성을 달아맨다는 것은 백성의 명운(命運)을 달아매는 것을 말한다. 백성의 명운은 하늘의 명운, 국가의 명운이니 저울판인 마한은 국가의 명운을 쥐고 있는 땅이다. 그런 까닭에 마한 땅은 천일(天一)인 조화(造化)의 역할이었다. (마한 땅은 민족 최후의 보류였다.)

지금까지 알아보았듯이 마한인 저울판은 만물과 백성의 삶을 대변한다. 마한인 저울판이 이처럼 만물과 백성을 대변하기에 하늘과 같은 백성의

삶을 안정시켜 위기를 면하기 위해서는 균형을 잡는 저울추의 역할이 무엇보다 중요하다. 이때에 머리가 되는 저울판과 꼬리가 되는 저울추가 무게와 균형을 이루면서 저울의 역할을 하게 되고, 그 중심에서 전체를 가늠하여 판단하는 것이 저울대이다. 그러므로 진한을 지키는 대단군의 판단에 의해 삼신의 정기(精氣)를 잘 간직하느냐 그렇지 않느냐가 결정되는 것이다.

삼한의 근본정신을 영원히 보전하라

나라를 창성케 하여 태평성대를 이루니 일흔 나라가 조회하도다. 삼한의 근본정신을 영원히 보전해야 왕업이 흥륭하리로다. 나라의 흥하고 바뀌는 것을 말하지 말지니 진실로 삼신상제님을 섬기는 데 달려 있도다.

〔興邦保太平하야 朝降七十國이로다. 永保三韓義라야 王業有興隆이로다. 興替莫爲說하라 誠在事天神이로다.〕

◉ 隆 : 성할 륭. 替 : 바꿀 체. 莫 : 없을 막. 說 : 말씀 설. 事 : 섬길 사

❑ 삼한의 근본정신은 신교(神敎)인 삼신일체(三神一體)의 가르침을 말한다. 이 가르침으로부터 군사부일체와 신정일치, 그리고 삼한관경의 제도가 나왔다. 신교인 삼신일체가 이처럼 모든 것의 근간(根幹)이 되기에 삼신이 한 몸과 같다는 삼신일체의 가르침을 영원히 보전해야 왕업을 크게 일으킬 수 있다는 것이 서효사가 전해주는 가르침이다.

나라의 흥망을 가르는 또 하나의 중요한 것은 진실로 삼신상제님을 섬기는데 있다고 하였다. 이는 보이는 세계의 이면(裏面)에서 다스리는 천상세계 통치자의 의도를 바르게 알고 행하는데 있기 때문이다. 이암선생은 〈태백일사〉「고려국본기」에서 "신(神)은 사람에게 의지하고, 사람 역시 신에게 의지하여야 백성과 국가가 길이 편안함을 얻게 된다"고 했다. 이

154

말에서 알 수 있듯이 우리가 삼신상제님께 천제(天祭)를 올린다는 것은 신의 의도를 바르게 알고 행하기 위해서이다. 이렇게 될 때 나라는 부국강병을 이룰 수가 있기 때문인 것이다.

◈ 서효사는 6세 단군 때에 신지(神誌)로 있던 발리(發理)의 글이다. 이때에 모든 한(汗)들을 상춘(常春)에 모이게 하여 삼신상제님께 구월산(九月山)에서 제사를 올리게 하고, 신지인 발리(發理)로 하여금 서효사(誓效)를 짓게 하였다고 한다. 서효사는 나중에 신지비사(神誌祕詞)라 하여 비밀리에 전해지기도 했는데, 이러한 까닭은 서효사가 중국에 사대(事大)하는 입장에서 환인·환웅·단군의 삼성조시대(三聖祖時代)와 삼한관경제로 국토를 다스린 황극제(皇極帝)인 단군성조에 대해 다루었기 때문이다.

2부 중고시대(中古時代)의 창업시조와 국운을 열은 영웅들

1장. 천왕랑(天王郞) 해모수(解慕漱)

웅심(熊心)의 뫼

높이 솟은 웅심의 뫼(山), 상서로운 햇볕에 길한 징조의 구름이로다. 기쁨을 알려주는 까치가 박달나무에 모였나니 맑은 풍악 기상이 넘치는구나. 해모수란 어른이 있어 하늘의 명(命)을 좇아내려 오시도다. 하늘의 법을 계승하여 환족의 무리를 통일하시니 위대한 해(太陽)의 명칭에 따라 성을 해씨로 했도다.

〔山高熊心하니 瑞日詳雲이로다. 鵲集檀樹하니 淸樂壯洋이로다. 有解慕漱하야 從天而降이로다. 法承桓統하야 解姓大日이로다.〕

◉ 詳 : 자세할 상. 鵲 : 까치 작. 集 : 모을 집. 壯 : 장할 장

❑ 웅심(熊心)이란 말은 해모수가 군사를 일으킨 웅심산(熊心山)으로부터 나왔다. 웅(熊)은 그 의미가 빛나는 모양과 신령스러움을 나타낸다. 심(心)은 중심과 본원을 나타내기도 한다. 그러므로 웅심은 빛의 중심이나 신령함의 본원을 나타내게 된다.

빛의 중심이라 하면 그것은 태양이다. 그래서 그런지 해모수의 성씨는 해씨이다. 상고시대 이래 환족(桓族)은 빛을 숭상하였다. 〈태백일사〉「환국본기」에 의하면 "사람들이 모두 스스로 환이라고 불렀다(人皆自號爲桓)"고 하였다. 이와 같이 빛을 숭상하는 민족성이 해모수에게서도 나타났던

것이다.

신령한 눈빛

사월 달 초파일날 비로소 천신님의 아들이 오셨네. 손에 천부(天符)를
쥐시고, 능히 큰 변화에 올라탔도다. 타고난 모습 영웅의 용맹함을 지녔
고, 신령한 눈빛 사람을 쏘아 보는 듯 했도다. 만백성 모두가 즐거이 기
뻐하여 추대하니 단군이 되셨다네. 부여는 이미 밝음을 드러내니 해는 높
이 뜨고 하늘은 빛나도다.

〔四月八日이 乃天子降이시니 手握符命하시고 能乘大變이로다. 天姿英
勇하시고 神光射人하시니 萬民歡喜하야 推爲檀君이로다. 夫餘旣白하야
日高麗天이로다.〕

◉ 握 : 쥘 악. 姿 : 모양 자. 英 : 꽃부리 영. 勇 : 날랠 용. 射 : 쏠 사. 歡 :
기쁠 환. 推 : 밀 추(옮기다). 餘 : 남을 여. 旣 : 이미 기

□ 천자가 되신 해모수께서 손에 천부(天符)를 쥐시었다는 것은 하늘의
증거, 조짐, 징조 등을 가지고 오셨다는 것을 말한다. 능히 큰 변화에 올
라탔다고 함은 삼한이 무너져 내리며 새로운 역사의 시대가 열리는 격동
기에 출현하였다는 것을 말한다. 그러므로 해모수는 풍랑의 위기에 민족
혼을 되살리기 위한 징조로 나타났던 인물이다.

해모수께서 영웅의 용맹을 지녔고, 신령한 눈빛은 사람을 쏘아보는 듯
했다고 함은 혁명을 일으킬 기개(氣槪)가 있고, 오가(五加)를 통해 분열되
어 가는 사태를 꿰뚫어보는 지혜가 있었다는 것을 말한다. 만백성 모두가
즐거이 기뻐하며 단군으로 추대하였다는 것은 혼란한 국정(國政)을 바로
잡고, 새로운 역사의 시대인 부여(夫餘)를 열 수 있었기 때문이다.

오가(五加)들이여

단군께서 가라사대 어허, 참 너희들 오가(五加)들이여, 너희 임금을 임금으로 여기지 않고, 너희 나라를 나라로 여기지 않았나니 짐(朕)이 천명을 받음으로부터 나라의 기반이 새로워지도다. 짐은 병기를 사용하지 않나니 어째서 제후가 되지 않느뇨.

〔檀君曰噫라 噫爾五加아 爾君不君하고 爾國不國하나니 朕自受命하야 創基維新이로다. 朕不用兵하니 何不來侯리오.〕

◉ 創 : 비롯할 창(시작하다, 다치다). 維 : 벼리 유(밧줄, 구석)

❏ 삼한이 무너져 내리는 시대를 맞이하자 해모수의 말처럼 임금을 임금으로 여기지 않고, 나라를 나라로 여기지 않는 사태(事態)로까지 혼란해졌다는 것을 말한다. 이러한 때에 해모수란 인물이 천명(天命)을 받았다고 함은 개혁의 주도자가 되어 정권을 잡았다는 이야기이다.

오가(五加)의 철폐

짐은 주살함을 더하지 않았나니 자신을 가리지 말고 완전히 벗어 마땅히 사람을 추천하여 돕지 않느뇨. 너희들 공훈(功勳)과 벼슬(爵)을 올리고, 너희들 름록(봉급)을 후하게 하겠노라. 오가(五加)가 드디어 철폐되니 삼한(三韓)으로 관속이 되었던 토경을 바치고 와서 붙도다.

〔朕不加誅하니 宜助薦裸이로다. 昇爾勳爵하고 厚爾廩祿이로다. 五加遂撒하야 三韓貢附로다.〕

◉ 誅 : 벨 주. 宜 : 마땅할 의. 助 : 도을 조. 薦 : 천거할 천(드리다, 제사).
裸 : 벗을 라. 勳 : 공 훈. 爵 : 벼슬 작. 廩 : 곳집 름. 祿 : 녹 록(봉급, 福).
撒 : 뿌릴 살(흩어지다, 놓다). 貢 : 바칠 공. 附 : 붙을 부

❏ 해모수께서는 상벌이 엄격했던 것 같다. 주살(誅殺)할 자는 반드시 처단하고, 공(功)이 있는 자에게는 반드시 훈장과 벼슬을 주고자 했다는 것을 알 수 있다. 이러한 엄격함이 있었기에 흔들리는 삼한을 새롭게 개혁할 수 있었던 것으로 보인다.

땅으로부터의 밝음

해모수단군께서 병풍을 등지고 동쪽을 앞두어 다스리시니 삼한이 모두 축수하는 옥잔(玉盞)을 드리고, 오가(五加)가 모두 뜰 앞에 와서 모였도다. 여럿이 늘어서서 배례하고, 찬양하는 소리 높이니 "땅으로부터의 밝음"1)이로다. 농사 짓기 고기잡이 삶이 그대로이고, 백성들 돌아감이 장터와 같도다.

〔檀君負扆하사 東面而治하시니 三韓獻壽하고 五加來庭이로다. 山呼羅拜하니 自地光明이로다. 農漁如業하고 民歸如市로다.〕

◉ 負 : 질 부. 扆 : 병풍 의

* 산호(山呼)는 산호만세(山呼萬歲)의 준말로 옛날 국왕의 즉위식에서 사용한 말이다. 천세천세(千歲千歲) 이전에 쓰이던 말로 산처럼 손을 높이 쳐들고 부른다는 데서 유래하였다.

❏ 해모수단군께서 병풍을 뒤로하고, 동쪽을 바라보며 다스렸다는 것은 그가 어둠을 등지고, 밝음을 향한 마음으로 나라를 통치했다는 것을 말한다. 찬양하는 소리 높이니 땅으로부터의 밝음이라 함은 일월지자(日月之

---

1) 땅으로부터의 광명(自地光明)은 〈태백일사〉「신시본기」에 있는 내용이다. 원문을 보면 "自天光明(자천광명)을 謂之桓也(위지환야)오, 自地光明(자지광명)을 謂之檀也(위지단야)라."하여 하늘로부터의 광명은 환(桓)이요, 땅으로부터의 광명은 단(檀)이라고 했다. 그러므로 환인이나 환웅이라 함은 하늘의 광명을 가진 자요, 단군이라 함은 땅의 광명을 지닌 자를 말한다.

子)인 해모수가 등극함에 지상에서의 태양이 되었다는 것을 말한다. 제2의 태양을 뜻하는 거발환(居發桓)[1]은 환국의 초대 환인과 배달국의 초대 환웅에게 붙여진 명칭이기도 했다.

오룡(五龍)과 따오기(鵠)

단군께서 순행하며 사냥하시니 오룡(五龍)으로 하여 임금이 타는 수레를 끌게 하더라. 까마귀 깃 꽂은 관과 곤룡포 옷에 미르빛 검을 차고, 시종들은 따오기에 올라타니 나머지는 오백 사람들이 따르더라.

〔檀君巡獵하시니 御駕五龍이로다. 鳥羽袞服으로 佩劍龍光이로다. 從者乘鵠하니 餘五百人이로다.〕

◉ 巡 : 돌 순. 獵 : 사냥 렵. 駕 : 멍에 가(탈것). 袞 : 곤룡포 곤. 佩 : 찰 패. 從 : 좇을 종. 鵠 : 고니 곡(백조, 따오기). 餘 : 남을 여

❏ 해모수단군께서 순행하며 사냥하실 때는 오룡(五龍)이 끄는 수레를 타고, 시종들은 따오기(鵠)에 올라탔다고 했다. 이 말은 말(馬)과 수레(車)로 행차하는 순행과 사냥이 하늘로 승천하는 것에 비유가 된 것을 말한다. 그런데 그곳 하늘은 백성이 있는 곳이요, 백성의 삶이 시작되었던 곳이다. 하늘로 승천하는 것이 이처럼 백성들이 있는 곳이기에 하늘에 올라 순행과 사냥을 함은 백성을 찾아가고, 백성의 삶이 있는 곳으로 찾아갔다는 이야기이다.

해가 저물면 하늘로

아침이면 곧 정사를 듣고 해가 저물면 다시 하늘로 오르시더라. 법을

---

1) 거발환(居發桓)은 빛이 발산하는 곳, 즉 빛을 내뿜는 존재를 나타낸다. 그러므로 제2의 태양과 같은 존재를 말한다.

설하여 민가(民家)에 부모봉양과 잉태를 독려하도다. 여성의 금장식인 비녀 등을 상품가치로 받아들여 시장에 금속을 유통케 하니 철기문명(鐵器文明)이 이제 와서 성대하게 되었도다.

〔朝則聽事하시고 暮復登天이로다. 設法烟戶하시고 公養胎母로다. 取女金馭하고 市買用鐵하니 鐵器文明이 至是盛矣로다.〕

◉ 取 : 가질 취. 買 : 살 매. 矣 : 어조사 의

* 馭 : 말 부릴 어(이유립선생은 이 글자를 비녀라고 했다. 말(馬)처럼 뻗어가는 머리카락을 어마(馭馬)로 제어하기 때문일 것이다.)

* 연호(烟戶)는 일반적으로 인가(人家), 민호(民戶) 등을 의미한다.

❑ 아침과 저녁은 낮과 밤의 의미보다는 지상에 머무는 시간과 하늘로 비유되었다는 것을 알게 된다. 지상에 머무는 시간은 황궁에 있음이요, 하늘로 올라감은 백성을 찾아간 것을 나타낸다. 그래서일까! 해모수단군께서는 하늘로 상징이 되는 백성의 일에 적극 참여하여 부모봉양과 잉태를 독려하고, 여성들의 금장식인 비녀 등을 상품가치로 받아들여 유통시켰다. 이로 인해 철기의 사용을 활성화 시킬 수가 있었던 것이다.

연(燕)의 침략에 방비하다

비로소 번한(番韓)의 세자(世子)를 부르시사 명칭을 바르게 하고 번조선의 왕으로 삼았도다. 장수를 보내 병마 일을 살피고, 힘을 바쳐서 연(燕)의 침략에 방비하였도다. 진개란 놈이 볼모(人質)로 있다가 도망쳐 돌이켜 돌아와서 공격을 하니, 우리 땅 조양(造陽)이 함락되어 만성(滿城縣)과 번한(番韓)으로 경계를 하게 되었도다.

〔乃召番韓하사 正號爲王이로다. 遣將監兵하야 致力備燕이로다. 秦介爲質이라가 反逃還攻이로다. 陷我造陽하야 滿潘爲界로다.〕

◉ 遣 : 보낼 견. 監 : 볼 감. 介 : 낄 개. 逃 : 도망할 도. 還 : 돌아올 환. 陷 : 빠질 함(함락당하다). 滿 : 찰 만. 潘 : 성씨 반

❑ 74대 번조선의 왕 기비(箕조)의 협력으로 왕이 될 수 있었던 해모수는 그가 죽자 그의 아들 기준(箕準)을 불러들여 75대 번조선의 왕으로 세웠다는 것을 말한다.

진개(秦介, 秦開)는 전국시대 연나라 소왕(昭王) 때 장군이다. 번조선에 볼모로 있다가 신임을 얻고 허실을 모두 정탐하여 돌아간 후에 침입한 것을 말한다.

여홍성이 진왕(秦王)을 저격하다

여홍성이란 장사가 있어 진왕(秦王)을 저격하였도다. 운장(雲障)1)을 두어 지키니 변방에 어려운 일이 많았도다. 우리도 또한 설비가 있었거늘 마침내 즐거이 조공을 안 해도 되었도다.

〔有黎洪星하야 狙擊秦王이로다. 置守雲障하야 邊事多艱이로다. 我亦有備하니 終不肯朝로다.〕

◉ 黎 : 검을 려. 狙 : 원숭이 저(엿보다, 노리다). 置 : 둘 치. 障 : 장벽 장. 邊 : 가 변. 艱 : 어려울 간. 備 : 갖출 비. 肯 : 즐길 긍

❑ 12대 아한(阿漢) 단군께서 나라를 순행하다가 요하의 왼쪽에 이르러 순수관경비(巡狩管境碑)를 세우시고, 역대 제왕의 명호를 새겨 전하신적이 있었다. 후에 창해역사(蒼海力士) 여홍성(黎洪星)이 이곳을 지나다가 시(詩) 하나를 지었는데, 그 시는 이러하다.

---

1) 운장(雲障) : 변방을 지키는 방어벽인 장새(障塞)를 진한에서는 운장이라 했다. 삼한은 風, 雨, 雲 중 진한은 太一의 역할로 운장(雲障), 번한은 地一의 역할로 우장(雨障), 마한은 天一의 역할로 풍장(風障)이라 했다.

"이곳 들판 예로부터 변한(弁韓)이라 불렀는데
유난히 특이한 돌 하나 서 있구나.
토대는 무너져 철쭉꽃이 붉게 피었고,
글자는 이지러져 이끼만 푸르네.
저 아득한 태고 시절에 만들어져
흥망의 역사 간직한 채 홀로 서 있구나.
문헌으로 고증할 길 없지만
이것이 단군의 자취가 아니겠는가!"

〈단군세기〉「12세 단군 아한」

여홍성은 조선사람으로서 나름대로 배움을 갖춘 자로 여겨진다. 그런 그가 한족(漢族)인 장량을 도와 진시황의 저격에 참여하였던 것이다. 그러나 불행하게도 실패했다는 것이 역사의 기록이다.

해모수의 죽음

해모수단군께서 이 세상에 계실 때는 배움을 충족시킬 여건이 안 되고, 태평성대에는 조금 미치지 못했으나 단군께서 붕어하신 후에는 나라를 버리고 마흔다섯의 수로 나뉘는 운명을 맞게 되었도다.

〔檀君在世시에 學困小康이었으나 晏駕棄國이 되니 四十五曆數로다.〕

◉ 困 : 곤할 곤(부족하다). 晏 : 늦을 안. 駕 : 멍에 가. 棄 : 버릴 기

* 소강(小康)은 〈예기(禮記)〉「예운(禮運)」편에 나오는 말로, 정치적 이상사회인 대동(大同)에는 미치지 못하지만, 현실을 고려한 차선적인 이상사회를 말한다.

* 안거(晏駕)는 궁거(宮車)가 늦게 나간다는 뜻으로 천자가 붕어한 것을 말함.

❏ 해모수단군은 기울어져가던 삼조선(眞朝鮮, 莫朝鮮, 番朝鮮)을 바로 세운 인물이었다. 이와 같기에 그의 능력은 출중(出衆)하였으나 이때는 격동기였기에 배움을 충족시킬 여건이 안 되었다는 것을 말한다.

태평성대에는 조금 미치지 못했다고 함은 완전하지는 않았지만 그런대로 살만했다는 것을 말한다. 이는 해모수단군께서 부모봉양과 잉태를 독려하고, 장터를 활성화 시키고자 했기 때문이다.

해모수단군께서 붕어(崩御)하신 후에 나라를 버리고 마흔다섯의 수로 나뉘는 운명을 맞이하였다는 것은 해모수단군 이상의 능력을 발휘하는 인물이 계속하여 나오지 않았기 때문임을 말한다. 이 때문에 북부여에서 동부여로 나뉘고, 남쪽지방에 있던 여러 호족(豪族)의 세력들이 소규모의 국가형태로 분립(分立)이 될 수밖에 없었다는 말씀이다.

위만의 거짓 항복

준왕(準王)이 오래도록 은혜는 심었으나 본래부터 기회를 잃은 것이 많았도다. 위만이란 자의 거짓항복을 믿었다가 되려 먹힌바가 되었으니 몰래 요예(遼濊)의 땅을 점거한 바가 되어 대대로 변방의 근심거리가 되었도다.

〔準久樹恩이나 固多失機로다. 信滿僞降하야 反爲所噬로다. 竊據遼濊하야 世爲邊患이로다.〕

◉ 準 : 준할 준. 固 : 굳을 고. 噬 : 씹을 서. 竊 : 훔칠 절. 據 : 근거 거. 遼 : 멀 요. 濊 : 종족이름 예. 邊 : 가 변(곁, 변방)

❏ 준왕(準王)은 번조선의 마지막 왕이다. 위만은 연나라의 왕 노관의 부하였다. 그런 그가 한고조(漢高祖) 사후 여태후(呂太后)가 공신들을 숙청하자 화(禍)를 피하기 위해 번조선 준왕에게 투항한다. 하지만 은혜를 저

버리고 그는 서쪽 변방인 상하운장(지금의 난하 서쪽 지역에 위치한 국경 요새)을 담당하면서 역적이 되어 번조선을 공략하여 빼앗는다. 이로부터 번조선은 망하고 위만정권이 들어선다. 이러한 까닭에 요예(遼濊)의 땅이 위만에게 점거한 바가 되어 변방의 근심거리가 되었다고 한 것이다.

하늘의 뜻 길

지금의 평양 낙랑국은 최씨가 살던 곳이요, 한강 남쪽의 삼한은 남쪽 마한에서 나누어진 것이로다. 전쟁을 보는 것 같은 윷놀이! 작은 무리들끼리 지경을 나누었구나. 전엔 넘치고 뒤엔 오그라들었나니 그것이 세력임에 어찌 하겠뇨. 하늘의 뜻 길은 돌아오길 좋아하여 뒤에 일어나는 이가 계속하느니 응당히 진인(眞人)이 있어서 한구(漢寇)를 쓸어버리는 계책(計策)으로부터 시작될 것이다.

〔平壤樂浪은 崔氏所居오 漢南三韓은 馬韓所分이로다. 柶戲觀戰하니 群小割疆이로다. 前漲後縮하니 其奈勢何리요 天道好還하야 後起者續이로다. 應有眞人하야 謀始掃漢이로다.〕

◉ 浪 : 물결 랑. 柶 : 수저 사. 戲 : 희롱할 희. 割 : 벨 할. 疆 : 지경 강. 漲 : 넘칠 창. 縮 : 줄일 축. 奈 : 어찌 내. 續 : 이을 속. 掃 : 쓸 소(쓰다, 제거하다). 사희(柶戲) : 윷놀이

❑ 윷놀이는 서로 잡아먹으며 앞서가기 위한 전쟁이다. 그런데 궁극적으로는 본자리로 되돌아가는 것이 윷놀이다. 이것은 역사가 끝없는 전쟁의 소용돌이 속으로 빨려 들어가나 그 궁극은 본래의 모습을 회복하는 상태로 돌아가게 되어 있기 때문임을 말한다. 하늘의 뜻 길이 이와 같기에 선생께서는 현재 우리가 고통 속에 오그라져 있다고 해도 언젠가는 다시 회복되는 시절이 오게 된다는 것을 말씀하고 계신 것이다.

한민족의 역사는 삼성조(三聖祖)의 환국, 배달, 조선을 통해 황금시대를 열었다. 이후 부여시대와 고구려, 백제, 신라, 가야의 사국시대를 열었으나 점차 오그라드는 역사는 어찌할 수가 없었다. 하지만 이것도 역사의 섭리가 있다는 것을 알아야 한다. 동북방인 우리의 겨레가 복희팔괘에 의하면 역사의 선두주자인 진장남(辰長男)의 역할이었다. 그런데 문왕팔괘에 의하면 동북방에는 간소남(艮少男)이 자리를 잡고 있다. 이는 문명의 창세기에는 한민족이 장남의 역할을 하다가 중고시대로 접어들면서 한쪽으로 오그라드는 간소남의 역할로 전환이 됨을 말한다.

간소남(艮少男)은 어떤 역할인가를 살펴보면 그것은 시련 속에서 열매를 맺게 되는 자리이다. 쉽게 말해 한(恨)의 글자에서 마음(心) 고생이 떨어져 나갈 때 열매를 맺게 되는 간(艮)이다. 이러한 의미로 인해 주역(周易)에서는 동북지괘(東北之卦)인 간(艮)을 성언호간(成言乎艮)[1]이라 한다. 성언호간이라 하면 성현의 말씀이 艮에서 이루어진다는 것이니 장차 한민족이 한맺힘을 풀어내게 되면 언젠가는 다시 창조적 성향을 발휘하여 문명의 통일을 이루는 민족이 될 수 있다는 것이다. 이와 같기에 한민족의 역할은 문명의 창세기를 열었던 민족답게 장차 문명의 통일시기에도 역사의 주역이 되는 역할을 하게 된다는 것을 말한다.

2장. 동명성왕(東明聖王) 고두막한(高豆莫汗)

구환의 절반을 잃었도다

---

[1] 성언호간(成言乎艮)은 동북지괘(東北之卦)인 간방(艮方)에서 성인(聖人)의 말씀이 이루어진다는 뜻이다. 그러니 문명(文明)의 열매가 한반도 땅에서 성취된다는 것을 말한다. 문명의 열매가 뜻하는 것은 한반도 땅에서 인류의 종교와 철학이 하나로 통일되어진다는 의미이다.

이르되 북부여는 빛남을 이어 나라를 존재케 하고, 이르되 고두막이 밝고 밝으신 왕위를 계승하게 되었도다. 고두막단군이 이르시기를 야아, 짐이 덕이 없어 나의 정책을 펼칠 수가 없구나! 삼한에서 하나가 떨어져 나가고, 구환의 절반을 더 잃었도다.

〔曰北夫餘는 光紹有國하고 曰高豆莫이 明昭繼王이로다. 檀君曰噫라 德無伸己하니 三韓缺一하고 九桓失半이로다.〕

◉ 紹 : 이을 소. 昭 : 밝을 소. 繼 : 이을 계. 伸 : 펼 신. 缺 : 이지러질 결

❑ 고두막단군은 해모수에 이어 제2의 부흥시대를 이끌었던 인물이다. 북부여의 5대 단군이 되는 동명왕(東明王) 고두막은 의병군으로 일어났던 인물이었다. 계유 13년(B.C 108) 한(漢)나라 유철(武帝)이 강성한 군사로 사방을 침략하였을 때 고두막한이 의병을 일으키고 인솔하여 이르는 곳마다 한나라 침략군을 연파하였다. 이후 해모수의 손자인 4대 단군 고우루(高于婁)[1]를 동부여인 가섭원으로 옮겨 살게 하고, 자신이 북부여를 계승하여 왕위에 오른다.

야심차고 지혜로웠던 고두막단군은 큰 꿈을 그리기에 앞서 현재의 상황에 대해 탄식한다. 그것은 삼한에서 하나인 번한이 떨어져 나가고, 구환의 땅 절반을 잃었기 때문이다.

하늘군사(天軍)

고두막단군이 이르시기를 야아, 세상에 의병을 일으킴 없으니 한나라 도적들이 또 교만하고 사나워서 위만놈들에 이어 횡포하도다. 얼굴을 붉

---

1) 고우루(高于婁) : 북부여의 4대 단군 고우루는 가섭원으로 옮겨야 하는 압박감 속에 병을 얻어 죽고, 대신 그 동생 해부루가 왕 위에 올라 무리를 이끌고 가섭원으로 옮겨가게 된다. 이로부터 동부여인 가섭원부여(迦葉原夫餘)시대를 열었다. 1세는 해부루, 2세는 금와, 3세는 대소이다.

히며 불끈 성내어 잠시 머물다 정벌하자 하며 스스로 장군이 되어 격서(檄)를 전포(傳布)하시니 하늘군사가 사처에서 일어나 이르는 곳마다 승리를 얻었도다.

〔檀君曰噫라 世無擧義하니 漢又驕虐하야 繼滿以橫이로다. 赫怒斯征하사 自將傳檄하시니 天兵四起하야 所至獲勝이로다.〕

◉ 擧 : 들 거. 虐 : 모질 학(사납다, 혹독하다). 橫 : 가로 횡. 斯 : 이 사. 征 : 칠 정. 檄 : 격문 격. 獲 : 얻을 획

□ 고두막단군이 의병군을 멈추고 왕이 되자, 더 이상 의병군이 일어나지 않았던 모양이다. 그래서 스스로 장군이 되어 격서를 전포하니, 백성들에 의해 결성된 하늘군사가 사처에서 일어나 승전을 했다는 이야기이다.

당시에 한무제는 위만의 손자인 우거(右渠)가 대신(大臣)으로 있던 성기(成己)의 모반에 의해 패망함을 보게 된다. 뿐만 아니라 번조선 유민들인 네 사람 참(參), 겹(陜), 음(陰), 최(最)의 주동자들에 의해 설치된 참의 회청(澮淸), 겹의 평주(平州), 음의 추저(萩苴), 최의 온양(溫陽)인 4군(四郡)[1]이 세워짐을 보고, 이를 점령하고자 사방으로 병력을 침략시켰다. 하지만 고두막한의 의병에 의해 한나라 침략군이 연속하여 패배하면서 번조선의 땅은 북부여와 한나라 세력 간에 각축전이 되고 말았다. 이러한 각축전은 계속 이어지다가 고구려에 의해 종결이 될 수 있었다.

북부여의 서업을 이으시다

환하게 밝으신 단군이 능히 서업(緒業)[2]을 이으시고, 문무의 많은 핵

---

1) 사군(四郡)에 대해 〈사기(史記)〉「권115 조선열전(朝鮮列傳)」에는 소위 낙랑, 현도, 진번, 임둔이라는 명칭이 없다. 다만 회청(澮淸), 평주(平州), 추저(萩苴), 온양(溫陽)만이 있을 뿐이다. 실증(實證)이 불분명한 낙랑, 현도, 진번, 임둔은 후한 시대에 편찬한 한서(漢書)에서부터 나온다.

랑(核郎)들이 능히 은혜로운 정(情)을 넓히도다. 도읍을 세우고자 함을 사신으로 하여금 통고하여 북녘임금이 피하게 되니 부여가 이에 동으로 옮겨 즐거이 제후국의 왕이 되도다.

〔明明檀君이 克紹緖業하시고 文武多士이 克廣惠情이로다. 使告欲都하야 北侯避之하니 夫餘乃東하야 樂爲附庸이로다.〕

◉ 紹 : 이을 소. 緖 : 실마리 서(시초, 차례). 業 : 업 업. 克 : 이길 극(능하다). 避 : 피할 피. 附 : 붙을 부. 庸 : 떳떳할 용(크다)

* 부용(附庸) : 큰 나라에 부속된 작은 나라

❑ 고두막한이 능히 서업을 이으셨다는 것은 해모수가 살려놓은 불길을 다시 되살려 놓았다는 것을 말한다. 뿐만 아니라 꺼져가는 불길의 민족혼(民族魂)을 다시 일으켜 세움은 한 사람만의 힘이 아니며, 문무(文武)에 능한 많은 핵랑들의 뜻이 모여 이루어졌다는 것을 말하고 있다.

능히 국가를 지키지 못한 북녘임금 고우루단군에게는 책임을 물어 다른 곳으로 옮기기를 통보하였다는 것을 말한다. 이로써 가섭원시대를 연 동부여는 제후국으로 만족할 수밖에 없는 처지에 놓이게 되었다.

깃발과 북소리

그 견고함은 큰 활에 있고, 그 이로움은 호시(楛失)에 있도다. 수레 말은 휘몰아 달리고, 깃발과 북소리는 성하게 베풀도다. 이미 한구(漢寇)를 이기니 구태여 명(命)을 어기지 못하도다. 계책을 더하여 부지런히 살피면 한구를 마침내 포획하리로다.

〔大弓其堅하고 楛失其利로다. 車馬馳驅하고 旗鼓盛陳이로다. 旣克漢寇하니 敢不違命이로다. 勤益審謀면 漢寇卒獲이로다.〕

2) 서업(緖業) : 시작한 일. 북부여를 이어 받은 것을 말한다.

◉ 楛 : 거칠 고. 馳 : 달릴 치. 驅 : 몰 구. 寇 : 도둑 구. 敢 : 감히 감(구태).
違 : 어긋날 위. 卒 : 마칠 졸(죽다, 마침내). 審 : 살필 심

❑ 당시에 강력한 무기는 활과 호시였던 것으로 보인다.《책부원귀冊府元
龜》에 의하면 숙신(肅愼)은 5척 5촌 길이의 활과 1척 8촌 길이의 호시(楛
矢)를 가지고 있었다고 했다. 호시는 화살대를 호시나무로 하고, 화살촉
을 청석(靑石)으로 만든 옛 화살로 알려져 있다.

  한구(漢寇)를 이기니 구태여 명(命)을 어기지 않았다고 함은 더 이상
쫓지 않고 돌려보냈다는 것을 말한다. 그런데 그 돌려보냄이 계책이고,
이와 같이 하면 한나라 도적들을 포획할 수 있다는 계산에서 나온 계략
이었다는 것을 말하고 있는 것이다.

3장. 고구려의 시조(始祖) 주몽(朱蒙)

주몽의 탄생

  우뚝 솟은 웅심(熊心)의 뫼, 박달나무 그늘지도다. 천제를 모시는 천단
(天壇) 우러러 높으니, 맑고 그윽하고 고요하도다. 빛나고 밝은 유화님이
마땅히 어질고, 또 슬기롭도다. 무릇 주몽님을 낳으시니 골격이 뛰어나고
영웅의 위대함을 지니셨도다.
  〔山屹熊心하니 檀木垂陰이로다. 天壇仰高하니 淸幽而靜이로다. 炯朗柳
花여 其賢且慧로다. 是生朱蒙하시니 骨表英偉로다.〕
◉ 屹 : 우뚝 솟을 흘. 垂 : 드리울 수. 仰 : 우러를 앙. 炯 : 빛날 형. 朗 : 밝
을 랑. 是 : 이 시(무릇, 옳다). 偉 : 클 위

❏ 웅심(熊心)을 품은 산은 또 한 명의 신령스런 성웅(聖雄)을 출현시킨다. 그가 주몽(朱蒙)이다. 유화님이 빛나고 밝다고 함은 지혜로써 어린 주몽을 올곧게 키워내고 보살펴서 그 뜻을 펼칠 수 있게 했기 때문이다.

자줏빛 기운

성인(聖人)의 나심이 무릇 함께하는 무리들과는 다르게 해(日)가 비추는 바 되시니 햇빛을 받아 탄생하시도다. 소와 말이 피하고 솔개, 학이 날개로 덮어 주도다. 자줏빛 기운이 사처로 드리우니 칭송하는 소리 길거리에 찼도다.

〔聖人之生이 自與衆異하사 爲日所照하시니 生承日光이로다. 牛馬避之하고 鳶鶴翼之하니 紫氣四垂하야 頌聲滿路로다.〕

◉ 照 : 비칠 조. 避 : 피할 피. 鳶 : 솔개 연. 翼 : 날개 익. 紫 : 자줏빛 자. 垂 : 드리울 수. 頌 : 칭송할 송

❏ 상서로움을 나타내는 햇빛은 새로운 성웅(聖雄)이 나오게 됨을 나타내는 징조이다. 주몽의 아버지에 대해서는 〈태백일사〉「고구려국 본기」에 의하면 해모수의 후손으로 옥저(沃沮)의 제후(候)로 있던 불리지(弗離支)로 알려져 있다. 그가 죽자 유화는 웅심산에 들어와 아들인 주몽을 낳고 살았던 것이다.

동명(東明)의 서업을 잇다

천제의 아들이 실로 오직 주몽님이시니 이제 졸본(卒本 : 지금 沿海州)에 계시옵게 되니라. 바야흐로 한구(漢寇)를 쓸어낼 계책을 세우더니 양위(讓位)를 받는 상태에까지 이르렀다. 동명의 서업(緖業)을 이어받고 하늘의 명을 받드시니 사람으로서의 화복함을 모두 잡으시니라. 이로부터

크게 다스리어 사방이 이에 우러러 보도다.

〔天帝之子가 實惟朱蒙이시니 爰居卒本하사 謀始掃漢이러니 及受讓禪하사 纘東明之緒하사 奉天之命하시며 攬人之和하시니 自是大理하야 四野是仰이로다.〕

◉ 爰 : 이에 원(곧, 여기에서). 掃 : 쓸 소. 纘 : 이을 찬(계승하다). 緒 : 실마리 서(첫 머리, 사업). 攬 : 가질 남(가지다, 취하다)

❏ 〈태백일사〉「고구려본기」에 의하면 주몽은 어린 시절을 어머니와 함께 웅심산에서 살았다. 그가 성장하여 사방을 주유하다 가섭원에서 관가의 말지기를 하기도 했다. 이때 관가로부터 미움을 사서 오이(烏伊), 마리(摩離), 협보(陜父)와 함께 도망하여 졸본으로 갔다. 그런데 북부여에 소속되어 한나라 도적들을 쓸어버릴 계책을 세우는 과정 속에서 6대 단군고무서(高無胥)의 마음에 들어 사위로 삼아 양위를 받는 상태에까지 이르렀다는 것을 말한다. 이때의 상황에 대하여 〈참전계경〉「총론」에서는 다음과 같이 전한다.

그때 북부여 사람 고무서가 비상한 인물인 줄 알고 따님으로 아내를 삼게 하였다가 임금에 즉위한 지 두 해만에 붕어하시고 후사가 없는지라, 나라 사람들의 의논으로 들어가 대통을 잇게 되었으니, 대개 동명이 앞서 그 서업을 창시하고 주몽이 뒤에 그 여파를 이었다고 하는 것이다.

이로써 동명왕 고두막한이 시작한 일을 이어받는 계기가 되고, 하늘의 명을 받들어 임금이 되시니 주몽단군께서는 사람으로서의 화복함을 모두 잡으셨다고 한 것이다.

규범을 잊지 말라

주몽단군께서 이르시기를 야아, 한구가 우리에게 근심이 되니 야아, 너희들 무리들아! 한구 쓸어 내기를 생각할지어다. 한구는 사납고 경망하며 한구는 교만하고 속이기를 잘하니 오직 너희들 많은 핵랑들아 하늘의 규범(規範)을 잊지 말지어다. (선비는 하나의 랑郎과 같다.)

〔檀君曰噫라 漢爲吾患이니 噫爾有衆아 念掃漢寇어다. 漢寇狂悍하고 漢寇驕詐하니 惟爾多士아 無忘天範이로다. (士는 一作郎)〕

◉ 噫 : 탄식할 희. 患 : 근심 환. 掃 : 쓸 소. 狂 : 미칠 광. 悍 : 사나울 한. 驕 : 교만할 교. 詐 : 속일 사. 範 : 법 범

❑ 하늘의 규범은 무엇을 말하고 있는 것일까? 한나라 도적들은 사납고 경망스럽고 교만하고 속이기를 잘 한다는 것으로 보아, 이와는 다른 교훈적 가르침으로 보인다. 천범(天範)에 대한 기록은 〈단군세기〉「단군왕검」 편에서 찾아볼 수 있다. 그 핵심은 다음과 같다.

하늘의 규범은 하나일 뿐이니 그 문은 둘이 아니니라.
너희들은 마땅히 순수하게 오로지 정성을 다한다면
이로써 너희 마음으로부터 곧 상제(上帝)님을 보게 되리라.
하늘의 규범은 언제나 하나이며,
사람의 마음도 마땅히 한 가지라.
스스로 살펴보아 자기의 마음을 알면
이로써 다른 사람의 마음도 살필 수 있으리라.
다른 사람의 마음을 교화하여 하늘의 뜻에
잘 맞출 수 있다면 이로써 만방(萬邦)에 이르기까지
그 통치력이 쓰일 수가 있는 것이다.

〔天範惟一, 弗二厥門, 爾惟純誠一, 爾心乃朝天. 天範恒一 人心惟同.
推己秉心, 以及人心. 人心惟化, 亦合天範, 乃用御于萬邦.〕

위의 기록을 보면 천범유일(天範惟一), 천범항일(天範恒一)이란 내용이
나온다. 천범유일인 하늘의 규범은 '오직 하나'임을 말한다. 천범항일인
하늘의 규범은 '항상 하나'임을 말한다. 여기서 '오직 하나'인 하늘의 규
범은 만물의 본체를 나타내고, '항상 하나'인 하늘의 규범은 만물의 본체
는 변함이 없이 한결같음을 나타낸다. 그러므로 유일(惟一)과 항일(恒一)
은 너의 근본은 만물과 통하는 하나인 까닭에 지극한 정성을 다하면 천
상의 상제와 한마음이 되고, 그 근본은 순리에 거슬림이 없이 한결같기에
한결같은 자기 마음을 알면 남의 마음도 헤아릴 수 있다는 것이다.

'오직 하나', '항상 하나' 이것은 일기(一氣)이며 참된 자아가 지닌 성향
이기도 하다. 이와 같기에 하나는 만물과 통하는 가장 근원적이고, 법칙
에서 벗어남이 없는 한결같음을 지닌다. 그러므로 주몽단군이 하늘의 규
범에 대해 말하고자 하는 의도는 밝음을 지닌 참된 하나를 얻어 사납고
경망지지 말며, 참된 하나가 지닌 한결같음을 본받아 변심이 없는 마음을
가지라는 말씀이었다.

임금의 스승

주몽단군께서 이르시기를 야아, 내가 바야흐로 큰 명(命)을 이어 나라
터를 열고자 하였더니 뜻밖에 세 분의 어진이를 얻었도다. 이에 삼옷 입
은 이를 부르니 이 이름은 재사(再思)요, 이에 기워 만든 옷을 입은 이를
부르니 이 이름은 무골(武骨)이요, 이에 마름옷 입은 이를 부르니 이 이
름은 묵거(默居)이니 곧 나라의 빛이요, 곧 임금의 스승이로다.

〔檀君曰噫라. 朕이 方承景命하야 欲啓元基러니 乃得三賢이로다. 乃召麻

衣하시니 是名再思요 乃召衲衣하시니 是名武骨이요 乃召藻衣하시니 是
名默居시니 乃國之光이며 乃王之師로다.)

◉ 方 : 모 방(바야흐로, 장차, 모두). 景 : 볕 경(숭배, 크다). 乃 : 이에 내(그
래서, 더구나, 다만). 召 : 부를 소. 衲 : 기울 납(깁다, 꿰매다). 藻 : 마름 조
* 납의(衲衣) : 낡은 헝겊을 모아 누덕누덕 기워 만든 옷

❑ 주몽단군께서는 내가 바야흐로 큰 명(命)을 이어 나라 터를 열고자 한
다고 말한다. 이 말은 북부여 7대 임금이 되는 주몽단군이 수도를 옮기게
되는 계기를 맞이하였다는 것을 보여준다. 당시에 주몽은 미망인(未亡人)
이었던 6세 고무서단군의 딸 소서노와 혼인을 했다. 하지만 소서노에게
딸린 자식으로 인한 권력의 갈등으로 세력을 둘로 나누는 사태까지 온
것으로 보인다. 이러한 계기로 북부여는 둘로 나뉘어 고구려창업의 기틀
을 열어 주고, 소서노에게는 백제창업의 기틀을 열어주는 계기가 되었다.
　당시 북부여는 진한(辰韓)의 땅을 거느리고 있었고, 번한 땅을 중심으
로 한구(漢寇)와의 다툼이 있던 때였다. 이와 같기에 고구려는 졸본(卒本)
으로 옮기어 요동을 경략하였으나, 백제는 진한을 중심으로 요서지역을
경략할 수 있었다. 이때에 대해 《송서(宋書)》와 《통전(通典)》에서는 다음
과 같이 전하기도 한다.

　그 뒤 고려(고구려)는 요동을 경략하여 차지하고,
　백제는 요서를 경략하여 차지하였다. 백제가 다스린 곳을
　진평군 진평현이라 이른다.
　其後 高驪略有遼東 百濟略有遼西 百濟所治 謂之晋平郡 晋平縣
　　　　　　　　　　　　　　　　　〈송서 97권〉「동이열전 백제」

　진나라 시대, 구려가 앞서 요동을 경략하여 차지하자,

백제도 요서 진평 2군의 땅을 점거하여 차지하였다.

지금의 유성과 북평 사이이다.

晉時 句麗旣略有遼東 百濟亦據有遼西晉平二郡 今柳城北平之間

〈통전 185권〉「변방 동이 上」

고구려(高句麗)의 건국

주몽단군께서 이르시기를 야아, 야아, 너희 송양아 내가 무릇 천제(天帝)의 아들이니라. 그런 까닭에 단군으로서 새 수도에 집을 짓고, 국호를 고구려라 했느니라.

〔檀君曰噫라 噫爾松壤아 朕是天帝子니라. 仍襲檀君하야 結廬新都하고 國號高句麗라.〕

◉ 是 : 이 시(무릇, 이에, 옳다). 仍 : 인할 잉. 襲 : 엄습할 습. 結 : 맺을 결. 廬 : 녹막집 려(주막집, 여인숙). 잉습(仍襲) : 인습함으로 인해(그런 것으로 인해). 결려(結廬) : 집을 지음

☐ 주몽단군은 스스로를 천제의 아들이라고 했다. 이는 천자(天子)가 되어 독자적인 권력 위에 세상의 주인이 되겠다는 선언이다. 그동안 주몽단군은 소서노를 따르는 세력으로 인해 독자적인 힘을 발휘하지 못했다. 그러나 이제 당당히 새로 수도를 세우고, 그 명칭도 북부여가 아닌 고구려로 정하게 되면서 자신의 목소리를 내기 시작한 것이다.

송양과의 대결

주몽단군의 깊은 생각 그대로 더불어 싸워 변론하시고, 또한 서로 활을 쏘아 재주를 비교하시니 하늘에서 주신 신기한 용맹을 송양이 어찌 가히

176

겨룰 소냐. 송양이 아마도 능히 겨루지 못하리로다.

〔檀君念言하사 因與之鬪辯하시고 亦相射以較藝하시니 天錫之神勇을 松壤이 其可抗하여 松壤이 其不能抗이로다.〕

◉ 射 : 쏠 사. 較 : 견줄 교. 錫 : 주석 석. 其 : 그 기(아마도, 어찌). 可 : 옳을 가(듣다, 가히). 抗 : 겨룰 항

❑ 송양은 고구려 건국시기에 동가강(佟佳江) 유역에 있었던 비류국(沸流國)의 왕으로 알려진 인물이다. 그는 주몽단군과의 활쏘기를 통해 항복을 하게 된다.

깃발과 북을 정비하라

주몽단군께서 이르시기를 야아, 야아, 너희 송양아 다물(되찾자) 임금이 될 수 있게 하노니, 너희가 교만한 생각이 없을 지어다. 그 깃발과 북을 정비하라. 그 군려(軍旅 - 五百人爲一旅)를 훈련하라. 병량을 잘 갖추라. 병과(병장기)를 잘 만들라. 한구와의 싸움이 싫증남이 없도록 다스리어 함께 더불어 그 공로를 이룰지어다.

〔檀君曰噫라 噫爾松壤아 俾侯多勿하노니 爾無驕心이어다. 其整旗鼓하라. 其鍊軍旅하라. 克備兵糧하라. 克造兵戈하라. 治漢寇之無厭하야 同與成厥功이어다.〕

◉ 俾 : 더할 비(시키다, 좇다, 하여금). 整 : 가지런할 정. 旗 : 기 기. 鍊 : 불린 련. 克 : 이길 극(해내다, 능하다). 糧 : 양식 량(양). 戈 : 창 과. 厭 : 싫어할 염 * 다물(多勿) : 단군조선의 초기상태와 같이 될 수 있도록 잃어버린 땅을 되찾자는 뜻이다.

❑ 주몽단군은 송양을 항복시킨 후에 다물의 국호를 가진 고구려의 제후

로 받아들임으로 해서 강력한 군대로 거듭날 것을 강조하는 대목이다. 한 구와의 싸움에서 더불어 그 공을 이루자고 함은 송양을 끝까지 함께할 인물로 보았던 것이다.

현묘득도(玄妙得道)

단군 주몽님이 하늘을 대신하여 임금이 되시사 깊고 오묘한 도를 얻고, 빛나는 밝음을 체득하여 세상을 깨우치시도다. 하늘의 계율인 제사를 계승하사 봄과 가을로 게으르지 않으시고 정성으로 공양하여 신령에게 바치도다.

〔檀君朱蒙이 代天爲王하사 玄妙得道하시고 光明理世하시도다. 天戒承祀하야 春秋不怠하사 誠供神獻하도다.〕

◉ 祀 : 제사 사. 怠 : 게으를 태. 供 : 이바지할 공

❑ 하늘을 대신하여 임금이 되신다 함은 백성을 대신하여 임금이 되신다는 뜻이다. 깊고 오묘한 도를 얻고, 빛나는 밝음을 체득하여 세상을 깨우치시었다고 함은 크게 깨우친 바가 있었다는 것을 말한다.

주몽단군께서 깨우치신 오묘한 도는 삼신의 가르침을 말하고 있다는 것을 알게 된다. 그 내용을 〈태백일사〉「고구려본기」에 있는 고주몽성제의 말씀으로 알아보고자 한다.

"슬기로운 자는 마음을 비우고 고요하게 하며
계율을 잘 지켜 삿된 기운을 영원히 끊나니,
그 마음이 크게 안정되면 저절로 세상 사람과 더불어
매사에 올바르게 행동하게 되느니라.……
마음을 비움이 지극하면 고요함이 생겨나고,

고요함이 지극하면 지혜가 충만하며,
지혜가 지극하면 덕이 높아지느니라.
　이렇게 되면 비움을 통해 가르침을 듣게 되고,
고요함 속에 세상을 보는 눈이 열리고,
지혜로움으로 인해 세상 사람들을 깨우치고,
덕을 갖추었기에 사람을 건지게 되느니라.
이것이 곧 신시의 개물교화(開物敎化)이다.”

위의 내용으로 보아 주몽성제께서는 마음을 비우는 법을 잘 알고 있었을 뿐 아니라, 계율을 잘 지켜 삿된 기운을 영원히 끊는 각오가 남달랐음을 보여준다. 그의 말 중에 지혜로움으로 세상 사람들을 깨우치고, 덕을 갖추었기에 사람을 건지게 된다는 신시의 개물교화는 널리 알려진 삼신의 가르침이기도 했다.

신시의 개물교화(開物敎化)에 대해서는 연개소문도 성기(成己), 자유(自由), 개물(開物), 평등(平等)을 주장하며 언급한 바가 있다. 이와 같은 개물교화는 성명정(性命精)을 열어 사람을 변화시키는 것을 말한다. 이것이 성품 속에 내재된 지혜를 열어주어 깨닫게 하고, 목숨이 품고 있는 덕을 열어 세상을 건지게 하며, 정수가 지닌 힘을 열어 뜻을 성취하게 하자는 것이다.

개물(開物)이 성명정임을 말한 인물은 을지문덕장군(乙支文德將軍)이었다. 그래서 그는 물(物)과 관련하여 성명정을 삼물(三物), 심기신을 삼가(三家), 감식촉을 삼도(三途)라고 말한 바가 있다. 이암선생께서도 〈태백일사〉「고려국본기」에서 성(性)을 엉기게 하여 지혜(慧)를 내고, 명(命)을 엉기게 하여 덕(德)을 이루고, 정(精)을 엉기게 하여 힘(力)을 펼치게 된다고 하셨다. 이와 같이 단군주몽이 말한 개물교화는 성명정을 열어 덕혜력을 이루자는 데 있었다.

이암선생은 주몽단군께서 오묘한 도를 얻는 것에 그치지 않고, 하늘의 계율인 제사를 계승했다고도 하였다. 그런데 이암선생께서 제사를 하늘의 계율이라고 말했다. 이것은 근본으로 돌아가는 보은(報恩)의 삶이 하늘의 계율임을 말한다. 그러므로 보은의 삶이란 하늘과 하나가 되게 하는 삶이라는 것을 알려준다.

천하를 복되게 하다

삼신상제님과 한배검환웅께 제물을 바치기를 타고난 바탕으로 무릇 택재(擇齋)하고, 몸가짐이나 언행을 조심하여 능히 정성을 이루시니라. 단군왕검과 단군해모수와 단군고두막도 이미 짝지어 누리게 하시니, 복을 넓고 크게 내리어 무리들에게 은혜롭게 하시고 천하에 복되게 하시니라.

〔三神上帝와 皇祖桓雄께 享以天性하시니 是齋是戒하야 克致精誠하니라. 檀君王儉과 檀君解慕漱와 檀君高豆莫도 旣配以享하시니 降福洋洋하야 以惠于衆하시고 以福于天下하시니라.〕

◉ 齋 : 재계할 재. 克 : 이길 극(이루어내다). 漱 : 양치질할 수. 莫 : 없을 막(저물다, 고요하다). 旣 : 이미 기. 配 : 나눌 배. 享 : 누릴 향

❏ 택재(擇齋)란 지극한 마음으로 날을 정하여 제사지내고, 그 기간 동안 간절한 정성으로 뜻을 바로 세운다는 의미가 있다. 이러한 제사 때에 고주몽성제께서는 삼신상제님과 황조(皇祖)이신 환웅님께 제사하고, 단군왕검과 단군해모수와 단군고두막에게도 짝지어 제사를 올렸다고 했다. 이것은 고구려가 시작된 유래를 밝혀 법통을 바로세우는 행위였던 것이다.

제사를 통해 성령(聖靈)의 은혜가 무리들에게 크게 내리어 복되게 했다고 함은 열성조(列聖朝)의 선왕들이 후손들의 보은하는 행위에 감응하여 크게 은혜를 내려주게 했다는 것을 말한다.

4장. 민족 최고의 정복왕 광개토태왕(廣開土太王)

영락(永樂)으로 연호를 세우다

이르되 고구려는 명(命)을 하늘로부터 받았도다. 이르되 광개토태왕은 마음을 무리로부터 얻었도다. 물가가 있는 앞녘에 거(居)하여 밖으로 다투어 떨치시니 영락으로 연호를 세워 모두 열제(烈帝-위대한 皇帝)의 공을 봉대(奉戴)하도다.

〔曰高句麗는 命受于天이로다. 曰廣開土은 心獲于衆이로다. 居汕之陽하야 外競以以振하시니 永樂建元이 咸戴帝功이로다.〕

◉ 獲 : 얻을 획. 汕 : 오구(물고기의 한 가지) 산. 以 : 써 이(~때문에, 이유, 까닭). 競 : 다툴 경. 咸 : 다 함. 戴 : 일 대(받들다)

❑ 고구려가 명(命)을 하늘로부터 받았다고 함은 기울어갔던 단군조선의 땅을 회복할 수 있는 때를 만났다는 것을 말한다. 이것은 정복의 왕, 태왕의 시대가 열렸기 때문이다.

광개토태왕께서 마음을 무리로부터 얻었다고 함은 무리들끼리 일심동체가 되어 태왕의 뜻에 따르고자 했다는 것을 말한다. 태왕과 무리들이 한마음이 될 수 있었던 것은 해모수와 동명왕 고두막의 염원이 담긴 고토회복의 뜻이 모두가 똑같았기 때문이다.

물가가 있는 앞녘을 차지하고 있었다고 함은 고구려의 수도를 압록강 앞쪽 집안현(集安縣)에 두고, 다물(多勿)의 뜻을 이루기 위해 공격적 전략을 펼치고자 했기 때문임을 말한다.

산과 물의 굳건함

아름답다 수도 통구(通溝)[1]여 산과 물의 굳건함이로다. 크나큰 나라

터가 반석같이 든든하니 인민과 백물(白物)이 모여 멈췄도다. 백제 신라는 예전부터 속민이니 지성으로 명을 받들어 조공함을 폐하지 않도다.

〔美哉通溝여 山河之固로다. 皇畿盤泰하니 民物華止로다. 百濟新羅는 舊是屬民이니 至誠奉命하야 無廢朝貢이로다.〕

◉ 哉 : 어조사 재(비롯하다). 溝 : 도랑 구. 固 : 굳을 고. 畿 : 경기 기. 盤 : 소반 반. 屬 : 무리 속. 廢 : 폐할 폐

❏ 광개토태왕이 있던 수도는 국내성(國內城)이었다. 현재 길림성 집안시로 되어 있는 그 곳에서 광개토태왕은 천하를 경영할 나라 터를 반석같이 했다는 것을 말한다.

왜(倭)의 신라 침범

왜구가 도적질을 함은 백가지 잔인함이 꾀를 통함이로다. 연이어 신라를 침범하니 임금의 위엄은 불끈 성이 나셨도다. 열제님이 이르시기를 야아, 너희들은 나의 명을 폐하고 너희들이 감히 군사를 일으켰으니 감히 죄를 용서하지 못하리로다.

〔倭夷作寇는 百殘通謀로다. 聯侵新羅하니 王威赫怒삿다. 烈帝曰噫라, 爾廢朕命하고 爾敢稱兵하니 罪不敢赦로다.〕

◉ 寇 : 도적 구. 殘 : 잔인할 잔. 聯 : 연이을 련. 赫 : 빛날 혁. 稱 : 일컬을 칭. 敢 : 감히 감. 赦 : 용서할 사

❏ 당시에 제후국으로 있던 신라에 왜적이 빈번한 도적질을 감행했다는 이야기이다. 그러던 중에 백제의 사주를 받은 왜는 신라를 공격하고, 신

---

1) 통구(通溝) : 도랑을 통하게 한다는 뜻으로 큰물줄기인 수도를 말한다. 집안(集安) 시내를 흐르는 물을 통구하(通沟河)라고도 했다.

라(新羅)는 고구려로 사신을 보내 구원을 청하는 사태가 발생했다는 것을 말한다. 그래서 광개토태왕은 신라에 5만 대군을 파견하여 왜군을 물리치는 성과를 발휘하게 된다.

백가지 잔인함

대명(大命)이 바야흐로 내리시고 많은 핵랑들이 용기를 보이니, 왜구들이 두려움에 들어와서 바치고 백가지 잔인함은 핍박을 받아 곤핍하여 졌도다. 보배로운 재물을 내드리고 임금에게 돌아와 스스로 맹서하니, 예전에 미혹한 잘못을 용서하시고 후에 귀순해 온 공을 취록하도다.

〔大命纔下하고 多士示勇하니 倭懼入貢하고 百殘困逼도다. 獻出財寶하고 歸王自誓하니 赦愆舊迷하시고 錄誠後順이로다.〕

◉ 纔 : 재주 재(근본, 결단). 勇 : 날랠 용. 懼 : 두려울 구. 逼 : 핍박할 핍. 赦 : 용서할 사. 愆 : 허물 건. 錄 : 기록할 록. 誠 : 정성 성(진실로)

❑ 많은 핵랑들이 용기를 보인다고 함은 태왕의 뜻에 함께하는 핵랑들이 5만 대군을 이끌고 신라에서 왜적을 물리쳤다는 것을 말한다. 왜구들이 두려움에 들어와서 바치고 백가지 잔인함이 핍박을 받았다는 것은 패전의 상황으로 계속하여 내몰렸다는 것을 나타낸다.

보배로운 재물(財物)을 바쳐 다시는 침범하지 않기로 맹서를 했다는 것은 항복을 하고 복종을 하겠다는 것을 말한다. 이것은 신라로 쳐들어온 왜적에 그치지 않고, 왜적의 본국(本國)으로부터 항복을 받았다는 것을 나타낸다. 1894년 5월 계연수(桂延壽)가 광개토태왕 비문(碑文)을 답사(踏査)한 후에 그 내용을 적어 둔 〔비문징실(碑文徵實)〕에는 관병(官兵)이 임나가라(대마도)에 이르러 성(城)을 귀복시키고, 구주왜(九州倭)와 대화왜(大和倭)를 정복하는 한편 광개토태왕이 직접 축사(竺斯, 일본의 北九州)

에 도착했다고 하여 일본열도왜(日本列島倭)가 평정되었다는 것을 전하기
도 했다.

일본열도가 평정되었다는 것을 느끼게 하는 기록은 〈환단고기〉「고구려
국본기」에서도 나온다. 그 내용을 보면 임나(任那, 대마도)와 이국(伊國,
미에현지방), 그리고 왜(倭, 大和倭)[1]의 무리가 신하(臣下)로 칭하지 않는
자가 없었다고 한다. 《환단고기》에서는 다시 바다와 육지의 여러 왜(倭)
를 모두 임나(대마도)에서 통제했다고 하여 일본열도가 한반도에 의해 다
스려졌다고 했다.

요서(遼西)를 얻다

연나라 또한 도적으로 사나울 뿐 아니라 거짓되고 변덕스러움이 떳떳
치 않으니 나라의 큰 우환인지라. 이에 장구한 계책을 떨치어 도망가는
군사를 쫓으시고 유리한 형세를 타니, 요서를 얻어 어루만지시고 태원(山
西省)을 경계로 정하시니라.

〔燕又寇虐하야 變詐無常하니 爲國大患이라. 乃振長策하야 追之逐北하
시고 因利乘便하야 收撫遼西하시고 翦定太原하시라.〕

⊙ 虐 : 모질 학. 詐 : 속일 사. 追 : 쫓을 추. 逐 : 쫓을 축. 因 : 인할 인. 便
: 편할 편. 撫 : 어루만질 무. 遼 : 멀 요. 翦 : 자를 전

❏ 후연과의 전쟁은 고구려 주력군이 신라에서 왜군을 격퇴하고 있을 때
신성(新城)과 남소성(南蘇城)을 공격하여 함락시키고 700여 리의 땅을 탈
취하면서 시작이 되었다. 후연이 이처럼 고구려 땅을 탈취하였기에 광개
토태왕이 보복전을 펼쳐 유리한 형세를 타고, 요서지역을 얻어 어루만지
게 되었다는 것을 말한다.

---

1) 대화왜(大和倭)는 후쿠오카(福岡)지역에 있던 야마토 왜국을 말한다.

184

태평(太平)의 노래

성인다운 덕이 융성하시고 임금의 위엄을 크게 떨치시니, 통일로 대업을 이루시사 천하의 일을 주장하여 처리하시도다. 회대(淮岱)[1]를 바야흐로 평정하시고 월(浙江)[2]과 오(福建)[3]가 명(命)을 받드니, 크나큰 나라터 1만 6천리에 이르러 인민들이 태평을 노래하도다.

〔聖德隆盛하시고 皇威大振하시니 統一成業하사 宰割天下로다. 淮岱纔定하시고 越吳聽命하니 皇畿萬里에 民歌太平이로다.〕

◉ 振 : 떨칠 진. 宰 : 재상 재. 割 : 벨 할. 纔 : 재주 재

* 재할(宰割) : 일을 주장하여 처리함

☐ 태왕께서는 성인다운 덕이 있고, 임금의 위엄을 크게 떨치셨다고 했다. 이 말은 태왕께서 천신을 섬길 줄 알고 덕을 지녔을 뿐만 아니라, 잃어버렸던 광활한 영토를 되찾는 지혜와 용맹을 떨쳤기 때문이다.

태왕께서는 통일을 기반으로 땅을 넓혀나가면서도 여러 나라들을 완전히 찬탈하여 빼앗기보다는 제후국으로 남겨두었다. 이와 같음은 무력으로 굴복시키기 보다는 덕(德)으로 대하고 싶었던 태왕의 마음이 컸기 때문일 것이다. 그래서 그에게 붙여진 명칭이 자애로운 왕 중의 왕인 호태왕(好太王)이었다.

대륙을 향한 장수왕의 천도(遷都)

뒤를 이은 임금 장수단군께는 평양(平壤)[4]으로 자리 잡으시니 마한의

---

1) 회대(淮岱)는 회수(淮水)와 대산(岱山)의 사이라는 뜻으로 중원대륙에서 가장 기름진 땅이다. 현 산동성 태산과 안휘성 회수지역을 말한다.
2) 월(越)은 회계지역으로서 지금의 절강성(浙江省)에 속해 있는 지역이다.
3) 오(吳)는 절강성의 아래에 있는 지역으로 지금의 복건성(福建省)에 속해 있다.
4) 〈원사(元史)〉「지리지(地理志)」에 의하면 장수왕이 처음 천도한 평양성(장안성)은 북한의 평양에 있는 것이 아닌, 요양(遼陽)인 동령로(東寧路)에 있는 것이라고 한

남긴 터요, 낙랑1)의 옛 수도이다. 신라(新羅), 왜(倭), 백제(百濟), 진(晋)이 해마다 바침을 끊지 않고 천자의 덕이 지극함에 이르니, 나라를 잃고 방랑하는 사람들을 불러들여 어루만지도다.

　부역을 가볍게 하고 거두는 것을 박하게 하여 안팎이 함께 풍족하게 되니 즐거움을 칭송하는 노래 속에 크게 안정됨을 얻도다.

〔嗣皇長壽는 宅于平壤하시니 馬韓遺墟요 樂浪舊都로다. 羅倭濟普이 歲貢不絶하고 皇化所至에 撫招流亡하야 輕徭薄斂하고 內外富庶하야 樂以歌頌하며 安泰以得이로다.〕

◉ 嗣 : 이을 사. 墟 : 터 허. 招 : 부를 초. 徭 : 역사役事 요(부역, 노역). 薄 : 엷을 박. 斂 : 줄 감(탐할 함, 거둘 렴-염). 庶 : 여러 서

☐ 장수왕 때에 수도를 왕검성이 있던 요동(遼東)으로 옮김은 더욱 더 공략적 자세를 위한 전략으로 바뀌고 있었다는 것을 보여준다. 나라 잃은 방랑자들을 어루만지고, 부역을 가볍게 했을 뿐만 아니라 세금을 적게 했다는 것은 외향을 확장하면서도 나라의 안정을 도모했다는 것을 보여주는 대목이라 하겠다.

5장. 영양열제(嬰陽烈帝)와 을지문덕(乙支文德)

삼한을 지킨 다물정신

다. 《흠정속문헌통고(欽定續文獻通考)》에서도 동령로는 본래 고려의 땅이고, 태조 왕건이 세운 서경 역시 북한의 평양이 아닌 것으로 기록하고 있다.
1) 낙랑(樂浪)은 최씨 낙랑국(樂浪國)을 말한다. 초기에는 요동반도 해성일대에 수도가 있었으나, 장차 한반도 평양지역으로 옮겨오게 되었다. 휴애거사 범장의 〈북부여기〉「上」 참조.

하늘이 고구려에게 능히 그 덕을 주시사 성스러운 아들과 신령한 자손이 세상을 이어갈 무리를 이루도록 했도다. 작은 집과 나라가 큰 세계로 보면 모두가 주인이요, 모두가 신하인지라, 모두가 조회를 받고 조공을 하는 것과 같도다. 동명성조(東明聖祖)께서 그 시초를 창시하시고 주몽대제(朱蒙大帝)가 그 남은 매운 빛을 이으시니 삼한으로 나라를 거느리심이 다물(多勿)의 발원이로다.

〔天以高麗로 克昇其德하사 聖子神孫이 繼世得衆이로다. 小而家邦과 大而世界가 悉主悉臣하고 悉朝悉貢이로다. 東明聖祖가 創其緖業하시고 朱蒙大帝가 承其餘烈하시니 三韓統國이 多勿發願이로다.〕

◉ 悉 : 다 실(다하다, 깨닫다, 갖추다). 緖 : 실마리 서. 餘 : 남을 여. 烈 : 매울 렬(열)

□ 성스러운 아들과 신령한 자손이 세상을 이어갈 무리를 이루도록 했다고 함은 고구려의 군왕과 신하(臣下)들이 외세의 침략을 저지함으로 해서 세상을 이어갈 백성들을 지켜내는 역할을 했다는 것을 말한다.

모두가 조회를 받고 조공을 하는 것과 같다고 함은 삶이란 특별히 다를 바가 없이 누구나 각기 다른 위치에 있으나, 느끼고 체험하는 것은 같다는 것을 말한다. 이 말은 고구려의 천자나 천손들이라 할지라도 찬란했던 문명을 열은 삼성조시대(三聖祖時代)에 못지않게 각자의 자리에서 자기역할을 했다는 것이다. 작은 부분인 것 같지만 그 역할이 크다는 이야기이다.

동명성조께서 그 시초를 창시하시고 주몽대제가 그 남은 매운 빛을 이으셨다 함은 공격적 전략에 있어 두 인물을 빼놓을 수 없기 때문임을 말한다. 삼한으로 나라를 거느리심이 다물(多勿)의 발원이라는 것은 옛적 삼한은 없어졌지만 옛 영토를 되찾고자 하는 염원 때문에 고구려, 백제,

신라가 존재할 수 있었다는 것이다. 이와 같기에 이 모두 다물(되찾자)의
발원에 힘입은 결과라는 선생의 말씀이시다.

고구려를 빛낸 열제(烈帝)들

대무신·모본이 먼저 일어나 통제하여 복종시키시고, 태조님께 이르러
차차 떨치어 이김을 얻으시고, 신대·고국천이 능히 그 정치를 새롭게 하
시니라. 동천과 미천, 소수림왕이 정사를 열어 어짊(仁)을 베푸시고, 광개
토태왕과 장수, 명치호왕(文咨王)이 신기로운 용맹으로 세상을 뒤엎으시
니, 나라 운이 크게 열리어 인민들이 딴 생각이 없고 금구(金甌-黃金甁)
가 이지러짐이 없이 칭송소리가 일어나도다.

〔大武慕本이 先發制御하시고 至于太祖하사 稍振獲勝하시고, 新大國川
이 克新厥政하시도다. 東川美川과 小獸林皇이 發政施仁하시고 廣開長壽
와 明治好皇이 神勇盖世하시니 國運開泰하야 民無異懷하고 金甌無缺하
야 頌聲是作이로다.〕

◉ 稍 : 점점 초. 盖 : 덮을 개. 懷 : 품을 회. 甌 : 사발 구. 缺 : 이지러질 결
* 금구무결(金甌無缺) : 흠집이 전혀 없는 황금(黃金) 단지라는 뜻. 황금단지는
영토가 견고함을 비유적으로 이르는 말.

❑ 고구려에는 주몽성제 외에도 지혜를 가진 임금과 무력을 떨친 위대한
임금들이 많이 계셨다는 것을 말한다. 제3대 대무신왕과 제5대 모본왕[1]
은 한나라를 침략해 들어가기 시작했고, 제6대 태조왕에 이르러서 영토를
확장하기 시작했다.

신대왕은 고구려의 8대 왕이고, 고국천왕은 9대 왕이다. 신대왕은 한구

---

1) 《삼국사기》에는 모본왕 2년에 "장수를 보내 한나라의 북평, 어양, 상곡, 태원을
   습격했다"고 기록하고 있다. 북평, 어양, 상곡은 현재의 베이징(북경) 부근이고
   태원은 산시(산서)성 타이위안(태원)시이다.

의 침략에 맞서 청야전술을 통해 물리쳤고, 고국천왕은 후한(後漢)의 요동(遼東) 태수가 쳐들어오자 동생 계수(罽須)를 보내 막았으나 패배하자 왕이 직접 출병하여 좌원(坐原)[1]에서 한구를 격퇴하기도 했다.

고구려 11대 왕인 동천왕은 위(魏)나라의 침략을 막아냈고, 15대 왕인 미천왕은 중국 군현 세력을 축출하였으며, 이후 요서 지방에서 선비족(鮮卑族)의 일파인 모용부(慕容部)와 대립하기도 했다. 17대 소수림왕은 중앙집권적 정치제도에 적합한 관리를 양성하고, 사회질서 유지를 위한 규범을 갖추었다. 소수림왕의 이와 같은 체제 정비 사업을 기반으로 고구려는 광개토왕 시대에 들어 전성기를 누릴 수 있게 되었다.

광개토태왕은 19대 왕이다. 국강상광개토경평안호태왕(國岡上廣開土境平安好太王)의 시호를 가진 태왕은 명칭에서 알 수 있듯이 "높은 고개에 자리 잡고, 넓은 땅을 개척하여 고구려를 평안케 한 자애로운 큰 왕"이었다. 20대 장수왕은 요동에 있는 평양성으로 천도를 하고, 더욱 영토 확장을 위한 정책을 펼치며 고구려의 전성기를 이어간 왕이었다. 명치호왕은 21대 왕이다. 광개토왕과 장수왕에 이어 고구려의 최대 영토를 유지하고 확보한 왕이었다.

의기(義氣)를 돋우다

슬기롭고 성스러우며 싸움에 용감한 위대하신 영양열제께서는 이미 군신들의 조회를 맞치고 나서 변방 수비를 맡은 자에게 듣고 묻더니 열제님이 이르시기를 야아, 야아, 저 수나라 도적들이 교만 방자하여 스스로 큰 듯이 하며 간교하고 흉험하고 탐내고 포학하여 군사를 놓아 사방으로

---

1) 좌원(坐原) : 고구려 도성 국내성 밖 지역. 이곳에서 싸움을 좌원 대첩(坐原大捷)이라 한다. 한나라의 침입에 맞서 명림답부의 지휘 아래 고구려가 대승을 거둔 전투이다.

겁탈하여 생령들을 해독하도다. 열제께서 두려워 물으시니 온 조정이 일제히 소리 높여 모두 이르되 쳐야 한다고 하거늘 자원해서 좇으려는 자 많도다.

〔睿聖武烈하오신 大嬰陽帝가 旣受群臣朝하고 聽問備邊이러시니 烈帝曰 噫라 噫彼隋寇가 驕傲自大하고 狡險貪虐하야 縱兵四刦하야 害毒生靈이로다. 烈帝恐問하사 滿朝齊聲하야 咸曰可討하거는 願從者衆이로다.〕

◉ 睿 : 슬기 예(임금의 언행, 깊고 밝다). 嬰 : 어린아이 영. 備 : 갖출 비. 邊 : 가 변. 彼 : 저 피. 驕 : 교만할 교. 傲 : 거만할 오. 狡 : 교활할 교. 險 : 험할 험. 縱 : 세로 종. 刦 : 겁탈할 겁. 害 : 해할 해. 烈 : 매울 렬(열). 恐 : 두려울 공. 齊 : 가지런할 제. 咸 : 다 함. 討 : 칠 토. 從 : 좇을 종

❑ 영양왕(嬰陽王)은 26대 왕이다. 수문제(隋文帝)가 1차로 30만 대군을 이끌고 왔으나 실패했고, 수양제(隋煬帝)가 2차에 걸쳐 113만 대군으로 침공해오자, 을지문덕을 보내어 살수(지금의 청천강으로 추정)에서 물리친 성스럽고 싸움에 용감한 군주였다.

수나라의 불의를 질책하다

열제(烈帝)께서 이르시기를 야아, 야아, 저 수나라 도적들이 미욱하고 어리석어 도리를 잃었을 뿐 아니라, 가혹하고 잘아서 없는 죄를 무고(誣告)하여 죄를 얽는 바가 있도다. 백성들은 중한 추렴에 지쳐서 수심(愁心)과 고통에서 벗어나지 않음이 없는데 싸우고 치는 일을 좋아하여 빼앗기를 싫어함이 없도다.

〔烈帝曰噫라 噫彼隋寇가 蠢蠢失道하야 苛細羅織하고 民困重斂하야 莫不愁苦하며 好事戰伐하야 奪之無厭이로다.〕

◉ 蠢 : 꾸물거릴 준(어리석다, 조잡하다). 苛 : 가혹할 가. 細 : 가늘 세(잘다).

190

斂 : 줄 감(거둘 염). 莫 : 없을 막. 愁 : 근심 수. 伐 : 칠 벌. 奪 : 빼앗을 탈.
厭 : 싫어할 염

□ 수나라를 꾸짖는 말씀이시다. 수양제는 아버지인 문제(文帝)의 후궁을
범하려 했고, 발각되어 질책을 두려워하여 아버지를 시해한 패륜아였다.
수나라 도적들이 미욱하고 가혹하다고 함은 수양제가 즉위하자마자 만리
장성을 새로이 쌓게 하고, 아버지가 중단시킨 대운하의 공사를 재개시켰
기 때문이다. 이로 인해 수나라 백성들은 중한 추렴에 지쳐서 수심과 고
통에서 벗어나지 않았다는 말씀이시다.

수나라와의 대립

  열제께서 이르시기를 야아, 어리석은 너희 수나라 도적들이 대방(大邦,
고구려)의 원수가 되는구나. 엄(奄-宅曲阜)과 복(濮-河南省)은 우리가 사
는 집이요, 본래 변한(혹 靑邱)에 속하거늘 강함만 믿고 뺏어 웅거하여
이제 곧 신하(臣下)가 되지 않으려고 오히려 원수가 되는 적군(敵軍)이
되었도다. (변한은 하나의 청구와 같다.)
〔烈帝曰噫라 蠢爾隋寇가 大邦爲讎도다. 奄濮是它이 本屬弁韓이어늘 恃
强占據하야 今乃不臣하야 反爲讎兵이로다. (弁韓은 一作靑邱)〕
◉ 蠢 : 꾸물거릴 준. 讎 : 원수 수. 奄 : 문득 엄. 濮 : 강이름 복. 是 : 이
시. 它 : 다를 타. 恃 : 믿을 시. 占 : 점령할 점(점칠 점). 據 : 근거 거

□ 곡부(曲阜)는 중국 산동성 중남부에 있는 성시(城市)로 공자의 탄생지
이기도 하다. 복(濮)은 허난성(河南省)지역을 말한다. 그런데 이 두 곳은
변한의 지역이었다는 것이 영양왕의 말씀이시다. 그러므로 두 곳을 다시
되물려 받아야 하는데 수나라 도적들이 점거하고, 신하가 되기를 거부하

고 있다는 이야기이다.

영양열제의 선제공격

열제께서 이르시기를 야아, 미친 그 수나라 도적들이 의로움이 어둡고 순종을 거역하니, 이기고 패하는 때를 알지 못해 하늘은 함께 하지 않았 도다. 인민들도 또 돌아오지 않으리니 이것을 정벌하지 않으면 그 누구를 정벌할 것인가.

〔烈帝曰噫라 狂爾隋寇가 義昧順逆하고 時誤勝負하니 天不與之오 人又 不歸리니 此而不征이면 其誰之征인가.〕

◉ 爾 : 너 이(그, 이). 誤 : 그릇 칠 오. 負 : 질 부. 與 : 줄 여(참여, 허락).
此 : 이 차. 征 : 칠 정. 誰 : 누구 수

❑ 의롭지 않고 승패를 가늠하는 지혜가 없어 하늘은 수나라와 함께하지 않았다는 말씀이다. 인민들에게 인심마저 잃었다고 함은 무리한 토목공사 와 고구려를 정벌하기 위한 전쟁준비로 인해 호응을 받지 못했다는 것을 말한다. 이러한 불의한 수나라와 맞서지 않으면 언제 싸우겠냐는 것이 영 양열제의 확고한 의지였다.

고구려와 수나라의 전쟁은 수문제[1]가 중원을 통일한 이후 영양열제에 게 신하가 되어 입조(入朝)하라는 권유로부터 시작이 되었다. 이는 고구 려침략의 예봉(銳鋒)을 꺾기 위해서였다. 하지만 이에 굴하지 않고 영양 열제는 선제공격을 시작한다.

작은 공격이었으나 피해를 입은 수문제는 자존심 회복을 위해 30만 병

---

1) 수문제 양견은 한족출신으로 아버지가 선비족의 군벌인 독고신의 부하였다. 그 영향으로 북주(北周)에서 스물도 안 된 나이에 양견(수문제)은 표기장군의 지위 에 올랐다. 후에 양견은 지위와 명망이 날로 대단해지면서 왕위를 찬탈하여 수 나라를 건국하였다.

력을 동원하여 고구려 정벌을 감행한다. 그러나 최고 사령관(司令官)인 병마원수(兵馬元帥) 강이식(姜以式)에 의해 군량선(軍糧船)이 공격당하고 장마철까지 겹치자, 군량 보급이 끊기게 된 군사들이 굶주릴 때 고구려군에 의해 섬멸되다시피 했다. 이로 인해 고구려 1차 침략은 실패로 돌아가고 만다.

이후 수문제의 아들인 수양제가 2차 정벌을 준비한다. 하지만 고구려의 1차 정벌에 패배의 고배를 마셨던 수나라에서는 수양제의 전쟁에 반대하는 반전가요 무향요동랑사가(無向遼東浪死歌)가 유행했다고 한다.

장침천반 륜도요일광(長侵天半 輪刀耀日光)
상산흘장록 하산흘우양(上山吃獐鹿 下山吃牛羊)
홀문관군지 제도향전탕(忽聞官軍至 提刀向前蕩)
비여요동사 참두하소상(譬如遼東死 斬頭何所傷)

긴 창은 하늘을 덮고, 칼과 전차는 햇빛에 번쩍이네.
산 위에서는 사슴과 노루를 잡지만
산 아래에서는 소와 양을 잡는다네.
문득 들으니 관군이 왔다는데 창검으로 고구려를 친다 하네.
하지만 요동에 가면 죽음 뿐 온몸이 찔리고 머리가 잘릴 것을…

요동에 가면 죽음만 있을 뿐이라는 반전가사에도 불구하고 수양제는 30만의 정예병과 100만의 부대를 거느리고 고구려 땅을 침략한다. 이에 맞서 영양열제께서는 불의한 수나라와 대응하기에 이른다.

수나라의 2차 침공

열제께서 이르시기를 야아, 그대 막리지여, 이제 수나라가 도적질하고자 군사를 아무 명분이 없이 출동하니 그 죄를 용서할 수 없도다. 귀신과 사람이 함께 죽이리니 그대 막리지여, 오직 삼신상제님과 열성조(列聖朝)의 임금들, 그리고 창업시조들이 나에게 주신 것이 지금 우리가 누리고 있는 영토가 아니겠는가, 나의 뜻은 비로소 결정했노라.

〔烈帝曰噫라 爾莫離支아 今隋作寇하야 兵出無名하니 厥罪不赦라. 神人共戮이리니 爾莫離支아 惟三神上帝와 惟皇祖皇宗이 界付于予者라 其不在玆乎아, 朕意乃決이로다.〕

⊙ 赦 : 용서할 사. 戮 : 죽일 륙. 付 : 줄 부. 予 : 나 여. 玆 : 이 자(여기, 지금). 決 : 결단할 결

□ 수나라군사가 아무 명분이 없이 출동하니 그 죄를 용서할 수 없다하여 귀신과 사람이 함께 죽이리라는 영양열제의 말씀은 확고한 의지가 느껴지는 말씀이시다. 이와 같은 의지는 첩보전을 통해 완벽한 준비를 하고 기다렸기에 가능한 것이다. 그래서 불의함에는 자비가 있을 수 없듯이 모두 쓸어버리겠다는 자신감이 영양왕에게는 있었던 것이다.

적을 요리함은 머리에 있도다

을지문덕이 머리를 조아려 명을 받드시고 계책을 드리고 물러나사 부월(斧鉞)로 군사를 부리시니 임금과 신하가 꾀함이 맞고 장령과 군대가 생각을 같이 하거늘 적(賊)은 이미 수도에 가까이 왔으나 적을 요리함은 머리에 있도다.

〔乙支文德이 稽首承命하시고 獻策而退하사 斧鉞行師하시니 君臣協謀하고 將兵一心이어늘 賊己近京이나 料敵在腦로다.〕

⊙ 稽 : 상고할 계. 獻 : 드릴 헌. 策 : 꾀 책. 斧 : 도끼 부. 鉞 : 도끼 월. 料 : 헤아릴 료

194

❑ 을지문덕장군이 계책을 드린 것은 유인책을 통해 적들을 끌어들인 후에 청야전술(淸野戰術)1)과 함께 보급로를 끊고, 도망하는 적군을 살수(薩水, 小紫河 유역)2)에서 몰살시키는 것이다. 그러나 무엇보다 임금과 신하가 전략을 같이하고, 장수와 군사가 생각을 같이 했기에 이러한 대책을 세울 수 있었다. 이와 같기에 적이 가까이 왔으나 모두가 담대(膽大)하게 대처할 수가 있었다는 말씀이다.

격전(激戰)

적이 맹렬하게 공박하여 화살이 비같이 내리사 관병의 모든 진영이 굳게 지키니 떨어트리지 못하더라. 처음부터 숨어 있던 복병이 일제히 일어나 진격하니 래호아(來護兒)가 패하여 돌아가서 해포에 둔을 치도다.

〔敵之猛攻하야 矢下如雨나 官兵諸陣이 堅守不下더라. 旣而伏兵이 齊起進擊하고 來護兒敗하야 還屯海浦로다.〕

◉ 旣 : 이미 기. 伏 : 엎드릴 복. 還 : 돌아올 환. 屯 : 진칠 둔

❑ 적의 맹렬한 공격에도 진영을 굳게 지켰다는 것은 요동성을 말하는 것으로 보인다. 수나라 100만 대군이 4개월이 지나도록 함락시키지 못했던 철옹성(鐵甕城)이었기 때문이다. 수군장(水軍將) 래호아가 복병에 기습을 받았다고 함은 고구려군의 유인책으로 요동에 있던 평양 외성 안으로 들어와 전멸하다시피 하고, 겨우 수천 명만 빠져나갔기 때문임을 말한다.

---

1) 청야전술(淸野戰術) : 적이 이용하지 못하도록 농작물이나 건물 등, 지상에 있는 것들을 말끔히 없애는 것을 말함.
2) 북한의 역사서 〈조선전사〉「제3권」 고구려사에 의하면 살수대첩의 살수(薩水)는 청천강이 아닌 요동반도에 있는 대양하(大洋河)의 지류인 소자하(小紫河) 유역이라고 한다.

기만술(欺瞞術)

구원병이 이에 이르고, 적(敵)은 매우 창궐한지라, 열제께서 대신(大臣)을 보내어 거짓 꾀어 군사를 늦추도다. 우문술 등이 안에서 스스로 편안치 못하여 우리 군사 정비됨을 보고 본래 공이 없음을 알도다.

〔援兵繼至하야 賊甚猖獗이라 帝遣大臣하사 詐誘緩兵이로다. 宇文述等이 內不自安하야 見我軍整하고 固如無功이로다.〕

◉ 援 : 도울 원. 甚 : 심할 심. 猖 : 미쳐 날뛸 창. 獗 : 날뛸 궐. 詐 : 속일 사. 誘 : 꾈 유(유혹하다). 緩 : 느릴 완. 固 : 굳을 고(반드시, 원래)

❏ 구원병이 도착하여 창궐했다고 함은 고구려군에 패배하여 해포에 진영을 두고 있던 수군을 돕고자 요동성에 있던 30만의 별동대가 태자하 하류에 있는 오렬수(북한의 조선전사 제3권 출처) 서쪽으로 모여들고 있었다는 것을 말한다. 거짓 꾀어 군사를 늦추었다고 함은 을지문덕으로 하여금 거짓으로 항복하는 척하면서 허실을 관찰하고 나서 군사를 늦추면서 적을 유인하여 살수(薩水)를 거쳐 평양성(요동에 있던 봉황성, 조선전사 제3권 출처) 근처까지 이르게 했다는 것을 말한다. 이로 인해 고구려군의 유인책에 이끌려 난공불락의 철옹성과 같은 평양성에 이르게 되자, 30만의 별동대를 이끌고 왔던 우문술 등이 헛된 걸음을 했다는 것을 알았다는 말씀이다.

문덕의 신비스러운 계획

대신(大臣) 문덕이 신비스러운 계획이 있어 또 보내어 화친을 칭탁하고 적군도 또한 지치고 쇠약해져 있도다. 우리 성벽은 견고하고 우리 군사는 건장하고 용감하니 실로 갑자기 뺏기는 어렵고 싸움도 가히 회복하지 못하도다.

〔大臣文德이 秘有計劃하야 又遣託和하시고 敵亦疲斃로다. 我城堅固하고 我軍健勇하니 實難猝援이오. 戰不可復이로다.〕

◉ 秘 : 숨길 비. 疲 : 피곤할 피. 斃 : 넘어질 폐. 猝 : 갑자기 졸. 援 : 도울 원. 復 : 회복할 복

❑ 을지문덕의 신비한 계책은 일곱 번을 져주면서 깊숙이 유인하는 것에 그치지 않고, 다시 추격하며 살수에서 전멸시키는 것이다. 그래서 지치고 쇠약해져 있던 수나라군의 심기를 건드려 스스로 물러나게 하고자 을지문덕은 시(詩) 한 편을 우중문(于仲文)에게 보낸다.

신묘한 꾀는 천문을 꿰뚫었고(神策究天文)
묘한 헤아림은 지리에 능통했네.(妙算窮地理)
싸움에 이긴 공이 이미 높으니(戰勝功旣高)
만족할 줄 알면 이제 그만함이 어떠한가!(知足願云止)

평양성 앞 30리 밖까지 무턱대고 고구려를 추격하며 달려왔으나 청야전술에 의해 보급품이 부족했고, 그나마 공성무기가 없던 수나라군대는 평양성을 칠 수도 없어 이제 어찌할 수 없이 회군해야 하는가를 고심하던 중이었다. 이때에 을지문덕의 한 편의 시(詩)가 우중문의 마음을 움직였던 것이다. 인간의 심리를 잘 이해했던 을지문덕의 전략에 의해 드디어 수나라군은 물러날 수밖에 없었다.

병법쓰기는 신과 같도다

대신 문덕이 재주가 문무를 떨치시고 덕은 세상 건짐을 겸하시고 병법쓰기는 신과 같도다. 적들이 반쯤 건너감을 헤아려 뒤에서 치고 크게 깨

트리시니 신세웅(辛世雄)[1] 등이 망실탕진하도다.

〔大臣文德이 才舊文武하시고 德兼濟世하시고 用兵如神이로다. 料賊半
濟하야 尾擊大破하시니 辛世雄等이 亡失蕩盡이로다.〕

◉ 舊 : 예 구(옛 구). 料 : 헤아릴 료. 蕩 : 쓸 탕

❑ 을지문덕의 재주가 문무에 능하고, 세상 건짐과 신과 같은 병법을 썼
다고 함은 그가 평범한 장수를 벗어나 수도인(修道人)이었기에 가능했다.
그가 행한 수행법은 삼진귀일(三眞歸一)의 수행법이었으며, 수행을 통해
신과 같은 밝음을 얻었기에 그는 치밀한 계책 속에서 전쟁을 대승으로
이끌 수가 있었던 것이다.

을지문덕장군의 치밀한 계책은 철군하여 오던 수나라군을 살수에서 기
다렸다가 물을 반쯤 건널 때 공격하는 반제적격(半濟賊擊)의 전술이다.
살수에서 많은 사상자가 발생한 것은 도강(渡江)을 하는 후미에서 갑자기
공격을 통해 물을 건너고자 하는 자와 머뭇거리는 자의 두 마음을 이용
해 갈라놓는 심리전을 펼쳤기 때문이다.

심리전을 적제적소에서 펼쳤던 을지문덕에 의해 수나라 별동대는 군열
(軍列)이 흩어지며 30만 이상이 죽고 2700명 만 살아서 돌아가는 수모를
겪게 되었다. 이 전투로 인하여 수나라 100만 대군은 고구려성(高句麗城)
을 하나도 함락시키지 못하고 물러나게 됐으니, 수나라와의 전쟁에 승리
는 영양열제와 을지문덕과 장병들의 하나가 된 힘이었다.

을지문덕의 공덕

패하고 다시 도적질하고 도적질하다가 반복하여 패하니, 패역한 너희
수군(隋軍)은 어두워 재앙을 뉘우치지 못하도다. 대신 문덕이 능히 그 계

---

1) 신세웅(辛世雄) : 수나라 장군으로 우둔위장군(右屯衛將軍)이란 칭호를 받았다.

책을 크게 하여 백성을 위하여 추악한 적군를 잡고 나라를 위하여 상대를 제압해서 이겨냈도다.

〔敗而復寇하고 寇而反敗하니 逆爾隋君이 暗不悔禍로다. 大臣文德이 克大厥謀하사 爲民獲醜하시고 爲國制勝이로다.〕

◉ 寇 : 도적 구. 悔 : 뉘우칠 회. 禍 : 재앙 화. 謀 : 꾀 모. 獲 : 얻을 획. 醜 : 추할 추(못되다, 나쁘다). 制 : 절제할 제(억제하다)

❑ 수나라군이 군량미가 떨어져 도망가면서도 도적질을 했다는 것을 말한다. 이토록 도적질을 하며 쫓겨 가게 되었으나 심리가 어두워 재앙을 뉘우치지 못했다는 것이다. 그러면서 이와 같은 승전의 계책에는 을지문덕이 있었기 때문이라 한다. 우리는 여기서 백성을 위하고 나라를 위하여 비상한 계책으로 상대를 제압한 을지문덕의 위대함을 보게 된다.

을지문덕의 대승은 단합된 힘

열제께서는 성스럽고 밝으시사 지휘함에 법이 있으시고, 대신 문덕은 출정하여 싸움에 공이 있으셨도다. 군중(軍中)의 일은 결정이 한 사람에 있고, 일만 군사가 한 생각으로 하니 무슨 적이든 이기지 못할까.

〔烈帝聖明하사 指揮有法하시고 大臣文德이 征戰有功하시니라. 軍中之事는 決在一人하야 萬軍一心하니 何敵不勝가.〕

◉ 指 : 가리킬 지. 揮 : 휘두를 휘. 征 : 칠 정. 決 : 결단할 결

❑ 영양열제께서 성스럽고 밝으시사 지휘함에 법이 있으셨다고 함은 고수전쟁(高隋戰爭)에 앞서 끊임없는 첩보전을 통해 신식무기의 제작기술을 얻고, 적의 허실을 간파하는 전략을 썼기 때문이다. 뿐만 아니라 을지문덕과 합심하여 진두지휘를 함으로써 고구려에 승전을 가져왔기 때문이다.

무엇보다도 중요한 것은 열제와 을지문덕 못지않게 군사들이 자기의 자리에서 역할을 충실히 했기 때문에 승전할 수 있었다는 것을 말한다.

6장. 고당전(高唐戰)의 두 영웅 연개소문과 양만춘

승패는 단합에 있다

하늘은 높음이요 땅은 넓음이라서 사람이 제각기 주인이거늘 자신을 위하여 생각하도다. 교만하고 방탕만 하면 구제할 수 없고 어려움 많음이 나라를 일으키리니 승리가 무리에 있지 않고, 오직 사람의 화합(和合)에 있도다.

〔天之高矣여 地之廣矣어늘 人各有主하야 爲我念之로다. 驕佚莫救오 多難興邦하나니 勝不在衆이오 惟在人和로다.〕

◉ 矣 : 어조사 의. 各 : 각각 각. 驕 : 교만할 교. 佚 : 방탕할 질(편안할 일). 莫 : 없을 막. 救 : 구원 구

❏ 지난 고당전쟁(高唐戰爭)을 바라볼 때 사람이 제각기 주인이거늘 그 위치를 벗어나 자신을 위하여 행동함에 따라, 여러 성읍을 빼앗긴 아픔을 겪었다는 것을 말한다. 결국 고당전쟁은 어려움이 많아 여러 성읍을 빼앗긴 것이 아니라, 교만하고 방탕하였기에 빼앗겼다는 말씀이다. 그런 까닭에 승패는 단순히 적고 많은 무리에 있지 않고, 오직 단합된 힘에 있다는 것을 이암선생께서는 말하고 있는 것이다.

당태종이 침략의 야욕을 부리다

열제께서 이르시기를 야아, 야아, 저 멸망해야할 당나라가 스스로 이르

기를 무용(武勇)으로 빛난다하여 원수를 우리의 큰 나라와 맺었도다. 다스림이 경박하고 거짓이 많아 마귀와 허깨비로 되어가니 스스로 죄를 알지 못하고 망령되어 방해하고 사나움으로 나오도다.

〔烈帝曰噫라 噫彼滅唐이 自謂耀武하야 結怨大邦이로다. 治多澆訛하야 以化鬼魅하니 不知自罪하고 妄擧戕虐이로다.〕

⊙ 彼 : 저 피. 耀 : 빛날 요. 結 : 맺을 결. 怨 : 원망할 원. 澆 : 물 댈 요(경박하다). 訛 : 그릇될 와(속이다). 魅 : 매혹할 매(도깨비). 擧 : 들 거. 戕 : 죽일 장. 虐 : 모질 학(사납다)

＊ 요와(澆訛) : 도덕적 해이로 인정이 박해지고 거짓이 많음

❑ 영양왕은 수나라의 멸망을 지켜보고, 전쟁으로 피폐해진 국력을 회복시키던 중 승하하였다. 곧이어 영양왕의 이복동생 고건무가 제위에 오르니 그가 영류왕이다.

제위에 오른 고건무는 처음에 영양왕 못지않게 고구려를 지켜낼 의지를 보인다. 하지만 시간이 흐르며 수나라와의 전쟁에서 세워진 전승기념비마저 허물며 당나라에 굴종하는 자세를 취함에 따라 연개소문과 대립한다. 이후 두 세력 간에 패배한 영류왕은 시해당하고, 영류왕의 조카를 내세워 왕위(王位)에 앉힌 연개소문은 막리지가 된다. 이때에 당나라로부터 전쟁준비의 소식을 들은 보장왕(寶臧王)께서는 당나라가 무용(武勇)을 자랑하고 사나움으로 나온다고 질책하고 있는 것이다.

고당전에 대비한 우리의 자세

열제께서 이르시기를 야아, 보잘 것 없이 추악한 세민이 어찌 스스로 교만하여 하늘에 침 뱉어 스스로 욕(辱, 모욕)을 보이는가. 우리가 이미 당나라를 대비하여 나라를 풍요롭게 하고 강한 군사를 만들었으니 안과

밖으로 믿고 기꺼이 하나로 협력하는데 있도다.

〔烈帝曰噫라 小醜世民이 妄自驕傲하야 唾天自辱이로다. 我旣備唐하야
國富兵强하니 內外信悅하야 一於協力이로다.〕

◉ 傲 : 거만할 오. 唾 : 침 타. 辱 : 욕될 욕. 悅 : 기쁠 열

☐ 열제께서 이세민을 추악하다고 함은 그가 형제의 난을 일으키고 제위
에 올랐기 때문이다. 그가 교만하고 스스로 욕을 보인다고 함은 고구려에
대한 침략의 야욕을 보이기 때문이었다. 이윽고 열제께서는 나라를 풍요
롭게 하고, 강한 군사를 만들었으니 이제는 서로 협력하는 일만 남았다고
말하고 있는 것이다.

거슬림은 순리를 당하지 못한다

열제께서 이르시기를 야아, 삼신상제님이 위에 계시사 밝은 거울은 빛
이 나는 법이라, 반드시 증거를 들어 증명해보일 것이로다. 거슬림은 순
리를 당하지 못하고 삿됨은 바른 것을 범하지 못하거늘 원망이 어찌 은
혜를 이기며 사사로움이 어찌 공평함을 멸할까.

〔烈帝曰噫라 三神在上하사 明鑑昭昭하야 必有擧證이로다. 逆不當順이
며 邪不犯正이어늘 怨何勝恩이며 私何滅公가.〕

◉ 鑑 : 거울 감. 昭 : 밝을 소. 證 : 증거 증. 邪 : 간사할 사

☐ 삼신상제님이 위에 계시사 밝은 거울은 반드시 빛이 나는 법과 같이
정의로움은 반드시 드러나게 되어 있는 바, 우리가 정의롭다 함을 증명해
보이겠다는 말씀이시다. 고당전쟁에 앞서 신경전을 보이고 있는 이 대목
에서 느낄 수 있는 것은 당나라의 요구에 따라 전승기념비에 해당하는
경관(京觀)을 허물기까지 하면서 굴욕적인 외교를 했으나, 자신들의 침략

202

이 정의롭다하여 끊임없이 침략의 야욕을 이세민(李世民)이 버리지 않았다는 데에 있다. 그래서 결국 누가 불의(不義)한지 전쟁을 막아 정의로움을 증명해 보이겠다는 것이 보장열제의 생각이었던 것이다.

여러 장수들이 늠름하도다

이에 연개소문을 부르시사 조서를 내리어 전하시니 소문이 머리를 조아리시고 머리를 조아려 명(命)을 받들도다. 군사들의 모든 성읍을 보시니 모든 성읍이 든든하고, 계책을 여러 장수에게 주시니 여러 장수들이 늠름하도다.

〔乃召蘇文하사 下詔以傳하시니 蘇文稽首하시고 稽首奉命이로다. 觀兵諸城하시니 諸城耽耽하고 授計諸將하시니 諸將凜凜이로다.〕

◉ 召 : 부를 소. 蘇 : 되살아날 소(깨어나다). 詔 : 조서 조. 稽 : 상고할 계. 耽 : 즐길 탐. 凜 : 찰 름. 授 : 줄 수. 計 : 셀 계. 諸 : 모두 제

☐ 열제께서 연개소문을 부르심은 당나라의 침략에 대비해 천리장성 축조와 함께 성읍을 방비하게 하는데 있었기 때문이다. 군사들의 모든 성읍을 보셨다고 함은 연개소문이 열제의 명(命)에 따라 성읍을 시찰하여 방비를 튼튼히 했다는 것을 말한다. 계책을 여러 장수에게 주었다고 함은 짜임새 있게 방비하고자 했기 때문임을 말한다.

삼한의 단합을 역설(力說)함

이르되 막리지는 하늘에서 낸 자비로움과 은혜로움으로 신라에게 말하고 무리들에게 고하시길, 마땅히 사사로운 원수를 잊고 삼한이 함께 힘을 모아 북을 울리며 서쪽으로 나아가면 당나라를 장차 타파하리로다.

〔曰莫離支는 慈惠出天하사 言於新羅하시고 告於有衆하시니 宜忘私仇하

고 三韓並力하야 皷進以西면 唐其可破로다.〕

⊙ 私 : 사사 사. 仇 : 원수 구. 並 : 나란히 병. 皷 : 북 고. 進 : 나아갈 진.
破 : 깨트릴 파

❑ 실권을 잡아 막리지에 오른 연개소문이 할 일은 고당전쟁에 대비하는 것이었다. 그래서 막리지는 신라와 무리들에게 삼한이 함께 힘을 합쳐 서쪽으로 나아가면 당나라를 타파할 수 있다고 강조한다. 이러한 연개소문의 제안은 타민족의 침략에 맞서 민족끼리의 단합이 우선임을 역설(力說)한 것이다.

안시성(安市城)

아름답고 성함이여 안시성은 정예병과 용맹을 갖추고 한배검을 사랑할 줄 알아 우리의 나라 세움을 기꺼워하도다. 어리석은 저 당나라 못된 놈들은 갑작스럽게 어수선하고 사나우니 하늘(고구려)은 가히 범하지 못할 게고, 반드시 큰 재앙이 있으리로다. 이르되 양만춘이 능히 그 책임을 담당하시니 일만 쇠뇌가 함께 발사되어 당군(唐君)이 눈을 상하도다.

〔猗與安市는 道銃備勇하야 知愛桓祖하고 悅我開天이로다. 蠢彼唐醜가 遽以狼戾하니 天不可犯이오 必有大禍로다. 曰楊萬春이 能當其任하시니 萬弩齊發하야 唐者傷目이로다.〕

⊙ 猗 : 불친 개 의(길다, 곱고 성하다). 與 : 줄 여(기리다, 찬양하다). 銃 : 총총(우렛소리). 蠢 : 꾸물거릴 준(어리석다, 불손하다). 醜 : 추할 추(못되다, 부끄럽다). 遽 : 급히 거(갑자기). 狼 : 이리 랑. 戾 : 어그러질 려. 犯 : 범할 범. 禍 : 재앙 화. 弩 : 쇠뇌 소. 齊 : 가지런할 제. 傷 : 다칠 상
* 랑려(狼戾) : 이리처럼 욕심이 많고 도리에 어긋남

❏ 고당전쟁에서 빼놓을 수 없는 성읍은 안시성이다. 당 태종이 이끌던 당나라 군대는 요동성, 개모성, 백암성 등을 비롯한 요동 지방의 성 5~6개를 격파하여 마침내 안시성에 이르렀다. 그런데 안시성은 다른 성들과는 달랐다. 험준한 요새인데다가 안시성 성주 양만춘과 전투에 능한 병사들로 인하여 당나라군은 막대한 피해를 보기 시작한다. 그래서 나중에는 안시성보다 높이 토성까지 쌓고 공격하고자 했다. 하지만 안시성이 내려다보일 정도로 토성을 쌓고 그 위에 올라가 공격하고자 했으나 급한 마음에 쌓았던 토성은 허무하게 무너져 내릴 수밖에 없었다.

　당나라군의 허술한 전략에 힘을 얻은 고구려군은 절체절명의 위기에 봉착하였으나, 오히려 이때를 이용하여 안시성과 연결되어 있는 토성에 올라 위를 점거하자 당나라군은 토성을 빼앗기고 말았다. 이러한 와중에 겨울은 다가오고 3개월째 아무 성과도 없던 당군(唐軍)은 물러갈 수밖에 없었다. 그것도 일만 쇠뇌에 의해 이세민이 눈에 상처까지 입었다고 하니 안시성은 당나라를 물리친 성(城)이요, 고구려를 위기로부터 구해낸 성이었다.

당태종 이세민의 항복

　당군(唐軍)이 낭패하여 분하고 원통해도 다시 어쩔 수가 없어 비단을 바쳐와 사죄하고 남은 목숨을 빌도다. 이미 신라와 왜를 치고 다시 수(隋)와 당(唐)을 평정하니 때로 많은 어려움을 만났으나 능히 위엄과 덕화를 펴도다.

〔唐君狼狽하야 悔恨無及하야 貢縑以謝하고 乞以殘命이로다 旣討羅倭하시고 又平隋唐하시니 時遇多難하야 能伸威德이로다.〕

◉ 悔 : 뉘우칠 회. 狼 : 이리 랑. 狽 : 이리 패. 貢 : 바칠 공. 縑 : 합사 비단 겸. 謝 : 사례할 사. 乞 : 빌 걸. 殘 : 잔인할 잔. 討 : 칠 토. 羅 : 벌릴 라.

遇 : 만날 우. 無及(무급) : 손 쓸 수가 없다.

❏ 당나라군이 낭패하여 비단을 바쳐와 사죄하고 남은 목숨을 빌었다는 것은 안시성에서 물러나는 도중에 추격을 당하여 위기에 봉착했다는 것을 말한다. 결국 이세민은 항복하고 물러나는 꼴이 되고 말았던 것이다.
　신라(新羅)와 왜(倭)를 치고 다시 수(隋)와 당(唐)을 평정했다고 함은 적군에 대항했던 고구려의 모든 열제와 지휘관들이 수없이 많은 공을 이루어 고구려의 위엄을 지켜냈다는 것을 말한다.

고구려의 흥망(興亡)

　크도다 고려여, 터를 닦아놓으심이 융성하사 나라에는 그 뜻이 있고 백성에게는 그 어짊이 있도다. 위아래가 합치고 여러 사람이 화목하면 스스로 승산이 있으니 능히 두려워할 것 없도다.
〔大哉高麗여 基業隆盛하사 其義於國하시고 其仁於民하도다. 上下以和하며 衆庶以睦하야 自有勝算하니 能無畏人이로다.〕
◉ 隆 : 높을 륭(융). 其 : 그 기(아마도, 마땅이). 睦 : 화목할 목. 算 : 셀 산. 畏 : 두려워할 외

❏ 고려(高麗)라고 함은 고구려를 줄여서 부른 것이다. 고구려는 이암선생의 말씀과 같이 터를 닦아놓으심이 융성하사 나라에는 그 뜻이 있고 백성에게는 그 어짊이 있었다. 다만 위아래가 합치고 여러 사람이 화목하면 고구려는 두려울 것이 없는 국가였다. 하지만 나당(羅唐) 연합군의 침략과 자중지란에 의해 무너져 내린 것은 언제부터인가 생사를 초월하는 충의(忠義)와 위와 아래가 서서히 갈라지기 시작했기 때문이다.

7장. 고구려의 맥(脈)을 이은 대진국(大振國)

대진국(大振國)을 세우다

저 높이 깃든 솔개를 봄이어 즉시 하늘을 날도다. 덕 있는 대인(大人)이 대진(大振)으로 국호를 세우도다. 험한 데로 달아나 스스로 보존하여 능히 당(唐)과 더불어 적대하도다. 당당한 자취를 거둠이요 정정한 진(陣)을 펴도다.

〔瞻彼高鳶이여 直飛于天이로다. 有德大人이 大振建號로다. 走險自保하야 能與敵唐이로다. 堂堂步武오 整整布陣이로다.〕

◉ 瞻 : 볼 첨. 鳶 : 솔개 연. 直 : 곧을 직(곧, 다만). 險 : 험할 험. 敵 : 대적할 적. 步 : 걸음 보

❑ 덕(德)이 있는 대인이라 함은 대중상(大仲象)을 말한다. 그는 고구려의 장수로서 패망했던 고구려를 후고구려(後高句麗)라는 명칭을 붙여 다시 재건하고자 했고, 이로부터 많은 사람들에게 인심을 얻었기에 대인(大人)으로 받들어질 수 있었다.

험한 데로 달아났다 함은 대중상이 동모산(東牟山)으로 들어가 웅거하였다는 것을 말한다. 이때에 국호를 대진(大振)이라 하고, 당나라와 대적하여 밀리지 않았다는 이야기이다.

저 날쌘 호랑이를 봄이여

저 날쌘 호랑이를 봄이여, 우레 소리 산을 울리도다. 대인중상이 덕으로 능히 무리를 얻도다. 보장(寶藏)이 비록 항복했으나 나라는 무릇 망하지 않았도다. 인민의 마음이 한곳으로 돌아가니 모두 이르되 중광(重光)[1]이로다.

〔瞻彼猛虎여 雷吼深山이로다. 大人仲象이 德能得衆이로다. 寶藏雖降이나 國乃不亡이로다. 民心一歸하니 咸曰重光이로다.〕

◉ 瞻 : 볼 첨. 彼 : 저 피. 猛 : 사나울 맹. 雷 : 우레 뢰(뇌). 吼 : 울부짖을 후. 咸 : 다 함(모두)

❑ 대중상이 능히 무리를 얻었다고 함은 그가 서압록하에서 동모산으로 들어가는 길에 많은 무리들이 따르고, 동모산에 이르러 웅거할 때 원근(遠近)의 뭇 성들이 귀속해 온 것을 말한다.

 나라는 무릇 망하지 않았다고 함은 고구려 사람 그대로가 그 땅에 머무르고, 고구려 장수였던 그 사람이 그대로 다시 당나라와 대응을 하고 있기 때문이다. 단 하나 다른 점은 왕조(王朝)만 바뀌고, 땅만 조금 빼앗겼을 뿐이라는 말씀이다.

발해(渤海)의 건국

 오직 성현이 하늘의 뜻을 이어받아 나라 발해를 세우도다. 하늘땅이 낳은 바요, 해와 달이 베풀어 놓은 바로다. 그 덕이 융성하고 그 업이 광원하니 바다 안, 바다 밖이 위엄에 복종하지 않음이 없도다.

〔惟聖繼天하야 有國渤海로다. 天地所生이오 日月所置로다. 其德隆盛하고 其業廣遠하니 海內海外가 莫不威服이로다.〕

◉ 渤 : 바다 이름 발. 置 : 둘 치(베풀다, 세우다, 마련하다). 隆 : 높을 융. 盛 : 성할 성. 莫 : 없을 막

---

1) 중광(重光) : 후고구려로 시작한 대진국의 건원(建元)을 말한다. 중광에는 소중한 빛, 귀중한 빛이라는 뜻도 있다. 뿐만 아니라 거듭되고, 보태지고, 두 번, 또다시 생겨난 빛이라는 뜻이 있다. 그러므로 중광에는 고구려를 잇는 후고구려의 의미를 담고 있다는 것을 알게 된다.

❏ 고구려의 장수였던 대중상이 동모산에 들어가 처음으로 나라이름을 명칭한 것은 대진국(大振國)이었다. 하지만 그의 아들 대조영이 자리를 잡게 되면서 차츰 대외적으로 발해(渤海)라는 명칭으로 불려졌다.

하늘땅이 낳은 바요, 해와 달이 베풀어 놓은 바라 함은 발해가 환국, 배달, 조선의 삼성조(三聖祖)시대를 잇는 고구려의 후신(後身)으로서 한민족의 정통맥을 이어오고 있기 때문임을 말한다.

그 덕이 융성하고 그 업이 광원하다 함은 발해가 그저 고구려의 후신으로 명맥만 이어온 것이 아니라, 고구려 못지않게 대외적으로 강함을 드러냈기 때문이다. 그래서 생긴 명칭이 해동성국(海東盛國) 발해였다.

해동성국(海東盛國)

산은 동모(東麰)[1]를 우러러 이 홀한(忽汗 - 鏡珀湖)에 자리를 잡도다. 해동성국이요, 지상 선경이로다. 만 가지 오름에 가장 높음이요 만 가지 성씨가 모두 돌아옴이니, 선함을 즐김으로 함께 구제함에 아름다운 복이 무궁하도다.

〔山仰東麰하야 宅是忽汗이로다. 東海盛國이오 地上仙境이로다. 萬乘最尊이오 萬姓咸歸하니 樂善同濟하야 嘉福無窮이로다.〕

◉ 麰 : 보리 모. 咸 : 다 함. 濟 : 건널 제. 嘉 : 아름다울 가

❏ 대중상이 동모산에서 자리를 잡았다면 그의 아들 대조영은 홀한성(忽汗城)을 쌓고 그곳으로 도읍을 옮겼다. 이때부터 국호를 대진(大震)이라 하고, 년호를 천통(天統)이라 했다. 대조영 이후 국토는 날로 확장되어 그의 아들 무예(武藝)에 이르러서는 계속되는 나당연합군을 물리치고 성대(盛大)한 나라를 만드니 세상은 발해를 해동성국(海東盛國)이라 불렀다.

---

1) 동모(東麰)는 우리 말로 '해 돋는 높은 터'이다.

이로부터 고구려의 옛 영광을 되찾으니 만 가지 성씨가 돌아옴과 같았다고 선생은 표현한 것이다.

하늘의 도(道)

　오직 하늘에 한 분의 주인(主)이 있어 때에 맞추어 만사가 이루어지도록 베풀도다. 밝은 빛은 움직임이 없으나 땅에서 발동하여 하늘로 통하도다. 당나라 놈들을 정벌하니 신라[1]도 와서 복종하도다. 사방의 지경을 이미 정하니 만백성들이 이에 흡족해 하도다.

　〔惟天一主여 時化施之로다. 光明不動이나 發地通天이로다. 征伐唐奴하니 新羅來服이로다. 四域旣定하니 洽此奴民이로다.〕

◉ 洽 : 흡족할 흡. 此 : 이 차. 奴 : 종 노

❑ 하늘에 한 분의 주인(主)이 있다고 함은 삼신과 일체가 되는 삼신상제님이 하늘에 계심을 말한다. 이 분이 때에 맞추어 만사가 이루어지도록 베풀었다고 함은 방탕하고 흩어지면 자연히 사라지고, 고난 속에서도 신념을 갖고 결속하면 다시 빛을 찾게 했다는 말씀이다.

　밝은 빛은 움직임이 없으나 땅에서 발동하여 하늘로 통한다 함은 나라를 지키는 군왕(君王, 밝은 빛)은 대중들의 호응 속에서 자리 잡게 되고, 군왕의 정치와 교화는 하늘의 뜻과 함께 한다는 말씀이다. 이른바 지상에서의 임금은 덕(德)으로 바로 서게 되고, 하늘의 도(道, 三神之道)로써 정치와 교화를 펼치게 된다는 것을 말한다.

---

1) 우리는 신라(新羅)와 대진(大震)의 국경을 일제식민사학자들에 의해 평양의 위로는 대진이 있고, 아래로는 신라가 있는 것으로 알고 있다. 하지만 이덕일 〈한가람 역사문화 연구소〉 소장은 쟁점이 되고 있는 니하(泥河)가 중국의 백도백과(百度百科)를 근거로 송화강(松花江) 지류를 말하는 것이라 밝히고 있어 신라와 대진의 국경이 만주에 있었다고 주장하기도 한다.

8장. 왕건의 고려국(高麗國)

후삼국의 통일

가지런한 저 솔뫼(송악)[1]여 자줏빛 기운이 하늘을 드리우도다. 성인이 이제 일어나시어 구역(區域)을 구별하여 맑히도다. 견훤(甄萱 : 후백제)이 교만하고 사나우니 친히 먼저 치시고, 신라는 의(義)로 돌아오니 어루만지어 받도다.

〔截彼松岳이여 紫氣垂天이로다. 聖人乃作하야 劃清區宇로다. 甄萱驕虐하니 親先征之하시고 新羅歸義하니 撫以受之하시니라.〕

◉ 截 : 끊은 절(정제하다). 劃 : 그을 획(긋다, 쪼개다, 구별). 甄 : 질그릇 견. 萱 : 원추리 훤. 驕 : 교만할 교. 虐 : 모질 학. 撫 : 어루만질 무

❏ 송악은 고려[2]의 도성이다. 자줏빛 기운이 하늘을 드리운다 함은 송악의 하늘에 임금의 기운이 몰려옴을 말한다. 성인이 일어나 구역(區域)을 구별한다 함은 신라말기에 우후죽순처럼 솟아나 세력을 확장하려던 호족세력들을 제압하고, 경계를 바르게 하고자 했기 때문이다.

견훤을 먼저 치시고 신라를 어루만지어 받았다고 함은 왕건이 궁예의 밑에서 벗어난 후에 견훤을 굴복시키고, 신라를 얻었기 때문이다.

신정일치(神政一致)

---

1) 송악 - 지금의 개성. 이덕일 소장의 말에 의하면 고려는 만주에 있는 공험진에서 철령까지의 국경을 이루었다고 한다. 이러한 국경은 한양조선에 이르기까지 이어져 왔다고 이덕일 소장은 말한다.
2) 고려(高麗)는 그 명칭에서 알 수 있듯이 고구려의 정통맥을 잇는다는 뜻을 담고 있다. 고려가 고구려를 계승하고자 함은 북부여로부터 맥을 고구려가 이어왔다고 보고 있기 때문이다.

삼신상제님께서 임금에게 명하시고, 임금님은 하늘에 제사 올리시니 곡령(개성소재)의 푸른 소나무 경사스러운 비결이 내 몸에 징험하도다. 임금이 이르시기를 너희 무리들아 거역하는 자는 나의 깨우침을 들으라. 예전에 당나라의 풍속을 사모함이 본디 자주(自主)가 아니니라.

〔三神命王하시고 王則祭天하시고 鵠嶺靑松이 景籙驗躬이로다. 王曰爾衆아, 敵聽朕誥하라. 舊慕唐風이 本非自主라.〕

◉ 鵠 : 고니 곡. 景 : 볕 경(경치, 경사스럽다). 籙 : 책 상자 록. 驗 : 시험험(효과, 증거). 躬 : 몸 궁(활, 과녁). 敵 : 대적할 적

☐ 삼신상제님께서는 명하시고, 임금은 하늘에 제사를 올렸다고 함은 신과 인간이 하나가 되어 다스림을 펼쳤다는 것을 말한다. 이러한 신정일치(神政一致)의 가치관이 한민족에게는 있었기에 태조 왕건은 당나라의 풍속을 사모함이 본디 자주(自主)가 아니라고 가르치신 것이다.

나라에는 큰 가르침이 있다

나라에 큰 가르침이 있으니 어김없이 구차하게 같은 것이 없다. 때는 변하고 일은 다르니 모름지기 스스로 마땅함이 있으리로다. 임금님이 곧 맹서를 지어 크게 무리들을 깨우치시니 삼한을 아직 회복 못했고 겨우 마한만 소유했다 하도다.

〔國有大訓하니 不必苟同이오. 時變事殊하니 正自有當이로다. 王乃作誓하야 大誥于衆하시니 三韓未復하고 僅有馬韓이로다.〕

◉ 必 : 반드시 필(틀림없이, 꼭). 苟 : 진실로 구(구차할 구). 殊 ; 다를 수. 正 : 바를 정(바람직하다). 未 : 아닐 미(아직 ~하지 못하다). 僅 : 겨우 근

☐ 나라에 큰 가르침이 있다고 함은 중화(中華)적인 유교와 도교를 뛰어

넘은 근원적 가르침을 우리가 가지고 있었다는 것을 말한다. 우리에게는 이처럼 큰 가르침이 있었기에 어김없이 구차하게 같은 것이 없다고 했다. 그러면서 때는 변하고 일은 다르니 모름지기 스스로 마땅함이 있으리라는 것은 새로운 시대가 오고, 새로운 정책이 펼쳐지더라도 우리의 근원적 가르침은 그 상황에 맞게 부합하게 될 것이라는 말씀이다.

왕건이 말하고 있는 큰 가르침인 근원적 가르침은 천경신고(天經神誥) 와 전계(佺戒)를 말한다. 큰 가르침이기에 구차하게 같은 것이 없다고 함은 단순히 범절과 중용만을 반복하여 주장하고, 세상에 휩쓸리지 않는 무위자연만을 반복적으로 외침이 아니라, 시대와 상황에 맞게 적용되는 원리가 우리의 가르침에는 내재되어 있기 때문임을 말한다.

다시 말해 상고시대에는 집일함삼의 가르침을 펼쳤고, 중고시대 이후로는 회삼귀일의 가르침을 중시했으나, 나중에는 다시 결실을 얻게 되는 집일함삼의 가르침이 나오기 때문에 구차하게 같은 것이 없다는 말씀이기도 하다. 그런 까닭에 단조롭고 고만고만한 가르침을 가진 유불선의 가르침을 뛰어넘어 우리의 가르침은 천지인(天地人)을 바탕으로 하면서도 근원적이기에 늘 새로움을 주는 가르침이라고 말한 것이다.

끝으로 임금은 삼한(三韓)을 아직 회복하지 못했고 겨우 마한만 소유했다고 하였다. 이는 후삼한의 통일을 통해 민족의 통일국가는 이루어졌으나 대륙으로 뻗은 번한과 북방을 장악했던 진한을 잃어버렸기 때문이다.

시급한 것은 나라를 일으킴이다

신시의 옛 법규는 비록 갑자기 의논할 수 없지만 다물(되찾자)로 나라 일으킴은 먼저 급히 힘쓸 때이로다.

〔神市舊規는 雖未遽論이나 多勿興國은 時先急務로다.〕

◉ 遽 : 급히 거(갑자기, 어찌). 急 : 급할 구. 務 : 힘쓸 무

❑ 왕건께서 신시의 옛 법규는 갑자기 의논할 수 없다고 했다. 이 말은 장구한 역사 속에서 옛 법규가 많이도 잊혀 졌기에 다시 회복시켜 실용화하기에는 시간이 걸릴 수 있다는 말이다. 하지만 무엇보다 시급한 것은 옛 땅을 회복하기 위한 나라의 일으킴이 먼저라는 말씀이다. 이는 나라가 부국강병을 이루면 옛 땅을 다시 회복할 수도 있고, 그렇지 못하면 작은 땅덩어리마저 잃게 되는 수모를 겪을 수 있기 때문임을 말한다.

만세의 법을 바르게 하다

거란이 사나움을 일으켜 아울러 발해를 삼키니 임금님이 벌컥 화를 내어 잠시 꾸짖고 매우 경계하도다. 바른 계통을 나라의 근본이 되는 방침으로 삼아 만세에 법을 바르게 하고, 무리를 덕으로 거느리시니 여덟 지역이 모두 기꺼워하도다.

〔契丹作虐하야 並吞渤海어늘 王赫斯怒하야 絶以戒之하니라. 正統國是는 萬世是憲이오 御衆以德하시니 八域咸喜로다.〕

◉ 並 : 나란히 병. 吞 : 삼킬 탄. 赫 : 빛날 혁(성대하다, 몹시 화내다). 斯 : 이 사(잠시, 쪼개다). 絶 : 끊은 절(막히다, 매우). 是 : 옳을 시. 御 : 거느릴 어(다스리다). 域 : 지역 역. 咸 : 다 함. 喜 : 기쁠 희

* 국시(國是) : 나라의 근본이 되는 방침

❑ 왕건의 재위기간 발해는 거란에 의해 패망당하였다. 이러한 까닭에 발해의 유민들을 수용하기도 했다. 왕건은 고려의 백 년 대계(大計)를 위하여 바른 계통을 나라의 근본이 되는 가르침으로 삼아 만세의 법을 세우기도 했는데, 그 중에 자신의 사후 나라를 걱정하여 훈요 10조(訓要十條)를 지키도록 명하기도 하였다.

훈요십조에서 눈여겨 볼 일은 중국 풍습을 억지로 따르지 말라는 대목

과 경전과 역사서를 널리 읽어 옛일을 교훈삼아 반성하는 자세로 정사에 임하라는 것이었다. 이 말은 중국 풍습을 일부러 권하지 말고, 우리의 옛 경전인 천경신고(天經神誥)와 전계(佺戒), 그리고 흥망성쇠하는 역사의 교훈을 잘 새기어 정사에 임하라는 취지였다.

9장. 아름다운 사람을 바라봄이요

하나를 얻는데 있다

동녘으로 닿은 바다 구름이여, 위아래가 한결같이 푸르도다. 바다와 함께 구름이 일치하니 사람은 그 사이에 있도다. 바다는 일만 겨레를 용납하니 즐거움과 전쟁이 하나를 얻는데 있고, 구름은 여섯 티끌(六塵)¹⁾에 솟아나니 가면 다시 생각지 않도다.

〔東極海雲이여 上下一碧이로다. 海與雲一하니 人在其間이로다. 海容萬族하니 得一樂戰이오 雲聳六塵하니 去不復念이로다.〕

◉ 碧 : 푸를 벽. 間 : 사이 간. 聳 : 솟을 용. 塵 : 티끌 진

□ 이암선생은 바다와 함께 구름이 푸르름으로 일치하니 그 중간에 사람이 있다고 했다. 이 말은 하늘과 땅 사이의 변화를 구름과 바다가 만들어 간다면 사람은 자손을 통해 역사를 만들어 가기 때문임을 말한다.

---

1) 육진(六塵)을 불교에서는 색(色), 성(聲), 향(香), 미(味), 촉(觸), 법(法)의 육경(六境)이라 한다. 육경에 진(塵)을 붙인 까닭은 우리들의 정심(淨心)을 더럽히고, 진성(眞性)을 덮어 흐리게 하기 때문이다.
　　육진(六塵)은 〈삼일신고〉「인물」편에도 나온다. 감(感)에서 발동하는 육진으로는 희구애노탐염(喜懼哀怒貪厭)이 있고, 식(息)에서 발생하는 육진으로는 분란한 열진습(芬爛寒熱震濕)이 있고, 촉(觸)에서 발생하는 육진으로는 성색취미음저(聲色臭味淫抵)가 있다.

즐거움과 전쟁이 하나를 얻는데 있다고 함은 파란만장한 역사가 선악의 차별을 벗어나 근본인 하나로 돌아가게 되어 있기 때문이다. 역사가 이처럼 근본인 하나로 돌아가는데 있기에 근본을 흐리게 하는 여섯 티끌의 구름은 잠시 머물다 가는 것임을 알아야 한다는 말씀이시다.

아름다운 사람을 바라봄이여

바다가 아침 해를 낳음이여, 바야흐로 신선이 내려온다는 산(마리산)을 뵈도다. 구름은 용(眞龍天子)을 좇음이여, 때마침 즐거운 일이 많도다. 아름다운 사람(이상적지도자)을 바라봄이여 이에 하늘은 한 방향이로다. 저절로 봄바람이 있어 만물이 소생치 않음이 없도다.

〔海生暾兮여 謁其仙山이로다. 雲從龍兮여 正多樂事로다. 望美人兮여 乃天一方이로다. 自有春風하야 無物不蘇로다.〕

⊙ 暾 : 아침 해 돈. 兮 : 어조사 혜. 謁 : 빌 알. 正 : 바를 정(때마침)

❑ 구름이 용을 좇음은 모든 변화가 임금으로부터 나오기 때문임을 말한다. 이와 같기에 백성이 훌륭한 임금을 얻으면 좋은 변화가 찾아오고, 그렇지 못하면 희망을 잃게 된다는 말씀이시다. 이 때문에 역사는 이상적인 지도자를 기다린다는 의미에서 아름다운 사람을 바라본다고 하였다. 그러면서 그 마음은 모두가 같은 마음으로 오직 한 방향이라는 것이다.

성통광명(性通光明)에 대해 말하다

일신(一神)이 참마음(衷)에 내리시니 이것을 이르되 세 가지 참(眞)이라 하고, 성품이 밝은 빛에 통하니 이것을 일러 一神이라 함이라. 하나를 본체(體)로 세 가지 신(神)을 이루고, 하나를 형상(像)으로 세 가지 참(眞)을 이루니 셋으로 그 하나가 됨에 있어 또한 이름하여 양기(良氣)라 하도다.

216

(하나는 궁극에 이르게 됨과 같다.)

〔一神降衷하시니 是曰三眞이오 性通光明하니 是曰一神이로다. 一體三神이오, 一像三眞이니 三有其一하야 亦名良氣로다. (一은 一作至)〕

❑ 일신(一神)이라 함은 대허(大虛)로부터 시작된 가장 근원적인 것이다. 그 형상은 한빛(一光)이요, 그 성향은 신령스런 一神이다. 이 일신이 참마음(衷)에 내려온다고 함은 회삼귀일(會三歸一)하고자 하는 마음으로 내려오게 됨을 말한다. 이때의 회삼귀일하는 마음이 발동하는 곳이 삼도(三途)인 감식촉에서의 죽음에 문득으로 떨어지게 되는 촉(觸)이다. 하지만 회삼귀일의 마음이 발동에 그치지 않고, 실질적으로 회삼귀일이 시작되는 곳은 삼문(三門)에서의 느낌을 그치는 지감(止感)이다. 이와 같기에 회삼귀일이 시작되고, 일신이 내려오기 시작하는 곳은 느낌을 그치고 안으로 향하기 위한 지감이 된다.

참마음(衷)으로 一神이 내려오는 것에 대해 선생은 일신이 참마음에 내리니 이것을 이르되 세 가지 참(眞)이라고 했다. 이것은 회삼귀일하는 참마음을 갖게 되면 일신이 내려오게 되면서 세 가지의 성명정을 이루게 된다는 것을 말한다. 이때가 되면 성명정이 참마음으로부터 보이기 시작하는 까닭에 성명정을 회복하기 위해 힘쓰게 되어 있다. 그래야만이 성통광명을 성취할 수 있기 때문이다.

성품이 밝은 빛에 통하니 이것을 일러 一神이라 함은 성품이 밝음을 얻게 됨이 일신에 있기 때문임을 말한다. 그런데 일신을 통한 밝음을 얻게 되는 일은 성품에서만 이루어지는 일이 아니다. 목숨과 정수에서도 이루어지는 일이다. 이 때문에 성품이 밝음을 얻게 되면 지혜롭게 되고, 목숨이 밝음을 얻게 되면 덕이 쌓이게 되고, 정수가 밝음을 얻게 되면 천하를 능히 움직일 힘을 통하게 되어 있다. 그러니 성명정을 통한 덕혜력을 얻기 위해서는 삼신(三神)의 회복과 함께 성명쌍수를 통한 정수(精水)를 얻는 일이 무엇보다도 중요하다고 하겠다.

선생께서는 다시 하나를 본체로 세 가지 신(神)을 이루고, 하나를 형상(像)으로 세 가지 참(眞)을 이룬다고 하였다. 이 말에서 하나를 본체로 세 가지 神을 이룬다고 함은 그 본체를 일신(一神)으로 하고, 그 작용을 天一神, 地一神, 太一神인 삼신(三神)으로 하게 됨을 말한다. 마찬가지로 하나를 형상(像)으로 세 가지 참(眞)을 이룬다고 함은 일기(一氣)를 본체로 하여 그 작용을 성명정인 삼진(三眞)으로 하게 됨을 말한다.

특히 선생께서는 일기(一氣)에 대해 덧붙여 말하기를 그 하나가 됨에 있어 또한 이름 하여 양기(良氣)라 하였다. 이 말은 一氣가 우리의 몸에서 느끼는 심기신(心氣身)에서의 기(氣)와는 다르게 가장 뛰어난 것이기 때문임을 말한다. 그런 까닭에 일기라고 함은 만물의 근원이 됨을 나타내고 있다.

허조동체(虛粗同體)

우러러 하늘을 보니 뭇 별이 손길 잡으며, 굽어 땅을 살피니 여러 생물이 밟히도다. 리(理)의 하나는 허(虛)하고 기(氣)의 하나는 조(粗)하여 같은 몸으로 기틀을 이끄니 오묘하고 오묘하도다.

〔仰觀于天하니 衆星拱之오 俯察于地하니 群生履之로다. 理一也虛하고 氣一也粗하야 同體引機가 妙之又妙로다.〕

◉ 拱 : 팔짱 낄 공. 俯 : 구부릴 부. 察 : 살필 찰. 履 : 밟을 이

❏ 우러러 하늘을 보고, 굽어 땅을 살핀다고 함은 하늘과 땅의 영향을 받고 태어난 사람으로서 우리는 단순히 하늘과 땅의 사이에 있는 것이 아니라, 하늘과 땅의 역할에 못지않게 사람으로서의 역할도 있다는 것을 말

218

한다.

이(理)의 하나는 허(虛)하고, 기(氣)의 하나는 조(粗)하다고 했다. 이 말은 虛는 理와 같고, 粗는 氣와 같다는 뜻으로 理(虛)는 무형의 존재로서 절대적 법칙에 따른다면 氣(粗)는 유형의 존재로서 절대적 법칙에 의해 현상세계를 구성하는 실질적인 것임을 말한다.

같은 몸으로 기틀을 이끄니 오묘하다고 함은 한 몸이 된 이기(理氣), 즉 허조(虛粗)가 동체(同體)가 되어 기틀을 이끌게 되니 오묘하고 오묘하다는 것이다. 이 때문에 허조동체(虛粗同體)인 一氣가 본체인 태극(太極)이 됨은 물론이요, 자아실현을 위한 생명의 본체로서 분화작용도 하게 된다는 것을 말한다.

선생의 말씀을 정리해보면 사람의 본체는 허조동체로 이루어졌기에 하늘의 성향과 땅의 성향을 동시에 지닌 생명체를 이룬다. 이 때문에 사람은 무형의 하늘과 유형의 땅이 있는 사이에 일기인 본체를 두고 분화하게 되어 있다. 그런데 사람이 분화를 하게 되면 본체가 되는 일기는 점차 어둠에 가리어져 가게 됨에 따라 자신의 존재가치를 잊고 물질적인 것에만 치우친다. 그래서 선생께서는 인간(人間)이 '현상계의 하늘과 땅'[1] 사이에 있듯이 자신의 존재가치를 잊지 말고 참나(眞我)를 이루어 유한계와 무한계가 있는 하늘과 땅 사이에서도 인중천지일(人中天地一)을 이루자는 것이다. 그래야 하늘과 땅에 못지 않는 사람으로서의 존재가치를 알아차

---

[1] 하늘에는 두 개의 하늘이 있다. 하나는 실체가 없는 무형의 하늘이요, 다른 하나는 실체가 있는 현상계의 하늘이다. 무형의 하늘에 대해서는 《삼일신고》에서 언급되었듯이 대허(大虛)를 말함이요, 일신(一神)과 삼신(三神)을 말한다. 유형의 하늘은 일기(一氣)로부터 시작되어 현상계로 나타나는 별들이 가득한 하늘을 말함이다. 이것이 삼극(三極)인 天一, 地一, 人一 중에 天一을 말한다. 이와 같기에 天一이 현상계의 첫 번째 하늘이라면 地一은 현상계의 첫 번째 땅이 된다. 이로부터 생겨나는 人一은 현상계의 첫 번째 사람을 나타낸다. 여기서의 첫 번째는 각기 순수한 단계의 천지인을 대변한다.

릴 수 있기 때문이다.

우리의 생명은 무형의 하늘(三神)과 유형의 땅(三極)으로 대표되는 허조(虛粗)의 영향을 받아 태어났다. 하지만 삶의 과정 속에서 근원이 되는 一氣와 멀어졌기에 무형의 하늘과 유형의 땅 사이에 있는 고리의 역할을 하지 못하게 되면서 어둠 속에서 살아갈 수밖에 없었다. 우리의 삶이 이처럼 밝음과 단절되어 갔기에 옛 성철(聖哲)들은 하나 같이 밝음을 회복하여 무형의 하늘과 유형의 땅이 일체가 되어 존재하게 되는 인중천지일(人中天地一)의 삶을 살 것을 가르침으로 삼게 되었다. 그 가르침이 이른바 천부경으로부터 비롯되니, 천부경이야말로 인간의 본성을 되돌려 천지와 하나가 되게 하는 가르침이라는 것을 알려주고 있다.

밝은 무리

크시도다 삼신이여 한 몸 한가지로 돌아가고, 사람을 낳음이여 한 형상 함께 있도다. 환국의 '다섯 훈(五訓)'이요, 부여의 '아홉 서(九誓)'여, 깨우침을 열어 구제하니 밝은 무리가 되게 함이로다.

〔大哉三神이여 一體同歸하고 爲人之生이여 一像共存이로다. 桓國五訓이요 扶餘九誓니 啓覺而濟하야 化衆而哲이로다.〕

❑ 삼신이 한 몸 한가지로 돌아감은 본체인 일신(一神)으로 돌아감을 말하고, 사람이 생겨남이 한 형상 함께 있다고 함은 본체가 되는 한 형상인 일기(一氣)로부터 사람이 생겨나서 함께 존재하고 있다는 것을 말한다.

환국의 오훈(五訓)과 부여의 구서(九誓)가 깨우침을 열어주어 구제한다고 함은 우리에게는 깨우침을 열어주는 오훈과 구서라는 가르침이 있고, 그 가르침은 우리를 구제하는 힘도 있다는 것을 말한다. 이 때문에 우리로 하여금 밝은 무리가 되게 할 수 있다는 것이다.

구름 속의 흰 두루미

달은 밝아 공간에 비추니 바다위에 선경이오, 도를 통하게 함은 깨우쳐 건져내는데 있나니 구름속의 흰 두루미로다. 내가 스스로 찾으려 하나 환하게 그렇지 못함이 있도다. 스스로 있는 성품 속에 내려와 계시니 어찌 생각해 구하지 않으랴.

〔月明空照하니 海上仙境이오 道通濟化하니 雲中白鶴이로다. 我自求之나 未有煥然이라. 自性降在시니 何不念求리오.〕

◉ 照 : 비칠 조. 煥 : 불꽃 환. 然 : 그럴 연

❑ 선생은 도를 통하게 함은 깨우쳐 건져내는데 있다고 했다. 이 말은 구도의 길이 어둠에 떨어지지 않게 하는데 있고, 깨우침을 통한 거듭남으로 이끌어내는데 있다는 것을 말한다. 구름 속의 흰 두루미는 흘러가는 구름 속에서도 흔들림 없이 날개 짓을 하는 두루미가 되는데 있다는 것이다. 이러한 까닭에 도를 통한다고 함은 어둠에 떨어지지 않는 거듭남에 있고, 구름 속의 흰 두루미라고 함은 그 거듭남이 속세의 변화 속에서도 걸림이 없이 자유롭게 날개 짓을 하는데 있다는 것을 말한다.

내가 스스로 찾으려 하나 환하게 그렇지 못함은 〈삼일신고〉「신훈(神訓)」에서의 가르침과도 같다. 신훈에서도 성기원도(聲氣願禱) 절친견(絶親見)이라 하여 소리와 기운으로 원하고 빌어도 친견하기를 끊는다고 했기 때문이다.

선생은 계속하여 "스스로 있는 성품 속에 내려와 계시니 어찌 생각해 구하지 않으랴"고 했다. 이 말은 신훈에서 성품으로부터 씨를 구하라는 자성구자(自性求子)의 내용과도 같다. 신훈에서는 더 나아가 강재이뇌(降在爾腦)라고 하여 '너의 머릿골에 내려와 있다'라고도 했다. 이와 같이 선생께서는 나의 참모습을 스스로 찾는다고 해서 되는 것이 아니라, 너의

성품 속에 있기에 무위(無爲)로써 수행정진을 할 때만이 찾을 수 있다는 말씀이시다.

배움은 오랜 세대로부터 구하는데 있도다

밝음을 드러내 나의 혜안(慧眼)을 펼침은 다물(多勿)로 나라를 일으킴이로다. 도는 내 자신에게서 찾고, 배움은 아주 오랜 세대로부터 구하는데 있도다. 마침은 내 몸에 있고, 닦음은 정성에 있나니 뜻을 세우면 위태롭지 않도다. 일(事)은 내 자신을 아는 데 있으니 어찌 마음이 초조치 않을 것인가.

〔發觀伸己하고 多勿興邦이로다. 求道於我하고 文求萬世로다. 終身修誠하야 立志不殆도다. 事在知我하고 何不心焦리오.〕

◉ 殆 : 거의 태(대개, 장차, 반드시, 위태하다). 焦 : 탈 초(타다, 그을리다)

❑ 밝음을 드러내 나의 혜안을 펼침은 다물로 나라를 일으킴이라고 했다. 이 말은 성통광명을 통해 재세이화와 더불어 홍익인간을 펼치는 일이 다물로 나라를 일으킴과 같다는 말씀이시다. 그러므로 먼저 잊어버린 참나(眞我)를 찾아서 회복해야하는 일이 빼앗긴 땅을 되찾는 것만큼 중요하다는 것이다.

도(道)를 내 자신에게서 찾는다고 함은 성품으로부터 씨를 구하라는 자성구자(自性求子)의 내용과 같고, 배움은 아주 오랜 세대로부터 구하는데 있다고 함은 상고의 역사로부터 배워야 한다는 의미를 담고 있다.

마침이 내 몸에 있다고 함은 나의 삶에 태도와 선악의 끝이 결과적으로 내 몸에 이르게 됨을 말한다. 그러므로 바른 처세를 하며 살라는 말씀이기도 하다.

닦음은 정성에 있나니 뜻을 세우면 위태롭지 않다고 함은 뜻을 세워 닦아 나가면 배움이 충만함을 얻게 되듯이, 이때가 되면 위태롭지 않다는 말씀이다. 이러한 까닭에 위태롭게 되지 않기 위해서는 끊어지지 않는 한결같은 정성이 있어야 한다는 것이다.

우리가 행할 바가 내 자신을 아는 데 있다는 것은 나를 아는 길이 남을 아는 길이요, 세상을 아는 길이기 때문이다. 이 때문에 선생은 우리에게 "어찌 마음이 초조치 않을 것인가"라고 하여 조금도 게으름이 없이 정진해야 함을 일깨워주기도 하였다.

문명 종주국으로서의 사명

북녘으로 태백산을 바라보니 신시(神市)에 처음으로 환웅께서 내려오셨고, 제단은 참성(塹城)이 높으니 단군왕검께서 제사하신 곳이로다. 오직 임금이신 삼신상제님께서는 너그럽게 큰 나라를 감싸 안아 주시니 아래 백성들이 처소를 얻어 우러러 하늘의 은혜를 생각하도다.

〔北望太白하니 神市肇降이시며 壇屹塹城하니 檀君攸祀로다. 唯帝三神이 赦臨大邦하시니 下民得所하야 仰變天恩이로다.〕

◉ 肇 : 비롯할 조. 屹 : 우뚝 솟을 흘. 塹 : 구덩이 참. 攸 : 바 유(곳, 장소). 祀 : 제사 사. 赦 : 용서할 사. 變 : 변할 변(변통, 변화)

* 변(變)은 생각이다. 잠시도 가만히 있지 않고 움직이기 때문이다.

❏ 북녘의 태백산은 지금의 백두산을 말한다. 신시(神市)는 환웅께서 오시어 처음으로 나라 터를 잡으신 곳이다. 참성단은 단군왕검께서 운사(雲師)인 배달신(倍達臣)으로 하여금 쌓게 하여 천제(天祭)를 지내던 곳이었다. 선생께서 두 분을 언급하셨다는 것은 이 분들이 첫 왕조를 열으신 분들이기 때문이다.

삼신상제(三神上帝)님을 오직 임금이라 하심은 임금 중에 임금이며, 권능자 중에 권능자는 오직 천상에 계신 삼신상제님 한 분 뿐이기 때문이다. 이 때문에 그 권좌(權座)가 변하지 않고 영원하며 어김이 없을 뿐 아니라, 그 권능이 헤아릴 수 없다는 것을 말한다. 이러한 삼신상제님께서 우리의 큰 나라를 감싸 안아 주신다고 함은 문명의 종주국인 우리를 귀하게 여기신다는 뜻이다. 이러한 까닭은 '시어간 종어간(始於艮 終於艮)'이란 주역(周易)에서의 말과 같이 문명을 열었던 곳에서 결실도 이루어지기 때문이다. 이 때문에 하늘의 보호아래 한민족은 문명의 종주국으로서 장차 문명을 통일시키는 사명을 갖게 된다는 이야기이다.

역사 속에서의 나에 자세

이르되 바다와 이르되 구름이 나에게 무엇이냐. 존재하고 존재함이 그 실상이요, 가고 감이 그 이름이로다. 바람과 빛은 예전 그대로이나 강과 산은 다름이 있으니 즐거이 남에게 취하여 한가지로 됨은 착함에 있도다. 〔曰海曰雲이 於我何哉아. 存存其實이오 去去其名이로다. 風光依舊나 江山有殊하니 樂取於人하야 同爲之善이로다.〕

◉ 去 : 갈 거(덜다, 덜어 버리다). 名 : 이름 명(평판, 공적). 依 : 의지할 의. 舊 : 옛 구. 殊 : 다를 수. 取 : 가질 취. 거거(去去) : 떠나다, 점점 멀어지다

❑ 바다와 구름, 이 모두가 존재하고 존재하는 실상(實相)이요, 세월 속에서 각자의 인생을 펼치며 살다가 가는 것이 사람이라는 말씀이다. 그러니 실상으로서 영원히 존재하며, 각자의 이름값을 하며 사라져 가는 것이 사람이거늘 짧은 인생을 어찌 함부로 하고 헛되이 보낼 수 있겠느냐는 것이다.

바람과 빛은 예전 그대로이나 강과 산은 다름이 있다고 함은 사람의 손길이 타지 않는 것은 변함이 없으나, 사람의 손길을 타는 것은 변함이

있게 됨을 말한다. 이와 같이 사람의 손길에 의해 문명(文明)이 통일되어 가는 일이라면 변화에 발맞추어 한가지로 되어가고자 노력해야 한다는 말씀이다.

끝으로 선생은 이와 같은 행위를 할 수 있는 것은 착함에 있다고 했다. 이는 문명(文明)이 통일되어 가는 일에 보다 헌신하는 자세로 순응하며 동참해야 한다는 것을 말한다. 그것이 역사 속에서의 나의 자세라는 말씀이시다.

태백진훈(太白眞訓)

하편(下篇)

1장. 우웅이 나라 다스림을 묻다

우웅이 나라 다스림을 물으니
〔禹雄이 問爲邦한대〕

차별이 없는 거느림

　선생이 이르시기를, 먼저 백성으로 하여금 믿게 함이니 믿음은 능히 편안함을 낳고, 백성으로 하여금 편안케 할진대 먼저 차별이 없는 거느림에 있다고 할 것이오. 능히 차별이 없으면 부유함을 낳고, 백성으로 하여금 차별이 없이 할진대 먼저 근본을 중히 여기게 함에 있으니 근본은 스스로 얻음에 있다고 하겠소.
〔先生曰, 先使民以信하니 信能生安하고 欲民以安인대 先在統均이라. 均

能生富하고 欲民以均인대 先在重本이니 本在自得이니라.〕

◉ 使 : 하여금 사(가령, 만일). 以 : 써 이. 欲 : 하고자할 욕(바라다). 統 : 거느릴 통(합치다, 계통, 줄기). 均 : 고를 균(평평하다, 가지런히 하다)

❑ 믿음은 편안함을 낳고, 편안케 하기 위해서는 먼저 차별이 없는 거느림에 있다고 한다. 선생께서는 다시 능히 차별이 없으면 부유함을 낳고, 차별을 없애고자 하면 근본을 중히 여기게 하는데 있다고 지적한다. 그런데 근본은 스스로 얻음에 있기에 배움에 그치지 않고, 스스로 깨우침이 있어야 함을 나타내고 있다. 결국 이 말은 깨우침을 통한 근본에 이르게 될 때라야 우리 모두는 차별이 없음을 알게 되고, 서로 차별이 없기 때문에 부유함과 더불어 편안함을 얻을 수 있게 된다는 것을 말한다.

하나가 되는 길

군사로 나라를 방위하고 농사로 백성을 길러냄은 모두 편안함을 근원으로 하여 차별이 없는 것에서 오는 것이라오. 그런 까닭에 내 자신이 이것에 대해 스스로 믿음이 있으면 생존하여 자립하게 되고, 백성들이 스스로 차별이 없으면 이루게 되니 천하가 스스로 얻음이 있으면 하나가 된다고 하겠소.

〔兵以衛國하고 農以養民이니 皆源於安而來於均也라. 故로 我有自信則存하고 民有自均則成하고 天下有自得則一이라.〕

◉ 衛 : 지킬 위. 皆 : 다 개. 源 : 근원 원. 信 : 믿을 신(신임하다, 맡기다). 存 : 있을 존(보존하다). 則 : 법칙 칙(곧 즉, ~ 이라면, ~ 하면)

❑ 선생은 군사가 되었든 백성이 되었든 간에 편안함을 근원으로 차별이 없는데서 모든 것이 이루어진다고 말한다. 그런 까닭에 내 자신이 차별이

없다는 스스로의 믿음이 있을 때 생존을 통해 자립하게 되고, 백성들도 스스로 차별이 없으면 자신들이 뜻한 바를 이루게 되어 있다는 말씀이다.

선생은 다시 천하가 스스로 얻음이 있으면 하나가 된다고 했다. 이 말은 한 나라에 국한되지 않고, 천하 만방의 사람들도 생활 속에서의 편안함과 차별을 뛰어넘어 스스로 깨어남이 있으면 서로 한마음이 될 수 있는 까닭에 하나가 되는 세상을 만들 수도 있다는 것을 말한다. 그러니 사람들을 먼저 감화(感化)를 시킬 수 있어야 하고, 누구나 할 것이 없이 깨우침을 얻을 수 있는 존재임을 알려주는 것이 중요하다는 말씀이시다.

오훈(五訓)·오사(五事)·육정(六政)

고로 환인께서는 다섯 훈(訓)을 세워 스스로 힘써 존립하게 했고, 환웅께서는 다섯 일(事)을 세워 스스로 힘써 균등함을 이루었으니 왕검께서도 여섯 정사(六政)[1]를 세워 스스로 힘써 이득이 되었던 것이오.

〔故로 桓仁은 立五訓而務自存하고 桓雄은 立五事而務自均하시고 王儉은 立六政而務自得하시니라. (六政은 一作五行이라.)〕

❏ 환인께서 오훈(五訓)을 세워 스스로 힘써 존립(存立)하게 했다고 함은 인간이 갖추어야할 도리(道理)를 통해 생존하여 자립하게 했다는 것을 말한다. 환웅께서도 오사(五事)를 세워 스스로 힘써 균등(均等)함을 이루게 했다고 함은 각각 저마다의 부족들에게 능력에 따른 업무를 맡겨 차별이 없이 하였다는 것을 말한다. 왕검께서도 육정(六政)을 세워 스스로 힘써 이득(利得)이 되게 하였다고 함은 각자의 소질에 따른 역할을 맡겨 자신의 능력을 발휘해 이득이 되게 하였다는 것을 말한다.

---

1) 육정(六正) : 어진 보필자(賢佐), 충성스러운 신하(忠臣), 뛰어난 장수(良將), 용감한 병사(勇卒), 훌륭한 스승(明師), 덕이 있는 친구(德友)를 육정이라 한다.

지금까지의 내용으로 보아 환국의 조화(造化), 배달의 교화(敎化), 조선의 치화(治化)인 조교치(造敎治)의 원리가 존립, 균등, 이득인 존균득(存均得)으로 나타나고 있는 것을 알아보았다. 이로 보건대 환국은 낳아 존립하게 함이요, 배달은 길러 고르게 함이요, 조선은 다스려 이득이 되게 하는데, 그 사명이 있었던 것이다.

철인(哲人)의 법

예전의 철인은 법을 세워 백성을 가르치되 치수(治水)로 시작을 삼으니 군정(群情)을 편하게 하고자 함이오. 오행(五行)으로 근본을 삼으니 물리(物利)를 순하게 하자는 것이오. 구서(九誓)로 국가의 기틀을 삼으니 하늘의 계율을 계승하자 함이었오.

〔古之哲人이 設法敎民호대 治水爲先하니 欲安群情也며 五行爲本하니 欲順物利也며 九誓爲國하니 欲承天戒니라. (國은 一作敎)〕

❑ 예전에 백성의 삶이란 잦은 물난리로 어려움이 많았다. 그런 까닭에 국정(國政)의 운영을 치수로 시작함이 백성의 민심을 편안하게 하는 일이었다는 것을 말한다.

오행(五行)으로 근본을 삼아 사물의 이로움을 순하게 함은 조화(調和)에 있다. 조화가 될 때 우리의 삶은 안정이 되기 때문이다. 실생활 속에서 오행의 이로움은 상대와의 궁합, 묘와 삶의 터를 잡는 풍수, 체질에 따른 한방처방, 나에 맞는 직업 등 쓰임이 다양하다. 이를 잘 살피어 조화롭게 하면 편안함을 얻고, 그렇지 않으면 재앙과 분란(紛亂)이 그치지 않는다는 말씀이시다. 그런 까닭에 오행을 근본으로 삼아 살아감은 삶을 평탄하게 하는 길임을 말한다.

구서(九誓)로 국가의 기틀을 삼음은 하늘의 계율을 계승하는 것이라고 했다. 이는 구서의 종목이 하늘의 뜻에 따라 살아가기 위한 하늘의 계율로 되어 있기 때문임을 말한다. 천부경(天符經)에서도 천부는 하늘에 부합하는 삶, 하늘과 딱 들어맞아 하나가 되는 삶을 전한 것이다. 이와 같이 한민족에게 있어서는 하늘을 닮아가는 삶이 가장 위대한 길이었다.

2장. 이명, 범장, 정지상에게 전한 말씀

선생이 일찍이 이명, 범장, 정지상에게 말씀하시기를
〔先生이 嘗言於李茗范樟鄭之祥曰〕

정사(政事)하는 요결

　정사(政事)하는 요결이 생각을 미루어 두고 먼저 함이 없으니 나의 병을 없애려면 먼저 남의 병을 없애고, 나의 굶주림을 면하려면 먼저 남의 굶주림을 면하게 하며, 나의 추움을 막으려면 먼저 남의 추움을 막아야 하며, 나의 원한을 풀려면 먼저 남의 원한을 풀어야 하며, 나의 재앙을 덜려면 먼저 남의 재앙을 덜어야 하는 것이니 이것이 곧 오래도록 다스리고 오래 편케 하는 술법이라 할 것이오.
〔爲政之要는 莫先於推思니 欲去己病인대 先去人病하고 欲免己飢인대 先免人飢하고 欲防己寒인대 先防人寒하고 欲解己怨인대 先解人怨하고 欲除己兵인대 先除人兵이니 是乃長治久安之術也니라.〕
◉ 莫 : 없을 막. 推 : 밀 추(밀 퇴). 免 : 면할 면. 飢 : 주릴 기. 防 : 막을 방. 除 : 덜 제

❑ 선생의 미덕(美德)을 느낄 수 있는 내용이다. 무엇이든 먼저 남을 위해주고 그 다음에 나를 위함은 대인(大人)이 가질 수 있는 행위이다. 이와 같이 정사를 한다면 세상은 대인대의(大人大義)한 세상이 될 수 있을 것이다.

3장. 범장(范樟)이 허조동체의 설에 대해 묻다

범장이 허조동체의 설에 대해 물으니
〔范樟이 問虛粗同體之說한대〕

허조동체(虛粗同體)

이암선생이 이르시되, 내 들으니 하늘과 땅이 하나라고 말함은 도(道)가 있기 때문이고, 虛한 것과 粗한 것이 나누어질 때는 道가 없어진다고 했소이다. 그러니 이른바 허조(虛粗)라는 것은 스스로 이것이 一氣로서 같은 몸(同體)을 이룬다고 하겠소.
〔先生曰, 吾聞之曰天地一而道存하고 虛粗分而道廢니라. 夫所謂虛粗者는 自是一氣同體而己오.〕
◉ 廢 : 폐할 폐. 夫 : 지아비 부(대저大抵 : 대체로 보아서)

❑ 이암선생께서는 하늘과 땅이 하나라는 것에 대해 도(道)가 있기 때문이라고 한다. 그러면서 허(虛)와 조(粗)가 나누어질 때는 도가 없어진다고 하였다. 이 말은 道가 있기 때문에 현상적인 하늘과 땅이 생겨났고, 그 道는 우주의 근원인 虛와 만물의 근원인 粗에 의해 생겨난 까닭에 이에

상응하여 虛와 粗가 나누어지게 될 때에는 道가 없어지게 된다고도 했던 것이다. 그렇다면 이 말은 현상으로 나타나는 하늘과 땅이란 道에 의해 생겨나고, 그 도는 우주생성의 본질인 허조(虛粗)를 뿌리로 하여 생겨났다는 이야기가 된다.

선생은 다시 허조(虛粗)라는 것은 스스로 이것이 一氣로서 같은 몸(同體)을 이룬다고 했다. 이 말은 곧 一氣가 하나로 되어 있으나, 두 가지의 모습인 허조동체(虛粗同體)로 되어 있다는 것을 말한다. 일기와 마찬가지로 道의 경우도 물론 허조동체로 되어 있다는 이야기이다.

양기(良氣)는 만유생명의 근원

또 이른바 양기(良氣)라는 것은 그 하늘과 땅에 있어서 '하늘과 땅의 양기'가 되고, 그 사람과 만물에 있어서 '사람과 만물의 양기'가 된다고 할 것이오.

〔又所謂良氣者는 其在天地也에 爲天地之良氣하고 其在人物也에 爲人物之良氣라오.〕

❏ 양기(良氣)라는 것이 하늘과 땅의 양기가 됨은 하늘과 땅의 근원이 됨을 말한다. 사람과 만물의 양기가 되는 것도 사람과 만물의 근원이 됨을 말한다. 그러므로 양기인 일기(一氣)라 함은 현상적인 하늘과 땅의 근원이요, 만유생명의 근원이 된다는 이야기이다.

성명정(性命精)의 힘

안으로 조리가 있어, 밝게 빛남이 스스로 있는 것은 성품(性)의 힘이며, 밖으로 능히 느낌이 발동해서 널리 이익이 되게 인간을 건져내는 것은 목숨(命)의 힘이며, 성품과 목숨을 함께 닦아 한 몸이 되어 세계를 능히 움직일 수 있는 것은 정수(精)의 힘이라오.

〔內有條理하야 光明自在자는 性之力也며 外能感發하야 弘益濟人者는
命之力也며 雙修性命하야 爲同體之能動於世界者는 精之力이니라.〕

◉ 條 : 가지 조(조리, 맥락). 조리(條理) : 일을 하여 가는 도리

❑ 선생은 성품(性)에는 밝게 빛나는 힘이 있고, 목숨(命)에는 널리 이익
이 되게 인간을 구제하는 힘이 있으며, 정수(精)에는 세계를 능히 움직일
수 있는 힘이 있다고 했다. 이것은 성품이 밝게 빛나는 광명(光明)의 권
능을 가졌고, 목숨은 은혜를 베푸는 공덕(功德)의 실체가 되며, 정수는 만
물을 다스리는 통솔(統率)의 주체가 되기 때문임을 말한다. 이 때문에 성
품은 마음을 밝히는 불교를 낳고, 목숨은 창생을 이롭게 하는 도교를 낳
고, 정수는 다스림을 펼치는 유교를 낳을 수가 있었다.

도(道)·법(法)·정(政)은 性命精의 작용

그런 까닭에 도(道)에는 슬기가 있어 행하지 못하는 법이 없고, 법(法)
에는 덕이 있어 축적하지 못하는 道가 없으며, 정(政, 다스림)에는 힘이
있어 잘 되지 못하는 法과 더불어 잘 되지 못하는 道가 없소이다.

〔故로 道在慧하니 非法則不行하고 法在德하니 非道則不積하고 政在力
하니 非道與法則不興이라.〕

◉ 故 : 연고 고(道理, 옛날, 처음부터). 積 : 쌓을 적

❑ 도(道)라고 한다면 하늘땅의 근원이요, 사람과 만물의 근원이 됨을 말
한다. 그런데 여기서는 성품을 道로 나타내었다. 이것은 성명정 중에서
성품이 근원의 역할이 되기 때문이다. 성품이 이처럼 근원의 역할이 됨에
따라 슬기(慧)가 있어 행하지 못하는 법(法)이 없다고 했다.

법(法)이라고 한다면 행함에 있어서 절대적인 가르침과 진리를 나타낸다. 그런데 여기서는 목숨을 法으로 나타내었다. 이것은 성명정 중에 목숨이 행함의 역할이 되기 때문이다. 목숨이 이처럼 행함의 역할이 됨에 따라 베풀음(德)이 있어 축적하지 못하는 도(道)가 없다고 했다.

정(政)이라고 한다면 다스리는 일을 말한다. 이것은 세상을 다스리게 되고, 자신을 다스리는 역할이 될 수도 있다. 그런데 여기서는 정수를 政으로 나타내었다. 그렇다면 성명정 중에 정수가 슬기를 지닌 도(道)와 베풂을 펼칠 수 있는 법(法)을 통솔하는 역할이 될 수 있다는 것을 말한다. 정수가 이처럼 통솔의 역할이 됨에 따라 선생께서는 힘(力)이 있어 (행함에 있어) 잘 되지 못하는 法과 (축적함에 있어) 잘 되지 못하는 道가 없다고 하였다.

심기쌍수(心氣雙修)의 법

본래 신묘(神妙)함이 참마음(衷)[1]에 내리는 것은 기(氣)이며, 성품이 밝은 빛에 통하는 것은 마음(心)에 있고, 법(法)을 잡아 함께 닦는 것은 몸(身)에 있다. 때가 이르러 느끼고 때가 가면 그치는 것은 마음의 때이며, 한 곳에 머무를 때 생각이 일어나고, 한 곳에 머무름이 없을 때 조율되는 것은 氣가 가진 속성이라오.

〔故로 神妙降衷者는 氣也며, 光明通性者는 心也며 雙修執法者는 身也니라. 時至而感하고 時去而止者는 心之時也며 境存而思하고 境滅而調者는 氣之境也라오.〕

◉ 執 : 잡을 집. 境 : 지경 경(상태, 곳, 장소)

---

1) 충(衷)은 회삼귀일(會三歸一)의 마음을 말한다. 그런 까닭에 衷은 본래의 모습으로 돌아가고자 하기에 참마음이라 말하기도 한다.

❑ 선생께서는 본래의 신묘함이 참마음(夷)에 내리는 것은 기(氣)라고 했다. 이는 신묘함인 일신(一神)이 회삼귀일을 하고자하는 마음으로 내려오게 될 때에는 氣로 나타나게 되어 있기 때문이다. 이때에 일신이 氣로 나타나게 되는 까닭은 氣의 형태를 뒤집어쓰지 않으면 안 되기 때문이다. 일신이 이처럼 氣를 뒤집어쓰게 되어 있기에 氣 속에는 마음이 있고, 성품이 있으며, 허(虛)가 내재되어 있게 되는 이유이다.

성품(性)이 밝은 빛에 통하는 것이 마음(心)에 있다는 것은 성품은 선악(善惡)의 갈림길에 있는 마음의 선택에 의해 밝아질 수 있기 때문이다. 법을 잡아 함께 닦는 것이 몸(身)이 된다는 것은 마음과 기운의 작용을 함께 잡아 닦는 곳이 육신이 되기 때문이다. 이 때문에 육신은 심기쌍수(心氣雙修)에 의해 몸의 엷음(薄)을 버리고, 두터움(厚)을 이루게도 되어 있다.

때가 이르러 느끼고 때가 가면 그치는 것이 마음의 때라는 것은 마음을 통해 느낌(感)이 일어나기도 하고, 마음을 통해 느낌이 멈추기도(止感)하기 때문이다. 마음은 이처럼 느낌과 지감을 통제하기 마음이란 어떻게 정(定)해지느냐가 중요하다. 그 결정에 의해 생(生)과 사(死)가 달리하기 때문이다.

선생은 다시 한 곳에 머무를 때 생각이 일어나고, 한 곳에 머무름이 없을 때 조율되는 것은 氣가 가진 속성이라고 했다. 이 말은 하나의 대상과 만나게 될 때 생각이 일어나고, 그 대상으로부터 떠나게 될 때에는 상황에 알맞게 생각이 일어나지 않는다는 것을 말한다. 氣가 가진 속성이 이처럼 머무르면 생각이 일어나고, 머무름이 없으면 생각이 일어나지 않기에 우리는 하나의 대상과 만나게 될 때 머무르는 마음을 없게 해야만 한다. 이렇게 될 때 마음은 머무름이 없기에 기운을 맑게 하게 되고, 이로 인해 몸은 두터움을 얻을 수 있기 때문이다.

접촉과 금촉(禁觸)의 역할

마음을 얻고 기운을 얻는 것은 접촉(觸)에 있고, 마음을 잃고 기운을 잃는 것은 금(禁)하는 데에 있으니 몸과 함께 닦는 데 있다오.

〔心得氣得而觸하고 心失氣失而禁者는 身之雙修也니라.〕

◉ 觸 : 닿을 촉. 禁 : 금할 금(억제하다)

❏ 마음을 얻고 기운을 얻는 것이 접촉에 있다는 것은 접촉을 억제하는 데 있다는 것을 말한다. 그래야만 중일(中一)에 해당하는 금촉(禁觸)을 통해 마음을 얻고, 기운을 얻을 수 있기 때문이다.

마음을 잃고 기운을 잃는 것이 금(禁)하는데 있다는 것은 접촉을 억제하지 않을 때는 마음을 잃고, 기운을 잃게 되어 있기 때문이다. 그러므로 심(心)과 기(氣)를 얻고, 心(感)과 氣(息)를 잃는 길이 오직 몸(身)이 가진 접촉을 통해 이루어지게 된다는 것을 말한다.

우주의 道와 만물의 道

본래 하나의 본체(體)를 통한 삼신(三神)인 것은 우주의 도(道)이며, 한 형상(像)을 통한 삼진(三眞)인 것은 사람과 만물의 道이다. 사람을 알고자 하면 나의 몸에서 구함이 있을 뿐이며, 신(神)을 알고자 하면 나의 몸에서 구함이 없을 뿐이다. 비사(秘詞)에 이른바 낳게 되면 즉 사람은 죽어 하늘로 가는 것이라 하였으니 언제나 그 나의 장존함을 되게 하는 것이 곧 이것이다.

〔故로 一體而三神者는 宇宙之道也오 一像而三眞者는 人物之道也라. 欲知人인대 求有我而己오 欲知神인대 求無我而己이라. 秘詞所謂生則人死則天으로 常知其爲我之長存者는 卽此也니라.〕

◉ 而 : 말 이을 이(능히 능). 己 : 몸 기(자기, 어조사). 欲 : 하고자할 욕. 詞

236

: 말씀 사. 所 : 바 소(지역, 지리, 자리). 謂 : 이를 위(이르다, 일컫다). 則 : 법칙 칙, 곧 즉. 常 : 떳떳할 상(항상, 전법). 所謂 : 이른바

❏ 선생은 하나의 본체(體)를 통한 三神은 우주의 도(道)이며, 한 형상(像) 을 통한 三眞은 사람과 만물의 道라고 했다. 이 말은 하나의 본체가 되는 一神이 삼신(三神)을 품는 것은 무한계가 되기에 우주의 道이고, 하나의 형상이 되는 一氣가 성명정(性命精)인 삼진(三眞)을 품는 것은 유한계이기에 사람과 만물의 道가 됨을 말한다.

선생은 다시 사람을 알고자 하면 나의 몸에서 구하고, 신(神)을 알고자 하면 나의 몸 밖에서 구할 뿐이라고 했다. 이 말은 나의 몸이란 사람의 실체를 드러내기에 사람을 알고자 하면 나의 몸 안에서 찾으라는 것이고, 신(神)이란 인격신들이 존재하는 세계가 있기에 神을 알기 위해서는 몸 밖에서 구해야 한다는 것이다. 그래야만 나와 神의 관계를 명확히 볼 수 있기 때문이다.

선생은 다시 비사(秘詞)를 언급하며 사람은 죽어 영원히 사라지는 것이 아닌 그 혼령이 하늘로 가는 것이라는 의미로 말씀하기도 하셨다. 이 말은 사람이 혼령이 되어서도 계속하여 살 수 있다는 것을 말한다. 이와 같기에 나의 장존함을 구하는 까닭이라고 선생은 말씀하신 것이다.

해탈(解脫)·현빈(玄牝)·명교(名敎)

지금 세상의 가르침에 형세가 세 개의 판국으로 나누어졌으니 해탈(解脫)은 관(冠, 최상의 자리)으로 아버지에게서 찾고, 현빈(玄牝)은 식(食, 생명력을 보충하는 일)으로 어머니에게서 찾고, 명교(名敎)는 사당(廟, 祭禮를 가르치는 일)으로 아들에게서 찾는 것이라오.

〔今世之敎는 勢分三局하니 解脫은 求冠於父하고 玄牝은 求食於母하고

名敎는 求廟於子라.〕

◉ 局 : 판 국. 冠 : 갓 관. 廟 : 사당 묘

❏ 해탈(解脫)은 불교를 지칭하는 개념이요, 불교의 목적이기도 하다. 해탈은 인간의 속세적(俗世的)인 모든 속박으로부터 벗어나 자유롭게 되는 상태, 즉 걸림이 없는 무애(無碍)의 삶을 나타낸다. 그러므로 가고 옴이 없는 아버지의 길이다.

현빈(玄牝)은 도교를 지칭하는 개념이요, 도교의 목적이기도 하다. 현빈은 검을 현(玄)에 암컷 빈(牝)자이다. 그러므로 도교는 북방수(北方水)로 생명을 길러내는 역할, 즉 생명을 주관하는 어머니의 역할을 나타낸다.

명교(名敎)는 유교를 지칭하는 개념이요, 유교의 목적이기도 하다. 명교는 인륜(人倫)의 명분(名分)을 밝힌다는 뜻으로 인사(人事)의 사회성을 나타낸다. 그러므로 다스림을 이루는 길이기에 천지부모의 뜻을 성사시키는 자식의 역할이다.

집일함삼(執一含三)과 회삼귀일(會三歸一)

모두 하나가 나뉨의 뜻이 있거니와 지극히 참된 가르침을 행함에 이르러서는 하나를 잡음으로 셋을 포함하고, 셋을 모아 하나의 몸으로 귀합할 뿐이라오.

〔皆有一分之義어니와 至於眞敎之行也하야는 執一而含三하고 會三而歸一而己니라.〕

◉ 含 : 머금을 함. 己 : 몸 기(어조사)

❏ 하나가 나뉨의 뜻이 있다는 것은 본체인 하나가 세 가지로 나뉘게 됨을 말한다. 그런데 선생께서는 지극히 참된 가르침을 행함에 이르러서는

238

하나를 잡음으로 셋(三)을 포함하고, 셋을 모아 하나(一)의 몸으로 귀합할 뿐이라고 했다. 이 말은 하나가 되면 셋으로 분화가 되는 것이 법칙이나, 참된 가르침에 있어서는 본체인 하나가 셋을 머금는데 있고, 셋을 모으면 만물을 이루게 되는 것이 법칙이나, 참된 가르침에 이르러서는 셋을 모아 하나로 돌아갈 뿐이라는 말씀이다.

하나를 잡음으로 셋을 포함한다는 내용에서 그 하나는 일신(一神)이 될 수 있고, 일기(一氣)가 될 수도 있다. 이는 본체와 작용에 있어 일신은 삼신(三神)의 본체가 되고, 일기는 삼극(三極)의 본체가 되기 때문이다. 그런데 일신의 본질은 한빛(一光)이고, 삼신도 한빛의 성향을 가진 거나 다름이 없기에 이 둘의 체용(體用)관계는 본체와 함께 통일성을 갖느냐, 작용이 되어 조교치(造敎治)로 펼쳐지느냐의 차이만 있을 뿐 다른 특별함은 없다. 하지만 본질인 일기와 작용인 삼극의 관계에 있어서는 한빛이 아닌 절대순수의 물질인 조(粗)가 포함되어 있는 까닭에 이와는 다르게 작용하게 되어 있다는 사실이다.

일기와 삼극에 있어서의 작용은 일기가 허조동체(虛粗同體)로 이루어져 있는 까닭에 일신과 삼신과는 다르게 분화되어 갈수록 순수성이 떨어져 가게 되고, 나중에는 죽음에 이르게 되어 있다. 이것은 물질적인 조(粗)가 시간의 영향을 받기 때문임을 말한다. 이와 같기에 일기에 있어서는 낳는 것을 목적으로 하는 일신의 분화작용과는 다르게 삼극으로 분화되지 않도록 집념을 가지고 집일함삼(執一含三)을 이루는데 있고, 저절로 빛에 의해 통일성을 갖는 삼신의 귀일작용과는 다르게 더 이상 죽음에 이르지 않도록 순수함으로부터 떨어져 나간 셋을 모아 다시금 본래의 모습으로 회복시키기 위한 회삼귀일(會三歸一)의 작용이 필요할 수밖에 없다. 그래야만이 절대순수의 세계인 일기(一氣)로부터 더 이상 분화되지 않도록 굳게 지킬 수 있고, 죽음의 문턱으로부터 다시 일기를 회복시킬 수가 있기 때문이다.

회삼귀일과 집일함삼의 가르침은 삼신일체사상의 근본이 되는 원리이다. 회삼귀일과 집일함삼의 원리가 이처럼 근본이 되기에 단군조선과 고구려에 이르기까지 삼족오에 대한 상징성으로 나타나기도 했다. 그런데 한양 조선시대에 이르러서는 문화적 현상으로 머리가 셋에 다리가 하나인 삼두매(三頭鷹)를 만들어 놓았다. 이것은 집일함삼에 의해 삼족오가 나왔다면 장차는 회삼귀일에 의해 다시 하나로 통일된 삼두매문화가 나오게 됨을 암시하기도 한다. 이를 통해 볼 때 회삼귀일과 집일함삼의 원리는 시대의 정신으로도 나타날 수 있다는 것을 보여준다.

회삼귀일은 삼신(三神)의 회복

우리 인간의 생명이란 하나의 형상(像)을 받아 삼진(三眞)을 이루고, 우리 인간이 돌아갈 바는 세 가지의 神을 모아 일기(一氣)를 이루게 되는 바, 어찌 우리들을 속일 것이랴.

〔吾人之生也는 受一像而三眞이며 吾人之歸也는 會三神而一氣者로 豈欺我等者耶아.〕

◉ 豈 : 어찌 기. 欺 : 속일 기. 等 : 무리 등. 耶 : 어조사 야(의문조사)

❑ 선생이 말하는 하나의 형상이라 함은 일기(一氣)를 말한다. 사람은 그 하나인 일기를 받아 성명정인 삼진(三眞)을 이루게 되어 있다. 그래서 선생은 하나의 형상을 받아 삼진을 이룬다고 하였다.

우리 인간이 돌아갈 바가 세 가지의 神을 모아 일기를 이룬다는 말은 분화의 끝인 삼도(三途)에 이르기까지 그 내면에 존재하는 천일신, 지일신, 태일신인 삼신을 다시 모아 후천일기(後天一氣)를 만드는데 있다는 것을 말한다. 다시 말해 이것은 삼신의 영향 속에서 만들어진 성명정, 심기신, 감식촉의 겉 테두리를 벗겨내어 그 속에 내재되어 있는 삼신을 모아 하나인 허(虛)를 회복시킬 뿐 아니라, 성명쌍수(性命雙修)를 통해 조(粗)를 만들어 허조동체인 후천일기를 만들자는 데 있는 것이다.

선생은 다시 이와 같이 될 수밖에 없는 이유에 대해 근본으로 돌아가 하나가 되는 것이 절대법칙이거늘 "어찌 우리들을 속일 것이랴"고 했다. 이 말은 하나가 셋(三眞)으로 나뉘면 다시 그 속에 있던 셋(三神)을 모아 잡아 근본인 하나로 돌아가는 것이야말로 바뀔 수 없는 법칙이기 때문이라는 이야기이다. 이른바 삼도(三途)에 이르기까지 영향을 미친 삼신을 다시 되돌리고, 더 나아가 성명쌍수를 통해 정수(精水)를 회복하게 되는 것은 변할 수 없는 절대법칙이라는 것을 말한다. 그러므로 이러한 절대법칙이 있기에 우리가 구도심을 갖고 노력을 한다면 반드시 근본인 하나로 돌아갈 수 있다는 것이다.

후천일기(後天一氣)의 만들어짐은 정수에 의한 조(粗)가 삼신(태일)에 의한 허(虛)를 감싸 안으면서 만들어진다. 이것이 허조동체인 일기요, 일기 속에 삼신(태일)이 내재되어 있고, 삼신은 일기의 외형을 얻어 영원히 보전하게 되어 있기에 〈태백일사〉「소도경전본훈」에서는 다음과 같이 전하기도 한다.

"일기란 안에 삼신이 있고,
삼신이란 밖으로 일기를 포용한다."
(一氣者는 內有三神也오, 三神者는 外包一氣也라.)
〈태백일사〉「소도경전본훈」

일기가 삼신을 감싸 안게 됨은 일기 속에 조화옹(造化翁) 삼신이 계심과 같고, 삼신이 기(氣)에 의해 포용됨은 그 氣를 타고 만물의 생성변화를 위한 조화(造化)를 부릴 수 있게 되는 것과 같다. 이러한 까닭에 〈삼성기 전〉「上」의 첫 문장1)에서는 승유지기(乘遊至氣)라고 하여 하나(一)의 신(神)이 있어 "지극한 기(氣)를 타고 움직인다."했고, 그 묘(妙)함은 스스로 그러함과 부합된다고 하였다.

성품(性)·마음(心)·느낌(感)

신(神)은 무릇 으뜸이 되는 신묘(神妙)함이 있어 성품은 낳고자 하고, 마음은 움직이고자 하나, 느낌은 멈추고자 함이오.

〔神은 是元神이니 性欲生하고 心欲動이나 感欲止니라.〕

◉ 是 : 이 시(여기, 무릇). 欲 : 하고자 할 욕

☐ 성품·마음·느낌은 현상계로 나타나게 되지만 형체가 없기에 무형인 하늘에 속한다. 성심감(性心感)이 이처럼 무형인 하늘에 속함에 따라 신묘함이 있는 神과 관련지어 보게 된다. 신묘함이 있는 성품은 현상계에서 자기실현의 목적을 위해 낳고자 하고, 신묘함이 있는 마음은 의식의 확장을 위해 움직이게 되어 있다. 하지만 신묘함이 있는 느낌은 사물의 유혹에 휩쓸릴 수 있기에 생명의 유지를 위해 멈추고자 하는 성향도 가졌다는 말씀이다.

---

1) 삼성기전(三聖紀全) 상편의 첫 문장은 이렇게 시작한다.
"우리 환족(桓族)이 세운 나라가 가장 오래 되었다. 하나(一)의 신(神)이 있어 큰 밝은 빛을 내는 하늘에서 홀로 변화한 신이 되니, 밝은 빛은 온 우주를 비추고 조화력(造化力)은 만물을 낳았다. 영원토록 존재하며 오래도록 만물과 함께하니 항시 만족함이 있었다. 지극한 기(氣)를 타고 움직이니, 그 묘함은 스스로 그러함과 부합되었다. 형체가 없으나 나타내고, 행함이 없으나 만물을 지으며, 말이 없으나 행하였다."
吾桓建國이 最古라. 有一神이 在斯白力之天하사 爲獨化之神하시니, 光明照宇宙하시고, 權化生萬物하시니라. 長生久視하사 恒得快樂하시니라. 乘遊至氣하사, 妙契自然하시니라. 無形而見하시며 無爲而作하시며, 無言而行하시니라.

목숨(命)·기운(氣)·호흡(息)

기(氣)는 무릇 으뜸이 되는 기세(氣勢)가 있어 목숨은 드러내고자 하고, 기운은 탐내고자 하나, 숨은 고르게 하고자 함이오.

〔氣는 是元氣이니 命欲知하고 氣欲貪이나 息欲調니라.〕

◉ 知 : 알 지(알리다, 나타내다). 貪 : 탐낼 탐. 調 : 고를 조(조절하다)

❑ 목숨·기운·호흡은 자신을 드러내는 유형인 땅에 속한다. 명기식(命氣息)이 이처럼 유형인 땅에 속함에 따라 기세가 있는 氣와 관련지어 보게 된다. 기세가 있는 목숨은 자신의 잠재된 것을 넓히기 위해 드러내고자 하고, 기세가 있는 기운은 외물(外物)을 얻기 위해 탐내게 되어 있다. 하지만 기세가 있는 호흡은 욕망에 의해 거칠어질 수 있기에 생명의 유지를 위하여 숨을 고르게 하는 성향도 가졌다는 말씀이다.

정수(精)·신체(身)·접촉(觸)

정(精)은 무릇 으뜸이 되는 정력(精力)이 있어 정수는 마음대로 하고자 하고, 몸은 수고롭고자 하나, 접촉(接觸)은 억제하고자 함이오.

〔精은 是元精이니 精欲專하고 身欲勞이나 觸欲禁이니라.〕

◉ 專 : 오로지 전(마음대로). 勞 : 일할 노. 觸 : 닿을 촉

❑ 정수·몸·접촉은 유형과 무형으로 되어 있는 사람에 속한다. 정신촉(精身觸)이 이처럼 유형과 무형이 혼재된 사람에 속함에 따라 정력이 있는 精과 관련지어 보게 된다. 정력이 있는 정수는 외부로의 발산을 위해 마음대로 하고자 하고, 정력이 있는 몸은 삶을 살아가기 위해 수고롭게 하게 되어 있다. 하지만 정력이 있는 접촉은 삶 속에서 방종하게 되어 있기에 생명의 유지를 위해 억제하는 성향도 가졌다는 말씀이다.

정기신(精氣神)

　본래 으뜸이 되는 신묘함은 두뇌에 머물고, 으뜸이 되는 기세는 장부에 있고, 으뜸이 되는 정력은 단혈(丹血, 丹田)에 있게 됨이오.

〔故로 元神은 在頭腦하고 元氣는 在臟腑하고 元精은 在丹血이라.〕

◉ 臟 : 오장 장. 腑 : 장부 장

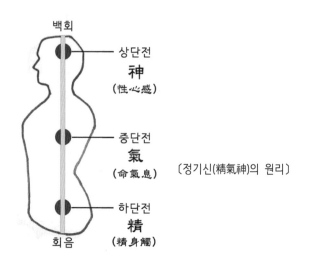

〔정기신(精氣神)의 원리〕

□ 성품·마음·느낌인 신묘함은 두뇌에 머물고, 목숨·기운·호흡인 기세는 장부에 있으며, 정수·신체·접촉인 정력은 단혈에 중심을 두고 있다는 말씀이시다. 선생께서는 두뇌에 머무는 성심감(性心感)을 두루 일컬어 神이라 하고, 장부에 머무는 명기식(命氣息)을 두루 일컬어 氣라고 하고, 단혈에 머무는 정신촉(精身觸)을 두루 일컬어 精이라고 하였다. 이것은 사람이 상단전·중단전·하단전인 신(神), 기(氣), 정(精)으로 이루어져 있기 때문임을 말한다.

244

낳는 道와 성취하는 道

삼신을 보전하면 언제나 엉기게 되고, 삼신과 단절되면 어두워지는 것이니, 三神이라 함은 낳는 道며, 三眞이라하면 성취하는 道가 된다. 그러므로 神이 엉기면 혼이 충만해지고, 氣가 엉기면 삶이 충만해지며 精이 엉기면 형체가 충만해지게 됨이오.

〔存三神常凝하고 絶三神是昏이니 三神者는 生之道也오, 三眞者는 成之道也라. 故로 神凝則衍魂하고 氣凝則衍年하고 精凝則衍形也니라.〕

◉ 凝 : 엉길 응. 絶 : 끊을 절. 昏 : 어두울 혼(저녁 때). 衍 : 넘칠 연

❏ 삼신이라 하면 그 성향은 신령함이 있고, 그 모습은 밝은 빛으로 드러난다. 이는 그 본체를 한빛(一光)의 형상을 지닌 일신으로 하기 때문이다. 삼신을 보전하면 언제나 엉기게 된다는 것은 신령스런 밝은 빛으로 되어 있는 까닭에 오래도록 보전하면 엉기게 됨을 말한다. 하지만 삼신과 단절되면 신령스런 밝은 빛은 사라질 수밖에 없다. 이것은 삼신에 의해서만 신령한 밝은 빛이 생겨나기 때문이다.

삼신(三神)이 낳는 道라는 말씀은 一神을 본체로 하여 조화(造化), 교화(敎化), 치화(治化)의 성향을 가졌기 때문이다. 삼신이 이처럼 조교치의 기능을 가졌기에 천일신(天一神)과 지일신(地一神)이 태일신(太一神)을 통해 만물의 근원인 一氣를 낳을 수가 있었다.

삼진(三眞)을 성취하는 道가 된다고 함은 삼진귀일을 통해 후천일기(後天一氣)를 만들어 낼 수 있기 때문이다. 이 때문에 삼진은 성품과 목숨을 통해 성명쌍수(性命雙修)를 이루어 으뜸이 되는 정수(精)를 만들어 놓게 되고, 정수는 본래의 모습으로 회복된 三神을 끌어안게 됨에 따라 후천일기는 만들어질 수 있다. 그러므로 삼진을 성취하는 道가 된다고 했던 것이다.

선생께서는 다시 신기정(神氣精)이 각기 엉기면 충만해진다고 했다. 그런데 신기정은 도교에서 흔하게 듣게 되는 하단전, 중단전, 상단전인 정기신(精氣神)을 말한다. 다만 순서를 바꾸어 말했을 뿐이다.

신기정에서 神이 엉기면 혼(魂)이 충만해진다는 말은 두뇌(頭腦)에서 작용하는 성심감(性心感) 중에 마음을 통해 성품이 엉기게 되면 혼이 충만해지기 때문이다. 그러므로 하늘의 성향인 性心感에 있어서는 혼을 충만히 하는 것이 목적이 됨을 말한다.

신기정에서 氣가 엉기면 삶(年)이 충만해진다는 말은 장부(臟腑)에서 작용하는 명기식(命氣息) 중에 기운을 통해 목숨이 엉기게 되면 삶이 충만해지기 때문이다. 그러므로 땅의 성향인 命氣息에 있어서는 삶을 충만히 하는 것이 목적이 됨을 말한다.

신기정에서 精이 엉기면 몸(形)이 충만해진다는 말은 단혈(丹血)에서 작용하는 정신촉(精身觸) 중에 몸을 통해 정수가 엉기게 되면 형체가 충만해지기 때문이다. 그러므로 사람의 성향인 精身觸에 있어서는 형체를 충만히 하는 것이 목적이 됨을 말한다.

풍백·우사·운사의 역할

본래 하늘의 신묘(神妙)함이 바람(風)에게 있는 고로 신시씨는 풍백으로 하여금 생명과 만물에 근본이 되게 하고, 하늘의 명운(命運)이 비(雨)에게 있는 고로 신시씨는 우사로 하여금 베풀어 깨어남을 근본으로 삼았으며, 하늘의 기운(氣運)이 구름(雲)에게 있는 고로 신씨시는 운사로 하여금 나라의 기강(힘)을 세우는 것을 근본으로 삼게 하였음이오. (목숨은 하나의 왕성함을 이루는 생명력과 같다.)

〔故로 天之神이 在風故로 神市氏 - 以風伯으로 爲生物之本하여 天之命이 在雨故로 神市氏 - 以雨師로 爲施化之本하고 天之氣이 在雲故로 神

市氏 - 以雲師로 爲立國之本하니라. (命은 一作精이라))

❏ 선생은 하늘의 신묘(神妙)함은 바람(風)에게 있고, 하늘의 명운(命運)은 비(雨)에게 있으며, 하늘의 기운(氣運)은 구름(雲)에게 있다고 한다. 이 말에서 신묘(神妙)함이 바람(風)에게 있는 까닭은 눈에는 보이지 않으나 홀연히 왔다가 홀연히 사라지며 만물에 변화를 끼침이 신(神)의 나타남과 같기 때문이다.

특히 바람이라는 것은 때에 따라 시원한 바람이나 회오리바람, 그리고 북풍에 의한 차가운 바람 등을 일으킨다. 그러다가 만물에 영향을 끼친 이후 홀연히 사라진다. 이와 같이 자신의 모습을 달리하며 홀연히 우리에게 다가와 영향을 끼치기에 신묘함이 바람에 있다고 말한 것이다.

명운(命運)이 비(雨)에 있는 것은 살아있는 생명의 운명을 좌우하기 때문이다. 비라는 것은 대지를 푸른 잎과 가지로 풍성하게 한다. 하지만 가뭄이 계속된다면 대지는 모든 생명을 말라죽게 할 뿐이다. 그러므로 비는 생명을 깨어나게 함과 동시에 운명에 절대적인 가치를 지닌다.

기운(氣運)이 구름(雲)에게 있다고 함은 힘의 근원이 구름에 있기 때문이다. 이는 천둥(雷)과 벼락(震)을 동반하여 비를 내리는 거대한 힘(力)이 구름에 내재되어 있는 까닭이다. 그래서 구름의 생성변화가 무서운 힘을 동반하기에 기운이 구름에 있다고 말한 것이다.

선생은 풍우운(風雨雲)의 역할인 삼사(三師)에 대해서도 언급하였다. 삼사 중에 하나인 풍백(風伯)은 생명과 만물에 근본이 된다고 한다. 이는 바람이 계절풍을 몰고 와서 만물을 화생(化生)시키듯이 생명을 낳는 역할을 담당하기 때문이다. 그런 까닭에 풍백은 환웅천왕인 대일왕(大日王)의 순행시에 조화(造化)를 나타내는 밝은 빛과 관련하여 천부경이 새겨진 거울을 진상하기도 하였다.

우사(雨師)에 대해서는 선생께서 베풂을 통해 깨어남을 근본으로 한다고 말했다. 이는 비가 대지를 촉촉이 적셔주어 만물을 소생시키듯이 만물을 길러내는 위대함이 있기 때문이다. 그런 까닭에 우사는 환웅천왕이 순행할 때 제사 터에서 만물을 일깨우는 북소리에 맞추어 둥글게 춤을 추기도 하였다.

운사(雲師)에 대해서는 선생께서 그 역할이 나라의 기강을 세우는 것을 근본으로 한다고 했다. 이는 구름이 천둥번개와 비를 내포하고 있듯이 힘을 통해 나라의 기강을 세우는 것을 상징하고 있기 때문이다. 그런 까닭에 운사는 환웅천왕이 순행할 때 다스림의 상징으로 백 명의 칼잡이로 하여금 제단(祭壇) 밑에 늘어서서 통치자를 호위케 하는 조치를 내리기도 하였다.

세상에 이런 말이 전해 온다.
환웅천왕이 이곳에 순행하여 머물며 사냥을 통해 제사지낼 때,
풍백(風伯)은 천부(天符)를 거울에 새겨 진상하고,
우사(雨師)는 북(鼓)에 맞추어 둥글게 춤을 추고,
운사(雲師)는 백 명의 칼(劍)로 무장시켜 제단 밑에 늘어서서 지켰다.
천제(天帝)에게 제사를 드리러 산에 임하실 때의
의식이 이처럼 성대하고 엄숙하였다.
〈태백일사〉「삼한관경본기」

4장. 조릉(趙凌)이 배움에 대해 묻다

조릉이 배움에 대해 물으니

248

〔趙凌이 問學한대〕

덕혜력(德慧力)

선생이 이르시되, 덕 있는 자는 먼저 생각하여 스스로 얻고, 슬기 있는 자는 먼저 배워서 스스로 밝으며, 힘 있는 자는 먼저 행하여 스스로 갖추게 된다오.
〔先生曰, 有德者는 先思而自得하고 有慧者는 先學而自明하고 有力者는 先行而自存이니라.〕

❑ 덕(德)이 있는 자가 먼저 생각하여 스스로 얻고자 함은 덕의 가치를 알기에 덕을 더욱 두텁게 하기 위해서이다. 슬기 있는 자가 먼저 배워서 스스로 밝게 되고자 함은 밝음에 대한 가치를 알기에 사물을 뚫어 꿰는 밝은 지혜를 더욱 넓히기 위해서이다. 힘 있는 자가 먼저 행하여 스스로 갖추게 됨은 힘의 중요성을 알기에 힘을 더욱 강하게 하기 위해서이다.

강(强)·정(定)·중(中)

그러나 배움과 행함을 하나로 삼을 때 생각도 또한 따르는 것이오, 그런 까닭에 생각에 있어서 그 마음을 거만히 하는 자는 강(强)하지 못하며, 배움에 있어서 그 기운을 거만히 하는 자는 정(定)하지 못하며, 행함에 있어서 그 몸을 거만히 하는 자는 중(中)을 이루지 못할 것이외다. 그러니 배우고 생각지 않으면 흩어지고, 생각하고 행하지 않으면 낮아지게 된다고 할 것이오.
〔然이나 學行爲一하야 思亦隨之니 故로 思而慢其心者는 不强하고 學而慢其氣者는 不定하고 行而慢其身者는 不中하나니 故學而不思則散하고

思而不行則陋니라.〕

◉ 隨 : 따를 수. 慢 : 거만할 만. 陋 : 더러울 루(추하다, 낮다)

❏ 배움과 행함을 하나로 삼을 때 생각도 또한 따른다고 함은 지행합일 (知行合一)을 통한 과정에서 배우게 되는 것이야 말로 나의 것이 되고, 나의 앎이 될 때 새로운 방법인 지혜가 발동하게 되기 때문임을 말한다. 지행합일이 이처럼 중요하기에 생각에 있어서 마음을 거만히 하는 자는 강(强)하게 되지 못하고, 배움에 있어서 기운을 거만히 하는 자는 정(定, 하나로 정해짐)하게 되지 못하며, 행함에 있어서 몸을 거만히 하는 자는 중(中, 中正)을 이루지 못하게 된다는 말씀이시다. 이와 같기에 선생께서 는 배웠으면 반드시 되새겨 보고, 되새겨 보았으나 행하지 않게 되면 그 생각의 깊이가 낮아진다고 하였다.

가장 높은 것은 사람

하늘과 땅 사이에 사람 말고 높은 것이 없다오. 그러한 바 높은 자가 되기에 능히 도를 내 자신에게서 찾고, 능히 내 자신에게서 찾을 줄 아는 까닭에 능히 도를 천하만세로부터 찾게 되어 있는 것이오.
〔天地之間에 人外無尊이오. 其所以爲尊者는 能求道於我也니 能知求我 故로 能求道於天下萬世也라오.〕
◉ 천하만세(天下萬世) : 아주 멀고 오랜 세대의 세상

❏ 하늘과 땅 사이에 사람이 높다고 함은 사람만이 하늘과 땅의 뜻을 실 현할 수 있기 때문이다. 그런 까닭에 어떤 만물로부터 도(道)를 찾을 수 있는 것이 아니기에 사람인 나로부터 찾아야 한다는 말씀이시다.

선생은 다시 능히 내 자신에게서 도를 찾을 줄 아는 까닭에 도를 천하

만세로부터 찾게 된다고 한다. 이 말은 나의 삶에 모습이 다른 사람의 삶에 모습이기도 하고, 나와 그 사람의 삶에 모습은 온 세상의 아주 멀고 오랜 세대로부터 전해져 내려 왔기에 나를 밝게 하기 위해서는 과거의 역사로부터 배워야함이 옳다는 말씀이시다.

중화사상(中華思想)

중니씨가 《춘추》를 지어 화하족과 동의족의 이론이 일어났으나 춘추의 이적(夷狄)이란 명칭이 중화(中華)를 안으로 하고 고려를 밖으로 하는데 있다는 것은 잘못이라오.
〔仲尼氏가 作春秋而華夷之論이 起矣나 然이나 春秋之號夷狄者 非在內中華而外高麗也라.〕

□ 선생의 이 말은 단순히 자국중심으로 안과 밖을 통한 문명국과 오랑캐를 구분하는 것은 옳지 않다는 말씀이다. 자국을 중심으로 하는 지역중심이 아닌 선진문물을 전해주는 것으로 봐야한다는 것이 이암선생의 생각임을 알게 한다.

사대주의(事大主義)

만약 이적으로 자처(自處)하여 사대의 주(周)를 높임으로 춘추의 옳음을 삼는다면 이것은 내 자신을 찾는 길을 잃음이요, 낮춤을 물리쳐 높이지 못하는 것이니 내 자신을 배워 찾는 데에는 먼 것이라오.
〔若以夷狄自居하야 而事大尊周로 爲春秋義則是乃失於求我오 而攘貶不尊者也니 其爲求我之學則遠矣오.〕
◉ 若 : 같을 약. 攘 : 물리칠 양(어지러울 령). 貶 : 낮출 폄

❑ 선생은 춘추의 옳음만을 좇아 자신을 이적(夷狄)으로 자처하고 주나라를 높인다면 이것은 자신을 찾는 길을 잃음과 같다고 했다. 이 말은 설혹 그렇다고 하더라도 조상들에 삶을 이해하고, 우리로부터 개혁하면 될 일을 자신부터 낮추고자 함은 개혁을 통한 주인정신을 버리고자 함이라는 말씀이다. 하물며 한쪽으로 기울어진 춘추만을 믿고 자신을 낮추는 행위는 어리석다는 말씀이시다.

농사와 뽕으로 나라를 세움

또 농사와 뽕으로 나라 세움이 아득히 오래되고, 처음부터 예전 법이 있지만 이제 행하여 익히지 않으면 비록 날마다 세상경륜을 강습한다 해도 왕도를 일으키고 백성을 다스림에 도움이 없을 것이오.

대저 밥을 먹는데 농사로 하고 옷을 입는데 뽕으로 하는 것이 어찌 스스로 잔악하여 천하다고 할 것인가.

〔且其農桑立國之悠遠이 自有古法이나 而今擧以不講則雖日講經세라도 無補於興王制民之治矣리오. 盖夫爲食以農하고 爲衣以桑者 豈自虐而賤之乎哉아.〕

◉ 且 : 또 차. 悠 : 멀 유. 遠 : 멀 원. 擧 : 들 거. 講 : 외울 강(배우다). 補 : 기울 보(돕다). 矣 : 어조사 의. 盖 : 덮을 개. 豈 : 어찌 기. 虐 : 모질 학. 賤 : 천할 천. 乎 : 어조사 호. 哉 : 어조사 재

❑ 선생은 왕도를 일으키고 백성을 다스림에 도움이 되는 일은 세상경륜을 강습하는데 있지 않고, 농사와 뽕으로 힘써 일하여 수확을 내고 우리의 예전 법을 배워 익힘에 있다고 한다. 그러면서 "어찌 농사짓고 뽕을 기르는 것이 잔악하고 천하다고 할 수 있냐"라고 하여 내심 유교의 폐단을 꾸짖고 계신 것이다.

이적(夷狄)

본래 사람이 높기 때문에 물건도 또한 중(重)한 것이고, 물건을 중하게 여기지 않으면 백성의 흩어짐을 반드시 서서 볼 것이다.

슬프다. 중국의 이적(夷狄)을 걱정한다 함은 중국의 걱정에 있는 것이 아니오. 우리나라에 가까이 닥친 걱정이니 이적은 저희들에 있고 우리에게 있는 것이 아님은 분명하니라.

〔故로 人尊故로 物亦爲重이오 物不爲重則民散을 必可立見也니라. 噫夫라 中國之患夷狄者 非在中國患而我國當頭之患也니 則夷狄은 在彼而不在我明矣니라.〕

◉ 當 : 마땅 당. 당두(當頭) : 가까이 닥침

❑ 선생이 말씀하시는 물건은 곡물, 옷감, 약재 등 사람에게 필요한 물건을 말함이다. 이러한 물건 또한 사람이 중하기에 필요하다는 말씀이시다. 그런데 세상경륜만을 중시하고 이러한 물건을 천시함은 유교의 학문 자체가 한쪽으로 쏠려있다는 말씀이다.

선생은 유교의 폐습이 도를 지나쳐 우리에게 들이닥친 걱정거리가 되었다고 했다. 그러면서 이적(夷狄)이란 말을 저들이 사용했다고 해서 우리가 이적이 아닌 바가 분명하건만 왜 남의 말에 주체성이 없이 좌우되느냐는 말씀이시다.

사람이 높은 증거

본래 정치와 교화가 서로 돌보면 고르게 되고, 서로 돌보지 않아도 또한 고르게 되니 이것이 사람이 높은 증거라오. 이 때문에 나라를 구제하고 백성을 돕는 자는 반드시 하늘이 함께하고, 나라를 해하고 백성을 재앙에 빠트리는 자는 반드시 하늘이 버리게 됨이니 그 도리(道理)는 천지로부터 나오고, 그 덕화(德化)는 사람으로부터 성취하게 됨이라오.

〔故로 政敎相屬則平이오 不相屬이라도 亦平이니 此人尊之證이니라. 故로 救國扶民者는 天必與之오 害國殃民者는 天必棄之니 其道는 出於天地而其化成於人者也라.〕

◉ 屬 : 무리 속(거느리다). 則 : 법칙 칙(곧 즉). 平 : 평평할 평. 此 : 이 차. 證 : 증거 증. 扶 : 도울 부. 害 : 해할 해. 殃 : 재앙 앙. 棄 : 버릴 기

❑ 선생은 사람이 높고 주체성을 가졌기에 정치와 교화가 서로 돌보고 서로 돌보지 않는다고 해도 세상의 일은 고르게 균형이 맞아진다고 한다. 그러면서 선생은 다시 사람이 이처럼 위대하기에 나라를 구제하고 백성을 돕는 자는 반드시 하늘이 함께하고, 나라를 해하고 백성을 재앙에 빠트리는 자는 반드시 하늘이 버리게 된다고 하셨다.

선생께서는 선자(善者)를 돕고 악자(惡者)에게 벌(罰)을 주는 일과 관련하여 그 도리(道理)는 천지로부터 나오고, 선행을 펼치고 악행을 저지르는 일과 관련하여 그 덕화(德化)는 사람으로부터 성취하게 된다고 했다. 이것은 천지(天地)가 사람의 행위에 따라 복과 벌을 주는 도리가 있고, 사람은 자신이 악행과 선행 중에 어떤 행위를 하느냐에 따라 덕화를 드러내기도 한다는 말씀이시다.

백성은 하늘

본래 백성은 스스로 하늘이요, 임금은 천신(天神)을 잇는 것이니 스스로 하늘이라 함은 하늘과 사람으로 하나를 삼는 것이고, 천신을 잇는다 함은 나라와 땅으로 근본을 삼는 것이라오.

〔故로 民者는 自天也오, 君者는 繼神也니 自天者는 以天人爲一하고 繼神者는 以國土爲本이니라.〕

◉ 繼 : 이을 계

❑ 선생께서는 백성은 스스로 하늘이요, 임금은 천신(天神)을 잇는 것이라고 한다. 그러면서 스스로 하늘이라 함은 하늘과 사람으로 하나를 삼기 때문이라고 하였다. 이 말은 하늘은 그 도리를 백성의 마음을 통해 드러내며, 백성은 자신의 마음을 통해 하늘의 도리를 드러내기 때문이다. 이 때문에 하늘과 백성을 하나로 삼는다고 말한 것이다.

임금이 천신을 잇는다 함은 나라와 땅으로 근본을 삼기 때문이라고 했다. 이 말은 영토를 차지하고 있는 그 나라와 하늘 사이에 중간을 대표하는 인물을 중심으로 천신을 잇게 됨을 말한다. 그러므로 당연히 표면적으로는 국가를 대표하는 임금이 그 역할을 하게 될 것이다.

또 묻기를 「인간의 첫 번째 일이 됨은 무엇입니까?」 하니
〔又問何爲人間第一事오한대〕

삶(生)의 밖으로 도가 없다

선생이 이르시기를 이것은 역시 삶을 말함에 불과할 뿐이니 인간의 일이 삶(生)의 밖으로 도가 없고, 도(道)의 밖으로 삶이 없기 때문이요. 그런 연고로 도는 때를 따르는 것이 귀함이 되고, 정치는 백성과 함께하는 것이 근본이 된다고 하겠소.
〔先生曰, 此亦不過曰生而己니 人間之事가 生外無道하고 道外無生이라. 故로 道는 以隨時爲貴오, 政은 以妄民爲本이니라.〕
◉ 隨 : 따를 수. 妄 : 망령될 망(모두, 널리). 爲人 : 사람의 됨됨이

❑ 인간의 일이 삶(生)의 밖으로 도가 없고, 도(道)의 밖으로 삶이 없다고 했다. 이 말은 삶의 행위 속에 도가 있고, 도를 벗어난 삶의 행위가 없기 때문이다.

선생은 다시 그러한 까닭에 도는 때를 따르는 것이 귀하다고 했다. 이 말은 도는 삶에 초점이 맞추어져 있기에 현재, 지금, 이 순간에 맞는 행위가 중요하다는 말씀이시다. 반면에 정치는 백성과 함께 하는 것이라고 했다. 이 말은 정치가 도와 함께하는 백성을 떠나서는 이상세계를 실현시킬 수가 없기 때문이다.

5장. 이색(李穡)이 배움을 묻다

이색이 배움을 물으니
〔李穡이 問爲學한대〕

배움의 요체
선생이 이르시기를, 배움의 요체는 가지런함을 익힘이니 가지런하면 뜻이 한결같이 되고, 한결같으면 다툼이 없다고 하겠네.
〔先生曰, 學要習齊니 齊則志一하고 一則訟息이니라.〕
◉ 齊 : 가지런할 제. 則 : 법칙 칙(곧 즉, ~ 하면 즉, ~ 이라면 즉)

❑ 가지런하다고 함은 들쑥날쑥하지 않게 고르게 되어 있는 모습을 말한다. 그런 까닭에 별스럽지 않은 원만한 상태의 인격을 갖추기 위한 배움이 되어야 한다는 말씀이다.

다음으로는 원만한 상태의 가지런함이 이루어지면 뜻이 한결같아진다
고 했다. 이 말은 원만한 상태의 인격을 갖추었기에 변덕스러움이 없이
일관된 삶을 살게 되어 있기 때문이다. 그러니 당연히 어지간한 일에 다
툼이 있을 수 없다는 말씀이시다.

한 생애에 걸친 배움

그런 까닭에 사람이 먼저 배움을 익힘에 사람으로 하여금 한 생애를
집안과 함께 가지런함을 익히고, 한 집안 사람은 마을과 함께 가지런히
함을 익히고, 한 마을 사람은 나라와 함께 가지런히 함을 익히고, 한 나
라 사람은 천하(세계)와 함께 가지런히 함을 익히고, 천하 만세의 사람은
삼신(三神)으로부터 가지런히 함을 익히는 것이니 신(神)은 무릇 저절로
그렇게 됨이요, 저절로 그렇게 됨은 이것이 배움인 것이라네. (배움은 하
나의 법을 말한다.)

〔故로 先人爲學에 使一世之人으로 習齊于家하고 一家之人은 習齊于鄕
하고 一鄕之人은 習齊于國하고 一國之人은 習齊于天下하고 天下萬世之
人은 習齊于三神하나니 神是自然이오 自然是學이니라. (學은 一作法이
라)〕

⊙ 使 : 하여금 사. 習 : 익힐 습. 齊 : 가지런할 제. 于 : 어조사 우

❏ 선생은 원만한 상태의 가지런함을 이루기 위해서는 개인은 집안을 대
상으로, 집안은 마을을 대상으로, 마을은 국가를 대상으로, 국가는 천하
(세상)와 함께 가지런함을 익혀야 한다고 말한다. 그러면서 천하 만세의
사람은 삼신(三神)으로부터 가지런함을 익히는 것이라고 했다. 이것은 천
하만세의 사람이 생장성(生長成)의 원리에 따른 조화, 교화, 치화의 영향
속에 살아가기에 삼신의 가르침을 통해 원만한 상태를 이루어야 한다는

것이다.

선생은 다시 신(神)은 무릇 저절로 그렇게 됨이요, 저절로 그렇게 됨은 이것이 배움인 것이라 했다. 이 말은 삼신의 법칙이 저절로 그렇게 되는 생장성(生長成)하는 생명의 법칙이기 때문임을 말한다. 그런 까닭에 이 생장성하는 법칙이야 말로 절대적이기에 참된 배움이라는 말씀이시다.

6장. 이강(李岡)이 인도(人道)의 먼저 함을 묻다

넷 째 아들 강이 「인도는 무엇으로 먼저 합니까?」 물으니
〔四子岡이 問人道何先〕

충(忠)·효(孝)·경(敬)

선생이 이르시되, 대저 도(道)는 한결같을 뿐이니 충(忠)이라 함은 임금에게 한결같이 하고, 효(孝)라 함은 어버이에게 한결같이 하고, 경(敬)이라 함은 스승에게 한결같이 하는 것이니라.
〔先生曰, 夫道는 一而己니 忠者는 一於君하고 孝者는 一於親하고 敬者는 一於師也라.〕
◉ 夫 : 지아비 부, 대저(大抵), 발어사(發語辭). 己 : 몸 기, 어조사

❑ 한결같다고 함은 변함이 없는 마음을 말한다. 언제나 어떠한 상황이 벌어져도 변심이 없는 것이 한결같은 마음이다. 이러한 사람은 상대를 편하게 한다. 믿음을 준다. 충효경(忠孝敬)도 결국은 한결같음에 있다는 것을 선생은 말하고 있는 것이다.

부도(父道) · 군도(君道) · 사도(師道)

본래 부도(父道)는 집안의 도리를 먼저 함이요, 군도(君道)는 국가의 도리를 먼저 함이고, 사도(師道)는 세상(사회)의 도리를 먼저 함이니, 모두 나라를 구제하고 백성을 돕는 강령인 것이다.

〔故로 父道는 家道之先也오 君道는 國道之先也오 師道는 世道之先也니 皆救國扶民之綱領也라.〕

◉ 皆 : 다 개. 救 : 구원할 구. 扶 : 도울 부. 綱 : 벼리 강. 領 : 거느릴 령

❏ 부도(父道)는 대외적 관계에 앞서 집안의 도리를 먼저하고, 사도(師道)는 개인적 생활에 앞서 세상의 도리를 먼저하고, 군도(君道)는 권력을 행사하기에 앞서 국가의 도리를 먼저 함을 말한다. 이 세 가지 도리는 나라를 구제하고 백성을 돕는 강령이라고 하였다.

이루어짐은 하나가 됨에 있다

사당을 세움은 생각(思想)을 하나로 함이오, 학문을 일으킴은 풍속(風俗)을 하나로 함이오, 글을 찍어냄은 시야(視野)를 하나로 함이오, 몸과 마음을 깨끗이 갖춤은 만사(萬事)를 하나로 함이니, 시작은 하나가 나뉘어 셋이 됨이요, 이루어짐은 셋이 모여 하나가 됨이라. 그런 까닭에 도리를 배우고자 구한다면 반드시 먼저 뜻을 세우고, 뜻을 구하고자 한다면 반드시 참됨을 닦는 것으로부터 시작해야 할 것이니라.

〔立廟者는 一於思也오 興學者는 一於俗也오 印書者는 一於視也오 設禊者는 一於事也니 一分爲三而生하고 三會爲一而成也라. 故로 求學道고대 必先立志오 求立志고대 必生修誠이니라.〕

◉ 廟 : 사당 묘. 設 : 베풀 설(갖추어지다). 禊 : 계제사 계(齋戒하다)

❏ 사당이라 하면 조상신들의 위패를 모시고, 해마다 음식을 대접하는 곳이다. 이곳에서는 모두의 마음이 조상에 대한 근원으로 향한다. 그러기에 생각(思想)을 하나로 하는 곳이다.

학문을 일으킴이란 다양성도 있지만 그것을 하나로 통합하여 일체감을 갖게 하는 것이 필요함을 말한다. 그런 까닭에 풍속(風俗)을 하나로 함이 옳다고 한 것이다.

글을 찍어냄은 다양한 의견의 표출을 하나로 묶어낼 수 있는 길을 제시해야 함을 말한다. 그것이 시야(視野)를 하나로 하는 길이라는 것이다.

몸과 마음을 깨끗이 갖춤은 성스러워지기 위한 과정을 말한다. 이 과정은 인격을 함양하여 성현이 되는 길일 뿐 아니라, 근본에 이르기 위한 일이기도 하다. 이와 같기에 몸과 마음을 깨끗이 갖춤은 참됨으로 이끄는 길이요, 천하만사(天下萬事)를 근본인 하나로 돌아가게 하는 일이다.

지금까지 생각(思想), 풍속(風俗), 시야(視野), 만사(萬事)와 관련하여 선생께서는 시작은 하나가 나뉘어 셋이 되었으나, 이루어짐은 셋이 모여 하나가 되어야 한다고 했다. 이것은 근본으로부터 만물이 나왔으나, 만물이 완성을 이루기 위해서는 그 속에 담긴 본질을 회복하여 다시금 하나로 돌아가야 한다는 것을 말한다. 이른바 모든 삼라만상은 생장의 과정을 거치면서 통일의 섭리로 가게 된다는 말씀이시다.

끝으로 선생께서는 하나가 되기 위한 도리를 배우고자 한다면 반드시 먼저 뜻을 세우고, 뜻을 구하고자 한다면 반드시 정성을 닦는 것으로부터 시작해야 한다고 했다. 이 말은 생각, 풍속, 시야, 만사 등을 하나로 하는 일은 문명을 통일시키는 일과 같기에 먼저 뜻을 세우고, 이러한 뜻을 성취하기 위해서는 저절로 이루어지는 일은 하나도 없으니 반드시 참됨을 닦는 것으로부터 시작해야 한다는 말씀이시다.

7장. 백문보(白文寶)가 삼신에 대해 묻다

백문보가 삼신을 물으니
〔白文寶 問三神한대〕

제사의 주체가 되는 태일신(太一神)

선생이 이르시기를, 그 말하는 삼신이라 함은 하늘땅의 한 근본이 되니 무릇 이름하여 양기(良氣)라 한다오. 그 말하는 태일(太一)이라 함은 천신(天神)과 견주어 말하는 바이니 상고시대에 제사의 주체가 되는 천신이 되는 바 이로써 정치와 종교를 세우는 바가 되었소. 이 모두 백성의 뜻을 하나로 하여 내 나라의 법통을 높여 갈림길이 없게 함이외다.

〔先生曰, 其言三神은 爲天地一元이니 是名良氣者也라오. 其言太一은 並天神而言者也니 上古에 主祭天神하야 以立政教者라. 此皆一其民志하야 尊吾國統而不岐也라.〕

◉ 是 : 이 시(여기, 무릇). 良 : 어질 양(훌륭하다, 아름답다). 並 : 나란히 병. 此 : 이 차. 皆 : 다 개. 岐 : 갈림길 기

❏ 선생께서는 삼신이라 함은 하늘과 땅의 근본이 된다고 한다. 그러면서 무릇 이름 하여 양기(良氣)라 한다고 말했다. 이 말은 삼신이 하늘땅의 근본이 될 뿐 아니라, 허조동체가 되는 일기 속에 내재되어 만물을 이루는 까닭에 일기의 다른 말인 양기라고도 하였던 것이다. 이로 보건데 삼신이라 함은 그 외형인 일기와 더불어 하늘과 땅의 근본이 됨을 말한다.

선생은 다시 태일(太一)이라 함은 천신(天神)과 견주어 상고시대에 제사의 주체가 되는 천신이 된다고 했다. 이 말은 상고시대에는 두 분의 절

대적 지존(至尊)인 천신이 있었다는 것을 말한다. 한 분은 만물의 근본인 일기(一氣)와 같은 역할로서 만물(萬物)을 주재하는 천신인 삼신상제(三神上帝)님이고, 다른 한 분은 삼신(三神)의 역할 중에 주체적인 성향을 가진 태일신(太一神)과 같은 역할로서 만령(萬靈)을 조율하는 인격적 천신인 태일신(太一神)[1]이다. 이 중에서 천신이 되는 태일신은 삼신 중에 하나인 태일신이라는 법칙적인 개념과는 달리 인격성을 지닌 존재가 있다고도 여겨졌기에 고대에는 별도로 태일단(太一壇)을 세워 태일신에게 제사를 지내기도 했던 것이다.

선생께서는 태일신에 대한 인식에 기인하여 정치와 종교를 세우는 바가 되었다고도 했다. 이와 같은 까닭은 주체적인 성향을 가진 법칙적 태일신과는 달리 뭇 영들의 탄생을 조율할 수 있는 인격신(人格神)으로서의 태일신이 근원적인 신(神)으로 여겨졌기 때문이다. 이 때문에 인격성을 지닌 태일신은 으뜸가는 지존(至尊)이 될 수 있었기에 삼신상제와 더불어 오랜 세월 받들어지기도 했던 것이다.

선생은 끝으로 이 모두 백성의 뜻을 하나로 하여 내 나라의 법통을 높여 갈림길이 없게 함이라고 했다. 이 말은 뭇 원신(元神)들의 탄생을 조율하는 인격적 태일신과 만물을 주재하는 삼신상제님을 귀하게 여김에 따라 백성의 뜻을 하나로 묶을 수 있고, 이로 인해 법통을 높여 갈림길을 없게 할 수 있기 때문이라는 말씀이시다. 이런 점에서 보아 삼신상제님과

---

1) 태일신(太一神)은 본래 천일신과 지일신의 중간에 존재하는 삼신 중에 하나로 법칙적인 개념이었다. 하지만 태일신의 개념 속에는 법칙적인 태일신과 하나가 되어 무궁한 조화(造化)를 낳는 인격신도 존재하고 있다는 인식이 고대로부터 있어 왔다. 그래서 태일신의 개념 속에는 인격신(人格神)도 자리를 잡고 있다. 법칙적인 태일신과 인격적인 태일신이 다르다는 것을 〈동의보감(東醫寶鑑)〉「잡병 편」을 통해서도 알게 되는데, 그 내용에 의하면 "태을구고천존(太乙救苦天尊)"이란 명칭이 나타내고 있듯이 인격적인 태일신을 태을구고천존이라 부르기도 했다. 이외에도 도가(道家)에서는 태일원군(太一元君)과 태일상원군(太一上元君) 등으로 불러오기도 한다.

더불어 인격적 태일신을 섬김은 권장되어야 할 일이라는 것이다.

동황태일(東皇太一)

삼신의 옛 풍속이 이미 신시로부터 전하여 유(幽 : 順天)[1] 연(燕 : 北京) 회(淮 : 淮水)[2] 대(岱 : 泰山)[3]의 땅에 보급되고, 굴원의 구가(九歌)[4]에 또한 동황태일(東皇太一)을 말하니 이것이 동아시아를 창시한 위대한 한 분의 주신(主神) 이올시다.

〔三神古俗이 旣自神市하야 傳及於幽燕淮岱之地하고 而屈原九歌에 亦言東皇太一하니 此東方所創之大一主神也라.〕

⊙ 旣 : 이미 기. 及 : 미칠 급. 幽 : 그윽할 유. 燕 : 제비 연. 淮 : 물 이름 회. 岱 : 대산 대. 創 : 비롯할 창(시작하다)

□ 선생은 삼신의 옛 풍속이 신시로부터 중원의 땅에 전해졌다고 한다. 이러한 까닭에 초사(楚辭)에 등장하는 동황태일이 삼신 중에 태일(太一)에 의한 명칭으로부터 나올 수 있었다는 것을 드러내어 보였다. 그러면서 동황태일이야 말로 동아시아를 창시한 위대한 한 분의 주신(主神)이 되신다고 하였다.

선생이 언급하신 태일신(太一神)과 동황태일과는 하나의 사상을 바탕으로 하나, 엄격히 말하면 다르다. 태일신은 삼신 중에 하나인 주체적 성향

---

1) 유(幽) : 고대 12주(州)의 하나이다. 12주 중에 순천(順天)은 지금의 하북성(河北省)을 말한다.
2) 회(淮水) : 하남성(河南省)에서 발원하여 안휘성(安徽省)을 지나 강소성(江蘇省)을 거쳐 바다에 흘러드는 중국에서 셋째 가는 큰 강.
3) 대(岱, 泰山) : 산동성(山東省)에 있는 산.
4) 구가(九歌) : 아홉 노래라는 뜻의 굴원(屈原)의 저서이다. 아홉노래는 동이의 아홉부족으로부터 전해오는 이야기들로써 그 풍습이 신화와 시(詩)로서 잘 표현되어 있다.

을 가진 역할에 가깝다면 동황태일은 동황(東皇)이란 명칭으로 볼 때 지역적인 의미를 가지고 있기 때문이다. 그러므로 동황은 동방의 위대한 임금을 나타낸다고 볼 수 있다.

특히 황(皇)이라 했으니, 동황은 동방에 계신 초대 임금의 명칭에 가깝다. 여기에 더하여 태일의 명칭이 붙는 것은 삼한관경제에 있어서 진한(辰韓)에 해당하는 대단군의 역할에 의미가 크다. 그러므로 동황태일은 초대 단군왕검을 부르는 호칭에 가깝다고 봐야 한다.

삼황내문과 오행치수요결

서토의 인사들이 그 오랜 풍속을 익혀 위로부터 사랑으로 추대하여 사해(四海)가 그 유풍(流風)을 좇으니 헌원의 〔내문〕과 하우의 〔오행〕이 어느 것이나 우리 환웅천왕과 단군왕검님께 은혜를 받지 않은 것이 있으랴.

일체(一體)로 계시는 상제님은 무릇 신들의 주체요, 일체가 되는 삼신은 무릇 신의 작용이 됨이라.

〔西土之士가 習俗厥久하고 自上愛戴하야 四海風從하니 軒轅之內文과 夏禹之五行이 何莫非受惠於吾桓檀者乎아라. 一體上帝者는 是神之主體也오 一體三神者는 是神之作用也라.〕

◉ 戴 : 일 대(들다, 느끼다). 莫 : 없을 막. 從 : 좇을 종

❏ 그 오랜 풍속이라 함은 고대로부터 전해오는 동이(東夷)의 문화일 것이다. 사해(四海)가 그 유풍(流風)을 좇았다고 함은 천하가 동이문화에 뿌리를 두고 있다는 것을 말한다.

헌원(軒轅)의 《내문》과 하우(夏禹)의 《오행》이 어느 것이나 우리 환웅천왕과 단군왕검님께 은혜를 받지 않은 것이 있느냐고 함은 삼황내문(三皇內文)이 환웅천왕에 가르침을 계승한 자부선생으로부터 헌원에게 전해

졌고, 단군왕검의 하명에 의해 부루태자가 오행치수요결인 금간옥첩(金簡玉牒)1)을 하우에게 전했기 때문임을 말한다.

일체(一體)로 계시는 상제(上帝)님이 무릇 신들의 주체(主體)라고 함은 삼신(三神)의 기능과 하나가 되어 조교치(造敎治)를 자유롭게 쓰시기 때문이다. 이 때문에 삼신일체상제(三神一體上帝)님께서는 천상의 신명세계를 통치하는 주재자가 될 뿐 아니라, 삼신의 기능을 자유롭게 쓰시는 조화옹(造化翁)이 될 수 있었던 것이다.

다시 선생은 한 몸이 되는 삼신은 무릇 신의 작용이 된다고 했다. 이 말은 일신(一神)을 본체로 하는 삼신은 그 역할이 세 가지 역할로 나타나게 되어 있기 때문임을 말한다. 그 세 가지의 역할이 만물 속에 내재되어 작용하는 조교치(造敎治)의 원리이다.

태백의 참 가르침

그 말하는 삼신은 이르되 태일(太一), 천일(天一), 지일(地一)이나 가장 귀한 것이 태일이 되고, 그 말하는 삼한은 이르되 진한(辰韓), 마한(馬韓), 변한(弁韓)이나 가장 높은 것은 진한이라 하겠소.

이러한 삼신의 가르침으로 하늘을 열고, 이러한 삼신의 가르침으로 나라를 세우게 되면 두루 통하여 온전한 밝음으로 일마다 알지 못하는 것이 없고, 거슬림이 없는 온화한 상태로 감화되어 사람이 능하지 않은 것

---

1) 금간옥첩(金簡玉牒) : 《세종실록지리지》를 보면 "우왕(禹王)은 부루에게서 금관옥첩을 받았다. 우는 제후들을 도산(塗山)으로 불러 모았다"고 하였고, 오월춘추(吳越春秋)에 의하면 "완위산(宛委山, 회계산)에 성인이 적은 황제중경(皇帝中經)이 있는데 그 글은 문붕(文繃)으로 싸고 반석(磐石)으로 덮고, 금으로 간(簡)을 삼고, 청옥으로 자(字)를 삼고, 백은으로 의(衣)를 삼고, 문자(文字)는 전부 조탁(雕琢)한 책이다."라고 하였다. 이로 보건대 금관옥첩은 황제중경으로 일컬어지고, 황제중경은 오행치수법으로 나타난 점으로 보아 금관옥첩이 홍범구주(洪範九疇)임을 알게 된다. 이는 홍범구주에 황극과 오행의 원리가 담겨져 있기 때문이다.

이 없게 되리니, 이것을 크게 밝은(太白) 참 가르침(眞訓)이라 한다오. 그래서 백세를 기다려도 의혹됨이 없고, 일만 나라에 베풀어도 원망이 없는 것이오.

〔其言三神曰, 太一天一地一而最貴者는 爲太一하고 其言三韓者曰, 辰韓馬韓弁韓而最尊者는 辰韓이라. 以是而開天하고 以是而建國하야 圓通全明이 無事不知하고 順和信悅이 無人不能하니 是爲太白之眞訓也라. 乃侯百世而不惑하고 施諸萬邦而無憾也니라.〕

◉ 乃 : 이에 내(그래서, 더구나). 憾 : 섭섭할 감(원한, 유감). 원통(圓通) : 두루 통함. 전명(全明) : 온전한 밝음. 순화(順和) : 순탄하고 평화로움. 신열(信悅) : 믿음을 통한 기쁨

☐ 선생은 삼신의 작용 중에 태일(太一)을 가장 먼저 언급을 하신다. 이는 태일이 가장 존귀하기 때문이다. 태일이 존귀함은 이전에도 언급했듯이 주체성을 가졌고, 천일신과 지일신의 뜻을 실현하는 성향을 가졌기 때문이다. 이 때문에 좌우를 장악하는 주체성을 가졌을 뿐 아니라, 천일신과 지일신의 뜻을 실현하는 성향을 가졌기에 태일신은 만령(萬靈)의 근원이 되는 위대함을 지닐 수 있었다. 선생은 이와 같은 법칙에 기인하여 삼한의 경우도 진한(辰韓), 마한(馬韓), 변한(弁韓) 중에 가장 높은 것은 가운데에 위치한 진한이 된다고 하셨다.

　선생은 다시 삼신의 가르침으로 하늘을 열고, 이러한 삼신의 가르침으로 나라를 세우게 되면 두루 통하여 온전한 밝음으로 일마다 알지 못하는 것이 없고, 거슬림이 없는 온화한 상태로 감화되어 사람이 능하지 않은 것이 없게 된다고 말했다. 이 말 중에 삼신의 가르침으로 하늘(天)을 열게 된다고 함은 삼신의 가르침으로 백성의 마음을 열어주게 된다는 말과도 같다. 이는 하늘이 곧 백성이기 때문이다. 이와 같기에 하늘을 열

266

고, 국가를 연다고 하는 개천(開天)이란 말은 백성의 마음을 열어주게 된다는 의미에서부터 나왔다고 볼 수 있다.

선생은 삼신의 가르침으로 하늘(백성의 마음)을 열고, 삼신의 가르침으로 백성을 모아 나라를 세우는 것을 바탕으로 삼았을 때 일어날 일에 대해서도 한마디 하였다. 그것은 삼신의 가르침으로 인해 백성들은 두루 통하여 온전한 밝음으로 일마다 알지 못하는 것이 없고, 삼신의 가르침으로 나라를 세우게 될 때는 거슬림이 없는 온화한 상태로 감화되어 사람이 능하지 않은 것이 없게 된다는 것이다. 이러한 까닭은 삼신의 가르침 속에는 성통광명하는 원리가 담겨져 있기 때문임을 말한다.

선생은 끝으로 온전한 밝음을 얻게 하고, 온화한 상태로 감화시켜 사람을 뛰어나게 하는 것을 일러 이것을 태백(太白)의 참 가르침(眞訓)이라고 했다. 그러면서 백세를 기다려도 의혹됨이 없고, 만 나라에 베풀어도 원망이 없는 것이라고 한다. 이 말은 우리의 태백진훈(크게 밝은 참된 가르침)이 성통광명을 성취하게 하고, 세상을 깨우쳐 변화시킬 가르침을 가졌기 때문이다. 태백진훈이 이처럼 나를 밝게 하고, 세상을 변화시킬 수 있기에 선생께서는 우리의 가르침은 백세를 기다려도 의혹됨이 없고, 일만 나라에 베풀어도 원망이 없다고 말씀하기도 하셨다.

8장. 최영이 양기(良氣)에 대해 묻다

최영이 양기(良氣)에 대해 물으니
〔崔塋이 問良氣한대〕

일기(一氣)는 양기(良氣)

선생이 이르시기를, 스스로 생겨난 道는 일기(一氣)일 뿐이니 허(虛)하면서 조(粗)하고, 粗하면서 虛하여 합하여 하나가 되나 형상을 가지지 못한 것, 이것을 양기(良氣)라고 한다오.

〔先生曰, 自然之道는 一氣而己니 虛而粗하고 粗而虛하야 合爲一而未形者, 是爲良氣也니라.〕

◉ 粗 : 거칠 조. 良 : 어질 량(좋다, 훌륭하다)

❏ 허조동체(虛粗同體)인 일기를 군더더기 없이 명확하게 정의(定義)를 내리신 말씀이시다. 태극(太極)으로도 표현되는 이 일기의 핵심은 무형과 유형의 결합이요, 만유생명의 근원이다. 일기가 이처럼 만유생명의 근원이기에 허조동체인 일기는 형상을 가지지 못하였다고 하였다. 이것은 바로 물질의 성향인 조(粗)를 지녔음에도 허(虛)와 동체가 되는 극미(極微)의 물질이기에 형상으로는 나타나지 않기 때문이다. 그래서 선생께서는 눈으로 나타나는 형상을 가지지 못했기에 양기(良氣)라고 말했던 것이다.

허(虛)와 조(粗)

이른바 虛라 함은 낳지도 않고 멸하지도 않음을 말함이며, 虛라 함은 확장되지도 않고 축소되지도 않음을 말함이오. 粗란 것은 능히 생겨났다 능히 소멸되며, 粗라 함은 능히 확장되었다가 축소되는 것이오. 그렇기 때문에 虛에는 三極이 있고, 粗에도 역시 三極이 있소이다.

〔所謂虛者는 不生不滅之謂也며 虛者는 不增不減之謂也라. 粗者는 能生能滅之謂也며 粗者는 能增能減之謂니, 故로 虛有三極하고 粗亦有三極하야〕

◉ 增 : 더할 증(많아지다, 늘다). 減 : 덜 감(가볍게 하다, 줄다)

❏ 허(虛)라는 것이 생멸(生滅)과 증감(增減)이 없다고 함은 무형으로 되어 있는 까닭이다. 조(粗)라는 것이 생멸과 증감이 있다고 함은 유형으로 되어 있는 이유이다. 이와 같기에 虛에도 三極이 있고, 粗에도 역시 三極이 있다고 했다. 이 말은 虛와 마찬가지로 삼극에 해당하는 성품도 무형으로 되어 있고, 粗와 마찬가지로 삼극에 해당하는 목숨도 유형으로 되어 있기 때문이다. 이 때문에 성품과 목숨 모두는 무형과 유형인 허조(虛粗)의 성향을 지닌 까닭에 허조에도 삼극이 있다고 말한 것이다. 다만 여기서 하나 더 살펴보면 성품과 목숨에 의해 정수가 만들어지듯이 정수 또한 무형과 유형의 결합인 만큼 삼극으로 나타나게 된다는 사실이다. 이러한 까닭에 성명정은 허조로 인해 생겨날 수 있었다는 것을 말한다.

허조동체(虛粗同體)는 만물의 시초

그 기틀이 저절로 되는 것은 허(虛)요, 그 형체를 갖춘 것은 조(粗)이다. 그런 까닭에 虛와 粗가 그 몸체를 같이하여 사람과 만물을 비로소 낳게 된다고 하겠소.

〔其機自爾者는 虛也오 其體具爾者는 粗也라. 故로 虛粗同其體而人物이 始生焉耳니라.〕

◉ 爾 : 너 이(그, 뿐, 그러하다). 焉 : 어찌 언. 耳 : 귀 이(뿐)

❏ 기틀(機)이라 함은 기계와 베틀이란 말을 통해 알 수 있듯이 무엇인가를 만들어가는 것이다. 그런데 기틀이 저절로 되는 것은 허(虛)요, 형체를 갖춘 것은 조(粗)라고 했다. 이 말은 행함이 없는 가운데 虛는 저절로 이루어지는 조교치(造敎治)로 펼쳐지고, 형체를 갖춘 粗는 생멸을 주도하게 되어 있다는 것을 말한다. 이러한 까닭에 무위(無爲)적인 虛와 유위(有爲)적인 粗가 몸체를 같이하여 비로소 일기(一氣)를 만들게 되면서 성명(性

命)을 통한 정(精)을 만들어 사람과 만물을 낳게 되었다는 말씀이다.

이르되 그러면 「이미 하나(一)가 된다고 하고,
또 양(良)이라 함은 무엇입니까?」하고 물으니
〔曰然則旣言爲一而又言良者는 何也오〕

이것이 양(良)이다

　이르시기를 다하지 않음을 일러 良이요, 억제하지 않음을 일러 良이요,
꺼려하지 않음을 일러 良이라 하오.
〔曰不盡之謂良이오 不禁之謂良이오 不厭之謂良이니〕
◉ 旣 : 이미 기. 禁 : 금할 금(억제하다). 厭 : 싫어할 염(꺼려하다)

❑ 최영장군이 질문하고 있는 '하나(一)가 된다'고 함은 허(虛)와 조(粗)가
같은 몸을 이루어 허조동체(虛粗同體)가 되는 것을 말한다. 그런데 그 하
나를 양(良)이라 함은 무엇이냐고 다시 최영장군은 질문을 했다. 질문에
답변으로 선생께서는 다하지 않음을 일러 良이요, 억제하지 않음을 일러
良이요, 꺼려하지 않음을 일러 良이라고 대답한다. 이 말은 뛰어나다고
하는 일기(一氣)인 그 하나가 다함이 없고, 억제함이 없으며, 꺼려함이 없
기 때문이다.

허(虛)·명(明)·건(健)

　그런 까닭에 신묘한 성품(性)을 이르되 허(虛)라 하고, 신묘한 목숨(命)
을 이르되 명(明)이라 하고, 신묘한 정수(精水)를 이르되 건(健)이라 한다

오. 이미 말했듯이 虛라 하면 어찌 다함(盡)이 있겠으며, 이미 말했듯이 明이라 하면 어찌 억제함(禁)이 있겠으며, 이미 말했듯이 健이라 하면 어찌 꺼려함(厭)이 있겠소? 그런 까닭에 뛰어남(良)이 곧 기(氣)로서 하나가 되고, 하나가 곧 氣로서 良이 된다고 하겠소.

〔故로 神而性曰虛오 神而命曰明이오, 神而精曰健이니 旣曰虛則何盡之有며 旣曰明則何禁之有며 旣曰健則何厭之有리오. 故로 良卽氣而爲一하고 一卽氣而爲良也니라.〕

◉ 健 : 굳셀 건. 卽 : 곧 즉. 則 : 법칙 칙(곧 즉, ~이라면 즉, ~하면 즉)

❑ 선생께서는 성품은 허(虛)와 같고, 목숨은 명(明)과 같으며, 정수는 건(健)과 같다고 한다. 그러면서 虛는 다함(盡)이 없고, 明은 억제함(禁)이 없으며, 健은 꺼려함(厭)이 없다고 했다. 이것은 나의 성품이 텅 비어 있기에 다함이 없는 성향과 나의 목숨이 밝음이 있기에 억제함이 없는 기질과 나의 정수가 굳셈이 있기에 꺼려함이 없는 행위를 가졌다는 것을 말한다. 끝으로 선생은 이 모든 것이 일기가 뛰어나기에 이루어지게 되는 바 뛰어남(良)이 곧 기(氣)와 같기에 하나(一)가 되고, 하나가 곧 氣와 같기에 뛰어남(良)이 된다고 하셨다.

허명건(虛明健)에 대해서는 〈태백일사〉「신시본기」에서도 나온다. 그 내용에 의하면

"전(佺)은 텅 빈(虛) 자리로 하늘에 근본을 두고,
선(仙)은 밝은(明) 자리로 땅에 근본을 두며,
종(倧)은 굳센(健) 자리로 사람에 근본을 둔다."
佺者는 虛焉而本乎天하고 仙者는 明焉而本乎地하고,
倧者는 健焉而本乎人也니라.

라고 하였다. 여기서 전(佺)은 텅 빈 자리로서 하늘에 근본을 두었기에 성품으로 나타나게 되고, 선(仙)은 밝은 자리로서 땅에 근본을 두었기에 목숨으로 나타나게 되고, 종(倧)은 굳센 자리로서 사람에 근본을 두었기에 정수로 나타나게 됨을 말한다.

우리는 위의 내용에서 佺이 왜 텅 빈 자리가 되고, 仙이 왜 밝은 자리가 되며, 倧이 왜 굳센 자리가 되는가에 대해 의문을 가질 수 있다. 그것은 텅빈 성향을 통해서만이 하늘의 온전함을 얻고, 밝은 기질을 통해서만이 땅의 활달함을 얻고, 굳센 행위를 통해서만이 사람의 존귀함을 얻게 되어 있기 때문이다. 이 때문에 성품이 하늘의 온전함을 지니기 위해서는 텅 빈 성향을 얻어야하고, 목숨이 땅의 활달함을 지니기 위해서는 밝은 기운을 얻어야하며, 정수가 사람의 존귀함을 지니기 위해서는 굳센 행위를 얻어야만 한다고 하겠다.

또 묻되 천부인은 무엇을 일컬음이오, 하니
〔又問天符印 何稱고한대〕

천부삼인(天符三印)

선생이 이르시기를, 류문경공 경(璥)의 집안에 감추어진 구전(舊傳)에 이르되 〔부(符)〕는 천제(天帝) 지위리환인(智爲利桓仁)이 서자(庶子) 환웅에게 명하여 부(符)를 나누어 주고, 전해 내려오던 대로 책임을 맡는 역할을 주었다고 하니 삼신님의 맹서를 준 것이와다.

〔인(印)〕은 서자 웅에게 인새(印璽)를 주어 천제와 동등하게 하니, 이르되 신고(神誥)와 이르되 고명(誥命)과 이르되 인새(印璽)의 세 개라 하니

매우 가깝다 하겠소.

〔先生曰 柳文敬公璥의 家藏舊傳에 云호대 符는 天帝智爲利桓仁이 命庶子雄하야 割符世封하고 授三神之誓오. 印은 賜庶子雄印璽하야 與天帝로 同하니 曰神誥와 曰誥命과 曰印璽三個也라하니 頗爲近理也니라.〕

◉ 璥 : 경옥 경. 割 : 벨 할(나누다, 쪼개다). 封 : 봉할 봉. 授 : 줄 수. 賜 : 줄 사. 璽 : 도장 새. 頗 : 자못 파(꽤, 매우)

할부(割符) : 부절(符節)이라고도 한다. 符를 나누어 가짐을 말한다.

세봉(世封) : 관작(官爵)을 대대로 승습(承襲)하여 봉(封)함

신고(神誥) : 神의 가르침(삼일신고 가능성). 고명(誥命) : 황제 명령의 문서

인새(印璽) : 임금의 도장(圖章). 옥새(玉璽)

❑ 천제(天帝) 지위리환인(智爲利桓仁)은 환국(桓國)의 7대 환인이시다. 〈환단고기〉「삼성기 하편」을 보면 환국은 7세를 전하니, 그 역년은 3,301년이라고 했다. 그런데 기록에서의 3,301년은 7명의 환인이 다스리던 기간이 아닌 일곱 부족이 차례대로 통치를 주관했을 확률이 높다. 이러한 까닭은 환인(桓仁)·환웅(桓雄)·단군(檀君)이 각기 한사람이 아니듯이, 수메르의 역사문헌에서도 하나의 왕조를 모두 초대 군왕으로 대체하여 부르고 있기 때문이다.

지위리환인께서는 환웅께 부(符)와 인(印) 세 개를 주었다고 했는데, 符는 천부(天符)를 말하는 것으로 하늘에 부합되는 글귀(천부경)를 내린 것으로 보인다. 印은 신고(神誥)와 고명(誥命)과 인새(印璽)라고 하니, 神의 가르침과 환인천제의 명령을 담은 문서와 임금의 도장(圖章)인 옥새로 이루어진 것으로 보인다.

9장. 우웅(禹雄)이 현묘한 도리에 대해 묻다

우웅이 현묘지도에 대해 물으니
〔禹雄이 問何謂玄妙之道也오한대〕

조(粗)는 현(玄)이다

　선생이 이르시기를, 비어도 빈 것이 없고, 밝아도 밝은 것이 없고, 굳세어도 굳센 것이 없는 것, 더불어 삼신이 한 몸으로서 기틀을 이루는 것이 없으나 같은 몸을 이루게 하는 것을 이르되 현(玄)이라 한다오.
〔先生曰, 虛焉而無所虛하고　明焉而無所明하고　健焉而無所健者 － 與三神一體之無機로　爲同體者曰玄이오.〕
◉ 機 : 틀 기(베틀, 기틀, 고동). 同 : 한 가지 동(무리, 같다)

　☐ 비어도 빈 것이 없고, 밝아도 밝은 것이 없고, 굳세어도 굳센 것이 없는 것, 그것은 유형의 존재인 조(粗)를 나타냄이다. 여기서 粗란 비어 있는 것 같으나 무엇인가 채워져 있고, 밝음은 있는 것 같으나 밝음이 드러나지 않고, 굳센 것은 같으나 굳셈이 드러나지 않는 것을 말한다.
　삼신과 같이 한 몸으로서 기틀을 이루는 것이 없으나 같은 몸을 이루게 한다는 것은 粗에는 삼신이 일신을 본체로 조교치(造敎治)를 이루는 것과 같은 기틀이 없으나 같은 몸을 이루게 하는 기질은 있다는 것을 말한다. 그런 까닭에 粗에는 생장성(生長成)을 이루는 기틀은 없으나, 대신 같은 몸을 이룬다고 했으니 이것은 粗가 허(虛)를 얻어 동체(同體)가 되게 하여 허조동체(虛粗同體)를 만드는 역할만은 하게 된다는 뜻이다. 粗의 이러한 성향에 대해 선생은 심오하다고 하여 현(玄)이라 하였다.

274

허(虛)는 묘(妙)이다

빈 것이 없어도 비어 있고, 밝은 것이 없어도 밝고, 굳센 것이 없어도 굳세어서 능히 스스로 신(神)이 되어 착하고 아름답고 완전하게 되는 것을 일러 묘(妙)라 한다오. 이것이 한 몸인 삼신으로서 능히 천하만세(天下萬世)에 통하게 하는 것이라오.

〔無所虛而虛焉하고 無所明而明焉하고 無所健而健焉하야 能自神而化之爲善美完全者曰妙니 此一體三神之爲能通於天下萬世者也라.〕

◉ 焉 : 어찌 언(이에, 이, 여기)

□ 빈 것이 없어도 비어 있고, 밝은 것이 없어도 밝고, 굳센 것이 없어도 굳센 것, 그것은 무형의 존재인 허(虛)를 나타냄이다. 여기서 虛란 빈 것이 없는 것 같이 무엇인가 가득 채워져 있으나 비어 있고, 밝은 것이 없는 것처럼 밝음의 실체는 알 길이 없으나 밝고, 굳센 것이 없는 것 같이 그 성향은 드러나지 않으나 굳셈을 간직하고 있다는 것을 말한다.

허(虛)가 지닌 세 가지 성향이 능히 스스로 신(神)이 되어 착하고, 아름답고, 완전하게 된다는 말은 가득 채워져 있으나 비어 있기에 착하다는 것이고, 밝음은 없어도 밝게 드러나기에 아름답다는 것이며, 굳셈은 없으나 굳셈을 간직하고 있기에 완전하다는 것이다. 이와 같기에 선생은 虛의 성향에 대해 신령함이 있다고 하여 묘(妙)라고 하였다.

선생은 다시 묘(妙)가 되는 이것이 "한 몸인 삼신(一體三神)"이라 하여 천하만세에 통하는 것이라고 했다. 이 말은 무형인 일신(一神)이 본체가 되어 삼신으로 작용하게 되는 것이기에 오랜 세대에 걸친 세상사에 통하지 않는 것이 없다는 것을 말한다. 이렇게 되면 그는 현재의 의식에 머물러 있지 않는다. 이때가 되면 과거와 미래의 시간에 걸림이 없이 훤하게 뚫어 꿰는 경지에 올라서기 때문이다.

충효(忠孝) · 신의(信義) · 덕선(德善)

충효(忠孝)는 오로지 다스림의 근본이니 국가를 사랑하고 보전하는데 힘써야 하고, 무리의 이로움을 위해 선(善)한 바를 이루어야 한다.

신의(信義)는 오로지 삶의 근본이니 무위(無爲)[1]로서 그 일을 처세해야 하고, 불언(不言)[2]으로 그 가르침을 행하여야 한다.

덕선(德善)은 오로지 뜻을 같이하는 무리가 근본이니 마땅히 선행에 뒤떨어지지 않고, 마땅히 악행을 반드시 버려야 한다.

〔忠孝는 固治之本也而盡所存於愛國하고 致所善於益衆也며 信義는 固生之本也而處其事於無爲하고 行其教於不言也며 德善은 固群之本也而當善不後하고 當惡必去니라. (後는 一作讓이라)〕

◉ 固 : 굳을 고(거듭, 굳게, 이미, 오로지). 存 : 있을 존(존재하다). 於 : 어조사 어(~에, ~에서). 致 : 이를 치(이루다). 群 : 무리 군(모여서 뭉친 한 동아리). 當 : 마땅 당. 去 : 갈 거(버리다)

❑ 선생은 현묘(玄妙)한 가르침에 이어 근본이 되는 가르침에 대하여 언급하고 있다. 그 첫 번째로 충효(忠孝)에 대해 말씀하시길 그것은 다스림의 근본이 된다고 한다. 그러면서 국가를 사랑하고 보전하는데 힘써야 하고, 무리의 이로움을 위해 선(善)한 바를 이루어야 한다고 했다. 이것은 국가에 대한 충성이 나라를 사랑하는 데에서부터 시작이 되고, 집안이나 사회에 있어서 지켜야할 일은 무리의 이로움을 위해 착한 행실이 기본이 되어야 하기 때문임을 말한다.

선생은 신의(信義)에 대해서는 삶의 근본이 된다고 말하고 있다. 그 실천을 위해서는 무위(無爲)로서 처세하고, 불언(不言)으로 행하여야 한다고

---

1) 무위(無爲)란 행함이 없는 가운데 행함이다. 인위적(人爲的)이지 않고 저절로 이루어지게 함을 말한다.
2) 불언(不言)란 말이 없는 가운데 행함이다.

276

했다. 이것은 거짓됨이 없는 인품과 정의로운 삶에 있어 인위적이지 않고, 말을 앞세우지 않는 가운데 행동으로 실천하는 것이 중요하다는 것을 말한다.

선생은 다시 덕선(德善)은 뜻을 같이하는 무리의 근본이 된다고 한다. 그러면서 마땅히 선행에 뒤떨어지지 않고, 마땅히 악행을 반드시 버려야 한다고 말했다. 이 말은 그 누구보다도 뜻을 같이 하는 무리들끼리는 서로 베풀고 격려하는 어진마음을 가져야 하고, 악행을 멀리해야 한다는 것을 말한다.

道란 마땅히 행해야 할 일

대개 단결하여 인화가 됨이 능히 주권(主權)을 이룸이니, 이것이 곧 도(道)이다. 무릇 道란 우리가 마땅히 행해야 할 바가 道가 아니냐.

〔盖團結人和之能成主權者는 卽是道也니라. 是道也는 非吾所當行之道乎아라.〕

◉ 盖 : 덮을 개(덮게, 대개, 아마도). 團 : 둥글 단(모이다, 덩어리). 結 : 맺을 결. 卽 : 곧 즉. 吾 : 나 오. 非吾所 : 내가 ~할 바가 아니다.

❑ 주권(主權)이라 하면 나에게 주어진 권리를 말한다. 그런데 나에게 주어진 권리를 행사하기 위해서는 단결이 되고 인화가 되어야 한다는 말씀이다. 이는 평등한 민주사회에서 나의 주권이 주어지듯이, 높고 낮음을 떠나 우리라고 하는 한마음이 될 때 주권이 주어질 수 있기 때문이다.

선생은 나의 권리를 행사하는 이것이 곧 도(道)라고 하였다. 이 말은 도가 멀리 있는 것이 아닌 사회 속에서 단결과 인화를 통해 자신의 뜻을 자유롭게 펼치게 되는 것이 곧 道라는 말씀이다. 그러므로 무릇 도란 멀리 있지 않고 마땅히 행해야할 바를 행하는데 있다는 것이다.

또 착함, 참됨, 성스러움, 선인, 신령에 대해 물으니
〔又問善眞聖仙神한대〕

사람은 하늘땅의 지극함

선생이 이르시기를, 사람(人)이라 함은 하늘땅의 지극함이며, 신성(神聖)이라 함은 뭇 사람들 중에 지극함이며, 선인(善人)이라 함은 성명정의 지극함이니, 쉬지 않음을 일러 선(善)이요, 물들지 않음을 일러 참(眞)이요, 바뀌지 않음을 일러 리(理)요, 잃지 않음을 일러 덕(德)이요, 해치지 못함을 일러 슬기(慧)요, 허약하지 않음을 일러 힘(力)이요, 얻음이 없음을 일러 도(道)요, 이지러짐이 없음을 일러 성(聖)이요, 약하지 않음을 일러 선(仙)이요, 헤아리기 어려움을 일러 신(神)이라 한다오.

〔先生曰, 人者는 天地之至也며 神聖者는 人類之至也며 善者는 性命精之至也니 不息曰善이오 不染曰眞이오 不易曰理오 不失曰德이오 不斃曰慧오 不虛曰力이오 不得曰道오 不缺曰聖이오 不弱曰仙이오 不測曰神也라.〕

◉ 斃 : 넘어질 폐. 缺 : 이지러질 결. 弱 : 약할 약. 測 : 헤아릴 측

❑ 사람이 하늘땅의 지극함이라 함은 천지기운을 온전히 받아내었기 때문이다. 그래서 인간을 소우주라고 한다. 이러한 인간들 중에 신성(神聖)이라 함은 뭇 사람들 중에 지극함이니 천지의 뜻과 일체를 이룬 사람을 말한다.

선생의 말씀 중에 남다른 점은 선인(善人)을 성명정의 지극함이라 말한 것이다. 선(善)에 대한 의미를 우리는 '좋다', '잘한다'의 의미에서 찾을 수 있다. 그렇듯이 善이란 '잘한다'의 의미가 있어, 善人이란 단순히 착한

사람이 아닌 성명정(性命精)의 뛰어난 단계에 이른 사람을 말한 것으로 봐야 한다.

쉬지 않음을 일러 선(善)이라고 하신 말씀은 착하다는 것은 게으름이 없이 순리에 따른 일에 순응하기 때문임을 말한다. 이른바 순리에 따른 일에 순응을 한다는 것은 내 자신에게 주어진 천명(天命)을 받들어 게으름이 없이 실행하기 때문이다. 그러므로 착하다는 것은 천명을 이룰 수 있는 바탕이 된다는 뜻이기도 하다.

물들지 않음을 일러 참(眞)이라 함은 본래의 모습을 잃지 않기 때문임을 말한다. 이것이 〈삼일신고〉「인물」에서의 삼진(三眞)이며, 물들게 되면 망령되어 삼망(三妄)에 떨어지는 운명을 맞게 되는 것이다.

바뀌지 않음을 일러 리(理)라고 함은 생장염장(生長斂藏)하는 자연의 순환법칙은 바뀔 수 없는 절대적 법칙이기 때문이다. 잃지 않음을 일러 덕(德)이라 함은 자신이 세상을 위해 펼친 공덕은 누가 없앨 수 있는 것이 아니기 때문임을 말한다.

해치지 못함을 일러 슬기(慧)라고 함은 물질은 빼앗겨도 그 누구도 자신이 가진 슬기는 빼앗지도 없애지도 못하기 때문이다. 허약하지 않음을 일러 힘(力)이라 함은 힘이란 강한 기운을 가지고 있기 때문이다. 이 때문에 힘을 가진 자는 허약해보이지 않는다는 것을 말한다.

얻음이 없음을 일러 도(道)라고 함은 도는 허조동체(虛粗同體)로서 무한계와 일체가 된 상태에 있기에 얻게 되나 얻음이 없는 경지에 있기 때문이다. 이지러짐이 없음을 일러 성(聖)이라 함은 굳셈을 통한 거룩한 존재인 성현(聖賢)은 하늘과 땅의 뜻을 실현하는 자로서 흠이 없기 때문임을 말한다.

약하지 않음을 일러 선(仙)이라 함은 仙은 산(山)기운을 받은 사람이기에 허약하지 않다는 말씀이다. 〈태백일사〉「삼신오제본기」를 보면 산(山)

이라 함은 군생통력(群生通力)의 장소라 하여 산을 찾는 사람들로 하여금 힘을 통하게 한다고 했다. 이 때문에 산사람(山人)인 仙은 약하지 않다는 것을 말한다.

헤아리기 어려움을 일러 신(神)이라 함은 예측 불가능한 신묘함이 神에게는 있기 때문이다. 이 때문에 신은 예측 불가능한 신묘함이 있는 까닭에 인사(人事)에 앞서 변화를 주도해 가기도 한다.

성인(聖人)·선인(仙人)·신인(神人)

선(善)은 성품에서 나왔고, 하고자 함(欲)은 善에서 나왔고, 슬기(慧)는 하고자 함에서 나왔고, 능함(能)은 슬기로운 깨침에서 나왔나니 성인(聖人)은 능함의 지극함이오, 선인(仙人)은 굳셈의 지극함이요, 신인(神人)은 슬기의 지극함이다.

〔善出於性하고 欲出於善하고 慧出於欲하고 能出於慧覺하나니 聖者는 能之至也오 仙者는 健之至也오 神者는 慧之至也라.〕

❏ 선생의 말씀을 간추려 보면 성품에서 善이 나왔고, 善에서 하고자 함(欲)이 나왔고, 하고자 함에서 슬기(慧)가 나왔고, 슬기로운 깨침에서 능함(能)이 나왔다고 하였다. 성품에서 '좋다', '잘 한다'의 뜻을 지닌 善이 나왔다고 함은 성품으로부터 뛰어난 기질(氣質)을 발휘하게 되어 있기 때문이다. 善에서 하고자 함이 나왔다는 것은 뛰어난 기질이 있기 때문에 무엇인가를 하고자 하게 되고, 그 하고자 함(欲)은 굳센 의지를 통한 행위가 있기에 이로부터 슬기가 나오고, 슬기로움(慧)은 깨우침이 있는바 능함(能)이 있게 되었다는 것을 말한다.

성인(聖人)이 능함의 지극함이라는 말씀은 안 될 일을 되게 하는 다스림의 능력이 그 누구보다도 뛰어나기 때문이다. 선인(仙人)은 굳셈의 지극함이라 했으니 꺾기지 않는 불굴의 의지를 지녔기 때문이다. 신인(神人)을 슬기의 지극함이라 하였음은 현묘불측(玄妙不測)한 신도세계에 근원을 두고 있기 때문임을 말한다.

선악(善惡)의 두 갈래 길

성품이 근본으로 하는 바가 비록 가히 참됨이라 말하나 성품의 일하는 바는 근본에 있어 하고자 함이 착하고자 함이지 망령되고자 함은 아니다. 이에 의견의 차가 갈림길이 되는 바이다.

〔性之所本을 雖可言眞이나 而性之所事가 本在於欲하야 欲善非欲妄이나 乃意見之差 - 所岐也니라.〕

◉ 雖 : 비록 수. 可 : 옳을 가. 差 : 다를 차. 岐 : 갈림길 기

❑ 성품(性)은 참됨을 근본으로 하지만 참됨을 벗어나서 마음(心)의 단계로 떨어질 때는 착하고자 하나, 어쩔 수 없이 악하게도 된다는 말씀이시다. 성품이 이처럼 삼망인 마음의 단계에서 선과 악으로 나뉘게 됨에 따라 이때는 망령된 방향으로 휘둘리지 않기 위해서 외부로부터 오는 유혹을 끊어내는 결단이 필요함을 말한다. 그래야만 성품인 참됨에 머무를 수가 있기 때문이다.

성품과 선악(善惡)의 관계에서 펼쳐지는 과정은 목숨과 정수에서도 마찬가지이다. 목숨(命)과 정수(精)에서도 목숨은 참됨을 근본으로 하게 되나 기운의 단계에 이르러 청탁(淸濁)으로 나뉘게 되고, 정수의 경우도 참됨을 근본으로 하게 되나 몸의 단계에 이르러 후박(厚薄)으로 나뉘게 되어 있기 때문이다. 그러므로 이때에도 삼망인 청탁과 후박의 단계로 떨어지지 않는 것이 무엇보다 중요하다고 하겠다.

성(性) · 심(心) · 감(感)

　본래 하고자 함이 없으면 목숨이 어찌 존재할 것이며, 마음이 없으면 성품을 어디에서 볼 것이랴. 하고자 함이 착하다는 것은 마음이 선(善)한 바이고, 느낌이 극진하다는 것은 성품이 참되다는 것이다.

〔故로 無欲이면 命何所存이며 無心이면 性何所見이리오, 欲之所善에 心之所善이며 感之所盡에 性之所眞이라.〕

□ 선생의 말씀은 목숨이 존재하기에 자신의 뜻을 성취하고자 함도 있고, 마음이 있기에 그 뿌리가 되는 성품도 있다는 말씀이시다. 마찬가지로 마음(心)이 착하면 행하고자 함도 착하고, 성품(性)이 참되면 느낌(感)도 극진하다는 말씀이시다.

사람이 있으면 도리가 있다

　참으로 그 만물(物)이 없으면 그 도리가 없고, 그 일(事)이 있으면 그 사람이 있다. 환웅과 단군의 세상에 유불(儒佛)의 도리가 없었으나 또한 저절로 예악(禮樂)과 형정(刑政)을 베풀었으니 사람이 있으면 이 도리가 있는 것이다.

〔故로 無其物則無其道하고 有其事則有其人하니라. 桓檀之世에 無儒佛之道나 亦自設禮樂刑政하야 有人斯有道也라.〕

◉ 故 : 연고 고(그러므로, 반드시, 참으로). 設 : 베풀 설. 斯 : 이 사(잠시)

□ 만물이 있기에 높고 낮음, 길고 짧음 등의 질서가 있고, 역사의 대업(大業)은 모두 사람이 있기 때문에 일어난다는 말씀이시다. 삼성조시대(三聖祖時代)가 태고의 역사라 하더라도 그 때에도 사람이 사는 시대였기에 유불(儒佛)이 없어도 나름대로의 가르침이 있었다는 것이다. 그런 까닭에

제도(制度)이전에 사람이 위대하다는 것을 말한다.

사학(史學)의 힘

본래 가르쳐 깨어나게 함을 밖으로 할 때는 세상에 道가 없게 되고, 널리 이롭게 함이 아닐 때는 인간에게 착함이 없게 되어 있다. 우리가 환웅과 단군성조를 높이 받들어 뒤에 오는 자에게 법을 전하고자 함이 사학(史學)의 힘이다.

〔是故로 外理化而無在世之道하고 非弘益而無人間之善하나니 吾所以尊桓檀而欲傳法於後來者 - 史學之力也라.〕

◉ 吾所 : 내가 ~한 것

❏ 가르쳐 깨어나게 함을 밖으로 할 때는 세상에 도(道)가 없게 된다는 선생의 말씀은 사람과의 관계 속에서 가르쳐 깨어나게 해야지, 그렇지 않는다면 서로의 이해관계가 없기에 가르쳐 깨어나게 하기가 어렵다는 말씀이시다.

널리 이롭게 함이 아닐 때는 인간에게 착함이 없게 된다는 말씀은 널리 이롭게 하는 홍익의 행위를 통해서 착함을 갖게 되어 있지, 홍익의 행위가 없다면 착함이 없는 것과 같다는 말씀이시다.

선생은 사학(史學)의 힘이란 우리가 삼성조(三聖祖)를 높이 받들어 뒤에 오는 자에게 법(法)을 전하고자 함이라고 했다. 이 말에서 법은 삼성조의 가르침이요, 사실 그대로의 역사와 우리의 전통문화를 말함이다. 그러니 사학의 힘이란 삼성조의 가르침인 삼신사상과 바른 역사와 우리의 전통문화를 높이 받들어 단절됨이 없이 계속하여 이어지게 하는데 있다는 것을 말한다. 이렇게 될 때만이 우리의 빛나는 얼(魂)을 계속하여 이어지게 하고, 보전할 수 있기 때문이다.

우리의 전통문화에 대해 좀 더 알아보면 대표적으로 세 가지를 꼽을 수 있다. 그것이 총묘단(塚廟壇)에 의한 문화이다. 무덤으로 나타나는 총(塚)은 우리에게 칠성으로부터 와서 칠성으로 돌아간다는 문화를 만들어 놓았다. 그것이 불멸을 위한 칠성문화(七星文化)가 되니, 사람들로 하여금 상투를 하는 풍속을 만들어 놓기도 하였다.

사당을 나타내는 묘(廟)는 모범적인 인물을 神으로 받들어 높이는 문화이다. 이는 세상에 끼친 공덕으로 인한 보은에 성격도 있지만 모범적인 인물을 내세워 사회를 바르게 이끌어 가고자 함도 있는 것이다. 그 대표적인 인물이 홍산문화에서 여신(女神)으로 섬기게 된 웅후님이었다는 것을 감안할 때 수행을 통한 영성문화(靈性文化)가 당시에는 대중화되었다는 것을 알려준다.

제단을 나타내는 단(壇)은 제천문화(祭天文化)이다. 제천문화에서는 하늘을 대표하는 두 분을 모신다. 그 두 분은 만령(萬靈)의 탄생을 조율하는 역할의 태일신(太一神)과 만령을 주재하는 역할의 삼신상제(三神上帝)님이시다. 이와 같이 우리에게는 길이 전해져야 할 전통문화로 칠성문화와 영성문화, 그리고 제천문화가 있었다.

삼신의 가르침을 모르는 세상 선비들

어허, 하늘의 떳떳한 것을 글이 있어 아깝게 여기어 전하게 되고, 임금의 명령을 곡척(曲尺)이 있어 고요하게 헤아릴 수 있으니, 지금 세상 선비들이 대저 이 가르침을 알지 못하도다. 무릇 핵(核)이 되는 핵랑의 무리들이 없게 됨과 같도다.

〔嗚呼라 天彝有文하여 愛而傳之하고 皇命有矩하야 靜而絜之하나니 今世士夫之不知此敎者 - 是爲無核之徒郞也니라.〕

◉ 嗚 : 슬플 오(탄식하다). 呼 : 부를 호(탄식의 소리). 彝 : 떳떳할 이. 矩 :

284

곱자 구. 絜 : 헤아릴 혈(재다, 두르다). 核 : 씨 핵. 徒 : 무리 도

❏ 넘치는 것이 글이지만 하늘의 떳떳한 것을 글이 있어 전하게 되니, 글이 얼마나 위대한가를 전하는 찬미의 말씀이다.

곡척은 굽어 있는 모양의 곱자이다. 임금의 명령을 곡척이 있어 고요하게 헤아릴 수 있다고 함은 임금의 명령과 견주어 그 방향을 판별할 수 있는 가르침이 우리에게는 있기 때문임을 말한다. 그것이 우리에게는 삼성조(三聖祖)로부터 문자(文字)를 통해 전해 받은 삼일철학이다. 이와 같은 문자를 통한 철학이 있기에 우리에게는 천명(天命)을 집행하는 임금의 가르침에 방향이 어디로 가는지를 명확히 알 수 있다는 말씀이다.

선생께서는 다시 우리에게는 문자를 통한 가르침(곡척)이 있건만 지금의 세상은 이러한 가르침을 알지 못한다고 하였다. 이는 민족의 전통사상을 찾지 않고, 외세의 가르침에만 치중되어 있기 때문이다. 그런 까닭에 세상에는 삼신의 가르침을 아는 선비들이 없기에 무릇 핵이 되는 핵랑(核郞)의 무리들이 없는 것과 같다고 선생은 말씀하고 계신 것이다.

10장. 한방신(韓方信)이 하나(一)에 대해 묻다

한방신이 하나(一)에 대해 물으니
〔韓方信이 問一在何事〕

대일(大一)은 참된 근본의 주체

선생이 이르시되, 하나(一)라 함은 큰 하나(大一)로서 참된 근본의 주체

요, 지극히 오묘하여 저절로 능한 힘이니 마음(心)이 하나와 같으면 신령(神靈)하고, 기운(氣)이 하나와 같으면 능(能)하고, 정수(精)가 하나와 같으면 통(通)하게 됨이라오. (氣는 하나의 命을 말한다.)

〔先生曰, 一者는 大一眞元之體요 玄妙自能之力也니 心一則神하고 氣一則能하고 精一則通하니라. (氣는 一云命이라)〕

◉ 則 : 법칙 칙(~이라면 즉). 通 : 통할 통(꿰뚫다, 두루 미치다)

❑ 선생께서는 하나(一)라 함은 큰 하나(大一)라고 했다. 큰 하나인 대일(大一)에 대해 처음으로 말씀하신 분은 복희씨와 동문수학했던 선인(仙人) 발귀리(發貴理)선생이다. 발귀리선생은 일기(一氣)를 大一로 표현해 놓은 것으로 유명한데, 이는 천부경을 쉽게 풀어놓을 수 있는 발판을 마련해 놓은 것이다.

참된 근본의 주체요, 지극히 오묘하여 저절로 능한 힘을 가졌다는 大一은 一氣의 다른 이름이기도 하다. 하지만 생명체의 개념인 一氣의 명칭 이상으로 중요한 가치를 지닌 것이 大一이다. 그 까닭은 생명체의 개념을 넘어서 수(數)의 본체로도 나타나고 있기 때문이다.

大一의 작용과 가장 유사한 구절로는 노자의 《도덕경》 중에 도생일(道生一) 일생이(一生二) 이생삼(二生三) 삼생만물(三生萬物)이 있다.

"道는 하나를 낳고, 하나는 둘을 낳고,
둘은 셋을 낳고, 셋은 만물을 낳는다."

道에서 하나(一)를 낳듯이 大一의 작용에서도 하나를 낳게 된다. 그런 까닭에 大一은 道와 같은 작용으로 큰 하나가 되어 만물을 낳는 역할을 하게 되어 있다. 이러한 大一은 "하나에서 시작하나 시작이 없는 하나"라

286

는 일시무시일(一始無始一)에서의 하나와 같다. 그러므로 大一은 석삼극무진본(析三極無盡本)이 나타내고 있듯이 셋으로 갈라져 나가도 근본은 다함이 없는 하나(一)가 되기도 한다.

大一의 작용은 여기서 멈추지 않는다. 부동본(不動本)에 있어서의 근본도 大一을 나타내기에 "쓰임은 변하지만 근본은 움직이지 않는다는 그 하나"이기도 하다. 더 나아가 하나가 묘하게 펼쳐진다는 일묘연(一妙衍)에서의 하나이기도 하고, 태양을 올려다보듯이 밝다고 하는 본심본(本心本)에서의 그 바탕인 하나를 나타내기도 한다. 그런 까닭에 大一은 만물의 본체를 이루는 하나로 나타날 수가 있었다.

선생은 마음, 기운, 정수가 하나(一)와 같으면 신령(神)하고 능(能)하고 통(通)하게 된다고 말씀하기도 하셨다. 이 말은 마음(心)과 기운(氣)이 심기쌍수를 통해 몸(身)에서 하나가 되고, 다시 성품(性)과 목숨(命)이 성명쌍수를 통해 정수(精)에서 하나가 되어 大一을 얻은 상태와 같을 때에는 마음은 지혜(慧)를 펼치는 신령함이 있게 되고, 기운은 덕(德)을 베푸는 능함이 있게 되며, 몸은 힘(力)을 솟게 하는 통함이 있게 된다는 것을 말한다. 그러므로 우리가 大一과 합체가 되는 일은 덕혜력을 얻게 되는 일이요, 신능통(神能通)을 얻게 되는 일이기도 하다.

진일(眞一)·근일(勤一)·협일(協一)

이러하기에 아버지의 도는 하늘에 근본을 두어 참됨(眞)으로 하나를 삼고, 스승의 도는 땅에 근본을 두어 부지런함(勤)으로 하나를 삼고, 다스림의 도는 사람에 근본을 두어 합치됨(協 : 여러 갈림 길에서 합치된 한 길)으로 하나를 삼느니라.

〔故로 父道는 本乎天而以眞爲一하고 師道는 本乎地而以勤爲一하고 君道는 本乎人而以協爲一야.〕

◉ 乎 : 어조사 호. 協 : 화합할 협(맞다, 합하다)

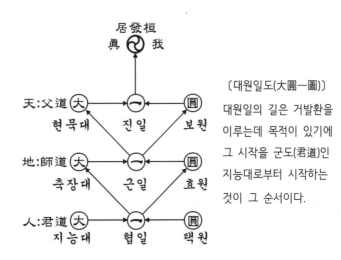

〔대원일도(大圓一圖)〕
대원일의 길은 거발환을
이루는데 목적이 있기에
그 시작을 군도(君道)인
지능대로부터 시작하는
것이 그 순서이다.

☐ 선생께서는 앞서 언급하였듯이 마음과 기운, 그리고 정수가 대일(大
一)과 같으면 신령(神)하고, 능(能)하며, 통(通)하게 된다고 하였다. 그런데
이번에는 부도(父道)인 아버지의 도는 참됨(眞)으로 하나를 삼고, 사도(師
道)인 스승의 도는 부지런함(勤)으로 하나를 삼으며, 군도(君道)인 다스림
의 도는 합치됨(協)으로 하나를 삼는다고 한다. 이것은 심기신과 성명정
이 큰 하나인 대일과 하나가 되는 것에 앞서 대원일도(大圓一圖)[1]에서
가르치는 부도에 있어서는 중일(中一)을 이루는 참됨이 중심이 되어야 하

---

1) 대원일도(大圓一圖)에서 사람(人)에 해당하는 중정(中正)의 길로는 참된 하나인
   진일(眞一)과 부지런한 하나인 근일(勤一)과 합치된 하나인 협일(協一)이 있다.
   　하늘(天)에 해당하는 길로는 깊은 고요함으로 위대한 현묵대(玄默大)와 쌓아서
   감춰둠으로 위대한 축장대(畜藏大)와 지적(知的) 능력으로 위대한 지능대(知能大)
   가 있다. 땅(地)에 해당하는 길로는 넓고 광대함에 있어 원만한 보원(普圓)과 본
   받음에 있어 원만한 효원(效圓)과 분별을 통해 가려냄에 있어 원만한 택원(擇圓)
   이 있다.

고, 사도에 있어서는 중일을 이루는 부지런함이 중심이 되어야 하며, 군도에 있어서는 중일을 이루는 합치됨이 중심이 되어야 한다는 것이다. 이렇게 될 때만이 큰 하나와 합치되어 마음은 신령함을 지니게 되고, 기운은 능함을 갖추게 되며, 몸은 통함이 있게 되기 때문이다.

도(道)는 하나를 떠나지 않는다

그러한 까닭에 하늘은 하나를 좋아하여 거짓이 없고, 땅은 하나를 계승하여 게으름이 없고, 사람은 하나를 주장하여 어그러짐이 없음이니 하나는 도(道)밖에 있지 않으므로 道는 행함에 있어 하나를 떠나지 않는다오. 〔故로 天好一而不僞하고 地承一而不怠하고 人主一而不違하나니 一不外道而存하며 道不離一而行也니라.〕

◉ 僞 : 거짓 위. 違 : 어긋날 위

□ 선생은 앞서 말하였듯이 하늘에 근본을 두어 '참된 하나(眞一)'를 삼고, 땅에 근본을 두어 '부지런한 하나(勤一)'를 삼고, 사람에 근본을 두어 '합치된 하나(協一)'를 삼는다고 했다. 그런데 이번에는 하늘(天)은 하나를 좋아하여 거짓(僞)이 없고, 땅(地)은 하나를 계승하여 게으름(怠)이 없고, 사람(人)은 하나를 주장하여 어그러짐(違)이 없다고 한다. 이것은 부도(父道)의 길에 있어 하나는 참됨이 있기에 거짓이 없고, 사도(師道)의 길에 있어 하나는 부지런함이 있기에 게으름이 없으며, 군도(君道)의 길에 있어 하나는 합치됨이 있기에 어그러짐이 없다는 것이다.[1]

---

1) 군도(君道), 사도(師道), 부도(父道)에 대하여 〈태백일사〉「삼신오제본기」를 보게 되면 "아버지의 도는 하늘을 모범으로 삼나니 참됨을 하나로 하여 거짓이 없고, 스승의 도는 땅을 모범으로 삼나니 부지런함을 하나로 하여 게으름이 없고, 다스림의 도는 사람을 모범으로 삼나니 합치됨을 하나로 하여 어그러짐이 없다." 고 하였다.

하나(一)는 道밖에 있지 않다는 선생의 말씀은 진일(眞一), 근일(勤一), 협일(協一)인 중일(中一)을 이루는 하나는 근본가르침(道)과 떨어질 수 없다는 말과 같다. 이것은 中一이 되는 하나(一)가 행함에 있어서 근본인 일기(一氣)를 회복시키게 되는데 있어 중추적인 역할을 하기 때문이다. 이 때문에 대원일(大圓一)에 있어 지능대와 택원이 협일에서 하나가 되고, 축장대와 효원이 근일에서 하나가 되며, 현묵대와 보원이 진일에서 하나가 될 수밖에 없는 까닭이다.

도(道)는 행함에 있어 하나를 떠나지 않는다는 말은 부도(父道)의 길에 있어 진일(眞一)을 떠날 수 없고, 사도(師道)의 길에 있어 근일(勤一)을 떠날 수 없고, 군도(君道)의 길에 있어 협일(協一)을 떠날 수 없다는 이야기와 같다. 이는 참된 하나를 떠나면 부도에서 사도로 떨어지고, 부지런한 하나를 떠나면 사도에서 군도로 떨어지며, 합치된 하나를 떠나면 군도에서 영원한 죽음의 길로 떨어질 수밖에 없기 때문이다.

역사는 혼(魂)이요, 국가는 형상(形)이다

본래 역사라 함은 혼(魂)이요, 국가라 함은 형상(形)이니 형상이 혼을 밖으로 하여 능히 존립하고, 나라는 역사가 없이 능히 다스려지겠소? 이것이 소위 혼이 하나면 형상도 하나요, 역사가 하나면 나라도 하나라고 함이 이것이오.

〔故로 史也者는 魂也오. 國也者는 形也니 形外魂而能存이며 國無史而能治乎아 此所謂魂一則形一하고 史一則國一者이 是也니라.〕

❑ 선생께서는 역사라 함은 혼(魂)이요, 국가라 함은 형상(形)과 같다고 하였다. 그런 까닭에 국가라고 하는 형상이 역사인 혼을 떠나서 존립할 수 없고, 역사인 혼은 형상으로 되어 있는 나라가 없이 어찌 유지될 수가

있겠느냐는 것이다. 선생의 이와 같은 말씀은 형상인 나라가 능히 다스려지기 위해서는 반드시 혼이 되는 역사가 있어야 한다는 이야기이다.

11장. 정지상(鄭之祥)이 마음(心)과 신(神)에 대해 묻다

정지상이 마음과 신에 대해 물으니
〔鄭之祥이 問心與神한대〕

물질과 마음의 관계

　선생이 이르시되, 마음이라 함은 신(神)이다. 우주일체의 물건 어느 것 하나, 하나의 마음에서 나오지 않는 것이 있으랴. 그러나 神이 氣가 아니면 신령하지 못하고, 마음은 몸이 아니면 깨닫지 못하는 것이니 그런 까닭에 마음이 모인 후에 물질이 이롭게 되고, 물질을 구한 뒤에는 마음이 주재하게 되는 것이라오.
〔先生曰, 心者는 神也라. 宇宙一切物이 何莫非出於一心이리오, 然이나 神非氣則不靈하고 心非身則不覺하나니 故로 心聚而後에 利於物하고 物求而後에 宰於心矣니라.〕
◉ 切 : 온통 체. 莫 : 없을 막. 聚 : 모을 취. 宰 : 재상 재. 끊을 절

❑ 마음을 神이라 말함은 마음을 통해 신을 드러내기 때문이다. 여기서 신은 순간순간 나타나는 생각이라면 마음은 드러내느냐, 멈추느냐 하는 창문과 같다. 이 때문에 마음(心)은 이성적인 작용과 관련이 있고, 신(神, 思)은 문뜩문뜩 솟아나는 것이기에 성품(性)을 뿌리로 하여 대상과의 관

계 속에서 일어나는 성향을 가진다.

　우주일체의 물건 어느 것 하나 마음에서 나오지 않는 것이 있느냐는 선생의 말씀은 마음과 그 뿌리가 되는 본성이 모든 만물에 근본이 되기 때문임을 말한다. 神이 氣가 아니면 신령하지 못하다고 함은 자신을 감싸는 기운(氣)을 얻지 못하면 단지 무형으로만 존재하기 때문이다. 마찬가지로 마음은 몸(身)이 아니면 깨닫지 못한다고 함은 육신이 없이는 현상계를 통한 부딪힘이 없기 때문이다. 이 때문에 神(思)을 감싸는 기(氣)와 마음을 자극할 수 있는 몸(身)이 중요할 수밖에 없는 이유이다.

　선생은 끝으로 마음이 모인 후에 물질이 이롭게 되고, 물질을 구한 뒤에는 마음이 주재(主宰)하게 된다고 했다. 이 말은 마음이 존재하지 않는 육신은 없고, 육신이 살아 있게 되면 반드시 마음이 주재하게 되어 있기 때문이다. 이와 같기에 육신은 마음을 얻어 이롭게 되고, 마음은 육신을 얻게 되기에 힘을 발휘하게 된다는 말씀이시다.

이르되 그러면 「이미 말씀하시길 '참성품은 선하여
악이 없다' 하고, 그 성품에 의지하는 마음의 행위에
선과 악이 있다고 함은 무엇입니까?」하고 물으니
　〔曰然則旣言, 眞性善無惡而其於依性之爲心者, 有善惡은 何也오〕

얼(魂)은 선(善)이 되고, 넋(魄)은 탐(貪)이 된다

　이르시되 나의 마음이 신이 된다고 하면 이것은 곧 뇌(腦)가 신이 됨을 말함이라 하겠소. 뇌(腦)의 신령함이 간(肝)의 기운과 합치되는 것은 얼(魂)이 됨이고, 얼은 즉 선(善)이 되는 것이라 할 것이오. 얼(魂)의 신령함

292

이 폐(肺)의 기운과 합치되는 것은 넋(魄)이 됨이고, 넋은 즉 탐(貪)이 되는 것이라 하겠소. 그런 까닭에 선(善)하면 즉 반드시 악(惡)이 없거니와 탐(貪)내게 되면 즉 선과 악으로 갈리게 됨이라오.

〔曰我之心이 爲神則此乃腦爲神也니라. 腦之爲神이 合肝之氣者爲魂이니 魂則爲善也오 魂之爲神이 合肺之氣者爲魄이니 魄則爲貪也라. 故로 善則固無惡矣어니와 貪則善惡이 歧矣니라.〕

◉ 則 : 곧 즉. 旣 : 이미 기. 爲 : 할 위(위하다, 다스리다, 있다, 행위). 固 : 굳을 고(굳게, 반드시, 진실로). 의(矣) : 어조사. 歧 : 갈림길 기

❑ 정지상이 묻고자하는 참성품과 선악으로 나뉘는 마음에 대한 내용은 〈삼일신고〉「인물」에서 나오는 내용이다. 그런데 선생은 이 질문의 답변에 앞서 나의 마음이 신이 된다고 하는 내용부터 질문을 풀어 나간다. 그러면서 말하길 인간의 머릿골이 곧 신이 된다고 한다. 이 말씀에서 인간의 머릿골이 신이 됨은 일신(一神)이 내려와 있는 곳이 머릿골이기 때문이다. 그래서 〈삼일신고〉「일신」에서는 자성구자(自性求子) 강재이뇌(降在爾腦)라고 나타내기도 하였다.

　"스스로 존재하는 성품으로부터 씨(子)를 구하라.
　너의 머릿골에 내려와 있음이라."

　선생께서는 다시 뇌(腦)와 간(肝)이 합치되어 얼(魂)이 된다고 하셨다. 그러면서 얼은 즉 선(善)이 된다고 한다. 그런 까닭에 善하면 반드시 惡이 없게 된다고도 하였다. 이 말에서 〈얼 혼(魂)〉은 무형인 하늘의 성향이기에 착함으로 나타나게 된다는 말씀이다. 그렇다면 얼(魂)에 해당하는 "참성품이 선하여 악이 없다고 함은 무엇이냐"는 정지상의 질문은 참성

품이 뇌(腦)와 간(肝)의 합치됨으로 인한 무형의 얼이 되기 때문이다. 이 때문에 참성품은 착함으로 인해 악함이 있을 수 없다는 것이다.

뇌(腦)+간(肝) : 얼(性)	얼(性)은 무형인 하늘의 성향으로 인해 착하기에 악(惡)이 없다.
얼(魂)+폐(肺) : 넋(心)	넋(心)은 유형인 땅의 성향으로 인해 탐하기에 선악(善惡)으로 갈린다.

선생께서는 얼(魂)과 폐(肺)가 합치되어 넋(魄)이 된다고도 하셨다. 그러면서 넋은 즉 탐(貪)이 된다고 한다. 그런 까닭에 탐(貪)하게 되면 선악(善惡)으로 갈리게 된다고도 하였다. 이 말에서 〈넋 백(魄)〉은 유형인 땅의 성향이기에 탐심으로 나타나게 된다는 말씀이다. 그렇다면 넋(魄)에 해당하는 "마음의 행위에 선악이 있다고 함은 무엇이냐"는 정지상의 질문은 마음이 얼(魂)과 폐(肺)의 합치됨으로 인한 유형의 넋이 되기 때문이다. 이 때문에 마음이란 탐심으로 인해 선악으로 갈리게 되어 있다는 것이다.

12장. 이순(李珣)이 무극생사의 관쇄에 대해 묻다

이순이 무극생사의 관쇄(關鎖 : 잠긴 문)를 물으니
〔李珣이 問無極生死之關鎖한대〕

무극(無極)·태극(太極)·양의(兩儀)

선생이 이르시되, 무극(無極)은 언제나 허(虛), 무(無), 공(空)에 속하니 이는 氣가 없음을 말함이요, 태극(太極)은 언제나 조(粗), 유(有), 색(色)에 속하니 이는 氣가 있음을 이름이요, 양의(兩儀)는 언제나 진(眞), 망(妄), 통(通)에 속하니 이는 氣가 화합함을 말하는 것이라네.

〔先生曰, 無極은 總屬虛無空이니 是無氣之謂也며 太極은 總屬粗有色이니 是有氣之謂也며 兩儀는 總屬眞妄通이니 是冲氣之謂也니라.〕

◉ 總 : 다 총(모두, 내내). 屬 : 무리 속(동아리, 잇다, 맡기다). 儀 : 거동 의. 冲 : 화할 충(和하다, 비다, 깊다, 가운데)

❑ 무극은 언제나 허무공(虛無空)에 속하기에 氣가 없다고 했다. 이 말은 무극이 무한계인 무형(虛無空)으로 되어 있기 때문이다. 반면에 태극은 언제나 조유색(粗有色)에 속하기에 氣가 있다고 했다. 이 말은 태극이 안으로는 무극으로 되어 있으나, 그 외형을 유한계인 유형(粗有色)의 모습을 하고 있기 때문이다.

양의는 언제나 진망통(眞妄通)에 속하기에 氣가 화합됨이라고 했다. 이 말은 성명(性命), 심기(心氣), 감식(感息)으로 이루어진 양의(兩儀)가 삼진(三眞), 삼망(三妄), 삼도(三途)에 속하기에 언제든지 가운데 있는 정(精)과 신(身), 그리고 촉(觸)으로 그 기운(유형과 무형)들이 화합될 수 있기 때문임을 말한다.

진망통에 대해서 좀 더 알아보면 진(眞)과 망(妄)은 〈삼일신고〉「인물」의 내용 중에 삼진과 삼망을 말한다. 통(通)의 경우는 가고 오게 되는 종시(終始)를 나타내기에 삼도에 해당한다. 이러한 삼진, 삼망, 삼도인 진망통은 단계별을 나타냄에 따라 장차 귀일을 위해서는 삼도로부터 귀일을 하게 되어 있다. 이와 같기에 진망통은 가운데 있는 정신촉(精身觸)을 통해 가고 올 수 있는 차별적 길이라는 것을 나타내어준다.

성명정(性命精)의 두 갈래 길

　본래 성품이라 함은 어둠(夢)으로 들어가고 밝음(覺)으로 들어가는 잠긴 문이며, 목숨이라 함은 괴로움(苦)으로 들어가고 즐거움(樂)으로 들어가는 잠긴 문이며, 정수라 함은 죽음(死)으로 들어가고 삶(生)으로 들어가는 잠긴 문이라네.

〔故로 性者는 入夢入覺之關鎖也며 命者는 入苦入樂之關鎖也며 精者는 入死入生之關鎖也라.〕

◉ 關 : 빗장 관. 鎖 : 쇠사슬 쇄(자물쇠)

❑ 선생의 말씀은 잠긴 문을 열고 들어가 성품에 머무르면 밝음(覺)을 얻고, 성품에 머무르지 않으면 어둠(夢)의 단계로 떨어지게 됨을 말한다. 목숨에 있어서도 잠긴 문을 열고 들어가 목숨에 머무르면 즐거움(樂)을 얻게 되나, 목숨에 머무르지 않으면 괴로움(苦)의 단계로 떨어지게 됨을 말한다. 마찬가지로 정수에 있어서도 잠긴 문을 열고 들어가 정수에 머무르면 삶(生)을 얻게 되나, 정수에 머무르지 않게 될 때에는 죽음(死)의 단계로 떨어지게 됨을 말한다. 이와 같기에 사람은 성품의 단계로부터 떨어지지 않기 위해서는 밝음을 굳게 지켜 어둠으로 떨어지지 않는 것이 중요하고, 목숨의 단계로부터 떨어지지 않기 위해서는 즐거움을 굳게 지켜 괴로움으로 떨어지지 않는 것이 중요하며, 정수의 단계로부터 떨어지지 않기 위해서는 삶을 굳게 지켜 죽음으로 떨어지지 않는 것이 중요하다. 그래야만이 선악(善惡)으로 나뉘는 마음을 그치고, 청탁(淸濁)으로 나뉘는 기운을 억제하며, 후박(厚薄)으로 나뉘는 몸을 멈출 수 있기 때문이다.

신(神)이 품은 것은 뇌(腦)

氣가 품은 것은 마음(心)이 되고 神이 품은 것은 뇌(腦)가 되니, 마음이 아니면 주재가 됨이 없고, 마찬가지로 뇌 또한 주재하는 곳이 된다.

〔藏氣者는 爲心하고 藏神者는 爲腦나 而非心이면 無以爲宰者라. 然이나 腦亦有所宰處矣니라.〕

	三丹		三眞	三妄	三途
두뇌	신神	→	성性	심心	감感
장부	기氣	→	명命	기氣	식息
단혈	정精	→	정精	신身	촉觸

❏ 기(氣)가 품은 것이 마음이 된다는 것은 마음을 근본으로 하여 氣가 작용하기 때문이다. 마음의 작용인 神이 품은 것이 뇌(腦)가 된다는 것은 뇌를 근본으로 하여 神(생각)이 작용하기 때문이다. 이 때문에 심기신(心氣身)인 삼망(三妄)에서는 마음이 주체가 되고, 성심감(性心感)인 신단(神丹)에 있어서는 뇌(腦, 性)가 주체가 됨을 말한다.

발대신기(發大神機)

참된 신의 고요한 베틀은 만물이 모두 뿌리로 돌아가 텅 비고 고요할 때 밝은 빛이 나타나 알게 되고, 지극히 잠겨서 움직이지 않다가 이에 뭉쳐진 기운이 크게 밝아 뚫어 꿰는 오묘한 뜻이 있어 나오게 되는 바, 즉 크게 신의 베틀이 발동한다 함이 이것이다.

〔眞神寂機는 物皆歸根이니 虛靜時에 知覺光明이 至潛不動이라가 乃有

融會貫通之妙意 - 出焉이니 卽大發神機자 - 是也니라.)

◉ 寂 : 고요할 적. 皆 : 다 개(모두). 潛 : 잠길 잠. 融 : 녹을 융(和하다)

* 지각광명(知覺光明) : 지각(知覺)은 감각기관의 자극으로 생겨나는 외적 사물의 전체상(全體像)에 관한 의식(意識)을 말한다. 광명(光明)인 밝은 빛은 머릿골에서 내적인 밝음이 생성이 되는 것을 말한다. 그러므로 지각광명이란 감각기관을 통해 나타나서 알게 되는 내적인 밝은 빛을 말하는 것이다.

❑ 참된 신의 고요한 베틀은 삼도(三途), 삼망(三妄), 삼진(三眞)을 통해 일기로 귀일하게 되는 체계를 말한다. 이러한 체계도(體系圖)인 신의 베틀이 발동하는 뿌리부분은 성품과 직결된 머릿골이다. 신의 베틀에서 뿌리부분이 이처럼 머릿골에 해당하기에 만물이 모두 뿌리로 돌아가 텅 빈 고요함 속에 나타나서 알게 되는 밝은 빛은 머릿골에서 나타나는 현상이기도 하다. 이 머릿골에 잠기어 있다가 때가 되면 크게 발동한다는 것은 고요함 속에서 빛이 뭉쳐지면서 밝아지게 된다는 것을 말한다. 그러므로 이는 성통광명하는 체험을 하게 된다는 것을 나타낸다.

성통광명에 대해서는 을지문덕장군의 체험담도 전해온다.

受三神一體氣하야 分得性命精하니
自在光明이 昂然不動이라야
有時而感하며 發而度乃通하나니라.

"삼신과 한 몸인 기(氣)1)를 받아
이를 나누어서 성(性), 명(命), 정(精)을 얻게 됨은
밝은 빛이 있기 때문이니,2)

---

1) 삼신과 한 몸인 氣는 삼신과 일체(一體)를 이룬 일기를 말한다.
2) 일기(一氣)를 받아 성명정을 얻게 됨은 저절로 밝은 빛이 있기 때문이라고 했다. 이 말은 일기 속에는 밝음을 지닌 까닭에 성명정을 내려 받을 수 있었다는 것을

그러함을 우러러 움직이지 않으면 때가 되어
느낌이 일어나게 되어 있어 道는 이에 통하게 되도다."

〈태백일사〉「高句麗國本紀」

이암선생과 을지문덕장군의 광명체험은 천부경(天符經)과 삼일신고(三
一神誥), 그리고 대원일의 가르침인 전계(佺戒)가 궁극적으로 인간을 성
통광명하게 하는데 있다는 것을 알려준다. 그러므로 한민족의 시작은 수
행문화를 바탕으로 열리게 되었다는 것을 말해주고 있다.

고요한 베틀로 참정수(眞精)를 얻는 길

그런 까닭에 이 고요한 베틀로 인하여 으뜸이 되는 스스로의 그것이(군
달리니 에너지를 말함) 있는 것이니 능히 기꺼움을 취하여 돌고 움직이면
이것이 참정수가 된다네.
〔故로 因此寂機而元有自爾者 ― 能取悅而旋動하니 是爲眞精이니라.〕
◉ 悅 : 기쁠 열. 旋 : 돌 선

❑ 선생의 말씀은 성통광명을 하게 되는 고요한 베틀(삼진귀일이 성취되
는 체계)로 인하여 선가(仙家)에서 말하는 소주천(小周天)과 대주천(大周
天)이 이루어지게 되어 있다는 것을 말한다.

능히 기꺼움을 취하여 돌고 움직이면 이것이 참정수(眞精)가 된다고 함
은 소주천과 대주천을 통해 분화에 목적을 가진 정수를 충만한 상태로
만들게 됨을 말한다. 이때가 되면 참정수는 텅 빈 고요함 속에서 본래의
모습을 회복하게 되는 삼신(三神)과 하나로 어우러지면서 금단(金丹, 후천
일기)을 만들게 되어 있다. 이것이 밝은 빛의 덩어리이며, 그 빛의 덩어

말한다. 그러므로 회삼귀일하여 다시 밝은 빛을 모아 우러러 움직이지 않으면
도(道)를 통하게 되어 있다는 말씀이시다.

리가 엉기어 커지는 것에 대해 이암선생은 오묘한 뜻이 있다고 했고, 을
지문덕장군은 도통하는 길이라 했던 것이다.

정(精)의 훈열(薰熱)

본래 참되고 으뜸이 되며 뛰어난 하나의 기(氣)는 성품으로 엉기고 목
숨으로 정해지며, 神이 움직여 氣가 모이면 궁극에는 精이 훈열(薰熱 :
金丹)되어 흘러나가지 않는다네.
〔故로 眞元良一之氣가 凝性定命하고 神行氣聚하면 精窮 - 薰熱不漏니
라.〕
◉ 凝 : 엉길 응. 聚 : 모일 취. 薰 : 향풀 훈. 漏 : 샐 누

❑ 선생이 말하고 있는 참되고, 으뜸이 되며, 뛰어난 하나의 氣는 생명의
본체인 일기(一氣)를 말한다. 이 일기가 성품으로 엉기고 목숨으로 정해
진다는 것은 一氣에 의해 성품과 목숨이 생겨나게 되고, 더 나아가 정수
가 만들어지기 때문이다.

선생은 다시 神을 움직여 氣가 모이면 궁극에는 精이 훈열(薰熱 : 金
丹)이 되어 흘러가지 않는다고 했다. 이 말은 상단전, 중단전, 하단전을
나타내는 신기정(神氣精)에서 性心感에 해당하는 神을 움직여 命氣息에
해당하는 氣를 모이게 하면 궁극에는 精身觸에 해당하는 精이 훈열되어
흘러가지 않는다는 것을 말한다. 다시 말해 느낌을 그치고 마음을 착하
게[1] 하여 텅 비운 성품을 이루게 되는 神을 움직이고, 호흡을 고르게 하
고 기운을 맑혀 충만한 목숨을 이루게 되는 氣를 모이게 하며, 접촉을 끊
고 몸을 두텁게 하여 순박한 정수를 이루게 되는 精이 훈열이 되면 드디

---

1) 마음을 착하게 한다는 것은 쉬지 않는 마음의 상태를 말한다. 즉 쉬지 않는 부지
런함 속에서 텅 비움 성품을 이루게 되는 것이다.

어 생명력이 소비되지 않는다는 말씀이시다.

정수(精)가 훈열이 되면 드디어 조(粗)를 가지고 머릿골에 이르게 되기에 회삼귀일이 된 삼신, 즉 허(虛)와 만나게 되어 있다. 이때가 되면 허조 동체인 후천일기(後天一氣)를 만들어 놓게 되기에 드디어 나의 본모습인 선천일기(先天一氣)는 어둠으로부터 해방이 되어 밝아질 수밖에 없다. 이 와 같은 까닭은 바로 허조(虛粗)로 인한 후천일기가 만들어지면서 어둠에 휩싸여 있던 선천일기를 깨어나게 했기 때문이다.

뇌해(腦海)

뇌는 식(識)을 맡고, 마음은 느낌(感)을 맡은지라. 그런 까닭에 그 성품을 통하고자 하면 먼저 그 마음을 정(定)할지니 마음이 정한 연후에 뇌해(腦海)가 또한 저절로 참된 듯 만물을 포함하게 됨이라. 마음을 정하는 법이 마땅히 그 느낄 바를 알아서 제지하는 것이 상(上)이 되는 것이다.
〔腦主識而心主感者也라. 故로 欲通其性인대 先定其心이니 心定然後에 腦海 ― 亦自眞如하야 包涵萬物하니라. 定心之法이 知其所當感以止者 ― 爲上也라.〕
◉ 識 : 알 식(지식, 식견). 如 : 같을 여(어떠하다, 미치다). 包 : 쌀 포. 涵 : 젖을 함(담그다). 當 : 마땅 당

❑ 뇌는 식(識)을 맡고, 마음은 느낌(感)을 맡았다고 했다. 이는 뇌가 성품의 역할로서 사물을 인지하고 식별하는 인식(認識)의 주체가 되고, 마음은 사물에 반응하는 느낌의 주체가 되기 때문이다.

성품을 통하고자 하면 먼저 그 마음을 정(定)해야 한다고 했다. 이것은 느낌으로 떨어질 수 있는 그 마음을 먼저 멈추는데 있다는 것을 말한다. 그래야만 느낌에 이끌려 달아나는 마음을 잡아 더 이상 요동치 않는 가

운데 성품을 통할 수 있기 때문이다.

  마음이 정(定)한 연후에 뇌해(腦海)가 또한 저절로 참된 듯 만물을 포함하게 된다고 하였다. 이 말에서 뇌해는 인식의 주체, 즉 神(생각)이 발동하고, 성품이 거처하는 곳이다. 뇌해가 이처럼 신이 거처하는 곳이기에 지감(止感)을 통한 연후라야 신이 안정되어 참됨을 되찾게 되고, 참됨이 되는 까닭에 만물에 두루 미치지 않는 곳이 없어 만물을 포용하게 된다는 것을 말한다.

眞	두뇌(頭腦)	性 ⇨ 心 ⇨ 感	上
善	장부(臟腑)	命 ⇨ 氣 ⇨ 息	中
美	단혈(丹血)	精 ⇨ 身 ⇨ 觸	下

  선생은 다시 마음을 정하는 법이 마땅히 느낄 바를 알아서 제지하는 것이 상(上)이 된다고 하였다. 이 말은 여섯 가지 희구애노탐염(喜懼哀怒貪厭)으로부터 영향을 받는 느낌(感)을 억제하고, 마음을 정(定)해 성품을 통하는 것이야 말로 가장 먼저 해야 할 일이라는 것이다. 이와 같음은 성심감(性心感)이 수행을 함에 있어 바탕이 되기 때문이다.

진선미(眞善美)

  성품은 만물의 참됨(眞)이 되며 목숨은 만물의 선함(善)이 되며 정수는 만물의 아름다움(美)이 되는 것이니 목숨을 알고 호흡을 고르게 하여 기운을 세우는 것이 중(中)이요, 정수를 보전하고 접촉을 금하여 몸을 완실하게 하는 것이 하(下)가 되느니라.

〔性爲萬物之眞하며 命爲萬物之善하며 精爲萬物之美하나니 知命調息以
立氣者 - 中也오. 保精禁解以完身者 - 下也니라.〕

◉ 保 : 지킬 보. 完 : 완전할 완

❏ 성품이 만물의 참됨이 되고, 목숨이 만물의 선함이 되며, 정수가 만물
의 아름다움이 된다고 함은 천일신(天一神)의 성향인 참됨(眞)과 지일신
(地一神)의 성향인 착함(善)과 태일신(太一神)의 성향인 아름다움(美)을 성
명정(性命精)이 내려 받았기 때문이다. 성명정이 이처럼 진선미(眞善美)를
내려 받았기에 성명정이란 현상계에 있어서는 가장 절대적 단계에 있다
는 것을 말한다.

목숨을 알고 호흡을 고르게 하여 기운을 세우는 것이 중(中)이 된다고
함은 여섯 가지 분란한열진습(芬彌寒熱震濕)으로부터 영향을 받는 호흡을
고르게 하여 기운을 맑게 하고, 목숨을 알게 되는 것이 성심감(性心感)에
이어 두 번째라는 말씀이다. 이와 같음은 목숨(命), 기운(氣), 호흡(息)
이 性心感의 영향 속에서 이루어지기 때문임을 말한다.

선생은 다시 정수를 보전하고 접촉을 금하여 몸을 완실하게 하는 것이
하(下)가 된다고 했다. 이 말은 여섯 가지 성색취미음저(聲色臭味淫抵)로
부터 영향을 받는 접촉을 금(禁)하여 몸을 두텁게 하고 정수를 보전하게
됨이 명기식(命氣息)에 이어 세 번째가 되는 길이라는 말씀이다. 이와
같음은 정수(精), 몸(身), 접촉(觸)이 性心感과 命氣息에 의해 직접적인 영
향을 받기 때문임을 말한다.

성명정(性命精)을 통한 회삼귀일의 길

그런 까닭에 뇌(腦, 上丹田)를 기르는 일이 神(뇌의 움직임)을 보존하여

신(뇌의 움직임)으로 성품(性)을 통하게 되면 스스로 굶주림이 없으며, 배(腹, 中丹田)를 기르는 일이 神(장부의 움직임)을 기쁘게 하여 신(장부의 움직임)으로 목숨(命)을 알게 되면 저절로 질병이 없으며, 태(胎, 下丹田)를 기르는 일이 神(단전의 움직임)을 변화시켜 신(단전의 움직임)으로 정수(精)를 보전하게 되면 저절로 다툼의 문제가 없으니 셋을 모아 하나로 돌아가는 법이 이에 삶을 얻게 된 바의 유래니라.

〔故로 養腦存神하야 以神通性則自無飢餓也며 養腹怡神하야 以神知命則自無疾病也며 養胎化神하야 以神保精則自無爭訟也니 會三歸一之法이 乃所以得生之由니라. (胎는 一作腎이라)〕

◉ 神 : 귀신 신(정신, 덕이 높은 자). 飢 : 주릴 기. 餓 : 주릴 아. 腹 : 배 복. 怡 : 기쁠 이. 疾 : 병 질. 保 : 지킬 보. 爭 : 다툴 쟁. 訟 : 송사할 송. 由 : 말미암을 유. 胎 : 아이 밸 태

❑ 선생께서는 앞서 성심감(性心感)이 上이 되고, 명기식(命氣息)이 中이 되며, 정신촉(精身觸)이 下가 된다고 언급하셨다. 그런데 이번에는 뇌(上丹田)를 기르는 일이 神(뇌의 움직임)을 보존하여 신(뇌의 움직임)으로 성품을 통하게 되면 저절로 굶주림이 없다고 하였다. 이 말은 性心感에서 상단전(神)인 뇌(腦)를 기르는 일이, 그 움직임(神, 心感)을 보존하여 막힘 없이 성품을 통하게 되면 마음을 풍요롭게 하는 참됨(眞)을 성취하게 됨에 따라 저절로 굶주림을 없게 하는 일이라는 것을 말한다. 그렇다면 성품을 통하게 되면 결국 마음을 풍요롭게 하는 참됨을 성취시켜 굶주림이 없게 되니, 이것은 나의 마음으로부터 고통을 없게 하는 극락정토(極樂淨土)가 성품을 통하는데 있다는 이야기이다.

선생은 다시 배(中丹田)를 기르는 일이 神(장부의 움직임)을 기쁘게 하여 신(장부의 움직임)으로 목숨(命)을 알게 되면 저절로 질병이 없다고 했

다. 이 말은 命氣息에서 중단전(氣)인 장부(腹)를 기르는 일이, 그 움직임(神, 氣息)을 기쁘게 하여 모르는 일이 없이 목숨을 알게 되면 기운을 확장하게[1] 하는 착함(善)을 넓히게 됨에 따라 저절로 질병을 없게 하는 일이라는 것을 말한다. 그렇다면 목숨을 알게 되면 결국 기운을 확장하게 하는 착함을 넓혀 질병이 없게 되니, 이것은 나의 기운을 무병장수하게 하는 지상선경(地上仙境)이 목숨을 아는데 있다는 이야기이다.

三丹田	三丹田의 작용원리
두뇌(神 - 性)	뇌의 움직임(心感)을 보존하여 뇌의 움직임으로 성품을 통하게 함
장부(氣 - 命)	장부의 움직임(氣息)을 기쁘게 하여 장부의 움직임으로 목숨을 알게 함
단전(精 - 精)	단전의 움직임(身觸)을 변화시켜 단전의 움직임으로 정수를 보전하게 함

선생은 태(胎, 下丹田)를 기르는 일에 있어서도 神(단전의 움직임)을 변화시켜 신(단전의 움직임)으로 정수(精)를 보전하게 되면 저절로 다툼의 문제가 없다고 했다. 이 말은 精身觸에서 하단전(精)인 태(胎)를 기르는

---

[1] 기운을 확장한다는 것은 착함이 된다. 이는 자신의 넘치는 기운을 사람들에게도 미치게 하여 영향을 주기 때문이다. 그런 까닭에 착하다는 의미의 '용서하다', '어질다', '동정하다'의 뜻을 지닌 서(恕)라는 글자에 대해 〈삼국유사〉「이혜동진(二惠同塵)」에서는 능서기통물야(能恕己通物也), 즉 "능히 자기 몸을 통해 물건에 까지 미치게 되는 것"이라 표현하기도 하였다.

일이, 그 움직임(神, 身觸)을 변화시켜 방종함이 없이 정수(性命의 응집체)1)를 보전하게 되면 몸(행위)을 바르게 하는 아름다움(美)을 실현하게 됨에 따라 저절로 시비를 없게 하는 일이라는 것을 말한다.2) 그렇다면 정수를 보전하게 되면 결국 몸(행위)을 바르게 하는 아름다움을 실현시켜 시비가 없게 되니, 이것은 나의 몸(행위)을 도리에 어긋나지 않게 하는 대동세계(大同世界)가 정수를 보전하는데 있다는 이야기이다.

지금까지의 상단전, 중단전, 하단전인 성심감(性心感), 명기식(命氣息), 정신촉(精身觸)에 대한 내용에서 볼 때에 선생께서 말한 셋을 모아 하나(一)로 돌아가기 위한 법은 심기쌍수(心氣雙修)를 거쳐 성명정의 단계에서 성명쌍수를 통해 참된 정수를 얻고, 삼신의 회복을 통해 결국에 가서는 허조동체인 일기를 얻자는데 있다. 그러면 드디어 무소부재(無所不在)와 장생불사(長生不死)를 이룸은 물론이요, 부동의 상태에서 천하만사에 통하는 중화(中和)는 이루어질 수밖에 없는 까닭에 결국 상단전·중단전·하단전의 방법은 득도(得道)를 위한 길이라는 것을 말한다.

회삼귀일을 통해 얻게 되는 근원이 되는 하나(一)란 무소부재와 장생불사, 그리고 중화를 얻게 할 뿐 아니라, 삶을 얻게 되는 유래가 되기도 한다. 이는 하나로 돌아갈 때 성통광명(性通光明)을 성취할 뿐 아니라, 근원으로서의 나는 시초가 되어 세상을 밝게 하는 빛의 존재인 거발환(居發

---

1) 정수(精水)의 다른 말은 성명(性命)의 응집체라고 말할 수 있다. 이는 정수를 체내에서 잘 간직할수록 성품은 신령함이 더해가고, 목숨은 생명력이 충만해지기 때문이다. 이 때문에 생명력을 소모시키는 방탕한 생활을 멈춤과 더불어 정수를 체내에서 배출하기 보다는 잘 간직하는 것이 나를 존귀한 존재가 되게 하는 길이라는 것을 알려준다.
2) 정수를 보전하게 될 때 몸을 바르게 하는 아름다움을 실현하게 된다는 것은 정수 속에는 신령함이 깃든 성품이 내재되어 있고, 만물에 변화를 끼치는 목숨이 내재되어 있기 때문이다. 이 때문에 정수를 보전하게 된다는 것은 신령함을 통해 만물에 변화를 주게 되어 있기에 나의 바른 몸(행위)을 통해 아름다움을 실현하는 일이라 할 수가 있다.

桓)을 이루게도 하기 때문이다. 이때가 되면 비로소 안에 있는 밝음을 밖으로 향하게 되기에 내 자신은 세상 속에서 삼신의 가르침으로 교화를 펼치는 재세이화(在世理化)를 하게 되고, 널리 인간을 이롭게 하는 홍익인간(弘益人間)하는 삶을 살게 되어 있다. 그러므로 거발환을 이루기 위한 삶을 살기 위해서는 회삼귀일하여 성통광명을 하는 일은 그 무엇보다도 뒤쳐질 수 없는 일이기도 하다.

행촌 이암(李嵒)의 생애와 사상

1. 행촌 이암(李嵒)선생의 생애

선생의 유년기

이암(李嵒 : 1297~1364)선생은 진주 고성현(固城縣) 사람이다. 유배되어 살던 강화도의 마을 이름을 따서 스스로 행촌(杏村)이라 호를 지었다. 공(公)은 어려서부터 보통 아이와 달랐고, 소학에 입학하였을 때 이미 글씨를 잘 쓴다고 알려졌다.

《고성이씨세보(固城李氏世譜)》에 의하면 선생의 증조인 이진(李瑨)은 고종(高宗) 때 문과에 합격하여 승문원(承文院) 학사(學士)가 되었으나 고성의 문소산(文召山)으로 은거하여 스스로 문산도인(文山道人)으로 칭하고 학문에 전념했다고 한다. 조부인 이존비(李尊庇)는 과거에 급제하여 대제학(大提學) 등을 역임하였고, 〈태백일사〉「고려국본기」를 보면 이존비는 환국과 배달에 이어 고구려에 이르기까지 부강자주(富强自主)를 앞세웠던 것을 강조하며 강한 군사력을 갖출 것을 주장했던 인물이었다. 부친인 이우(李瑀)는 과거에는 응시하지 않았으나 문음제(門蔭制)를 통해 경상남도 김해와 강원도 회양에서 부사(府使)를 지내기도 했다.

　이런 집안에서 자라난 선생은 10세 때에 부친의 손에 이끌려 3년 간 강
화도 마리산(摩利山) 보제사(普濟寺)로 보내져 그곳에서 유가(儒家)의 경전
과 우리의 고대사(古代史)에 대한 공부를 하였다. 당시에 선생은 십대의 어
린 나이지만 외래풍이 뒤덮고 있는 고려를 생각하여 민족의 얼을 되찾고자
포부를 밝히는 시(詩)를 짓기도 했다.

　靜趣何嫌煙火寰　仙風猶烈塹城壇
　江山依舊非吾俗　日月方新多僑官
　陟岵嘗憶孔登泰　臨海思孟觀瀾波
　孰將燭喝昏衢志　求我自今天下安

　고요한 풍취에 어느새 고을에는 보기 싫은 밥 짓는 연기 피어나고,
　단군님 세운 참성단 위에는 선풍(仙風)이 휘몰아 쳐오네.
　산천은 의구하지만 우리 동방의 미풍은 어디가고,
　해와 달은 언제나 새로워지는데 와글거리는 외국 관리가 웬 말인고.
　부모님 그리워 산에 올랐다가 그 옛날 태산에 오른 공자님 생각나네.
　바다로 고개 돌리고 맹자님처럼 나도 큰 파도를 쳐다본다.
　어두운 우리 동방의 거리에 누가 밝은 등불 비출 것인가.
　우리 동방 세계의 평안을 위해 지금 내가 나서리.
　　　　　　　　　　　　　　〔행촌 이암연보〕〈행촌회보 통권 12호〉

　선생은 어린 나이지만 시(詩)의 구절에서 원나라의 침략으로 우리 동방
의 미풍이 사라짐을 안타까워하고 있는 것이 느껴진다. 정겨운 가족들을
떠난 외로움을 뒤로하고 단군님이 세운 참성단이 지닌 선풍을 그리워했
음도 가슴에 와 닿는다. 그런가 하면 자신이 동방의 옛 가르침을 드러내
는 밝은 등불이 될 것을 각오(覺悟)하는 구절도 보인다.

어린 나이임에도 이러한 의지를 가졌던 선생께서는 17세인 계축년(충숙왕 즉위, 1313)에 벼슬길에 나아가 과거에 급제하였다. 과거시험을 관장하는 지공거(知貢擧)인 권정승(權政丞)과 최찬성(崔贊成)이 선생을 보고 크게 칭찬하기도 했다. 또 공을 기특하게 여기고, "재상의 그릇이다"라고 말하였다. 이와 같은 평판에 부족함이 없이 선생의 학문은 크게 진보하고 명성이 날로 알려졌다.

밝은 등불이 되기 위한 삶

선생은 충숙왕, 충혜왕, 충목왕, 충정왕, 공민왕대에 벼슬을 하였다. 계사년(공민왕 2, 1353)에 이르러 공(公)이 스스로 생각하기를, "내 나이 장차 60이 되고 지위 또한 극에 달하였으니, 이때에 은퇴하여 물러가지 않고 다시 어느 때를 기다리랴"하고 벼슬을 버리고 춘천에 있는 청평산(淸平山 : 지금의 五鳳山)으로 들어갔다.

〈행촌선생실기(杏村先生實記)〉와 〈행촌선생년보(杏村先生年譜)〉에 따르면 청평산 은거시절 행촌의 거처가 소연(蕭然)하여 마치 한사(寒士)와 같았고, 집안일이나 세상일에 전혀 마음을 쓰지 않으며 좌우에 도서(圖書)를 두고 침잠(沈潛)하는 것으로 스스로 즐겼으며, 때때로 손수 호미를 들고 정원을 가꾸는 것으로 취미를 삼았다고 한다.

공민왕이 나라를 다스리려는 마음이 매우 급하여 나이와 덕이 높은 옛 신하들을 예로써 부르자, 공은 62세(1358년) 때 환도하였다. 왕이 명령하여 머물러 있게 하고 때때로 불러 자문을 받았다. 공을 등용할 것을 결심하고 벼슬을 내리매, 무술년(공민왕 7, 1358) 다시 수문하시중(守門下侍中)이 되었다.

기해년(공민왕 8, 1359) 가을 모적(毛賊 : 홍건적 대장인 毛居敬을 지칭한 말)이 북방 변경을 침범하자, 공을 병마도원수(兵馬都元帥)로 삼고 여러 군사를 감독하게 했다. 그런데 군사가 집합하기 전에 적(敵)이 이미 가까이 다가왔다. 서경(西京)을 지키던 신하가 서경을 지키는 것이 불가능하다고 생각하여 창고를 불사르려고 하였다.

공이 말하기를, "그것은 계책이 될 수 없다. 적이 멀리 와서 싸우니 그 예봉을 당하지 못할 것이나, 이를 중간에서 막지 않으면 그 형세가 반드시 우리의 국도(國都)를 진동시킬 것이다. 적의 침입을 중지시키려면 이 성을 미끼로 함 만 같지 못하다. 우리 백성들은 늙은이와 어린애를 이끌고 동쪽으로 피하게 하고, 창고와 가옥을 단단히 잠그고 파괴함이 없게 하면, 적이 이를 보고 반드시 우리가 겁내고 있다하고 또한 잠시 주둔할 것이다. 우리가 겁낸다고 하면서 마음이 교만해 질 것이고, 잠시 주둔한다면 예기(銳氣)가 쇠약해질 것이다. 그 사이 우리는 군사의 집합을 기다렸다가 하루아침에 공격하여 탈취할 수 있을 것이다. 오늘 불살라 없애려고 하던 것이 다른 날에 우리가 다시 쓰게 될지 어찌 알겠는가."라고 하였다. 한 달이 지나지 않아 과연 공이 예측한대로 적이 패하였다. 창고와 가옥이 원래대로 완전하게 되었다.

신축년(공민왕 10, 1361) 임금이 안동으로 가시자, 임금을 모신 공이 제일 컸다. 이듬해 적을 평정한 상(賞)을 주려하자, 공이 면전에서 아뢰기를, "지금 불행히 다난한 때를 당하여 장상(將相)은 반드시 재주가 있는 신하를 등용해야 합니다. 신은 재주도 없으면서 오랫동안 재상의 자리에 있었습니다. 청컨대 어진 이를 쓰도록 해주십시오."하였다. 이로부터 선생은 시중 벼슬에서 물러나(1363) 자신이 유배[1]되어 살았던 강도(江都)[2]

---

1) 이암선생은 충혜왕의 근신(近臣)으로 활약하다가 충숙왕의 복위로 인해 36세의 나이로 강화도로 귀양을 간다. 유배의 이유는 충혜왕의 폐행(嬖幸)으로 몰렸기 때문이다. 3년간의 강화도 유배를 마친 후에는 39세의 나이로 천보산(天寶山) 태소암(太素庵)에 1년간 머물면서 소전거사(素佺居士)라는 기인(奇人)과 만나게 된다. 이후 3년간 유배와 4년간 은거생활을 마친 후에 선생은 충혜왕의 복위로 인해 다시 44세의 나이로 관직에 복귀한다.

홍행촌에 들어가 스스로 호(號)를 홍행촌수(紅杏村叟)라 하고, 마침내 행촌삼서(杏村三書)¹⁾를 남기어 집에 간직해 둠으로 후세에 남기게 되었다.

2. 이암선생의 삼신관(三神觀)

문화 종주국(宗主國)

〈태백일사〉「고려국 본기」에 의하면 이암(李嵒)선생이 한민족사의 정신을 담고 있는 삼일철학의 비기(秘記)와 만나게 되는 계기를 다음과 같이 전하고 있다.

"행촌 선생은 일찍이 천보산(天寶山)²⁾에서
유람을 하다가 밤에 태소암(太素庵)에 묵게 되었다.
그곳에 소전(素佺)이라 하는 한 거사(居士)가
기이한 옛 서적을 많이 가지고 있었다.
이에 이명(李茗),³⁾ 범장(范樟)⁴⁾과 함께 신서(神書)를 얻으니
모두 환단(桓檀) 시절부터 전해 내려온 역사의 진결(眞訣)이었다."

당시에 이명(李茗)은 청평산에서 살았던 은사(隱士)였다. 때때로 깊은 산속에 들어가 희귀한 약초를 찾고 바위에 앉아 천지자연의 기(氣)를 마

---

2) 강도(江都) : 지금의 강화를 달리 일컫는 말이다. 몽고의 침입으로 도읍을 강화로 옮겼는데, 고종 19(1232)년 6월부터 원종 11(1270)년 5월 환도할 때까지 39년 동안 임시 수도였다. 이곳으로 수도를 옮긴 후부터 이 이름이 생겼다.
1) 행촌 삼서 : 단군세기, 태백진훈, 농상집요를 말한다.
2) 천보산(天寶山) : 경기도 양주군 회천면 회암리에 있다.
3) 청평 거사 이명은 진역유기(震域遺記)의 저자이다. 이 책을 바탕으로 조선 숙종 2년, 북애자北崖子(생몰년미상)는 《규원사화》를 펴낼 수 있었다.
4) 복애거사(伏崖居士) 범장의 초명은 세동, 자는 여명 호는 복애로 전라도 금성(지금의 나주) 사람이다. 북부여기와 가섭원부여기(迦葉原夫餘紀)를 저술하였다.

셨던 선인(仙人)이었다. 범장(范樟)은 두문동(杜門洞) 72현 중 한 사람이
다. 그런 인물이었지만 《환단고기》에서 그의 명칭이 휴애거사(休崖居士)
로 등장하는 점으로 보아 범장도 천지자연과 함께하는 선풍(仙風)을 가졌
다는 것을 알게 한다. 이러한 이들과 선생이 뜻을 함께 하여 만났다는 것
은 세 사람 모두 선풍을 따랐던 인물들이었다는 것을 짐작하게 된다.

이들이 천보산(天寶山)에서 만나 소전거사(素佺居士)로부터 신서(神書)
를 받은 이후에 청평거사 이명은 《진역유기(震域遺記)》를 썼다고 한다.
범장은 《북부여기》를 집필했을 뿐 아니라, 〈삼성기전〉「하편」의 저자인 원
동중(元董仲)으로 알려진 원천석(元天錫)과 함께 《화해사전(華海師全)》을
편집했다는 것으로 보아 〈삼성기전〉「하편」의 집필에 상당한 영향을 주었
음을 시사하는 바가 크다. 이러한 인물들과 뜻을 같이 했던 선생께서는
《단군세기》와 《태백진훈》을 집필했으니, 이들과 함께 선생께서는 우리의
상고역사와 상고철학의 맥을 계승하는 위대한 역할을 했던 것이다.

환단의 역사의식이 있었던 선생께서는 삶의 철학에 있어서도 그 뜻을
굽히지 않았기에 조정에 나가 상소하여, 권신(權臣) 무리가 국호를 폐하
고 행성(行省)[1]을 세우고자 하는 의논을 저지하기도 했다. 그 상소문은
대략 이러하다.

"하늘 아래 살고 있는 모든 사람은 각기 자신이 살고 있는 나라를
조국으로 삼고 제 풍속으로 민속을 삼으니, 나라의 경계를 깨뜨릴 수
없으며 민속 또한 뒤섞이게 할 수 없는 일이옵니다. 하물며 우리나라
는 환단시대(桓檀時代) 이래로 모두 천상에 하느님의 아들이라 칭하
였고 하늘에 제사를 지냈습니다. 그러니 애당초 분봉(分封)을 받는 제
후와는 원래 근본이 같을 수 없습니다.
비록 지금은 일시적으로 남의 굴레 밑에 있으나 뿌리가 같은 조상

1) 행성 : 정동행성으로 원나라가 일본을 정벌하기 위해 고려에 설치한 관청이다.

(一源之祖)에게 물려받은 정혼(精魂)과 혈육(血肉)을 소유하고 있으니, 이것으로 배달의 신시개천(神市開天)과 단군조선의 삼한관경(三韓管境)이 천하 만세에 크게 이름을 떨친 나라가 된 까닭입니다.

우리 천수(天授) 태조 왕건께서는 창업의 자질을 갖추시고, 고구려의 건국이념인 다물 정신을 계승하여 세상을 평정하고, 국가의 명성을 크게 떨치셨습니다. 간혹 이웃에 강적이 생겨 승세를 타고 횡포를 부려서 유주(幽州, 하북성 북경 일대)와 영주(營州, 지금의 조양일대)의 동쪽이 아직도 우리에게 돌아오지 못하고 있습니다만, 바로 이것이 임금과 신하가 밤낮으로 분발하여 자주와 부강의 계책을 꾀해야 하는 까닭입니다. 그런데도 오잠(吳潛)과 류청신(柳淸臣)[1] 같은 간악한 무리가 감히 멋대로 음모를 꾸미고 있는 것입니다.

우리나라가 비록 작기는 하나 어찌 국호를 폐할 수 있으며, 임금의 힘이 비록 약하나 위호(位號)를 어찌 낮출 수 있겠사옵니까? 이제 이러한 거론은 모두 간사한 소인배가 죄를 감추고 도망하려는 데에서 나온 것일 뿐, 결코 나라 사람들의 공언(公言)이 아닌 줄로 아옵니다. 마땅히 도당(都堂, 의정부의 옛 이름)에 청하여 그 죄를 엄히 다스려야 할 것이옵니다."

〈태백일사〉「고려국 본기」

상소문에서 선생이 하늘의 아들이 다스리던 천자(天子)의 나라였다고 함은 우리민족이 천하의 중심이었다는 것을 말한다. 천하중심(天下中心)의 의미는 창세 이래 문명의 종주국(宗主國)이었다는 것을 나타낸다. 이러한 까닭에 그 위대한 문명의 종주국이 한민족이었다는 것을 선생은 다시 한 번 드러내 보였다. 그러면서 우리는 그 위대했던 선영들의 피를 이

---

1) 오잠과 류청신 : 고려 후기의 간신인 오잠과 류청신은 왕위를 노리는 심양왕(瀋陽王) 고(暠)에게 붙어 충선왕을 모함하려했다. 또 원의 황제에게 고려에 정동행성(征東行省)을 설치하고 국가를 폐하여 원나라의 내지(內地)와 똑같이 다스릴 것을 청하였다.

어받은 후손들임을 연이어 천명하였다. 이것은 우리가 다물정신을 계승하여 자주(自主)와 부강(富强)에 힘쓰면 다시 잃어버린 영광을 회복할 수 있는 능력이 있다는 것이다. 우리에게는 이처럼 선령들로부터 이어받은 능력이 있기에 그 뜻을 잊지 말고 실천해야한다는 것이 선생이 가진 생각이었다.

삼신일체의 도(道)를 말하다

한민족이 천자의 나라인 문명의 종주국이 될 수 있었던 것은 위대한 천지인(天地人)의 사상을 가졌기 때문이다. 천지인사상(天地人思想)이 위대하다고 함은 더 이상이 없는 큰 틀이면서도 하늘과 땅이 인간과 더불어 역사의 목적을 실행해 나가는 원리를 가졌기 때문임을 말한다. 그 원리가 이른바 삼신사상(三神思想)으로 나타나게 되는 삼일철학이다.

한민족의 위대한 삼신사상은 삼일철학(三一哲學)을 바탕으로 생겨났고, 천부경을 통해 그 실체를 드러낸다. 삼일철학에 의하면 우주는 암흑인 대허(大虛)로부터 시작하여 한빛인 일신(一神)을 통해 생성된다. 이 일신의 작용을 삼일철학에서는 세 가지의 작용으로 나타난다고 한다. 그것이 천일신(天一神), 지일신(地一神), 태일신(太一神)인 삼신의 작용이다.

본체를 일신으로 하고, 작용을 삼신(三神)으로 하게 되면 이제는 만물을 낳을 수 있는 형체를 갖추어야 한다. 이것은 일신이 무한계인 무형일 뿐 아니라, 이로부터 시작되는 삼신의 경우도 무형을 통한 생장성(生長成)하는 성향에 불과하기 때문이다. 일신과 삼신이 이처럼 무형과 생장성하는 원리에 불과하기에 일신은 자신을 둘러씌울 물질을 얻게 되어 있다. 이때의 물질이 근본이 되는 조(粗)이다. 일신이 기체(氣體)가 되는 극미의 물질인 粗를 얻게 되면 허조동체(虛粗同體)인 일기(一氣)를 이루게 된다. 그러면 일기는 대허(大虛), 일신(一神), 삼신(三神)으로 대표되는 허(虛)와 물질의 형태인 조(粗)로 인해 허조동체가 되기에 만물의 본체를 이룬다.

만물의 본체가 되는 일기인 허조동체를 이루게 되면 이제는 자신의 모습을 확연하게 드러내는 삼극(三極)으로 확장되어 간다. 그러면 우주(宇宙)는 삼극이 되는 천지인(天地人)으로 자신을 드러내게 되며, 이 중에 인간(人間)은 삼극에 해당하는 성명정인 삼진(三眞)으로 자신의 모습을 드러내게 된다. 천지인의 삼극과 성명정의 삼진이 이처럼 자신을 드러내게 되면 이로부터 외형이 확장이 되면서 인간생명은 그 성향을 완전하게 갖추게 되어 있다.

인간생명이 형성되어 그 모습을 갖추게 되면 우리의 신체는 현상계의 영향을 받기에 분화의 과정을 거치게 되고, 결국에 가서는 늙게 되면서 죽음을 맞이할 수밖에 없다. 그런데 인간의 혼령(魂靈)만큼은 천지가 지닌 순수한 기능을 그대로 가지고 있는 까닭에 분화되기 이전으로 되돌리기만 한다면 율려(律呂)인 우주정신과 일체를 이루게 됨에 따라 영원히 윤회를 끊을 뿐 아니라, 불멸하는 삶을 살기도 한다. 인간에게는 이처럼 윤회를 끊는 것과 불멸의 길도 있기에 지혜로운 자들은 구도자의 길을 가게 되었다. 이와 같기에 한민족의 얼(魂)을 되살린 환국, 배달, 단군조선에 이르기까지 초대(初代) 천자(天子)들은 하나같이 수행하는 모습을 보이기도 했다.[1]

한민족에게 있어 수행의 목적은 삼신과 하나가 되는데 있었다. 이것은 신령함을 지닌 한빛을 얻어 무소부재와 불멸함을 얻는 것은 물론이요, 천

---

1) 〈삼성기전〉「하편」에 의하면 "처음 환인(桓仁)께서 천산(天山)에 올라 도(道)를 깨쳐 오래도록 사시었다.〔初桓仁 居于天山 得道長生〕"고 한다. 〈삼성기전〉「상편」에서는 환웅천왕께서 "밖으로 외물을 삼가고, 문을 닫고 스스로 수행을 하니, 주문을 읽어 원하는 바를 이루었다.〔忌愼外物 閉門自修 呪願有功〕"고 했다. 마찬가지로 〈삼성기전〉「상편」에서는 단군왕검께서 "곧게 두 손을 맞잡고 함이 없는 가운데 좌정(坐定)하여 깊은 침묵 속에서 현묘한 도를 얻으시었다.〔端拱無爲 坐定世界 玄妙得道〕"고 전한다.

하만사에 통하는 상태에까지 이르고자 했기 때문이다. 그렇다면 삼신과 하나가 되는 수행방법은 무엇이 있는지 궁금하지 않을 수 없다. 그 답변으로 이암선생께서는 〈태백진훈〉「범장」과의 문답에서 삼신을 모아 일기 (一氣)를 이루는데 있고, 〈단군세기〉「서문」에서는 삼신일체의 도(道)가 대원일(大圓一)에 뜻이 있다고 말하기도 하였다.

삼신(三神)을 모아 일기를 이룬다는 것은 성명정(性命精)과 심기신(心氣身), 그리고 감식촉(感息觸)에 이르기까지 내부로 가리어진 삼신을 다시 되돌려 회복하겠다는 말과 같다. 이는 삼진, 삼망, 삼도에 의해 가리어진 삼신을 다시 회복하여 본래의 모습인 일기로 되돌려 놓겠다는 것과 같은 말이다.

삼신일체의 도(道)가 대원일에 뜻이 있다는 것은 삼신과 한 몸을 이루는 가르침은 하늘의 위대함(大)을 바탕으로 삼고, 땅의 원만함(圓)을 이루어, 사람의 하나(一) 됨의 길을 통해 이루어지게 된다는 것을 말한다. 그러므로 이것은 하늘의 위대한 성심감(性心感)과 땅의 원만한 명기식(命氣息)을 통해 사람의 하나 됨의 길인 정신촉(精身觸)을 바탕으로 삼을 때 삼신이 한 몸이 되는 것과 같은 삼진귀일(三眞歸一)을 이룰 수가 있다는 것이다.

선생의 말씀을 간추려보면 삼신과 하나가 되기 위한 수행법의 목적은 삼신을 모아 일기를 이루는데 있고, 그 방법은 대원일(大圓一)의 길을 통해 이루어진다는 이야기이다. 선생께서 이처럼 삼신과 하나가 되기 위한 수행법의 목적과 그 방법을 말한 것은 세상에 앞서 먼저 나를 알기 위함이며, 삶의 목적이 참나(眞我)를 이루어 덕혜력(德慧力)과 더불어 자유(自由)와 불멸(不滅)을 얻는데 있기 때문이다. 이 때문에 이암선생께서는 나를 알고, 참나를 이루어 덕혜력과 함께 자유와 불멸의 삶을 사는 것이 인생의 참된 길이기에 그 목적을 이룰 수 있는 삼신일체의 도(道)를 내세웠던 것이다.

인류를 위해 정신문화에 힘쓴 이암선생에 대해 일십당주인(一十堂主人) 이맥은 〈태백일사〉「고려국 본기」에서 "세속의 자질구레한 일에 얽매이지 아니하고, 고사(古史)에 박식한 행촌의 학문은 그 뛰어남이 칭찬받을 만 하였다"고 말한다. 그러면서 그가 언급했던 참전의 계율(대원일 道)을 닦는 법도는 대저 성명정을 응기시켜 덕혜력(德慧力)을 이루는데 있고, 영원한 대정신(大精神)과 혼연일체가 되는데 있다고 말하기도 하였다.

그 참전의 계율을 닦는 법도는 대저 성품(性)을 응결시켜 지혜(慧)를 이루고, 목숨(命)을 응결시켜 덕(德)을 이루며, 정수(精)를 응결시켜 힘(力)을 이루는 것이다. 우주에 삼신이 영원히 존재해 있고, 인물에 삼진이 불멸하는 것은 마땅히 하늘 아래 영원한 대정신(大精神)과 혼연일체가 되어 생성과 변화가 무궁하기 때문이다.

이맥(李陌)이 전하고 있는 하늘 아래의 영원한 대정신은 삼신을 품고 작용하는 일기(一氣)를 말한다. 이 일기로 인해 만물은 생겨나고, 만물 속에 내재되어 근원을 이루니, 일기는 순수음양인 율려(律呂)를 나타낸다. 이러한 까닭에 우리가 영원한 대정신인 일기와 혼연일체가 되는 일은 시공을 뛰어넘은 자유인(自由人)이 되고, 천지와 영원히 함께 하는 불멸(不滅)의 존재가 되는 일이기도 하다.

영원한 대정신과 혼연일체가 되는 일을 이암선생께서는 대원일(大圓一)을 통한 수행의 체계 속에서 성명정을 응기시킬 때에 이루어지게 되어 있다고 말씀을 하셨다. 이것은 선생께서 우리로 하여금 수련의 방법으로서 대원일의 길이 얼마나 중요한지를 알게 하는 말씀이기도 하다. 이른바 천지인의 합일체인 정수(精水)를 얻어 무형의 천지인인 삼신(三神)과의 합일을 이루는 대원일의 수련법을 통하지 않고서는 참나(眞我)를 얻는 길은

318

불가능하기 때문임을 말한다. 그런 까닭에 우리는 밝음을 얻어 천지와 함께 하는 삶을 살기 위해서라도 반드시 삼신일체를 위한 수련을 하지 않을 수가 없다고 여겨진다.

선생께서는 지금까지 삼신과 하나가 되는 수련법의 목적으로 일기(一氣)를 이루는데 있고, 그 목적을 이루기 위해서는 대원일에 의한 수련법을 통해서만이 가능하다고 말했다. 그러면서 그 모든 원리는 삼신일체의 원리로 되어 있는 까닭에 삼신일체의 도(道)를 내세우셨다. 우리는 여기서 삼신일체의 도가 삼신과 한 몸이 되는데 있는 것을 아는 까닭에 일기를 회복하여 인중천지일(人中天地一)을 이루는데 우리의 목적이 있다는 것을 알 수 있다. 그러므로 이암선생께서는 인생의 목적으로 더 이상이 없는 궁극적인 가르침을 내세웠던 것이다.

삼일철학을 역사에 세우다

인간을 천지에 버금가는 우주적 존재로 인식시킨 삼신사상은 환국(桓國)을 거쳐 환웅천왕으로부터 비롯되었다. 그런데 우리의 역사에서 그 위대한 환웅의 도(道)를 찾아보기가 쉽지 않다. 외세에 의해 찢기고 찢겨 유불선으로 갈리어 나가면서 그 정수(精髓)를 잃어버렸기 때문이다. 하지만 짙은 어둠 속에서 다시 여명이 밝아오듯이 외세의 침략이 극심했던 고려 말에 소전거사(素佺居士)로 인해 잃어버린 위대한 역사를 되찾고, 삼신사상을 회복할 수 있는 작은 불씨를 얻게 되었다. 이로부터 그 위대한 불씨를 되살리는 인물들이 고려 말에 등장하니, 그들이 〈삼성기 전〉「下편」의 저자인 원동중, 《단군세기》의 저자인 이암, 《북부여기》의 저자인 범세동, 《진역유기》의 저자인 이명 등이었다.

이들 중에 선생은 《단군세기》와 《태백진훈》을 통해 삼일철학의 원리를 자세히 밝힘으로써 삼신사상의 위대함을 역사 속에 드러내는 발자취를 남기게 되었다. 삼일철학의 원리 중에 대표적으로 드러낸 것이 일기(一氣)에 대한 허조동체의 가르침이요, 회삼귀일이 삼신(三神)을 모아 귀일하게 된다는 가르침이며, 일체삼신(一體三神)과 일상삼진(一像三眞)이 서로 각기 본체와 작용의 관계 속에서 움직인다는 가르침이었다.

선생께서 말씀하신 가르침 중에 허조동체인 일기(一氣)에 대해서는 근원적이면서도 생멸(生滅)과 불생불멸(不生不滅)의 합체, 증감(增減)과 부증불감(不增不減)의 합체라는 것을 〈태백진훈〉「하편」에서 자세히 언급함으로써 일시무시일을 해석하는데 있어 폭넓은 안목을 심어주었다. 뿐만 아니라 〈태백일사〉「소도경전 본훈」에서 이맥(李陌)이 전하고 있는 내용에 앞서 회삼귀일이 삼신(三神)을 회복해 하나로 돌아가게 된다는 것을 밝힘으로써 삼진귀일(三眞歸一)을 통해 후천일기가 만들어진다는 것을 가장 일찍 드러내기도 하셨다. 이것으로 보아 이암선생께서는 천부경을 해석하는데 있어 상당한 기여를 했다는 것을 알 수 있다. 그러나 자신의 노력에도 불구하고 삼신사상의 위대함을 전부 드러내 놓지 못함을 아쉬워하는 모습을 내비치기도 했다.

위대하도다 환웅천왕이시여!
뭇 사람 중에 먼저 나와 천도(天道)의 근원을 체득하시고
크게 밝은 가르침을 세우시니,
신시개천의 의미가 비로소 세상에 크게 밝아졌도다.
지금 우리는 글을 통해 도(道)를 구하고,
전(佺)에 참여하여 계(戒)를 받아
우리의 가르침을 받들고 있으나,
아직도 계발하지 못하고 있다.
또 온갖 가르침을 듣는다 해도 여전히
이해하기 어렵나니, 늙어감이 한스럽도다!

<태백일사>「고려국 본기/이암선생」

위의 문장에서 선생은 위대하신 환웅천왕께서 신시개천의 의미를 크게
드러내시었다고 했다. 하지만 시대의 변천과정 속에서 그 위대한 가르침
을 잊었기에 자신이 다시 복원하고자 하나, 아직도 삼일철학의 내용을 계
발하지 못하고, 이해하기 어려운 내용이 많다는 겸손한 자세를 취하기도
한다. 선생의 이와 같은 말씀과 자세로 볼 때 선생께서는 한민족사의 정
신을 담고 있는 삼일철학을 평생의 숙원(宿願)으로 삼았던 것으로 보인
다. 이런 점에서 보아 선생께서는 한민족사의 제2에 정신문화의 부흥을
꿈꾸던 인물이었다.

부록 : 《단군세기》『서문』에 담긴 삼신관(三神觀)

나라와 역사, 사람과 정치는 하나

우리 민족의 시작됨은 생각하건대 유구하다. 태초로부터 질서와 법도가 이미 바르게 증거가 더해져 나라(國)와 역사(史)가 함께 존재하며 사람(人)과 정치(政)가 함께 거론되니, 이 모두 우리 스스로가 우선시하고 소중히 여겨야 할 것이로다.

〔斯民之生이 厥惟久矣오. 創世條序가 亦加訂證하다. 國與史로 竝存하고 人與政이 俱擧하니 皆自我所先所重者也라.〕

◉ 斯 : 이 사(희다). 厥 : 그 궐(발굴하다). 惟 : 생각할 유(마땅하다, 오직). 條 : 가지 조(조리, 맥락). 亦 : 또 역(만약, 역시, 이미). 加 : 더할 가(있다, 미치다). 訂 : 바로잡을 정. 俱 : 함께 구(갖출 구)

❏ 〈삼성기전〉「상편」에 의하면 오환건국(吾桓建國)이 최고(最古)라 하여 우리 환족의 나라 세움이 가장 오래 되었다고 한다. 이와 같기에 오랜 역사 속에서 질서와 법도가 바르게 증거가 더해지며 나라의 체제는 발전하였고, 역사는 세월과 함께 만들어져 왔다. 특히 이 과정 속에서 현자(賢者)가 그 이름을 드러내고, 흥망의 요인을 간파하는 성숙된 정치에 뜻을 두게 되었으니, 선생께서는 이 모두를 우리가 소중히 여겨야할 것이라고 하였다.

나라는 형체(形), 역사는 혼(魂)

아아! 정치는 그릇(器)과 같고 사람은 도(道)와 같으니, 그릇이 도를 떠나서 어찌 존재할 수 있으리오. 나라는 형체(形)와 같고 역사는 혼(魂)과 같으니, 형체가 그 혼을 잃고서 어찌 보존될 수 있겠는가.

322

〔嗚呼라 政猶器하고 人猶道하니 器可離道而存乎오. 國猶形하고 史猶魂하니 形可失魂而保乎아.〕

◉ 猶 : 오히려 유(가히, 마땅히). 可 : 옳을 가(듣다, 쯤, 정도, 가히)

❑ 선생께서 정치는 물건을 담을 수 있는 그릇(器)과 같고, 사람은 근본이 되는 도(道)와 같다고 했다. 그러면서 "그릇이 도를 떠나서 어찌 존재할 것인가"라고 하여 그릇이 되는 정치와 도가 되는 사람은 둘이 아닌 하나임을 드러내었다. 마찬가지로 나라는 외형을 이루는 형체(形)와 같고, 역사는 내면에 존재하는 혼(魂)과 같다고 하였다. 그러면서 "형체가 혼을 잃고서 어찌 보전될 수 있겠느냐"고 하여 형체를 지닌 나라와 혼이 깃든 역사도 둘이 아닌 하나로 봐야하고, 어느 한쪽도 소홀함이 없어야 함을 드러내었다.

천하만사는 무엇보다 먼저 나를 아는 일

도와 그릇을 함께 닦는 자도 나요, 형체와 혼을 함께 확장해 나가는 자도 나다. 그런 까닭에 천하만사는 무엇보다 먼저 나를 아는 데 있다. 그렇다면 나를 알려고 할진대 무엇으로부터 시작해야 하겠는가?

〔竝修道器者 我也며 俱衍形魂者亦我也라. 故로 天下萬事가 先在知我也니라. 然則其欲知我면 自何而始乎아?〕

❑ 선생께서는 앞서 나라와 역사가 함께 존재하며, 사람과 정치가 함께 거론될 수밖에 없는 필연적 관계에 대하여 언급했었다. 이른바 정치와 사람, 나라와 역사는 둘이 아닌 하나임을 내비추었다. 그런데 이번에는 도와 그릇을 함께 닦는 자도 나요, 형체와 혼을 함께 확장해 나가는 자도 나라고 하였다. 이것은 크게 보면 천하만사가 사람과 정치, 나라와 역사

로 구성이 되며 진행이 되듯이 작게는 내 자신의 정신을 이루는 본질적인 도와 삶을 펼쳐가는 행위의 현상적인 그릇이 나에게 있고, 육신을 이루는 형체와 신(神)의 성향을 지닌 혼(魂)도 나에게 있는 까닭에 천하만사는 먼저 나를 아는데 있다고 말한 것이다. 이와 같기에 선생은 나를 알려고 할진대 "무엇으로부터 시작해야 하겠는가?"라고 하여 다시 근본적인 질문을 던지기도 하셨다.

대원일(大圓一)에 뜻을 둔 삼신일체의 도(道)

대저 삼신일체의 도(道)는 대원일(大圓一)에 뜻이 있기에 조화신(造化神)은 내려와 나의 본성(性)이 되고, 교화신(教化神)은 내려와 나의 목숨(命)이 되며, 치화신(治化神)이 내려와 나의 정수(精)가 된다. 그러므로 오직 사람만이 만물 가운데 가장 고귀하고 존엄한 존재이다.

〔夫三神一體之道 在大圓一之義하니 造化之神이 降爲我性하고 教化之神이 降爲我命하고 治化之神이 降爲我精하나니 故로 惟人이 爲最貴最尊於萬物者也라.〕

❑ 선생은 내 자신을 알기위한 방법과 무엇으로부터 시작해야 하는가의 결론으로 삼신일체의 도(道)를 언급하셨다. 선생이 말한 삼신일체(三神一體)는 삼신이 하나의 몸으로 되어 있다는 의미이기에 집일함삼(執一含三)하고, 회삼귀일(會三歸一)을 하는 가르침을 말한다. 이와 같이 내 자신을 알기 위한 방법으로는 집일함삼하고, 회삼귀일을 하는데 있기에 그 길은 오직 근원에 중심을 둔 수련(修鍊)밖에는 없다는 이야기이다.

선생의 말씀에서 대원일(大圓一)에 뜻이 있기에 조교치(造教治)가 내려와 성명정(性命精)을 이루게 되었다는 말은 우리에게는 위대함(大)을 본받고, 원만함(圓)을 이루어, 하나(一)됨의 길을 가게 되어 있기에 성명정을

324

내려 받게 되었다는 것을 말한다. 이것은 인간이 천지를 대행하는 존재이기에 삼신께서는 아낌없이 삼신의 기능을 부여했다는 말과 같다. 그렇다면 사람은 천지를 대행하여 참나(眞我)를 얻을 수 있는 성향을 갖고 태어났다는 것이 된다. 이와 같기에 선생께서는 오직 사람만이 만물 가운데 가장 고귀하고 존엄한 존재라고 하셨다.

대원일에 대하여 좀 더 부연하여 설명하자면 그 전체의 체계는 아홉 가지의 계율로서 세 가지의 위대함인 삼대(三大), 세 가지의 원만함인 삼원(三圓), 세 가지의 하나 됨인 삼일(三一)을 말한다. 대원일에서의 삼대는 하늘(天一)의 길인 지능대(知能大), 축장대(蓄藏大), 현묵대(玄默大)요, 삼원은 땅(地一)의 길인 택원(擇圓), 효원(效圓), 보원(普圓)이요, 삼일은 사람(人一)의 길인 협일(協一), 근일(勤一), 진일(眞一)이다.

	삼대(三大)	삼원(三圓)	삼일(三一)
부도(父道) - 空我 -	현묵대(玄默大) 정정(定靜)	보원(普圓) 호탕(浩蕩)	진일(眞一) 순박(醇樸)
사도(師道) - 求獨 -	축장대(蓄藏大) 박식(博識)	효원(效圓) 겸허(謙虛)	근일(勤一) 갈력(竭力)
군도(君道) - 知我 -	지능대(知能大) 지성(知性)	택원(擇圓) 안목(眼目)	협일(協一) 목적(目的)

대원일(大圓一)의 가르침을 우리는 참전계(參佺戒)라고도 한다. 이는 대원일의 가르침이 온전한 사람이 되기 위해 참여하는 계율이기 때문임을 말한다. 대원일의 가르침이 이처럼 계율로 나타남에 따라 하늘의 세 가지

길인 삼대(三大)와 땅의 세 가지 길인 삼원(三圓), 그리고 사람의 세 가지 길인 삼일(三一)은 계율의 첫 번째가 되는 지아(知我, 나를 아는 일)의 단계를 밟게 되는데, 이때에는 군도(君道)의 길인 지능대(知能大), 택원(擇圓), 협일(協一)로부터 시작이 된다. 그러므로 군도의 길은 우리로 하여금 지성적 인물이 되게 하고, 사물을 구별하는 안목을 갖게 하며, 여러 갈림길에서 벗어나 오직 한 길인 목적을 갖게 하는데 있다는 것을 알려준다.

대원일에 있어 계율의 두 번째가 되는 구독(求獨, 홀로 구하는 일)의 단계는 사도(師道)의 길인 축장대(蓄藏大), 효원(効圓), 근일(勤一)로부터 시작이 된다. 그러므로 사도의 길은 우리로 하여금 박람박식하게 하고, 자신을 비워 만물을 수용하는 겸허함을 갖게 하며, 하나의 일에 온갖 정력을 쏟는 갈력에 힘쓰게 하는데 있다는 것을 알려준다.

대원일에 있어 계율의 세 번째가 되는 공아(空我, 나를 비우는 일)의 단계는 부도(父道)의 길인 현묵대(玄默大), 보원(普圓), 진일(眞一)로부터 시작이 된다. 그러므로 부도의 길은 우리로 하여금 깊은 고요함에 이르게 하고, 산천의 기운과 하나가 되는 호호탕탕함을 이루게 하며, 절대순수의 세계인 하나에 머물게 하는데 있다는 것을 알려준다.

세 번째 계율을 통한 공아(空我)의 단계가 이루어지면 이때에는 비로소 거발환(居發桓)을 이루는 일만 남겨진다. 그러면 드디어 밝음을 얻기 위한 인중천지일을 이루는 존재로 탈바꿈을 하게 됨에 따라 空我의 단계는 우리로 하여금 참나(眞我)를 이루게 하는데 있어 절대적이라 할 수 있다.

심기쌍수(心氣雙修)의 원리

대저 성품(性)이란 신(神)이 생겨나고 자리를 잡는 근거이다. 신이 성품에 뿌리를 두고 있지만 성품이 곧 신인 것은 아니다. 기운(氣)이 환히 빛나 어둡지 않는 것이 곧 참된 성품이다. 이러한 까닭에 신(神)은 기운을 떠날 수 없고, 기운은 신을 떠날 수 없으니, 나의 몸(身)에서 신이 기운과 합해진 후에야 나의 몸에서 성품과 함께 목숨(命)을 보게 되는 것이다. 〔夫性者는 神之根也니 神本於性이나 而性未是神也오 氣之炯炯不昧者가 乃眞性也라 是以로 神不離氣하고 氣不離神하나니 吾身之神이 與氣로 合而後에 吾身之性與命을 可見矣오.〕

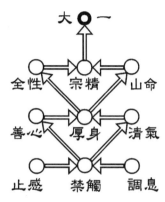

❑ 위의 내용은 거발환을 이루기 위한 수련(修鍊)의 체계에 대한 말씀이다. 이 말씀에서 성품(性)이란 신(神)이 생겨나고 자리를 잡는 근거라고 했다. 이는 문뜩문뜩 떠오르는 생각(神, 思)과 생각을 담고 조율할 수 있는 마음(心)이 성품에 뿌리를 두고 있기 때문임을 말한다. 그런 까닭에 성품이란 생각을 낳을 뿐 아니라, 생각을 조율할 수 있는 마음에 뿌리가 되는 위치에 있다는 것을 알려준다.

기운(氣)이 환히 빛나 어둡지 않는 것이 곧 참된 성품이라는 말은 우선 기운을 겉으로 하고, 성품을 안으로 한다는 것이다. 이는 삼진(三眞)에 해당하는 성품과 함께 목숨이, 삼망(三妄)에 해당하는 마음과 기운의 내부에 존재하고 있기 때문이다. 이와 같기에 그 내부에 참된 성품이 있는 까닭에 기운(氣)은 환희 빛날 수밖에 없다는 것을 말한다.

나의 몸(身)에서 神이 氣와 합해진 후에야 나의 몸에서 성품과 함께 목숨(命)을 볼 수 있다는 말은 나의 몸이 마음(心)과 함께 기운(氣)의 사이에서 중일(中一)을 이루어 한 단계 상승하게 하는 역할을 가졌기 때문이다. 이 때문에 우리는 중일을 이루는 몸을 두텁게 하여 더 이상 얇어지지 않도록 하는 것이 중요하다고 하겠다.

성명쌍수(性命雙修)의 원리

성품(性)은 목숨(命)과 분리될 수 없고, 목숨도 성품과 분리될 수 없나니, 나의 몸(身, 精)에서 성품과 함께 목숨이 합해진 후에야 나의 몸(身, 精)에서 성품이 신(神)으로부터 비롯된 것도 아니요, 목숨이 기(氣)로부터 비롯된 것도 아님을 가히 보게 되리라.

〔性不離命하고 命不離性하나니 吾身之性이 與命으로 合而後에 吾身의 未始神之性과 未始氣之命을 可見矣니라.〕

◉ 未 : 아닐 미. 始 : 비로소 시. 矣 : 어조사 의

❑ 이번에는 심기쌍수(心氣雙修)에 이어서 성명쌍수(性命雙修)를 이루게 되는 내용이다. 성명쌍수에 있어 성품(性)과 목숨(命)이 하나로 모아지는 곳은 엄밀히 말하면 정수(精)이다. 하지만 선생께서는 몸이 정수를 감싸고 있기에 넓은 의미에서 몸으로 지칭한 것으로 보인다.

선생께서는 신(神)으로부터 성품이 비롯된 것도 아니요, 기운(氣)으로부터 목숨이 비롯된 것도 아님을 가히 보게 되리라 했다. 이 말은 성품과 목숨이 神(생각, 마음)과 기운(氣)에 의해서가 아닌, 이보다 더 근원적이기 때문이라는 것을 말한다. 그런 까닭에 성품과 목숨은 신과 기운으로부터 비롯된 것이 아닌, 월등히 뛰어난 일기(一氣)로부터 비롯되었다는 것을 선생은 말하고 있는 것이다.

《삼일신고》의 내용과 관련하여 좀 더 알아보면 처음 수행은 지감(止感), 조식(調息), 금촉(禁觸)으로부터 시작한다. 다만 그 전에 기쁨, 두려움, 슬픔, 탐욕, 싫음으로부터 오는 느낌(感)과 향내, 물러터질 내, 한기, 열기, 건기, 습기로부터 오는 숨(息)과 소리, 색깔, 냄새, 맛, 음탕함, 살닿음으로부터 오는 접촉(觸)의 열여덟 지경으로 인한 환경적인 조성이 우선 먼저인 것은 맞다. 하지만 본격적인 수행은 지감, 조식, 금촉으로부터

시작을 하게 되어 있다.

그럼 이제 감식촉(感息觸)에 있어 느낌을 멈추는 지감(止感)으로부터 시작해 숨을 고르는 조식(調息)에 이어 접촉을 억제하는 금촉(禁觸)으로부터 수행(修行)은 시작이 된다. 그런 다음 쉬지 않는 마음인 선심(善心)을 바탕으로 맑은 기운인 청기(淸氣)와 함께 두터운 몸인 후신(厚身)을 얻게 되면 이때부터 성품과 목숨이 보이기 시작한다.

느낌을 그치고 숨을 고르게 하며 접촉을 억제하는 것을 좀 더 세밀히 보자면 느낌을 그치는 것은 단전(丹田)에 집중을 위해 번뇌망상을 가라앉혀야 함을 말한다. 호흡을 고르게 해야 함은 단전이 이끄는 대로 자연적인 호흡이 되도록 해야 함을 말한다. 접촉을 억제해야 함은 단전에서의 집중이 잘 될 수 있도록 경직된 몸의 긴장을 풀고 눈을 반개(半開)해야 함은 물론이고, 외물(外物)을 삼가며 고요한 장소를 택해야 함을 말한다. 이것이 단전에서의 1단계인 지감, 조식, 금촉의 길이다.

감식촉의 단계를 뛰어넘게 되면 심기쌍수(心氣雙修)를 하게 되는데, 이때에는 마음(心)은 단전(丹田)을 중심으로 떠나지 않도록 쉼이 없이 잘 지켜내는데 있고, 기운(氣)은 단전의 자발적 호흡으로 인한 움직임을 끊어지지 않게 하는데 있다. 그러면 마음은 단전의 움직임을 떠나지 않고, 기운은 단전의 움직임을 지속시킴으로 해서 몸(身)으로부터 맑은 기운이 뭉쳐져 열기(熱氣)가 발생한다. 이렇게 되면 몸을 두텁게 북돋게 되어 있어 한 단계 수행의 진보를 이루게 된다. 이것이 단전에서의 2단계인 선심(善心), 청기(淸氣), 후신(厚身)의 길이다.

건실한 두터운 몸을 이루게 되면 어느 순간 몸에서 성품과 목숨이 보이기 시작하면서 성명쌍수(性命雙修)의 단계에 이른다. 성명쌍수에서 성품의 역할은 단전을 중심으로 마음을 지극한 고요함에 이르게 하는 일이고, 목숨은 단전을 바탕으로 망형망재(忘形忘在)의 상태에서 기운을 확장하여 막힘이 없이 넓히는 일이다. 이렇게 되면 단전을 중심으로 열기가 뭉치고 확장되면서 점차 참된 정수를 만들게 된다. 그러면 비로소 성품은 온전한 신령함을 얻게 되고, 목숨은 활달한 삶으로 나타나며, 정수는 영원히 지속되는 존귀한 개체로 변화가 이루어지기에 이때부터 일기(一氣)를 회복하기 위한 삼신과의 합일은 이루어지기 시작한다. 이것이 단전에서의 3단계인 전성(全性), 산명(山命)[1], 종정(宗精)의 길이다.

생명의 근원으로부터 시작된 성명정(性命精)

그런 까닭에 그 성품은 신령함으로 드러남이니, 천신(天神)과 더불어 그 근원을 함께 함이요, 그 목숨은 삶으로 나타남이니, 산천(山川)과 더불어 그 기운을 함께 함이요, 그 정수는 영원히 지속됨이니, 창생(蒼生)과 더불어 그 삶을 함께 함이다. 하나를 잡아 셋을 품고, 셋을 모아 하나로 돌아간다는 말은 바로 이런 것이다.

〔故로 其性之靈覺也는 與天神으로 同其源하고 其命之現生也는 與山川으로 同其氣하고 其精之永續也는 與蒼生으로 同其業也니 乃執一而含三하고 會三而歸一者가 是也니라.〕

◉ 覺 : 깨달을 각(깨닫다, 드러내다, 나타내다). 現 : 나타날 현(실재)

☐ 성명쌍수(性命雙修)하게 되는 이전의 내용을 보게 되면 성품과 목숨은 신(神, 思)과 기(氣)에서 비롯된 것이 아니라, 이보다 더 근원적인 것으로부터 비롯되었다고 하였다. 이 때문에 이번 문장에서는 성품(性)은 신령함으로 드러나게 되고, 목숨(命)은 삶으로 나타나며, 정수(精)는 영원히

---

1) 〈태백일사〉「삼신오제본기」를 보면 산(山)을 군생통력(群生通力)의 장소라고 했다. 산을 군생통력의 장소라고 함은 많은 생명에게 힘을 통하게 하는 장소로 여겨졌기 때문이다. 산은 이처럼 힘을 통하게 하는 장소로 여겨지게 됨에 따라 산이란 생명력이 넘쳐나는 활달함으로 나타나기도 한다.

지속하게 되어 있다고 말한다.

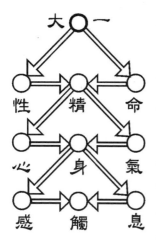

선생은 다시 성품(性)은 신령함으로 드러나기에 하늘을 나타내는 천신(天神)과 더불어 그 근원을 함께 할 수 있게 되었다고 한다. 이것은 우리의 성품이 신령함을 지닌 천신에 못지않게 신성(神性)을 가진 위대함을 지녔기 때문이다. 선생은 다시 목숨(命)은 삶으로 나타나기에 산천(山川)과 더불어 그 기운을 함께 할 수 있게 되었다고 한다. 이것은 나의 목숨이 생산적인 산천에 못지않게 문명(文明)을 만들어가는 위대함을 지녔기 때문이다. 선생은 다시 정수(精)는 영원히 지속하게 됨이니 창생(蒼生)과 더불어 그 삶을 함께 할 수 있게 되었다고 한다. 이것은 나의 정수가 자손을 통해 영세토록 이어지는 창생들에 못지않게 영원히 지속될 수 있는 위대함을 지녔기 때문이다.[1]

지금까지의 내용으로 보아 성품과 목숨, 그리고 정수는 삼망(三妄)인 심기신(心氣身)으로부터 시작된 것이 아닌, 보다 근원적인 일기(一氣)로부터 시작이 되었기에 성품은 신령스러운 천신(天神)과 그 근원을 함께하고, 목숨은 생산적인 산천(山川)과 그 기운을 함께하며, 정수는 역사를 만들어가는 창생(蒼生)과 그 삶을 함께할 수 있게 되었다는 것을 말한다. 그런 까닭에 성명정(性命精)은 현상세계의 작용에 있어서는 그 무엇보다도 가장 위대하다는 것을 선생께서는 드러내시었다.

---

1) 나의 정수(精水)가 영원히 지속될 수 있는 것은 일기(一氣)를 둘러싸고 있는 나의 정수가 얼마만큼 단단히 뭉쳐졌느냐 하는 응집력에 있다. 그러므로 사후(死後)에도 불멸의 정혼(精魂)으로 살아가기 위해서는 반드시 정수를 단단히 뭉치기 위한 행위로써 도(道)를 닦을 필요가 있다고 하겠다.

끝으로 선생께서는 하나(一氣)를 잡아 셋(三神)을 품고, 셋(三神)을 모아 하나(一氣)로 돌아가는 말이 바로 이런 것이라고 했다. 이는 삼신을 품은 일기로부터 성명정을 이루어 분화되었다가 다시 천신과 산천, 그리고 창생과 함께 하는 성명정을 얻어 이로부터 삼신을 회복하게 되어 있기 때문임을 말한다. 결국 이 모든 현상은 삼신을 품은 본체(一氣)가 셋으로 갈라졌으나, 다시 셋(三神)을 회복하여 본체로 되돌아가는 것이 절대적인 법칙이라는 말씀이시다.

참나(眞我)는 일신이 거처하는 궁궐(宮闕)

이러한 까닭에 마음이 한 곳에 정(定)해져 변하지 않는 것을 일러 참나(眞我)라 하고, 신통력으로 온갖 변화를 짓는 것을 일러 일신(一神)이라 하니, 참나는 일신이 거처하는 궁궐(宮闕)이다. 이 참됨의 근원을 알고 법에 의지해 닦고 행하면 상서로운 기운이 저절로 이르고, 밝은 빛이 항상 비치게 되리라. 이것이 바로 사람이 하늘과 서로 하나 되고자 할 때 진실로 삼신(三神)의 계율(참전계)을 굳게 지킬 것을 맹세하고 시작해야만, 능히 이 하나 됨의 경지에 돌아갈 수 있는 것이다.

〔故로 定心不變謂之眞我오 神通萬變을 謂之一神이니 眞我는 一神攸居之宮也라. 知此眞源하고 依法修行하면 吉祥自臻하고 光明恒照하나니 此乃天人相與之際에 緣執三神戒盟而始能歸于一者也니라.〕

◉ 謂 : 이를 위. 攸 : 바 유(장소, 이에). 臻 : 이를 진(도달하다). 際 : 즈음 제(끝, 변두리, 사이). 緣 : 인연 연(가장 자리, 까닭)

❑ 선생의 말씀에서 마음이 하나로 정(定)해진다는 것은 성품과 목숨이나 정수가 되었든 회삼귀일이 되어 하나로 정해진다는 것을 말한다. 이때가 되면 삼신을 회복하게 되고, 정수가 훈열이 되면서 삼신을 둘러싸게 되는

후천일기(後天一氣)를 얻게 되어 있다. 그런 까닭에 내 자신인 선천일기(先天一氣)가 후천일기를 얻게 됨에 따라 선생의 말처럼 참나(眞我)는 이루어진다.

선생은 다시 참나를 이루게 되면 신통력으로 온갖 변화를 짓게 되기에 이것을 일러 일신(一神)이라고 하였다. 이것은 허조동체인 후천일기가 지닌 허(虛), 즉 일신을 얻게 되면 나의 본체인 선천일기가 회복되어 참나를 이루게 되면서 온갖 조화(造化)를 짓기 때문이다. 그래서 이암선생께서는 밝은 빛을 얻어 참나를 이루게 되면 온갖 조화를 짓게 됨에 따라 참나란 일신이 거처하는 궁궐이 된다고 했던 것이다.

선생께서는 참나(眞我)가 일신이 거처하는 궁궐이 된다는 말과 함께 참된 근원을 알고 법에 의지해 닦고 행하면 상서로운 기운이 저절로 이루게 되고, 밝은 빛이 항상 비치게 되리라고도 했다. 이와 같은 말씀은 참된 근원인 일기(一氣)를 회복하기 위해서는 반드시 먼저 본질에 대해 바르게 알고, 법(法)이 되는 참전계(參佺戒)에 의지해 닦고 행하는데 있다는 것을 말한다. 그러면 드디어 나의 자아는 상서로운 기운이 저절로 이루어지게 되고, 밝은 빛이 항상 비치게 되리라는 것이다.

선생께서는 지금까지 말한 결론으로서 사람이 하늘과 하나 되고자 할 때 진실로 삼신의 계율(참전계)을 굳게 지킬 것을 맹세하고, 시작해야만 능히 이 하나 됨의 경지에 이룰 수가 있다고 했다. 이 말은 대원일(大圓一)로 이루어진 참전계가 하늘과 부합되는데 있어 절대적인 가치가 있기 때문이라는 말과 같다. 그런 까닭에 우리가 참나(眞我)를 이루어 밝음을 얻은 존재인 거발환의 존재가 되기 위해서는 반드시 참전계를 바탕으로 삼아야만 한다는 것을 말한다.

성명정(性命精)을 초월한 삼신일체 상제(上帝)

그렇기 때문에 성명정의 기틀에 구애(拘礙)를 받지 않는 삼신일체가 되는 상제(上帝)님은 우주만물과 더불어 혼연일체가 되시니, 마음과 기운과 몸으로 아무 자취를 남기지 않으시나 영원히 존재하시는 분이시다.

〔故로 性命精之無機는 三神一體之上帝也시니 與宇宙萬物로 渾然同體하시며 與心氣身으로 無跡而長存하시니라.〕

❑ 선생은 이전 말씀에 이어 성명정(性命精)에 구애를 받지 않는 삼신일체상제(三神一體上帝)님에 대해 언급하고 있다. 그런데 삼신일체가 되는 상제님이 성명정에 구애를 받지 않는다는 것은 그 분은 삼신과 한 몸이 되어 존재하고 계시기 때문임을 말한다. 그런 까닭에 삼신상제님은 조화세계(造化世界)의 궁극에 계신 분이라는 것을 알려주기도 한다.

심기신(心氣身)으로 아무 자취를 남기지 않으신다고 함은 통치력을 발휘함에 있어서 마음에 걸림도, 기운에 장애도, 육신에 거리낌도 없기 때문이다. 그러면서도 그 존재함이 영원하다고 했으니 상제님과 같은 경지에 올라서면 '형체가 없으나 나타내시고(無刑而見)', '행함이 없으시나 만드시고(無爲而作)', '말이 없으나 행하시는(無言而行)' 삶을 살게 되기 때문임을 말한다. 그러므로 삼신상제님은 우주와 함께 일체(一體)로 존재하는 분이라는 이야기이다.

감식촉(感息觸)을 초월한 환인천제

느낌(感)과 호흡(息)과 접촉(觸)의 기틀에 구애(拘礙)를 받지 않는 분이 인류의 시조되시는 환인주조님이시다. 환인주조님은 세계만방에 한결같이 덕화를 베풀고 함께 즐거움을 누리시며, 하늘·땅·인간 삼계와 더불어 함이 없이 저절로 이루신다.

〔感息觸之無機는 桓因主祖也시니 與世界萬邦으로 一施而同樂하시며 與

天地人으로 無爲而自化也시니라.]

❑ 선생께서는 느낌과 호흡과 접촉의 기틀에 구애(拘礙)를 받지 않는 분이 환인주조님이라고 하셨다. 이 말은 환인께서 지감, 조식, 금촉을 생활화하여 항시 쉬지 않는 착한 마음과 흩어지지 않는 맑은 기운을 유지시켜 위축되지 않는 두터운 몸을 지니셨기 때문임을 말한다. 이 때문에 환인주조님께서는 세계만방에 한결같이 덕화를 베풀고, 천지인 삼계(三界)와 더불어 함이 없이 저절로 이루실 수 있었다는 말씀이시다.

나를 알고 홀로 구하는 유일한 길

이러한 까닭에 가르침(敎)을 세우고자 하는 자는 마땅히 먼저 나로부터 확고히 세우고, 형체를 고치고자 하는 자는 마땅히 먼저 형체가 없는 것(무형의 정신)부터 바꾸어야 하나니, 이것이 곧 나를 알고(知我) 홀로 구하는(求獨)[1] 하나의 길이다.

〔是故로 其欲立敎者는 須先立自我하고 革形者는 須先革無形이니 此乃知我求獨之一道也니라.〕

❑ 선생께서는 이전에 性命精의 기틀에 구애를 받지 않는 삼신상제님은 우주만물과 더불어 혼연일체가 되시고, 心氣身으로 아무 자취를 남기지 않으시나 영원히 존재한다고 했다. 뿐만 아니라 感息觸의 기틀에 구애를 받지 않는 분이 인류의 시조이신 환인주조님이 된다고 하였다. 그런 까닭에 이암선생께서는 이와 같이 되기 위해서는 가르침(敎)을 세우는 자로서

---

1) 구독(求獨) : 홀로 구하라고 하는 구독(求獨)은 밖을 향한 인생 공부가 아니라, 안을 향한 인생 공부를 하라는 것이다. 그렇기 때문에 이 구도의 길은 내면을 향한 길이기에 둘이 갈 수 없는 길이다. 이와 같음은 나의 자아를 회복케 하는 성통광명의 길이기 때문이다.

마땅히 먼저 나로부터 바로 세워야 하고, 형체를 고치고자 하는 자는 먼저 무형의 정신을 뜯어고쳐야 한다고 하셨다. 그러면서 선생께서는 다시 이것이 나를 알고, 홀로 구하는 하나의 길이라고 말씀하기도 하셨다.

선생의 말씀 중에 나를 알고(知我), 홀로 구하는(求獨) 하나의 길이라는 것은 무형의 정신을 뜯어 고치는 일이기에 다른 길이 없이 오직 나의 정체성을 알고, 내면을 향한 홀로 구하는 하나의 길밖에는 없다는 것이다. 이와 같은 말씀은 가륵단군의 시절, 을보륵(乙普勒)에 의한 신왕종전지도(神王倧佺之道)에서도 자세히 나온다. 그 내용에 의하면 나를 알고(知我), 홀로 구하며(求獨), 나를 비우고(空我), 만물을 보존(存物)하여 능히 세상을 복(福)되게 하는데 있다고 했다.

나를 알고, 홀로 구하며, 나를 비우는 이 같은 순서는 군도(君道), 사도(師道), 부도(父道)를 통한 거발환이 이루어지는 체계와도 그 뜻을 같이 한다. 이는 나를 알게 하는 지아(知我)가 수행에 발심을 일으키는 君道에서 이루어지고, 홀로 구하는 구독(求獨)은 수행정진하는 師道에서 이루어지며, 나를 비우는 공아(空我)는 고요함에 이르는 父道를 통해 이루어지기 때문이다. 그러면 드디어 대원일의 체계를 통해 밝음을 드러내는 존재인 거발환을 이루게 되기에 신왕종전지도에서는 나를 비워 만물을 보전케 하여 능히 세상을 복되게(거발환) 하는데 있다고 말한 것이다.

을파소의 〈참전계경〉「총론」을 보면 "道는 고요함으로부터 찾고, 산(山)으로 나아가는 것은 이것이 내 자신을 찾는 것"이라고 했다. 이 말은 나를 알아 홀로 구하는 유일한 길은 오직 고요함을 찾아 수행정진에 힘쓰는 일밖에는 없기 때문임을 말한다. 구도(求道)를 위해서는 이처럼 수행정진이 필요하기에 웅씨(熊氏) 왕후는 어두운 토굴 속으로 들어갔고, 환웅천왕께서는 문을 닫고 외물(外物)을 삼가며 수도(修道)에 정진할 수밖에 없었다. 그러므로 나를 알고, 홀로 구하며, 나를 비우는 일은 오직 수행

(修行)의 길밖에 없다는 것을 알려준다.

3. 이암선생의 제천관(祭天觀)

헌효왕(28세 충혜왕의 시호) 복위 5년(단기 3677, 서기1344) 3월에, 행촌 이암이 어명(御命)을 받아 참성단에서 천제(天祭)를 드릴 때 백문보(白文寶)[1]에게 이렇게 말하였다.

덕에 힘입어 신(神)을 수호하는 것은 하나의 신념에 있고,
뛰어난 재주를 가진 인물을 길러 내어 국가를 지키고자 함은
이루고자 하는 공로(功勞)에 있느니라.
신(神)은 사람에게 의지하고(神依於人),
사람 역시 신에게 의지하여야(人依於神)
백성과 국가가 길이 편안함을 얻게 되는 것이다.
하늘에 제사 드리는 정성은 결국
근본에 보은하는 정신으로 돌아감이니,
(그 길을)인간 세상에서 찾음에
어찌 감히 소홀히 할 수 있겠느냐?
〔賴德護神 一存信念 養英衛國 功在發願 乃神依人 人亦依神
而民而國 永得安康 祭天之誠 竟歸報本 其求人世 敢可忽諸〕

〈태백일사〉「고려국본기」

선생이 말하고자 하는 신(神)은 우리에게 은혜를 베푸는 인격신을 말한

---

1) 백문보(1303~1374) : 고려 공민왕 때의 학자이자 충신이다. 우왕(禑王)의 사부(師傅). 1374년에 직산군(稷山君) 백문보가 공민왕에게 올린 상소문에는 "우리 동방은 단군으로부터 지금에 이르기까지 이미 3,600년이 지나..."(고려사절요 권 29, 공민왕 223년 12월조)라는 구절이 있어, 단군조선을 명백한 실존 역사로 인정하였다는 것을 보여주기도 한다.

다. 천상의 임금인 상제(上帝)님이나 조상인 선령신(先靈神)들이 이러한 인격신들이다. 우리는 이 분들에 의해 보이지 않게 은혜를 받으며 살아간다. 그래서 선생은 神도 사람에게 의지하지만 사람 역시 신에게 의지해 살아가게 된다고 했던 것이다.

신(神)은 사람에게 의지하고, 사람 역시 신에게 의지해야 하건만 신들은 지금 이 땅에 존재하지 않기에 우리는 신들의 뜻을 받들고 감사의 예법을 드리는 것을 잊은 채 살아갈 수 있다. 이러한 까닭에 이 분들을 수호하는 것은 하나의 신념에 있다고 말한 것이다. 즉 누가 보던 아니 보던 은혜를 입은 자들로서 그 분들의 뜻을 받들고 감사의 예법으로 제사를 지내드리는 것을 당연한 도리로 여김은 나의 신념에 있다는 말씀이시다.

선생께서는 나라의 인재를 길러냄에 있어서도 당국한 과제는 아니나 먼 훗날을 생각하여 공로를 아끼지 않아야 한다고 말씀하신다. 즉 신을 수호함이 누가 시켜서 하는 것이 아닌 것처럼, 인재를 기름에 있어서도 남이 알아주던 말든 묵묵히 인재를 기르고자 하는 공로에 의해 나라는 부국강병을 이룰 수 있다는 것을 말한다.

선생은 다시 신(神)은 사람에게 의지하고, 사람 역시 神에게 의지하여야 백성과 국가가 길이 편안함을 얻게 된다고 했다. 이 말은 신과 인간이 서로의 부족한 점을 채워갈 때 백성이나 국가가 편안함을 얻게 된다는 말과 같다. 이른바 신은 인간으로부터 물리적 힘을 얻고, 사람과 국가는 신으로부터 미래를 예측하는 영적인 밝음을 얻게 되면 서로 편안함을 줄 수 있기 때문이다. 이것이 바로 선생이 생각하는 제천관(祭天觀)이다.

끝으로 선생은 하늘에 제사 드리는 정성은 결국 근본에 보은하는 정신으로 돌아감이라고 했다. 이 말은 제사를 모시는 과정 속에서 우리는 근본에 대해 생각하게 되고, 그 은혜에 대해 보은하게 되어 있기 때문이다. 그런 까닭에 제사는 우리의 근본을 생각하게 하는 위대한 문화유산이 아닐 수 없다.

4. 행촌 이암이 남긴 서적

〈태백일사〉「고려국 본기」를 보면 행촌 시중(侍中)이 드러낸 서적이 3종이 있다. 《단군세기》를 지어 시원 국가의 체통(體統)을 밝혔고, 《태백진훈》을 지어 환(桓)·단(檀)시대부터 전수되어 온 도학(道學)과 심법(心法)을 밝힌 것이다. 《농상집요》[1]는 세상을 다스리는 실무 관련 학문을 담았다. 문정공 목은 이색(李穡)이 서문을 붙였다.

"무릇 입을 거리와 먹을거리를 넉넉하게 하고
재물을 충족하게 하며, 씨 뿌리고 모종하고
싹을 자라게 하는 방법을 분야별로 나누고
같은 것끼리 묶어 자세히 분석하고
촛불이 비추는 것처럼 명료하게 기록하였다.
진실로 백성을 다스리는 데 좋은 책이 되리라."

---

1) 농상집요(農桑輯要)는 이암선생이 원(元)나라로부터 수입한 농서(農書). 중국 최초의 관찬(官撰) 농서로, 원나라 조정에서 농업진흥을 위하여 설치한 사농사(司農司)의 창사문(暢師文) 등이 1273년에 집성하여, 1286년에 간행·공포하였다. 내용은 경간(耕墾)·파종(播種)·재상(栽桑)·과실(果實)·약초(藥草) 등 10문(門)으로 되어 있으며, 《제민요술(齊民要術)》을 비롯한 각종의 문헌을 조리 있게 인용하고 있다. 특히 당시의 새로운 유용작물(有用作物)인 목화의 재배를 장려한 기사가 주목된다.

이암(李嵒)선생의 삼일철학론(三一哲學論)

들어가는 말

《태백진훈(太白眞訓)》을 읽다보면 [하편]에서 많은 내용의 삼일철학론 (三一哲學論)을 만나게 된다. 그런데 질문자의 응답에 따라 부분적으로 언급을 해놓았기에 내용이 일목요연하게 한 눈에 안 들어오는 아쉬움이 있다. 그래서 필자는 태백진훈에서 언급된 삼일철학에 대해 비슷한 내용 들을 하나로 묶으면 좋겠다는 필요성을 느끼게 되었다.

선생의 삼일철학론에 대한 언급은 [상편]에서 한 줄과 [중편]에서 몇 줄 나오고, 주로 [하편]의 「문답」편에서 나온다. 삼일철학의 핵심은 선 생의 저서인 단군세기(檀君世紀) 서문과 태백진훈(太白眞訓)에서 나타나 고 있듯이 생명의 법칙을 통한 성통광명(性通光明)의 길이다. 이 길은 천 경신고(天經神誥)의 핵심이고, 대원일(大圓一)의 가르침인 참전계(參佺戒) 의 핵심이기도 하다.

나를 알고 창생을 바르게 알기 위해서는 생명의 근본 바탕이 되는 삼 일철학을 알아야 한다. 그런 다음 인간은 천지자연과 더불어 함께하기에 음양오행을 통한 자연철학을 알아야 한다. 그래야만 내면을 통한 깨우침과 현상을 통한 지혜를 동시에 얻을 수 있기 때문이다.

특히 삼신(三神)에 의한 삼일철학(三一哲學)은 그 근본 가르침이 생장성(生長成)에 의한 생명(生命)의 법칙을 다루고 있을 뿐 아니라, 분화와 귀일을 이루는 중일(中一)의 원리를 담고 있다. 삼일철학이 이와 같기에 우리는 생장염장(生長斂藏)하는 자연법칙에 앞서 생장성과 중일의 원리를 가진 삼일철학을 깊이 탐구해 볼 가치가 있다고 본다. 이는 삼일철학이 근본으로부터 생장성의 법칙을 통해 삶과 죽음, 그리고 중일에 의한 귀일의 원리 속에서 깨달음의 길을 논하고 있기 때문이다. 이 때문에 우리는 자연의 법칙에 앞서 삼일철학에 대해서도 깊은 통찰이 필요하다. 그럼 이제 전체 6장으로 나뉜 삼일철학론에 대해 알아보고자 한다.

1. 일신(一神)은 대허(大虛)로부터 나온 한빛(一光)

삼일철학에서 언급되는 가장 근원적이며 실질적 개념은 일신(一神)과 삼신이다. 《태백진훈》에서는 일신에 대해 다음과 같이 말한다.

> 일신(一神)이 참마음(衷)에 내리니
> 이것을 이르되 세 가지 참(眞)이라 하고,
> 성품이 밝은 빛에 통하니 이것을 일러 一神이라 한다.
> 一神降衷하시니 是曰三眞이오 性通光明하니 是曰一神이로다.
>
> 〈태백진훈〉「중편 2부 9장」

태백진훈에서 전하고 있는 일신(一神)은 생명의 근원이 되는 무형의 세계이다. 그래서 〈태백일사〉인 「삼신오제본기」와 「소도경전본훈」에서는 一神이 암흑인 대허(大虛)로부터 나왔고, 그 형상은 한빛(一光)이요, 그 성향은 一神이라고 하였다.

"대시(大始)에 위·아래·사방은 일찍이 아직 암흑으로 덮여 보이지 않더니 옛것은 가고 지금은 오니 오직 한빛(一光)이 있어 밝더라."

〈태백일사〉「삼신오제본기」

"대허(大虛)에 빛이 있음이여 이것은 신(神)의 형상이다."

〈태백일사〉「소도경전본훈/발귀리 頌文」

"하늘의 一神은 능히 그 허(虛)를 근본(體)으로 할 뿐 아니라 비로소 그 주재(主宰)가 되나니라."

〈태백일사〉「소도경전본훈/대변설」

위의 내용에서 보게 되면 무형인 허(虛)는 본질이 되고, 무형이 되는 一神은 그 주재(主宰)가 된다고 했다. 이는 허공을 바탕으로 일신이 나왔으나, 일신으로부터는 만물을 형성하는 성향을 가지게 되었기 때문이다. 이러한 일신(一神)과 더불어 빼놓을 수 없는 것이 있다. 그것이 일신의 세 가지 작용인 삼신(三神)이다. 삼신은 세 가지의 손길을 통해 만물에 질서를 부여하는 역할을 한다. 그것이 조화(造化)의 역할을 하는 천일신(天一神), 교화(敎化)의 역할을 하는 지일신(地一神), 치화(治化)의 역할을 하는 태일신(太一神)이다.

一神을 통한 세 가지의 작용인 삼신이 갖추어지면 처음으로 형성되는 것이 있다. 그것이 유형에 근원이 되는 일기(一氣)이다. 일기는 그 모습이 허조동체(虛粗同體)로 구성되어졌다. 일기가 이처럼 허조동체로 구성되었기에 무형인 삼신에 의한 허(虛)와 이를 둘러싸게 되는 유형인 조(粗)를 동체(同體)로 하여 한 몸이 된다. 이 때문에 일기는 만물에 시원이 되는

342

태극(太極)의 역할이 되기도 한다.

일기(一氣)가 만물의 시원이 되는 태극의 역할이 되면 드디어 생명은 탄생을 하게 되듯이 생명의 분화작용을 하게 되어 있다. 그 첫 번째 분화의 과정을 〈삼일신고〉「인물」에서는 삼진(三眞)인 성명정(性命精)이라 한다. 두 번째 분화의 과정에 대해서는 삼망(三妄)인 심기신(心氣身)이라 하고, 세 번째 분화의 과정에 대해서는 삼도(三途)인 감식촉(感息觸)이라고 하였다.

삶의 분화과정인 삼진, 삼망, 삼도는 생명이 지닌 분화의 원리이다. 그런데 이러한 과정 속에서 만유생명에게 질서를 부여했던 三神과 만물의 본체가 되는 一氣는 삼진, 삼망, 삼도로 인해 점차 내부로 가리어질 수밖에 없다. 그러면 이로 인해 생명의 내부에 갇히게 된 삼신과 만물의 본체가 되는 일기는 빛을 잃을 수밖에 없는 상태에 이른다. 이때에 이르게 되면 사람은 어둠에 휩싸여 물질적 욕망에만 휩쓸려가게 되기에 영원한 죽음의 나락으로 떨어져간다. 하지만 사람은 이를 회복하고자 참마음(衷)의 구도심(求道心)이 발동하기도 한다.

사람이 참마음의 구도심을 발동하는 때는 삼진·삼망·삼도에 의한 끝에서 일어난다. 이와 같음은 삼진과 삼망, 그리고 삼도인 화삼(化三, 1~9)에서 충(衷, 10)을 통해 귀일(歸一)이 이루어지기 때문이다. 그래서 〈태백일사〉「삼한관경본기」에서는 1, 2, 3/4, 5, 6/7, 8, 9로 가득 채워지는 무궤(無匱)에서 회삼귀일의 마음인 충(衷)이 발생한다고 하였다.

하나(一)를 쌓아 음(陰)을 세우고,
열(十)이 커져서 양(陽)을 만드니,
빈 공간이 없는 궤짝(無匱)에서 참마음(衷)이 생(生)하였다.
〈태백일사〉「삼한관경본기/마한세가 上」

무궤에서 참마음(衷)이 나왔다는 것은 화삼(化三, 性命精/心氣身/感息觸)을 통해 회삼귀일의 마음이 발생하기 때문임을 말한다. 이러한 회삼귀일의 마음이 처음 발동하는 곳은 감식촉(感息觸)에서의 觸이다. 이는 인생의 막바지 우듬지에서 영원한 삶에 대한 갈망이 생겨나기 때문이다.

삶에 대한 갈망이 생겨나면 사람은 변화하게 되어 있다. 그 변화의 조짐이 구도심이요, 그 시작은 지감(止感)으로부터이다. 그러면 사람은 회삼귀일을 실천하고자 하는 실질적인 참마음(衷)을 갖게 됨에 따라 일신(一神)은 내려오기 시작한다. 그래서 선생께서는 일신강충(一神降衷)이라고 하여 회삼귀일을 실천하고자 하는 참마음으로 일신이 내려오게 된다고 했던 것이다.

선생께서는 다시 일신(一神)이 참마음에 내리니 이것을 이르되 세 가지 참(眞)이라고 했다. 이 말은 회삼귀일의 마음인 참마음을 갖게 되면 一神이 내려오게 되면서 세 가지의 성명정으로 나타나게 되어 있기 때문임을 말한다. 그러면 드디어 참마음으로부터는 성명정을 느끼게 되어 있는 까닭에 이때는 감식촉(感息觸)과 심기신(心氣身)이 지닌 물질적 성향을 걷어내어 성명정(性命精)을 완전하게 회복해야할 필요가 있다. 그래야만이 성통광명을 성취할 수 있기 때문이다.

참마음인 지감(止感)을 통해 점차 성명정인 삼진(三眞)이 회복이 되면 드디어 성명정이 지닌 어둠의 그림자마저 걷히어 一神, 즉 삼신의 성향을 가진 허(虛)만을 남겨 놓게 되어 있다. 그런데 이때는 물질적 형태도 만들어 놓게 되는데, 이것이 성명쌍수(性命雙修)로 인한 정(精)을 통해 만들어지는 조(粗)이다. 이와 같기에 성명정이 걷히게 되면서 나타나게 되는 삼신, 즉 허(虛)와 성명정인 삼진에 의해 만들어지는 조(粗)가 서로 만날 수밖에 없는 상태가 이루어진다. 이것이 허조동체인 일기가 만들어지는 원리이다. 그래서 선생은 삼신을 모아 一氣를 이루게 되는 바, 어찌 우리

344

들을 속일 것이냐고 말씀하기도 하셨다.

선생께서는 다시 성품이 밝은 빛에 통하니 이것을 일러 일신(一神)이라 했다. 이는 일신에 의한 성통광명(性通光明)을 말하는 것으로 성품이 一神에 의해 밝은 빛을 되찾게 되기 때문임을 말한다. 이와 같음을 볼 때 성품을 밝은 빛에 통하게 하기 위해서는 반드시 먼저 참마음을 갖고 삼도, 삼망, 삼진이 지닌 물질적 어둠의 성향을 벗겨내어 삼신(일신)을 회복해야만 한다. 그런 다음 삼신을 오랜 기간 보전하기 위한 과정으로 성명쌍수를 통해 정(精)을 얻기 위한 수행이 필요하다. 그래야만이 삼진과 삼신의 만남, 즉 정수를 통한 조(粗)와 태일을 통한 허(虛)의 만남을 통해 성품은 오랜 기간 밝아질 수 있기 때문이다.

성명정을 회복하여 일기를 얻게 되면 밝음을 얻기 전의 진성(眞性), 진명(眞命), 진정(眞精)에 머물러 있지 않는다. 이때가 되면 성명정이 밝은 빛을 회복했기에 眞性은 막힘이 없는 지혜(慧)로 나타나게 되고, 眞命은 헤아릴 수 없는 덕(德)으로 드러나고, 眞精은 부족함이 없는 힘(力)을 갖추게 된다. 성명정이 이처럼 덕혜력(德慧力)을 갖추게 되면 비로소 구도자(求道者)는 삼신의 기능을 자유롭게 쓰는 존재로 탈바꿈한다. 이와 같기에 일기를 얻게 되는 것은 제2의 태양과 같은 거발환(居發桓)의 존재가 되는 일이다.

2. 일체삼신(一體三神)과 일상삼진(一像三眞)

선생께서는 일체삼신(一體三神)과 일상삼진(一像三眞)에 대하여 다음과 같이 말씀하셨다.

하나를 본체(體)로 세 가지 신(神)을 이루고,

하나를 형상(像)으로 세 가지 참(眞)을 이루니,

셋으로 그 하나가 됨에 있어 또한 이름 하여 양기(良氣)라고 한다.

〈태백진훈〉「중편 2부 9장」

위의 내용에서 하나를 본체로 세 가지 신(神)을 이룬다고 함은 일신(一神)을 본체로 삼아 삼신(三神)을 이루게 됨을 말한다. 하나의 형상으로 세 가지 참(眞)을 이룬다고 함은 일기(一氣)를 본체로 하여 삼진(三眞)을 이루게 됨을 말한다. 그렇다면 이것은 셋으로 작용하는 삼신이 하나의 몸인 일신을 바탕으로 하고, 셋으로 작용하는 삼진이 하나의 형상인 일기를 바탕으로 하고 있다는 것을 나타낸다.

위의 내용에서는 셋으로 그 하나가 됨에 있어 또한 이름하여 양기(良氣)라고도 하였다. 이 말은 하나의 본체인 일상(一像)이 뛰어나다는 의미의 良氣, 즉 一氣가 됨을 말한다. 一像을 일기라고 말함은 가장 근원적인 물질이기 때문이다. 一像이 이처럼 근원적이기에 양기나 일기의 또 다른 명칭으로도 일컬어질 수 있었다.

일체삼신(一體三神)이나 일상삼진(一像三眞)에 대해 좀 더 알아보면 이암선생은 다음과 같이 말하기도 했다.

하나를 본체로 한 세 가지 神인 삼신(三神)은 우주의 도(道)요,

일상(一像)을 본체로 한 삼진(三眞)은 인물의 道이다.

〈태백진훈〉「하편/범장」

위의 내용에서 하나를 본체로 세 가지 신(神)인 삼신을 우주의 도(道)라고 함은 무형인 하늘에 속해 있기 때문이다. 하나의 형상(像)을 통한 세 가지 참(眞)인 삼진(三眞)을 인물의 道라고 함은 유형인 사람에 속해 있

346

기 때문이다. 이와 같음을 볼 때 삼신은 무한한 세계에 해당하고, 삼진은 유한한 세계를 나타내고 있다.

그럼 이제 三神과 三眞에 대해 간략히 살펴보면 삼신은 천일신(天一神), 지일신(地一神), 태일신(太一神)으로 나타난다. 이와는 다르게 삼진은 성품(性), 목숨(命), 정수(精)로 나타난다. 이 둘의 차이에 대해 좀 더 살펴보면 삼신 중에 천일신은 조화(造化)의 작용, 지일신은 교화(敎化)의 작용, 태일신은 치화(治化)의 작용을 나타낸다. 반면에 삼진(三眞)의 경우 성품은 온전(佺)한 성향, 목숨은 활달(仙)한 성향, 정수는 존귀(倧)한 성향을 나타낸다.

삼신(三神)이 무한계로서 조교치(造敎治)의 작용을 이루고, 삼진(三眞)은 유한계로서 전선종(佺仙倧)의 성향을 가진다는 것은 삼신과 삼진이 확연히 다르다는 것을 알려준다. 이것은 삼신이 무형인 일신의 작용에 해당한다면 삼진은 무형과 유형이 합체된 허조동체인 일기로부터 비롯되었기 때문이다. 다만 무형인 삼신과 유형인 삼진은 확연히 다른 면이 있기는 하나, 삼진인 성명정이 심기신과 감식촉인 분별계와 타락계로 떨어지지 않는 순수함에 있어서는 삼신과의 공통점을 가졌다. 이는 삼신의 세계가 스스로의 영원함이 있듯이 삼진의 세계는 스스로의 영원함에는 미치지 못하나 본질과 떠나 있지 않는 한 불멸성을 지속할 수 있기 때문이다.

유한함을 나타내는 삼진에 대해 이암선생은 잠긴 문이라 하여 성품에서 어둠과 밝음으로 나뉘고, 목숨에서 괴로움과 즐거움으로 나뉘며, 정수에서 죽음과 삶으로 나뉘게 되어 있다고 말한 바가 있다. 이것은 삼진(三眞)인 성명정이 더 이상 분화가 되지 않는다면 불멸의 길로 들어설 수 있으나, 분화가 이루어진다면 분별의 세계로 떨어질 수밖에 없는 위치에 있기 때문임을 말한다. 이와 같기에 우리는 더 이상 분화되지 않도록 삼진에 머물러 있는 삶을 살아야 한다. 그래야 일기와 떨어지지 않는 삶을 살

수가 있기 때문이다.

지금까지의 내용으로 보아 일신(一神)을 본체로 형성된 三神과 일기(一氣)를 본체로 형성된 三眞이 엄연히 다르다는 것을 알게 되었다. 이는 삼신이 우주의 道인 무형에 속해 있고, 삼진이 인물의 道인 유형에 속해 있기 때문임을 말한다. 다만 일상삼진(一像三眞)은 유형을 바탕으로 하게 되나 더 이상 분화만 되지 않는다면 불멸의 상태에 이르게 되어 있다는 것도 알 수 있었다. 이 때문에 우리는 삼신과 하나가 되지는 못하더라도 삼신과 항시 함께 하는 삼진에 머무를 수 있도록 노력을 해야만 한다. 그래야 더 이상 분화가 되지 않는 삶을 살 수 있기 때문이다.

3. 삼신(三神)과 일기(一氣)

그동안 간단하게나마 一神과 三神의 관계와 一像과 三眞에 대한 관계에 대해 알아보았다. 그러면 이제는 일체삼신(一體三神)과 일상삼진(一像三眞)에 있어 三神과 一像이 어떻게 연결되는가를 보다 자세히 알아봐야 한다. 그래야만 무한(無限)과 유한(有限)이 어떻게 연결되어 소통되는가를 알 수 있기 때문이다.

먼저 〈태백진훈〉「중편 2부 9장」의 내용을 한 번 보도록 한다.

삼신은 하나의 본체(體)인 한 몸으로 돌아가고,
사람의 태어남은 하나의 형상(像)과 함께하고 있도다.

위의 내용으로 보아 삼신(三神)은 생명을 낳는 역할뿐 아니라, 본체인 一神으로 되돌아가는 성향도 가졌다. 사람의 태어남에 있어서는 끝없이 분화의 과정을 밟게 되어 있으나, 하나의 형상(像)과 함께 하고 있다고

348

하였다.

우리는 여기서 삼신이 다시 일신으로 돌아가게 됨을 볼 때 일신이란 분화와 귀일을 끝없이 순환하고 있다는 것을 알게 된다. 일신이 이처럼 끝없는 순환 속에 있기에 우주는 영원하다는 것을 알려준다. 하지만 일기의 경우는 우리가 내부에 품고 있으면서도 우리가 순수성을 잃은 감식촉(感息觸)의 상태에 머물러 있기에 일기가 있는 것조차도 알아차리기가 어렵다. 이러한 까닭에 우리는 먼저 내 자신을 바르게 알기 위해서라도 일기에 대한 개체부터 바르게 알 필요가 있다. 그래야만이 삼신을 내부로 품고 있는 일기를 회복하여 무한세계와 일체(一體)가 되는 삶을 살 수가 있기 때문이다.

우리가 무한세계와 일체가 되어 불멸하는 영혼으로 남기 위해서는 이제 우리의 순수자아인 일기(一氣)가 어떤 모습인가에 대해 먼저 알아야 한다. 〈태백일사〉「소도경전본훈」을 보면 일기가 가진 형상에 대해 아주 자세한 내용이 담겼다. 그 내용에 의하면 하나의 형상인 일기란 안으로 삼신을 포용하고, 삼신이란 밖으로 일기에 의해 포용되어 있다고 하였다.

일기란 안에 삼신이 있고, 삼신이란 밖으로 일기를 포용한다.
一氣者는 內有三神也오 三神者는 外包一氣也라.
〈태백일사〉「소도경전본훈」

일기(一氣)의 내부에 삼신이 있고, 삼신은 밖으로 일기에 의해 둘러싸여 있다는 것은 두 개의 개체가 하나인 동체(同體)로 이루어져 있다는 것을 말한다. 그래서 생겨난 말이 허조동체(虛粗同體)이다. 즉 허(虛)는 삼신을 나타내고, 조(粗)는 일기의 외형을 나타낸다. 그러므로 무한계인 삼신으로부터 비롯된 虛와 유한계로서 삼진의 근원이 되는 粗로 이루어진 것이 일기이다.

일기가 허조동체로 이루어져 있다는 것은 실질적인 만물의 근원을 이루고 있을 뿐 아니라, 무한계인 대허(大虛), 일신(一神), 삼신(三神)과 유한계인 삼진(三眞), 삼망(三妄), 삼도(三途)의 중간에서 고리를 이루고 있다는 이야기가 된다. 그러므로 천상과 지상이 인간을 통해 고리를 연결시키고 있듯이, 대우주와 소우주인 나를 일기가 연결시켜주기도 한다는 것을 말한다.

일기(一氣)를 통해 무한계와 유한계가 연결될 수 있는 것은 나를 우주적인 존재로 만드는 일이기도 하다. 그런데 고리의 역할을 하는 일기가 삶의 분화 속에서 물질욕에 의해 내부로 가리어질 수밖에 없었기에 우리는 대우주와 소우주를 연결시켜주는 고리인 일기를 회복할 필요가 있다. 그러기 위해서는 이제 삼도(三途)인 감식촉으로부터 시작해 삼망(三妄)인 심기신을 거쳐 삼진(三眞)인 성명정을 회복시켜 다시금 일기를 회복하도록 해야만 한다. 그래야 하늘의 성향인 허(虛)와 땅의 성향인 조(粗)를 지닌 일기를 통해 다시금 대우주와 함께 소우주인 나는 연결될 수 있기 때문이다.

소우주와 대우주가 연결되기 위해서는 이제 분화와 귀일을 끝없이 순환하는 기능을 가진 일신과 분화하는 성향으로 인해 점점 두껍게 외형을 만들어가게 되는 일기의 작용에 대해 알아보아야 한다. 일신을 통한 삼신의 작용과 일기를 통한 삼진의 작용에 대해 선생께서는 먼저 다음과 같은 말씀을 하신다.

삼신은 낳고자 하는 道요, 삼진은 성취하고자 하는 도이다.

〈태백진훈〉「하편/범장」

350

위의 내용에서 삼신(三神)을 낳는 도(道)라고 하는 것은 본체인 일신으로 되돌아가는 성향을 가졌으나, 생명을 낳는 역할을 목적으로 하고 있기 때문이다. 삼진(三眞)을 성취하는 道라고 하는 것은 삼진을 통해 분화하게 되어 있지만 그 목적은 다시 하나의 형상(像)을 회복해야 하는 데 뜻이 있기 때문이다. 그렇다면 귀일에 성향을 가진 삼신이지만 하나의 형상인 일기를 얻어 분화하고자 하는데 그 목적이 있고, 분화의 성향을 가진 삼진이지만 일기를 회복하여 참나(眞我)를 이루고자 하는데 그 목적이 있다는 것을 말한다.

삼신이 하나의 형상인 일기를 얻어 분화하고자 하는 것은 자신이 가진 조교치(造敎治)를 현실에서 실현시킬 수 있고, 삼진이 일기를 회복하여 참된 나를 이루고자 하는 것은 하나의 형상인 一氣를 통해서만이 내적인 광휘를 얻어 더 이상 윤회의 수레바퀴에 얽매이지 않아도 되는 장생(長生)의 길을 갈 수 있기 때문이다. 이것은 달리말해 삼신이 일기(像)를 얻어 유한계(三眞)로 나아가고, 삼극이 자신 속에 담겨진 세 가지 신(神)을 모아 일기를 회복하여 무한세계(三神)로 나아가고자 하기 때문이다. 그래서 이암선생께서는 다음과 같이 말하기도 하였다.

우리 인간의 생명이란
하나의 형상(像)을 받아 삼진(三眞)을 이루고,
우리 인간이 돌아갈 바는 세 가지의 신(神)을 모아
일기(一氣)를 이루는데 있다.

〈태백진훈〉「하편/범장」

위에서 말하고 있는 하나의 형상(像)이란 일기(一氣)를 말한다. 이 일기가 삼신을 뿌리로 하여 삼진(三眞)으로 나타나면서 우리의 생명은 시작되었다. 이것이 삼신인 조교치(造敎治)가 일기라는 외형을 뒤집어쓰고, 삼진인 성명정을 통해 현실에서 실현되는 원리이다. 하지만 여기서 머물러 있지 않고 삼진은 회삼귀일을 하고자 하는 뜻을 가지고 있기에 자신 속에 감추어진 삼신을 드러내어 다시 一氣를 회복하게 되어 있다. 이것은 삼진의 궁극적 목적이 삼신인 무한계와의 합일에 있기 때문이기도 하다. 이 때문에 구도의 길을 성취하게 되면 하늘의 성향인 삼신은 회복이 되어 허(虛)를 만들어 놓게 되고, 성명쌍수에 의한 정수로부터는 일기의 외형인 조(粗)를 낳게 되면서 허조에 의해 후천일기(後天一氣)는 만들어진다.

무한계인 삼신으로부터 비롯된 허(虛)와 유한계인 삼극으로부터 만들어진 조(粗)와 만나 후천일기가 만들어지면 분화에 목적을 둔 삼신과 귀일에 목적을 둔 삼진이 하나로 합치게 됨에 따라 후천일기의 성향은 무한세계와 유한세계를 두루 통하게 되어 있다. 이때가 되면 인간이 지닌 선천일기가 회복이 되면서 인중천지일(人中天地一)을 이루게 될 뿐 아니라, 성품이 밝은 빛에 통하게 되는 성통광명(性通光明)은 이루어진다. 그래서 선생께서는 우리 인간이 돌아갈 바는 물질의 외형을 벗은 세 가지의 신(神)을 모아 일기를 이루는데 있다고 했던 것이다.

정수(精)를 훈열시켜 조(粗)를 얻고, 粗는 삼신인 천일신, 지일신, 태일신을 끌어안아 하나의 형상(像)인 일기를 만드는 것은 선천일기(先天一氣)와는 다른 후천일기(後天一氣)를 만들게 됨을 말한다. 그런데 이때가 되면 선천일기는 후천일기로 인해 내적 어둠을 물리치고 밝음을 얻은 상태와 같아진다. 이것이 거발환(居發桓)이 이루어지는 단계, 즉 빛을 발산하는 존재가 되는 과정이다. 중차대한 이때의 현상이 천부경에서는 운삼사 성환오칠로 나타나게 되고, 〈삼일신고〉「인물」 편에서는 참나(眞我)의 회복으로 나타나며, 전계에 있어서는 거발환의 드러남으로 나타난다. 그런 까닭에 천경신고와 참전계에 있어서도 성통광명이 이루어진다는 것을 알려주고 있다.

4. 허조동체(虛粗同體)로 이루어진 일기(一氣)의 성향

　현상계에 있어서 만물의 근원은 일기(一氣)이다. 이 일기의 또 다른 명칭은 도(道)이다. 그래서 〈태백일사〉「삼한관경본기」에서는 삼신으로부터 一氣가 나옴을 대신하여 "도의 큰 근원은 삼신으로부터 나온다(道之大原出乎三神也)"고 하였다. 이러한 일기인 道에 의해 하늘과 땅을 생성하게 되면서 만물은 도를 근본으로 하여 생겨난다는 말이 있게 되었다.
　다음은 道에 대한 이암선생의 말씀이다.

　선생이 이르시되, 내 들으니
　하늘과 땅이 하나라고 말함은 도(道)가 있기 때문이고,
　虛한 것과 粗한 것이 나누어질 때 道가 없어진다고 했소이다.
　그러니 이른바 허조라는 것은 스스로 이것이 一氣로서
　같은 몸(同體)을 이룬다고 하겠소.

　　　　　　　　　　　　　　　　　〈태백진훈〉「하편/범장」

　선생은 하늘과 땅이 하나라고 말함은 도(道)가 있기 때문이라 한다. 이것은 道에 의하여 현상계의 하늘과 땅이 생겨났다는 뜻으로 도는 만물의 근원이 됨을 나타낸다. 그런데 허(虛)한 것과 조(粗)한 것이 나누어질 때는 도가 없어진다고 하였다. 이것은 道가 만들어지는 원리가 虛와 粗로 이루어졌기 때문임을 말한다. 그렇다면 도가 일기와 마찬가지로 허조동체(虛粗同體)로 이루어져 있는 까닭에 이로 인해 虛粗가 나누어지게 될 때에는 당연히 道도 없어진다는 이야기이다.

일기에 해당하는 道가 虛와 粗로 이루어졌다는 것에 대해서는 〈태백진훈〉「하편/최영」편을 통해서도 나타난다.

선생이 이르시기를 스스로 생겨난 道는 일기(一氣)일 뿐이니
허(虛)하면서 조(粗)하고, 粗하면서 虛하여 합하여 하나가 되나
형상을 가지지 못한 것, 이것을 양기(良氣)라고 한다오.

선생의 말에서 알 수 있듯이 道가 되는 一氣는 허(虛)와 조(粗)를 함께 가지고 있는 허조동체이다. 선생께서는 다시 허조동체인 일기는 虛하면서 粗하고, 粗하면서 虛하여 합하여 하나가 되나 현상계로 드러나지 않는다고 하셨다. 그러면서 극미의 상태인 이것을 뛰어난 氣인 양기(良氣)라고 했다. 선생은 여기서 멈추지 않고, 허조(虛粗)가 가지고 있는 성향에 대해서도 보다 자세히 언급하고 있다.

이른바 虛라 함은 낳지도 않고 멸하지도 않음을 말함이며,
虛라 함은 확장되지도 않고 축소되지도 않음을 말함이오.
粗란 것은 능히 생겨났다 능히 소멸되며,
粗라 함은 능히 확장되었다가 축소되는 것이오.
〈하편〉「최영장군과의 문답」

선생께서는 허(虛)란 멸하지도 확장되지도 않는다고 했다. 이는 虛란 무형으로써 대허(大虛), 일신(一神), 삼신(三神)이 가진 성향을 그대로 가지고 있기 때문이다. 그렇다면 虛는 낳지도 않고, 멸하지도 않으며, 확장되지도 않고, 축소되지도 않는 성향을 가졌다는 것을 말한다.
선생께서는 조(粗)에 대해서도 말하기를 능히 확장되고, 축소되는 것이

354

라고 했다. 이는 粗란 유형의 형체로써 삼진, 삼망, 삼도를 통해 분화되어 사라지기도 하고, 귀일을 하게 될 때는 생명의 통일을 위해 응축되기도 하기 때문이다. 이러한 까닭에 내 자신이 조금이라도 粗에 치우치게 되면 하나에서 시작하여 하나에서 마치게 되어 있고, 虛와 완전히 일치된 삶을 살게 되면 하나는 시작이 없듯이 하나는 마침도 없다는 것을 알려주고 있다.

생명의 본체가 허조동체인 일기로 이루어져 있는 까닭에 우리는 물질적 장애에 부딪치기도 하고, 걸림이 없는 상태에 놓이기도 한다. 이 때문에 우리의 삶이 현상적일 때는 종시(終始)와 생멸(生滅), 그리고 증감(增減)이 있게 된다. 하지만 우리의 삶이 무한적일 때는 무시무종(無始無終)과 불생불멸(不生不滅), 그리고 부증불감(不增不減)의 상태에 놓인다. 이와 같기에 수행인이 되어 구도의 길을 밟게 될 때에는 시작도 마침도 없는 삶과 낳지도 멸하지도 않는 삶, 그리고 늘지도 줄지도 않는 늘 한결같은 삶을 살게 되어 있다.

일기(一氣)는 우리로 하여금 무시무종과 불생불멸, 그리고 부증불감한 삶을 살게 하지만 우리의 삶이란 분화에 치우치게 되면서 현실적인 욕망만을 좇아가게 되어 있다. 그런데 우리가 욕망만을 좇아가게 되면 현실적인 자아실현을 이룰 수는 있으나, 본질적인 세계와는 멀어져간다. 이와 같기에 우리는 어느 순간 발을 멈추고, 허조동체인 일기를 회복하는 삶이 중요하다. 그래야만이 만물의 근원이 되는 일기를 얻어 제2의 태양과 같은 존재인 거발환(居發桓)을 이룰 수가 있기 때문이다.

우리의 생명이 감식촉으로 분화하게 됨을 멈추고, 일기(一氣)로 귀일을 하기 위해서는 수행(修行)의 길밖에는 없다. 이는 닦음을 통해서만이 더이상 타락하지 않을 수 있기 때문이다. 그러면 이때 비로소 물질에 좌우되지 않는 삶과 윤회의 수레바퀴를 끊는 불멸하는 삶을 살게 되어 있다.

이와 같기에 우리의 삶이란 일시(一始)와 일종(一終)에 있으나, 그 목적은 시작도 없는 하나(無始一)와 마침도 없는 하나(無終一)에 있다는 것을 알려준다.

5. 우듬지를 통한 회삼귀일

사람은 최대의 분화를 극점으로 죽음의 문턱에 들어서면 생명을 복원할 방법을 모색한다. 그 실마리로 타락하여 가는 자신을 되돌아보게 되고, 무엇이 잘못되었는지를 찾는다. 그 과정에서 구도심이 발동하는 사람은 부질없는 것에 집착했을 뿐 아니라, 영원하지 않는 현상계의 삶을 소비시킨 자신을 되돌아본다. 이 때문에 현상계에 좌우되지 않는 자유를 얻고자 하고, 천지와 함께하는 불멸한 상태를 이루고자 힘쓰게 되어 있다. 그래서 생명의 본질에 이르기 위한 방법으로 수행(修行)을 택하게 된다. 그 수행의 길이 삼진(三眞), 삼망(三妄), 삼도(三途)의 체계 속에서 타락계인 삼도로부터 시작되는 구도(求道)의 길이다.

구도의 길에 대해 좀 더 자세히 보자면 본질에 이르기 위한 첫 걸음은 삼도(三途)에서도 꼭대기 줄기인 우듬지(標)에 해당하는 접촉(觸)으로부터 시작을 한다. 접촉인 우듬지는 죽음의 문턱에 해당하기에 한순간 회삼귀일의 마음인 충(衷, 참마음)을 발동시키게 되고, 이 때문에 우리 인간은 수행을 하게 되어 있다. 그래서 선생은 하나의 형상인 일기(一氣)로부터 시작된 우리가 세 가지의 성명정을 이루고, 점차 삼도(三途)에까지 떨어졌으나 다시 우듬지를 잡은 자는 복되다고 했던 것이다.

한 형상(像)이 곧 세 가지의 참(眞, 성명정)으로 이루어졌나니,
우듬지를 잡은 자는 길(吉 : 복되다)하도다.

　구도자(求道者)가 죽음의 문턱인 우듬지로부터 회삼귀일을 하고자 하는 마음을 발동시키게 되면 감식촉(感息觸)에서의 느낌은 참마음(10)인 지감(止感)이 되어 분화를 통한 죽음의 길에서 불멸을 위한 귀일의 길로 바뀌게 되어 있다. 그러면 삼도(三途)의 길은 삼문(三門)으로 바뀌어 지감(止感), 조식(調息), 금촉(禁觸)을 이루고, 삼망(三妄)의 길은 삼방(三房)으로 바뀌어 선심(善心), 청기(淸氣), 후신(厚身)으로 되며, 삼진(三眞)의 길은 삼관(三關)으로 바뀌어 온전한 성품인 전성(全性), 활달한 목숨인 산명(山命), 존귀한 정수인 종정(宗精)으로 변화한다. 삼문, 삼방, 삼관으로 바뀌면 점차 생명은 밝음의 길로 가깝게 다가서게 되면서 불멸함의 상태에 이른다.

　우듬지로부터 시작하여 삼문(三門)에서 귀일이 시작될 수밖에 없는 이유에 대해 선생은 다음과 같이 말하기도 했다.

　　신(神)은 무릇 으뜸이 되는 신묘(神妙)함이 있어
　　성품은 낳고자 하고, 마음은 움직이고자 하나,
　　느낌(感)은 멈추고자 한다.
　　기(氣)는 무릇 으뜸이 되는 기세(氣勢)가 있어
　　목숨은 드러내고자 하고, 기운은 탐내고자 하나,
　　숨(息)은 고르게 하고자 한다.
　　정(精)은 무릇 으뜸이 되는 정력(精力)이 있어
　　정수는 마음대로 하고자 하고, 몸은 수고롭고자 하나,
　　접촉(觸)은 억제하고자 한다.

〈태백진훈〉「하편/범장」

위의 내용에서 보듯이 성품은 낳고자 하고, 이 때문에 마음은 움직이고자 하나, 느낌은 멈추고자 한다고 했다. 목숨은 드러내고자 하고, 이 때문에 기운은 탐내고자 하나, 숨은 고르게 하고자 한다고 했다. 정수는 마음대로 하고자 하고, 이 때문에 몸은 수고롭고자 하나, 접촉은 억제하고자 한다고 하였다. 이 내용에서 느낌을 멈추고자 함은 성품과 마음이 지닌 신묘함을 잃지 않기 위해서이다. 숨을 고르게 함은 목숨과 기운이 지닌 기세를 약하게 하지 않기 위해서이다. 접촉을 억제하고자 함은 정수와 몸이 지닌 정력을 소모시키지 않기 위해서이다.

신묘(神妙)함을 잃지 않고, 기세(氣勢)를 약하게 하지 않으며, 정력(精力)을 소모시키지 않기 위해서는 이제 순서에 맞게 지감, 조식, 금촉을 해야만 한다. 그 순서에 대해 선생께서는 귀일의 첫 번째는 성품과 마음의 영향 속에 있는 지감(止感)으로부터 시작이 되는 까닭에 〈태백진훈〉「하편」이순과의 문답에서 느낌을 제지하는 것으로 상(上)을 삼는다고 하였다.

귀일을 위하여 느낌을 그친 이후에는 목숨과 기운의 영향 속에 있는 숨 쉼을 고르게 하는 조식(調息)이 두 번째가 됨을 선생은 말한다. 그 까닭은 느낌을 멈출 때만이 고요함 속에서 숨이 고르게 안정이 되기 때문이다. 그래서 선생은 이순과의 문답에서 숨 쉼을 고르게 하는 것으로 중(中)을 삼는다고 하였다.

선생은 다시 귀일을 위해서 정수와 몸의 영향 속에 있는 접촉을 끊는 금촉(禁觸)이 세 번째가 되어야 함을 말한다. 이러한 까닭은 지감과 조식이 바탕이 될 때 접촉의 억제가 가능하기 때문이다. 그래서 선생께서는 이순과의 문답에서 접촉을 끊는 것으로 하(下)를 삼는다고 하였다.

참마음(衷)인 지감(止感)으로부터 시작해 조식(調息)과 금촉(禁觸)을 삼문(三門)에서 성취하게 되면 이제는 삼방(三房)으로 올라가야 한다. 그런데 이때에 삼방으로 올라가기 위해서는 삼문인 금촉으로부터 시작하게 되어 있다. 그래서 선생은 마음과 기운을 얻는 것도 접촉(觸)에 있다고 하는가 하면, 마음과 기운을 잃는 것도 금촉에 있다고 말하기도 했다.

"마음을 얻고 기운을 얻는 것은 접촉(觸)에 있고,
마음을 잃고 기운을 잃는 것은 금(禁)하는 데에 있으니
몸과 함께 닦는 데 있다오."

〈태백진훈〉「하편/범장」

선생께서는 위의 내용에서 보듯이 마음을 얻고 기운을 얻는 것은 접촉(觸)에 있고, 마음을 잃고 기운을 잃는 것은 금(禁)하는 데에 있다고 했다. 이는 접촉을 억제할 수 있으면 삼방(三房)으로 올라설 수도 있고, 접촉을 억제하지 못할 경우는 마음과 기운은 느낌과 호흡의 단계로 내려앉을 뿐 아니라, 삼도(三途)에서 죽음의 나락으로 떨어질 수밖에 없기 때문임을 말한다. 이러한 의미로 볼 때 우듬지에 해당하는 접촉은 삶과 죽음을 결정짓는 위치에 있다는 것을 알려준다.

구도자가 금촉(禁觸)을 통해 삼방(三房)에서 마음과 기운을 얻게 되면 마음(心)과 기운(氣)은 몸(身)으로 모아져 이로부터 성품과 목숨이 보이기 시작한다. 다만 이때에는 머무르는 마음이 없도록 쉬지 않는 '착한 마음(善心)'으로 돌려놓고, 다른 곳으로 기운이 빼앗기지 않도록 흩어지지 않는 '맑은 기운(淸氣)'으로 돌려놓아야 된다. 그래야만이 몸은 쉬지 않는 착한 마음과 흩어지지 않는 맑은 기운으로 인해 위축되지 않는 '두터운 몸(厚身)'을 얻어 다시 삼방(三房)에서 삼관(三關)으로 뛰어 오를 수 있기 때문이다.

(마음이) 착하면 쉬지 않나니,
쉬는 것은 악한 까닭이다.
(기운이) 맑으면 흩어지지 않나니,
흩어지는 것은 흐린 까닭이다.
(육신이) 두터우면 위축되지 않나니,
위축되는 것은 얇은 까닭이다.

　善之爲不息也니　其息者는　爲惡也오.
　淸之爲不散也니　其散者는　爲濁也오.
　厚之爲不縮也니　其縮者는　爲薄也니라.

〈태백일사〉「소도경전본훈」

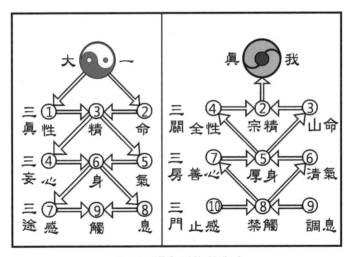

〔신의 베틀을 위한 체계도〕

　착한 마음과 맑은 기운으로 얻어진 몸(身)이 되어 이로부터 두터운 몸
이 되면 삼관(三關)의 자리에 있는 성품과 목숨이 보이기 시작하면서 더
욱더 정진하게 된다. 이때가 되면 선악(善惡)을 뛰어넘었기에 절대적 착

함에 머물러 있는 성품을 얻고, 청탁(淸濁)을 뛰어넘었기에 절대적 맑음에 머물러 있는 목숨을 얻게 되며, 후박(厚薄)을 뛰어넘었기에 절대적 두터움에 머물러 있는 정수(精水)를 얻게 되어 있다.

절대적 가치인 성명정에 이르게 되면 드디어 성품은 선악(善惡)을 뛰어넘은 까닭에 온전함을 지닌 전성(全性)으로 나타난다. 그러면 이 全性은 온전한 성품이기에 움직임이 멈춰선 고요함, 즉 정정(定靜) 그 자체가 된다. 그래서 염표문(念標文)에서는 깊은 고요함으로 위대하다는 뜻의 현묵대(玄默大)라고 나타내기도 한다.

절대적 가치인 성명정에 이르게 되는 일은 목숨을 통해서도 이루어지게 됨에 따라 이때의 목숨은 청탁(淸濁)을 뛰어넘은 까닭에 활달함을 지닌 산명(山命)으로 나타난다. 그러면 이 山命은 활달한 목숨이기에 넓고 큰 광대함, 즉 호탕(浩蕩)함을 이루게 되어 있다. 그래서 염표문에서는 두루 넓음에 원만하다고 하여 보원(普圓)이라고 나타내기도 한다.

절대적 가치인 성명정에 이르게 되는 일은 정수를 통해서도 이루어지게 됨에 따라 이때의 정수는 후박(厚薄)을 뛰어넘은 까닭에 존귀함을 지닌 종정(宗精)으로 나타난다. 그러면 이 宗精은 존귀한 정수이기에 참된 하나가 되는 순박(醇樸)함을 이룬다. 그래서 염표문에서는 참된 하나라 하여 진일(眞一)이라고 나타내기도 한다.

지금까지 살펴보았듯이 착한 마음과 맑은 기운, 그리고 두터운 몸을 지닌 심기신(心氣身)에 이르게 되면 이로부터는 온전한 성품(全性), 활달한 목숨(山命), 존귀한 정수(宗精)가 되기에 근본인 하나로 되돌아가게 되어 있다. 그러면 이로부터 인간완성의 궁극적인 성통광명(性通光明)을 통한 거발환(居發桓)이 이루어지기에 성통공완(性通功完)은 이루어진다. 성통공완이 이루어지면 드디어 구도자는 현실을 변화시킬 행동을 보인다. 그 행동이 재세이화와 홍익인간의 실현이다.

6. 성통공완(性通功完)의 길

인간의 생명이 되었든 하늘과 땅이 되었든 그 시초는 대허(大虛)인 암흑으로부터 시작하여 한빛(一光)인 一神을 거쳐 일기(一氣)로부터 시작되었다. 이때에 一神은 천일신, 지일신, 태일신이 되는 三神으로 작용을 하고, 일기는 삼신을 끌어안고 작용을 하게 되면서 만물의 시초를 이루게 되어 있다.

허조동체가 되는 일기가 만물의 시초가 되면서 성명정(性命精)인 삼진(三眞)을 이루고, 심기신(心氣身)인 삼망(三妄)을 거쳐 감식촉(感息觸)인 삼도(三途)를 만들어놓게 됨에 따라 아홉수로 분화되는 단계를 만들어 놓게 되었다. 하지만 분화의 끝에서 구도자는 우듬지(標)에 해당하는 접촉(觸)으로부터 회삼귀일의 마음은 발동하게 되어 있다. 이는 죽음의 문턱에서 삶을 위한 강력한 의지가 생겨나기 때문이다.

접촉으로부터 회삼귀일의 마음이 발동하면 그 실천을 위한 행위를 지감(止感)으로부터 시작하게 된다. 이 지감이 이른바 천부경에 의한 수(數)로 보면 10(十)이 되니, 이때부터 근본으로 가기위한 9(九)가 되는 조식(調息)과 8(八)이 되는 금촉(禁觸)을 만들어 삼문(三門)에서 삼방(三房)으로 올라갈 수 있는 계기를 만들어 놓게 되어 있다.

삼방에서는 7(七)이 되는 착한 마음(善心)과 6(六)이 되는 맑은 기운(淸氣)에 의해 그 중간에서 5(五)가 되는 두터운 육신(厚身)을 만들어 놓게 되고, 이로부터 다시 삼방에서는 삼관(三關)으로 올라가게 된다. 삼관에서는 4(四)가 되는 온전한 성품(全性)과 3(三)이 되는 활달한 목숨(山命)을 만들어 놓게 되면 2(二)가 되는 존귀한 정수(宗精)를 만들게 되어 있다. 이때부터 존귀한 정수는 점차 1(一)에 해당하는 조(粗)를 만들어 놓게 되면서 삼진, 삼망, 삼도에 내재되어 있던 삼신을 모아 드디어 허(虛)를 포용하는 후천일기(後天一氣)를 만들어 놓게 되니, 이것이 이른바 회삼귀일

(會三歸一)을 이루는 원리이다.

하늘의 一神이 삼신으로 작용하고, 三神이 다시 일신으로 돌아가 충만함을 얻듯이 우리의 생명에 근원이 되는 一氣도 삼진(三眞)을 이루어 분화하게 되나, 다시 회삼귀일하여 일기로 돌아가면 생명의 충만함을 얻게 되어 있다. 이러한 까닭에 선생께서는 하나(粗, 一氣)를 잡아 셋(三神)을 품고, 셋(三神)을 모아 하나(一氣)로 귀합하는 집일함삼과 회삼귀일이야말로 참된 가르침이라고 했던 것이다.

모두 하나가 나뉨의 뜻이 있거니와
지극히 참된 가르침을 행함에 이르러서는
하나를 잡음(一氣)으로 셋(三神)을 포함하고,
셋(三神)을 모아 하나(一氣)의 몸으로 귀합할 뿐이다.
〈태백진훈〉「하편/범장」

셋(三神)을 모아 하나(一氣)를 이루게 되는 구도의 길이 완성이 되면 대우주인 무한계와 소우주인 유한계가 일기에서 합일이 되면서 태양앙명(太陽昂明)이 되고, 인중천지일(人中天地一)을 이루게 된다. 이러한 모습이 운삼사 성환오칠에서 펼쳐지게 되니, 운삼사 성환오칠이야 말로 천부경의 전체 구성에 있어서 꽃 중에 꽃이요, 열매에 해당한다.

선생께서는 천부경에 대해 언급이 없었으나 최영장군에게 허조동체인 일기를 설명하는 내용 중에 "허(虛)라 함은 낳지도 않고 멸하지도 않음을 말함이며, 조(粗)란 것은 능히 생겨났다 능히 소멸되는 것"이라고 말한 적이 있다. 이것으로 보아 선생께서는 "하나에서 시작하나 시작이 없는 하나(一始無始一)"라는 생명의 근원이 되는 일기(一氣)가 지닌 성향에 대해서도 정통하였다는 것을 말한다.

선생께서는 〔범장〕과의 「문답」에서도 "우리 인간이 돌아갈 바가 삼신을 모아 일기(一氣)를 이루게 됨"이라 하였으니, 일기가 회복되어 이로부터 삼신과 삼극의 가운데에서 고리를 이루게 되는 원리에 대해서도 충분히 알지 않았나 생각하게 된다. 그런 까닭에 운삼사 성환오칠이란 말씀은 없었으나, 선생은 일기를 가운데 두고 삼진과 삼신이 고리를 이루게 되는 기하학(幾何學)적 모습에 대해서도 꿰뚫고 있었다고 짐작이 되기도 한다.

선생께서 회삼귀일의 법칙을 통해 기하학적 모습이 이루어짐을 알았다고 볼 수 있는 것은 본인이 직접 구본(舊本)에는 없던 〈삼일신고〉의 분장을 나누어 1장에 허공, 2장에 일신, 3장에 천궁, 4장에 세계, 5장에 인물로 정할 정도로 심혈을 기울였기 때문일 것이다. 뿐만 아니라 무엇보다 몸으로 직접 수련을 하는 체험이 있었기에 일기가 삼신을 끌어안고 변화를 짓는다는 것을 알지 않았나 생각이 되기도 한다.

> 참된 신의 고요한 베틀은 만물이
> 모두 뿌리로 돌아가 텅 비어 고요할 때
> 밝은 빛이 나타나 알게 되고,
> 지극히 잠겨서 움직이지 않다가
> 이에 뭉쳐진 기운이 크게 밝아 뚫어 꿰는
> 오묘한 뜻이 있어 나오게 되는 바,
> 즉 크게 신의 베틀이 발동한다 함이 이것이다.
>
> 〈태백진훈〉「하편/이순」

위의 문장은 선생의 체험이 어떠했는지를 느끼게 하는 대목이다. 이 대목에서 참된 신의 고요한 베틀인 신기(神機)는 성통광명을 이루기 위한 체계도(體系圖)에 해당한다. 특히 뿌리부분은 그곳이 사람에게는 머릿골이 된다. 〈삼일신고〉「인물」편에서의 발대신기(發大神機)가 바로 그곳 머릿골에서 크게 신령스런 베틀이 발동함을 말한다.

신의 베틀이 크게 발동하게 되는 과정은 귀일을 하게 되는 존귀한 정수(精水)를 통해 머릿골에서 조(粗)가 만들어지면서부터 시작이 된다. 이것이 도가(道家)에서는 금단일기(金丹一氣)를 만들게 되는 과정이다. 이때가 되면 粗가 성명정의 외형을 벗은 三神을 끌어안아 후천일기를 만들게 되니, 이 과정에서 신의 베틀은 크게 발동하게 되어 있다. 다시 말해 참된 신의 고요한 베틀이 발동한다고 함은 사람의 머릿골에서 생명의 근원이 되는 조(粗)와 밝은 빛에 해당하는 삼신(三神)이 하나로 엉기게 되면서 빛을 발산시키는 실체적 개체인 후천일기(後天一氣)가 만들어지기 때문임을 말한다. 이때에 이르게 되면 후천일기가 형성되는 과정에서 빛나는 빛으로 머릿골을 가득 채우게 되고, 선천일기(先天一氣)가 어둠으로부터 깨어나게 되면서 성통광명은 이루어진다.

우리가 성통광명을 통해 성통공완(性通功完)을 이룰 수 있는 까닭은 선천일기로 인해 참된 성명정(性命精)을 받아 내었기 때문이다. 이른바 성명정을 받아 내었기에 우리는 소우주로서 대우주와의 합일을 이룰 수 있게 되었다. 하지만 우리가 구도자(求道者)가 되지 않고서는 불가능하다. 이와 같기에 우리는 파란만장한 삶 속에서도 사색하고 독서를 통해 옛 성현들의 가르침과 늘 가까이 해야만 한다. 그래야 우리는 어느 순간 존재의 가치를 알고, 구도심을 발휘하여 대우주와의 합일을 이룰 수 있기 때문이다.

천부사상(天符思想)

서문

필자는 오랜 시일 우리의 상고철학에 대해 관심을 가져왔다. 그러던 중에 천부경(天符經)에 대한 이해가 깊어가면서 《수행문화의 원전 천부경》이란 졸저를 펴낼 수 있었다. 책을 출간 후에 조금씩 블로그에 글을 올리면서 새롭게 정리된 내용들을 나름대로 다시 책으로 만들 수 있도록 묶으면 좋겠다는 생각을 하게 되었다. 하지만 새롭게 정리된 내용들이 그리 많은 내용이 아니었기에 망설여졌다. 그러던 중에 그동안 보아 오던 《태백진훈》이 널리 알려져 있지 않았고, 천경신고(天經神誥)의 내용과도 밀접한 관련이 있기에 함께 묶어 펴내면 좋겠다는 생각을 하게 되었다. 그래서 나오게 된 책이 《태백진훈과 천부사상》이다.

《천부사상》에서는 천부경에 보다 쉽게 다가갈 수 있도록 풀어 놓았다. 처음 《수행문화의 원전 천부경》을 펴냈을 때는 기본을 중시하느라, 편하게 서술적으로 접근을 하지 못하였다. 그래서 이번에는 보다 쉽게 전하고자 했고, 깊이 있는 내용은 《수행문화의 원전 천부경》만으로도 충분하기에 다루질 않았다.

366

이번에 다룬 내용들로는 천부경의 내용에 초점을 맞추기 보다는 어떤 주제에 맞게 천부경의 내용을 풀어나갔다. 그러다 보니 천부경의 내용이 더러 중복되기도 하였다. 대체적으로 그 주제는 천부경의 목적이 삼신과의 합일에 있다든가, 천부경은 기하학(幾何學)적 구조로 되어 있다는 내용들이다. 이 밖에 천부경의 내용이 깨달음에 소식으로 되어 있고, 수(數)의 원리를 기반으로 하기에 10수(數)의 작용원리 등에 대해 다루기도 했다. 이와 함께 삼일신고와 참전계, 그리고 간단하게나마 전선종(佺仙倧)에 대해서도 다루게 되었다.

필자가 천부경을 풀면서 느낀 특징은 "나는 누구냐"하는 정체성(正體性)으로부터 시작해 그 목적이 삼신(三神)과의 합일에 있다는 것이다. 이것은 천부경의 궁극적 목적이 천지와 더불어 내 자신을 바르게 알게 하고, 나로 하여금 대우주인 무한계와의 합일을 이루게 하는데 있기 때문임을 말한다. 천부경의 궁극적 목적이 이처럼 나를 알게 하고, 무한계와의 합일을 이루게 하는데 있기에 우리 자신은 천지의 뜻을 받들어 인간의 한계를 초월하는데 있다. 그런 까닭에 정조대왕의 삼성사치제문(三聖祠致祭文)[1]에서는 '천부보전(天符寶篆)이 비록 징험할 바는 없지만 신성(神聖)들이 서로 이었다'고 말하기도 하였다. 그래서 필자는 천부경을 깨달음을 얻기 위한 가르침에 맞추어 집필할 수밖에 없었다.

천부경이 깨달음과 관련이 되어 있는 것은 박제상(朴堤上)의 징심록(澄

---

1) 《문원보불(文苑黼黻)》에 나와 있는 삼성사치제문은 다음과 같다.
"빛나는 단군께서 아동(我東)에 처음 나시니 덕(德)이 신명(神明)에 합하였다. 천지개벽을 누가 능히 열 수 있었으리. 나라의 안에 이성(二聖, 환웅·단군)이 있어 상서로움을 드러냄이 깊고, 태어나 밝은 명(命)에 응(應)하셨도다. 천부보전(天符寶篆)이 비록 징험할 바 없지만, 신성(神聖)들이 서로 이었고, 동사(東史)에 칭하는 바이니 세상에 전해진지 그 몇 해인가?"
(於赫檀君 首出我東 合德神明 運闢鴻濛 孰克啓之 奧有二聖 濬發其祥 誕膺明命 天符寶篆 事雖無徵 神聖相仍 東史攸稱 世傳幾葉)

心錄) 제1지에 있던 《부도지(符都誌)》에서도 잘 나타난다. 부도지에서 보게 되면 마고대성(麻姑大城)에서는 천부(天符)를 받들어 모셨다고 한다. 그런데 이러한 마고대성으로부터 나온 황궁씨(黃穹氏)가 천부를 새긴 신표(信標)를 가지고 천산주(天山洲)에 도착하여 미혹함을 풀고, 마고대성으로 다시 돌아갈 것을 맹세했다고 하였다. 우리는 여기서 천부(天符)[1]가 하늘(마고대성)과 부합되게 하는 의미로 보아 천부경은 우리로 하여금 닦음을 통해 다시 생명의 빛을 회복하게 하는 목적을 지녔다. 그런 까닭에 천부경이야말로 우리로 하여금 근본을 통해 깨달음과 불멸의 세계로 인도하는 가르침이라 할 수 있다.

천부경이 가지고 있는 또 다른 특징으로는 천경신고(天經神誥)나 참전계(參佺戒)가 모두 하나의 도상(圖象) 속에서 진리를 펼치고 있다는 점이다. 이러한 도상학(圖象學)은 카발라의 생명나무와도 같은 유사성이 있다. 천부경과 마찬가지로 카발라의 생명나무도 세상의 근원적인 곳으로부터 시작을 하기 때문이다. 천부경과 카발라의 생명나무가 이처럼 근원으로부터 시작을 하기에 진리체계를 가진 천부(天符, 천부경)가 마고대성으로부터 시작되었다는 의미에서 《부도지(符都誌)》에서는 마고대성(麻姑大城)에 있는 [천부(天符)]에 대해 받들고 지키라 했고, 마찬가지로 진리의 체계를 가진 생명나무가 에덴동산으로부터 시작되었다는 의미에서 《성경(聖經)》의 창세기에서도 여호와가 화염검(火焰劒)을 두어 에덴동산에 있는 [생명나무]의 길을 지키라 했던 것이다.

---

1) 천부(天符)가 천부경을 말하고 있는 것은 황궁씨가 마고대성에서 분거할 때에 천부를 새긴 신표(信標)를 주었다든가, 천부를 칠보(七寶)의 옥(玉)에 새기어 두었다는 것을 통해 알 수 있다. 이는 어떤 상징물(象徵物)을 뛰어넘어 글이나 그림의 형상을 신표와 방장해인(方丈海印)인 칠보의 옥에 새겨 놓았기 때문이다. 그러므로 《부도지(符都誌)》에서 말하는 천부는 글과 어떤 형상을 통해 체계화된 가르침이었다는 것으로 보아 그것은 천부경이라 해도 무리는 없다고 본다.

마고성(麻姑城)은 지상에서 가장 높고 큰 성(城)1)이다.

천부(天符)를 받들고 지켜 선천(先天)을 계승하였다.

麻姑城은 地上最高大城이니 奉守天符하야 繼承先天이라.

〈부도지(符都誌)〉「第一章」

에덴동산 동쪽에 그룹들과 두루 도는

불 칼(화염검)을 두어 생명나무의 길을 지키게 하시니라.

〈창세기〉「3장 24절」

우리는 천부와 생명나무가 근원으로부터 시작되어 하나의 도상(圖象)을 만들게 되는 유사성을 통해서 볼 때 이와 비슷한 피타고라스의 테트락티스와 천부사상에서 나타나는 삼일신고의 체계도, 그리고 대원일도와 천부금척이 모두 서로 연관성이 있다는 것을 짐작하게 된다. 그래서 필자는 천부경을 통해 만들어지는 천부체계도(天符體系圖)와 카발라의 생명나무뿐만 아니라 서로 간에 공통점을 가진 기하학과 관련하여 피라미드의 구조와 원방각, 그리고 신성기하학으로 대표되는 다윗의 별인 헥사그램 등에 대해서도 폭넓게 다루게 되었다.

천부경(天符經)이 삼신과의 합일에 있고, 근원적 의미를 담고 있는 하나의 도상(圖象)으로 나타날 수 있는 것은 깨달음의 세계와 관련이 있기 때문이다. 그래서 깨달음의 길이 담겨 있는 고대인도의 베다(Vedas)가

---

1) 《부도지》에서 마고대성을 지상에서 가장 높고 큰 성(城)이라는 것은 세상의 근원이 되기 때문이다. 이곳에서 천부를 받들고 지켰다는 것은 마고대성에 있는 천부(天符)가 마고대성을 마고대성답게 하는 하늘과 부합하는 가르침이기에 받들고 지켰다는 것을 말한다. 마찬가지로 《성경》에서 에덴동산에 있는 생명나무를 지키기 위해 신령(神靈)들과 회전하는 화염검을 두었다는 것도 에덴동산에 있는 생명나무가 에덴동산을 에덴동산답게 하는 영생의 가르침이기에 불 칼로 지켰다는 것을 말한다.

나타내고 있는 내용과 불가(佛家)와 선가(仙家)의 내용들에 대해서도 조금씩이나마 다루었다. 이 뿐만 아니라 천부경 속에는 깨달음의 세계로 인도하는 수(數)의 신비가 담겨져 있기에 10수의 작용원리, 석삼회(析三回) 아홉수문화, 신성한 수의 원리 등에 대해서도 다루게 되었다. 끝으로 천부경과 관련하여 한민족의 비전체계(秘傳體系)인 삼일신고와 참전계, 그리고 전선종 등을 다루면서 천부경으로부터 생명원리와 수행의 체계, 또한 불선유(佛仙儒)가 나올 수밖에 없는 이유 등에 대해 밝혀놓기도 했다.

기하학으로 되어 있고, 근원적이며, 수의 신비를 가진 비전체계를 가졌기에 천부경은 문명의 시원이 되는 가르침이 될 수 있었다. 천부경이 이처럼 문명의 시원이 되는 가르침이 되기에 그 시작은 《부도지》에서도 언급하고 있듯이 마고대성으로부터 나오게 되었다는 결론에 이른다. 그런 까닭에 천부경은 역사의 시원이 되고, 마고대성이 지닌 복본(復本)의 뜻을 가지고 있는 바, 인류를 하나로 묶는 경전이 됨에 있어서도 부족함이 없다고 하겠다.

천부경이 인류를 하나로 묶을 수 있는 힘은 인류문화의 원형일 뿐 아니라, 삼일철학(三一哲學)을 기반으로 만물을 포용할 수 있는 천지인사상(天地人思想)을 담고 있기 때문이다. 이 때문에 누구에게나 보편성을 줄 수 있고, 문명의 통일이 필요한 이 시대에 천부경이 요구되는 것은 어쩔 수 없는 절대적인 하늘의 뜻이기도 하다. 그런 까닭에 물질문명 속에서 영성을 일깨우고, 동서문명(東西文明)과 각 종교의 가르침을 하나로 묶을 수 있는 가르침인 천부경에 대해 이제 우리는 보다 자세히 알아볼 때가 되었다고 본다.

천부경의 참된 의미

1. 천부경의 가치

1) 천부경은 인류최초의 경전이다.
◈ 천부경이 인류최초의 경전이라는 것은
가장 오래 되었을 뿐 아니라, 인류문명사의 근원적
가르침을 담고 있기 때문이다.

2) 천부경은 수행문화의 원전이다.
◈ 천부경이 수행문화의 원전이라 함은 인류 최초로
불멸의 자아를 회복하게 하는 가르침을 전해주었기 때문이다.

3) 천부경은 최초의 상수철학(象數哲學)이다.
◈ 천부경이 최초의 상수철학이라 함은 가장 일찍
천지인(天地人)의 법칙과 함께 0~9까지의 기본수와 내면을 향한
신전(神殿)을 나타내는 10수를 논하고 있기 때문이다.
* 상수철학(象數哲學) : 數의 변화를 통해 생명의 법칙을 논한 철학

4) 천부경은 생명철학(生命哲學)이다.
◈ 천부경이 생명철학이라는 것은 음양(陰陽)과 중일(中一)을 통해
분화와 귀일을 하는 삼수법칙을 전하고 있기 때문이다.

5) 천부경은 천지인삼재(天地人三才)에 바탕을 둔 경전이다.
◈ 천부경이 천지인삼재에 바탕을 둔 경전이라는 것은
인중천지일(人中天地一)을 통해 인간을
신성(神聖)의 경지에 이르게 하는데 있기 때문이다.

6) 천부경은 불선유(佛仙儒)의 뿌리가 되는 경전이다.

◈ 천부경이 불선유의 뿌리가 되는 경전이라는 것은 천지인을
바탕으로 전선종(佺仙倧)의 가르침을 펼쳤기 때문이다.

7) 천부경은 중일(中一)의 도(道)를 담고 있는 경전이다.

◈ 천부경이 中一의 道를 담고 있는 경전이라는 것은
천지(天地)로부터 인간이 생겨나게 될 뿐 아니라,
인간이 천지를 품은 존재임을 전하고 있기 때문이다.

8) 천부경은 환인, 환웅, 단군시대의 정신을 담고 있는
신교문화(神敎文化)의 경전이다.

◈ 천부경이 삼성조(三聖祖)의 정신을 담은 신교문화의 경전이라 함은
천지인을 통한 삼일철학(三一哲學)을 바탕으로 하기 때문이다.

9) 천부경은 기하학(幾何學)이다.

◈ 천부경이 기하학이라 하는 것은 0~9의 기본수를 바탕으로
뿌리를 하늘로 박고 있는 생명나무로 나타나기 때문이다.

10) 천부경은 인간의 자아 속에 조물주 삼신(三神)이 있는 것을
처음으로 밝힌 경전이다.

◈ 천부경이 인간의 자아 속에 조물주 삼신이 있는 것을 처음으로
밝힌 경전이라 함은 만물의 본체를 허조동체(虛粗同體)로 삼고, 삼신인
천지인의 원리로 현상계가 작용한다는 것을 역사의 태동 이후 가장 먼저
체계화했기 때문이다.

2. 천부경의 목적은 무엇인가

그동안 천부경(天符經)을 다룬 내용들을 보면 다양한 해석들이 난무하다. 그러다 보니 천부경의 목적이 무엇인지를 가리기가 어려울 정도이다. 하지만 잊지 말아야 할 것이 있다. 그것은 천부경만 보지 말고 그 시대의 문화와 환웅천왕(桓雄天王)의 의도를 동시에 봐야 한다. 그래야만이 천부경의 목적이 무엇인지를 바르게 알 수 있기 때문이다.

〔홍산 우하량의 여신상〕
55,000년 전 여신상의
반가부좌 모습

〔내몽골 흥륭와의 남신상〕
53,000년 전 주문을 읽고
있는 남신상

천부경을 환국(桓國)으로부터 전해 받은 천왕(天王)께서는 무리들을 이끌고 태백(太白)에 자리를 잡았다. 이로부터 동물과 같은 삶을 살던 주변의 무리들에게 처음으로 하신 일이 인간과 같은 삶을 살게 해주는 일이었다. 그런 까닭에 인간으로 하여금 신성(神性)을 얻게 하는데 있었으니 천왕께서는 수행을 통해 그들의 성품을 개조하고자 하였다. 그래서 시작한 일이 토굴 속에서 3·7일, 또는 100일간 쑥과 마늘을 먹게 하고, 주문수행(呪文修行)을 시키는 일이었다.

　　이때에 웅족(熊族)과 호족(虎族)이 이웃하여 살았다.
　　항상 신단수에 와서 기도하며 환웅께
　　"하늘의 계율을 지키는 신시의 백성이 되기를 원하옵니다"하고
　　간청하였다. 그래서 환웅께서 신령한 주문(呪文)을 내려 주어
　　몸을 바꾸고, 정신을 개조하게 하셨다.

〈태백일사〉「신시본기」

　　이때에 신(神, 환웅)께서 신령한 쑥 한 줌과
　　마늘 20개를 주면서 말하기를
　　"너희들이 이것을 먹고 백일(百日) 동안
　　햇빛을 보지 않으면 곧 사람의 모습이 될 것이다" 했다.
　　이윽고 곰과 범이 이것을 받아서 먹고
　　삼칠일(三七日) 동안 조심했더니 곰은
　　여자의 몸으로 변했으나 범은 조심을 잘못해서
　　사람으로 변하지 못했다.

〈삼국유사〉「기이 제 1」

　　당시 몸을 바꾸고, 정신을 개조시키기 위해 무리들에게 수행을 시켰다
는 것은 성통광명(性通光明)[1]을 통해 재세이화(在世理化)[2]하게 하여 홍
익인간(弘益人間)[3]을 하게 하는데 있었기 때문이다. 그렇다면 천부경의

---

1) 성통광명(性通光明) : 성품을 밝은 빛에 통하게 하라는 뜻이다. 참전계의 목적이
　"눈부시게 광채를 뿜어내는 존재(居發桓)"가 되는데 있듯이 성통광명은 상고시대
　에 있어 삶에 목적이었다.
2) 재세이화(在世理化) : 현세(現世)를 도리(道理, 三神의 道)로써 깨우침을 주어 변
　화시킴을 말한다.

천부경의 참된 의미　375

목적은 멀리 있지 않다. 그 목적은 집일함삼(執一숨三)하고 회삼귀일(會三歸一)하는 법칙을 통한 인간생명의 완성에 있었기 때문임을 말한다. 이와 같기에 〈부도지〉「10장」에서는 천부(天符)란 천지본음(天地本音)의 상(象)으로 진실로 근본이 하나임을 알게 하는 것이라 했다. 마찬가지로 〈부도지〉「12장」에서는 천부를 밝게 증거하며 도(道)를 닦아 미혹함을 풀어 복본(復本)하는 것이라고 하였다. 그러므로 천부경은 자연의 변화현상과 별자리들의 움직임, 그리고 생물학과 소립자의 원자세계만을 말하는 것이 아닌, 집일함삼과 회삼귀일을 통해 우리의 자아완성에 있었다는 것을 분명히 밝혀주고 있는 것이다.

당시에는 천왕께서 직접 천경신고(天經神誥)를 강론했다고 한다. 그런데 만약 당시의 사람들에게 자연의 변화현상과 별자리의 운행법칙을 말하고, 생물학과 소립자의 세계 등으로 설명을 했다면 생활 속에서의 지혜는 될지언정 실질적으로 사람을 깨달음의 세계로 인도하지는 못했을 것이다. 그러므로 그 목적은 오직 도(道)를 닦아 근본으로 돌아가게 하고, 인간에 의해 천지가 하나가 되는 인중천지일(人中天地一)을 통한 인간완성에 있었다고 보는 것이 타당하리라 본다.

천부경은 생명의 근본철학이다. 그러니 자연의 변화현상과 더불어 천문학, 생물학, 물리학 등 무엇이든 미치지 않는 것은 없다. 하지만 그 목적이 수비학(數秘學)과 기하학(幾何學)을 통한 성통광명하는 인중천지일의 원리에 있기 때문에 그 근본을 인간완성에 두고 살펴보아야 한다. 그래야만이 천부경을 바르게 이해할 수 있으리라 보기 때문이다.

---

3) 홍익인간(弘益人間) : 널리 인간을 이롭게 하라는 뜻이다. 홍익인간이 널리 인간을 이롭게 하는 것에 대해 〈단군세기〉「단군 가륵」 편을 보면 알게 된다. 그 내용에 의하면 도(道)를 널리 펴서 무리를 이롭게 한다는 홍도익중(弘道益衆)이 그것이다. 그 실천 방법의 핵심은 삼신(三神)의 진리로 지혜를 열어주어 생명의 길로 이끌어주는 것이다. 그런즉 홍익인간이란 천경신고(天經神誥)와 참전계(參佺戒)로 일깨워 사람들을 복되게 하는데 있다.

3. 천부경은 문명통일의 진경(眞經)

日月山上에 높이 올라   焚香再拜一心으로
일월산상   분향재배일심
天井水에 祝福하고   聖神劒을 獲得守之하니
천정수   축복   성신검   획득수지
丹書用法天符經에   無窮造化出現이라.
단서용법천부경   무궁조화출현

天井名은 生命水요   天符經은 眞經也며,
천정명   생명수   천부경   진경야
聖神劒名掃腥塵에   無戰爭이 天下和라
성신검명소성진   무전쟁   천하화

일월산에 높이 올라 분향재배 일심으로 하여
하늘 우물물로 축복하고 성신검(聖神劒)을 획득하니,
단전을 운기하는 글인 천부경으로 무궁한 조화가 출현이라.

하늘우물의 이름이란 생명수를 말함이요,
천부경은 참된 경전이며, 성신검은 추악한 티끌을
씻어내는 이름이니 전쟁이 없는 천하태평이 찾아오리라.
〈격암유록(格菴遺錄)〉「송가전(松家田)」

남사고(南師古) 선생은 천정수(天井水)인 하늘우물의 물을 생명수라고
했다. 이는 하늘에 정성을 드리기 위한 우물과 그 물이, 하늘우물이며 생
명수이기 때문이다. 그 물로 축복했다는 것은 하늘에 정성을 드리는 생명
수를 신(神)에게 바쳐 복됨을 빌었기 때문임을 말한다. 이러한 과정에서

성신검(聖神劒)을 얻었으니, 그것은 정성의 감응으로 진리를 바르게 볼 수 있는 지혜(성신검)를 얻었다는 것을 의미한다. 동학의 창시자 최수운이 묵은 세상 씻어내고자 용천검(龍泉劒)을 휘두르는 검가(劒歌)를 지었듯이 이러한 칼은 지혜와 세상을 변화시키겠다는 의지의 표현이었다.

단서용법(丹書用法) 천부경에 무궁조화 출현은 천부경이 심신(心身)을 갈고 닦는 수행의 지침서가 되고, 이를 통해 무궁한 조화(造化)가 나오게 되어 있기 때문임을 말한다. 천부경에 의한 수행을 통해 이처럼 무궁조화가 나올 수 있게 됨에 따라 장차 내적 밝음을 얻은 인물들이 나오게 되어 있다는 말씀이기도 하다.

천부경을 '참된 경전(眞經)'이라고 함은 천부경이 궁극적으로 수행을 통해 인간완성을 이루는 경전이기 때문임을 말한다. 그런 까닭에 천부경은 수행문화(修行文化)를 바탕으로 동물에서 인간으로, 인간에서 신(神)으로 가는 길을 제시해준 경전이라는 것을 알려준다.

이제까지의 내용으로 보아 천정수(天井水)는 생명을 바치는 정성을 드렸다는 것을 말함이요, 성신검(聖神劒)은 정성 속에서 진리를 보는 안목을 얻게 되었다는 것이요, 단서용법 천부경이라 함은 천부경이 수행의 가르침을 전한 경전이라는 것을 말함이요, 천부경에 의한 무궁조화의 출현은 천부경을 통해 내적 밝음을 얻게 됨이요, 참된 경전이라 함은 천부경이 수행을 통해 인간완성을 이루게 하는 경전임을 나타낸다. 간추려보면 이것은 생명을 바치는 정성을 드려 진리를 보는 안목을 갖고, 수행을 통해 밝음을 얻게 될 때는 인간완성이 이루어지게 됨에 따라 장차 전쟁이 없는 천하태평(天下泰平)이 이루어지게 되어 있다는 것을 말한다. 그러므로 격암유록에서 전하고자 하는 메시지는 인류 모두가 천부경에 의한 수행을 통해 인간완성을 이루어 전쟁이 없는 세상을 만들자는 것이다.

다시 《격암유록》을 보게 되면 천부경을 의미하는 진경(眞經)이라는 말은 말운론에서도 나온다.

이로움이 전전(田田)과 십승(十勝)이 되는 것에 있으니
상제(上帝)께서 진경(천부경)에 예언하여 말했음이라.
조금도 이치에서 어긋남이 없으니 생명이
일이삼(一二三)의 송가전에 있어라.
〔利在田田十勝化 上帝豫言眞經說 毫理不差生命 一二三松家田〕
〈격암유록〉「말운론(末運論)」

남사고선생은 장차 이롭게 됨을 전전(田田)과 십승(十勝)에 있다고 했
다. 그러면서 그 내용이 천상의 임금에 뜻이 담긴 진경(천부경)에 예언이
되어 있다고 한다. 더불어 이로움의 본질이 되는 생명이 바로 일이삼(一
二三)에 있다고 전하고 있다.

말운론(末運論)에서 나타나고 있는 전전(田田)과 십승(十勝)은 모두 10
을 나타내는 상징이다. 10은 격암유록에서 구원의 대표적 상징이기도 하
다. 그런데 이와 같은 10은 천부경에서 회삼귀일을 위해서는 가장 필요
한 수(數)가 된다. 왜냐하면 음수(陰數)인 10을 머리로 하여 귀일이 이루
어지기 때문이다. 10의 이러한 원리로 인해 격암유록에서는 이롭게 됨이
전전(田田)과 십승(十勝)에 있다고 하여 깨달음과 구원에 이르는 상징으로
나타내기도 했던 것이다.

남사고선생은 다시 1, 2, 3인 셋에 생명이 있다고 하였다. 이는 천지인
(天地人)의 삼극(三極)을 바탕으로 하여 모든 현상계가 나왔기 때문이다.
모든 현상계가 이처럼 삼극을 바탕으로 하여 나왔기에 천부경 속에는 구
원이 이루어지는 10수의 비밀만 있을 뿐 아니라, 3수원리가 바탕이 됨을
나타내기도 한다. 이러한 까닭에 천부경 속에는 '생명의 법칙(3數)'을 통

한 '절대적 구원(10數)'의 예언이 담겨져 있다고 해도 무리는 아니다.

《격암유록》에서는 3수법칙에 대해 좀 더 강조하는 내용들이 나온다.

> 옛날부터 지금까지 말세(末世)에 이르기까지
> 삼수(三數)의 비밀로 마치었네.
> 〔自古至今末世까지 三數秘로 마치었네〕
>
> <격암유록>「송가전(松家田)」

> 세 번 변화되어 道를 이루니 천인(天人)이요,
> 아홉 번 변하고 아홉으로 회복되니 천인(天人)이라.
> 〔三變成道天人乎 九變九復天人乎〕
>
> <격암유록>「생초지락(生初之樂)」

세 번 변하여 도(道)를 이룸은 천부경에서 화삼(化三, 1, 2, 3/4, 5, 6/7, 8, 9)이 되어 귀일하게 되는 원리와 같다. 아홉 번 변하여 아홉으로 회복되는 것도 마찬가지로 아홉이 셋으로 나뉜 化三으로 분화되었다가 다시 化三을 바탕으로 귀일하게 되는 것과 같은 원리이다. 이러한 원리를 통해서 '하늘 사람(天人)'이 된다고 하였으니, 이것은 천지인(天地人)의 구조로 형성된 化三의 원리가 "하늘 사람으로 거듭나게 하는 수행법의 체계"로 되어 있다는 것을 말한다. 이와 같기에 《격암유록》에서 남사고선생은 천지인의 큰 가르침으로 천하에 통하게 된다고 했고, 천부경인 진경(眞經)을 많이 읽기를 쉬지 말라 당부하기도 했던 것이다.

> 천지인(天地人)이 마음 가운데로 하늘로부터 내려오니
> 큰 가르침(大道)은 천하에 통하였도다.
> 〔天地人 心中天降 大道 四海通〕

〈격암유록〉「말운론(末運論)」

맑은 새벽에 꿇어앉은 자세로 진경(眞經, 천부경) 외우기를 쉬지 않고,
주야로 공경하고 삼가며 매우 조심스럽게 마음에 새기소.
〔晨淸跪坐誦眞經을 不赦晝夜 洞洞燭燭銘心하소〕
〈격암유록〉「궁을도가(弓乙圖歌)」

흙집에서 돌베개를 베고 자는 올바른 도인들이여,
진경(천부경) 많이 읽기를 쉬지 마소.
온갖 요괴와 괴물들(이매망량)의 갑병무경(甲丙戊庚)[1]한 기세에도
요사스러운 것이 정당한 것을 건드릴 수 없는 진경이라네.
〔土室石枕正道人들 多誦眞經不休하소

　魑魅魍魎甲丙戊庚 邪不犯正眞經이라.〕
〈격암유록〉「출장론(出將論)」

　위의 내용에서 천지인(天地人)이 마음의 한가운데로 하늘로부터 내려온
다는 것은 하늘의 3수 법칙인 삼신이 나의 본질이 되는 일기(一氣) 속에
담겨지기 때문이다. 이로 인해 큰 가르침은 천하에 통하게 되었다는 것은
사람은 3수 법칙인 큰 가르침을 내려 받았기에 천하에 두루 미치지 못할
것이 없다는 말씀이다. 그러므로 우리에게는 삼신이 내재되어 있는 까닭
에 삼신과 하나가 될 수만 있다면 시공(時空)에 걸림이 없을 뿐 아니라,
세상만사에 두루 통하게 되어 있다는 것을 말한다.
　남사고선생께서는 진경(眞經)을 마음에 새기고 많이 읽기를 강조하기도
했는데, 이것은 3수 법칙을 담고 있는 천부경의 의미를 깊이 파고 들어
근본원리를 깨우치고 수행에 정진하라는 뜻이다. 그러면 3수 법칙이 천하
에 두루 통하게 되어 있듯이, 3수 법칙을 담고 있는 천부경을 통해 문명

---

1) 갑병무경(甲丙戊庚)은 천간(天干)의 강한 기운을 나타낸다.

천부경의 참된 의미　381

의 통일도 이룰 수 있다는 것을 말한다. 이런 점에서 볼 때 우리는 천부경이 담고 있는 천지인의 원리와 아홉으로 펼쳐지는 화삼(化三)의 원리에 대해 깊이 있게 탐구해볼 가치가 있다고 여겨진다.

◈ 성신검(聖神劍)이란 지혜의 상징이 되기에 세상의 티끌을 없애는 진리의 보검(寶劍)이요, 지혜로써 세상을 변화시키기에 다시금 근본을 세우는 용천검(龍泉劍)이기도 하다.

▣ 검가(劍歌)

"시호(時乎) 시호 이내 시호
부재래지시호(不再來之時乎)로다[1]
만세일지(萬世一之)[2] 장부(丈夫)로서
오만년지시호(五萬年之時乎)로다
용천검(龍泉劍)[3] 드는 칼을 아니 쓰고 무엇하리
무수장삼(舞袖長衫)[4] 떨쳐입고 이칼 저칼 넌즛 들어
호호망망(浩浩茫茫) 넓은 천지(天地) 일신(一身)으로 비켜서서
칼 노래 한 곡조(曲調)를 시호시호 불러내니
용천검 날랜 칼은 일월(日月)을 희롱(戲弄)하고
'게으른 무수장삼(舞袖長衫)'[5] 우주(宇宙)에 덮여 있네
만고명장(萬古名將) 어데 있나
장부당전(丈夫當前) 무장사(無壯士)라[6]

---

1) 부재래지시호(不再來之時乎) : 때로구나 때가 왔구나 나의 그 때가 왔구나, 두 번 다시 오지 못할 때가 왔구나!
2) 만세일지(萬世一之) : 만세에 한 번 태어날 때를 말한다.
3) 용천검(龍泉劍) : 용천검은 난세를 바로잡는데 사용하는 보검이다.
4) 무수장삼(舞袖長衫) : 무수장삼은 긴소매가 달린 옷
5) 날랜 칼에 비하여 무수장삼은 느리게 움직인다는 말이다.
6) 대장부 앞에 당해낼 장사가 없다는 말이다.

좋을시구 좋을시구 이내 신명(身命) 좋을시구"

《용담유사(龍潭遺詞)》

4. 천부경과 기하학

플라톤은 아케데미아 정문에 "기하학(幾何學)을 알지 못하는 사람은 이 곳에 들어오지 못한다"는 글귀를 적어 붙여 놓았다고 한다. 당시 그리스 인들도 기하학을 신성(神性)의 원천(源泉)이라 믿었고, 이러한 환경 속에 서 플라톤은 "신은 기하학자이다."라고 말하기까지 하였다.

지성(知性)의 한 구조물인 기하학은 동양에서는 천지인의 상징인 원방 각(圓方角)을 바탕으로 한다. 이와 같은 원방각은 무한세계와 시공간, 그 리고 생명체의 상징체계였다. 그래서 무한세계인 하늘을 걸림이 없는 원 (圓)으로 하고, 시공에 의해 만물을 낳게 되는 땅을 방위와 공간을 갖춘 방(方)으로 했으며, 시공에 제약으로부터 무한생명을 회복하고자 하는 사 람을 강인한 생명체의 모습인 각(角)으로 표현해 놓기도 했다.

역사의 기록상 가장 일찍 원방각에 대해 정의(定意)를 내리신 분은 태 호복희씨와 동문수학을 했던 발귀리선생(發貴理先生)이었다. 〈태백일사〉 「소도경전본훈」에 의하면 선생께서는 원(圓)은 하나(一)요, 무극(無極)이라 고 하였다. 이 말에서 무극은 무한세계를 나타내고 있어 무형인 양(陽)에 해당하니, 圓은 하늘인 1양(一陽)에 해당한다.

선생께서는 다시 방(方)은 둘(二)이요, 반극(反極)이라고 했다. 반(反)은 되돌린다의 뜻이 있어 통일되어가는 유형인 음(陰)에 해당하니, 方은 땅 인 2음(二陰)에 해당한다. 끝으로 각(角)은 셋(三)이요, 태극(太極)이라고 했다. 태극은 1양과 2음에 의한 조화(調和)를 나타내고 있어 중일(中一)에 해당하니, 角은 사람인 3중일(三中一)에 해당한다.

동양에서는 기하학이 대표적으로 천부경을 통해 나타났고, 이후 태극문양(☯)을 만든 하도(河圖)와 만(卍)자 문양을 만들어낸 낙서(洛書) 등이 나오게 되었다. 이러한 기하학이 문화적으로는 원형의 제단(壇)과 방형의 무덤(塚), 그리고 각형의 사당(廟)인 총묘단(塚廟壇)을 통해 나타나기도 했다. 이 밖에 둥근모습의 갓, 긴 네모의 옷고름, 뾰족한 모양의 상투 등으로 표현되어 대중화될 수 있었다.

고대인들은 만물의 성향을 형상화시키는 사고(思考)를 가지고 있었다고 생각이 된다. 그렇기에 천부경도 원리적인 내용만이 아니라, 형상화된 상징을 가지고 있으리라 짐작되는 것은 당연하다. 그것도 천지인의 원리를 논하고 있는 바, 원방각의 모습을 가지게 됨을 미루어 짐작이 간다.

기하학의 시초라 할 수 있는 천부경에 대해 《태백일사》에서는 천부경으로 일컬어지고 있는 환역(桓易)에 대해 말하기를 "본체는 원(圓)이며 작용은 방(方)"이라고 했다.

환역(桓易, 천부경)의 본체는 원형이요, 작용은 방형이다.
형체가 없음으로부터 실체를 알게 되니 이것이 하늘의 이치다.
桓易體圓而用方 由無象以知實是天之理也.

〈태백일사〉「소도경전본훈」

환역과 관련하여 복희의 역(易)에 대해서도 잠시 보게 되면 〈태백일사〉「소도경전본훈」에서 "희역(羲易)[1]의 본체는 방(方)이며 작용은 원(圓)이

---

1) 복희씨의 희역(羲易)은 방(方)을 본체로 하기에 공간과 시간을 드러내는 역(易)에 가깝다. 반면에 천부경인 환역(桓易)은 원(圓)을 본체로 하기에 근원과 자아, 그리고 전체성과 영원성, 뿐만 아니라 거듭남과 순환을 바탕으로 한다. 그런 까닭에 시공을 본체로 하는 하도는 천부경으로부터 나올 수밖에 없었다.

다. 모양이 있는 것에서 그 변화를 아니 이것이 하늘의 본체이다."라고
하였다. 이것은 환역과 마찬가지로 희역의 경우도 기하학적 모습과 더불
어 천원지방(天圓地方)으로 되어 있다는 것을 보여준다. 다만 다른 점은
본체를 圓으로 하는 환역과는 달리 方을 본체로 하고 있는 것이다.

천부경이 기하학(幾何學)적 모습으로 되어 있는 것을 천부경의 내용 중
에 운삼사(運三四)를 통해서도 발견할 수 있다. 〈태백일사〉「삼신오제본
기」에 의하면 경일주삼(徑一周三), 경일잡사지기(徑一匝四之機)[1]라고 하
여 운삼사의 원리가 "하나의 지름길을 통해 셋으로 두루 미치게 하고, 하
나의 지름길을 통해 넷으로 둘레를 이루는 베틀을 만들게 된다"고 했기
때문이다. 이것으로 볼 때 천부경에서도 기하학적 기틀이 만들어지게 됨
을 보여준다.

왕검씨는 하나의 지름길에서 셋(三)을 두루 미치게 하고,
하나의 지름길에서 넷(四)으로 둘레를 이루는 베틀을
계승함으로써 오로지 왕도(王道)를 사용하여 천하를

희역인 하도(河圖)가 천부경의 원리로부터 나올 수 있었던 구체적인 이유를 보
게 되면 첫째 천부경이 전체 1~9의 수(數)로 되어 있고, 둘째 10이 충(衷)을 이
루어 회삼귀일을 하게 되어 있으며, 셋째 천지인(天地人)과 일기를 통해 음양(天
地)과 중심이 되는 5토(五土, 一氣)에 대해 만들어 놓았기 때문이다. 이 때문에
하도는 1~9와 중앙의 10토(十土), 그리고 음양과 함께 중앙에서도 중심이 되는
5토를 만들어 놓게 되었다. 그러므로 하늘의 본체가 되는 하도는 하늘의 이치가
되는 천부경을 바탕으로 해서 나올 수밖에 없었던 것이다.

1) 경일주삼(徑一周三)은 지름과 둘레의 비율이 1대 3인 원(圓)과 경일잡사(徑一匝
四)는 한 변과 둘레의 비율이 1대 4가 되는 방(方)을 나타내기도 한다. 하지만
〈태백일사〉「삼신오제본기」에 담긴 경일주삼과 경일잡사지기의 관련된 전체 내용
에서 하늘과 땅의 가운데 人中天地一을 이루는 왕도(王道)를 통해 다스린다고
하였으니, 이것은 단순히 하늘과 땅만을 나타내는 것이 아니라, 하늘과 땅이 가
운데 있는 '주체가 되는 사람(王)'과 연결이 이루어지게 된다는 것을 알려준다.
그러므로 운삼사(運三四)는 하늘과 땅이 사람을 중심으로 인중천지일을 이루는
장인 공(工)과 같은 모습을 나타내고 있어 경일주삼과 경일잡사지기를 인중천지
일이 이루어지는 원리로 봐야 한다고 생각이 된다.

다스리고자 하였으니 천하는 이에 순종하였다.

王儉氏는 承徑一周三하고 徑一匝四之機하여

專用王道而治天下하신대 天下從之하니라.

〈태백일사〉「삼신오제본기」

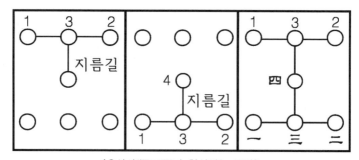

〔운삼사(運三四)가 형성되는 도상〕
운삼(運三)은 삼신으로 나타나고, 운사(運四)는 삼극과 일기로 나타남에
따라 전체의 모습은 임금 王자나 장인 공(工)의 형태로 드러난다.[1]

기하학적 모습의 천부경은 천부금척을 통해서도 나타난다. 조선 초기
산속에 은거하며 살았던 김시습은 징심록추기(澄心錄追記)에서 천부금척
(天符金尺)에 대하여 말하기를 "그 형상(形象)은 삼태성(三台星)이 늘어선
것 같으니, 머리에는 불구슬(火珠)을 물고 네 마디로 된 다섯 치(五寸)이

---

1) 〈태백일사〉「삼신오제본기」의 내용에서 "하나의 지름길을 통해 셋으로 두루 미친
다."는 것은 허조동체인 일기 중에 허(虛)는 그 중간의 지름길을 통해 삼신과 연
결되고, "하나의 지름길을 통해 넷으로 둘레를 이루는 베틀을 만들게 된다."는
것은 허조동체인 일기 중에 조(粗)는 그 중간의 지름길을 통해 삼극과 연결된다
는 것을 말한다. 다만 삼신과는 다르게 삼극에 있어서 넷으로 둘레를 이룬다는
것은 가운데 있는 허조동체인 일기 중에 虛는 숫자로 나타나지 않는 반면에 粗
는 숫자로 나타나게 되어 있기 때문이다. 虛의 경우 숫자로 나타나지 않는 것은
무형으로 되어 있기 때문임을 말한다.

다."라고 하였기 때문이다. 뿐만 아니라 허실(虛實, 一氣)의 수가 9가 되어 10을 이루니 이것이 천부(天符)의 수라고 하여 천부경이 수(數)를 통한 기하학적 체계로 되어 있다는 것을 드러내어 주었다.

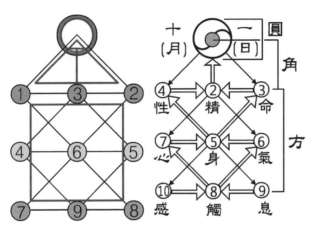

〔원방각구조의 천부체계도〕

천부경을 체계화시킨 천부체계도에서 일기와 아홉수를 통해서도
원방각의 모습을 만들어낼 수 있다. 이것은 일기가 무형인
허(虛, ○)를 지니고, 절대순수의 유형인 조(粗, △)를 지니고
있기 때문이다. 뿐만 아니라 아홉인 3, 6, 9의 단계를 통해
유형인 정사각형(□)의 모습을 만들어내고 있기 때문이기도 하다.

천부금척의 내용에서 보이듯이 천부경이 전해주는 기하학은 하나의 체계 속에서 모든 것이 연결되어 있는 모습을 보여준다. 하지만 여기에 멈추지 않고, 천부경은 인중천지일(人中天地一)의 모습을 보여줌으로 해서 하나의 체계로 이루어졌다는 것이 더욱 확고해진다. 이것은 허조동체가 되는 一氣가 생명의 근원으로서 가운데 위치하게 되고, 삼신(三神)은 무한계가 되기에 위에 있게 되며, 삼극(三極)은 유한계가 되기에 아래에 위치하게 되어 있기 때문이다. 이러한 까닭에 원방각(圓方角)에서 원형도 무한계인 하늘에 해당함에 따라 위에 있고, 방형도 유한계인 땅에 해당함에 따라 아래에 있으며, 각형의 경우도 유한과 무형이 동체(同體)인 사람에 해당함에 따라 가운데 위치하게 될 수밖에 없다.

천부경에 의해 인중천지일을 이루게 되는 모습은 피라미드의 구조에서도 나타난다. 피라미드를 보게 되면 땅을 나타내는 네모진 기단(基壇)을 바탕으로 사람의 상징인 각형(角形)[1]이 둥근모습의 하늘을 향해 솟구쳐 있기 때문이다. 피라미드의 구조에서도 이처럼 원방각에 의한 인중천지일의 모습에 대해 나타내고 있는 까닭에 우리는 피라미드를 통해서도 원방각의 모습을 발견할 수 있다.

원방각에 의한 인중천지일의 모습은 발귀리선생(發貴理先生)의 말씀을 통해서도 나타난다. 이는 발귀리선생께서도 원(圓)과 방(方)의 가운데 사람에 해당하는 각(角)이 위치하게 되는 인중천지일에 대해 전하였기 때문이다. 그래서 그는 〈태백일사〉「소도경전본훈」에서 1양과 10음을 나타내는 일월지자(日月之子)는 삼신인 위의 하늘(O)과 삼극인 아래의 땅(口) 사이에 있는 순수자아(△)의 단계로부터 아홉수로 대표되는 세상에 떨어졌으나, 천신(天神)의 참마음(衷)[2]과 같아 이로써 다시 빛을 비추고, 이로써 빛줄기가 길게 이어져 온전한 상태의 깨달음(圓覺), 즉 다시금 인중천지일을 이루게 되었다고 하였다. 그러면서 선생은 다시 크게 세상에 내려오

---

1) 사람이 각형(角形)으로 상징이 되는 것은 의지의 소유자이기 때문이다. 그래서 신라에서는 강인한 의지력의 소유자에게 의지력의 상징으로 각간(角干)이란 최고의 관직을 주었다. 김유신의 관직은 태대각간(太大角干)이었다. 당시 홍산문화에서의 강인한 의지의 대표적 인물은 수련을 통해 신계(神界)에 오른 황웅여신(黃熊女神)이었다. 그래서 각형에 해당하는 사당에 모셔질 수 있었던 것이다.
2) 참마음을 품게 되는 자는 10(月)을 지닌 상태에서 1(日)을 얻어 一氣를 이루게 되기에 일월지자(日月之子)가 된다. 참마음을 품으면 이처럼 일월지자가 되기에 참마음(衷)은 구도자를 나타내는 마음이기도 하다.

니 뭇 중생이 그 무리를 이룬다고 말하기도 했다.

　해와 달의 아들(日月之子)은
　천신(天神)과 통하는 충(衷)이 있기에
　이로써 빛을 비추고, 이로써 길게 이어져
　원각(圓覺 : 온전한 깨달음)을 이루어 능히
　크게 세상에 내려오니 뭇 중생이 그 무리를 이루도다.
　日月之子 天神之衷 以照以線 圓覺而能 大降于世 有萬其衆.
　　　　　　　　　　　　　　　　〈태백일사〉「소도경전본훈」

　원방각(圓方角)에 대해 정의를 내리신 발귀리선생께서는 일월지자(日月之子)는 천신과 통하는 충(衷, 10)이 있기에 이로써 인중천지일을 통해 원각(圓覺)을 이루어 능히 세상에 내려오게 되었다고 했다. 그런데 인중천지일인 원방각의 정신을 이루기 위해서는 일기(一氣)에 해당하는 각(角, △)이 가운데 위치하게 됨에 따라 내 자신이 굳센 의지력에 의한 참나(眞我)를 이룬 존재가 아니고서는 하늘(圓, ○)과 땅(方, □)을 연결시키는 존재가 될 수 없다는 결론에 이른다. 이와 같기에 원방각이 인중천지일을 이룬다는 것은 인간의 굳센 신념(信念)과 의지력에 있다고 할 수 있다.

　지금까지의 내용으로 보아 천부경은 기하학으로 이루어졌고, 그것도 천지인을 말하고 있는바 원방각(圓方角)의 모습으로 나타날 수 있다는 것을 보여주었다. 더 나아가 그 모습은 인중천지일로 이루어졌고, 각(角)이 가운데에 위치할 수 있다는 것을 알려줌에 따라 굳센 의지력을 지닌 참나(眞我)의 존재만이 하늘과 땅을 대변할 수 있다는 것을 알려주었다. 이것으로 보아 천부경은 기하학으로 이루어졌고, 천지인사상(天地人思想)을 바탕으로 인중천지일을 이룰 뿐 아니라, 그 뜻하는 의미는 천지를 대행하는 존재가 되게 하는데 있다는 것을 나타내어준다.

▣ 선인(仙人) 발귀리 송가(頌歌)

대일(大一) 그 극(極)은 이름하여
양기(良氣)라 하나니
무(無)와 유(有)가 섞여서
허(虛)와 조(粗)에 묘함이 있도다.
셋은 그 하나를 본체로 삼고,
하나는 그 셋을 작용으로 삼아
묘하게 섞이어 하나로 둘러싸여 있으니
본체와 작용은 갈라짐이 없도다.

커다란 텅 빔(虛) 속에 밝음(光)이 있으니
이것은 신(神)의 형상이고,
크나큰 기(氣)[1]가 오래도록 존재함이요
이것은 신(神)이 변한 것이니,
크나큰 氣란 참된 생명의 근원처로써
만법(萬法)이 여기서 나오도다.

'해와 달의 아들(△)'은 천신(天神)과
통하는 충(衷)이 있는 까닭에
이로써 빛을 비추고 이로써 길게 이어져
'온전한 깨달음(○)' 속에 능히
크게 '세상(□)'에 내려오니
뭇 중생이 그 무리를 이루도다.
그런 까닭에 둥근(圓) 것은 하나이니 무극(無極)이요

---

1) 대기(大氣)인 크나큰 氣란 一氣, 良氣, 大一의 다른 명칭일 뿐이다. 일기를 大氣
로 표현한 것은 만물의 근본이기에 이렇게 표현한 것으로 보인다.

네모진(方) 것은 둘이니 반극(反極)이요

세모진(角) 것은 셋이니 태극(太極)이라.[1]

5. 천부체계도는 참고누판과 피라미드 설계도

우리나라에서 가장 오래된 참고누판의 발견은 부여의 부소산성 성돌에
새겨진 것이라 한다. 그렇다면 그 역사는 삼국시대에 이르기까지 거슬러
올라간다. 그런데 그 모양이 피라미드의 모습과 너무나 닮아 있을 뿐 아
니라, 천부경의 3, 6, 9에 법칙을 그대로 재현시켜놓고 있는 것과 같은
착각을 하게 만든다. 이 뿐만이 아니라, 피라미드형 진시황릉(秦始皇陵)의
초기 모습과 너무나도 유사하기 때문에 참고누판과 진시황릉이 천부경의
체계도를 현실화시켰다는 느낌을 지울 수가 없다.

먼저 참고누판을 보게 되면 사각형이 셋으로 둘러싸여 있는 것을 보게
된다. 이것은 단계별 상중하의 구조로 이루어졌다는 것을 알려준다. 그런
데 이 뿐만이 아니라, 사방으로 세 줄씩 연결되어 있는 것을 보게 됨으로
상하구별의 3단계와 수평적 3단계로 이루어졌다는 것을 알게 한다.

참고누판의 법칙은 초기 진시황릉에서도 그대로 나타난다. 다만 상하구
별에 있어서 1단계 3계단, 2단계 3계단, 3단계 3계단으로 석삼회(析三回)
아홉수의 원리로 구성이 되어 있을 뿐이다. 이러한 차이는 셋은 즉 하나
라고 하는 삼즉일(三卽一)과 하나는 즉 셋이라고 하는 일즉삼(一卽三)의

---

1) 발귀리 송가 : 〈태백일사〉「소도경전본훈」에 의하면 신시(神市) 때의 선인(仙人)
   발귀리(發貴理)는 태호복희씨와 동문수학(同門受學)을 했던 인물이다. 도(道)를
   통하여 저(渚)와 풍산(風山)사이에서 노닐고, 그 명성이 널리 알려졌다고 한다.
   발귀리 송가는 아사달에서 제천행사가 끝나는 것을 보고 노랫말로 지은 것이다.

원리에 따른 차이만 있을 뿐 똑같은 원리이다. 그렇다면 참고누판과 진시황릉이 가지고 있는 이러한 법칙은 어디서 온 것인가?

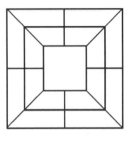

〔참고누판〕　　　　　　　　　　　〔진시황릉 모형도〕

　당연히 그것은 천부경의 원리에서 온 것이다. 천부경도 그 원리가 상하구별의 지극계, 분별계, 타락계로 이루어졌을 뿐 아니라, 수평으로도 지극계가 天一, 地一, 人一인 셋과 분별계가 天二, 地二, 人二인 셋과 타락계가 天三, 地三, 人三인 셋으로 이루어졌기 때문이다. 이 때문에 우리는 참고누판과 진시황릉이 천부경과 다르지 않다는 것을 알게 된다.

　특히 진시황릉의 정상(頂上)을 보면 하나의 구조물이 보인다. 이것은 마야의 피라미드들에서도 발견이 되는 특징이다. 마야의 쿠쿨칸 피라미드나, 티칼의 대재규어 피라미드, 티칼의 제2에 마스크 피라미드 등도 보게 되면 아홉 개나 또는 세 개의 테라스와 함께 피라미드의 꼭대기에 신전의 구조물이 있기 때문이다. 이것으로 보아 진시황릉에서도 보이듯이 초기 피라미드의 형태가 꼭대기에 있는 신전(神殿)과 함께 셋이나 아홉으로 이루어진 계단형태의 테라스로 이루어졌다는 것을 알려주고 있다.

　진시황릉이나 마야의 피라미드가 가지고 있는 특징인 신전을 보게 되면 세계수(世界樹)와 같이 세계의 중심(10)을 나타내기에 아홉 테라스(소도, 9)를 통한 신전(10)에 오름은 1~9를 거쳐 세계의 중심에 서게 되는 것과 같고, 지하세계로 내려가게 될 때는 10~2를 거쳐 대지의 자궁(子宮)으로 들어가게 되는 것과 같다. 그러한 까닭에 신전에 오름은 구도의 길을 가고자 함을 나타내고, 지하세계로 들어가게 됨은 자아완성을 이루게 됨을 나타내어준다.

〔엘 카스티요(El Castillo) 피라미드〕
쿠쿨칸의 피라미드로 일컬어지는 엘 카스티요 신전(神殿)의 외부적 특징은 9층 테라스와 함께 날개달린 뱀이 아래로 내려오는 모습이다. 날개 달린 뱀은 신전(10)에서 참마음을 얻게 되기에 날개를 얻은 것으로 여겨진다.

신전(神殿)에 오름과 지하세계로 들어가는 원리는 천부경에서도 나타난다. 천부경에서의 1~9를 통한 분화의 과정은 귀일을 위한 10을 만들기 위함이고, 10~2를 통한 귀일의 과정은 자아완성을 위한 일기를 회복하기 위해서이기 때문이다. 뿐만 아니라 피라미드에 있는 대지의 자궁(지하세계)이 곧 자아완성을 이루는 곳임을 나타내고 있듯이 천부사상에서도 일기가 회복되는 곳이 진아(眞我)가 완성되는 천궁(天宮)임을 밝히고 있어 천부경과 피라미드는 다르지 않다는 것을 알려주고 있다.

진시황릉이나 쿠쿨칸(천상과 지하를 오고가는 뱀)의 피라미드에 있는 대지의 자궁인 천궁이 뜻하는 것은 자아완성에 있다. 그런 까닭에 신전에 해당하는 귀일의 마음인 10을 얻는 것이 수행의 첫 발걸음이기도 하다.

그래서 천부경에서는 일적십거(一積十鉅), 무궤화삼(無匱化三)에서 10을 얻어 회삼귀일을 하게 되면 대지의 자궁에 해당하는 천궁(天宮)에서 삼신과의 합일이 이루어질 수 있다고 말한다.

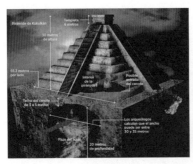

〔엘 카스티요의 지하구조와 내부구조〕
지하에 물 흐름이 있고, 내부에 두 개의 피라미드가 중첩되어
있는 것이 특징. 출처 : The Yucatan Times와 Sonore Star.com

　대지의 자궁역할을 하는 곳은 신화(神話)에서 지하세계로도 나타나게 됨에 따라 지하세계에는 대지의 자궁수에 해당하는 지하수(地下水)가 있는 곳이기도 하다. 그런 까닭일까! 최근에 와서는 피라미드연구자들에 의해 쿠쿨칸의 피라미드지하에 수로(水路)로 연결된 우물형태가 발견되었다고 한다. 뿐만 아니라 쿠쿨칸의 피라미드 속에는 작은 피라미드가 중첩되어 있는 3중구조로 이루어졌다고 연구자들은 발표하기도 했다. 그렇다면 피라미드의 구조물 아래에 우물의 형태가 있다는 것은 피라미드의 구조가 3, 6, 9를 통한 세계의 중심(10)을 나타낼 뿐 아니라, 자궁수(子宮水)를 담고 있는 대지의 자궁(子宮)까지 동시에 나타낸다는 것을 말해준다.
　피라미드의 구조가 세계의 중심일 뿐만 아니라, 대지의 자궁까지 하나의 형태로 나타냄은 뿌리를 기초로 하여 세워진 세계수(世界樹)와 마찬가지로 진리의 체계도를 형상화시켜 놓았다고 밖에 달리 생각할 수 없다. 이와 같기에 피라미드의 구조는 세계수와 마찬가지로 제단(祭壇, 神殿)을 통해 생명의 근원이 되는 대지의 자궁으로 들어가 자아를 완성시키는 원리와도 동일하다. 피라미드의 구조가 이처럼 세계수의 원리와 같기에 피라미드는 신전(10)과 지하(0)가 하나의 체계로 구성된 상태에서 지상의 중심인 소도(蘇塗, 9)와 천상의 중심인 북극성(北極星)의 가운데에 위치할 수밖에 없는 구조라는 것을 나타내어준다.

3중구조로 중첩된 피라미드는 밖으로 아홉 계단식 외형의 모습과도 함께 나타나고 있어 천부경의 석삼회(析三回) 아홉 수(數)의 원리와도 너무나 동일하다. 뿐만 아니라 쿠쿨칸피라미드는 세계의 중심으로 나타남과 동시에 하단의 구조가 지하세계 물속과 연결되어 있기에 10으로부터 대지의 자궁인 천궁에서 일기를 회복하게 되는 천부경의 체계와도 그 원리가 같다. 그런 까닭에 쿠쿨칸의 피라미드는 우리로 하여금 진리세계로 안내하는 성소(聖所)와도 같다는 것을 느끼게 한다.

"(신은) 죽은 자를 물에 잠기게 해서
사후세계로 인도할 것이다."
《파칼 왕의 무덤 속 돌 귀마개에 새겨진 글귀에서》

쿠쿨칸피라미드의 3중구조와 지하에 물 흐름이 있는 것은 우리나라 도참사상(圖讖思想)의 중심이라 할 수 있는 금산사(金山寺)의 미륵불을 통해서도 나타난다. 금산사의 미륵불을 보면 연못을 메꾸어 미륵불을 조성함으로써 물이 흐르는 곳에 세워져 있고, 손에 붉은 여의주를 쥐고 있는 미륵불을 모신 미륵전(彌勒殿)을 3층의 구조로 만들어 놓았기 때문이다.

미륵불이 물(水)의 위에 있는 것은 생명의 근원인 지하세계로 가기 위한 세계의 중심(10)에 자리 잡고 있는 것과 같다. 미륵불이 이처럼 생명의 근원으로 가고자 함에 따라 금산사 미륵불은 성숙을 위한 부처로서 연화대(蓮花臺)보다는 떡을 익히는 시루(甑)의 위에 세워질 수가 있었다. 미륵전을 3층으로 만든 것은 진리세계에 이르는 길이 회삼귀일하는 천지인(天地人)의 3수법칙에 기반을 하고 있기 때문임을 말한다. 그래서 미륵불은 3단계를 거치게 되면서 얻게 되는 결과물로 손에 붉은 여의주(如意珠, 조화의 상징)[1]를 쥐고 있기도 하다.

우리는 금산사의 미륵불을 통해서 보게 되듯이 결국 쿠쿨칸의 피라미드도 세계의 중심인 신전을 통해 대지의 자궁인 지하로 들어가 참나(眞我)를 얻고자 하고, 3중 구조를 통해 알게 되듯이 3수법칙의 체계를 통해 근원으로 귀일하게 된다는 것을 알 수 있다. 이것으로 보아 쿠쿨칸의 피라미드나 금산사의 미륵이 전해주고 있듯이 우리의 삶이란 '세계의 중심(미륵불, 10)'에서 생명의 근원으로 향하고자 하고, 3수법칙을 기반으로 대지의 자궁인 궁극의 세계로 가게 되어 있다는 것을 알려준다.

지금까지 알아보았듯이 쿠쿨칸의 피라미드와 금산사 금미륵 건립의 구조는 세계의 중심을 통해 지하세계로 내려가게 되고, 3중 구조를 통해 목적이 이루어지게 되어 있다. 그런데 이와 같은 체계는 신화(神話)의 체계에 있어서도 벗어나지 않기에 많은 신화들을 통해서도 같은 구조적 체계와 만나게 된다. 이와 같음을 볼 때 세계의 중심과 석삼회 아홉수의 원리를 통해 대지의 자궁으로 들어가게 하는 모든 체계는 인간이 구도자가 되어 자아완성을 이루게 하는데 있다는 것을 나타내어준다.

---

1) 현재 금산사의 미륵불이 손에 쥐고 있는 여의주는 금색으로 도색되어 있다. 하지만 오래 전에는 붉은 색으로 되어 있었다.

6. 천부경과 카발라의 생명나무

한민족에게는 구전지서(口傳之書)를 통해 전해왔던 천부경이 있다. 그런데 그 내용을 형상화시키면 하나의 그림으로 나타난다. 이와 비슷하게 유대교에도 구전(口傳)으로 내려왔던 그림(圖)이 있다. 그 그림은 하나의 체계도로 이루어진 생명나무이다. 카발라(Kabbalah)로 일컬어지는 구전(口傳)에 대한 의미는 전통 유대교 신비주의를 말한다. 헤브라이어로 '전승(傳承)'을 뜻하는 카발라는 고대로부터 구전을 통해 전승되어 온 '지혜'를 뜻한다. 이러한 지혜를 나타내는 그림이 카발라의 생명나무이다.

시대를 거치며 입에서 입으로, 스승이 소수의 선택된 제자에게 전수한 지혜는 처음 수메르의 가장 위대한 현인(賢人)이자 제사장인 오안네스(Oannes)로 알려진 아담(Adam)[1]에 의해 노아를 거쳐 아브라함에게 전해졌다. 아브라함은 그것을 이집트(Egypt)에 전했고, 모세는 이집트에서 카발라의 비전에 입문했다고 알려져 왔다. 이로부터 다윗과 솔로몬으로 이어져 카발라의 비전은 중동지역과 이스라엘에 걸쳐 고대문명을 낳는 역할을 했던 것으로 보인다.

비전이 담긴 카발라의 생명나무는 어떠한 모습일까? 그 모양은 뿌리를 하늘로 향한 거꾸로 선 나무의 형태를 지녔다. 대우주의 밝은 빛에 뿌리를 박고 지상에 줄기와 가지를 드리운 나무는 본래는 두 개의 이름을 지녔다. 하나는 근원으로부터 분화하므로 분별의식에 떨어지게 되니 선악(善惡)을 알게 하는 선악나무이다. 다른 하나는 수렴되어 근원으로 통합되므로 영생(永生)을 얻게 하는 생명나무이다.

---

1) 〔데이비드 롤〕의 《문명의 창세기》를 보면 아담은 오안네스와 동일시되는 인물이다. 오안네스는 대홍수 이전 일곱 현인 중에 첫 번째가 되는 현인으로서 "에리두를 정화하는 사제"이며, "하늘로 올라간 우안-아다파"로 일컬어졌다고 한다. 그의 모습은 반은 물고기이고, 반은 인간의 모습을 가졌고, 그의 행적은 아주 오래된 신전(神殿)을 세운 사람이었다고 한다.

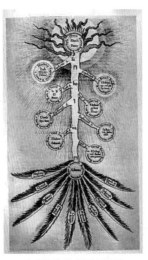

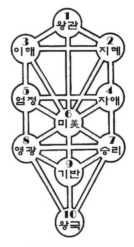

〔카발라의 생명나무〕〕
거꾸로 선 나무로도 일컬어지는
생명나무는 빛에 뿌리를 박고
있는 것이 특징이다

〔세피로트의 나무〕
10번에 해당하는 왕국에
들어선다는 것은 깨달음을 얻기
위한 길에 들어서는 것을 말한다

　두 개의 나무를 하나의 명칭으로 하게 될 때에는 그 목적이 영생을 위한 생명의 완성에 있기에 대체적으로 생명나무(生命木)라고 부른다. 그 체계에 있어서는 뿌리가 되는 근원으로부터 분화된 아홉 개의 현현(顯現)이 나름대로의 성향과 각기 숫자로 표현되어 근원과 함께 하나의 체계도(體系圖)를 구성한다. 이때의 근원이 되는 것을 왕관(王冠)에 해당하는 케테르(Kether)1)라 하며, 아홉 개의 현현과 함께 케테르를 포함하여 열 개의 세피라(Sefirah)라고 한다. 근본이 되는 케테르의 경우는 시작점이자

―――――――――――――――――――

1) 케테르(Kether)에 대해서는 왕관이며, 대얼굴이라고도 한다. 대얼굴은 현상계에서 한쪽면(우측 얼굴)만 보이며, 보이지 않는 좌측은 무한광(無限光 : 아인 소프 아우르)을 향해 있다. 그러므로 대얼굴은 서양신화에서 천국의 대문을 지키는 야누스(Janus)와 같고, 천부경에서는 허조동체인 일기와 같은 모습이다.

마침이 이루어지는 종시(終始)를 나타낸다. 하지만 그 종시를 이루는 케테르는 분화와 귀일을 통한 종시만을 나타내지 않고, 그 궁극은 무한계와 연결되는데 있다. 그래서 케테르를 인간의 머릿골 속에 있고, 대우주와의 접점(接點)을 이루는 곳이라고 한다.

카발라에서 전해오는 내용들을 보면 창조 이전에는 아인 소프 아우르 (Ain Soph Aur)[1]가 홀로 있었다. 아인 소프 아우르는 무한자(無限者)이고, 현현(顯現)하지 않는 상태이다. 이로부터 열 개의 세피라를 가진 세피로트나무, 즉 생명나무가 방출되어 나왔다는 것이 카발라가 전하는 비의 (秘儀)이다. 그렇다면 구도자가 왕관(케테르)을 되찾아 대우주와의 접점 (接點)을 이루게 될 때는 무한자인 아인 소프 아우르와 고리를 이루게 되어 있다. 이러한 모습은 천부경의 一氣에서도 태일(太一)과의 합일을 위해 나타나는 모습이기도 하다.

천부체계도와 함께 카발라의 생명나무를 보게 되면 너무나 흡사한 부분이 많다. 먼저 카발라의 생명나무를 보게 되면 그 특징이 가운데의 줄기를 중심으로 좌우로 가지를 뻗은 3수 기반의 10수 형태를 보인다. 전체 열 개가 되는 줄기와 가지는 4중 체계로 나뉘어 원형계·창조계·형성계·물질계로 이루어져 있고, 1~9까지는 모두 가운데 있는 6과 연결되어 있어 생명나무의 중심에 6이 있다는 것을 보여준다.

카발라의 생명나무와 마찬가지로 천부경을 통해 만들어진 천부체계도 (天符體系圖)의 경우도 매우 비슷한 구조로 되어 있다는 사실이다. 왜냐하면 일기(一氣)를 모태로 아홉 개의 개체가 현현하여 분화되는 것이 같

---

1) 천부경에는 나타나지 않지만 그 근원에는 대허와 일신과 삼신인 天一, 地一, 太一이 있듯이 카발라에도 세피로트 나무의 이전에 아인(Ain : 空, 無), 아인 소프 (Ain Soph : 無限), 아인 소프 아우르(Ain Soph Aur : 無限光)가 있다. 아인의 경우는 天一神에 해당하고, 아인 소프는 地一神에 해당되고, 아인 소프 아우르는 太一神에 해당한다.

다. 줄기와 좌우가지를 통한 3수 기반과 총 열 개(10)의 개체로 본체와
함께 분화가 이루어지는 것도 물론 같다. 전체 열 개가 되는 체계가 4중
체계로 나뉘어 허조동체인 一氣로부터 시작해 지극계·분별계·타락계로
이루어져 있는 것도 같은 원리이다. 뿐만 아니라 천부체계도에서도 중앙
에 6으로 드러나게 됨이 카발라의 생명나무와 너무나도 똑같다.

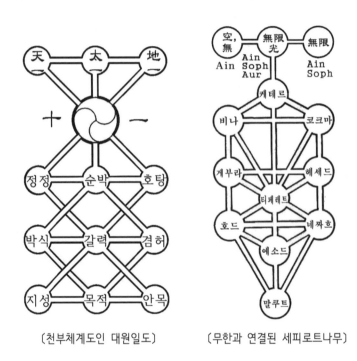

〔천부체계도인 대원일도〕   〔무한과 연결된 세피로트나무〕

무엇보다 중요한 것은 카발라의 생명나무와 천부체계도가 모두 근본
뿌리로부터 분화가 될 때는 아홉 개의 경로를 통해 인간의식의 타락(墮
落)을 가져오고, 다시 되돌려 근본뿌리로 돌아갈 때는 아홉 개의 경로를
통해 인간의식의 진보(進步)가 이루어진다는 사실이다. 그렇다면 이것은
높은 수준에서 낮은 차원으로 단계별로 떨어졌다가 다시 자기 안에 있는

400

신성(神性)을 깨닫고 차차 높은 단계의 경로에 이르게 됨에 따라 천부경의 천부체계도와 카발라의 생명나무가 서로 다르지 않다는 것을 말한다.

천부경을 통한 체계도(體系圖)와 카발라의 생명나무를 통해 볼 때에 이 둘은 대우주로부터 소우주를 논하고 있듯이 최상의 형이상학적인 학문이며, 우리로 하여금 깨달음에 이르게 함으로 실천적 지혜이고, 분화와 귀일로 이루어지는 절대법칙이기에 과학에 가깝다. 뿐만 아니라 대우주의 창조 원리와 소우주인 인간을 통해 타락과 진보를 위한 경로를 드러내어 합일을 유도하고 있기에 천부체계도와 세피로트의 나무는 진리를 드러내는데 있어 위대한 학문적 자산이 아닐 수 없다. 그러므로 천부체계도와 카발라의 세피로트나무는 진리를 드러내는데 있어서 그 가치가 매우 높다고 하겠다.

천부체계도와 카발라의 체계도에 대해 좀 더 언급하자면 한민족에게는 우주의 창조원리를 담은 천부체계도(天符體系圖)외에 삼일신고로부터 만들어지는 '신의 베틀(神機)'과 전계인 염표문(念標文)으로부터 만들어지는 '대원일도(大圓一圖)'가 있다. 그런데 이 중에서 인간의 진보를 위한 경로를 담고 있는 대원일도가 천부경과 삼일신고의 원리보다도 더욱 더 카발라의 생명나무원리와 매우 비슷하다는 사실이다. 이것은 바로 대원일도가 카발라의 생명나무와 마찬가지로 오랜 세월 영적성숙을 위한 비전(秘傳)으로 전해져 왔기 때문으로 여겨진다.

한민족의 비전체계(秘傳體系)에 대해 좀 더 알아보면 문명의 종주국이었던 배달국에서의 천부경(天符經, 天符體系圖)은 우주의 창조법도와 순환의 원리로 이루어졌기에 가르침의 근본이 되었다. 삼일신고인 신의 베틀을 통해서는 인간생명의 원리로 전해져 도교의 이론을 세우는 역할을 하기도 했다. 전계인 대원일도를 통해서는 신인합일을 통해 불멸의 존재가 되기 위한 계율로 전해지게 되면서 모두가 참여하는 참전계(參佺戒)란 명칭으로 나타났다. 우리는 여기서 카발라의 생명나무와 비교해 볼 때 천부사상에는 인간의 정체성을 알게 하는 생명원리와 인간을 불멸의 세계로 이끄는 등의 다양성이 있었다.

역사적으로 볼 때 마고대성으로부터 시작된 천부경이 카발라의 생명나무보다 앞서 있는 까닭에 카발라의 생명나무가 천부경으로부터 나왔다고 밖에는 달리 생각할 수가 없다. 카발라의 생명나무가 이처럼 천부경에 근원을 두고 있기에 에덴동산으로 회귀하여 생명나무의 열매를 따먹기 위한 원형적인 가르침은 천부경에 담겨 있다고 해도 무리는 아니라고 본다. 이와 같기에 인류가 다시 하나가 되기 위한 마고대성으로의 복본과 에덴동산으로의 회귀는 오직 천부경에 그 구체적인 답이 있다고 말할 수 있다. 그러므로 천부경은 온 인류를 마고대성과 에덴동산으로 일컬어지는 생명의 근원세계로 인도하게 되어 있기에 인류문명을 하나의 세계로 통일하는데 있어 천부경이야말로 절대적인 가치를 지닌다고 하겠다.

중동과 서양문화에 영향을 끼치며 전해왔던 카발라의 생명나무가 다시 우리에게 돌아온 의미는 천부경의 진실을 알리는 것에만 그치지 않는다. 천부경으로부터 전해진 카발라로 인해 중동과 서양에 종교적 깨우침을 주는 비전문화(秘傳文化)가 전해졌다는 것을 알게 되었기 때문이다. 그렇다면 천부경은 중동지역과 서양에 전해지면서 크나큰 깨우침의 길로 인도하여 왔다고 봐야 한다. 그러므로 우리는 인류 비전문화의 중심에 천부경이 있었다는 것을 인정하지 않을 수가 없다.

▣ 생명나무(生命木)의 구조에는 음(陰)존재인 1. 아인(Ain), 2. 아인 소프(AIN Soph), 3. 아인 소프 아우르(AIN Soph Aur)와 이로부터 시작되는 양(陽)존재로는 1. 케테르(왕관) 2. 코크마(지혜) 3. 비나(이해) 4.

헤세드(자비) 5. 게부라(엄정, 힘) 6. 티페레트(아름다움) 7. 네짜흐(승리) 8. 호드(영광) 9. 예소드(기초) 10. 말쿠트(왕국)가 있다.

7. 천부경이 전해주는 무극, 태극, 황극

천부경을 보게 되면 그 시작을 일시무시일(一始無始一)로부터 시작한다. 하나(一)에서 천지인이 시작된다는 일시(一始)는 유형의 시초가 됨으로 우주생명의 근원인 태극(太極)이 된다. 우주를 낳은 그 하나가 시작이 없는 하나(一)라는 것은 태극의 형태가 생명의 시초가 되는 유형(粗)일 뿐 아니라, 무형(虛)으로도 이루어졌기 때문임을 말한다. 그런 까닭에 허조동체인 태극 속에는 무극(無極)도 존재하고 있다는 것을 알려준다.

태극 속에 무극이 있는 것은 태극이 무극으로부터 왔다는 것을 나타낸다. 태극이전의 무극은 무한계인 무형으로 되어 있다. 그 세계는 《삼일신고》에서 나타내고 있듯이 대허(大虛), 일신(一神), 삼신(三神)으로 일컬어진다. 대허는 그 모습이 암흑(暗黑)이고, 일신은 그 형상이 한빛(一光)이다. 한빛이 조화(造化)의 성향으로 나타나면 삼신 중에 천일신(天一神)이 되고, 교화(敎化)의 성향으로 나타나면 삼신 중에 지일신(地一神)이 되며, 치화(治化)의 성향으로 나타나면 삼신 중에 태일신(太一神)이 된다.

천일, 지일, 태일의 성향을 가진 삼신(三神)을 안으로 품고, 겉이 유형으로 되어 있으면 이로부터 허조동체인 일기이며 태극(太極)이 되기에 분화하게 되어 있다. 그러면 하나이면서 셋인 일즉삼(一卽三)이 되는 지극계(至極界)의 天一, 地一, 人一이 만들어지고, 일즉삼(一卽三)이 되는 분별계(分別界)의 天二, 地二, 人二가 만들어지며, 일즉삼(一卽三)이 되는 타락계(墮落界)의 天三, 地三, 人三이 만들어진다.

天一①　·　地一②　·　人一③
天二④　·　地二⑤　·　人二⑥
天三⑦　·　地三⑧　·　人三⑨

　삼신인 무극과 일기가 되는 태극으로부터 시작되는 법칙에 대해 〈태백일사〉「삼한관경본기」를 보면 유위자(有爲子)는 도지대원(道之大源)은 출호삼신(出乎三神)이라 하여 도(道)의 근원은 삼신으로부터 나온다고 했다. 이것은 무형(無形, 光)인 삼신으로부터 하나에 해당하는 道가 나오게 됨을 말한다. 이로 인해 허조동체인 일기(一氣), 즉 道에 의해 만물이 나오게 됨에 따라 노자는 道(태극)에 의해 1과 2와 3이 나온다고 말하기도 하였다.

　　도(道 : 太極)에서 하나(一水)가 나오고,
　　하나에서 둘(二火)이 나오고,
　　둘에서 셋(三中一)이 나와 만물을 이룬다.
　　道生一 一生二 二生三 三生萬物
　　　　　　　　　　　　　　　　　　　　　〈노자〉「도덕경」

　이제 황극(皇極)에 대해서도 알아보면 그것은 현상의 중심, 작용의 중심, 그리고 세상의 중심을 나타낸다. 수(數)로 보게 되면 1~9 중에 중심은 5가 된다. 하지만 천부경에서는 천지인에 있어 인(人)을 중심으로 작용하기에 1, 2, 3의 중심은 3이 되고, 4, 5, 6의 중심은 6이 되며, 7, 8, 9의 중심은 9가 될 수밖에 없다. 그런 까닭에 3, 6, 9를 중심으로 구성된 천부경에서의 아홉 수 중에 황극은 6으로 나타나게 되어 있다.
　6이 천부경에서 황극이 되면 단순히 중심을 나타낼 뿐 아니라, 음수(陰

數)가 되는 2, 4, 6, 8, 10 중에 황극이 되기에 분화의 중심에 있는 5와
는 다르게 생명의 통일과정에 있는 수(數)로 나타난다. 6이 이처럼 통일
과정에 있는 황극으로 나타나기에 5황극과는 다르게 6황극은 생명의 통
일체를 이루는 의미를 가진다.

6이 생명의 통일체를 이루는 의미를 가진다는 것은 생명의 자궁역할을
하는 것과 같은 의미이다. 이와 같기에 천부경의 81자 전체 가로세로 아
홉 줄의 정중앙에다가 6을 배치해 놓았다. 이것으로 볼 때 천부경에서의
6은 귀일의 과정에서만 나타나는 황극일 뿐 아니라, 만물의 마침과 시작
을 알리는 근원을 나타내게 됨에 따라 깨달음을 위한 가치로 볼 때 그
위대함은 더 이상이 없다고 할 것이다.

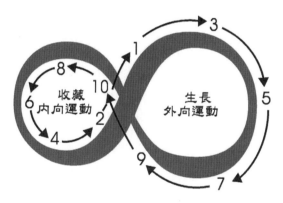

〔陽數 팽창과 陰數 수축의 모형도〕
내향운동의 중심에 6황극이 있고,
외향운동의 중심에 5황극이 있는 것이 보인다

지금까지의 내용을 통해 우리는 무극, 태극, 황극이 만들어지는 것을
알아보았다. 그런데 무극에는 무한계를 나타내는 무극만 있는 것이 아니
라 10무극(十無極)도 있다. 10을 10무극이라 하는 까닭은 무한계(0)를 향

한 귀일의 시초(1)를 이루기에 10무극이라고 한다.

10무극에 대해 천부사상에서는 회삼귀일의 마음인 衷(충)이라고 했다. 衷이라고 하면 속마음이다. 속마음은 지극히 정성스런 참마음을 말한다. 이 참마음은 수도자의 마음이요, 하나님의 마음이기도 하다. 그런데 이 마음은 처음에는 죽음의 문턱인 9수에서 발동하였다. 이 때문에 10은 극한 분화의 내면 중심에서 시작이 된다. 10이 이처럼 9수의 내면 중심에서 시작되기에 10수는 귀일의 마음일 뿐 아니라 근원으로 가기 위한 수도자의 마음이요, 만물을 성숙되게 하는 하나님의 마음이 되기도 한다.

8. 인류최초의 계시록 천부경

천부경을 보게 되면 동서양의 문화와 종교, 그리고 인류의 모든 지혜가 천부경으로부터 나왔다는 것을 알게 된다. 이 때문에 천부경 속에는 작게는 우리의 삶이 시작되는 자아(自我)의 세계와 크게는 자연의 법칙, 그리고 넓은 의미에서는 문명사의 주기(週期)까지 담겨져 있는 것을 발견하게 되어 있다.

천부경에서 가장 기본이 되는 원리는 분화와 귀일의 과정이다. 이는 일적십거(一積十鉅) 무궤화삼(無匱化三)에 있어서 하나를 쌓아 열까지 커가는 분화의 과정이 있다면 화삼(化三)이 되어 다시 근원으로 귀일하는 과정이 있기 때문이다. 그런데 이와 같은 법칙을 통해 볼 때 자아의 세계와 자연(自然)의 법칙, 그리고 문명사(文明史)의 변화정신이 어떻게 흘러가는지를 알게 된다는 사실이다.

하나(一)에서 열(十)까지 확장되어가는 시간은 우리로 하여금 생장(生長)의 시간대임을 알려준다. 이와 같기에 이때에는 물질중심(物質中心) 속에서 점차 근본과 멀어지며 타락의 길로 떨어지게 되어 있다. 반면에 열(十)에서 다시 근원으로 돌아가기 위한 시간은 염장(斂藏)의 시간대임을 알려준다. 그런 까닭에 이때에는 신성중심(神性中心) 속에서 점차 근본과 가까워지며 깨달음에 이르게 되어 있다. 그러므로 자아의 세계에 있어서는 분화에 의한 타락과 회귀에 의한 완성의 길이 있고, 자연의 법칙으로는 낳고 기르기 위한 생장(生長)과 성숙시켜 완성시키기 위한 염장(斂藏)의 사계절에 시간이 있다는 것을 알려주기도 한다.

자아의 세계와 자연의 법칙에 이어 문명사에 대해서도 보게 되면 태고문명과 물질의 극한 상태에 이른 현대문명에 이르기까지 분화하는 선천시대(先天時代)가 있고, 통일문명과 문명의 휴게기인 빙하기(氷河期)에 이르기까지 근원으로 향하는 후천시대(後天時代)가 있다는 것을 알려준다. 이와 같기에 최제우에 의해 형성된 동학(東學)의 가르침에서는 성장주도의 선천 5만년 시대가 있고, 내적 성숙을 위한 후천 5만년 시대가 있다는 것을 전하기도 했다.[1]

선천시대와 후천시대, 여기서 중요한 것은 자아의 세계와 자연의 법칙과는 다르게 문명사(文明史)에 있어서 선후천시대는 인류가 천지(天地)로 인한 환경적 주기(週期)의 영향을 받고 살아가기에 우주(宇宙)가 직접 인간농사(人間農事)[2]를 짓는 영향 속에서 살아갈 수밖에 없다는 것이다. 이와 같기에 영혼의 타락과 완성의 길로 갈 수 있는 자아의 세계와 초목

---

1) 5만년이란 기간을 언급한 기록을 《용담유사》에서 찾아 볼 수 있다. 수운은 「용담가」를 통해 '무극대도 닦아내니 5만년의 운수로다'라고 하였고, 「몽중노소문답가」를 통해서는 '십이제국 괴질운수 다시 개벽'이라 하여 선천 5만년이 지나 다시 개벽을 통해 후천 5만년의 시대가 열리게 될 것을 전하기도 하였다.
2) 인간농사의 주기에 대해서는 송나라 때의 소강절(邵康節)이라는 인물에 의해 처음으로 알려지게 되었다. 지구에는 1년 365일이 있다면 그는 우주에는 더 큰 주기(週期)가 있다고 하여 129,600년을 우주의 1년이라고 말하기도 했다. 그의 저서인 《황극경세서(皇極經世書)》에 있는 원회운세(元會運歲)에 의하면 우주의 年인 1원(元)은 지구의 129,600년, 우주의 月인 1회(會)는 지구의 10,800년, 우주의 日인 1운(運)은 지구의 360년, 우주의 時인 1세(歲)는 지구의 30년이라 전하기도 한다.

농사를 짓는 자연의 법칙과는 다른, 문명사에 있어서는 하늘과 땅이 직접 인간을 농사짓는 역할이 있다는 것을 알려주기도 한다.

우주가 인간농사를 짓는다는 것은 인간 스스로가 생장염장하는 시대에 맞게 새싹이 되고 줄기가 되어 알곡을 맺어 씨앗이 되는 역할을 하게 됨을 말한다. 이른바 문명의 태동기인 생(生)의 시대 인류는 새싹의 역할이 되고, 문명의 발전기인 장(長)의 시대 인류는 줄기의 역할이 되어 무성한 잎과 꽃을 피우게 되며, 문명의 성숙기인 염(斂)의 시대 인류는 알곡의 역할이 되느냐, 아니면 쭉정이의 역할이 되느냐에 따라 씨앗을 남기기 위한 문명의 휴게기인 장(藏)의 시대를 준비하게 되어 있다는 이야기이다. 그런 까닭에 긴 역사의 안목으로 보면 오랜 세월 이어 오는 한집안의 조상과 현재의 자손이 하나의 생명나무가 되어 조상은 뿌리가 되고, 자손은 열매가 되는 역할을 통해 생명나무의 목적이 어떻게 판가름 나느냐가 결정이 된다는 말과 같다. 그러니 조상과 자손으로 이루어진 생명나무의 결실기에 이르러서는 생사판단이 이루어지는 때라는 것을 알려주고 있다.

선천시대와 후천시대에서 중요한 부분은 선천 5만년 역사의 막바지 시운(時運)에서 후천 5만년 역사의 시운으로 서로 교역(交易)할 때이다. 이러한 선후천교역(先後天交易)이 이루어지는 시대에 이르게 되면 여름과 가을이 바뀌는 하추교역기와 같기에 이때의 인류는 결실의 역할로서 장차 '씨앗을 품은 열매의 역할'을 하게 되어 있다. 하지만 이때에 인류가 선후천교역기를 맞이하여 선천의 막바지(9)에서 후천의 시초를 여는 참마음(衷, 10)을 얻어 성숙된 삶으로 나아가지 못한다면 초목(草木)이 병충해로 인해 열매를 맺지 못하고, 쭉정이가 되어 떨어지듯이 극한 분화 속에서 오직 죽음만이 기다리고 있을 뿐이라는 사실이다. 이와 같기에 선후천교역이 이루어지는 이때의 인류는 천부경에서 전해주고 있듯이 참마음을 얻어 회삼귀일하는 삶을 살아야만 한다. 그래야 씨앗을 남기는 열매의 역할을 할 수 있기 때문이다.

　인류에게 있어 선후천교역기는 선천시대의 운명을 판가름 짓는 때이기에 그때를 대비하기 위해서는 그 시점은 매우 중요하다. 인류의 생사(生死)를 결정 짓는 선후천교역기가 이처럼 중요하기에 우리는 그때가 언제쯤인가에 대해 바르게 알 필요가 있다. 그런데 그때에 대해 우리는 쉽게 답을 찾게 된다. 이는 지금의 인류가 극한 물질만능의 시대를 맞이하고 있다는 것을 알기 때문이다.

　지금의 인류가 물질만능의 시대를 맞이하고 있다는 것은 선천상극(先天相克)[1]의 시대가 막바지에 이르렀다는 것을 나타낸다. 이것은 여름의 말복(末伏)에 이르러 더 이상의 성장을 멈추고, 열매를 익히기 위해 낙엽을 물들이며 응축시키기 위한 계절과 같기 때문이다. 물질만능의 시대가 이처럼 성장을 멈추게 하고, 결실을 이루기 위한 시대와 같기에 이 때에는 근본으로 되돌아가기 위한 삶의 자세를 필요로 한다.

　문명의 전환기(轉換期)를 맞이하여 인류는 인간농사를 짓는 우주의 환경에 맞게 물질만능을 나타내는 숫자 9에 머무르지 말고, 그 속에 담긴 참마음인 10을 안으로 품는 삶을 살아야만 한다. 하지만 10을 안으로 품게 되는 삶, 즉 근본으로 되돌아가기 위한 원시반본(原始反本)하는 삶을 살지 않는다면 우리는 생명을 지탱할 수가 없게 되어 있다. 이것은 우주의 환경이 물줄기를 뿌리로 되돌리는 가을문명으로 바뀌게 될 때에는 한편으로는 낙엽을 떨구며 엄숙한 가운데 생명을 죽이는 숙살지기(肅殺之氣)가 함께 오기 때문이다. 그러므로 이때에는 천부경에서 알려주고 있듯이 근원으로 향한 참마음(衷)을 오래도록 간직하면 생존을 통해 영원한

---

1) 선천시대가 상극(相克)으로 작용하게 됨을 우리는 천부경을 통해서도 보게 된다. 이는 생명이 분화하는 상태에서는 대립과 투쟁이 나타난다는 것을 알려주고 있기 때문이다. 그러한 까닭에 천부경에서는 분화가 이루어질 때에 지극계에 이어 분별계가 있고, 곧이어 타락계가 있다는 것을 알려준다.

삶으로 가게 되고, 그렇지 못하면 영원한 죽음의 길로 떨어질 수밖에 없는 것이 그 시대를 살아가는 사람들의 운명이기도 하다.

10(十)을 중심으로 선후천이 바뀌게 될 때 눈여겨 볼 일은 이때에는 문명의 전환기(轉換期)를 맞이하게 됨에 따라 인류는 도성덕립(道成德立)이 이루어지고, 곡식의 알곡마다 잘 여물었는지, 덜 여물어졌는지가 가리어지듯이 인간의 위격(位格)이 다시 세워지게 되어 있다. 이는 인간 씨종자를 추리는 때를 맞이하여 인류가 각기 살아오며 쌓아온 공덕(功德)에 의해 자손을 통해 위계질서가 새롭게 자리를 잡게 되어 있기 때문이다.

하추교역기가 되어 인간의 위계질서가 새롭게 자리를 잡게 될 때는 조상(祖上)과 나는 하나의 혈통으로 연결되어 업보(業報)를 공유하는 상태이므로 가문(家門)에 따라 적덕가(積德家)이냐, 아니면 적악가(積惡家)이냐에 의해 크게 운수(運數)가 정해지기도 한다. 반면에 역사적인 인물들이 하추교역기를 맞이하여 공덕(功德)을 이루고자 천상에서 내려오는 때이기도 하다. 그래서 각기 가문에서는 혈통을 대표하여 대표적인 인물들이 나오게 되고, 선천의 성자(聖子)들은 하나 같이 말세의 세상에는 인류구원을 위해 오게 되는 미륵의 강세와 백보좌하느님의 강세소식을 전하기도 하였다.

불가(佛家)에서 말하는 미륵존불(彌勒尊佛), 유가(儒家)에서 전하는 상제조림(上帝照臨), 그리고 도가(道家)에서 알려주는 옥황상제(玉皇上帝)님은 모두 말세에 오게 되는 구원의 하느님이시다.[1] 이 분들이 서교(西教)에서 나타내고 있는 흰보좌에 앉아계신 하느님이시기도 하다. 각기 달리

---

1) 절대자의 강세(降世)에 대해 불가에서는 말세의 세상에 오시는 미륵부처를 〈화엄경(華嚴經)〉「입법계」에서 "병든 천지를 고치는 위대한 대왕"이라 했고, 기독교에서는 〈성경〉「요한계시록 20장」에서 "크고 흰 보좌와 그 위에 앉으신 분을 보니 땅과 하늘이 그 앞에서 피하여 간 데 없더라."라고 하여 새 하늘과 새 땅이 열리는 개벽의 시점에 백보좌하느님께서 오시게 됨을 전하기도 했다.

표현했을 뿐이지, 오직 한 분을 가리키는 구세주 하느님에 대해 서교에서는 낫을 들고 추수를 하기 위해 오신다고 하였다. 이 말은 하느님이 인간으로 오시는 까닭이 인간 씨종자를 건지기 위해 인간농사의 농부로 오신다는 것을 말한다. 그러므로 구세주 하느님(上帝)은 하추교역기를 맞이하여 천하창생을 건지기 위한 공덕을 쌓고, 신도(神道)와 인간계(人間界)의 위계질서를 바로 잡기 위해 오시게 된다는 것을 알 수 있다.

九變九覆 此時天地 人和로써 更定이라.
구변구복 차시천지 인화로써 갱정이라
아홉 번 바뀌고 아홉 번 뒤집어지는 이때의 천지는
사람들과의 화합이 다시 정해지리라.

九變九復 此時之化 弓弓乙乙 龍華로다.
구변구복 차시지화 궁궁을을 용화로다.
아홉 번 변하고 아홉 번 뒤집히는 이때의 이루어짐은
궁궁을을이 되는 미륵의 조화세상이다.[1]

정북창(鄭北窓)의 《궁을가(弓乙歌)》

새로운 역사가 열리고, 절대자 하느님이 오시게 되는 세상에 대해 《궁을가》에서는 아홉 번 바뀌고 아홉 번 뒤집어지는 때에 사람들과의 화합이 다시 정해지고, 궁궁을을의 미륵세상이 오게 된다고 하였다. 이것은

---

1) 궁궁을을(弓弓乙乙)은 양궁(陽弓)과 음을(陰乙)을 나타낸다. 陽弓은 천궁(天弓)과 일궁(日弓)으로 나타나고, 陰乙은 지을(地乙)과 월을(月乙)로 나타남에 따라 천지일월(天地日月)을 대표하는 인물이 나오게 되어 있다는 것을 알려준다. 반면에 弓弓을 서로 뒤로 하여 짝을 맞추고, 乙乙을 서로 겹쳐서 짝을 맞추면 弓弓을 통해 십(十)자가 만들어지고, 乙乙을 통해 천지합일의 장고형(⋈)이 만들어지기도 한다. 그렇기에 궁궁을을은 10의 상징이 되는 구도자와 10土로 드러나는 개벽의 모습 뿐 아니라, 장고형의 상징이 되는 참나(眞我)를 이루게 됨과 신선세계인 후천선경이 이루어지게 됨을 나타내기도 한다.

아홉수를 끝으로 안과 밖을 뒤집어 놓는 10수의 원리에 따라 천지개벽(天地開闢)이 오게 되고, 근원으로 이끄는 10수의 원리에 의해 구원의 메시아인 미륵존불께서 오게 되어 있다는 말과 같다. 그러므로 장차 선후천이 뒤집어지는 시대를 맞이해서는 개벽과 함께 천상의 주재자께서 오시게 되어 있다는 것을 알려주고 있다.

선천과 후천이 바뀌는 하추교역기를 맞이하여 개벽이 오게 되는 까닭은 분화의 극점을 나타내는 불기운(火)이 귀일이 시작되는 금기운(金)과 만나게 될 때 서로 싸우게 되는 금화상쟁(金火相爭)을 하게 됨에 따라 두 대립되는 세계를 교역시켜주는 역할이 필요하기 때문이다. 달리말해 뜨거운 열기의 화(火)기운과 응축시키는 금(金)기운이 만나 화극금(火克金)의 원리에 따라 서로 이기고자 하는 상극의 작용을 일으키기 때문에 토(土)를 통해 火기운을 억눌러 金기운으로 덮어씌워 만물로 하여 수축을 통해 생명을 보전하게 하기 위해서 개벽이 오게 되는 것이다. 개벽은 이처럼 만물로 하여금 생명을 보전하게 하기 위한 土의 역할로 오게 됨에 따라 개벽은 파괴가 목적이 아니라 영원한 삶을 위한 구원이며, 새로운 창조이기도 하다.

금화교역(金火交易)[1]의 역할을 통한 개벽은 지축(地軸)의 정립과 대규모의 화산폭발, 그리고 지진(地震)을 통한 변화현상으로만 나타나지 않는다. 이때에는 인간농사를 짓는 선후천의 교역이 이루어지게 됨에 따라 가을에 열매를 맺게 되고, 낙엽이 지기도 하듯이 인간의 씨종자를 가리기 위한 방법으로 병든 쭉정이들을 떨구기 위해 병겁(病劫)이 오기도 한다.

---

1) 금화교역(金火交易)의 모습은 하도(河圖)를 통해 나타난다. 이는 하도의 중앙에 있는 10土가 여름을 나타내는 불(火)을 덮어 가을의 상징인 금(金)으로 단단하게 감싸 안고 결실을 이루게 하는 역할을 하기 때문이다. 이 때문에 금화상쟁(金火相爭)을 할 수밖에 없는 화극금(火克金)은 10土의 역할로 인해 화생토(火生土)와 토생금(土生金)을 통한 금화교역을 하게 됨에 따라 만물은 결실을 이루게 되어 있다는 것을 알려준다.

412

병겁은 선천시대의 상극(相克)에 의해 쌓여온 죄업(罪業)이 선천시대 말기에 개벽을 맞이하면서부터 징벌(懲罰)로 나타나는 현상이다. 병겁이 이처럼 개벽을 맞이하면서부터 징벌로 나타나기에 이때에도 금화교역의 원리에 따라 인간의 죄악(罪惡)을 일으키는 화(火)를 묻고, 영원한 생명의 보전을 위해 토(土)가 절대적으로 필요할 수밖에 없는 이유이다. 이때에 土의 역할을 하는 것이 인사(人事)로는 병난(病亂)을 극복할 방법을 가지고 이 땅에 오시게 되는 인물의 출현이다. 그가 10土가 되는 역할의 인물로 오게 됨에 따라 그는 인류를 구원의 길로 인도하기 위해 근원의 세계로 우리를 이끌게 됨은 물론이요, 세상을 하나로 통합하는 절대적인 권능자일 수밖에 없다. 이와 같기에 그는 절대적인 지존(至尊)으로서 선천 상극에 의한 인간의 죄악(火)을 더 이상 커지지 않도록 막아서며, 내적인 성숙을 이룰 수 있도록 감싸주는 대속(代贖)을 위해 이 땅에 오시게 되어 있다.

10토(十土)의 위대함은 금화교역을 위한 개벽과 인류의 죄업을 안으로 감싸 안고, 밖으로는 등으로 숙살지기(肅殺之氣)를 막아내며 성숙되게 하는 절대자를 나타냄에 따라 10수는 우리로 하여금 죽음의 문턱에서 새로운 시대로 인도하는 역할이다. 10수는 이처럼 죽음의 문턱에서 우리를 새로운 시대로 인도하는 역할이 됨에 따라 우리는 내적으로든 외적으로든 회삼귀일의 마음인 참마음과 더불어 개벽을 대비하는 동시에 절대자의 가르침과 만남이 필요하다. 그래야만 우리는 추살(秋殺)의 시기를 맞이하여 열매를 맺는 인간이 될 수 있기 때문이다.

후천문명을 열기 위한 다가오는 개벽의 시기에 그 과도기의 과정에서 병난을 통한 심판과 절대지존의 메시아가 오게 된다는 것은 천부경이 전해주고 있는 가르침이기도 하다. 이는 천부경의 가르침 속에는 분화와 귀일의 길이 있고, 분화의 극점에서 하나님의 마음인 참마음(衷, 10)을 얻어야만 영원한 죽음의 늪으로 떨어지지 않고 불멸의 생명을 얻을 수가 있다고 가르치기 때문이다. 천부경 속에는 이처럼 선후천시대에 대응하여 분화와 귀일의 길이 있고, 후천개벽과 절대자의 강세소식에 대응하여 진리(眞理)의 상징인 참마음의 길이 있기에 우리는 천부경을 통해서도 다가오는 가을개벽의 소식을 알게 되어 있다. 그런 까닭에 천부경이야말로 인류구원을 위한 최초의 계시록이라는 것을 알려주는데 있어서 부족함이 없다고 하겠다.

천부경(天符經, Cheobugyeong)

〔갑골문(甲骨文) 천부경〕

고려 말 두문동 72현 중의 한 사람인 농은(農隱)

민안부(閔安富)의 농은유집(農隱遺集)에서 발견된 갑골문 천부경

일시무시일(一始無始一)

一始無始一 (ilsi musi il)
일시무시일

하나에서 시작하나 시작이 없는 하나이니라.
One is the beginning, but One without beginning.

◉ beginning : 출발, 시작. without : ~ 없이

하나(一)에서 시작하는 것은 하나로부터 유형의 형체가 시작되는 것이다. 시작이 없는 하나는 그 근원이 유형의 형태일 뿐 아니라, 무형의 형태이기 때문임을 말한다. 하나의 형체에 두 가지의 성향(유형과 무형)을 가진 이 하나는 일기(一氣)이다.

Beginning in One means that the tangible shape begins from One. One without beginning because that its source is not only a tangible shape from, but also an intangible. The One with two tendencies(tangible and intangible) in one shape is 一氣(il-gi : the source of life).

◉ Intangible is the light with the principle of operation, the inner light. (무형은 작동 원리를 가진 빛이요, 내적인 빛이다.)

* tangible : 실체적인, 확실한, 유형의 * shape : 모양, 형태, 형체
* tendencies : 기질, 성향, 경향 * source : 원천, 근원
* the source of life : 생명의 원천(근원) * principle : 원리, 원칙, 법칙
* operation : 가동, 작용 * inner : 안의, 내부의

416

1. 일시무시일(一始無始一)은 가고 옴이 없는 것

일시무시일에서의 하나(一)는 허조동체(虛粗同體)인 일기이다. 허조동체인 일기(一氣)는 허공(虛空)으로부터 시작된 현상계(有)의 근원을 말한다. 허공은 일기가 형성되기 이전의 개념으로 만물을 주도하는 근원적인 힘을 나타낸다. 허공이 이처럼 근원적인 힘이기에 이로부터 시작되는 허조동체인 일기는 무한계의 근원적인 허(虛)와 유한계의 근원적인 조(粗)로 이루어진 까닭에 만물의 시원을 이룰 수가 있었다.

무형으로 존재하는 근원적인 힘으로는 두 가지가 있다. 그것이 하나는 암흑(暗黑)의 세계인 대허(大虛)이며, 다른 하나는 한빛(一光)으로 존재하는 일신(一神)이다. 大虛에 대하여 〈삼일신고〉「허공(虛空)」편에서는 허허공공(虛虛空空)이라 하여 존재하지 않는 곳이 없고, 감싸지 않는 바가 없다고 한다. 이밖에 〈태백일사〉「소도경전본훈」에서는 "허공虛空은 하나와 더불어 시작하지만 함께 시작함이 없고, 하나로 끝나지만 함께 끝남이 없다(虛空與一始無同始 一終無同終.)"고 하였다.

일신(一神)에 대해서도 살펴보면 〈태백일사〉「소도경전본훈」에서 발귀리선생은 암흑인 '대허(大虛)에 빛이 있음이여, 이것은 신(神)의 형상이다'라고 하여 대허로부터 일신이 나오고, 일신은 그 형상이 한빛(一光)임을 밝혔다. 이것은 만물의 내부에 존재하는 힘이 대허(암흑)와 일신(한빛)에 있다는 것을 밝힌 것이다. 그렇다면 대허와 일신은 만물 속에 내재된 근원적인 힘으로 유형인 물질과 떨어질 수 없는 성질임을 말해준다. 이러한 허(虛)의 성질과 유형인 조(粗)가 일체가 되어 형성된 것이 허조동체인 일기(一氣)이다.

〈태백일사〉「소도경전본훈」에 있는 발귀리선생의 말씀을 좀 더 살펴보면 선생께서는 "대기(大氣)의 오래도록 존재함이요, 이는 신(神, 一神)이 변화된 것으로 만법은 여기서 나오도라."라고 하였다. 이것은 대허와 일신을 바탕으로 물질의 근원인 조(粗)를 얻게 되면서부터 대기(大氣)는 형성되어 오래도록 존재할 수 있게 되었다는 것을 말한다. 다시 말해 우주(宇宙)는 무형인 三神과 유형에 근원인 粗가 서로 합치된 大氣의 모습으로 꽉 차 있게 되면서부터 이로 인해 만물은 나오게 되었다는 것이다. 그렇다면 생명체의 탄생은 허조동체인 大氣가 현상계의 하늘로부터 생겨난 얼(魂, 의식체)과 현상계의 땅으로부터 생겨난 넋(魄)을 얻으면서 시작되었다는 말과 같다. 이른바 만물의 근원인 大氣가 현상계의 하늘로부터 형성되는 얼을 뒤집어쓰고, 현상계의 땅으로부터 형성되는 넋을 얻어 생명체로 탄생하게 되는 것이 만물이라는 것을 말해준다.

대기(大氣)가 각각의 생명 속에서 생명체의 근원을 이루게 되는 것을 일러 우리는 일기(一氣)라 부른다. 일기의 형성은 무형인 삼신(三神)과 유형의 근원인 조(粗)로 이루어진 까닭에 현상계의 하늘과 현상계의 땅 보다도 앞서 있다. 그런 까닭에 일기는 개체성을 떠나 있고, 시공을 떠나 있기에 우리의 영혼이 참나(眞我)인 일기를 회복하게 될 때에는 우리 모두는 서로 하나로 연결되어 있다는 것을 알게 된다. 그러면 이때에 이르러서 개체성인 나로 돌아올 때는 시작이 있는 하나가 되나, 만물의 근원인 참나로 돌아가게 될 때에는 하나에서 시작하나 시작이 없는 하나가 될 수밖에 없다. 이와 같음은 개체성인 나로 돌아올 때는 유한적인 존재가 될 수밖에 없으나, 참나로 돌아갈 때에는 무한적인 존재가 될 수밖에 없기 때문이다.

그럼 이제 우리로 하여금 무한적인 존재가 되게 하는 "하나에서 시작하나, 시작이 없는 하나(一始無始一)"인 일기에 대해 자세히 살펴보고자 한다. 먼저 시작한다는 것을 보게 되면 그것은 시공에 제약을 받는 유형의 세계를 말한다. 반면에 시작이 없다는 것은 시공에 제약이 없는 무형의 세계이기 때문이다. 이러한 까닭에 허조동체에서 시공에 제약을 받는

418

물질인 조(粗, 근원 물질)는 유형이기에 시작이 있으나, 유형과 항시 함께 하는 허(虛, 암흑과 한빛)는 어느 곳이든 존재하지 않음이 없는 무형이기에 시작이 없다. 허조동체의 성향이 이와 같기에 〈태백진훈〉「최영」편에서는 허(虛)라 함은 확장되지도 축소되지도 않고, 조(粗)라는 것은 능히 확장되었다가 축소되는 것이라고 말하기도 하였다.

두 가지의 성향이 근본을 이루어 하나의 묶음으로 되어 있는 것을 우리는 일기(一氣)라고 한다. 일기는 불멸성을 가진 무형(無形)을 가장 시원적 단계에서 감싸고 있기에 생명의 근원을 이루며, 절대순수의 세계를 나타낸다. 이 때문에 속세에 물든 사람에게는 악업(惡業)의 두터움으로 인해 생명의 근원이 되는 일기의 성향이 드러나질 않는다. 하지만 업장을 벗겨내어 내적인 밝음을 얻게 될 때에는 일기의 성향을 온전히 드러낼 수 있다.

사람이 일기의 성향을 온전히 드러낼 수가 있게 되면 그는 무형인 허(虛)와 함께 하는 삶을 살게 되기에 현상계에 놓여 있으나 그의 의식만큼은 시공간에 장애를 받지 않게 되면서 그가 그 자리를 떠나가게 되나 떠나감이 없고, 되돌아오나 되돌아옴이 없다. 이는 내적 밝음을 얻은 자에게는 과거와 미래의 시간에 장애가 없고, 공간에 장애가 없기 때문이다. 내적 밝음이 이러하기에 그에게는 가고 옴이 없으니, 공(空, 무한계)과 색(色, 유한계)이 둘이 아닌 하나로 존재하는 세계에 머무르고 있는 것이다.

수보리여, 만약 어떤 사람이 말하되
'여래가 온다거나, 간다거나, 혹 앉는다거나 눕는다'고 하면
이 사람은 내가 설한 뜻을 알지 못한 것이다.
왜냐하면 여래는 어디로부터 오고 어느 곳으로 가는 바도
없기 때문에 이름 하여 여래라고 하느니라.
《금강반야바리밀경(金剛般若波羅蜜經)》

신(神)은 일정한 향방 없이 어느 곳에나 있고,
만상(萬象)의 변화에는 일정한 형체가 없다.

神无方而易无體

<주역>「계사전 상」

깨달음을 얻은 자에게 과거와 미래는 현재의 의식 속에 있다. 이는 순수자아인 일기는 시공(時空)에 장애를 받지 않기 때문이다. 이러한 경지에 이르게 되면 그에게는 공(空)과 색(色)이 하나로 존재하는 세계에 머무르게 됨에 따라 그에게는 가고 옴이 없을 뿐 아니라, 그가 머무는 곳은 시간과 공간에 한정되어 있지 않기에 과거와 미래, 그리고 우주의 끝 어디에도 그의 의식이 미치지 않는 곳이 없게 된다. 이것이 "하나에서 시작 하나 시작함이 없는 하나"인 일시무시일(一始無始一)의 삶이다. 구도자가 이런 신령스런 삶을 살게 되면 시공을 뛰어넘는 경지 속에서 살아가고 있는 것이다.

▣ 핵심 들여다보기

1) 우리의 의식(意識)은 육신에 구속되어 현재 속에 머문다. 하지만 도통자의 마음은 시공(時空)에 장애가 없는 근본자리에 머물러 있기에 몸과 함께 자유롭게 왕래한다고 해도 그에게는 가고 옴이 있을 수 없다. 달리 말해 진아(眞我)의 상태에 있으면 존재하지 않는 곳이 없고, 시간에 장애가 없기에 전생을 내다볼 뿐 아니라, 방안에 앉아서 다가오는 일을 환히 꿰뚫게 된다. 불가에서 말하는 사사무애법계(事事無碍法界)가 바로 이것이다. 가고 옴에 걸림이 없는 경지, 그것이 하나에서 시작하나 시작이 없는 하나인 일시무시일의 길이다.

2) 허공(虛空)이, 하나와 더불어 시작하지만 함께 시작함이 없고, 하나로 끝나지만 함께 끝남이 없는 것은 어느 곳이든 존재하지 않음이 없기 때문이다. 이른바 무한계는 시간에 좌우되지 않고, 어느 한 공간에 머물러 있지 않기 때문임을 말한다. 허공이 이처럼 시공에 제약이 없기에 일시무시일과 일종무종일에 있어서 하나(一)의 경우도 허조동체로 되어 있는 까닭에 "하나에서 시작하나 시작이 없는 하나"가 되고, "하나에서 끝나지만 끝남이 없는 하나"가 된다.

2. 일시무시일의 두 가지 해석

천부경은 환국(桓國)으로부터 전해져 내려온 구전지서(口傳之書)이다. 이러한 까닭에 수천 년 전부터 천부경에 대한 폭넓은 가르침이 이어져 왔다. 당시 가르침을 펼쳤던 인물들은 도통의 경지에 이른 성현(聖賢)들과 고금을 꿰뚫어 보는 철인(哲人)들이었다. 이들에 의해 천부경은 해석되어 다양한 가르침으로 나왔다. 그 가르침이 〈태백일사(太白逸史)〉에 있는 「삼신오제본기」와 「소도경전본훈」의 내용들이다.

우리에게는 위대한 역사가 있고, 훌륭한 선조들에 의해 삼일철학이 담긴 서책들을 볼 수 있게 되었다는 것은 축복이 아닐 수 없다. 하지만 오늘날 만나게 되는 대부분의 천부경 해석들은 천지인을 바탕으로 형성된 삼일철학에 기반을 두지 않고, 음양오행에 따른 입장에서만 풀고자 하는 우(愚)를 범하는 경우가 많다. 이러한 까닭에 천부경의 바른 해석이 나오지 못하고, 전체를 하나로 꿰는 도상(圖象)을 만들어내지 못하는 아쉬움이 있다.

우리는 일시무시일에서 만나게 되는 해석들이 대체적으로 유교와 도교적 음양론에 기반을 두고 있다는 것을 안다. 그러한 까닭에 천부사상에 바탕을 둔 "하나에서 시작하나 시작이 없는 하나"를 풀고자 할 때 '시작이 없는 하나인 무시일(無始一)'을 무(無)와 관련하여 무극(無極)으로 풀어내게 되는 것을 보게 된다. 그래서 대부분이 "하나에서 시작하나 무(無)에서 시작된 하나"라고 해석하는 경우가 많다. 하지만 천부사상에는 無라는 개념이 없거니와 無를 無極이라 한다고 해도 반 쪼가리 해석밖에는 되지 않는다. 왜냐하면 '無에서 시작되는 것'은 단순히 무극으로부터 왔다는 것밖에는 되지 않기 때문이다.

다시 말해 이럴 경우 만물의 시초가 되는 하나(一)는 단지 무한계로부터 왔다는 것만 밝히고 있을 뿐 그 무한계가 한빛(一光)인 一神으로 되어 있고, 조교치(造教治)의 성향을 가진 三神이라는 것을 명확히 드러내지 못하는 한계에 부딪히게 되어 있다. 그런 까닭에 일시무시일에서의 하나를 무(無)에서 왔다고만 하면 하나인 一氣가 지닌 오묘한 뜻을 풀어내지 못하는 한계에 부딪히고 만다.

그동안 우리가 알아보았듯이 허조동체를 이루고 있는 일기(一氣)는 무한계인 한빛과 조교치의 성향인 삼신의 법칙을 가지고 있다는 것을 알았다. 이 때문에 시작도 마침도 없고, 변화의 섭리를 만들어가는 것에 대해서도 알게 되었다. 그렇기에 무시일(無始一)을 단순히 無(무극)에서 시작되었다고만 하면 시공에 제약이 없는 무소부재(無所不在)함과 밝음을 보전하여 산천과 영원히 함께하는 장생불사(長生不死)의 경지, 그리고 천하만사에 통하는 중화(中和)를 드러낼 수 없음은 물론이요, 조교치(造教治)로 펼쳐지는 생장성(生長成)의 법칙을 드러낼 수가 없게 된다. 그러므로 無始一은 無에서 시작된 하나로 풀기보다는 "시작이 없는 하나"라고 풀어야 하는 이유가 바로 여기에 있다.

필자는 인도철학에 관심을 가져왔기에 처음 일시무시일(一始無始一)에

422

서 "시작이 없는 하나"라는 무시일(無始一)을 쉽게 이해할 수 있었다. 이는 깨달음의 경지에서 나오는 소리로 알고 있었기 때문이다. 無始一이라 하면 단순히 무한계라는 개념을 뛰어넘어 어디에나 존재하지 않음이 없을 뿐 아니라, 시간을 초월한 신령한 빛으로 되어 있다는 사실이다. 이 때문에 無始一은 깨달음과 관련이 있는 문구라고 할 수 있다.

수행인에게 잘 알려져 있는 《요가난다 上, 下》를 보게 되면 "자신의 의식을 창조주와 합일시킨 요기(Yogi)는 우주의 본질이 빛(생명에너지의 진동)이라는 사실을 감지하게 된다."고 했다.[1] 그러면서 이때가 되면 "창조의 본질이 빛이라는 사실을 깨달은 사람은 누구나 기적의 법칙을 운용할 수 있다."는 것이다.[2] 더 나아가 요가난다는 "최고천(最高天)의 중심이 내 심장의 직관적 인식의 일점이라는 것을 깨달았다."고 한다.[3]

요가난다의 말은 무한계가 단순히 끝이 없고 존재하지 않는 세계가 아니라 밝은 빛의 세계요, 그 빛을 얻는 경지에 들어가면 시간과 공간에 걸림이 없는 삶을 살게 되어 있다는 것을 말한다. 뿐만 아니라 최고천의 중심이 내 심장의 직관적 인식의 일점이라는 것은 무한계인 빛을 통해 내가 최고천의 중심과 하나로 연결이 되어 있다는 것을 말한다. 이와 같기에 광명(光明)을 체득한 요기들은 시공에 장애가 없기에 현실에서 막힘이 없는 자유(自由)를 누리고, 천지와 함께하는 불멸(不滅)의 삶을 살기도 했던 것이다.

지금까지 알아보았듯이 밝은 빛을 통한 궁극의 세계는 단순히 무한계가 아닌, 대허(大虛)와 일신(一神)과 삼신(三神)으로 인해 나타났다는 것을 알았다. 〈삼일신고〉「제1장/허공」을 보면 알게 되듯이 궁극의 세계는

---

1) 〈요가난다〉「下」44쪽
2) 〈요가난다〉「下」45쪽
3) 〈요가난다〉「上」194~195쪽

존재하지 않음이 없고, 감싸지 않음이 없는 수축과 팽창이 이루어지는 세계이다. 뿐만 아니라 일신으로부터 비롯된 삼신은 조교치(造敎治)의 법칙을 가졌고, 그 일신으로 된 몸체는 한빛(一光)으로 되어 있는 까닭에 변화를 만들어내면서도 텅 비어 있음과 함께 조화(造化)의 자리에 머물러 있을 수 있었다. 이와 같기에 무한계는 단순히 무한만을 나타내는 무극(無極)이 아님을 우리는 바르게 알아야 한다.

빛을 통한 궁극의 세계는 커다란 텅 빔으로 존재할 뿐만 아니라, 외형을 뒤집어쓰고 창조의 작용을 하기도 한다. 그래서 일시(一始)와 무시일(無始一)은 하나(同體)인 일기가 되어 작용하게 되어 있다. 이러한 까닭에 한빛(一光)을 품은 일기를 회복하게 되면 그는 현재에 머물러 있지 않고, 과거와 미래에도 있기에 시공을 뛰어넘어 존재한다. 뿐만 아니라 일기는 일신(一神)의 기능인 조교치(造敎治)의 성향도 가지고 있기에 현상계에서는 낳고, 기르고, 이루는 생장성의 법칙도 가졌다. 일기가 이처럼 한빛과 조교치의 성향도 가졌기에 일기는 우리로 하여금 밝음을 얻게 할 뿐 아니라, 인격완성을 위한 자아실현(自我實現)을 이루게도 만든다.

이 시대에 만약 석가모니가 살아 있어 천부경의 일시무시일(一始無始一)의 내용을 보았다면 아마 '無에서 시작된 하나'가 아니라, '시작이 없는 하나'라고 풀었을 것은 당연하다. 왜냐하면 여래(如來)의 삶, 그 자체가 생장성의 법칙을 펼치면서도 시공(時空)을 뛰어넘었기에 '시작이 없는 삶'이 되기 때문이다. 이 때문에 여래를 아는 자라면 그 누구라도 일시무시일에서의 무시일(無始一)을 '시작이 없는 하나'로 인식하지 않을 수 없을 것이다.

오직 으뜸이 되는 氣(一氣)와 지극히 오묘한 神(一神)은 몸소 하나를 잡아(執一) 세 개를 머금고(含三, 三神) 있음으로 해서 빛나는 빛으

424

로 가득 채워 뭉치게 되니라. 머무르게 하여 보전하면 느낌이 반응하는데, 그 빛(光)은 오게 되나 시작된 것이 없으며, 그 빛은 가게 되나 끝나는 것이 없으니, 형체가 없으나 하나와 통하여 있고, 존재함이 없으나 만 가지를 이루게 됨이라.

惟元之氣 至妙之神, 自由執一含三之 充實光輝者. 處之則存 感之則應, 其來也 未有始焉者也, 其徃也 未有終焉者也, 通於一而夫形 成於萬而未有.

〈태백일사〉「삼신오제본기」

3. 화담, 퇴계, 율곡이 一氣에 대해 논하다

천부경에서 핵심이 되는 부분은 일기(一氣)이다. 천부경에서는 일기를 허조동체(虛粗同體)로 나타낸다. 이 때문에 일기의 반쪽은 무형인 허(虛)로 되어 있고, 다른 반쪽은 유형인 조(粗)로 이루어졌다. 그런데 이와 같은 사상을 답습한 것과 같이 화담(花潭) 서경덕(徐敬德)[1]도 자신이 집필한 《원이기(原理氣)》에서 이(理, 양)의 하나는 텅 빈(虛) 것이고, 기(氣, 음)의 하나는 거친(粗) 것으로 이것을 합치면 오묘하고도 오묘해진다고 하였다.(理之一其虛 氣之一其粗 合之則妙乎妙) 그러면서 일기는 음과 양으로 나뉘게 되어 있다고 말하기도 했다.(一氣之分爲陰陽)

그는 다시 기(氣)는 근원적 상태인 형체가 없는 오묘한 신(神)이 되기에 거친(粗) 것이 있어 흔적을 지니게 되지만, 신령함은 거친 흔적에 얽매이지 않는다고 했다. 그런 까닭에 자신이 집필한 《귀신사생론(鬼神死生論)》에서는 기(氣)가 담일청허(湛一淸虛)[2]하여 이미 시작이 없으니 또한 그

---

1) 서경덕(徐敬德) : 1489(성종 20)~1546(명종 1) 조선 중기의 학자.
2) 담일청허(湛一淸虛) : 담일은 깊은 하나라는 뜻이다. 그러므로 담일청허는 근원이 되는 하나로서 맑고 텅 비어 있는 상태를 말한다. 담연(湛然)은 근원이 된 상태

끝이 없다고 하였다.

　　기(氣)는 근원적 상태이기에
　　형체가 없는 오묘한 신(神)이라 말한다.
　　이미 氣라고 말했으니 곧 거친(粗) 것이 있어
　　흔적을 지니게 되지만, 신령함은 거친 흔적에 얽매이지 않으니
　　어찌 장소가 있으며 어떻게 재어 보겠는가?
　　　氣之湛然無形之妙 曰神 旣曰氣 便有粗涉於迹
　　　神不囿於粗迹 果何所方哉 何所測哉
　　　　　　　　　　　　　　　　　　　— 원이기(原理氣) —

　　기(氣)가 담일청허하여 이미 시작이 없었으니
　　또한 그 끝이 없는 것이다.
　　　氣之湛一淸虛者 旣無其始 又無其終
　　　　　　　　　　　　　　　　— 귀신사생론(鬼神死生論) —

　　화담(花潭)의 허(虛)와 조(粗)에 대한 언급이나, 만물의 근본이 되는 일기(一氣)가 시작이 없으니 끝도 없다는 말은 천부사상에서 말하는 허조동체의 원리와 그 맥(脈)을 같이 하고 있다. 그런 까닭에 '하나에서 시작하나 시작이 없는 하나(一始無始一)'와 '하나에서 마치나 마침이 없는 하나(一終無終一)'는 화담의 입장에서는 자연스러운 논리였다.
　　서경덕 이후 기(氣)에 대해서는 퇴계(退溪) 이황(李滉)[1]도 언급한 바가 있다. 그는 주자(朱子)의 이기이원론(理氣二元論)을 한 단계 발전시켜 이

　　를 말한다.
1) 이황(李滉) : 1501(연산군 7)~1570(선조 3) 조선 중기의 문신, 학자.

426

(理)와 기(氣)의 두 얼굴로 존재할 뿐 아니라, 떨어질 수 없는 이기이면론(理氣二面論)을 주장하며, 理氣는 상호 함께 발현된다고 하였다. 이 말은 우주에는 물리적 현상과 법칙적 원리가 있으나, 물리적 현상과 법칙적 원리는 한 몸체가 되어 하나로 작용함을 말한다. 이른바 삼일철학에서 일기(一氣)가 허조동체인 두 얼굴을 하고 있는 이치와 같은 것이다.

퇴계선생 이후 율곡(栗谷) 이이(李珥)[1]도 이기이면론(理氣二面論)에 더하여 氣에는 반드시 이(理)가 탄다는 기발이승론(氣發理乘論)을 주장하기도 했다. 이 말은 즉 이유와 근거는 理에 있고, 드러냄은 氣에 있다는 것을 말한다. 이렇게 볼 때 천부경에서 말한 물리적 현상인 거친(粗) 것은 현상적으로만 드러날 뿐이며, 법칙적 원리인 텅 빔(虛)만이 이유와 근거를 가지고 이끌게 된다는 것이다.

지금까지의 내용으로 볼 때 서경덕은 허조동체를 언급한 천부사상과 동일한 주장을 이어왔다. 반면에 퇴계는 주자의 영향을 한층 발전시켜 물리적 현상과 법칙적 현상은 하나로 존재한다는 이기이면론(理氣二面論)을 주장했다. 율곡의 경우는 이(理)가 이유와 근거가 되고, 기(氣)는 단지 드러냄에 있다고 하여 기발이승론(氣發理乘論)을 주장하기도 하였다.

이 중에 퇴계와 율곡의 경우도 일기(一氣)가 지닌 모습과 성향을 언급한 것이나 다름이 없다. 왜냐하면 일기는 허조동체로써 두 얼굴과 같은 야누스적 모습을 가졌기 때문이며, 그 주체가 되는 이(理)는 조교치(造敎治)의 세 가지 역할을 하는 허(虛, 理)와 같기 때문이다. 이렇게 볼 때 화담의 허조일체(虛粗一體)나 퇴계의 이기이면론(理氣二面論), 율곡의 기발이승론(氣發理乘論)은 모두 천부경에서 전한 일기의 속성에 대해 언급한 것에 지나지 않는다.

조선시대에 최고의 학자(學者)로 꼽히는 이들이 일기(一氣)의 본질에

---

1) 이이(李珥) : 1536(중종 31)~1584(선조 17) 조선 중기의 학자, 문신.

해당하는 이기론(理氣論)을 언급했다는 것은 일기가 우리에게 전해주는 의미가 크다는 것을 말한다. 이와 같음은 천부경에서 전한 일기에 대한 이해가 우리로 하여금 더욱 본질에 가깝게 다가갈 수 있도록 하고, 본질을 통해 우리 자신을 변화시키기 때문이다. 이런 점에서 보아 우리는 나의 본질을 꿰뚫기 위한 가르침을 전해주는 일기에 대해 바르게 알 필요가 있다고 본다.

− 시작도 마침도 없는 영원성을 나타내는 옥룡 −
옥룡(玉龍)은 생명의 근원과 불멸, 그리고
영원한 순환 등을 나타낸다.

석삼극무진본(析三極無盡本)

析三極無盡本 (seogsamgeug mujinbon)
석삼극무진본

삼극으로 갈라져 분화가 되나 그 근본은 다함이 없도다.
divides into the Three Ultimate, but the origin is inexhaustible.
◉ ultimate : 궁극의. inexhaustible : 고갈될 줄 모르는, 무궁무진한

析三極無盡本(석삼극 무진본)은 一氣(일기)를 세 개의 궁극으로 나누어도 부족함이 없다는 것을 말한다. 이와 같음은 一氣가 무한세계와 함께 하나의 형태로 존재하는 근원이기 때문이다.

세 개의 궁극적인 天極(천극), 地極(지극), 人極(인극)은 天一(천일-궁극의 하늘), 地一(지일-궁극의 땅), 人一(인일-궁극의 인간)을 나타낸다.

析三極無盡本(seogsamgeug mujinbon) means that even if the 一氣(il-gi) is divided into the ultimate three, It is still limitless. This is because the 一氣(il-gi) is the source to exist as One shape with the infinite world.

The three ultimate 天極(cheon - geug), 地極(ji - geug), 人極(in - geug) represent 天一(cheon-il, the heaven of the ultimate), 地一(ji-il, the earth of the ultimate), and 人一(in-il, the human of the ultimate).

◉ ultimate : 궁극적인. limitless : 무한의. exist : 존재하다. shape : 모양, 형상. infinite : 무한한.

1. 부처의 삶을 나타내는 석삼극무진본

석삼극무진본(析三極無盡本)은 일시무시일에서의 하나인 일기(一氣)가 세 개의 극(極)으로 나뉘어 분화가 되더라도 그 근본인 일기는 다함이 없기에 마르지 않고 부족함이 없으며 사라지지 않는다는 뜻이다. 허조동체(虛粗同體)인 일기가 세 개의 극한 상태로 나뉘어도 분화가 되지 않는다는 것은 무한계인 허(虛)와 유한계인 조(粗)가 절대순수의 단계에서 동체(同體)를 이루고 있기 때문이다. 이 때문에 허조(虛粗)로 이루어진 일기는 만물의 근본을 이룰 수 있었다.

허조동체를 통해 일기가 이루어지면 분화의 성향을 가진 까닭에 천지인(天地人)인 셋으로 갈라져 나갈 수밖에 없다. 그런데 일기는 왜 '천지인으로 갈라져가는 것일까?'라는 생각을 하게 만든다. 이것은 무한(天)과 시공간(地)이 있어야 현상계가 펼쳐지고, 만물의 대표되는 인간(人)이 있어야만 현상계는 목적을 갖고 작용하게 되어 있기 때문이다. 이 때문에 천지인의 삼극은 갈라져 나올 수 있었다.

일기가 삼극(三極 : 天一, 地一, 人一)으로 나뉘어 분화가 되고, 현상계를 만들어 목적을 갖게 되는 까닭은 일기가 지닌 삼신(三神)의 역할 때문이다. 이 때문에 〈태백일사〉「소도경전본훈」에서는 "무릇 생명이란 것의 본체는 바로 一氣이다. 일기란 그 속에 삼신을 지니고 있는 것이다"라고 하였다. 〈태백일사〉「소도경전본훈」에서도 보게 되면 "일기는 곧 만물을 낳는 하늘이고, 또한 텅 빈 것"이라고 말한다. 그러면서 "일기는 스스로 가운데 하나의 신(神)이 있어 능히 셋(三, 三神)이 되느니라."[1]고 했다.

일기 속에 텅 빈 허(虛)가 있고, 일신을 통한 삼신이 있어 삼극으로 일기가 분화하게 되는 것은 자신을 실현하기 위해서이다. 그 첫 번째 시작

---

1) 故曰一氣卽天也. 卽空也. 然自有中一之神 而能爲三也. 〈태백일사〉「소도경전본훈」

이 삼극 중에 하늘과 땅이고, 곧이어 하늘과 땅에 의해 사람이 나오게 되면서 천지인의 구성은 갖추게 되었다. 하지만 일기를 바탕으로 자신의 실현을 위해 삼극으로 나뉘어 분화가 계속되면 일기와 삼극인 천지인은 점차 쌓여만 가는 두터운 외형으로 인해 어둠에 갇혀갈 수밖에 없다. 이와 같기에 이때가 되면 일기와 삼극인 천지인은 어둠에 가리어져가는 것을 알게 됨에 따라 더 이상 죽음의 문턱으로 떨어지지 않기 위해 장차 참마음을 바탕으로 시작하여 삼극에서는 본래의 모습으로 되돌리기 위해 다시금 근원으로 돌아가게 되어 있다. 이것이 참마음으로부터 이루어지는 회삼귀일의 작용이요, 원시반본의 섭리이기도 하다.

인간생명의 본체가 되는 일기와 그 작용인 성명정이 현상계에 의해 지배를 받게 되면 살아생전 뿐 아니라, 사후(死後)에도 물질욕(物質慾)에서 벗어나지 않는 한 그 누구도 어둠 속에 가리어져 가게 되는 것을 피할수는 없다. 이와 같기에 우리는 죽음의 늪에서 더 이상 가라앉지 않기 위해서는 회삼귀일을 위한 길을 가야만 한다. 그렇지 못하면 성명(性命)을 포용하고 있는 정(精), 즉 사후세계에 있어서의 우리에 정혼(精魂)[1]도 궁극에 가서는 소멸될 수밖에 없고, 정혼 속에 깃들어 있는 일기인 참나(眞我)는 서로 나뉘어 본래의 자리로 떠나갈 수밖에 없기 때문이다.

우리가 정혼을 굳게 뭉쳐 소멸되지 않고, 정혼 속에 깃들어 있는 일기를 회복하기 위해서는 구도자의 삶을 살지 않을 수 없다. 그러기 위해서

---

1) 개체성을 가지고 있는 정혼(精魂)은 성품과 목숨을 포용하고 있는 정수(精)에 해당하기도 한다. 더 나아가 마음과 기운을 지닌 의식체(意識體)이기도 하다. 정혼에 대한 말을 우리는 당대의 신인(神人)으로 일컬어지던 강일순(姜一淳)의 어록에서 찾게 된다. 그에 대한 기록인《증산도의 도전》에 의하면 그는 "도(道)를 잘 닦는 자는 그 정혼(精魂)이 굳게 뭉쳐져 죽어서 천상에 올라가 영원히 흩어지지 아니하나, 도를 닦지 않는 자는 정혼이 흩어져서 연기와 같이 사라지느니라."고 했다. 그의 말을 통해 볼 때 우리는 의식체인 정수를 보전하기 위한 도를 닦는 삶이 얼마나 귀중한지를 느낄 수가 있다.

는 먼저 일기가 지닌 본질부터 바르게 알 필요가 있다. 그래야만이 불멸에 대한 가치와 시공을 벗어난 자유에 대해 그 위대함을 알게 될 뿐 아니라, 구도자의 삶에 대한 목적을 놓치지 않기 때문이다.

일기(一氣)가 지닌 본질은 어둠에 갇힐 수는 있으나 스스로는 밝음을 내뿜는 개체이다. 그런 까닭에 아무리 두터운 외형에 의해 쌓여만 간다고 해도 마르지 않고, 부족함이 없으며, 사라지지 않는 것이 일기가 지닌 성향이다. 일기는 이처럼 다함이 없는 무진본(無盡本)의 상태가 됨에 따라 내 자신을 영원한 자유로 이끌 수 있도록 하고, 불멸의 세계로 나아가게 만들기도 한다. 그러므로 우리는 다함이 없는 삶을 살기 위해서라도 더이상 일기를 어둠에 휩싸이지 않도록 할 필요가 있다.

일기의 분화에 대하여 좀 더 살펴보면 그 시작은 본체로부터 외부로 확장하게 되며, 분화를 통해 셋으로 나뉘게 됨에 따라 처음은 허조동체의 영향으로 인해 먼저 무형과 유형인 둘로 나뉜 다음, 다시 둘은 자신들의 성향을 지닌 중일(中一)인 하나의 형체로 만들어 놓게 되어 있다. 이것이 허조동체로부터 나온 天一, 地一이요, 이 둘의 성향을 지닌 人一이다. 이로부터 일기는 더욱 분화와 함께 나뉘게 되나, 본체가 되는 일기는 다함이 없는 충만함과 오염될 수 없는 순수함을 가진 까닭에 天一(性)에 의해 가리어지고, 地一(命)에 의해 가리어졌다고 해도 일기는 그 모습 그대로 다함이 있을 수 없다. 이 때문에 석삼극무진본이 우리에게 알려주는 가르침이란 네 자신이 아무리 멀리 떠나 삶 속에 쩌들어 간다고 해도 너의 본래 모습인 자아는 그대로 일 수밖에 없다는 것이다.

지금까지 알아보았듯이 우리의 본래모습인 일기는 다함이 없는 존재이다. 하지만 분화의 성향을 가진 까닭에 우리의 외형적 성향은 타락하여 갈 수밖에 없다. 그래서 옛 철인(哲人)들은 하나가 셋으로 갈라져 분화하여 갈 때 처음은 지극한 상태를 가지게 되나, 둘로 나뉘게 될 때에는 점

432

차 어둠에 덮여가기에 분별하는 상태를 버리라고 했다. 그런 까닭에 우리는 성품이 지닌 밝음을 뒤로하고 어둠에 떨어지는 선악(善惡)과 목숨이 지닌 즐거움을 뒤로 하고 괴로움에 떨어지는 청탁(淸濁), 그리고 정수가 지닌 삶을 뒤로 하고 죽음의 길로 떨어지는 후박(厚薄)의 단계에 이르지 않도록 하는 것이 중요하다. 이는 현상세계와의 부딪힘이 일어날 때 우리의 영혼을 영원히 죽음의 문턱으로 떨어트릴 가능성이 있기 때문이다.

석삼극무진본의 가르침은 성명정과 심기신, 그리고 감식촉으로만 작용하지 않는다. 삼극은 지극한 단계의 천지인에 해당하기에 天一은 지극한 천기(天氣)로 작용하게 되고, 地一은 지극한 지기(地氣)로 작용하게 되며, 人一은 지극한 인기(人氣)로 작용하게 되어 있다. 그런데 여기서 그치지 않고 삼극이 지극한 단계에서 한 단계 더 떨어지게 되면 天一인 天氣는 장차 둘로 나뉘어 생기(生氣)와 살기(殺氣)로 작용하고, 地一인 地氣는 장차 둘로 나뉘어 길지(吉地)와 흉지(凶地)로 작용하며, 人一인 人氣는 장차 둘로 나뉘어 길운(吉運)과 흉살(凶殺)로 작용을 한다. 그래서 자부선생은 삼황내문에서 생기와 살기를 전해주는 천황(天皇)의 작용으로 별자리의 기운에 대해 말했고, 길지와 흉지를 전해주는 지황(地皇)의 작용으로 땅의 기운에 대해 말하였으며, 길운과 흉살을 전해주는 인황(人皇)의 작용으로 사람의 기운에 대해 말했던 것이다.

지극함인 지극계로부터 분별계로 떨어진 상태에서 중요한 것은 生氣와 殺氣로 나뉜 천기(天氣)가 더 이상 분화되지 않게 하며, 吉地와 凶地로 나뉜 지기(地氣)가 더 이상 분화되지 않게 하고, 吉運과 凶殺로 나뉜 인기(人氣)가 더 이상 분화되지 않게 하는데 있다. 그렇지 못하면 점차 天氣의 부조화로 많은 생명을 죽이는 하늘이 되어 가면서 종극에는 타락계의 하늘이 되고, 地氣의 부조화로 많은 생명을 흉지로 몰게 되는 땅이 되어 가면서 종극에는 타락계의 땅이 되고, 人氣의 부조화로 많은 생명을 흉살로 몰아가는 인간사회가 되면서 종극에는 타락계의 인간(인류)이 될 수밖에 없기 때문이다.

천지인의 작용이 되었던지, 인간의 생명원리가 되었던지 근본이 되는 일기(一氣)로부터 나뉘어 분화를 계속하게 되면 순수함이 떨어지고, 타락하여 갈 수밖에 없기에 천지는 병들어가고, 인간도 죽음만을 기다리고 있을 뿐이다. 하지만 자연환경을 근본으로부터 멀어질 수 없도록 되돌리고, 현재의 너에 모습은 생노병사의 영향을 받는 허상(虛像)일 뿐 너의 속에 감추어진 참모습만이 진실이라는 것을 알아 이를 되돌린다면 천지와 개인에게 있어서는 새로운 천지와 함께 불멸의 삶을 되찾을 수 있을지도 모른다. 이는 절대순수의 천지와 오염된 천지가 본질적으로 다르지 않고, 어둠에 가리지지 않는 부처와 어둠에 가리어진 네 자신이 본질적으로 다르지 않기 때문이다. 이와 같기에 우리는 우리의 본래 모습을 되찾기 위해서라도 근본으로 되돌아가는 자세가 무엇보다도 중요하다고 하겠다.

- 핵심 들여다보기 -

네가 현실에 물들어 있어도 본래의 모습인 순수자아는 다함이 없기에 본질에 있어 네 자신은 신성(神性)을 지닌 부처와 똑같을 수밖에 없다. 네 자신이 이처럼 순수자아의 모습을 가졌기에 속세에 떨어져 죄악에 물들어갈지언정 너의 본래모습인 빛나는 광채는 사라질 수 없다는 것이 석삼극무진본이 알려주는 가르침이다.

2. 숫자로 바라본 석삼극(析三極)

434

인간이 일기(一氣)를 회복하면 광명의 인간이 될 수 있는 것은 일기란 무한계의 성향을 가졌을 뿐 아니라, 절대순수의 근본물질로 되어 있기 때문이다. 이와 같기에 일기는 눈에 보이지 않는 기화(氣化)의 상태에 있게 되고, 만물의 본체를 이룬다. 일기가 이처럼 만물의 본체를 이루기에 숫자로도 보게 되면 영(零, 0)으로 나타나게 되어 있다. 이것은 일기가 현상적인 세계의 이전을 나타내고 있기 때문이기도 하다. 그런데 일기는 음양론에서 말하는 1수(一水)를 낳는 근원이 되기에 주희(朱熹)는 일기에 해당하는 태극을 일태극(一太極)이라 명칭하기도 했다.

두 가지의 명칭에 대해 생각해 볼 일은 기본수에서의 영(0)이 단순히 아무 것도 없는 것이 아니라 10(十)이 다시 첫 번째 1이 되어 0으로 돌아갈 수 있는 것처럼, 0은 근본이 되기에 일기를 숫자로 나타내고자 할 때는 0으로 나타낼 수 있다는 결론에 이른다. 다만 발귀리선생도 일기를 큰 하나가 되는 대일(大一)로 명칭한 것은 눈에 보이지 않지만 실체적 존재인 근본이 되기에 하나(一)라는 숫자로 명칭한 것일 뿐, 별다른 의미는 없다고 본다. 그러므로 일기는 본질에 있어서는 나타남이 없기에 영(0)이나, 실체의 근본이 된다는 의미에서 큰 하나(大一)로 나타냈을 뿐이다.

일기(一氣)는 만물의 근원이 되기에 분화될 수밖에 없다. 그것도 삼신의 작용인 조교치(造敎治)를 지닌 까닭에 셋으로 갈라져 나갈 수밖에 없는 운명이다. 그래서 삼극 중에 천극인 천일(天一)이 첫 번째가 되어 숫자 1이 되고, 지극인 지일(地一)이 두 번째가 되어 숫자 2가 되며, 인극인 인일(人一)이 세 번째가 되어 숫자 3이 된다. 그런데 숫자 1·2·3은 개별적인 의미만 있을 뿐 아니라, 하나의 몸체를 구성하는 숫자이기도 하다. 이와 같기에 하나이면서 셋이고, 셋이면서 하나가 되는 일즉삼(一卽三), 삼즉일(三卽一)로 나타나기도 한다. 이는 1·2·3이 떼려야 뗄 수 없는 천지인과 성명정 등의 일체의 관계로 나타나기 때문이다.

일기(一氣)가 본질에 있어서는 0이 되고, 실체의 근본이 된다는 의미에서 1이 된다는 것은 두 가지의 성향을 가지고 있기 때문이기도 하다. 이는 허(虛, 0)가 되고, 조(粗, 1)가 되는 허조동체의 성향을 가지고 있기 때문이다. 이 때문에 일기는 虛의 성향을 가진 현상계의 하늘(天, 1)을 낳게 되고, 粗의 성향을 가진 현상계의 땅(地, 2)을 낳기도 한다. 이와 같기에 현상계의 '1은 무형(陽)'[1]이 되고, 현상계의 '2는 유형(陰)'[2]의 상징이 됨에 따라 1과 2는 현상계의 하늘과 현상계의 땅을 대변하는 숫자로 나타나기도 했던 것이다.

허(虛)의 성향인 0은 1양(一陽)이 되고, 조(粗)의 성향인 1은 2음(二陰)이 됨에 따라 만물을 낳기 위한 3중일(三中一)[3]은 만들어진다. 이때의 3중일(人)은 1양과 2음에 의해 나오게 되면서 하늘과 땅을 포용한 존재, 즉 사람(만물)의 상징이 될 수 있었다. 3중일이 이처럼 천지를 포용한 존재가 되었다는 의미를 나타냄에 따라 이것은 만물 중에 으뜸인 사람이 천지의 대행자가 되어 천지의 뜻을 실현하는 존재가 된다는 것을 말한다. 그러므로 현상계에서 작용함에 있어 부족함이 없는 3은 완전한 모습의 숫자라는 것을 나타내어준다.

하나인 일기(一氣)와 셋이 되는 천지인(天地人)과의 관계는 3·1철학으로 그 특징을 드러낸다. 그 대표적 원리가 집일함삼과 회삼귀일의 법칙이다. 집일함삼과 회삼귀일의 법칙은 만물을 낳기도 하고, 근원을 향해 귀

---

1) 발귀리선생께서도 1이 무형인 까닭에 무극(無極)이라고 말하기도 했다. 발귀리선생께서 말하는 무극은 숫자 1을 나타냄에 따라 현상계에서 나타나는 무극을 상징한다.
2) 발귀리선생께서도 2가 유형으로써 되돌림의 뜻이 있는바 반극(反極)이라 말하기도 했다. 반극은 되돌림의 뜻이 있는바 음(陰)의 작용을 말한다.
3) 발귀리선생께서도 3이 음양이 합일 되어 생명의 기본을 이루게 되기에 태극(太極)이라고 말하기도 했다. 이른바 현상계의 하늘과 땅을 낳은 본체로서의 태극(0)이 아닌, 현상세계의 하늘과 땅으로부터 생겨난 만물의 본체로서의 태극(3)을 말한다.

일하는 법칙을 말한다. 이 법칙이 있기에 우리는 영원한 순환 속에서 살아있게 됨에 따라 3·1철학은 절대적인 법칙이기도 하다. 이와 같기에 허조동체로 이루어진 본체인 일기(一氣, 大一)와 이로부터 갈라져나간 천지인의 3(三)은 본체와 작용이 되어 영원한 순환 속에 있게 됨에 따라 3·1철학은 만물의 근본원리가 될 수 있었다.

3. 법칙적 삼신(三神)과 현상적 삼극(三極)

삼일철학에서 삼신(三神)은 무한계인 무형(無形)의 세계이다. 일신(一神)으로부터 비롯된 삼신은 천일신(天一神), 지일신(地一神), 태일신(太一神)을 말한다. 이 세계는 무형이기 때문에 그 형상은 빛으로 존재한다.

삼신(三神)은 밝은 빛으로 참된 베풂을 삼으니,
곧 우주만물보다 앞선다.
光明爲三神之實德 乃宇宙萬物之所先也.

〈태백일사〉「환국본기」

대저 삼신이라 함은 끝이 없는 영원한 생명의 근본이다.
夫三神者永久生命之根本也.

〈태백일사〉「삼신오제본기」

천일신, 지일신, 태일신이 빛으로 존재한다는 것은 그 빛이 현상적인 세계에 있지 않고, 내적인 세계에 있다는 것을 말한다. 대허(大虛)로부터 시작해 일신(一神)의 작용으로 펼쳐지는 천일신, 지일신, 태일신은 법칙적인 원리에 의해 작용하는 것이지만 그 성향에 의해 나름대로의 일정한 응집력을 갖는다. 그런 까닭에 천일신, 지일신, 태일신은 각기 실체가 없으나 힘이 뭉쳐 있는 망량신(魍魎神)으로 나타나게 되어 있다.

《부도지(符都志)》에서 전하는 허달성(虛達城), 실달성(實達城), 마고성(麻姑城)과 관련하여 보게 되면 천일신은 허달성의 기능이 있고, 지일신은 실달성의 기능이 있으며, 태일신은 마고성의 기능이 있다. 그런 까닭에 천일신은 텅 비움을 주관하는 망량신으로 나타나고, 지일신은 충만함을 주관하는 망량신으로 나타나며, 태일신은 역사의 시간을 주관하는 망량신으로 나타난다. 삼신의 기능이 이처럼 세 가지의 망량신으로 나타날 수 있게 됨에 따라 대허(大虛)의 성향에 가까운 천일신은 우리에게 텅 비어 있는 마음의 세계를 열어주고, 일신(一神)의 성향에 가까운 지일신은 우리에게 널리 확장되는 활달한 기운을 불어넣어주며, 삼신(三神)을 대표하는 성향에 가까운 태일신은 우리에게 역사를 만들어가는 삶의 발자취를 펼쳐주기도 한다.

삼신과는 다르게 삼극(三極)은 유한계인 유형(有形)의 세계에 속한다. 일기(一氣)로부터 비롯된 삼극은 천일(天一), 지일(地一), 인일(人一)을 말한다. 이 세계는 지극한 단계의 유형에 속하기에 만물의 시초를 이룬다. 그런 까닭에 천일(天一)은 현상세계의 하늘이 되고, 지일(地一)은 현상세계의 땅이 되며, 인일(人一)은 현상세계의 사람(만물)이 된다. 이와 같음을 사람에 비유하면 天一은 성품(性)으로 나타나고, 地一은 목숨(命)으로 나타나며, 人一은 정수(精)로 나타난다.

하나(一)의 기(氣)로부터 셋(三)으로 갈라진 氣는 곧 극(極)이다.
自一氣而析三氣卽極也.

〈태백일사〉「소도경전본훈」

438

이미 천지인의 삼극은 있었고, 대원일은 뭇 근본법도가 되었나니,
　旣有天地人三極 大圓一之爲庶原義

〈태백일사〉「삼신오제본기」

천신(天神)께서 만인(萬人)을 만드실 때
'한 형상(一像, 眞我)'으로 하여금
차별이 없이 삼진(三眞)을 부여하셨다.
이에 사람은 하늘(무한세계)을 대행하여 능히 세상에 서게 되었다.
　天神造萬人 一像均賦三眞 於是人其代天而能立於世也.

〈태백일사〉「고구려국본기」

　삼신과 삼극(삼진)의 차이는 빛과 형체로 나타난다. 삼신은 빛으로 존재하기에 법칙적인 질서를 주관한다. 삼극은 형체로 존재하기에 현상적인 것을 주관한다. 이와 같기에 삼신인 天一神·地一神·太一神은 우주의 道이며, 삼극인 天一·地一·人一은 만물의 道이다. 이암선생의 〈태백진훈〉「중편」에서 보게 되면 삼신(三神)과 삼극(三極)의 차이에 대해 다음과 같이 말하기도 했다.

　하늘에 있는 것을 보라! 일체(一體)가 삼신이요,
　사람에 있는 것을 관찰하라! 일상(一像)이 삼진이니라.

　위의 내용에서 보듯이 일체인 일신(一神)으로부터 비롯된 삼신을 무한계인 하늘에 속한다고 보았다. 그런 까닭에 삼신은 무한계인 무형의 세계일 뿐 아니라 빛의 세계요, 조교치(造敎治)를 이루는 법칙적인 천지인(天地人)을 말한다. 반면에 일상(一像)인 일기와 그 작용인 삼진(三眞 : 三極)을 허조동체인 근원으로 보고, 현상계인 천지인과 함께 사람이 지닌

세 가지의 기틀로 나타나게 되는 것으로 보았다. 이와 같기에 삼신은 빛에 의한 법칙적인 천지인을 나타낸다면 삼극은 빛에 의한 법칙적 천지인을 끌어안고 현상으로 드러내는 천지인으로 나타날 수 있었다.

삼신과 삼극이 상호관계 속에서 작용하는 역할에 대해 알아보면 삼신(三神)은 조화·교화·치화로 작용을 하기에 일기(一氣)를 통해 삼극이 되는 天一·地一·人一을 만들어 놓을 수 있었다. 이 때문에 생명은 각기 성품과 목숨, 그리고 정수를 가지게 되었다. 이러한 분화의 이유에 대해 이암선생께서는 〈태백진훈〉「범장」편에서 삼신(三神)은 무한계로서 회삼귀일의 성향을 가졌으나, 분화에 목적을 둔 낳는 道이기 때문이라고 하였다. 삼신의 이와 같은 목적 때문에 삼신은 계속하여 분화될 수밖에 없는 운명이다. 하지만 삼신을 둘러싼 삼극으로부터 시작하여 극한상태의 단계에 이르러서는 다시금 근원으로 되돌아갈 수밖에 없게 되어 있다. 이는 현상의 극한상태에 이르러서는 죽음을 불러올 수밖에 없기 때문이다.

삼신을 둘러싼 현상계의 극점은 삼극인 지극계로부터 시작된 타락계를 말한다. 이때가 되면 다시 귀일을 하게 되어 있기에 현상계의 시작이 되었던 삼극에 있어서도 타락계의 영향을 받아 그 목적을 귀일을 하는데 두게 되어 있다. 그래서 삼진(三眞, 三極)은 삼신의 영향을 받아 유한계로서 분화에 성향을 가졌으나, 쇠멸의 상태를 역전시키기 위한 귀일에 목적도 가지고 있기에 성취하는 道가 된다고 이암선생께서는 말씀하기도 하셨다.

삼신이 회삼귀일의 성향을 가졌다는 것은 영원함을 위한 기능을 가졌기 때문이다. 하지만 그럼에도 불구하고 그 목적은 생명을 낳기 위한 것에 있다고 하였다. 이것은 삼신이 영원성을 가졌으나, 생명을 낳는 것을 목적으로 하기에 일기(一氣)에 둘러싸여 성명정인 삼진(三眞), 심기신인 삼망(三妄), 감식촉인 삼도(三途)를 낳게 된다는 것을 말한다. 이와 같기

440

에 삼신은 영원성을 지닌 성향을 가졌으나, 그 목적은 자아실현을 하는데 뜻을 두고 있다고 하겠다.

삼신과는 다르게 삼극에 해당하는 삼진이 분화의 성향을 가졌다는 것은 생사(生死)의 굴레를 벗어날 수 없기 때문이다. 그럼에도 불구하고 그 목적은 불멸(不滅)을 위한 귀일에 있다고 하였다. 이것은 빛을 가리는 물질의 두터움으로 인해 일기가 어둠에 덮여 감을 알고, 이를 회복하고자 하는 의지가 삼진에서는 발동하게 되어 있기 때문임을 말한다. 그러므로 삼진은 분화의 성향을 가졌으나, 생명의 회복을 위한 목적을 가졌다고 하겠다.

삼신은 자아실현을 이루게 하고, 삼극은 불멸의 생명을 얻게 하기에 이 둘이 서로 뜻을 얻기 위해서는 분화 속에서 현실적인 자신의 뜻을 펼칠 수 있어야 하고, 귀일의 과정 속에서 참나(眞我)를 회복을 해야만 한다. 분화 속에서 자신의 뜻을 펼칠 수 있는 길은 배움과 경험에 의한 의식의 확장을 통해 이루어진다. 그러다가 궁극적인 자아실현은 인격완성과 문명에 끼치는 공덕을 통해 이루어지게 되어 있다.

인격완성의 길로는 천지인의 가르침이 바탕이 된다. 그런 까닭에 유가(儒家)의 범절(凡節), 불가(佛家)의 심법(心法), 도가(道家)의 조화(造化)가 인격완성을 위한 가르침이 될 수 있다. 문명에 끼치는 공덕으로는 사회를 한 단계 성숙된 길로 이끄는 일이다. 그런 까닭에 정신문명이든지 물질문명이든지 간에 인류에게 공헌(貢獻)을 하는 일이 될 수 있다.

자아실현 이후에 귀일을 통해 참나(眞我)를 회복해야하는 목적은 천지(天地)를 더욱 깊이 이해하고, 천지의 마음이 되어 영원히 천지와 함께 하는데 있기 때문이다. 그 시작이 세계수(世界樹)인 10리 길을 나타내는 참마음으로부터 비롯되며, 나의 인격이 완성되는 세계의 한복판(9)을 나타내는 우듬지가 바탕이 된다. 그러니 참나의 회복은 인격완성으로부터 시작이 되는 것이 그 순서이다.

그동안 삼신과 삼극의 성향, 그리고 삼신과 삼극의 역할에 대해 알아보았다. 삼신과 삼극의 성향에 있어서는 무한계와 유한계의 차이로 인해 만들어지게 됨을 알게 되었고, 그 역할에 있어서 삼극의 작용은 불멸을 목적으로 하고, 삼신의 법칙은 자아실현을 목적으로 한다는 것에 대해서도 알게 되었다. 삼신과 삼극이 이처럼 우주의 도와 만물의 도라는 차이와 삼신의 역할은 자아실현에 있고, 삼극의 역할은 불멸의 삶에 있는 까닭에 삼신과 삼극이 우리에게 가르쳐주는 가르침이란 서로 다른 차별성을 알게 할 뿐 아니라, 우리의 삶을 충만하게 하는데 있다고 하겠다.

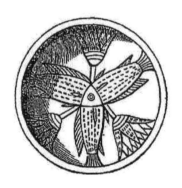

일목삼신어(一目三身魚)
이집트 제기용 그릇에 새겨진 문양.
집일함삼과 회삼귀일의 원리가
잘 표현되어 있다.

442

천일일, 지일이, 인일삼(天——, 地一二, 人一三)

天——, 地一二, 人一三 (cheon-ilil, ji-ili, in-ilsam)
천일일, 지일이, 인일삼

첫 번째 하늘은 하나요,
첫 번째 땅은 둘이요,
첫 번째 사람은 셋이 되느니라.
The first Heaven is One
The first Earth is Two.
The first Human is Three.

◉ Heaven : 천국, 낙원, 하늘. Earth : 지구, 땅. Human : 인간의
Humanity : 인류, 인간

첫 번째 하늘(天一), 첫 번째 땅(地一), 첫 번째 인간(人一)은 지극계(至極界-궁극적 세계)를 말한다. 뒤에 따라 붙게 되는 一(1), 二(2), 三(3)은 생성적인 일양(一陽), 이음(二陰), 중일(中一)을 나타낸다.

the first Heaven, the first Earth, the first Human are the ultimate world. The following numbers 1, 2 and 3 represent Il-yang(一陽, One sunny), Yi-eun(二陰, Two shade), and Jung-il(中一, One in the middle).

◉ following : 다음의, 그 뒤에 오는. represent : 묘사하다

1. 천일일, 지일이, 인일삼의 정의(定義)

우리는 그동안 천지인(天地人)이라는 개념을 삼신인 天一神, 地一神, 太一神과 삼극인 天一, 地一, 人一을 통해 알아보았다. 뿐만 아니라 大虛와 一神과 三神이 무형인 무한계이기에 하늘이 되고, 삼극(三極)인 天一(하늘), 地一(땅), 人一(만물)은 유형인 유한계에 해당하기에 땅이 되며, 일기(一氣)는 허조동체가 되기에 사람으로 나타날 수 있다는 것에 대해서도 알게 되었다.

그럼 이제 눈에 보이는 실질적 천지인의 개념인 삼극에 대해 알아보게 되면 천일일(天一一), 지일이(地一二), 인일삼(人一三)에서 가운데에 있는 하나(一)는 상하구별에 있어서 첫 번째에 해당하기에 지극한 단계로 나타나게 되어 있다. 이는 천지인의 3수법칙이 수평으로만 이루어질 뿐 아니라, 상중하를 통해 장차 차별적인 수직으로도 이루어지게 되기 때문이다. 그런 까닭에 가운데 있는 하나는 상위에 위치하게 되며, 상하구분에 따른 차별의 단계가 있다는 것을 알려준다.

천지인에 있어 끝에 붙은 一, 二, 三은 생성적 숫자를 나타낸다. 그것도 하나(一)가 양(陽)이 되고, 둘(二)이 음(陰)이 되면 삼(三)은 중일(中一)이 되는 원리이다. 이와 같기에 天一一, 地一二, 人一三은 상하구분과 음양에 의한 중일의 원리로 되어 있다는 것을 알려주고 있다.

첫 번째 하늘(天一)은 하나(1陽)요,
첫 번째 땅(地一)은 둘(2陰)이요,
첫 번째 사람(人一)은 셋(3中一)이다.

지금까지의 내용은 1단계의 분화만을 살펴보았다. 하지만 천부경은 삼수분화에 뜻이 있는바 장차 더욱 분화할 수 있다는 것을 암시한다. 이와 같기에 天一一, 地一二, 人一三에서 가운데 있는 하나(一)는 단계별을 뜻하기에 첫 번째 단계에 이어 두 번째와 세 번째 단계를 만들게 되어 있다. 마찬가지로 순차적이며 생성적인 개념의 一, 二, 三의 경우도 음양(陰陽)과 중일(中一)의 원리로 인해 장차 두 번째와 세 번째의 단계로 내려가게 될 때는 四, 五, 六과 七, 八, 九를 만들어 놓게 되어 있다. 이러한 까닭은 첫 번째 단계에 이어 두 번째와 세 번째 단계는 점차 순수성을 잃어가기 때문이다.

삼극의 분화현상은 천지인을 통해서만 나타나지 않는다. 생명의 원리를 통해서도 나타나게 되어 있다. 인간의 생명원리에 초점이 맞추어져 있는 〈삼일신고〉「인물」편과 비교해 보면 天一은 성품(性)이 되고, 地一은 목숨(命)이 되며, 人一은 정수(精)로 나타난다. 이러한 까닭에 天一, 地一, 人一의 가르침은 성명정을 통해서도 나타나게 된다. 그런데 여기서 멈추지 않고, 더 나아가서는 천부경이 단계별 삼수분화에 뜻이 있듯이 생명원리에 있어서도 성명정인 삼진(三眞)에 이어 심기신인 삼망(三妄)과 감식촉인 삼도(三途)로까지 분화하게 됨을 알려준다.

삼극의 분화현상은 생명원리에서 뿐만 아니라, 나를 깨어나게 하는 참전계인 대원일도(大圓一圖)를 통해서도 나타난다. 그 첫 번째 단계가 天一에 해당하는 현묵대(玄默大)요, 地一에 해당하는 보원(普圓)이요, 人一에 해당하는 진일(眞一)이다. 참전계(參佺戒)에서도 이처럼 天一, 地一, 人一의 가르침이 담겨져 있다는 것을 알려줌에 따라 장차 더욱 분화하게 될 때에는 현묵대·보원·진일인 부도(父道)의 단계에 멈추지 않고, 축장대·효원·근일인 사도(師道)와 지능대·택원·협일인 군도(君道)의 단계에까지 이르게 된다는 것을 알려준다.

지금까지 일기(一氣)로부터 시작된 삼극(三極)에 대해 알아보았고, 그 삼극이 삼일신고에서는 삼진(三眞)으로 나타나며, 참전계에서는 부도(父

道)로 나타나게 된다는 사실도 알아보았다. 삼극, 삼진, 부도는 여기에 멈추지 않고 3단계의 단계별에 따라 더욱 분화하게 된다는 것에 대해서도 잠시나마 알아보았다. 이것으로 보아 삼일철학은 3수법칙에서 벗어나지 않는다고 하겠다.

2. 천지인(天地人)의 법칙은 생명의 길

천부경을 보게 되면 삼극인 천지인의 원리가 생장성(生長成)하는 3수법칙을 이룬다. 이는 天一一, 地一二, 人一三에 있어 天一은 만물을 낳고, 地一은 만물을 기르며, 人一은 만물을 이루는 역할 때문이다. 그런데 이전에도 알아보았듯이 하늘과 땅, 그리고 인간인 천지인은 생성적인 원리만을 가진 것이 아니라, 차별적인 원리도 지녔다. 이것은 천부경이 수평으로만 3수법칙을 가지고 있는 것이 아니라, 수직으로도 3수법칙을 가지고 있는 까닭이다. 그러므로 천부경은 생장성의 원리와 더불어 생명은 차별성을 갖게 된다는 것을 알려주고 있다.

천지인이 수평으로는 생장성의 원리로 되어있다면 수직으로도 3단계인 단계별을 나타내고 있다는 것은 생명이 분화의 과정을 거치면서 순수함으로부터 점차 오염될 수밖에 없기 때문이다. 그런 까닭에 천지인의 법칙은 분화의 과정을 거치면서 점차 병들어 죽어갈 수밖에 없다. 이것은 물질이 주도하는 현상계의 영향으로 인해 점차 순수성을 잃어가기 때문임을 말한다.

물질적인 현상계로 인해 순수성을 잃어가기에 조선말에 등장한 이인(異人) 강일순(姜一淳)은 "묵은 하늘이 사람 죽이는 공사(公事)만 보고 있도다. 그러니 이제 뜯어 고치지 않을 수가 없노라"라고 하여 "이제 병든 하늘과 땅을 바로 잡으려면 모든 법을 합하여 써야 하느니라"[1]하고, "이제

446

혼란키 짝이 없는 말대(末代)의 천지(天地)를 뜯어 고쳐 새 세상을 열고 비겁에 빠진 인간과 신명을 널리 건져 각기 안정을 누리게 하리니 이것이 곧 천지개벽이다"[1]라고 말하기도 했다. 그러면서 이때 내놓으신 글이 천부경과 관련하여 만들어진 天人, 天地, 天天과 地人, 地地, 地天 그리고 人人, 人地, 人天이다.

당시 신인(神人)으로까지 일컬어졌던 강일순은 천부경과 관련된 내용을 적어놓고 수명도(壽命圖)라 하여 한 종도(宗徒)의 집안 벽에 붙여 놓기도 하였다. 그런데 이는 생명을 늘려가는 장소로 지정한다는 의미가 있다. 이와 같기에 집안 벽에 붙여진 수명도가 뜻하는 것은 하늘땅과 인간 모두 병들어 지극계와 분별계를 거쳐 타락계로 떨어졌으나, 이제 다시 이를 되돌리기 위해서는 그곳을 무병장수(無病長壽)하는 장소로 삼자는데 있었다. 그래서 만들어진 명칭이 수명소(壽命所)이다.

수명도(壽命圖)에서 알려주는 가장 큰 가르침은 天人, 天地, 天天이 '하늘이 사람노릇(天人)'하고, '하늘이 땅노릇(天地)'을 하고, '하늘이 하늘노릇(天天)'을 하는 것을 말한다. 天人, 天地, 天天이 이처럼 단계별 차별을 나타내기에 하늘이 사람노릇하는 타락계의 하늘(天人, 天三)로부터는 하늘이 땅노릇하는 분별계의 하늘(天地, 天二)을 거쳐 장차 하늘이 하늘노릇하는 지극계인 하늘(天天, 天一)의 단계로 올라가자는데 있다.

地人, 地地, 地天의 경우도 '땅이 사람노릇(地人)'을 하고, '땅이 땅노릇(地地)'을 하며, '땅이 하늘노릇(地天)'을 하는 것을 말한다. 地人, 地地, 地天에서도 이처럼 단계별 차별을 나타내기에 땅이 사람노릇하는 타락계의 땅(地人, 地三)으로부터는 땅이 땅노릇하는 분별계의 땅(地地, 地二)을 거쳐 장차 땅이 하늘노릇하는 지극계인 땅(地天, 地一)의 단계로 올라가

---

1) 〈증산도의 도전〉「2편 21장」
1) 〈대순전경〉「제5장/개벽과 선경 1절」

자는데 있다.

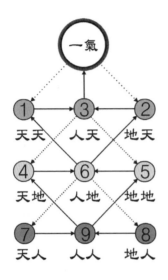

天人	天地	天天
地人	地地	地天
人人	人地	人天

〔수명도(壽命圖)〕
옆의 그림은 〈천부체계도〉에 맞게
〈수명도〉를 배치한 모습. 수명도에는
천갱생(天更生) 지갱생(地更生)
인갱생(人更生) 갱생(更生) 갱생(更生)
갱생(更生)이 앞에 붙게 되면서
나중에 갱생주(更生呪)라는
주문(呪文)으로 나타나기도 한다

人人, 人地, 人天에서도 마찬가지로 '사람이 사람노릇(人人)'을 하고, '사람이 땅노릇(人地)'을 하며, '사람이 하늘노릇(人天)'을 하는 것을 말한다. 人人, 人地, 人天에서도 이와 같이 단계별 차별을 나타내기에 사람이 사람노릇하는 타락계의 사람(人人, 人三)으로부터는 사람이 땅노릇하는 분별계의 사람(人地, 人二)을 거쳐 장차 사람이 하늘노릇하는 지극계인 사람(人天, 人一)의 단계로 올라가자는데 있다.

수명도에서 타락계와 분별계를 거쳐 지극계인 천지인(天地人)을 이루게 되면 인간은 천지인 중에 중일(中一)에 해당하기에 이때부터는 '지극한 모습의 인간(人一)'에 멈추지 않고, 현상계의 하늘땅(天一, 地一)을 대행하여 일기를 회복해 인중천지일(人中天地一)을 이루게 되어 있다. 이렇게 되면 현상계의 하늘땅은 인간에 의지하여 근본으로 돌아가게 됨에 따라 비로소 인간은 현상계의 하늘땅인 천지(天地)에 보은하는 존재가 된다. 그러면 인간은 천지에 보은하는 역할을 하게 됨에 따라 천지의 꿈을 성취시켜 주는 존재가 될 수밖에 없다. 그러므로 인간이 인중천지일을 이룬다는 것은 그 위대함이란 말로 다할 수가 없다고 할 것이다.

지금까지의 내용으로 보아 천지인(天地人)의 법칙은 생성적인 원리만이 아니라, 차별적인 원리도 가졌다는 것을 알았다. 더 나아가 천지인은 분화되어 타락의 길만 갈뿐 아니라, 수명도에서 알려주고 있듯이 이를 되돌려 회복하게 될 때에는 거발환을 이루게 된다는 사실도 알게 되었다. 이것으로 보아 천지인의 법칙은 삶과 죽음이 있는 생명의 길이요, 우리로 하여금 근원으로 돌아가 천지에 보은 하게 하는 진리의 길이라는 것을 나타내어준다.

3,200여년 전
고대 촉한 3태극 황금 장식물
(사천성 금사유적 박물관)

－ 세 개의 소용돌이가 다시 셋을 이루어
아홉을 이루고 있는 모습의 소용돌이 －

일적십거 무궤화삼(一積十鉅 無匱化三)

一積十鉅 無匱化三 (iljeog sibgeo, mugwe hwasam)
일적십거 무궤화삼

하나가 쌓여 10으로 커지니,
상자 안에 공간이 없어지면서 셋이 되었도다.
One by one increases to 10, leaving no space in the box and
making three.

◉ increase : (수, 양 따위를) 늘리다, 불리다. space : (비어 있는) 공간

    일적십거(一積十鉅)는 1에서 10으로 증가하게 됨을 나타낸다. 무궤(無
匱)란 상자 안의 공간이 숫자로 채워져서 공간이 없어진다는 뜻이다. 화
삼(化三)은 상자에 3(1-2-3), 6(4-5-6), 9(7-8-9)로 채워진 숫자를 말한
다. 이 때문에 상자 밖에 있는 숫자 10은 여전히 끝에 남아 있게 되고,
10은 반환의 시작이 된다.

    一積十鉅((iljeog sibgeo) indicates an increase from 1 to 10. 無匱
(mugwe) means that the space in the box is filled with the
numbers one by one and the space is gone. 化三(hwasam) refers
to the number filled with 3(1-2-3), 6(4-5-6), and 9(7-8-9) in the
box. For this reason, the numeral 10 still remains at the end,
and 10 is the beginning of the return.

◉ indicate : 가리키다. increase : 늘리다, 불리다. refers : 조회하다, 나타
내다. remains ; 남은 것, 나머지

450

1. 일적십거 무궤화삼은 분화와 귀일의 길

일적십거(一積十鉅)와 무궤화삼(無匱化三)은 언뜻 보기에는 간단하게 여겨진다. 하지만 무궤(無匱)를 제대로 해석을 못하면 깊은 의미가 빛을 보지 못하게 되어 있다. 이러한 까닭은 무궤화삼이 단순히 서술적인 내용이 아닌, 전체를 하나로 꿰는 원리로 작용을 하고 있기 때문이다.

그동안 무궤화삼을 해석한 내용들을 보면 그나마 가장 잘된 해석이 '다함(모자람)이 없는 가운데 3(三)이 되었다'는 구절이다. 그런데 무궤(無匱)를 이렇게 해석하여 1~10이 '다함이 없는 3(1, 2, 3/4, 5, 6/7, 8, 9)으로 화(化)하였다'고만 하면 대체 열 번째가 되는 하나(一)는 어디로 가고, 그 하나는 어떤 의미를 전해주고 있는가하는 의문이 생기게 되어 있다.

이 뿐인가? 1~10이 화삼(化三 : 1, 2, 3/4, 5, 6/7, 8, 9)이 되었다고 하자. 그럼 어떻다는 것인가? 셋이 만들어지면 참마음(衷)이 발동하게 되어 있어 회삼귀일을 하게 되는 것은 절대적인 법칙이다. 회삼귀일의 법칙이 이처럼 절대적이기에 귀일하여 일기를 회복하는 설명들이 다시 나와야 한다. 그런데 그 다음의 내용을 연결시키지를 못하고 있다. 이러한 까닭에 단순히 화삼(化三)이 되었다고만 하지, 회삼귀일의 법칙을 제시하지 못하고 있는 것이 현실이다.

천부경에서는 일적십거 무궤화삼에 이르러서야 비로소 모든 수(數)가 유기적으로 연결이 될 수가 있다. 구슬이 서 말이라도 꿰어야 보배가 되듯이 일적십거 무궤화삼으로부터는 천부경이 하나로 연결되는 순환의 법칙을 가지게 된다. 하지만 이 부분에서 지금까지의 모든 천부경 해석들이 하나의 체계도(體系圖)를 만들지 못하고 단지 서술적인 내용으로만 그치고 말았다. 이와 같기에 이제 1로부터 10으로 커진 숫자들이 화삼(化三)이 될 때에 어떻게 회삼귀일이 되고, 化三의 외톨이인 10이 어떻게 주축이 되어 회삼귀일을 하게 되는가를 알아볼 필요가 있다고 본다.

〈한철학〉과 〈한사상〉의 저자인 한신대 교수였던 김상일씨는 무궤화삼에서 "무진(無盡)은 시간성"이라면 "무궤(無匱)는 공간성"이라는 말을 남겼다. 이 말은 무진(無盡)의 앞에 나타난 '석삼극(析三極)은 시간의 나뉨'이라면 무궤(無匱)의 앞에 나타난 '일적십(一積十)은 공간의 나뉨'이라는 뜻이다. 이런 점에서 김상일씨는 어둠 속에서 빛을 내는 보석과 같은 해석을 내놓을 수 있었다.

무궤란 내용을 우선 1차적으로 보게 되면 '없을 무(無)'에다가 '상자 궤(匱)'자이다. 이런 까닭에 무궤란 상자가 없다는 식으로 해석될 수 있다. 하지만 앞서 무궤란 '공간성'이라고 했다. 이것은 바로 숫자로 상자의 내부에 공간을 채우고자 할 때 '빈공간이 없어짐'을 말한다. 그렇다면 숫자로 가득 채워진 상자 속에는 빈공간이 없이 숫자로만 가득 채워지게 된다. 그것도 일즉삼(一卽三)의 원리대로 1, 2, 3과 4, 5, 6 그리고 7, 8, 9로 채워진다. 그래서 무궤(無匱)의 다음에 이루어지는 것을 화삼(化三 : 1, 2, 3/4, 5, 6/7, 8, 9)이라고 하였다.

이번에는 다른 입장에서 살펴보면 상자 궤(匱)는 '다하다,' '없다,' '모자라다,' '결핍되다'의 뜻도 가진 글자이다. 이러한 까닭에 무궤는 '다함이 없다', '부족함이 없다' 등으로 나타난다. 하지만 이렇게 풀면 1~10수가 부족함이 없는 가운데 화삼(化三)으로 이루어졌다고만 해석이 된다. 그러면 일즉삼(一卽三)의 숫자가 단계별로 이루어진 3단계로 쌓이게 됨을 제시하지 못한다. 뿐만 아니라 化三에서 떨어져나간 10수를 설명하지 못하고 놓칠 수밖에 없는 한계에 부딪힌다.

무궤화삼(無匱化三)을 제대로 풀고자 한다면 이제 일즉삼(一卽三)의 원리로 된 1~9까지의 숫자가 단계별(1, 2, 3/4, 5, 6/7, 8, 9)로 쌓여 있는 것으로 해석해야만 한다. 그래야 천지인을 바탕으로 3수로 체계화된 모습으로 그려내게 되고, 그 속에서 어떻게 10수가 귀일의 시초를 이루어 일기(一氣)를 만들어 놓게 되는 것을 제시할 수 있기 때문이다. 이런 까닭에 무궤화삼을 해석함에 있어서는 상자 속에 숫자로 공간을 가득 채우게 되면서 빈공간이 없어지는 무궤(無匱)로 해석함이 쉽고 명료하다고 본다. 그렇다면 이제 빈 공간을 가득채운 화삼(化三)과 함께 일즉삼(一卽三)을 이루지 못하게 되는 외톨이 10의 숫자가 어떠한 의미를 가지게 되는가를 알아볼 때가 되었다.

먼저 화삼(化三)을 보게 되면 상자 속에서 일즉삼의 원리에 따라 3(1·2·3), 6(4·5·6), 9(7·8·9)를 중심으로 단계별로 쌓이게 되어 있다. 그러면 가로 셋에 세로 셋으로 이루어진 상자가 만들어지게 됨에 따라 지극계와 분별계 그리고 타락계가 이루어진다. 그런 까닭에 지극계와 분별계를 거쳐 타락계로 떨어지게 되는 차별적 단계가 나타나면서 化三의 원리에 있어서는 숫자 9의 끝에서 회삼귀일의 마음이 발동하게 된다는 것을 알려준다.

회삼귀일의 마음이 발동하게 되면 일적십거(一積十鉅)에서 외톨이로 남아 있던 10이 참마음(衷)으로 나타나게 되면서 귀일의 시초를 이룬다. 그러면 그 수는 음수(陰數)로써 회삼귀일의 바탕이 되기에 숫자 9를 끝으로 안팎이 뒤집어지며 귀일을 하게 될 때 10~2(10, 9, 8, 7, 6, 5, 4, 3, 2)의 수를 통해 후천일기를 만들어 놓게 되어 있다. 이 때문에 10은 내면을 향한 실체가 없는 무형의 수(數)가 되기도 하고, 무형을 통해 후천일기가 만들어지기에 유(有)를 창조하는 숫자가 되기도 한다. 그런 까닭에 10(十陰)은 귀일의 시초가 되는 충(衷)이 되고, 서수(序數)의 마지막 단계인 2에서 후천일기를 이루는 1(一陽)을 대지의 자궁 속에서 만들게 됨에 따라 생명을 본래의 자리로 되돌리는 의미를 지니고 있기도 하다.

하나(一)를 쌓아 음(陰, 10)을 세우고,

열(十)이 커져서 양(陽, 1)을 만든다.

빈 공간이 없이 채워진 상자로부터 충(夷, 10)이 생겨났다.

一積而陰立 十鉅而陽作 無匱而夷生焉

〈태백일사〉「삼한관경본기」

그 허실(虛實)의 수가 9가 되어

10을 이루니 천부(天符)의 수(數)이다.

《징심록 추기》

숫자 10이 참마음(夷)이 되고, 하나(一陽)를 만들어 생명을 본래의 자리로 되돌려 놓은 역할을 하는 것은 생명을 재창조하는 것과 같다. 그런 까닭에 만물의 본체인 일기(一氣)에 버금가는 역할을 하는 것이 10수(十數)이다. 10수는 이처럼 일기에 버금가기에 세상의 중심을 나타내는 세계수(世界樹)의 상징이 되기도 한다.

10수를 시초로 하여 만들어진 화삼(化三)의 단계에 대해 알아보게 되면 이때에는 10, 9, 8과 7, 6, 5와 4, 3, 2인 化三으로 나타난다. 이때에 10수가 첫머리가 되는 까닭은 음수(陰數)인 동시에 무한계의 첫 문을 열고 들어가는 관문과 같기 때문이다. 그러면 드디어 귀일의 최종단계인 2가 되는 인일(人一, 宗精)에 의해 조(粗)가 되는 1을 만들어 무형인 허(虛)와 합치되면서 허조동체(虛粗同體)인 일기(一氣)를 만들어 놓게 되어 있다. 이와 같기에 10수는 장차 내면을 향한 무(無)에서 일기인 유(有)를 창조해 내는 역할을 하게 되면서 10수야말로 우주를 영원한 순환 속에 있게 하는 수(數)로 일컬어짐에 있어 부족함이 없다.

10수가 무(無)에서 후천일기인 유(有)를 창조해낼 수 있게 되는 것은 그동안 펼쳐졌던 3(1, 2, 3), 6(4, 5, 6), 9(7, 8, 9)인 화삼(化三)을 바탕

454

으로 10(10, 9, 8), 7(7, 6, 5), 4(4, 3, 2)의 발판이 만들어지기 때문이다. 化三의 역할이 이처럼 발판이 되어 후천일기를 만들어낼 수 있게 되기에 일적십거(一積十鉅) 무궤화삼(無匱化三)은 천부경의 전체 맥락을 하나로 묶어 순환의 원리를 완성시키는 역할이다. 그러므로 일적십거 무궤화삼은 천부체계도를 만들어 내는 위대함이 있다.

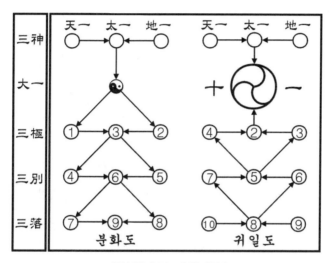

〔천부체계도(天符體系圖)〕

■ 핵심 들여다보기

　　무궤(無匱)를 빈공간이 없이 수(數)로 꽉 채워진 상자로 풀 때만이 아홉 단계로 이루어진 〈삼일신고〉「인물」편의 도상(圖象)과 같고, 염표문인 대원일도(大圓一圖)와도 같다는 것을 알게 된다. 뿐만 아니라 이렇게 풀 때만이 천부경이 중일(中一)사상과 함께 생명나무의 원리로 이루어진 것도 알게 되어 있다.

2. 천부경은 10수의 작용원리

천부경은 1수(數)에서 10수만으로도 자신의 모든 것을 드러내게 된다. 그 까닭은 자연수 10수만 가지고도 생명을 설명하기에 충분하기 때문이다. 이러한 내용을 뒷받침을 할 수 있는 것이 일적이음립(一積而陰立), 십거이양작(十鉅而陽作)이다.

〈태백일사〉「삼한관경본기」에 나와 있는 일적이음립, 십거이양작은 "일(一)을 쌓아 음(陰)을 세우니, 십(十)으로 커져서 양(陽)을 만든다"는 원리이다. 이 원리에서 음(陰)은 10을 나타내고, 양(陽)은 1을 나타낸다. 이러한 까닭에 1~10 중에 1~9를 통한 분화를 통해 10을 만들고, 10~2를 통한 귀일의 과정에서 1을 만들어 일기(一氣)를 회복시켜 놓게 되어 있다. 그러므로 1~10을 통한 10수만 가지고도 분화와 귀일에 의한 생명작용을 하는데 있어서는 부족함이 없다는 것을 알려준다.

10수의 작용은 천부경에서 뿐만 아니라, 동양철학에서도 기본을 이룬다. 10수의 작용이 이처럼 기본을 이루기에 동양의 상수철학(象數哲學)에서는 순환의 법칙을 말함에 있어서 19를 벗어나지 않는다. 이것이 삼일철학에서 一氣(큰 하나인 大一)[1]를 바탕으로 1~9와 10~2를 통해 19(大一+9+9)가 만들어지는 원리이다. 다만 천부경에서 10수를 넘어 81수를 나타낸 것은 3, 9, 81로 분화하는 3수철학(三數哲學)을 강조하기 위한 것에 불과할 뿐이다.

천부경이 10수를 벗어나지 않는 것에 대해서는 김시습의 《징심록추기(澄心錄追記)》를 통해서도 보게 된다. 그는 천부금척에서 허실(虛實)의 수가 '9가 되어 10을 이룬다'고 하여 본체(體 : 虛實)로부터 9로 분화되었

---

1) 一氣는 동양에서는 대일(大一)이요, 道에 해당한다. 그렇기에 현상으로는 나타나지 않지만 엄연히 존재하는 근원으로써 만물의 본체를 이룬다. 大一에 대해서는 발귀리선인이 말했고, 道(大一)에 의해 1, 2, 3이 나오게 됨은 발귀리선인과 이후 노자(老子)에 의해 언급되기도 하였다.

다가 10에서 다시 귀일하게 됨을 알려주었기 때문이다. 그러므로 천부금 척에서도 10수를 벗어날 수가 없다는 것을 알 수 있다.

　1~10수의 원리는 하도(河圖)와 낙서(洛書)에서도 마찬가지이다. 하도와 낙서에서도 자연수 10수를 벗어나지 않는다. 다만 하도에서 10이 되는 수를 가지고 방위에 따라 합산하여 55수를 만들었을 뿐이다. 이는 낙서 에서도 9수를 방위에 따라 합산하여 45수를 만들었을 뿐 10수를 벗어나 지 않는다. 이와 같기에 그 이전에 만들어진 천부경에서도 마찬가지로 10수를 벗어나지 않게 됨은 당연하다고 하겠다.

　10수의 작용원리는 바둑판과 아홉 층 피라미드에서도 그대로 나타난 다. 그런 까닭에 바둑판은 가로세로 19줄을 통해 흑백의 대립을 나타내 었고, 피라미드는 아홉 계단과 함께 꼭짓점인 신전(神殿)을 만들어내어 올라가고 내려옴에 있어 19수를 벗어나지 않는다는 것을 나타내었다. 이 와 같이 10수의 작용원리는 상수철학을 나타내는데 있어서 중요한 위치 를 차지하고 있다는 것을 알 수 있다.

3. 천부경에서 10은 불멸을 위한 수(數)

　김시습의 징심록 추기에는 천부금척에 새겨진 형태가 허실(虛實)의 수 (數)가 9가 되어 10을 이룬다고 했다. 이 말은 허와 실의 동체(同體)가 되는 대일(大一)로부터 분화의 끝이 되는 9에서 다시 10으로 되돌려 귀일 을 하게 됨을 말한다. 그런데 이와 같은 원리는 윷판과 함께 아홉층 피라 미드를 통해서도 나타난다. 윷판의 경우 출입구로부터 열 번째에 해당하 는 뒷모는 10에 해당한다. 무한계에 해당하는 출입구와 정면으로 마주하 게 되는 뒷모는 이로부터 귀일을 하게 됨에 따라 윷판에서도 10수를 통 해 불멸을 위한 무한계로 가게 됨을 보여준다.

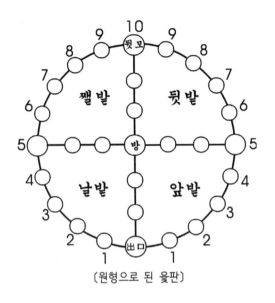

〔원형으로 된 윷판〕

윷판과 더불어 아홉층 피라미드의 경우는 그 중심의 꼭짓점이 신전(神殿)을 상징한다. 신전을 향해 아홉수로 분화되어 올라가게 될 때에는 유한계가 되고, 아홉 번째 마지막 계단과 연결된 신전은 열 번째가 됨에 따라 내면을 향한 문(門)을 나타내게 된다. 이와 같기에 피라미드의 구조에서도 10수는 불멸을 위한 무한계로 향하게 됨을 알려준다. 다만 여기서 눈여겨 볼 일은 분화되어 올라가게 될 때에 피리미드 꼭대기는 욕망의 세상을 나타냄과 같고, 꼭대기에 있는 신전으로부터 지하세계로 내려가게 될 때에는 해탈이 이루어지는 세계와 같기에 피라미드꼭대기는 밖(9)과 안(10)을 이루고 있음에 따라 그곳이 인생의 전환점이 되는 곳임을 알려주고 있다.

피라미드 꼭대기가 밖과 안을 이루는 경계에 있기에 사람은 항시 두 개의 갈림길에 놓인다. 삶의 '막다른 길(9)'에서 타락하여 죽음의 나락으로 떨어지느냐, 아니면 거듭남을 위한 '내면의 신전(神殿, 10)'으로 향하느냐 하는 갈림길이다. 두 개의 갈림길에서 의지력을 통해 귀일의 발심을 일으키는 자는 신전으로부터 一氣가 머무는 지하세계인 천궁으로 향하게 되고, 그렇지 못하여 육신의 욕망에만 이끌리는 자는 죽음의 나락으로 떨어질 수밖에 없다. 이와 같기에 우리는 영원함으로 인도하는 신전으로 가기 위해서는 거듭나기 위한 발심을 가져야만 한다.

우리는 흔히 인간정신(人間精神)을 나타낼 때 선비정신을 내세운다. 이는 '극한 환경(9)'에 이르러도 꺾이지 않는 기상과 추상같은 절개를 나타내기 때문일 것이다. 선비 사(士)에 대한 한자를 보게 되면 아래에 한 일(一)자와 위로 열 십(十)자로 된 모습과 만나게 된다. 이것은 흙 토(土)자와는 다르게 十자의 모습이 대문자가 되기에 十이 주체가 되어 근본인 하나로 돌아가자는데 있다는 것을 알려준다. 10(十)의 이러한 귀일의 정신으로 인해 선비정신은 꺾이지 않는 기상과 추상같은 절개를 가지고 근본인 하나로 돌아가자는데 있다. 그러므로 10은 내면을 향한 신전을 나타낼 뿐 아니라, 극한 환경을 이겨내는 선비정신을 나타내기도 하는 까닭에 10이란 인간에게 있어 굳센 의지력의 상징이 되기도 한다.

9가 되어 10을 이룬다는 이야기는 백제(百濟)의 역사 속에서도 발견이 된다. 근초고왕(近肖古王)의 아들로 알려진 근구수왕(近仇首王)과 관련된 이야기에는 구야십일(九夜十日)과 나의 다리가 삼중으로 굽어지는 것과 같다(吾足如三重勾)는 말과 함께 햇무리가 삼중으로 끼이고 궁중(宮中)의 큰 나무(大樹)가 스스로 뽑혔다는 등의 내용이 있기 때문이다. 이와 같은 구절은 유튜브 차태헌의 《비얀드 히스터리》에서도 언급하였듯이 천부사상과 관련이 있는 문구들이다.

먼저 일본에서 전해오는 설화를 보면 〈일본서기〉「권7, 경행천황(景行天皇)」에서 일본무존(日本武尊, 근구수왕)이 밤에 노래로 시자(侍者)에게 묻기를 "니히바리(新治)와 쯔꾸바(筑波)를 지나서 몇 밤이나 자게 될 것인고?"라고 하자 모든 시자가 답을 할 수 없었다. 그런데 그 때 촛불을 들은 자가 왕의 노래 끝을 이어서 노래로 "날수를 늘어놓고 보면 밤으로는 구야(九夜), 낮으로는 십일(十日)입니다."라고 답변을 한다. 이것은 9일 밤을 지나면 10일로부터는 해가 뜨는 낮이 온다는 뜻으로 장차 희망을 주는 서광(曙光)이 있지 않겠느냐는 의미였다. 그러므로 10이란 천부경에서도 나타나고 있듯이 점차 영원함을 위한 밝음으로 나아간다는 의미로 쓰였다는 것을 알 수 있다.

〈고사기(古史記)〉「경행천황(景行天皇)」에서도 보게 되면 왜건명(倭建命, 근구수왕)이 "내 다리가 삼중으로 굽어져 있는 것과 같다(吾足如三重勾)"고 하여 어려움이 3단계를 거쳐 나빠질 것을 나타내기도 했다. 이와 같음은 〈삼국사기〉「제24권 백제본기 제2」에서 "햇무리가 세 겹으로 둘러졌다(日有暈三重)"는 말과 동일하게 천부경에 있어서 지극계를 통해 분별계로, 분별계에서 타락계로 떨어져가게 됨을 나타내기도 했던 것이다.

같은 내용인 《삼국사기》에서는 궁중(宮中)의 큰 나무가 스스로 뽑혔다고 하여 세계수(世界樹)의 상징으로써 지하와 천상의 교통역할을 하는 근구수왕이 죽음에 이르게 될 것을 나타내기도 하였다. 이것으로 보아 근구수왕에 대한 이야기 속에는 근본으로 귀일하기 위한 세계수(10)의 역할을 하는 모습과 만나게 되고, 구야십일(九夜十日)과 오족여삼중구(吾足如三重勾)란 말들과도 만나게 됨에 따라 근구수왕의 이야기 속에는 10수와 관련하여 천부사상이 담겨져 있다는 것을 알려준다.

春二月 日有暈三重 宮中大樹自拔 夏四月 王薨
2월 봄에 햇무리가 세 겹으로 들러졌고 궁중의 큰 나무가
저절로 뽑혔다. 여름 4월, 왕이 붕어하였다.

[인물화상경(人物畵像鏡)]

계미년(503년) 8월
일십대왕의 연간에 남동생인
왕을 위하여 오시사카궁
(忍坂宮)에 있을 때
사마(무령왕)께서 아우님의
장수를 염원하여 보내주는
것이다. 개중비직과 예인
금주리 등 두 사람을 보내어
최고급 구리쇠 200한으로
이 거울을 만들었도다.[1]

구야십일(九夜十日)과 관련하여 9와 10일의 상징성은 일본의 국보로 알려진 인물화상경(人物畵像鏡)에서도 나타난다. 백제의 무령왕이 아우에게 전해준 화상경에서 보면 아홉 인물이 새겨져 있고, 일십대왕(日十大王)이란 명문(銘文)이 새겨져 있는 것이 보인다.

일십대왕(日十大王)의 뜻을 보면 어둠의 아홉을 거쳐 '해가 뜨는 십수(十數)의 대왕이 된다.'는 의미로 해석이 가능하다. 즉 이것은 근구수왕으로부터 아홉(근구수왕 이후 많은 백제의 임금)에 이르는 어둠이 시작되었으나, 무령왕으로부터는 백제계가 주도권을 잡게 된다는 것을 의미하기 때문이다. 그러므로 점차 어둠을 물리치고 밝음으로 나아가게 된다는 천부의 수(數)인 9와 10의 원리는 백제와 한반도의 이주세력에게서도 나타

---

1) 인물화상경에 새겨진 내용 : 癸未年八月 日十大王年 男弟王在 意柴沙加宮時 斯麻念長寿(壽)遣 開中費直 穢人今州利二人等 取白上同(銅)二百旱 作此竟(鏡)

났던 것이다.

10의 수가 밝음으로 가는 시초가 되듯이 신화학(神話學)에 있어서도 10수는 근본으로 향하는 세계수(世界樹)의 상징이 되기도 한다.[1] 10수는 이처럼 세계수의 상징이 되기도 함에 따라 서양에서 전해오는 오월(五月)의 기둥(오월의 나무)에도 10수의 상징성은 나타난다.

> 메이폴(Maypole)은 우주가 그 주위를 회전하는 우주축이다. 변화를 뜻하는 잎을 제거한 나무는 불변의 중심축 또는 중심이다. 기둥은 남근을 상징하고, 기둥 꼭대기에 놓인 원반은 여근을 상징하여 두 가지가 함께 풍요를 나타낸다. 메이폴은 10이라는 숫자를 상징한다. 기둥의 모습이 숫자 1, 원반 형태와 기둥 주위를 돌아가며 추는 원무(圓舞)는 숫자 0을 나타낸다.
>
> 〈세계 문화 상징사전〉「211쪽」

기둥의 모습이 숫자 1, 원반 형태와 원무(圓舞)가 숫자 0을 나타냄은 숫자 1이 0으로 이끌린다는 의미를 전해준다. 이는 세계의 중심 한가운데서 우주축(1)를 통해 지하세계(0)로 들어가고자 함을 나타내고 있기 때문이다. 이 때문에 오월의 기둥인 메이폴은 지하세계와 교통을 하고자 하는 세계수(世界樹)의 의미를 가졌기에 숫자 10으로도 나타날 수 있었다.

귀일의 첫 번째인 하나(1)가 영(0)으로 돌아갈 때 일기를 회복하게 되는 원리는 10이 가진 섭리이다. 지하세계로 가게 하는 10의 섭리는 버금 아(亞)를 통해서도 잘 나타난다. 버금 亞를 보게 되면 위로는 하늘과 아래로는 땅의 사이에 안으로 십자가(十字架)가 있다. 이와 같기에 10은 세

---

[1] 10이 지닌 상징성은 현대에 이르기까지 전해져 이스라엘 국가안전보장회의에서는 "열 번째 사람 규칙(The 10th man Rule)이라는 말이 생겨나기도 했다. 이 것은 어떤 사안을 놓고 9명 모두 '찬성'하면 마지막 열 번째 사람은 반드시 '반대'를 해야 한다는 이스라엘의 의사 결정에서 나온 규칙이다.

계의 중심을 나타낼 뿐 아니라, 지하세계로 들어가게 되고, 더 나아가서
는 천상세계로도 올라가게 되어 있다는 것을 알려준다.

亞형 속에 십자가는 네가 세계의 중심이 되고, 천상과 지하세계를 자유
롭게 교통(交通)하는 자가 되라는 뜻도 담겼다. 亞형 속에 십자가가 이처
럼 세계의 중심이 되고, 천상과 지하세계의 교통을 시키는 역할이 되라는
뜻을 가졌기에 亞형은 네가 세계의 중심인 황제와 같은 역할을 해야 하
고, 지하세계(地下世界, 水中世界)에 있는 여의주(如意珠, 해탈)를 얻어,
천상세계를 자유롭게 누비는 용(龍, 대해탈)이 되어 비상하라는 뜻도 담
겨져 있다. 이러한 까닭에 亞형은 우리로 하여금 신선(神仙)의 세계로 인
도하는 역할을 하게 됨에 따라 진리세계를 함축한 부호라고도 할만하다.

그동안의 천부금척, 윷판 그리고 아홉층 피라미드를 통해서도 알게 되
었듯이 10이 지닌 뜻은 모두 나를 세계의 중심에 세우고, 세계중심에서
대지의 자궁인 천궁과 천상의 무한세계와도 교통하게 하여 불멸의 존재
가 되게 하는데 있었다. 더 나아가 선비 사(士)와 더불어 구야십일과 인
물화상경, 그리고 亞형을 통해서도 볼 때 10수는 꺾기지 않는 기상과 추
상같은 절개를 갖추는 동시에 어둠을 물리치고 밝음으로 나아갈 뿐 아니
라 해탈과 대해탈에 이르게 하는데 있다는 것을 알았다. 그러므로 10이
란 나를 세계의 중심에 세우고, 구도자가 되게 하여 깨달음과 영생을 얻
게 하는 숫자라는 것을 알려준다.

4. 삼칠(三七)은 10수(十數)의 길

흔히들 3·7일하면 21일을 기한으로 설정한 계율을 떠올린다. 그런데
〈단군세기〉「11세 단군 도해(道奚)」에서 보면 3·7일은 3일 동안의 계율
과 7일 동안의 강론을 듣는 것으로 나온다. 이것은 전체 기간이 10일을

중요시 했다는 것을 말한다. 그렇다면 왜 21일이 아닌 10일을 중시하는 것일까? 이러한 까닭은 고대인들에게 10이 불멸의 자아(自我)를 찾기 위한 첫 걸음이 되는 수(數)이기 때문이다. 그래서 그 수의 10배수인 100을 중시하여 100일을 기한으로 환웅천왕은 웅녀군(熊女君)에게 수행을 시키기도 했던 것이다.

> 너희들은 이를 먹고 햇빛(日光)을 백일(百日) 동안
> 보지 않으면 쉽사리 인간다움을 얻으리라.
>
> 〈삼국유사〉「기이 제1」

우리는 아리랑의 노래에서 10리도 못가서 발병이 난다는 가사를 기억한다. 이때의 10리 길은 세계수가 있는 소도(蘇塗)에 도착하여 지하와 천상세계로 가기위한 출발점으로써 그 출발점인 10리 길은 하느님의 세계로 들어가는 첫 관문임을 말해준다. 10리 길로부터 시작되는 궁극의 종착점은 내 자신이 하나님과 같은 완성된 모습을 되찾게 되는 곳이다. 그곳이 삼일신고에서는 진아(眞我)가 머물게 되는 천궁(天宮)이며, 천부경에서는 일기(一氣)가 시작되고 마치게 되는 곳이다. 10리 길이 이러하기에 3·7일을 통한 10수의 길은 구도자(求道者)가 되기 위한 길이요, 득도(得道)를 위한 길이라는 것을 말해준다.

3·7일에 있어 3은 하늘(1陽)과 땅(2陰)에 의한 첫 생명으로서 순수생명을 나타낸다. 7은 남방(南方)의 정중앙에 있는 7오화(七午火)로 나타나게 되듯이 생명의 극한 상태인 극점에 이르렀다는 것을 상징한다. 이 중에 7수(七數)는 생명의 극점에 이르렀기에 이제 귀일을 하고자 하는 성향을 갖게 된다. 이와 같기에 3은 생성(生成)을 위한 시작의 의미가 있다면 7은 생명의 극점인 동시에 회귀를 위한 바탕이 되는 의미를 지닌 숫자라

464

는 것을 나타내어준다.

회귀를 위한 7의 중요성에 대해 강조한 이야기가 있다. 그것이 하백(河伯)과 용궁(龍宮)의 이야기를 담은 《태백일사》의 내용이다.

하백은 천하(天河)사람으로, 나반의 후손이다.
7월 7일은 곧 나반께서 천하를 건너신 날이다.
이날 천신께서 용왕에게 명하여 하백을 용궁으로 불러
사해(四海)의 모든 신을 주재하게 하셨다.
河伯은 是天河人이니 那般之後也라 七月七日은
卽那般渡河之日也니 是日에 天神이 命龍王하사
召河伯入龍宮하시고 使之主四海諸神하시니라.
〈태백일사〉「삼신오제본기」

이 내용에서 하백은 천하(天河), 즉 북방의 1수(一水)를 나타낸다. 반면에 용왕(龍王)이 머문다는 용궁은 1水를 낳게 되는 생명의 근원(6水)이다. 1水를 나타내는 하백으로 하여금 천신(天神)께서 7월 7일 날 용궁에 들어가게 한 것은 '생명력의 극점(7火)'을 이룬 상태에서 생명의 근원으로 다시금 돌아가게 한 것을 말한다. 이것은 바로 1水가 생명의 최대 극점인 7화(七火, 7월 7일)의 상태에까지 이르렀기에 그 7火의 열기(熱氣)를 그대로 살려서 다시금 생명의 근원(용궁)으로 회귀하게 한 것을 나타낸다. 이렇게 될 때 하백(자아의식)은 쉽게 용궁(무의식)에 들어가 주인역할로서 사해용왕(四海龍王)을 다스릴 수 있기 때문이다.

천신(天神)께서 하백으로 하여금 생명의 열기인 7火가 남아 있을 때에 용궁으로 회귀하게 한 까닭은 생명의 열기가 남아 있을 때 구도의 길도 가야만이 쉽게 무의식을 주재할 수 있는 도통(道通)도 이루어지기 때문이다. 다시 말해 구도의 열정도 생명력이 넘쳐날 때에 생겨나고, 인내력을 발휘하는 것도 생명력이 있을 때 가능한 것이다. 그러므로 하백과 용궁의 이야기 속에는 근본으로 돌아가 참나(眞我)를 얻기 위해서는 생명력이 절대적으로 필요하다는 것을 나타내어준다.

〔일곱 촛대의 메노라〕
3-6-9의 분화를 통해 7火를
만들어내고 있는 메노라

〔3-6-9의 사슴 뿔 문양 사람〕
러시아 예니세이강변에서
발견된 샤먼의 암각화 탁본

　7월 7일 날 하백으로 하여금 용궁으로 들어가게 하는 이야기는 7火의 열기가 남아 있을 때 귀일하라고 하는 것에만 그치지 않는다. 7火의 열기를 가지고 용궁에 진입하면 용궁 또한 밝음을 되찾게 되듯이 어둠에 휩싸여 있는 너의 자아가 있는 용궁에 불(火)을 밝히라는 뜻도 담겨져 있다. 이 때문에 하도(河圖)에서 남방(南方)에 있던 7火가 낙서(洛書)[1]에서

----

1) 낙서(洛書)에는 남방에 있어야 할 7火가 서방에 들어와 있다. 이것은 내부로 들어와 있는 결실을 위한 불(火)을 나타낸다. 음양오행에서 봄여름인 동방과 남방은 생명이 분화하는 계절이기에 외향운동을 한다. 이 때문에 생명의 불은 밖으로 치솟게 되어 있다. 반면에 가을겨울인 서방과 북방은 생명이 수렴되는 계절이기에 내향운동을 한다. 이 때문에 생명의 불은 안으로 수렴되어 들어오게 되어 있다. 그러므로 생명의 불은 밖으로도 존재하게 되고, 안으로도 존재하게 되어 있다는 것을 알려준다.

는 결실을 이루기 위해 서방(西方)의 자리로 옮겨와 있는 것이 보인다. 7
火가 이처럼 서방의 자리로 옮겨옴에 따라 내적인 불이 되어 결실의 상
징으로 나타나기도 했던 것이다.

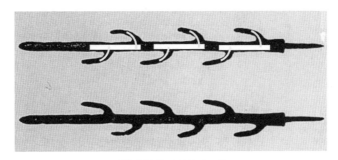

〔백제의 칠지도(七支刀)〕
칠지도의 경우는 3-6-9의 분화체계로 되어 있으나 겉으로는
일곱 개의 가지로 된 칠지도로 나타난다. 이는 삶의 막바지(9)에서
영원한 생명의 꽃(7)을 피운다는 상징을 가졌기 때문이다.

숙자 7은 성대함을 통한 생명력의 극점만을 뜻하지 않고, 내적인 완성
도 의미하기에 성숙, 영원한 생명, 깨달음의 상징이 되기도 한다. 이와
같기에 7은 불멸을 위한 생명의 불꽃(火花)을 피우고, 결실을 이룬다는
의미에서 일곱 촛대로 이루어진 메노라(Menorah)와 일곱 개의 가지로
이루어진 칠지도(七支刀), 그리고 붓다의 일곱 걸음 등으로 나타나기도
했던 것이다. 뿐만 아니라 칠보궁전(七寶宮殿)이라 하여 용궁(腦海, 天宮)
속에는 일곱 가지 보물을 간직한 궁전이 있다고 해서 내적인 완성을 나
타내었고, 복희씨의 여동생인 여와(女媧)와 관련해서는 숫자 7이 자신을
따르는 신하(臣下)를 길러 성숙되게 하는 것과 관련하여 "7일 만에 흙으
로 빚어서 사람을 만들었다"[1]는 이야기도 전해온다.

---

1) 고구려의 국상(國相)이었던 을파소(乙巴素)선생이 지은 참전계경(參佺戒經) 총론

숫자 7이 밖이 아니라, 내부에서도 나타나고 있듯이 그 의미는 성대함에 그치지 않고, 완성된 모습으로도 나타날 수 있게 되었다. 이 때문에 메노라, 칠지도, 일곱 사슴뿔로 된 금관 등이 분화의 단계에서는 그 모습이 3-6-9의 법칙으로 되어 있으나, 그 드러나는 모습은 7수로 나타날 수 있었다. 이러한 문화현상은 우주의 법칙을 기반으로 3수분화의 세계관을 가진 구환족(九桓族, 3·6·9)이 영원한 생명과 깨달음의 상징인 내적인 7火의 불기운을 얻게 되는 것을 중시했기 때문이기도 하다. 이러한 까닭에 한민족인 구환족은 내적 7火의 상징성을 가진 북두칠성(北斗七星)과 그 뜻을 맞추기 위해 상투를 틀었고, 이 때문에 상투는 영원한 생명과 깨달음을 향한 갈망, 그리고 진리의 법왕인 삼신상제님과 함께 한다는 의지의 표현으로 나타나기도 했던 것이다.

영원한 생명과 내적인 깨달음을 나타내는 칠성의 의미는 장례문화에서도 나타나게 되는데, 이것은 조상들이 죽으면 불멸의 생명이 있는 칠성으로 가게 된다는 믿음이 있었기 때문이다. 이 때문에 관(棺) 밑으로 칠성판을 깔기도 한다. 이와 같이 7火는 칠성을 통해 깨달음을 얻게 된다는 의미와 함께 불멸성을 얻게 되는 상징성으로 나타나기도 하였다.

지금까지의 내용으로 보아 숫자 3이 생성을 위한 순수한 단계였다면 숫자 7은 생명의 극점에 이르게 할 뿐 아니라, 궁극에는 깨달음과 불멸을 얻게 하는데 있다는 것을 알게 되었다. 3·7의 의미는 이처럼 순수생명과 생명의 극점을 지나 깨달음과 불멸을 얻는데 있었기에 3과 7의 합으로 이루어진 10은 생명의 확장 속에서 결국에는 구도자로 하여금 빛의

(總論)에 보면 여와(女媧)가 흙을 빚어 조상(造像)을 만들고, 혼(魂)을 불어 넣어 7일 만에 이루었으니 모두 싸움에 사용하여 적(敵)이 감히 접근하지 못하였다(女媧는 鍊土造像而注之魂하야 七日而成焉하니 皆用於戰하야 不敢近하니라.)고 하였다. 여기서의 7일은 자신을 따르는 충신(忠臣)을 만들어냄이니, 7은 완전함의 상징으로 사용되었다는 것을 알게 된다.

존재가 되게 하는데 있다. 그러므로 10이란 순수생명 속에서 생명을 깨어나게 할 뿐 아니라, 깨달음과 불멸을 얻게 하는 수(數)라는 것을 나타내어준다.

5. 불사조(不死鳥)는 피라미드에서 나온다

이집트에 관련된 문헌들을 보면 불사조(不死鳥)는 피라미드의 내부로부터 나온다. 불사조가 피라미드의 내부로부터 나오게 됨은 제왕(帝王)이나 사제(司祭)로 알려진 하늘의 권력자인 매(鷹)가 피라미드로 들어가 영원불멸하는 새(鳥)로 거듭났기 때문이다. 다시 말해 하늘의 권력자인 매가 물질중심의 삶에서 영혼중심의 삶으로 거듭날 수 있었던 것은 피라미드의 내부가 '비전의식을 집행하는 장소'[1]일 뿐 아니라, 대지의 자궁으로도 여겨졌기 때문이다. 이 때문에 대지의 자궁에서 비전의식을 통과한 파라오와 사제들은 세상의 지배자인 매에서 불멸하는 불사조가 될 수 있었다.

피라미드의 내부에서 비전의식을 집행할 수 있었던 까닭은 대지의 자궁과 관련하여 내부구조에 있다. 피라미드의 어원을 보면 '중심으로부터 타오르는 불(火)'[2]이다. 이 때문에 피라미드의 내부는 열기를 가중시키는 역할을 한다. 이러한 내적인 열기는 생명을 성숙시키는 성향을 가졌다. 그런데 대지의 자궁 또한 결실의 단계에 이르러서는 응축하는 힘으로 인

---

1) 〈이집트 신비〉「폴 브런트」의 내용을 보면 피라미드에서는 비전의식의 입문이 있었다고 한다. 이방인 중에 입문을 허락받은 자들 중에는 플라톤과 피타고라스, 탈레스 등이 있었다고 전한다. 비전의식의 궁극적 목적으로는 인간을 타락이전에 원래의 본성으로 이끄는 것이었다고 말한다.
2) 피라미드(Pyramid)에서 PYR은 그리스어의 PYRO에서 유래한 말로써 불(火)과 열(熱)을 뜻한다. AMID는 그리스어의 MESOS에서 파생한 말로써 존재나, 중심에 가까운 뜻으로, 피라미드는 '중심에서 타오르는 불'이라는 의미가 있다. (초고대문명의 초대 138쪽)

해 열기를 가중시키게 된다. 이것은 새로운 생명을 잉태하기 위해서는 내적인 열기가 절대적이기 때문이다. 그런 까닭에 대지의 자궁과 관련하여 피라미드는 내적인 열기를 만들어내게 되어 있기에 불멸을 위한 비전의식을 집행하던 장소가 될 수 있었다.

비전의식의 법칙은 천부경인 수(數)의 원리에서도 그대로 나타난다. 천부경에서도 처음에는 생명이 근원으로부터 시작이 되어 1~9까지 외향중심으로 작용하기에 생명의 불(火)을 외부로 발산시키는 역할을 한다. 하지만 귀일이 시작되는 10~2는 내면을 향한 작용이기에 생명의 불을 안으로 모으는 통일의 과정이 이루어진다. 이와 같기에 천부경을 통해서도 우리는 생명력을 소모시키는 죽음의 길과 생명력을 북돋아주는 불멸의 길이 있다는 것을 알게 되어 있다.

불(火)과 관련하여 회삼귀일의 시초가 되는 10수(十數)의 의미를 5,600년 전 태호복희씨께서는 하도(河圖)를 통해 불을 가두게 되는 원리로 전하기도 했다. 그것이 중앙의 10토(十土)가 흙으로 남방 7화(七火)인 불을 묻어 서방 금(金)으로 가두어 두는 원리이다. 여기서의 불(火)은 생명의 불이고, 금(金)은 외부로부터 단단하게 굳어지게 하여 열매를 맺게 하는 성질을 가졌다. 그러므로 외부로 발산되어 흩어질 수 있는 생명의 불을 내부로 끌어들여 묻어두게 되는 역할을 가운데에서 10토가 하게 되기에 인간을 거듭나게 하는 비밀을 간직한 것이 10수이다.

10수에 의해 안과 밖이 뒤집히는 것을 금화교역(金火交易)의 원리라고 한다. 이를 통해 생명은 외부로 발산되어 소멸할 수밖에 없는 길을 멈추고, 내면을 향하게 됨으로 불멸의 영혼으로 거듭나게 되어 있다. 그래서 이와 같은 금화교역의 원리가 이전부터 적용된 것이 천부경의 가르침과 하도와 낙서의 원리였으며, 이후 피라미드 구조를 이용한 비전의식(秘傳儀式) 등이 있게 되었다.

인류가 생명의 불(火)을 얻고자 함은 깨달음과 영원함을 얻기 위해서이다. 이는 불이 생명력을 활성화시켜 강건하게 하는 기능을 가졌기 때문이다. 이 때문에 인류는 외부로 치솟는 불을 내부로 가두어 오래도록 유지하고자 했다. 그런데 그 시작을 10수로부터 하게 되기에 10은 생명의 통일을 위한 위대한 진리적 상징에 의미를 가지게 되었다.

귀일의 시초가 되는 10수는 위대한 진리적 상징의 의미가 되었기에 십이지지(十二地支)에서 십미토(十未土, 10)는 자기희생을 통해 욕망의 불기운(火)을 잠재워, 내적인 성숙(金)으로 유도하는 대속적인 의미를 지녔다. 이 때문에 10은 세상의 욕망(火)인 죄악을 자기희생으로 덮어씌워 외부로부터 오는 살기(殺氣)를 막아주는 희생양(犧牲羊)의 역할로 인식이 되면서 인류구원의 주체가 되는 의미로도 받아들여지게 되었다. 그래서 10수(十數)는 자기희생 속에서 근본으로 귀일하게 하는 위대한 성향을 가졌기에 구중궁궐(九重宮闕)의 정중앙(10)에 있는 절대자의 상징으로까지 나타나기도 하였다.

10은 대속적인 의미와 함께 귀일의 성향을 가졌기에 이를 바탕으로 그 목적이 생명통일을 위한 대지의 자궁에 진입하여 불멸을 얻게 하는데 있다. 10수는 이처럼 불멸을 이루기 위한 뜻을 가지고 있는바 천부경에서 일기(一氣)에 못지않게 중요한 수(數)가 된다. 이는 10수가 진리에 순응하는 구도자로 이끌어주고, 인류의 죄악을 대속하는 희생양이 되어 인간을 성숙시켜 불멸의 세계로 인도해 주는 역할 때문이다. 이 때문에 10은 인간을 대속하여 구원해주는 절대자의 상징으로까지 나타날 수 있었다.

6. 석삼회 아홉수문화

한민족만의 대표적 문화는 무엇이 있을까? 필자는 3수문화가 바탕이 된 '석삼회(析三回) 아홉수문화(九數文化)'라고 생각한다. 3에 대해서는 단군신화에서 풍백, 우사, 운사인 삼사(三師)가 있고, 천부인삼개(天符印三個), 그리고 3천의 무리들이 생각난다. 이러한 문화는 삼신(三神)과 천지인사상(天地人思想)을 바탕으로 해서 나왔다. 그렇다면 석삼회 아홉수문화는 어떤 원리로 만들어진 것일까? 그것은 3이 기본수 중에 최대로 분화가 된 9수를 바탕으로 해서 만들어질 수 있었다.

석삼회 아홉수문화는 그 근원이 천부경으로부터 나왔다. 이를 바탕으로 바리공주에서는 석삼년 아홉수라는 이야기가 만들어졌고, 세 번 재주를 부려야 인간이 된다는 구미호(九尾狐)의 이야기와 시집살이 석삼년 아홉해 등의 이야기가 만들어지기도 했다. 그럼 이제 외국에까지 널리 퍼져 있는 3수문화와 9수문화에 대해 알아보고, 9수문화가 어떤 지향점을 가지고 있는지에 대해서도 알아보고자 한다.

1) 3수는 성결함의 상징

3수문화에서 3은 크리크인디언들에게 성결함을 얻고, 부정함을 타지 않기 위한 삶의 기간으로 여겨졌다. 그래서 출정(出征)하기 전 3일 간과 출정 후 3일 간은 아내와 잠자리도 피했다. 알래스카의 알레우트족의 경우는 어떤 행위를 할 때에는 3일간 조심해야 하는 기간으로 알려져 왔다. 그러했기에 곰을 죽였을 경우 그 망령이 3일간 그 잔해에 배회한다는 생각까지 갖게 되면서 그 지역에 가는 것을 꺼려하기도 하였다.

2) 9는 최종 단계의 수(數)이자 가장 큰 수의 상징

9수에 대해 알아보면 '생장의 최종단계에 있는 수'와 '가장 큰 수'라고 할만하다. 스웨덴의 전설에 의하면 '아홉 명의 아들'이 나오는데, 이는 많은 수의 아들을 두었다는 뜻이다. 그 아홉의 아들을 9년 마다 한 명씩

신(神)에게 받쳐 9년씩 수명을 연장시켰다는 이야기도 전해온다. 이것은 많은 수의 아들을 차례대로 바쳐 오랜 기간 동안 수명을 연장시켰다는 이야기와 같다. 프랑스의 여러 지방에서 처녀가 아홉 개의 축화(祝火)둘레에서 춤을 추면 그 해에 결혼하게 된다는 것도 오랜 기간에 걸쳐 궁극에 이르게 되면 이루어진다는 이야기이다. 이와 같이 9수는 '최대의 수'와 '최종단계의 수'를 나타낸다.

3) 세상을 바꾸는 아홉수

스코트랜드의 서쪽 여러 섬에는 아홉 사람이 한 조(組)가 되어 릴레이식으로 작업을 하는데, 아홉 조가 되는 81명이 함께 한다고 한다. 그들 81명이 하는 일은 두꺼운 널빤지를 마찰시켜 정화(淨火, 신성한 불)를 만드는 것이다. 그렇다면 이것은 81명을 통해 마을 공동체(세상)를 밝게 하여 보다 살기 좋은 마을로 촉진시키게 됨을 말한다.

4) 아홉은 근원으로 귀일을 준비하는 수(數)

아홉수와 세계의 중심, 그리고 생명의 근원인 대지의 자궁과 같은 이야기는 샤먼의 세계에서 종종 전해진다. 사모예드 인들에게는 아홉 바다 중한 바다의 한복판에는 섬이 있고, 그 섬 한복판에는 자작나무가 하늘을 찌른다고 한다. 이와 같은 이야기는 아홉수의 끝에는 '세상의 중심(10)'이 되는 나무가 있어 '생명의 근원(一氣)'으로 되돌아가는 길이 있다는 것을 나타낸다. 이른바 자작나무가 있는 곳은 세계의 중심이며, 그 뿌리가 있는 곳은 생명의 근원과 맞닿아 있는 곳이다.

북부유럽의 설화에는 머리가 아홉 달린 용이 있는데, 아홉 번째 머리를 가진 놈의 혀 밑에 있는 조약돌을 발견하기까지는 집에 돌아갈 수 없다는 이야기가 전해온다. 이 내용에서 조약돌은 생명의 근원으로 돌아갈 수 있는 상징을 나타낸다. 그 까닭은 바위는 '대지의 자궁'을 뜻하며, 조약돌은 대지의 자궁으로부터 떨어져 나온 자식을 상징하기 때문이다. 그러므로 아홉 번째 머리를 가진 놈의 혀 밑에 있는 조약돌은 9수를 계기로 얻게 되는 10수(十數 : 조약돌)를 말한다.

조약돌에 대해 북유럽의 설화에서는 만약 그 조약돌이 식인귀(食人鬼)들이 있는 모체(母體)가 되는 바위에 놓이게 되면 그들 식인귀들은 으깨져 죽게 되고, 그 바위는 그대로 황금궁전이 되며, 호수는 초록빛 뜰이 된다고 한다. 이 내용에서 사람을 잡아먹는 식인귀들은 진아(眞我)를 드러내지 못하게 에워싼 자아의식의 상징이다. 그러므로 탐욕으로 인해 참된 나를 끊임없이 잡아먹게 되어 있는 것이 식인귀들이다.

식인귀가 으깨져 죽는다는 것은 구도자가 조약돌인 10수를 얻어 일기(一氣)인 근원으로 되돌아가게 되면 해탈을 얻을 뿐 아니라, 밝음을 얻는 경지에 들어서기 때문이다. 이때가 되면 조약돌은 여의주(如意珠)로 변화가 되듯이 그에게는 이제 더 이상 탐욕에 빠진 자아의식으로 남아 있지 않게 된다. 이와 같기에 조약돌이 식인귀가 있는 바위에 놓이게 된다는 것은 에고를 물리치고 순수자아를 회복하게 됨을 말한다.

좀 더 부연하자면 조약돌이 바위에 놓이게 되면 바위는 황금궁전으로 바뀌고, 호수는 초록빛 뜰이 되는 것은 우리의 머릿골인 뇌해(腦海), 즉 대지의 자궁이 어둠으로부터 벗어나 밝아져서 진아(眞我)가 회복되기 때문이다. 그러므로 북유럽의 설화는 아홉수를 통해 조약돌에 해당하는 10수를 얻게 될 때는 생명의 근원인 대지의 자궁, 즉 참나를 회복하게 되는 천궁(天宮)으로 돌아가게 된다는 것을 말한다.

지금까지 우리는 석삼회 아홉수문화를 통해 3과 9와 회귀를 하게 되는 10에 대하여 알아보았다. 그 결과 3수는 성결함과 가장 기본이 되는 수(數)라는 것을 알게 되었고, 9수는 마지막이 되는 동시에 최대의 수가 된

474

다는 것에 대해서도 알았다. 특히 스코트랜드에서 9×9=81이 되어 정화(淨火)를 만들어내는 것은 마을 공동체를 밝게 하는 일이다. 이와 같은 의미로 볼 때 9수가 중심이 되어 81자로 되어 있는 천부경은 장차 10수를 얻게 되어 있으니, 이것은 우리로 하여금 불멸의 길로 들어서게 함과 동시에 인류문명을 성숙되게 하는데 있다는 것을 알려준다.

특히 아홉수에 해당하는 마지막에 있는 용(龍)이 조약돌을 혀 밑에 물고 있는 것은 막바지 9에서 회삼귀일의 초석이 되는 10을 얻는 것이기에 천부사상의 일면을 보는 듯하다. 이것으로 보아 알게 모르게 천부사상이 세계 곳곳에 널리 퍼져 있다는 것을 말해준다. 그렇다면 우리민족은 왜 석삼회 아홉수라는 문화를 좋아했느냐는 의문이 생길 수 있다. 그것은 셋으로 작용하는 천지인(天地人)의 법칙과 함께 구원의 바탕이 되는 아홉수와는 떼어놓을 수가 없기 때문이다. 이 때문에 한민족은 천지의 자녀가 되어 천지의 뜻을 실현시키는 인중천지일(人中天地一)의 사상을 가질 수 있었고, 세계수(世界樹)를 품고 있는 소도(蘇塗)의 민족이 될 수 있었다.

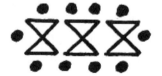

12,000~15,000년 경
나칼(Naacal) 명판에 새겨진 부호.
열 개의 점(點)이 세 개의 장고형을
바탕으로 순환하는 모습

천이삼, 지이삼, 인이삼(天二三, 地二三, 人二三)

천이삼 지이삼 인이삼 (cheon-isam, ji-isam, in-isam)
天二三, 地二三, 人二三

두 번째 하늘은 세 번째 하늘이 되고, 두 번째 땅은 세 번째 땅이 되며,
두 번째 사람은 세 번째 사람이 되느니라.
The second Heaven becomes the third Heaven,
The second Earth becomes the third Earth,
The second Human becomes the third Human.

天二三은 이전에 언급한 첫 번째 하늘이 두 번째와 세 번째 하늘로 이어진다는 것을 나타낸다. 地二三도 이전에 언급한 첫 번째 땅이 두 번째와 세 번째 땅으로 이어진다는 것을 나타낸다. 人二三의 경우도 이전에 언급한 첫 번째 인간이 두 번째와 세 번째 인간으로 이어진다는 것을 나타낸다. 이 경우 다음과 같이 만들어진다.

天二三(cheon−isam) indicates that following the previously mentioned First Heaven, it continues into the Second and the Third Heaven. 地二三(ji−isam) indicates that following the previously mentioned First Earth, it continues into the Second and the Third Earth. 人二三(in−isam) indicates that following the previously mentioned First Human, it continues into the Second and the Third Human. In sum, it is made as the following.

天一(first heaven)①, 地一(first earth)②, 人一(first human)③
天二(second heaven)④, 地二(second earth)⑤, 人二(second human)⑥
天三(third heaven)⑦, 地三(third earth)⑧, 人三(third human)⑨

476

1. 천이삼 지이삼 인이삼의 정의(定義)

천이삼(天二三) 지이삼(地二三) 인이삼(人二三)은 전체 맥락으로 볼 때 석삼극(析三極)을 펼쳐놓은 것이 天一一, 地一二, 人一三이었듯이 이번에는 일적십거(一積十鉅)와 무궤화삼(無匱化三)을 펼쳐놓은 경우를 天二三, 地二三, 人二三으로 보아야 한다. 하지만 만약 이러한 관련성으로 보지 않으면 天二三, 地二三, 人二三은 전체 맥락과 연결되지 않는 단편적 설명에 그치고 만다. 이와 같기에 우리는 삼극인 셋으로 펼쳐지고, 더 나아가 전체 10으로 커지는 것과 관련하여 天二三, 地二三, 人二三을 보아야 한다. 그래야만이 天二三, 地二三, 人二三을 통해 화삼(化三)을 만들어 놓게 되는 것을 보게 될 것이기 때문이다.

우리는 天一一, 地一二, 人一三에 대해서 이전에 살펴보았다. 그 과정에서 가운데 있는 하나는 상하구분의 차별적인 단계라고 말한바가 있다. 두 번째 뒤에 붙은 一, 二, 三은 순차적 생성의 원리라고 말한 적이 있었다. 그런데 천이삼(天二三), 지이삼(地二三), 인이삼(人二三)을 보게 되면 천지인에 있어서 각기 그 배치된 모습이 이전과는 다르게 가운데가 전체 2(二)로 되어 있고, 뒤에도 모두가 3(三)으로 되어 있다. 이것은 무엇을 말하고 있는 것일까?

그렇다! 이전에도 알아보았듯이 천지인에 있어서 가운데의 모든 수(數)가 1(一)이었듯이 이것은 순차적 생성의 원리가 아닌 상하구별의 원리임을 나타낸다. 그렇다면 천지인의 뒤에 모두 二의 수가 붙은 것은 상하구별을 나타내는 것으로 天二, 地二, 人二가 두 번째 하늘이 되고, 두 번째 땅이 되며, 두 번째 사람이 됨을 말한다. 마찬가지로 천지인의 두 번째 뒤에 모두 三이 따라붙은 것도 天三, 地三, 人三이 세 번째 하늘이 되고, 세 번째 땅이 되며, 세 번째 사람이 되는 것이다. 이와 같기에 이전에 알아본 天一, 地一, 人一까지 합쳐서 보게 되면 그 모습은 다음과 같이 이루어질 수밖에 없다.

    지극계 : 天一①, 地一②, 人一③
    분별계 : 天二④, 地二⑤, 人二⑥
    타락계 : 天三⑦, 地三⑧, 人三⑨

  위의 구조로 보아 지금까지의 내용이 아홉까지 펼쳐지는 수(數)가 되었고, 지극계와 분별계 그리고 타락계를 통해 화삼(化三)이 만들어진 것을 보게 된다. 그런데 무엇 때문에 천지인의 끝에 二가 되고, 三이 되는 상하구분의 숫자만 붙고, 天二三·地二三·人二三에는 더 이상 一, 二, 三이라고 하는 순차적인 숫자는 따라 붙지 않느냐는 것이다. 이것은 더 이상 설명하는 것은 불필요하게 중복이 되기 때문이다. 단지 이때에는 天一, 地一, 人一에서 뒤에 붙었던 一①, 二②, 三③을 天二, 地二, 人二와 天三, 地三, 人三의 뒤에도 붙이게 되면 기본수에 덧붙여져서 一④, 二⑤, 三⑥과 一⑦, 二⑧, 三⑨이 만들어질 뿐이다. 그러면 천지인(天地人)의 법칙은 상하구별의 원리와 순차적 생성의 원리를 통해 3단계를 통한 아홉의 수로 만들어지게 되어 있다.

  천지인의 법칙이 3단계를 통한 아홉수가 되면 상하구별의 차별적 단계로 인하여 지극계와 분별계를 거쳐 타락계가 만들어진다. 이것은 하늘의 천기(天氣)와 땅의 지기(地氣)와 더불어 사람인 인기(人氣)에 이르기까지 점차 순수성이 떨어지기 때문임을 말한다. 그런데 지극계인 天一, 地一, 人一인 셋과 분별계인 天二, 地二, 人二인 셋, 그리고 타락계인 天三, 地三, 人三인 셋에 의해 화삼(化三)이 되면 회삼귀일의 마음인 참마음(衷)을 얻게 되듯이 이때에는 귀일을 하게 되어 있다.

  참마음의 발동은 화삼(化三)의 막바지인 아홉수에서 나타난다. 이것은 죽음의 경계에서 삶에 대한 갈망이 일어나기 때문이다. 이때가 되면 드디어 참마음(衷心, 10)인 구도심이 발동함에 따라 귀일을 하지 않을 수 없다. 그런 까닭에 천부경이 알려주는 化三의 근본정신은 죽음의 경계에서 삶에 대한 갈망을 통해 참마음인 구도심을 갖자는데 있다.

2. 천하의 큰 근본으로 가는 길, 중일(中一)

〈태백일사〉「삼한관경본기」를 보면 다음과 같은 내용이 있다.

> 천하의 큰 근본은 내 마음의 중일(中一)에 있다.
> 사람이 중일을 잃으면 일은 성취되지 않고,
> 만물이 中一을 잃으면 사물은 곧 뒤죽박죽이 되나니
> 임금의 마음은 오직 위태롭고
> 뭇 중생의 마음은 오직 어두울 뿐이다.
> 전인(全人)은 큰 줄기가 고르게 한가운데에 서서
> 잃지 않게 한 연후라야,
> 마침내 하나로 정(定)해지게 되느니라.
> 天下大本在於吾心之中一也. 人失中一則事無成就
> 物失中一則 體乃傾覆 君心惟危衆心惟微.
> 全人統均立中勿失然後 乃定于一也.

천하(天下)의 큰 근본이 내 마음의 중일(中一)에 있다고 함은 좌우로 치우치지 않는 중일을 통해서만이 마침내 하나로 정(定)해질 수 있기 때문이다. 중일은 이처럼 하나로 정해질 수 있는 길이기에 우리는 큰 줄기가 고르게 한가운데 서서 잃지 않게 한 연후라야 마침내 하나로 정(定)해지게 되어 있다. 다만 온전한 자가 될 때 가능한 까닭에 우리는 먼저 온전한 성향부터 갖추는 것이 우선일 것이다.

  큰 줄기가 고르게 한가운데 서서 잃지 않게 되는 중일(中一)은 천부경인 천지인(天地人)에서 나타나는 모습이기도 하다. 그것도 단계별로 이루어진 천지인의 구조 속에서 나타나는 모습이다. 天一, 地一, 人一로 나타난 첫 번째 분화인 지극계(至極界)와 天二, 地二, 人二로 나타난 두 번째 분화인 분별계(分別界), 그리고 天三, 地三, 人三으로 나타난 세 번째 분화인 타락계(墮落界)를 보게 되면 그 모습이 단계별을 통한 음양과 중일로 되어 있기 때문이다. 뿐만 아니라 이와 같음은 〈삼일신고〉「인물」편에서의 성명정인 삼진(三眞)과 심기신인 삼망(三妄), 그리고 감식촉인 삼도(三途)를 통해서도 나타난다. 그래서 성명(性命)의 가운데 정(精)이 있고, 심기(心氣)의 가운데 신(身)이 있으며, 감식(感息)의 가운데 촉(觸)이 있다고 하였다.

  성(性), 명(命), 정(精)을 삼관(三關)이라 하나니
  관(關)을 수신(守神)의 요회(要會)라 하느니라.
  性은 命을 떠나지 않고 命은 性을 떠나지 않나니
  精은 그 가운데 있느니라.
  심(心), 기(氣), 신(身)을 삼방(三房)이라 하나니
  방(房)을 성화(成化)의 근원(根源)이라 한다.
  氣는 心을 떠나지 않으며 心은 氣를 떠나지 않나니
  身은 그 가운데 있느니라.
  감(感), 식(息), 촉(觸)을 삼문(三門)이라 하나니
  문(門)은 행도(行途)의 상법(常法)이라 한다.
  感은 息을 떠나지 않으며, 息은 感을 떠나지 않으며,
  觸은 그 가운데 있느니라.
                              〈태백일사〉「삼신오제본기」

480

위에서 전하고 있는 내용들을 보게 되면 성명정을 삼관(三關), 심기신을 삼방(三房), 감식촉을 삼문(三門)이라고 하였다. 이와 같음은 가운데 있는 정신촉(精身觸)에 의해 단계마다 분화만 이루어질 뿐 아니라, 정신촉에 의해 귀일도 이루어지기 때문임을 말한다. 이는 삼진(三眞), 삼망(三妄), 삼도(三途)인 분화의 과정만 있지 않고, 삼관·삼방·삼문으로 명칭되는 귀일의 과정도 있기 때문이다.

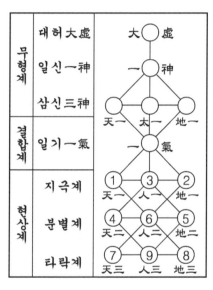

〔천부체계도(天符體系圖)〕
천부체계도의 전체
모습은 大虛로부터
타락계까지 연결되어
있고, 太一로부터
人一, 人二, 人三이
중일(中一)을 이루고
있는 모습이다

귀일에 중점을 둔 첫 번째가 되는 삼문을 보게 되면 행도(行途)의 상법(常法)이라 하여 '구도의 길로 가는 늘 그러한 법'이라고 한다. 귀일의 두 번째가 되는 삼방에서는 성화(成化)의 근원(根源)이라고 하여 '변화가 이루어지는 근원'이 되고, 귀일의 세 번째가 되는 삼관에서는 수신(守神)의 요회(要會)라 하여 '신을 지키는 중요한 기관'이 된다고 하였다.

삼문(三門), 삼방(三房), 삼관(三關)이 '구도의 길로 가는 늘 그러한 법'

이 되고, '변화가 이루어지는 근원'이 되며, '신을 지키는 중요한 기관'이 된다는 것은 삼문이 변함이 없는 구도의 길이 되고, 삼방이 나를 변화시키는 요체가 되며, 삼관이 생각이 일어나게 됨을 멈추는 기관이 됨을 말한다. 그런데 이때에 삼문, 삼방, 삼관의 체계 속에서 일기를 회복시키게 되는 원동력은 중일(中一)을 이루는 정(精)과 신(身), 그리고 촉(觸)이 될 수밖에 없다. 이는 중일을 이루는 정신촉(精身觸)이 좌우를 장악하는 통솔의 힘을 가졌기 때문이다.

천부경의 천부체계도(天符體系圖)나, 삼일신고의 신의 베틀(神機)만이 아니라, 참전계인 대원일도(大圓一圖)[1]에 있어서도 그 중심에는 중일(中一)이 되는 수(數)를 배치하게 되어 있다. 이와 같기에 천부경에서의 人一, 人二, 人三인 중일과 삼일신고에서의 정(精), 신(身), 촉(觸)인 중일, 그리고 참전계에서의 진일(眞一), 근일(勤一), 협일(協一)인 중일은 좌우날개를 지닌 변화의 중심에 놓일 수밖에 없다. 그러므로 중일(中一)은 좌우에 휩쓸리면 분화될 수밖에 없고, 좌우를 장악하면 귀일하게 되는 위대함을 지녔다.

절대적 가치를 지닌 中一에 대해 참전계인 대원일(大圓一)에서는 부도(父道)의 목적이 중일인 진일(眞一)에 있고, 사도(師道)의 목적이 중일인 근일(勤一)에 있으며, 군도(君道)의 목적이 중일인 협일(協一)에 있다고 하였다. 이와 같음은 중일인 진일에서는 거짓됨이 없는 참된 하나를 통해 일기(一氣)를 얻게 하고, 중일인 근일에서는 게으름이 없는 부지런한 하나를 통해 부도(父道)로 올라가게 하며, 중일인 협일에서는 어긋남이 없는 일치된 하나를 통해 사도(師道)로 올라가게 하기 때문이다.

---

1) 대원일도(大圓一圖)가 참전계인 까닭은 〈단군세기〉「3세 가륵」편과 「11세 도해」편에 나와 있듯이, 대원일도와 참전계의 목적이 모두 거발환에 뜻을 두고 있기 때문이다.

아버지의 도는 하늘을 법으로 삼아

참된 하나(眞一)를 이루는 데 있으니 거짓됨이 없다.

스승의 도는 땅을 법으로 삼아

부지런한 하나(勤一)를 이루는 데 있으니 게으름이 없다.

임금의 도는 사람을 법으로 삼아

일치된 하나(協一)를 이루는 데 있으니 어김이 없다.

〔父道 法天眞一無僞, 師道 法地勤一無怠, 君道 法人協一無違〕

〈태백일사〉「삼신오제본기」

　중일(中一)은 나로 하여금 거짓됨과 게으름, 그리고 어긋난 길로 가게도 하지만 일치된 하나의 길과 부지런한 하나, 그리고 참된 하나로 인도하는 위대함도 있다. 이와 같기에 중일은 변화의 중심축에서 운명을 결정짓는 위치에 있게 된다. 그러므로 천부체계도(天符體系圖)에서의 전체 아홉수 중에 중일을 이루게 되는 3, 6, 9는 나로 하여금 영원함으로 가게 하느냐, 아니면 죽음으로 가느냐하는 결정을 짓는 수(數)라고 해도 무리는 아니다.

　3, 6, 9는 변화의 중심축에 있는 숫자이기에 성수(性數)[1]인 1, 4, 7과 법수(法數)[2]인 2, 5, 8은 체수(體數)[3]인 3, 6, 9를 중심으로 분화와 귀일을 할 수밖에 없다. 이러한 까닭은 변화의 중심축인 중일(中一)을 통해서만이 차원의 변화는 생겨날 수밖에 없기 때문이다. 이와 같기에 천재(天才) 전기 공학자로 알려진 니콜라 테슬라(Nikola Tesla)는 우주의 비밀이 에너지, 주파수 및 진동에 있다고 말하고 나서, 3・6・9가 우주의 열쇠와

---

1) 성수(性數)는 하늘인 성심감(性心感)을 나타내는 數를 말한다.
2) 법수(法數)는 땅인 명기식(命氣息)을 나타내는 數를 말한다.
3) 체수(體數)는 사람인 정신촉(精身觸)을 나타내는 數를 말한다.

같다고 말한바가 있다.

	성수	체수	법수
지극계	1	3	2
분별계	4	6	5
타락계	7	9	8

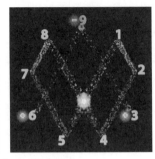

〔성수, 체수, 법수와 3, 6, 9의 패턴〕

"우주의 비밀을 찾으려면 에너지,
주파수 및 진동에 대해 생각하십시오."

- Nikola Tesla -

"당신이 3, 6, 9의 중대함을 안다면
우주의 열쇠를 얻게 될 것입니다."

- Nikola Tesla -

니콜라 테슬라의 말은 에너지, 주파수 및 진동에는 일정한 패턴이 있는
데 그 작동의 중심에 새로운 차원으로 변화시키는 3·6·9라는 힘이 있
다는 것을 말한다. 이것은 바로 3·6·9가 죽음의 나락으로 떨어지느냐,
아니면 거듭남을 통한 새로운 차원으로 발돋음을 하느냐가 3, 6, 9에서
결정이 된다는 말과 같다. 이로 보건대 체수(體數)인 3·6·9의 구조로
중일(中一)을 이루고 있는 천부경의 체계는 우리로 하여금 거듭나게 하는

원리라는 것을 알려주는데 있어 부족함이 없다고 하겠다.

3. 천지인(天地人)에 따른 천경신고와 참전계

우리는 그동안 천일일(天一一), 지일이(地一二), 인일삼(人一三)과 천이삼(天二三), 지이삼(地二三), 인이삼(人二三)이라는 구절에 대해 살펴보았다. 그 과정에서 음양(陰陽)과 중일(中一)의 법칙 뿐 아니라, 삼수분화와 삼수귀일의 단계에 대해서도 알게 되었다. 그렇다면 이제 이러한 법칙이 삼일신고(三一神誥)와 참전계(參佺戒), 그리고 전선종(佺仙倧)에서도 어떻게 작용하는지에 대해 알아보고자 한다.

우리는 이전에 天一一, 地一二, 人一三를 통해 가운데의 하나(一)가 상하구별에 따른 차별적이라는 것을 알았다. 뿐만 아니라 끝에 붙은 一, 二, 三을 통해서는 음양과 중일(中一)이 만들어지는 법칙이 됨을 알아보았다. 이와 같기에 천이삼(天二三), 지이삼(地二三), 인이삼(人二三)을 통해서는 가운데 위치한 2(二)가 상하 구별적 차별에 있어서는 두 번째 단계가 되며, 끝에 위치한 3(三)이 상하구별에 있어 세 번째 단계가 되는 것에 대해서도 알게 되었다. 그러면 그 모습은 다음과 같이 이루어지게 되어 있다.

天一①, 地一②, 人一③
天二④, 地二⑤, 人二⑥
天三⑦, 地三⑧, 人三⑨

천부경에서 나타나는 이와 같은 모습은 여기서 그치지 않고, 〈삼일신고〉「인물」에서도 나타난다. 다만 다른 점은 천부경에서는 천지인(天地人)

의 개념을 현상계의 하늘과 땅, 그리고 인간으로 나타내었다면 삼일신고
에서는 인간의 생명원리인 性命精, 心氣身, 感息觸으로 나타내고 있는
것만 다를 뿐이다.

　　天一(性), 地一(命), 人一(精)
　　天二(心), 地二(氣), 人二(身)
　　天三(感), 地三(息), 人三(觸)

　우리는 이와 같은 천지인의 생장성(生長成)하는 3단계 법칙을 천부경과
삼일신고에서만 만나게 되는 것이 아니다. 3단계 법칙인 화삼(化三)을 바
탕으로 인간완성의 길인 아홉 개의 단계적 가르침을 담은 대원일도인 참
전계(參佺戒)[1]와 진선미를 위한 전선종(佺仙倧)을 통해서도 만나게 되기
때문이다. 이와 같기에 천부경의 3단계 법칙은 모든 법칙에 기본을 이루
고 있다는 것을 알 수 있다.

아홉 단계의 참전계(參佺戒)
　　天一(현묵대), 地一(보원), 人一(진일)
　　天二(축장대), 地二(효원), 人二(근일)
　　天三(지능대), 地三(택원), 人三(협일)

아홉 단계의 전선종(佺仙倧)
　　天一(온전), 地一(활달), 人一(존귀)

---

1) 참전계(參佺戒)가 대원일도(大圓一圖)인 까닭은 염표문(念標文)인 대원일과 마찬
　가지로 그 목적을 거발환(居發桓)에 두고 있기 때문이다. 이 때문에 참전계와 대
　원일은 명칭만 다를 뿐 같은 원리이다. 자세한 내용은 〈단군세기〉「3세 가륵」편
　과 「11세 도해」편을 참조하길 바란다.

天二(비움), 地二(밝음), 人二(굳셈)

天三(헌신), 地三(성실), 人三(성찰)

천부경의 화삼(化三)을 바탕으로 〈삼일신고〉「인물」과 〈참전계〉인 「대원일도(大圓一圖)」, 그리고 전선종(佺仙倧)까지 만들어짐을 볼 때 1~9로 만들어진 化三이야말로 모든 것에 기본을 이루는 법칙이다. 이와 같기에 전선종을 통한 불선유(佛仙儒)의 원리와 참전계를 통한 수행(修行)의 원리, 그리고 〈삼일신고〉「인물」을 통한 생명(生命)의 원리는 천부경의 化三이 어떤 목적을 가졌는가를 알려주는 중요한 가르침들이라 할만하다.

지금까지의 내용들로 보아 지극계, 분별계, 타락계로 펼쳐지는 천지인의 법칙은 3·1철학의 기본을 보여준다. 하지만 만약 天二三, 地二三, 人二三을 아홉수로 드러내지 못하였다면 단순히 서술적인 내용에 그칠 뿐, 삼수법칙과 중일(中一)로 펼쳐지는 이러한 해석을 얻지 못하였을 것이다. 이와 같기에 천지인이 되는 3·1철학은 반드시 아홉수의 법칙을 통해서만 풀어야 한다. 그래야 불선유를 낳는 전선종과 깨달음을 얻게 하는 참전계, 그리고 《삼일신고》에서 전해주는 생명원리와 숫자를 통해 자신을 드러내는 천부경을 바르게 풀어낼 수가 있기 때문이다.

4. 아홉수로 나타난 3수문화

한민족의 진리체계는 1수(數)가 3수로 나타나고, 3수를 통해 9수로 펼쳐지는 체계이다. 이러한 까닭에 일신(一神)은 삼신으로 나타나고, 일기(一氣)는 삼신을 머금고 3단계를 통한 아홉으로 나타난다. 처음 역사 속에서의 3수문화는 환웅천왕의 등장과 함께 나타났다. 그가 천부인 셋을 가져왔고, 삼사(三師)와 함께 제세핵랑(濟世核郞) 3,000의 무리를 이끌고 왔기 때문이다. 천왕께서는 가르침을 펼침에 있어서도 세 가지가 되는 천부경, 삼일신고, 참전계를 바탕으로 하여 진리를 펼쳤다.

"환웅천왕이 처음으로 몸소 나라를 열고,
백성들에게 교화를 베풀 때 천부경과 삼일신고를 가르치시니
무리들이 잘 따르게 되었다....
아울러 지혜와 삶을 함께 닦는 전(佺)에 머무르게 했다."
桓雄天王이 肇自開天으로 生民施化하실새
演天經하시며 講神誥하사 大訓于衆하시니라....
竝智生雙修하야 爲居佺하니

〈삼성기전〉「하편」

천경신고와 참전계는 하나의 가르침이 세 가지로 나타난 것이다. 뿐만 아니라 천경신고와 참전계는 각기 아홉 가지의 가르침으로 나타기도 한다. 이것은 모두 하나이면서 셋이 되고, 셋을 통해 아홉이 되는 원리를 가지고 있기 때문이다. 이와 같은 셋을 통한 아홉수로 펼쳐지는 원리는 문화적으로도 나타나게 되면서 세계 곳곳에서 발견이 되고 있다.

가장 눈여겨 볼 문화로는 샤먼과 사제(司祭)들이 집행하는 의례(儀禮)이다. 먼저 일본(日本)의 신사문화(神社文化)에서 보게 되면 이즈모 대사(大社)에는 3과 9의 법칙으로 되어 있는 복원된 고대의 신전(神殿)이 있다. 이즈모 대사에 있는 복원된 모형을 보게 되면 3개의 기둥이 하나로 묶여진 것을 발견하게 된다. 이 3개로 묶여진 하나의 기둥은 총 9개가 되어 이즈모신전(고대 이즈모대사 복원도)을 떠받치는 기둥역할을 한다. 그런 까닭에 기둥위의 신전은 천궁(天宮)이 되어 신(神)과의 접신이 이루어지는 곳이기에 종시(終始)의 역할을 하게 되고, 신전을 떠받치는 3을

통한 9개의 기둥은 생명의 분화와 귀일을 위한 작용을 하게 된다. 이것으로 보아 일본의 고대 본전인 이즈모신전은 석삼회 아홉수의 원리를 가진 천부경의 원리와 동일하다.

〔고대 이즈모 대사 복원도〕
신전을 받치는 기둥이 3개씩 묶여져 9개로 세워졌다

　3과 9의 법칙은 부르야트인들의 성무의례(聖務儀禮)를 통해서도 나타난다. 성무의례에서 샤먼이 접신(接神)을 하는 과정을 보면 '신(神) 아버지' 역할의 샤먼과 '신 아버지에 아홉 아들'의 역할을 하는 아홉 명의 샤먼이 의례에 동참한다. 의례에는 아홉 그루의 자작나무를 세 그루씩 밧줄로 묶어서 세우고, 먼저 신 아버지가 자작나무의 꼭대기에 올라가 아홉 단계의 위로 올라왔다는 의미로 아홉 개의 금을 긋는다. 그 곳에서 접신을 한 '신 아버지'는 다시 내려오고, 차례로 '신의 아홉 아들'이 자작나무에 올라 똑같이 아홉 개의 금을 긋고 나서 접신을 한다.
　부르야트의 성무의례에서 나타나는 세 그루씩 묶여진 세 개의 뭉치(아홉 그루)인 자작나무는 이즈모 대사의 신전을 받치는 아홉 개의 기둥보다도 원형적인 모습을 보인다. 뿐만 아니라 '신 아버지'와 '신 아버지에 아홉 아들'이 참여하여 3과 9의 단계를 통해 자작나무 꼭대기에서 접신이 이루어지는 의례(儀禮)는 회삼귀일하는 천부경의 원리와 너무나도 똑같다. 그렇다면 천부경의 문화 속에서 이즈모 대사의 신전(神殿)이 지닌 모형도나, 부르야트인들의 성무의례도 나왔다고 볼 수 있다. 이로 보건대 천부경문화는 곳곳에 살아서 우리로 하여금 다시 근원적 가르침에 의미를 일깨워주기도 한다.

〔보물 제635호 삼태극 보검〕
경주시 황남동 미추왕릉지구
계림로 14호분에서 출토된 보검.
석삼회 아홉수의 문화를 나타낸다

〔복천동 10.11호 출토 금동관〕
3수분화의 세계관을 나타내는
가야의 금관. 3, 6, 9로 되어 있고,
삼문엽으로 되어 있는 것이 특징

셋이 아홉이 되는 천부경의 원리는 신사(神祠)와 성무의례(聖務儀禮)에서만 나타나지 않는다. 신물(神物)과 축조방식, 그리고 진리를 담고 있는 도상(圖象)을 통해서도 나타난다. 오래 전에는 미추왕릉 주변에서 세 개의 삼태극을 통해 아홉 개의 곡옥무늬가 새겨진 황금보검이 발견되었고, 최근에는 중앙아시아에서 줄기와 가지를 포함하여 3·6·9로 뻗은 세 개의 생명나무가 새겨진 삼시가면이 발견되기도 했다.

삼시가면에서 나타나는 세 개의 생명나무 그림은 바이칼 호수의 주변에서 사용되는 무고(巫鼓)에도 나타난다. 뿐만 아니라 이와 같은 모습은

490

가야의 금동관에서도 나타나고 있어 중앙아시아와 그 맥이 연결되어 있다는 것을 알려준다. 더 나아가 중국의 TV에서는 진시황릉이 세 개의 단계에 의한 아홉 개의 계단을 이루고 있다는 모형도에 대해 방영하기도 하였다. 이러한 모습은 의상대사(義湘大師)에 의해 창건된 것으로 알려진 부석사(浮石寺)에서도 발견이 된다. 그 모습을 천왕문에서 무량수전까지 삼배구품(三輩九品)의 원리에 따라 만들어진 축단을 통해 볼 수 있다.

〔남해안 별신굿에 사용하는 화관〕　　〔삼시가면〕

별신굿에서 사용하는 화관(花冠)과 중앙아시아 삼시마을에서
발견된 삼시가면에는 3과 9의 법칙이 내재되어 있다.
삼시가면의 경우는 하나의 나무가 일곱 개의 가지로 보이지만
상중하로 3-6-9를 이루는 모습이다.

　남해안 별신굿에서 대모(大母)가 쓰는 놋쇠판 화관에서도 석삼회 아홉 수의 모습은 나타난다. 이와 같기에 위의 사진에서 보듯이 세 개의 기둥은 서로 하나로 연결되어 일즉삼(一卽三)의 원리를 담고 있다. 다시 세 개의 기둥 밑으로 좌우에 각각 아홉 개에 꽃과 중앙에 있는 기둥 밑에 만(卍)자와 함께 여덟 개의 꽃도 모두 9수를 나타낸다.
　놋쇠판 화관(花冠)의 모습을 볼 때 9와 3수는 무엇인가를 암시하는 것

이 있다. 그것은 바로 3이 9가 되는 3, 3, 3의 아홉수변화를 통해서만이 형체의 완성을 이루고, 밝음이 있는 새로운 세계로 들어갈 수 있다는 것이다. 이와 같기에 한민족의 철학을 담은 천경신고와 참전계의 가르침도 3수 바탕의 아홉수로 이루어질 수 있게 되었다.

3수 바탕의 아홉수는 문화적으로 나타나기 이전에 본래는 가로 셋과 세로 셋인 화삼(化三)의 모양을 통해서 나타났다. 그 대표적 모습이 3(大三, 1·2·3), 6(中三, 4·5·6), 9(下三, 7·8·9)가 되는 무궤화삼으로부터 나타났고, 삼일신고와 참전계를 통해서도 나타났다. 뿐만 아니라 이와 같음은 15수인 마방진(魔方陣)을 만드는 낙서(洛書)를 통해서도 나타났고, 부루태자인 창수사자(蒼水使者)를 통해 우(禹)에게 전해진 것으로 알려진 홍범구주(洪範九疇)에서도 나타난다.

四五紀	九五福六極	二五事
三八政	五皇極	七稽疑
八庶徵	一五行	六三德

〔홍범구주(洪範九疇)〕
낙서(洛書)에 나타난 숫자와 함께
홍범구주를 배치한 그림. 그림은
삼수법칙에 의해 아홉수로
펼쳐지는 세상 판을 나타낸다

〔범종에 나타난 연뢰〕
범종(梵鍾)에 새겨진 아홉 개의
연뢰(蓮蕾)는 세상에 가득
연꽃봉오리가 피어나길 바라는
염원이 담겨 있다

삼국시절에 이르러서는 천부금척을 전한 박혁거세의 탄생지로 알려진 나정(蘿井)에서도 화삼(化三)은 나타난다. 나정은 그 명칭에서 알 수 있듯이 울타리가 쳐진 우물이다. 그런 까닭에 신궁(神宮)으로 추정이 되는 나정의 모습은 우물 정(井)자를 둘러싼 모습의 8각형을 이룬다. 이 때문에 8각형은 아홉 칸의 빈 공간을 만들게 되듯이 무궤화삼(無匱化三)과 같은 모습으로 나타나게 되어 있다.

8각형과 우물 정(井)의 형태가 무궤화삼과 같은 모습인 것은 아홉 칸의 빈공간이 만들어지기 때문이다. 그런데 아홉 칸의 빈 공간이 만들어진다는 것은 이 모두가 최대의 분화 수(數)를 나타내고 있는 것을 말한다. 이 때문에 우물 정과 8각형은 아홉수의 영향에 힘입어 세상의 한복판(9)인 소도(蘇塗)를 나타내고 있다. 이와 같기에 아홉수를 품은 8각형은 소도를 상징하고, 그 중심을 통해서는 우물(井) 안의 물(水, 10)이 지하세계와 천상세계와도 교통(交通)하게 되기에 8각형으로 드러나게 되는 무궤화삼이 품은 뜻은 소도와 함께 세계수의 역할까지를 나타내어준다.

〔우물 정으로 나타나게 되는 경주의 나정(蘿井)과 화삼(化三)〕

우물 정(井)의 형태를 보게 되면 아홉 칸을 나타내나, 그 중심에 있는 우물 속의 물은 세계수(世界樹)인 세계의 중심을 나타낸다. 이 때문에 우물 속의 물은 세계수와 같기에 대지의 자궁(子宮)인 지하세계와 통하고, 지하세계를 통해서는 더욱 심층부에 있는 천상세계[1]와도 통하게 된다.

우물물이 지하세계와 통하고, 천상세계와도 통하게 된다는 말은 지하세계로 상징되는 북두칠성과 천상세계로 상징되는 북극성과도 통하게 된다는 말과 같다. 이와 같기에 나정(蘿井)이나 경주의 첨성대(瞻星臺) 꼭대기에 있는 우물 정은 북두칠성으로 가기 위한 우물물(10)을 담고 있는 하늘우물(9)이기도 하다. 그러므로 이것은 인류가 칠성에 바치는 청수(淸水)와 같은 의미이다.

〔삼문엽과 구문엽 환두대도〕
천부경의 3수분화 세계관을 보여주는 삼문엽과 구문엽의
특징은 무진본, 부동본, 본심본에 있어 본(本)이 나타내고 있듯이
근본인 일기(一氣)로부터 3·9·81을 이루게 됨을 보여준다.
(구문엽 환두대도는 동경국립박물관 소장)

---

1) 신화학(神話學)에서의 천상세계는 현상계의 하늘이 아니다. 무한세계를 나타내는 三神과 一神의 세계이다. 그런즉 천상세계는 현상계의 중심인 소도(蘇塗, 9)와 천하중심(世界樹, 10)을 거쳐 지하세계(0)를 통해 들어가는 더욱 심층부에 있는 세계를 말한다. 이와 같은 구조는 인간에게서도 나타난다. 각 개개인의 몸은 현상계의 중심이기에 소도(9)의 역할이 되고, 그 개개인의 마음은 신도(神道)와 통하는 세계수(10)와 같기에 명부계를 나타내는 지하세계(0)와 함께 천상세계와도 통하게 되어 있기 때문이다. 그러한 까닭에 지하세계에 머무는 조상신들은 개개인의 마음(10)을 통해 왕래도 가능하다. 이와 같기에 구도심(求道心)을 갖게 되면 천지령(天地靈)인 산신, 용왕, 칠성신 등과도 통하는 단계에까지 이르게 됨에 따라 그 의식의 확장은 천지에까지 통하게 되어 있다.

대삼합육생칠팔구(大三合六生七八九)

大三合六生七八九 (daesam-habyug saeng-chilpalgu)
대삼합육생칠팔구

큰 셋이 여섯과 합해져 일곱, 여덟, 아홉을 낳게 됨이라.
The Great 3 combines with 6 to produce 7, 8 and 9.
◉ combines : 결합하다. produce : 생산하다

큰 셋(大三)은 삼극(三極)인 天一①·地一②·人一③을 나타낸다. 여섯(6)은 三極인 1·2·3이 합해져서 나온 수(數, 1+2+3=6)를 말한다. 일곱(7), 여덟(8), 아홉(9)은 大三(1·2·3)과 여섯(6)의 합(合)에 의해 나온 숫자이다.

the Great Three represent the three Ultimates, first Heaven, first Earth, and first Human. Six are the number that comes from the sum of three ultimate 1, 2 and 3. The seven, eight and nine are numbers derived from the sum of the three ultimate(1·2·3) and six.
◉ represent : 묘사하다. derive : 끌어내다, 손에 넣다. sum : 총계

큰 셋(3)인 1·2·3은 삼극에 해당하기에 천지인(天地人)의 순수정신을 나타낸다. 1·2·3이 더해져서 나온 여섯(6=1+2+3)은 천지인의 합(合)이 되는 수(數)이기에 생명통일의 완전수(完全數)가 된다. 그런 까닭에 7, 8, 9는 천지인의 순수정신(1·2·3)과 생명통일(6)의 수로 인하여 나오게 되면서 7은 하늘의 완전수요, 8은 땅의 완전수요, 9는 인간의 완전수로 나타난다.

1. 대삼합육생칠팔구의 6에 비밀

大三合六生七八九.
큰 셋이 여섯과 합해져 일곱, 여덟, 아홉을 낳음이라.

일시무시일에서의 하나는 대일(大一), 즉 큰 하나이다. 大一은 큰 하나가 되기에 근원이 된다. 그런데 이번에는 큰 셋이란 뜻의 대삼(大三)이란 말이 나왔다. 이러한 까닭에 大三은 3단계의 분화에 있어서 첫 번째 셋(天一1·地一2·人一3), 두 번째 셋(天二4·地二5·人二6), 세 번째 셋(天三7·地三8·人三9) 중에서 근원이 되는 첫 번째 단계에 해당한다. 大三은 이처럼 3단계 분화에 있어서 첫 번째 단계에 해당하기에 삼극(三極)으로 나타난다.

대삼(大三)에 이어 육생칠팔구(六生七八九)를 보게 되면 무엇 때문에 天一, 地一, 人一인 1·2·3에서 곧바로 4·5·6을 붙인 후에 7·8·9로 나타내지 않고, 대삼합(大三合 : 1+2+3)에 이어서 짤막하게 6을 붙인 후에 7·8·9를 배치했느냐 하는 의문이 든다. 이와 같은 의문에 대해 6은 1·2·3의 합(合)으로 인해 나온 수이고, 6이 1과 만나 7을 낳고, 6이 2와 만나 8을 낳고, 6이 3과 만나 9를 만들기 위해서라고 말할 수 있다. 그렇다면 여기서의 주된 요인은 6이 무엇인지에 대해 알아볼 필요가 있다고 본다.

우선 6이 4·5·6을 대신하여 가운데에 배치된 것은 4(天), 5(地), 6(人)인 천지인(天地人) 중에 6이 중심이 되는 인(人)에 해당하기 때문이다. 이 때문에 6은 천지인의 기본수를 나타내는 1(天)·2(地)·3(人)과 천지인의 완전수인 7(1天+6)·8(2地+6)·9(3人+6)의 중간에서 중심이 되어 생명의 교역(交易)이 되는 역할이 될 수가 있었다.

496

이번에는 6이 1, 2, 3의 합(合)으로 인해 나왔다는 것에 대해 알아보면 이때의 1, 2, 3은 만물을 형성하는 근본이 되는 수(數)에 해당한다. 이는 일양(一陽)과 이음(二陰)을 나타내고, 음양(陰陽)의 합침으로 인해 만물을 낳게 되는 삼중일(三中一)을 나타내고 있기 때문이다. 1, 2, 3이 이처럼 만물을 형성하는 근본이 되기에 이로부터 나온 6은 음양(一陽, 二陰)과 삼중일(三中一)을 포함함에 따라 만물을 낳기 위한 완전한 모습의 자궁(子宮)을 나타내게 되어 있다. 그래서 피타고라스학파에서도 6은 자기 자신 말고는 나누어지지 않는 수인 1·2·3의 합으로 나왔기 때문에 생명의 완전수라고 말했던 것이다.

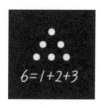

1을 나누면 1 = 1
2를 나누면 1 + 1 = 2
3을 나누면 1 + 2 = 3

생명의 완전수가 되는 6이 1·2·3으로부터 나옴에 따라 생명의 자궁역할이 될 수 있었고, 이로 인해 천지인의 완전수인 7·8·9를 낳는 역할도 할 수 있었다. 뿐만 아니라 4(天)·5(地)·6(人)인 천지인 중에 인(人)에 해당하는 중심이 될 수 있었기에 6은 천부경의 전체 81자 가로세로 아홉 줄에서 중심에 배치되어 '생명의 중심'[1]으로 나타나기도 했던 것이다. 이와 같이 6은 생명의 자궁역할로서 생명의 중심에 해당하는 생

---

1) 생명의 중심 : 신화의 사유체계에서 10수는 '세계의 중심'을 나타낸다. 이는 10 이 세계의 중심인 세계수(世界樹)가 되어 생명의 근원으로 돌아가는 의미를 전해 주기 때문이다. 하지만 6수는 '세계의 중심'이 아닌 '생명의 중심'이다. 생명의 중심은 세계수의 뿌리에 해당한다. 이 때문에 생명의 중심인 6수는 대지(大地)의 자궁과 함께 생명의 종시로 나타날 수 있었다.

명통일의 수(數)로 나타나게 되면서 6이야말로 대삼합육생칠팔구가 나타내고자 하는 핵심이 되기도 한다.

6이 생명의 자궁역할과 분화와 귀일이 이루어지는 81자의 정중앙에 위치하게 됨에 따라 단순히 생명을 낳는 역할에 그치지 않고, 생명의 종시(終始)를 이루는 태극(太極)으로도 나타나게 된다. 그런데 6의 역할은 태극에만 그치지 않는다. 6은 생명의 종시를 이루게 됨에 따라 무한계와 유한계를 연결하는 중심이 되기도 하기 때문이다.

솔로몬의 인장과 다윗의 별로 알려진 헥사그램을 통해서도 보게 되면 6각별로 나타나고 있듯이 생명의 근원인 6을 만들게 될 뿐 아니라, 위의 하늘(남성에너지)과 아래의 땅(여성에너지)이 두 개의 삼각형으로 상징되어 결합이 이루어짐에 따라 무한계와 유한계가 서로 연결이 이루어지게 되어 있다는 것을 보여주기도 한다. 그런데 이러한 모습은 삼일철학(三一哲學)에 따른 하늘의 삼신과 땅의 삼극에 의해서도 나타난다. 이는 생명의 자궁역할을 하는 6이 하늘의 삼신과 땅인 삼극의 사이에 배치되어 무한계인 삼신과 유한계인 삼극을 서로 교통시키는 역할로도 나타나기 때문이다. 그러므로 삼일철학에서도 6이 무극(無極)의 성향을 가졌다는 것을 나타내어준다.

6이 생명의 종시(終始)가 되는 역할 뿐 아니라, 하늘과 땅이 만나 하나가 됨을 나타내는 것은 인중천지일(人中天地一)을 이루는 역할도 될 수 있다는 것을 말한다. 이와 같기에 6은 천지교통(天地交通)의 역할도 하게 됨에 따라 단순히 생명의 근원을 나타낼 뿐 아니라, 근원에 이르러 불멸을 얻게 하는 의미도 가질 수가 있었다.

지금까지의 내용으로 보아 대삼합육에서의 6(六)은 생명의 종시가 됨으로 해서 하늘땅과 연결 짓는 의미를 부여하였다. 이러한 까닭에 장차 운삼사 성환오칠에서는 종시(終始)를 통해 6이 하늘과 땅을 연결지어 궁극의 인간으로 거듭나게 하는 역할도 하게 된다. 이와 같기에 오운육기(五運六氣)에서는 생명의 통일이 이루어지는 자리인 술(戌)을 방위로는 5토(五土)이나, 변화로는 6수(六水)라 하고 공(空)이라 하여 우주의 무한세계와도 통하는 곳으로 드러내 놓기도 했다.

정리를 한다면 천부경의 핵심은 하늘과 부합(符合)하는데 그 뜻이 있다. 그런데 하늘과 부합하기 위해서는 생명의 중심역할을 하는 6에 이르러야만 한다. 이는 6이 바로 무한계인 일신(一神)이나, 삼신, 더욱 구체적으로는 태일신(太一神)과 고리를 이루는 위치에 있기 때문이다. 그러므로 대삼합육생칠팔구가 전해주는 메시지는 네 자신이 태일신과의 합일을 통해 밝음을 얻기 위해서는 반드시 먼저 생명의 종시를 이루는 6으로 돌아가야만 한다는 것이다.

2. 천부경에 담긴 신성한 수(數)의 원리

천부경의 신비함은 해석에만 있지 않고, 구조적 조건과 수(數)의 조합에서도 나타난다. 이는 천부경이 철학적 논리를 뛰어넘어 우주의 혼이 담긴 신성(神聖)한 경전이기 때문이다. 이 때문에 천부경의 글자 하나하나에는 버릴 수 없는 가치가 있다. 그러므로 천부경이 지닌 81자 전체의 구조에 대해서도 주목해 볼 필요가 있다고 하겠다.

우선 천부경의 문구를 사각형 안에 넣게 되면 가로세로 9를 통한 81자와 정중앙에 6이 있는 것이 의미심장하다. 뿐만 아니라 숫자의 총 개수가 31에 그 숫자의 전체 합(合)이 99가 되는 것도 마찬가지이다. 더욱 의미심장한 것은 81자 중에 일(一)자가 의상대사(義湘大師)의 화엄일승법계도(華嚴一乘法界圖)와 마찬가지로 11개가 들어있다는 사실이다. 그렇다면 이제 천부경이 담고 있는 핵심이 되는 수(數)의 구조가 어떤 의미를 주는

가에 대해 살펴보면 다음과 같이 나타난다.

첫째. 9를 통한 81자는 9×9=81이라 하여 최대의 분화를 나타냄에 따라 궁극 중에 궁극, 소도 중에 소도, 현상세계 중에 현상세계의 막바지 등을 나타낸다. 그런 까닭에 천부경에서 전하는 81자는 새로운 도약, 양적세계에서 질적인 세계로의 변화를 상징한다.

〔천부경 81자〕

둘째. 6이 성수(成數) 중에 가장 압축된 수(數)임을 입증이라도 하듯이 81자 정사각형의 정중앙에 6이 위치하고 있다. 6을 중심으로 사방으로 9를 이루게 되는 것은 음수(陰數)인 10으로부터 귀일이 이루어지게 됨을 알려주고 있으며, 끝에서 중앙에 있는 6까지의 간격에 4개의 칸이 만들어지는 것은 4를 통해서도 귀일이 이루어진다는 것을 알려준다. 이와 같기에 천부경은 6을 통한 천지의 자궁역할과 9에서 형체의 완성이 이루어질 뿐 아니라, 10과 4를 통해서도 중앙으로 귀일하게 된다는 것을 말해주고 있다.

10과 4에 대해서 피타고라스학파에서는 신(神)으로 가는 수라고 표현해 놓기도 했다. 그런데 이러한 법칙은 천부경의 체계도(體系圖)에서도 마찬가지로 10과 4는 귀일(歸一)을 위한 음(陰)의 수(數)로 나타난다. 그래서 1~3을 통한 삼수분화의 끝에 음수(陰數)인 4가 있어 귀일을 하게 될 때 4, 3, 2로 나타나게 되고, 1~9를 통한 삼수분화의 끝에 음수인 10이 있어 회삼귀일을 하게 될 때 10, 9, 8과 7, 6, 5 그리고 4, 3, 2로 나타나게 되어 있다.

셋째. 숫자의 총 개수가 31을 나타냄은 셋이 하나로 돌아가게 되는 3·1철학을 나타낸다. 여기에 숫자의 총 합이 99라는 것은 부족함이 없고 넘치지도 않는 수(數)라는 것을 말한다. 99가 되면 부족함도 없고, 넘치지도 않는다는 것은 100이 되면 가득 찬 상태가 되어 0의 수로 되돌아가기 때문이다. 이 때문에 99는 가장 복된 수이기도 하다.

세간(世間)에는 집을 지을 때 대궐보다 작게 한다고 하여 99칸(기둥과 기둥사이를 1칸이라 함)이란 말이 생겨났다고 한다. 하지만 실은 복됨의 상징으로 99칸의 대저택을 마련하여 살았던 것이다. 이렇게 볼 때 천부경은 3·1철학에 근본을 두었으며, 그 가르침은 복됨을 얻게 하는데 있다는 것을 알려준다.

넷째. 천부경과 화엄일승법계도에서 하나(一)가 11개로 이루어진 것은 태극(太極, 0)에 의해 귀일(歸一)의 시초인 10무극(十無極)을 이룰 뿐 아니라, 구도의 과정을 통해 후천일기(1)를 얻게 되어 있기 때문이다. 이와 같기에 천부경과 화엄일승법계도에서는 만법(萬法)이 10무극과 후천일기

(1)에 의해 완성이 이루어지게 된다. 이 때문에 사람이 도(道)를 성취하게 될 때는 10과 1의 수를 좌우로 거느리게 되어 있다. 이것이 일월지자(日月之子, 一陽+十陰=11)가 되는 길이요, 일부(一夫)가 말한 십십일일지공(十十一一之空)이기도 하다.

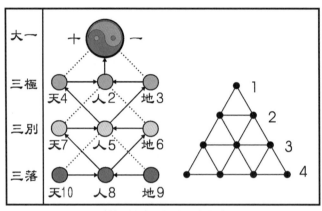

[천부체계도와 테트락티스]

천부체계도에서 10과 4를 통해 귀일을 하게 되는 까닭은 회삼(會三)의 상태에서 10과 4는 하늘에 해당하는 음수(陰數, 天10, 天4)가 되기 때문이다. 테트락티스의 경우도 전체 10수와 삼면이 4의 숫자로 되어 있기에 근본으로 귀일하게 되는 수(數)가 된다.

다음은 4와 10이 신(神)에게로 가는 신성한 수라는 내용의 피타고라스의 기도이다.

- 피타고라스의 기도 -

신과 인간을 낳는 신성한 숫자여,

우리를 축복하소서!

오! 거룩하고 거룩한 테트락티스여,
영원히 흐르는 창조물의 근원을 담당하는 그대여!
그 신성한 숫자는 거룩한 '4'에 이르기까지
심오하고 순수한 통일성으로 시작한다오.
그대는 만유의 어머니이자
일체를 구성하고 일체를 제한하며,
첫 번째 완성인데도 절대로 흔들리지 않고
절대로 포기하지 않기에
만능키인 숭고한 '10'을 낳는다네.

- Pythagoras prayer -

Bless us, divine number, thou who generated gods and men! O holy, holy Tetractys, thou that containest the root and source of the eternally flowing creation! For the divine number begins with the profound, pure unity until it comes to the holy four; then it begets the mother of all, the all-comprising, all-bounding, the first-born, the never-swerving, the never-tiring holy ten, the keyholder of all.

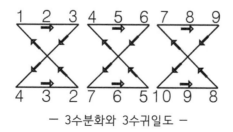

− 3수분화와 3수귀일도 −

운삼사성환오칠(運三四成環五七)

운삼사 성환오칠 (unsamsa seonghwan ochil)
運三四 成環五七

셋과 넷의 움직임을 다섯과 일곱으로 연결하여 둘레를 이루도다.

The movement of 3 and 4 are surrounded by 5 and 7.

◉ surround : 에워싸다, 둘러싸다

운삼사(運三四)는 3과 4의 움직임을 나타낸다. 성환오칠(成環五七)은 5와 7로 둘러싸게 되는 것을 말한다. 그러므로 운삼사성환오칠(運三四成環五七)은 3과 4의 움직임을 5와 7로 둘러싸게 된다는 뜻이다.

運三四(unsamsa) indicates the movement of 3 and 4. 成環五七 (seonghwan ochil) refers to connecting the rings with 5 and 7. Therefore, 運三四成環五七(unsamsa seonghwan ochil) means the movement of 3 and 4 is surrounded by 5 and 7.

◉ indicate : 가리킨다. connect : 연결하다

3과 4의 움직임을 5와 7로 둘러싸게 되면 칠점육각(七點六角)의 모양이 된다. 七點六角은 가운데 있는 일기(一氣, 虛粗同體)의 주위에 하늘(三神, 3)과 땅(三極, 3)을 연결하여 만든다. 이 연결은 一氣의 복원을 통해 이루어진다.

When movement of 3 and 4 are surrounded by 5 and 7, they form a shape of 七點六角(7 points, 6 angles). The 七點六角 is made by connecting the Heaven(三神, 3) and the Earth(三極, 3) around the 一氣(ilgi) in the middle. This connection is made through the restoration of the 一氣.

◉ through : ~ 을 통하여. restoration : 회복, 복구. * 三神은 무한세계를 나타낸다.(Samsin(三神) represents an infinite world.)

1. 단기고사에서 전한 운삼사성환오칠

발해 고왕(高王, 大祚榮)의 동생 대야발(大野勃)은 단기고사(檀奇古史)에서 다음과 같이 말하였다.

有桓因氏誕降干檀木下하사
以運三四成環五七一妙衍之理로
立乎無窮하야 行天地自然之道하니
世稱神人이요, 又謂上帝라.

환인씨가 있었는데 박달나무의 아래에 탄강하시어
운삼사성환오칠일묘연의 깨우침으로
무궁한 역사(役事)를 일으키시고,
천지자연의 도를 행하시니 세상에서는 신인이요,
또 높으신 임금이라 하였다.

〈檀奇古史〉「檀典 第1世 檀帝」

발해 고왕의 동생 대야발은 환씨전(桓氏典)을 보고나서 환인께서는 운삼사성환오칠일묘연(運三四成環五七一妙衍)을 통해 무궁한 역사를 일으켰다고 했다. 이 말은 운삼사 성환오칠이 천부경의 내용 중에 세상의 변화를 일으키는 핵심이 되는 구절임을 나타낸다. 이와 같기에 우리는 운삼사 성환오칠이 인중천지일(人中天地一)을 통한 근원적 존재인 거발환(居發桓)을 이루게 하는 단계임을 알게 된다. 그러므로 삼신의 최종적 가르침의 결론이 운삼사 성환오칠을 통해서 이루어진다는 것을 알게 되어 있다.

운삼사 성환오칠을 통해 인중천지일을 이루고, 거발환을 이룰 수 있게 된다는 것은 그 원리가 종시(終始)를 이루게 할 뿐 아니라, 하늘과의 고리를 연결시키는 기능을 가졌기 때문이다. 운삼사 성환오칠의 원리가 이처럼 종시를 이루며, 하늘과 고리를 연결하게 되어 있기에 이때에는 기하학(幾何學)으로 접근하지 않으면 안 된다. 그렇지 않으면 수리(數理)를 통한 서술적 내용에 그치고 말 것이기 때문이다.

처음 천부경에서의 기하학적 모습은 0~9까지의 숫자를 통해서 나타난다. 〈부도지〉「제23장」에서도 하늘의 성수(性數)를 1·4·7, 땅의 법수(法數)를 2·5·8, 사람의 체수(體數)를 3·6·9라고 하여 0~9의 수를 넘어가지 않는 것으로 나타내었다. 특히 《부도지》에서는 전체의 모습인 수리체계를 삼정(三正)[1]이라 규정함으로써 0~9의 수가 체계화된 도형으로 나타날 수 있다는 것을 드러내어 놓았다.

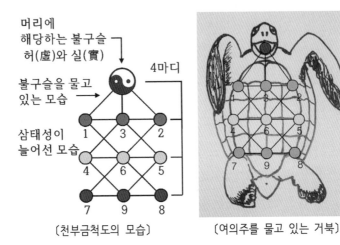

〔천부금척도의 모습〕　　〔여의주를 물고 있는 거북〕

---

1) 삼정(三正)은 천지인(天地人)이 아홉 가지로 펼쳐진 화삼(化三)을 말한다. 化三에 있어 하늘의 성수(性數)인 1, 4, 7은 깨달음과 관련하여 天一·天二·天三이 되고, 성품·마음·느낌으로 나타난다. 땅의 법수(法數)인 2, 5, 8은 자연의 섭리와 관련하여 地一·地二·地三이 되고, 목숨·기운·호흡으로 나타난다. 사람의 체수(體數)인 3, 6, 9는 물질의 형태와 관련하여 人一·人二·人三이 되고, 정수·신체·접촉으로 나타난다.

삼정(三正)이 서로 연결되고, 일기를 뿌리로 하여 도형으로 나타날 수 있다는 것을 처음으로 드러낸 기록은 김시습의 징심록추기(澄心錄追記)이다. 징심록추기에서 말하는 천부금척(天符金尺)을 보게 되면 금척에 새겨진 문양이 붉은 여의주(如意珠)를 물고 있고, 삼정(三正)이 나란히 펼쳐진 듯이 삼태성(三台星)[1]이 늘어선 것과 같으며, 본체와 3단계를 포함하여 4단계의 마디와 그 허실(虛實)의 수가 9와 10을 이룬다고 했기 때문이다. 그러므로 천부경이 기하학적 도형으로 나타날 수 있다는 것을 징심록추기에서는 자세하게 드러내어 보였던 것이다.

천부경이 기하학적 도형으로 나타나게 됨은 환역(桓易, 천부경)의 몸체는 원형이요, 작용은 방형이라고 말한 〈태백일사〉「소도경전본훈」을 통해서도 드러난다. 뿐만 아니라 경일주삼(徑一周三)과 경일잡사지기(徑一匝四之機)라고 말한 〈태백일사〉「삼신오제본기」를 통해서도 알려준다. 이밖에 천부경에 뿌리를 두고 있을 뿐 아니라, 천부중일(天符中一)[2]의 절대적 상태에서 벗어남이 없는 〈삼일신고〉「인물」 편과 대원일도(大圓一圖)인 참전계에서도 기하학적 모습을 가지고 있는 까닭에 천부경이 기하학적 모습으로 되어 있다는 것을 암시해주고 있다.

삼일신고와 대원일도에서도 분화와 귀일이 이루어지는 체계로 되어 있는 까닭에 운삼사 성환오칠의 비밀을 푸는 열쇠는 서술적으로만 풀리지 않는다. 천지인의 모습이 원방각(圓方角)으로 나타나고 있듯이 이제는 서

---

1) 삼태성(三台星)은 여섯 개의 별이 두 개씩 한 쌍을 이루어 상태(上台), 중태(中台), 하태(下台)로 구성되어 세 곳에 자리를 잡은 별이다. 그런데 서곡리 벽화와 조선시대의 별전에서 보면 삼태성을 여섯 개의 별이 아닌, 세 개의 별만으로 나란히 구성해 놓은 것을 보게 된다. 이는 실용성보다는 길상의 뜻으로 민가를 중심으로 나타났다고 보인다. 이와 같이에 김시습은 대중적인 입장에서 한 줄로 펼쳐진 세 개의 별만을 가지고 삼태성을 언급했을 가능성이 많다.
2) 〈태백일사〉「소도경전본훈」에 의하면 삼일신고의 5대 가르침에 뜻도 역시 천부경에 뿌리를 두고 있고, 삼일신고의 궁극적인 가르침 역시 천부중일(天符中一)의 절대적 상태에서 벗어남이 없다고 하였다.

술적으로 풀기 보다는 기하학을 통해 운삼사 성환오칠의 비밀을 풀어볼 때가 되었다고 생각한다.

대야발이 전한 운삼사 성환오칠에서 하나 더 살펴 봐야할 일은 성환오칠에 이어 일묘연(一妙衍)을 덧붙여서 기록했다는 점이다. 그러나 이를 간단히 이해할 수 있다. 앞서 살펴본 것처럼 운삼사 성환오칠이란 인중천지일(人中天地一)을 통해 거발환을 이루게 되는데 있다고 말한바가 있다. 그러므로 일묘연이란 거발환을 이룬 이후에 그 후속의 구절로 나타나는 바 전체의 내용을 다시 한 번 부연하여 설명하는 것에 지나지 않는 것으로 봐야 한다.

일묘연으로부터 다시 부연적인 내용이 시작된다는 것은 그 중요성이 운삼사 성환오칠에 있기 때문임을 말한다. 그러므로 운삼사 성환오칠은 본론의 구성에 있어 종시(終始)를 이루게 되고, 일묘연은 전체를 다시 한 번 부연하여 설명해주는 것에 지나지 않기에 그 특별함은 운삼사 성환오칠에 있다고 하겠다.

2. 운삼사 성환오칠의 작용원리

운삼사성환오칠(運三四成環五七)은 삼신(三神)과의 합일을 이루는 내용이다. 좀 더 자세히 말하자면 삼신 중에 하나인 태일신(太一神)과의 합일이 이루어지게 됨을 말한다. 이러한 까닭에 최종적으로 태일신과의 합일을 이루게 되는 일종무종일(一終無終一)은 운삼사성환오칠에서 마치게 되고, 마침이 없는 하나가 된다. 마찬가지로 태양을 우러러 보는 것처럼 밝다고 하는 태양앙명(太陽昻明)과 인중천지일(人中天地一)도 운삼사성환오칠에서 이루어진다. 이 때문에 운삼사성환오칠에서는 천부경의 결론이 이루어질 뿐 아니라, 내적인 빛을 회복하게 된다는 것을 알려준다.

운삼사성환오칠을 보게 되면 운삼사(運三四)라 하여 우선 3과 4를 운용 (運用)하여야 함을 알려준다. 성환오칠(成環五七)은 5와 7로서 고리를 이루게 된다는 것을 말한다. 환(環)의 글자를 보면 서로를 연결시키는 고리를 뜻하고, 둘레를 이루어 선회(旋回)시키는 의미를 가졌다. 그렇다면 5와 7로서 3과 4에 고리를 연결시켜 둘러싸게 된다는 것을 말하는 것이 바로 운삼사성환오칠이다.

기하학(幾何學, geometry)적 도형을 이루고 있는 운삼사 성환오칠에서 그 숫자들에 대한 의미를 자세히 보게 되면 3과 4는 본질적인 의미를 전해주는 수(數)가 되고, 5와 7은 서로를 연결시킬 고리의 역할을 가진 수(數)라는 것을 알게 된다. 이와 같기에 운삼사 성환오칠을 제대로 알기 위해서는 3과 4와 함께 5와 7의 의미부터 명확히 아는 것이 무엇보다 중요하다고 하겠다.

우선 본질적인 의미를 전해주는 운삼사(運三四)를 보게 되면 3과 4는 천부경의 전체 맥락으로 볼 때 밑도 끝도 없이 불쑥 튀어 나온 숫자라고 생각하게 만든다. 그런 까닭에 모두들 3과 4인 숫자의 의미를 가지고 전체 맥락과 관련 없는 설명만 늘어놓고 있는 것이 현실이다. 하지만 이전의 내용으로 볼 때 무궤화삼에서는 귀일이 이루어짐을 나타내고 있는 까닭에 장차는 종시(終始)를 이룰 수 있게 하는 숫자들이 나와야 함을 알려준다. 그러므로 3과 4는 이와 관련하여 보아야 한다.

우리는 그동안 일적십거(一積十鉅)와 무궤화삼(無匱化三)을 살펴보았고, 대삼합육생칠팔구(大三合六生七八九)를 통해서는 전체 수의 구성과 함께 중심이 되는 수가 6이 된다는 것에 대해서도 알게 되었다. 그런 까닭에 이제는 화삼(化三)을 시작으로 종시(終始)를 위하여 중심의 숫자 6과 만나게 되는 숫자가 어느 것인지를 밝혀야만 한다. 그러기 위해서는 중심을 이루는 숫자 6을 감싸는 하늘과 땅이라는 숫자와 만나야만 하는데, 이것이 바로 운삼사성환오칠에서 나타나게 되는 3과 4인 것이다.

3이라는 숫자는 하늘(1)과 땅(2)의 결합인 사람(3)과 함께 법칙적 천지인(天地人)인 삼신을 나타내기도 함에 따라 생장성(生長成)을 이룰 수 있는 '생명의 하늘'을 상징한다. 그래서 〈주역〉「설괘전」에서는 석 삼(三)의 의미에 대해 만물을 낳기 위한 목적에 참여한다는 의미의 삼(參)을 붙여 삼천양지(參天兩地)라 붙여 놓기도 하였다. 그러므로 3은 '우주변화의 목적을 달성할 수 있는 하늘을 나타내는 숫자'라고 말할 수 있다.

숫자 4의 경우는 천지인(天地人)으로부터 나온 첫 번째의 응축하는 힘을 나타낸다. 이는 음양오행에서 4金은 열매를 맺게 하고, 파타고라스의 학파에서는 4를 10과 더불어 근본의 자리에 위치해 있는 신(神)으로 가는 숫자라고 밝혔기 때문이다. 이와 같기에 숫자 4는 천지인의 뜻을 1차적으로 성취시켜주기 위한 귀일의 시초가 되기도 하고, 결실을 위한 생명의 외형(外形)을 이루게도 함에 따라 '생명의 땅'을 상징한다. 그러므로 숫자 4는 생(生)의 단계에서 '기본적 외형을 갖추게 하는 땅을 나타내는 숫자'라고 말할 수 있다.

숫자 3과 4에 있어서 중요한 것은 '생명의 하늘'인 3이 무형의 하늘인 天一神, 地一神, 太一神인 삼신(三神)을 나타낸다면, '생명의 땅'인 4는 유형의 하늘인 天一, 地一, 人一인 삼극(三極)과 더불어 하나의 결실을 이루는 결과물로 나타내게 된다는 사실이다. 이는 생명체를 이루려면 무한세계를 나타내는 3과 결과물까지 포함한 유한세계를 나타내는 4가 있어야만 하기 때문이다. 이와 같기에 3과 4는 생명의 중심에 있는 6을 위에서 감싸는 동시에 아래에서 감쌀 뿐 아니라, 결과물까지 포함된 숫자라는 것을 나타내어준다.

숫자 4에 있어서는 결실의 상징인 결과물까지 포함하고 있는 까닭에 귀일의 단계에 이르게 될 때에는 그 하나인 결과물은 삼신과 삼극의 가

510

운데에 위치하게 됨에 따라 숫자 6이 자리 잡고 있는 곳으로 들어올 수밖에 없다는 결론에 이른다. 이것은 숫자 6이 하늘과 땅의 가운데 있는 대지의 자궁인 천궁(天宮)이 됨을 뜻하고, 하나의 결과물은 천궁으로 다시 돌아온 일기(一氣)와 같기 때문이기도 하다. 이 일기가 이른바 선가(仙家)에서 말하는 금단일기(金丹一氣)요, 새롭게 형성된 허조동체인 후천일기(後天一氣)를 말한다.

3과 4에 대해 좀 더 부연하여 설명하면 무형인 하늘은 조화, 교화, 치화의 법칙을 가지고 있기에 3으로 나타나게 되고, 유형인 땅은 삼극(三極)인 天一, 地一, 人一로 나타나게 되나, 생명을 품는 뜻도 담겨져 있기에 삼극(3)과 더불어 일기의 외형인 조(粗, 1)를 포함하여 4(3+1)로 나타나게 되어 있다. 그런 까닭에 3과는 다르게 숫자 4에 있어서는 생명을 품는 뜻도 갖추고 있기에 음양오행에서 4금(四金)이라 하여 열매(金) 속에 씨앗을 품게 되는 의미로 나타나기도 한다.

일기의 외형인 조(粗)와 관련하여 좀 더 살펴보면 4의 법칙은 삼극(三極, 3)을 시초로 하여 천궁(天宮)에서 일기(一氣)의 외형인 조(粗, 1)가 만들어지면서 이루어진다. 그런데 삼극을 통해 일기의 외형이 만들어지듯이 삼신(三神, 3)의 경우도 일기의 내면에 존재하는 허(虛, 0)를 만들어 놓게 되어 있다는 사실이다. 하지만 삼신의 경우는 虛와 마찬가지로 무형으로 되어 있는 까닭에 서로는 더 이상 숫자로 보태어지지가 않는다. 그러므로 무형인 虛는 粗와 만나 일기는 이루게 되어 있으나, 법칙적인 삼신의 경우는 그대로 숫자 3으로만 나타나게 되어 있을 뿐이다.

이제 기하학적인 모습에 의한 운삼사(運三四)에서의 각기 위치를 보게 되면 고정불변의 법칙적 숫자 3은 무형인 天一, 地一, 太一의 삼신(三神)이 되는 까닭에 위에 위치하게 된다. 유형을 나타내는 숫자 4는 삼극(3)인 天一, 地一, 人一과 일기의 외형인 조(粗, 1)로 나타나게 됨에 따라 삼극인 3은 아래에 위치하게 되고, 조(粗)가 되는 1은 삼신과 삼극의 가운데에 위치하게 되어 있다. 이와 같기에 그 모습은 장인 공(工)의 모습으로 나타날 수밖에 없다.

운삼사에 있어서 삼신은 위에 있고, 삼극은 아래에 배치되어 가운데에서 허조(虛粗)가 만나 일기를 이루게 된다는 기하학적 도형은 〈태백일사〉 「소도경전본훈」의 내용에서도 만나게 된다. 그 내용에 의하면 "신(神)을 셋으로 하고, 기(氣)를 하나로 하기 때문이다"라고 하여 회삼귀일의 과정에서 일기(粗, 1)가 삼신(虛, 0)을 끌어안으며 일기를 중심으로 삼신과 삼극이 연결될 수 있다는 것을 나타내었기 때문이다. 〈태백진훈〉「하편」에서도 마찬가지로 "우리 인간이 돌아갈 바는 세 가지 神을 모아 일기를 이루게 되는바 어찌 우리들을 속일 것이랴"고 하여 삼신에 의한 허(虛)를 일기의 외형(粗)이 끌어안으며 일기가 삼신과 삼극에 의해 가운데 놓일 것을 나타내었기 때문이기도 하다. 이것으로 보아 운삼사의 도형은 간단한 회삼귀일의 과정인 일기의 회복에 의해서도 만들어지게 된다는 것을 보여준다.

> 하나(一)를 잡아 세 개(三)를 머금는다는 것은
> 그 기(氣)를 하나(一)로 하고,
> 그 神을 셋(三)으로 하기 때문이다.
> 셋(三)을 모아 하나(一)로 돌아간다는 것은
> 역시 神을 셋(三)으로 하고, 氣를 하나(一)로 하기 때문이다.
> 대저 삶을 사는 자의 체(體)는 일기(一氣)이고,
> 一氣 속에는 三神이 있는 것이다.
> 　　　　　　　　　　　　〈태백일사〉「소도경전본훈」

이번에는 3과 4를 둘러싸서 고리를 이루게 되는 5와 7에 대해서도 알아보게 되면 5와 7은 하늘(삼신)과 땅(삼극)을 연결시키는 고리의 역할을 하게 됨에 따라 황극(皇極, 中正)의 역할로 나타나게 되어 있다. 그런데 5와 7은 자체적으로도 황극의 역할이 된다. 5는 시간의 중심인 하늘의 황극이요, 7은 생멸의 중심인 땅의 황극이 되기 때문이다. 다시 말해 5는 순서를 나타내는 1~9의 사이에 중간에 해당하고, 7의 경우는 네 개의 자오묘유(子午卯酉)가 되는 방위에서 태양이 정중앙에 뜨는 남방(南方)의 7오화(七午火)[1]로 나타나게 되는 것이다.

〔약 4천 년 전 태양형 무덤〕
신강파음곽릉(바인궈렁)
몽고자치주 1979년 발굴.
천산(天山)에 있는 태양묘가
황극이 되는 5와 7로
둘레를 이룸은
성환오칠(成環五七)과
관련하여 태양묘가
하늘의 5皇極과 땅의
7皇極에 의해 둘러싸여
있다는 것을
나타내기도 한다

그럼 이제 운삼사성환오칠(運三四成環五七)을 엮어보기 위해 먼저 운용하게 될 숫자를 보게 되면 3은 하늘을 나타내기에 삼신(三神)에 해당하게

---

1) 7오화(七午火) : 우리는 밤 12시를 자정(子正)이라고 한다. 반면에 낮 12시를 정오(正午)라고 한다. 이와 같이 七午火는 해가 뜨기 시작하여 해가 지는 생멸(生滅)의 중심이 되는 황극을 나타낸다. 우리는 정육각형을 만들고, 그 중앙의 자리에 숫자를 붙이게 되면 7이라는 숫자가 만들어지게 되는 것을 보게 된다. 이것으로 보아도 7은 현상세계의 중심을 이루고 있다는 것을 알려주기도 한다.

되어 있다. 4는 땅을 나타내기에 삼극(三極)과 함께 일기(一氣)의 외형인 조(粗)로 나타나게 되어 있다. 그러면 이를 엮을 하늘의 황극인 다섯(5)을 가지고 엮어보면 다섯 개의 선(線)을 통해 허조동체인 일기(一氣)와 삼신을 고리로 연결시키게 된다. 땅의 황극인 일곱(7)은 일곱 개의 선을 통해 삼극과 허조동체인 일기를 연결시킴은 물론이요, 나머지 삼신과 삼극을 좌우로 둘레를 이루면 운삼사 성환오칠의 그림에서 보이듯이 7점6각(七點六角)의 도형이 만들어진다.

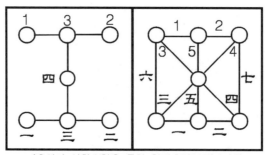

〔운삼사 성환오칠을 통한 칠점육각(七點六角)〕

7점6각의 도형이 만들어지면 그 모습은 생명의 통일(6)과 불멸성(7)의 회복, 인존칠성(7)을 통한 인중천지일의 회복으로 나타난다. 뿐만 아니라 선천일기인 태극(0)을 통해 후천일기(1)를 얻음으로 해서 궁극에는 황극 (皇極, 6)이 되어 만사를 뜻대로 하는 상태의 삼태극(三太極, 황극+후천일기)으로도 그 모습을 드러낸다. 다만 상세한 내용에 대해서는 필자의 저서 《수행문화의 원전 천부경》에서 많은 언급을 해놓았기에 여기서는 7점 6각을 만들게 되는 3과 4가 문화(文化)적으로 어떤 의미를 가졌는지에 대해서만 간단히 알아보고자 한다.

3과 4에 대한 우리의 문화로는 우선 상투에서 나타난다. 상투를 보게 되면 앞으로 네 번 돌리고, 뒤로 세 번 돌려 상투를 튼다. 그러면 그 모습은 하늘과 땅이 만나게 되는 솟대와 같다. 이와 같은 3과 4의 원리는 옷을 만들 때에도 사용되는 전삼후사(前三後四)[1]와 세 번 반복해서 읽고 네 번 익히는 삼복사온(三復四溫)의 독서법을 통해서도 만나게 된다. 이와 함께 북두칠성에서 네모진 모양의 넷을 선기(璇璣)라 부르고, 나머지 셋을 옥형(玉衡)이라 부르고 있어 북두칠성을 통해서도 4와 3으로 이루어진 모습과 만나게 되어 있다.

상투에 대해 좀 더 알아보면 하늘과 땅의 원리를 가진 상투는 예로부터 상두(上斗)라 하여 북두칠성으로 일컬어졌다. 상투가 북두칠성이 되는 것은 상투를 지닌 사람을 중심으로 땅인 소도와 근원적 하늘인 북극성(北極星)[2]이 각기 위와 아래로 자리를 잡게 되어 있기 때문이다. 하늘과 땅이 만나게 되는 이와 같은 위치는 일기(一氣)를 통한 천부체계도에서도 그대로 나타나고 있다. 이와 같기에 3과 4를 바탕으로 상투를 트는 것은 내 자신이 북두칠성의 인간이 되는 길이요, 하늘과 땅을 하나가 되게 하는 일이기도 하다.

천부경에서 일기(一氣)를 중심으로 삼극인 땅과 연결되고, 삼신인 무형의 하늘과 부합되듯이 3과 4라는 숫자는 순수한 나를 중심으로 하늘과 땅을 매개시키는 역할이다. 3과 4의 원리가 이처럼 나를 중심으로 하늘과 땅을 연결시키는 역할을 하기에 운삼사(運三四)는 천지인을 하나가 되게 하는 의미를 지닌다. 이와 같기에 운삼사는 천지인(天地人)을 하나가 되게 하는 원리가 됨에 따라 3과 4의 원리는 상투를 트는 법칙과 함께 북두칠성으로까지 나타나기도 했던 것이다.

---

1) 전삼후사(前三後四) : 옷 앞폭에 세 번 주름 잡고, 뒷폭에 네 번 주름 잡은 것을 말한다.
2) 북극성(北極星)을 옛사람들은 북극삼성(北極三星)이라고도 하였다. 이는 일체삼용(一體三用)의 뜻을 가졌기 때문이다.

3. 천부경은 신성기하학의 근원

유대전승인 카발라를 보면 열(10) 개의 세피라(Sefirah)로 이루어진 세피로트나무, 즉 뿌리를 하늘로 향한 거꾸로 선 생명나무가 있다. 반면에 이와 비슷한 비전(秘傳)으로는 고대의 인도, 네팔, 중동지역, 남미와 아메리카 인디언에서 전해져오는 '황금의 빛'인 히란야(산스크리트어)가 있다. 히란야(Hiranya)는 6각형(六角形)의 형태와 6각별의 모습으로 나타나고 있어 유대교에서는 '다윗의 별', '솔로몬의 인장'이라고도 한다. 그런데 이와는 달리 인도, 중동지역, 중국에서는 히란야가 여섯 개의 꽃잎이 펼쳐진 모습으로 나타나게 되면서 '생명의 꽃'이라고도 부른다.

〔중국 太和門 사자像 발밑 육각무늬〕

지금까지 살펴본 이와 같은 도형들을 신성기하학(神聖幾何學)이라고 부른다. 신성기하학이란 한마디로 신성(神性)을 일깨우는 도형(圖形)과 수(數)로 표현된 하나의 구조를 말한다. 이와 같은 구조에는 높은 차원의 의식이 내재되어 있기에 명상의 유용한 도구(얀트라)로 사용되기도 했다. 그런데 생명나무의 구조와 황금빛인 히란야가 별도로 존재하는 것이 아닌, 생명나무가 황금빛인 생명의 꽃을 피운 모습을 하고 있는 원형적인

516

신성 기하학이 있다. 그것이 피타고라스의 테트락티스(Tetractys)와 천부
경으로부터 나온 천부체계도(天符體系圖)이다.

〔생명의 꽃 모자이크〕　　　〔황금빛으로 알려진 생명의 꽃〕
로마도시 에페소스서 발견

　먼저 테트락티스를 보게 되면 삼각형의 형태를 바탕으로 꼭짓점이 열
(10) 개로 이루어져 있고, 아홉(9) 개의 삼각형이 만들어져 있다. 모퉁이
의 안으로는 생명의 꽃을 나타내는 6각형이 만들어지고, 6각형을 이루는
꼭짓점은 일곱 개로 이루어졌다. 이렇게 볼 때 테트락티스에서는 삼각형
의 도형을 바탕으로 전체 10점9각(十點九角)의 생명나무에 따른 구조를
만들고, 안으로는 생명의 꽃을 나타내는 7점6각(七點六角)을 만들어 놓고
있는 것이 발견이 된다.
　10점9각과 7점6각의 이와 같은 체계는 천부체계도에서도 그대로 나타
난다. 허실(虛實)의 수(數)가 되는 대일(大一)이 세 개의 단계별(지극계,
분별계, 타락계)을 통해 9와 10을 이루고, 과정의 결과로써 삼신과의 합
일을 통해 7점6각을 만들어 놓고 있기 때문이다. 이 때문에 테트락티스
와 천부체계도를 통해서도 우리는 생명나무를 통해 생명의 꽃을 피우고
있는 모습과 만나게 되어 있다.

천부경으로부터 만들어진 천부체계도와 함께 테트락티스가 1~10을 통한 원리와 생명의 중심에 7점6각을 만들어 내고 있다는 것은 두 개의 개체가 뜻하고 있는 바가 똑같다는 것을 나타낸다. 그런 까닭에 천부체계도는 테트락티스와 다름이 없기에 우주의 본질을 설명하는데 있어 벗어남이 없고, 테트락티스의 경우도 천부체계도의 원리와 다르지 않기에 근본 가르침을 말함에 있어 벗어남이 없다. 이와 같기에 두 개의 체계는 우리에게 암시하는 바가 크다고 하겠다.

특히 천부체계도와 테트락티스가 생명나무의 체계를 통해 생명의 꽃을 피우고 있는 것은 생명의 완성을 의미한다. 천부체계도와 테트락티스가 이처럼 생명나무의 체계를 통해 생명의 완성에 목적을 두고 있기에 신성 기하학의 의미를 담고 있는 영화 레옹의 OST를 통해서도 깨달음의 성취를 위해 기회를 잡게 해줄 뿐 아니라, 가능한 결과에 대한 법칙을 제시해 준다고 하였다. 그런가 하면 우리가 가야할 바를 숫자들이 이끌어주게 된다고도 말하였다.

The sacred geometry of chance
기회의 신성한 기하학
The hidden law of a probable outcome
가능한 결과에 대한 숨겨진 규칙
The numbers lead a dance
숫자들이 춤을 이끌지

- Shape of My heart -

깨달음의 길과 생명의 법칙을 가지고 있는 천부체계도와 테트락티스, 그렇다면 여기서 나타나는 7점6각에 있어서 여섯 개의 삼각형에는 어떤 의미가 있는가에 대해 궁금하지 않을 수 없다. 여섯 개의 삼각형과 함께

518

나타나고 있는 일곱 개의 꼭짓점에 대해서도 마찬가지이다. 우선 여섯 개의 삼각형으로 나타나는 것을 보게 되면 그 모습이 생명의 꽃인 여섯 개의 꽃무늬와 다윗의 별과 같은 모습의 숫자로 구성되었다는 것은 생명의 근원을 나타내고 있다고 볼 수 있다. 이러한 까닭에 여섯 개의 삼각형을 만들어 내고 있는 육각별이 부적과 같은 역할로도 사용이 되면서 호신(護身)을 위한 도구로도 이용이 될 수 있었다. 그래서 탈무드에서는 히란야와 얀트라에서 나타나는 6각형의 구조를 가지고 솔로몬왕이 귀신을 쫓고 천사를 소환했다고 한다. 마찬가지로 아랍권에서도 6각형 구조를 이용해 악마를 쫓는 도구로 사용을 했다고 전해진다.

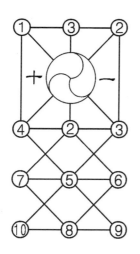

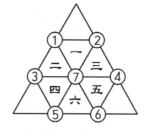

〔7점6각의 테트락티스〕
천부체계도(天符體系圖)인 천궁에서
7점6각을 이루듯이 테트락티스에서도
10수를 통해 중앙에 7점6각을 이룬다

일곱 개의 꼭짓점에 대해서도 잠시 알아보면 칠(七)이라는 것은 1~9의 양수(陽數) 중에 가장 생명력이 강함을 나타낸다. 이는 양수인 9의 경우는 9금(九金)이란 의미에서 알 수 있듯이 한풀 기세가 꺾긴 모습을 지니고 있기 때문이다. 하지만 이와는 다르게 7은 오행에서 7화(七火)로 나타나고 있듯이 가장 강한 생명력의 상징이다. 이와 같기에 운삼사성환오칠에서 6이 생명의 꽃을 피우는 역할이었다면 7은 그 꽃이 황금빛이 되어 사방으로 번져나가게 되는 생명력의 상징이 될 수가 있었다. 이것이 미륵세계(彌勒世界)에서 말하는 용화(龍華), 즉 생명의 근원에서 나오는 빛의 꽃이기도 하다.

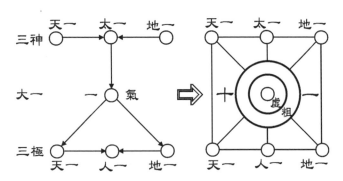

〔一氣의 분화와 통일이 된 모습의 7점6각〕
세 개의 원형은 허조동체인 후천일기가
선천일기를 감싸는 모습

운삼사 성환오칠에서 만들어진 7점6각에서의 7을 원리로 보게 되면 이 것은 삼신의 회복과 성명쌍수에 의한 정(精)이 궁극에 이르러 서로 함께 동체(同體)가 되어 허조동체인 후천일기(1)를 만들게 될 때에 대지의 자궁에 해당하는 6수(六水)[1]와 만나 7火(1+6=7)가 되면서 이루어진 것이다. 이와 같기에 7이란 수련의 과정에서 이룬 후천일기(1)가 천궁(6)에 진입한 결과로서 나온 것이기에 '생명의 꽃(6)'이 '빛(1)'을 얻어 황금빛(7)의

---

1) 6수(六數)가 대지의 자궁인 천궁을 나타내는 까닭은 천부경의 81자 가운데 정중앙에 자리를 잡고 있을 뿐 아니라, 大三合六生七八九에 있어 생수(生數)와 성수(成數)를 연결해주는 역할을 통해서도 알게 된다. 이 때문에 숫자 6은 세계의 중심인 10과는 다르게 생명(一氣)을 품는 생명중심의 역할이 될 수 있었다.

모습으로 되었다는 것을 나타낸다. 그런 까닭에 7이란 인간의 궁극적 완성이요, 제2의 태양과 같은 거발환의 존재가 되었다는 것을 나타내어주기도 한다.

〔천부체계도(天符體系圖)〕

삼신과 삼극이 일기를 중심으로
둘러싸고 있는 모습이 보인다.
삼신의 위로는 일신과 대허가
있으며, 삼극(지극계)의 아래로는
분별계와 타락계가 있는 까닭에
칠점육각을 이루는 일기(一氣)를
중심으로 무한계와 유한계가
고리를 이루고 있는 것을 보여준다.

지금까지의 내용으로 보아 천부경인 천부체계도와 피타고라스의 테트락티스는 생명나무가 황금빛인 생명의 꽃을 피운 모습의 신성 기하학을 나타낸다. 그 목적에 있어서는 빛의 존재인 거발환을 이루는데 있기에 생명의 꽃(6)을 회복해 생명력의 상징인 황금의 빛(7)을 만드는데 있다. 이 때문에 삼극(三極)에 있어 天一인 1양(一陽)은 천궁에서 7火[1]를 통해 완성되고, 地一인 2음(二陰)은 천궁에서 6水[2]를 통해 성취하게 되어 있다. 그래서 환인천제(桓仁天帝)께서는 아버지의 도(道)에 해당하는 천부경의 결론인 7점6각의 깨우침 속에서 천하를 교화시킬 수가 있었던 것이다.

> 환인씨는 한 번 변화하여 7(七)이 되며,
> 두 번 변화하여 6(六)이 되는 운(運)을 계승하여
> 오로지 아버지의 도(道)를 사용하여
> 천하에 쏟으매 천하가 이로부터 교화되었다.
> 桓仁氏 承一變爲七, 二變爲六之運 專用父道而注天下 天下化之.
> 〈삼신오제본기〉「고려팔관기」

4. 운삼사 성환오칠과 인존칠성(人尊七星)

운삼사성환오칠(運三四成環五七)은 운(運)과 환(環)이 말해주고 있듯이 3(三)과 4(四)의 움직임을 5(五)와 7(七)로 고리를 이루어 둘러싸자는데 있다. 그런데 이것은 운삼사 성환오칠이 기하학적 도형으로 만들어지게 되어 있다는 것을 말한다. 이렇게 해서 만들어지는 도상(圖象)이 칠점육각(七點六角)이다.

운삼사 성환오칠에서 三, 四와 五, 七에 의해 만들어지는 7점6각은 천궁(天宮, 6)을 회복함과 동시에 천궁에서 허조동체를 통해 만들어진 후천일기(1)를 얻은 상태를 나타낸다. 이 때문에 7점6각의 도상은 후천일기(1)

---

[1] 7火는 1, 3, 5, 7, 9인 양수(陽數) 중에 가장 양기(陽氣)가 강함을 나타낸다.
[2] 6水는 2, 4, 6, 8, 10인 음수(陰數) 중에 가장 음기(陰氣)가 강함을 나타낸다.

를 통해 내 자신인 선천일기(0)가 천궁(6)을 회복한 상태인 7점(七點, 7=1+6)을 만들어 놓게 됨에 따라 내 자신이 빛(光)의 존재가 되었다는 것을 나타내기도 한다.

특히 7에 해당하는 광휘(光輝)를 얻게 됨은 하늘과 땅의 가운데 우뚝 서게 되는 인존칠성(人尊七星)이 되었다는 것을 나타낸다. 인존칠성이 되면 하늘땅의 가운데에서 무한계의 하늘과 소통하는 빛나는 빛을 얻게 되어 있기에 현상계에 이르기까지 그 밝음을 잃지 않게 되어 있다. 이 때문에 인존칠성이 된다는 것은 현실 세상 속에서도 물질에 가리어지지 않는 밝음을 지니게 된다는 것을 말한다.

7점6각의 도상에 대해 다시 한 번 보자면 북방 1水로부터 시작한 나의 생명이 세계의 중심인 10수(十數)를 기점으로 후천일기(1)를 만들게 될 때에는 생명의 중심인 천궁(6)에 진입하게 된다는 사실이다. 이 때문에 여섯 개의 삼각형은 회복이 되고, 후천일기(1)를 얻은 상태가 되기에 7점(七點, 7=1+6)은 만들어지게 되어 있다. 그러면 7점으로 인해 천궁은 밝음으로 가득 차게 되는데, 이것은 후천일기에 의해 밝음(7火, 성령불)이 왕성해지기 때문이다. 이러하기에 하백(1水)은 7월 7일 날로부터 후천일기(1)를 얻어 생명의 통일(6)을 나타내는 용궁에 들어가 자신의 왕성함(7=1+6)을 나타내기라도 하듯이 사해용왕을 거느릴 수 있었던 것이다.

하백(河伯)이 용궁에 들어가 사해용왕을 거느릴 수 있게 되었다는 것은 이른바 선천일기인 자아의식(0)이 현상계로 처음(1水)으로 나와 분화의 길을 걷다 구도자(10)가 되어 순수자아인 후천일기(1)를 얻어 생명의 통일(6水)을 나타내는 천궁에 진입하였기 때문이다. 이 때문에 밝음(7=1+6)을 통해 무의식의 세계를 지배하게 되었으니, 이것은 곧 도통(道通)을 했다는 이야기와 같다. 그래서 〈회남자〉「제속편」을 보면 옛날에 풍이(馮夷)가 도(道)를 얻었기에 용궁에 해당하는 큰 하천에 숨어 있다고 전하기도 했다.

옛날에 풍이(馮夷, 하백)는 道를 얻어 큰 하천에 숨어 있다.
(昔者馮夷得道 以潛大川)

풍이가 도(道)를 얻었다는 것은 즉, 근원으로 돌아갔기 때문이다. 이와 같이 내 자신이 후천일기(1)를 이루어 천궁(天宮)인 대지의 자궁(6)으로 돌아가는 것은 선천일기(0)의 회복을 통해 道(7)를 얻게 되는 의미가 있다. 道를 얻게 되면 드디어 천궁에서 북극성(太乙天)과 고리를 이루는 인중천지일을 이루게 되는데 이것은 '북두칠성(北斗七星)의 인간'이 되었다는 것을 말한다. 이러한 까닭에 무한계와 유한계를 연결시키는 태초의 인간, 아담카드몬(Adam Kadmon)[1]이란 말이 나오기도 하였다.

지금까지의 내용으로 보아 7(七)은 성취자(1+6=7)가 되어 천궁(天宮)에서 북극성을 연결하는 고리의 역할을 하게 됨에 따라 인존칠성의 상징으로 나타날 수 있었다. 그런데 이와 같음은 무형인 하늘(3)과 유형인 땅(4)의 합(合)으로도 7이 나오게 되면서 인존칠성의 역할이 더욱 강조되고 있는 것을 알게 된다. 그러므로 7이란 수행세계에 있어 최상의 깨달음에 상징으로까지 삼기도 했던 것이다.

7점6각(七點六角)이 우리에게 전해주는 메시지는 네 자신이 수행을 하여 후천일기(1)를 얻게 되면 생명의 통일(6)을 통해 선천일기를 회복하게 됨으로 해서 천상의 광명(光明, 7=1+6)을 얻게 된다는 것이다. 그런 까닭

---

1) 아담 카드몬(Adam Kadmon) : 아담 카드몬은 타락이전의 태초의 인간, 즉 천상의 인간을 나타낸다. 그런데 이는 원초적인 인간일 뿐 아니라, 타락의 길을 극복하고 신인합일을 이룬 천지인삼재의 대우주인(大宇宙人)을 나타내기도 한다. 그래서 아담 카드몬을 세피로트(생명나무)의 나무가 완성되어 있는 모습이라고도 말한다.

에 천상의 광명을 나타내는 숫자 7은 하늘과 부합된 성령감화(聖靈感化)의 수(數, 7=1+6)로 나타나기도 함에 따라 7이란 나로 하여금 기름 부은 자가 되게 한다. 7점6각이 전해주는 메시지가 이와 같기에 네 자신이 생명의 통일을 이루어 무한계와 함께하는 광휘(光輝)를 얻게 될 때에는 시공을 뛰어넘게 되어 있다. 그러므로 운삼사성환오칠은 우리로 하여금 완성된 인간이 되게 하는 크나큰 비의(秘義)를 담고 있다고 해도 무리는 아니라고 본다.

【생명의 근원을 나타내는 뱀】
근원으로부터 세 개의 잎사귀가
나오는 것이 삼일철학을 나타내는 듯하다.

【일곱 개의 알을 품고 있는 뱀】
생명의 자궁(6)과 생명의 본체(一氣)가
하나가 되어 일곱을 이루고 있는 모습의 뱀

【창조주로 알려진 칠두사】
물이나 땅 속에 있는 것으로 표현되는
머리가 일곱 달린 신성한 뱀

12,000~15,000년 경
나칼 명판에 새겨진 부호(符號)들

일묘연만왕만래(一妙衍萬往萬來)

一妙衍萬往萬來 (ilmyoyeon man-wang manlae)
일묘연만왕만래

하나가 오묘하게 넓혀지며 무수히 가고 무수히 오게 되느니라.
One is mysteriously proliferated and is to go countless and come countless.

◉ mysteriously : 신비롭게. proliferates : 급증하다. countless : 무수한, 셀 수 없이 많은

하나(一)는 一氣를 말한다. 이 일기가 오묘하게 넓혀져 무수히 가게 됨은 우리의 삶이 성명정(性命精)과 심기신(心氣身), 그리고 감식촉(感息觸)으로 확장되어 가게 됨을 의미한다. 하지만 여기서 멈추지 않고, 무수히 돌아오게 됨은 인생의 막다른 길목에서 다시 돌아오게 됨을 말한다. 그 과정은 감식촉, 심기신, 성명정을 통해 되돌아오게 되어 있다.

One is 一氣. The mysterious expansion of this 一氣(il-gi) means that it proliferates to 性命精(Nature, Life, and Essence), 心氣身 (heart, life force, and body) and 感息觸(feeling, breath, and contact). But not stopping here, and coming back countless, means coming back from the dead end of life. The process is supposed to return through 感息觸(gam, sig, chog), 心氣身(sim, gi, sin), 性命精(seong, myeong, jeong).

◉ expand : 펴다, 펼치다. countless : 셀 수 없는. dead : 죽은. supposed : 상상된, 가정의. through : 무엇을 통하여

526

1. 두 개의 소용돌이는 구도와 득도(得道)의 길

세계의 곳곳에서 발견되는 태극문양은 음과 양이라는 두 개체가 함께 붙어 회전하는 모습이다. 그런데 이와는 달리 하나의 개체가 소용돌이치는 모습도 여러 곳의 암벽화 등에서 발견이 되기도 한다. 특히 가야의 철갑옷에서 나타나는 두 개의 소용돌이는 의미심장하기까지 하다.

〔가야의 철갑옷〕   〔영화, 판의 미로〕

가슴팍에 새겨놓은 소용돌이! 그것도 철갑옷에 새겨진 두 개의 소용돌이! 과연 이것은 무엇을 나타내는 것일까? 영화(映畵) '판의 미로(Pan's Labyrinth)'를 보면 목신(木神)인 판의 이마에도 두 개의 소용돌이가 있다. 중국신화에서 정령(精靈)들의 도움을 받았다는 치우천왕, 그런데 그를 모시는 후손들의 치우부락에도 두 개의 소용돌이 모양을 밧줄로 표기해 놓았다. 그렇다면 이러한 모양이 곳곳에서 나타나는 것은 무엇인가 의미하는 바가 크지 않을 수 없다.

좀 더 의미를 좁혀 가야의 유물에서 발견되는 파형동기(巴形銅器)도 보게 되면 마찬가지로 소용돌이와 같은 모양으로 나타난다. 그 의미로는 나쁜 기운과 악을 물리친다고 한다. 이 외에 미늘쇠의 경우는 그 모양을 난새(鸞)와 더불어 소용돌이의 모양으로 표현함에 따라 소용돌이모양이 난새와 관련이 있다는 것을 나타내기도 했다. 심지어 〈부도지〉「제13장」에 나오는 구환족(九桓族)의 동북방 터전을 설정한 천하중심도(天下中心圖)[1] 에서도 1수(數)로부터 회전하여 9수가 중심에 들어와 있는 소용돌이 모습을 찾아볼 수 있다. 그렇다면 진정 그 모습은 무엇을 나타내는 것일까?

〔미늘쇠(有刺利器)〕

〔치우부락의 두 개의 소용돌이〕

많은 학자들은 소용돌이모양에 대해 힘이 모이는 곳이라고 말한다. 즉 차원의 변화를 가져오는 중심점인 것이다. 이는 세상의 한복판인 소도(蘇塗)의 가운데 있는 세계수(世界樹)를 나타냄과도 같다. 그러므로 파형동기가 지닌 소용돌이는 세상의 중심이 되는 상징을 가짐에 따라 재앙(災殃)에 반대되는 상서로운 기운을 불러들이는 의미를 지닌다.

---

1) 천하중심도(天下中心圖)에서 9가 중앙에 들어와 있는 까닭은 9가 소도(蘇塗)와 마찬가지로 세계의 중앙부분을 나타내고 있기 때문이다. 우리민족은 구환(九桓), 구려(九黎), 구이(九夷) 등으로 불렸듯이 9를 대표하는 민족이다. 한민족은 이처럼 9를 대표하기에 세계의 중앙부분에 있는 민족이었다. 《산해경》에서 동이족을 꼬리가 아홉 달린 구미호라고 했던 것도 이와 무관하지가 않다. 혹자는 구환족(九桓族)을 아홉 부족으로 구성되었다고 여길 수 있다. 하지만 9는 단순히 아홉 부족만을 말하는 것이 아닌 많음을 나타내는 뜻이기도 하다. 그러므로 9는 세계의 중심부분에 있는 민족이요, 가장 큰 나라를 나타내기도 한다. 9를 중심으로 펼쳐진 천하중심도는 《정수연의 부도지》를 참조하였다.

소용돌이모양이 변화의 중심점이 된다는 의미로 보아 의례용(儀禮用) 철기로 보이는 미늘쇠에 붙은 소용돌이는 나를 세상의 중심으로 인도하고, 이로 인해 근원으로 연결시켜 지혜를 발현하게 하는 의미로도 해석이 가능하다. 마찬가지로 천하중심도의 경우도 '세계의 중심부분(9, 蘇塗)'에 있는 세계수(世界樹, 10)로 나를 인도하는 상징을 가졌고, 세계수의 뿌리가 되는 근원을 통해서는 근원적 지혜를 얻게 되는 의미를 가진다. 그러므로 두 개의 소용돌이는 나를 변화의 중심점으로 인도하고, 다시 근원으로 연결시켜 지혜를 얻게 함에 따라 이것은 근원으로 돌아가게 하는 상징물임을 나타낸다.

이 소용돌이 모양을 한 동제품은 이번에 한국에서 처음으로 발견되었습니다

〔스이지가이 조개〕   〔파형동기〕

파형동기 원형(原形)은 스이지가이 조개라고 한다. 이 조개를 상카라 하고, 인도에서는 나쁜 기운과 악을 물리친다고 알려져 왔다. 또한 대기(大氣)를 정화시키는 의미도 있다고 전한다. 일본 오키나와에서는 이 조개를, 집안에 들어오는 재앙을 물리치는 부적으로 사용하기도 했다고 한다.

두 개의 소용돌이가 나를 세계의 중심으로 연결시키고, 세계의 중심을 통해 근원으로부터 지혜를 얻게 하는 것은 깨달음의 세계로 인도하는 것과 같다. 그렇다면 이와 같은 차원의 소용돌이가 문화 속에서는 어떻게 이해되어 펼쳐졌는가를 이전에 잠시 알아본 가야의 철갑옷과 치우부락의 모양, 그리고 영화 '판의 미로'에서 나타난 소용돌이를 통해 다시 한 번 알아볼 필요가 있다고 본다.

가야의 철갑옷과 치우부락에서 나타난 모양을 견주어보면 그 공통점은 전쟁(戰爭)이다. 이는 가야의 철갑옷이 전쟁을 나타내듯이 치우천왕도 전쟁의 신(神)으로 일컬어졌기 때문이다. 판의 미로와 치우부락에서 나타나는 모양과도 견주어보면 정령(精靈)이라는 공통점을 가졌다. 이는 판이 정령이듯이 치우천왕도 정령들로부터 힘을 얻어 전쟁을 승리로 이끌었다고 알려져 있기 때문이다.

〔부도지에서 나타난 동북중심〕

〔소용돌이 문양 암벽화〕

먼저 전쟁에 의미를 살펴보면 전쟁은 승자가 되느냐, 패자가 되느냐 하는 갈림길이다. 이 길에서 승자가 되기 위해서는 삶에 집착으로부터 벗어나 죽음을 초월하는 마음이 우선적으로 갖춰져야 한다. 그래야만이 생사를 거는 싸움에서 온갖 지혜를 낼 뿐 아니라 물러섬이 없기 때문이다.

전쟁에서의 마음가짐은 삶을 살아가는데 있어서도 필요하다. 죽음을 초월하는 자세는 우리로 하여금 성공하는 삶을 살아가게 하기 때문이다. 수행의 세계에서는 백척간두(百尺竿頭)에 갱진일보(更進一步)라는 말이 있다. 수행자가 이러한 자세를 갖춰야만 성공할 수 있기 때문이다. 이와 같이 전쟁에서 두 개의 소용돌이가 뜻하는 바는 우리의 삶이 성공을 이루기 위해서는 죽음을 초월하듯이 형체도 존재도 잊는 망형망재(忘形忘在)하는 구도자와 같은 삶이 되어야 한다는 것이다. 그래야만이 비로소 생명의 본질로부터 근원적인 지혜를 얻게 되듯이 성공하는 삶을 살 수 있기 때문이다.

〔바이킹 영주의 토르의 망치〕
하랄드 블루트스 왕의 것으로
알려진 천둥신 토르의 부적 망치.
토르의 망치는 산을 평지로
만들 수 있는 힘(力)의 상징,
그런데 그 힘을 부여하듯이
소용돌이모양이 보인다

두 개의 소용돌이모양을 정령(精靈)과 관련해서도 살펴보면 그것은 만물의 현상과 본질에 있어 현상만이 전부라고 하는 생각을 넘어 본질이 지닌 정령을 자각하게 한다. 그래서 덧없는 현상에 머물지 말고 본질을 보기 위한 세계수(世界樹), 즉 구도자(求道者)로 탈바꿈하게 만든다. 구도자가 되면 드디어 본질과 하나가 되기 위한 길을 가게 되는데, 이것은 정령과의 소통을 나타냄에 따라 세상의 변화를 미리 알게 되는 경지에 이르게 한다. 그러므로 두 개의 소용돌이에서 나타나는 정령에 대한 의미는 본질을 보기 위한 구도자가 되게 함이요, 만물의 변화조짐을 미리 아는 신묘한 존재가 되게 하는데 있다.

두 개의 소용돌이가 나로 하여금 세계수가 되어 구도의 길을 통해 근원에 이르게 함으로써 지혜를 얻게 하고, 신묘한 삶을 살게 하는 것은 신성(神聖)의 삶을 살게 하는데 있다. 그런데 여기서 멈추지 않고, 더 나아가 사물의 본질과도 소통하는 단계에 이를 뿐 아니라, 만물의 근원인 정령들의 세계를 통제하는 단계에까지 이르게 될 때에는 자연의 변화현상을 이용할 수 있는 조화(造化)의 단계에까지 이른다. 그래서 〈태백일사〉「신시본기」에서는 치우천왕이 전쟁에서 초자연적 현상인 안개를 일으켰다고도 했던 것이다.

〔김유신장군의 묘비석〕
양쪽 상판에 두 개의
소용돌이모양이 뚜렷하다.
가운데 연꽃모양은 생명의
근원에서 얻게 되는 황금 꽃인
용화(龍華)를 나타내는 듯하다.

지금까지의 내용으로 보아 두 개의 소용돌이모양이 뜻하는 바는 구도자가 되게 하고, 근원세계와 일체감을 갖게 하여 무형인 빛으로 인해 현실에 막힘이 없는 삶을 살게 하는데 있다. 이와 같기에 죽음을 초월하여 많은 전쟁을 승리로 이끌었고, 막힘이 없는 근원적 힘인 신병(神兵)들로부터 영적인 힘을 받은 것으로 알려진 김유신장군도 구도자가 되어 근원세계와 일체감을 갖게 됨에 따라 그의 묘비석인 상판에서도 두 개의 소용돌이모양이 발견이 된다.

장군의 업적은 629년 고구려의 낭비성을 공략할 때 홀로 적진을 돌격해서 무려 적장을 3명이나 베고 돌아왔다. 이후 적은 인원으로도 비담과 염종의 반란군을 진압하고, 백제의 12개 성(城)을 빼앗는 능력을 보이기도 한다. 장군의 이러한 업적 뒤에는 만물의 근원을 알고, 정령의 세계와 통했기에 가능했다는 이야기가 있다. 장군께서는 이처럼 신령함이 있었기에 죽기 전에 신병(神兵)들이 장군의 집을 떠났다는 이야기와 사후(死後)에 신병들을 이끌고 미추왕릉(味鄒王陵)에 나타났다는 이야기가 전해오기도 한다.

《삼국사기》에 기록된 김유신장군의 이야기를 보면 장군은 태어났을 때 북두칠성이 등에 새겨져 있었고, 17세 때에는 무술연마를 위해 중악(中嶽)의 석굴에 들어가 수련했다고 한다. 그러던 중에 난승(難勝)이라고 하는 범상치 않은 노인으로부터 비법(秘法)을 전수 받았다고 전해진다. 이후 세월이 흘러 늙은 거사(居士)와도 친분이 있었다고 하는데 그는 《삼국유사》의 기록에 의하면 주술(呪術)을 통해 대력신(大力神)들을 자유롭게 통솔하는 밀본법사(密本法師)라는 신통술을 가진 인물이었다.

김유신장군과의 관계에 있어 빼놓을 수 없는 인물이 또 한 명 있다. 그는 징심록추기(澄心錄追記)에서 전하고 있는 백결선생의 증손 마령간(麻靈干) 선생이다. 선생은 김춘추와 김유신공이 미천(微賤)하였을 때 백결선생의 도(道)를 가르치고, 항시 부도통일론(符都統一論)을 설하며 외래의 법을 극력 배척했다고 한다.[1] 이것으로 볼 때 김유신공께서도 천부사상

---

1) 〈징심록추기〉「제7절」에 의하면 최치원선생도 후세에 마령간선생의 집안으로부터 배움을 얻었다고 한다.

을 배우고, 부도통일론을 받아들인 것으로 여겨진다.[1]

미천했던 시절 마령간선생으로부터 배움을 익히고, 비범한 인물인 난승과의 인연, 그리고 신통력을 가진 법사와 친분이 있었던 김유신장군은 그 행실에 있어서도 남달랐다. 그래서인지 고구려 땅에 들어가 군량을 수송하기 전의 모습을 보게 되면 목욕재계하고 영실(靈室)에 들어가 문을 잠그고 홀로 앉아 향을 피우고 여러 날 밤을 지낸 후에야 나왔다고 한다. 이러했기에 장군께서는 여러 장병들에게 적진에 나아가 뜻하는 바를 이루기 위해서는 마음으로 맹세하고 하늘에 고하여 신명(神明)의 도움이 있기를 원해야 한다고 말하기도 했다. 뿐만 아니라 "무릇 장수가 된 자는 반드시 위로는 천도(天道)를 얻고, 아래로는 지리(地理)를 얻고, 중간으로는 인심(人心)을 얻은 연후에라야 성공할 수 있다"라고 말하기도 하였다. 장군께서는 이처럼 만물의 근원을 알기에 영실(靈室)에 들어가 홀로 앉아 향불을 피우기도 했고, 만물의 근원과도 교통이 있었기에 신명(神明)의 도움을 언급한 것으로 보인다.

장군께서 만물 속에 정령이 있는 것을 알고, 초월적 세계에 대해서도 알았다는 것은 남들과는 달랐다는 것을 말한다. 장군께서는 이처럼 남들과는 달랐기에 만왕(萬往)하는 현실적 삶 속에서 구도자의 삶을 살고, 만래(萬來)하는 구도자의 삶 속에서 뛰어난 업적을 이룰 수가 있었다. 장군의 이러한 삶에 모습은 두 개의 소용돌이가 뜻하고 있듯이 근원을 알기에 덧없는 현실을 초월하고, 근원과 하나가 되었기에 신명조화를 이루는 삶을 살 수 있었던 것이다.

---

[1] 김유신공은 삼국통일을 통해 축소된 영토만을 찾고자 했던 인물이 아니었다. 통일신라의 국경선이 '지금의 연변 용정시 부근'이었다는 점을 감안하면 장군께서는 고구려의 전성기에는 미치지 못하였으나, 한민족의 웅대한 기상을 잃지 않았던 것으로 보인다. (인하대 고조선연구소와 이덕일소장은 통일신라의 국경선은 지금의 원산만 이남지역이 아니라 중국 길림성 용정시 부근이라고 하였다.)

2. 모자곡옥에 나타난 81수

천부경을 보게 되면 생명사상을 담고 있는 것을 알게 된다. 이는 생명의 근원인 일기(一氣)를 바탕으로 좌우를 거느린 중일(中一)을 통해 만물을 낳는 체계를 갖추고 있기 때문이다. 이와 같은 체계는 뿌리를 중심으로 줄기가 좌우로 가지를 뻗는 형태의 나무와 같기에 천부경은 생명나무의 모습으로 나타나기도 한다.

생명나무에 있어서 뿌리가 되는 부분은 만물의 근원이 되는 일기(一氣)이다. 이 일기는 사람에게 있어서는 순수한 자아(自我)를 나타내기에 생명의 근원이 되는 정령(精靈)으로 일컬어지기도 한다. 그런데 이러한 정령이 물형(物形)으로 나타나게 될 때에는 용(龍)으로 상징이 된다. 이는 용이 생명의 근원을 나타내고 있기 때문이다.

〔마야의 케찰코아틀〕　　〔귀면와 국립경주박물관 소장〕

순수한 자아와 정령으로 상징이 되는 용은 만물의 근원으로 일컬어지기에 여러 문명권에서 나타나기도 한다. 마야문명에서 보이는 케찰코아틀은 날개달린 뱀이며, 용으로도 부른다. 이 케찰코아틀의 양쪽 귀를 보면 소용돌이모양으로 나타난다. 마찬가지로 신라시대 용의 얼굴 형상인 귀면와(鬼面瓦)에서도 소용돌이모양이 나타나고 있다. 이는 입에서 뿜어져 나오는 김의 모습과 얼굴주변의 털들이 소용돌이모양으로 되어 있기 때문이다. 이런 점에서 보아 용은 만물의 근원을 나타냄에 따라 근원으로 가기 위한 소용돌이의 모양을 지니기도 하였다.

요하문명인 홍산문화에서 나타나는 옥룡(玉龍)의 경우는 그 모습이 굽어 있다고 하여 붙여진 이름이 곡옥(曲玉)이다. 그런데 이 모양은 가장 기초적 소용돌이의 형태를 가졌다. 그런 까닭에 자궁 속에 있는 태아의 모습을 닮아 있다. 뿐만 아니라 옥룡은 꼬리를 물고 있는 뱀을 연상시키고 있어 생명의 근원적 상징과 함께 마침과 시작이 있는 종시(終始)를 나타내기도 한다. 이와 같기에 용(龍)은 만물을 낳고, 만물의 근원이 되는 대지의 자궁인 용궁(龍宮)의 주인으로도 나타날 수 있었다.

〔홍산문화 옥룡(玉龍)〕
옥룡은 생명의 근원을
나타내는 대표적 옥기이다

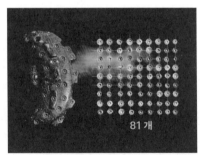

〔경주국립박물관소장 모자곡옥〕
모자곡옥에 81개의 홈이 있는 것은 천부경이
생명철학에 기반을 두었다는 것을 말해준다

특히 천부경과 관련이 있다는 것을 보여주는 옥룡이 발견되기도 했는데, 〔국립경주박물관〕에 보관 중인 모자곡옥(母子曲玉)을 보면 81개의 홈이 있다. 이것은 모자곡옥이 용으로 상징되어 81개의 비늘을 나타내는 것이지만 천부경을 대표하는 수(數)로도 나타나고 있다는 점은 천부경이

나 용이 생명의 근원과 관련하여 서로 관계되어 있는 것을 보여준다. 더욱이 변하지 않는 옥(玉)으로 용의 모양을 만든 것은 천부경이나 옥룡이 불멸하는 영원한 생명을 나타냄과 같다. 그러므로 천부경과 옥룡은 생명의 근원과 불멸의 세계와도 관련이 있다는 것을 알게 한다.

용에 대한 이야기로는 용의 자식이 아홉이라는 용생구자(龍生九子)[1]의 설도 있다. 그런데 이는 천부경의 가르침과 같은 아홉수의 분화와 동일함을 나타낸다. 뿐만 아니라 용의 아홉 자식이 각각 그 모습과 성격이 다르며, 그 성격에 맞는 장소에서 각자 활약하나 용은 되지 못한다는 '용생구자불성룡(龍生九子不成龍)'이란 말도 있어 용과 천부경의 가르침과는 아주 밀접하게 관련이 있다는 것을 보여준다.

천부경의 내용에서도 보게 되면 지극계인 天一①, 地一②, 人一③과 분별계인 天二④, 地二⑤, 人二⑥, 그리고 타락계인 天三⑦, 地三⑧, 人三⑨이 각기 위치에 따라 다른 성격을 나타내고, 아홉 개의 개체가 일기(一氣)에 미치지 못하고 있기에 용생구자 불성룡의 의미와 너무나 똑같다는 것을 알게 된다. 이것으로 볼 때 천부경과 용과의 관계는 떼려야 뗄 수 없는 일체의 관계임을 말해주기도 한다.

용의 자식이 아홉이라는 용생구자의 설이 있듯이 용은 그 모습도 아홉 마리 동물의 형태를 각기 닮았다고 한다. 그렇기에 얼굴은 낙타, 뿔은 사슴, 눈은 토끼, 몸통은 뱀, 비늘은 잉어, 발톱은 매, 귀는 소, 배는 조개, 발바닥은 호랑이를 닮은 것으로 나타난다. 이로 보건대 용의 형태는 등에

---

1) 용생구자설(龍生九子說)은 명나라 때 호승지(胡承之)가 지은 '진주선(眞珠船)'이란 책에 나온다. 아홉 아들은 다음과 같다.
1. 비희(贔屓) : 비석 장식의 용. 2. 이문(螭吻) : 건물 용마루 장식의 용. 3. 포뢰(蒲牢) : 종(鐘) 윗부분 장식의 용. 4. 폐안(狴犴) : 법정이나 옥문(獄門) 장식의 용. 5. 도철(饕餮) : 청동기에 새겨 놓은 용. 6. 공복(蚣蝮) : 물을 가로지르는 다리에 장식하는 용. 7. 애자(睚眦) : 칼이나 창에 새기는 장식의 용. 8. 산예(狻猊) : 향로에 새겨진 사자를 닮은 용. 9. 초도(椒圖) : 문고리장식의 용

81개로 솟아 있는 큰 비늘이 한 줄로 늘어서 있을 뿐만 아니라, 아홉 마리의 동물에 형태도 가지고 있는 점으로 보아 천부경을 중심주제로 하여 용의 모습이 만들어졌다는 것을 알려준다.

용(龍)과 관련해서 〈한비자(韓非子)〉의 「설난(說難)」에서는 역린(逆鱗)이란 명칭이 보인다. 그 내용에서 용이란 동물은 유순하여 길들이면 타고 다닐 수 있으나, 턱밑에 한 자나 되는 역린(거꾸로 솟아난 비늘)이 있어 그것을 건드리면 반드시 죽임을 당하게 된다고 하였다.

역린에 대해 《한비자》에서는 군왕(君王)에게도 있다고 비유하였지만 본래 그 의미는 천부경에서의 일시무시일 일종무종일과 관련이 있다는 것을 알게 된다. 이는 턱밑의 비늘이 81개의 비늘 중에 딱 하나만 역린으로 되어 있어 아홉수분화의 천부경에 있어서 시작하나 시작하지 않음과 같고, 마치게 되나 마치지 않음과 같기 때문이다.

《한비자》에서는 역린인 그것을 건드리면 반드시 죽임을 당하게 된다고 했는데, 이는 생명의 근본이 되는 一氣를 얻게 되면 세속적인 인간으로서의 삶을 마치게 된다는 의미가 있기 때문이다. 더 나아가 생명의 본체가 되는 용을 길들이면 타고 다닐 수 있다고 했는데, 이것은 일기를 얻게 되면 신선(神仙)의 경지에 오르게 된다는 의미가 담겼기 때문이기도 하다. 그러므로 역린 속에는 세속적인 나를 죽이고, 일기를 얻게 될 때에는 신선의 모습으로 탈바꿈하게 된다는 의미가 담겨져 있다.

천부경과 관련하여 용의 상징에 대해 좀 더 알아보면 용은 이무기를 거쳐 용이 된다고 한다. 이무기가 용이 되기 위해서는 여의주(如意珠)를 만들어 내게 되는데, 이것은 하늘에 오르고 비와 구름을 움직일 수 있는 조화(造化)를 얻기 위해서이다. 그렇다면 용에게는 자신이 성장해가는 만왕(萬往)의 기간이 있다는 것을 알려준다. 이것은 이무기를 거치지 않고서는 비상하는 용이 될 수 없기 때문이다.

이무기가 성장을 하면 이제는 만래(萬來)를 위한 과정으로 비상을 꿈꾸며 여의주를 얻기 위한 공력을 드리게 된다. 이것이 《천부경》에 있어서 10수(十數)를 바탕으로 참나(眞我)를 얻기 위한 과정이다. 그러다가 수행자가 참나를 얻게 되듯이 용(龍)도 여의주를 얻어 비상하게 되어 있다. 그러면 드디어 나의 본래에 모습인 참나를 회복하여 무한세계 속에 노닐게 되듯이 용도 여의주를 얻으면 천상(天上)을 자유롭게 굽이친다. 이와 같이 천부경의 가르침과 용의 성장하는 모습은 동일하다. 그러므로 용의 여러 모습 속에서도 우리는 천부경의 원리를 발견하게 되는 것이다.

3. 너희는 하나님과 같이 되리라

《성경》에서 창세기를 보면 선악나무(善惡木)와 생명나무(生命木)가 나온다. 선악나무는 아담과 하와가 그 열매를 따먹게 됨에 따라 에덴동산을 떠나게 만든 나무이다. 반면에 생명나무는 영생을 가져다주는 나무이다.

여호와 하나님이 그 땅에 보기에 아름답고
먹기에 좋은 나무가 나게 하시니 동산 가운데에는
생명나무와 선악을 알게 하는 나무도 있더라.
〈창세기〉「2장 9절」

창세기를 보면 삶과 죽음을 나타내는 두 나무 중에 선악을 알게 하는 나무의 실과(實果)는 따먹지 말라고 여호와가 경고하는 내용이 나온다. 하지만 하와는 뱀의 유혹에 빠져 선악과를 먹고, 남편인 아담에게도 나누어 주어 먹게 한다.

여자가 뱀에게 말하되 "동산 나무의 실과(實果)를 우리가 먹을 수 있으나 동산 중앙에 있는 나무의 실과는 하나님의 말씀에 너희는 먹지도 말고 만지지도 말라 너희가 죽을까 하노라" 하셨느니라. 뱀이 여자에게 이르되 "너희가 결코 죽지 아니하리라. 너희가 그것을 먹는 날에는 너희 눈이 밝아 하나님과 같이 되어 선악을 알 줄을 하나님이 아심이니라."

〈창세기〉「3장 2~5절」

　창세기(創世記)의 내용을 좀 더 살펴보면 뱀의 유혹에 의해 그들은 실과를 먹고 눈이 밝아지자 자신들의 몸이 벗은 줄을 알게 된다. 여기에 더하여 잉태하는 고통도 받게 되자 아담과 하와는 에덴동산을 떠나게 되고, 흙으로 돌아가 농사짓는 수고를 짊어지게 되었다. 그런데 위의 내용에서 보듯이 그들은 흙으로 돌아갔지만 눈이 밝아 하나님과 같이 되어 선악(善惡)을 분별하는 안목이 생긴 것이다. 그러자 여호와는 이들이 선악을 아는 일이 우리와 같이 되었으니 그가 손을 들어 생명나무 실과도 따먹고 영생할까하여 에덴동산 동편에 화염검(火焰劍)을 두어 생명나무의 길을 지키게 한다.

　우리는 《성경》의 이와 같은 대목에서 에덴동산은 영생이 있는 곳, 선악의 구별이 없는 곳, 눈이 밝지 않기에 사물의 현상을 정확히 볼 수 없는 곳, 잉태가 없으니 역사가 없는 곳이라는 것을 알게 된다. 그렇다면 그곳은 무한계가 지배하는 세계이다. 반면에 선악과를 먹고 눈이 밝아짐에 따라 삶과 죽음이 있고, 선악의 분별과 현상계가 펼쳐지고, 잉태와 더불어 역사가 이루어지게 되는 세계는 유한의 세계이다.

　《성경》에서 무한과 유한의 두 세계가 있다는 것은 우주(宇宙)에는 영생(永生)의 길이 있고, 죽음의 길이 있다는 것을 말한다. 그런데 여호와는 무한세계에 머무는 자이면서도 눈이 밝아 사물을 정확히 보고, 선악을 분

540

별할 뿐만 아니라 영생을 하는 자이다. 그렇다면 이것은 잉태를 하기에 죽음이 있는 현상계와 잉태가 없기에 죽음이 없는 무한계, 그리고 잉태가 있으면서도 영생을 하는 조화(造化)의 세계가 있다는 것을 나타낸다.

우리가 일반적으로 알게 되는 세계는 무한계와 유한의 세계이다. 하지만 여호와는 분별이 있는 현상세계에 놓여 있어도 영생을 하게 되고, 영생을 하면서도 선악이 있는 현상계에 거주하는 자이다. 그렇다면 여호와가 거주하는 세계는 무한 속에서 현상을 자각하고, 현상을 누리면서도 무한에 거주하는 도통(道通)의 세계를 말한다. 이와 같기에 이 세계는 저절로 이루어지지 않는다. 현상세계를 자각할 수 있도록 잉태의 고통과 흙을 파는 수고로움이 있어야 하고, 무한세계와 함께 하는 근본에 이르게 될 때만이 가능한 세계이다.

사람이 수고로움을 짊어지게 된다는 것은 선악(善惡)이 있는 현실세계에 놓이게 됨을 말한다. 이는 육신이라는 몸을 지탱하기 위해서는 음양으로 존재하는 두 대립의 세계를 벗어날 수 없기 때문이다. 대신 이때에는 현상계를 살아가게 되기에 사물을 분별하는 눈이 밝아지게 되어 있다. 하지만 현상계는 삶이 있으면 죽음이 있듯이 현실세상은 영원할 수가 없다. 이 때문에 영생을 갈구하는 사람들은 더 이상 죽음의 길로만 향하는 선악나무의 길을 멈추고, 생명나무의 열매를 다시금 찾게 됨에 따라 이를 막기 위해 여호와는 더 이상 에덴동산으로 들어와 생명나무의 실과(實果)를 따먹지 못하도록 화염검(火焰劍)을 두어 지키게 했던 것이다.

화염검을 두어 생명나무를 지키게 했다는 것은 더 이상 선악나무를 멀리해야하는 계율의 엄중함을 따르지 않는 자에게는 영생의 길에 들어서지 못하게 하고자 했다는 것을 말한다. 더불어 너희는 선악을 분별할 수 있는 눈이 밝아졌기에 더 이상 무한세계가 지배하는 에덴동산에 들어 올 수 없다는 것을 나타낸다. 이것은 너희가 분별의 세계에 떨어지지 않도록 진리에 순종해야 하고, 죽음의 세계에 떨어지지 않는 거듭난 존재가 될 때만이 에덴동산에 다시 들어 올 수 있다는 것이다.

거듭나지 않고서는 들어갈 수 없는 신성불가침(神聖不可侵)이 있고, 신의 계율을 지킬 때만이 들어갈 수 있는 그 길은 신의 세계와 인간계가 엄연히 다르다는 것을 말한다. 다시 말해 신의 무리가 된다는 것은 아무나 들어갈 수 있는 길이 아니고, 거듭남과 더불어 계율을 중시할 때만이 갈 수 있는 세계임을 이야기한다. 그런 까닭에 우리가 에덴동산으로 돌아가기 위해서는 거룩하고 존귀한 존재로 거듭나야 하고, 계율을 지키는 수행자의 삶을 살지 않을 수가 없다. 그래야만이 우리 자신은 불멸의 삶과 함께 시공에 장애가 없는 도통의 세계에 도달할 수 있기 때문이다.

우리로 하여금 우리 자신을 위대하게 하는 생명나무의 길은 내 자신을 거듭나게 함과 계율에 순종해야 하는 수련(修鍊)을 통해 이루어진다. 이러한 법칙에 의해 영생을 얻게 되면 장차 여호와와 같은 경지에 이르게 되어 있다. 이와 같기에 우리는 처음에는 분별이 있는 만왕(萬往)의 길을 갈 수밖에 없지만 수련을 통한 거듭남 속에서 신의 무리가 되어 생명나무의 실과(實果)를 따먹기 위해서는 만래(萬來)의 길을 가지 않을 수가 없다. 그래야만이 여호와와 같이 영생을 누리면서도 현상에 걸림이 없는 삶을 살 수 있기 때문이다.

− 안과 밖이 교차하며 돌아가는 뫼비우스의 띠 −

용변부동본(用變不動本)

用變不動本 (yongbyeon budong bon)
용변부동본

쓰임은 변하지만 근본은 움직이지 않도다.
the function changes but the origin doesn't move.
◉ function : 기능, 작용. Changes : 변하다, 달라지다. move : 움직이다

작용의 변화는 一氣가 첫 번째(天一, 地一, 人一), 두 번째(天二, 地二, 人二), 세 번째(天三, 地三, 人三)의 단계로 확장이 됨을 의미한다. 하지만 근본은 움직이지 않는다. 이것은 본질적인 一氣(ilgi)가 무한세계와 한 몸(一體)이 되어 존재하기 때문이다.

Changes in function mean that 一氣 expand to the first(天一, 地一, 人一), second(天二, 地二, 人二) and third(天三, 地三, 人三) stage. But the origin is not moving. This is because the fundamental the 一氣(ilgi) exists as one with an infinite world.

◉ expand : 펴다, 펼치다, 확장하다. exists : 존재하다. fundamental : 근본적인. infinite : 무한한, 무수한

1. 무진본(無盡本)과 부동본(不動本)의 차이

정의(定義) :

　무진본(無盡本)은 본질이 다함이 없는 것을 말함이요, 부동본(不動本)은 본질이 움직임이 없는 것을 말한다. 무진본은 속세에 떨어져도 본래의 모습은 충만함으로 가득하기에 우리의 삶이 죄악으로 덮여 간다고 해도 본래의 모습은 부족함이 없다는 것이다. 그런 까닭에 세속의 티끌이 내려앉지 않도록 깨어 있는 삶을 살 수만 있다면 부처와 같은 삶을 살게 될 것이라는 것이 무진본이 알려주는 가르침이다. 부동본은 속세에 떨어져도 본래의 모습은 움직이지 않기에 그가 죄악으로 떨어진 것은 단지 허상(虛像)에 불과할 뿐 본래의 모습은 죄악으로 떨어질 수가 없다는 것이다. 그런 까닭에 현재의 너의 모습은 순간의 허상일 뿐이니, 근본으로 돌아가기 위한 삶을 살 수만 있다면 부처가 되는 길은 그리 멀리 있는 것이 아니라는 것이 부동본이 알려주는 가르침이다.

1) 무진본(無盡本)

　무진본은 육신을 가지고 속세에 떨어져도 그 본래의 모습은 충만하기에 항시 밝은 빛으로 넘쳐남을 말한다. 이와 같음은 본래모습인 일기가 허조동체(虛粗同體)로서 생명의 근원을 이루고 있기 때문이다. 일기가 이처럼 생명의 근원을 이루고 있는 까닭에 다함이 없고, 마르지 않고, 부족함이 있을 수 없다는 것이 무진본이 지닌 의미이다.

　무진본은 본질이 다함이 없기에 밝음과 신성함으로 항시 넘쳐 있게 된다. 이 때문에 외부적 물질에 의해 아무리 둘러싸여진다고 해도 어둡지 않고 퇴보함이 없기에 그 빛남은 영원히 사라지지 않는다. 이러한 상황을

544

비유적으로 말한다면 밝은 태양에 아무리 어둡게 먹구름이 덮인다고 해도 태양의 본래 모습은 그대로일 수밖에 없다. 이는 먹구름만 사라지면 태양은 본래 모습 그대로 세상을 밝게 비출 수 있기 때문이다.

불가에도 이와 비슷한 내용이 있다. 육조 혜능대사(慧能大師)가 있을 당시 스승인 5조(五祖) 홍인대사가 제자들에게 각자 공부한 것을 게송(偈頌)으로 지어 오라고 지시를 내렸다. 그래서 신수대사(神秀大師)가 마음을 거울에 비유하여 아무리 두텁게 먼지가 쌓이고 티끌이 묻는다고 해도 먼지와 티끌만 닦으면 거울의 본래모습은 그대로라고 말한바가 있다.[1]

당시 신수대사의 게송을 들은 육조 혜능은 먼지와 티끌만 닦으면 된다는 것을 뛰어넘어 마음을 나타내는 거울이라는 것이 본래 허상인지라, 한 형상이 없는데 어찌 티끌과 먼지가 내려앉을 것이냐고 말한바 있다.[2] 이것은 먹구름에 가리어지고 아니 가리어지고 할 것 없이 머무르고 작용하는 마음이 없는데 어찌 티끌이 내려앉고, 먹구름에 가리어질 수 있겠느냐는 것이다.

혜능이 마음인 거울을 신수와 같이 머무르고 작용하는 것으로 본 것이 아닌, 텅 비어 있는 것으로 보았다는 것은 부처에게는 한 형상이 없기에 머무르고 작용하는 중생들의 마음이 일어날 수 없다고 보았기 때문이다. 그러니 어찌 번뇌의 먹구름이 일어날 수 있겠느냐는 것이 혜능의 생각이었다. 다시 말해 거울과 같은 마음과 본질이 되는 본래마음(菩提心)이 텅

---

1) 身是菩提樹(신시보리수) 心如明鏡臺(심여명경대) 時時勤拂拭(시시근불식) 勿使惹塵埃(물사야진애)
   이 몸은 깨달음의 나무요, 마음은 밝은 거울의 받침대와 같네. 때때로 부지런히 털어내고 닦아, 티끌과 먼지가 묻지 않게 해야 하리라.
2) 菩提本無樹(보리본무수) 明鏡亦非臺(명경역비대) 本來無一物(본래무일물) 何處惹塵埃(하처야진애)
   깨달음은 본래 나무가 없고, 밝은 거울 또한 받침대가 아니네. 본래 한 물건도 없는데, 어느 곳에 티끌과 먼지가 들러붙으리오.

비어 있는데 어찌 티끌이나 먼지가 내려앉을 수 있겠느냐는 것이다.

　혜능과 신수의 이야기는 본래의 마음에 티끌이 내려앉지 않고, 먹구름이 끼이지 않게 하는 방법론에 대한 차이이다. 마음의 장애를 일으키는 것을 밖에 있다고 본 것이 신수이고, 마음의 장애를 일으키는 것은 머무르는 마음에 있기에 나의 안에 있다고 본 것이 혜능이다. 다만 여기서 중생심(衆生心)인 머무르는 마음이 있는 한 장애는 계속 됨에 따라 애초에 머무는 마음을 없게 하자는 혜능의 생각이 옳게 받들어져 혜능은 선종(禪宗)의 6조(六祖)가 될 수 있었다.

　우리는 혜능의 견해를 통해 느낄 수 있는 것은 마음을 비워 번뇌망상의 먹구름이 내려앉지 않는 깨어 있는 마음으로 살 수만 있다면 현상에 좌우됨이 없기에 시공을 초월한 무한계에서 노닐 수 있게 된다는 사실이다. 이것은 본래의 우리에 마음이 어둠에 떨어질 수 없는 밝음과 다함이 없는 충만함으로 가득하기 때문이기도 하다. 이 때문에 우리는 번뇌망상이 내려앉지 않도록 머무르는 마음을 항시 비우는 삶을 살도록 해야 한다. 그래야만이 빛으로 충만한 부처의 삶을 살 수 있기 때문인 것이다.

　신라시대에 무애인(無碍人)으로 살았던 원효(元曉)는 다함이 없는 충만함 속에서 깨어있는 삶을 살고, 현실을 초월하는 활연대오(豁然大悟)를 하였기에 사찰에서 붓을 꺾고 망태기를 둘러매고 나서 속세로 나올 수 있었다. 그에게는 이제 속세에 머물러도 물들지 않는 텅 비움과 속세와 불법이 둘이 아닌 하나의 경지에 있었기에 깨달음을 전할 일과 대중을 향한 보살행만이 기다리고 있었을 뿐이다.

　원효대사 못지않은 선가(仙家)에서 가장 이름이 널리 알려진 인물 중에는 여동빈(呂洞賓)이 있다. 그도 수명에 제한이 없는 선천일기(先天一氣)의 본질을 알아 되돌려 회복함으로 해서 생사(生死)에 고뇌하는 세속적인 삶을 벗어날 수 있었기에 신선(神仙)의 경지에 오를 수 있었다. 그래서 그는 천지와 소통하는 호호탕탕(浩浩蕩蕩)함과 더 이상 육신의 죽음에 두려움이 없기에 속세에 내려와 창생들과 함께 어우러지며 불사(不死)의 길을 알려주었다. 그 과정에서 독보적인 많은 글을 남기어 천추에 남을 공덕을 쌓기도 하였다.

불가(佛家)와 선가(仙家)의 두 대표적인 인물이 보살행위와 공덕을 펼친 것은 깨달음이나 밝음을 얻으면 더 이상 수행의 터전이 필요 없었기 때문이다. 달리 말해 속세의 바다에 떨어져도 신성(神性)을 잃지 않고, 육신의 죽음에서 벗어난 불사(不死)의 삶을 살게 되었기에 그들의 터전은 이제 법당(法堂)과 도방(道房)이 아닌 세상이었다. 이제 이들에게 남은 일은 창생들을 깨우쳐 부처가 되게 하고, 신선이 되는 가르침을 전해줄 일만 남은 것이다.

❑ 무진본(無盡本)의 결론 :

근본이 다함이 없어 충만함으로 가득한 것이 무진본이다. 무진본이 이처럼 부족함이 없는 충만함으로 가득함을 나타내기에 우리의 삶은 메마르고 어두워질 수가 없다는 것을 말한다. 그런 까닭에 본질이 지닌 충만함을 알아 나의 존재가치를 떨어트리지 말고, 항시 깨어 있는 삶을 살자는 것이 무진본이 추구하는 삶이다. 무진본의 삶이 이와 같기에 그 길은 우리로 하여금 더렵혀지지 않는 성스러운 삶을 살게 하고, 본질에 막힘이 없는 니르바나(nirvana, 涅槃)의 경지에 있게 하는 것이다.

"그는 비록 생사의 세계에 있다 해도
그 자리에서 항상 열반의 세계에 들어가며,
항상 육진(六塵) 번뇌의 수고로운 세계에 거처한다 해도
길이 청정한 깨달음의 세계에 거처한다."

– 종경록(宗鏡錄) –

2) 부동본(不動本)

부동본은 우리의 인생이 변화무쌍한 삶을 살고, 다시 죽음을 맞이한다고 해도 그 본래의 세계는 움직임이 없는 것을 말한다. 이는 우리의 삶이 일기(一氣)로부터 분화되어 확장이 되어갈 뿐, 일기는 본체가 되어 움직이지 않기 때문이다. 이러한 까닭에 우리의 인생이 오욕(五欲)에 쩌들어가고, 노년기를 맞이하여 죽음에 이르게 되더라도 그 본래의 세계인 일기는 죄악으로 떨어질 수 없고, 죽음에 이르지 않는다. 그러므로 부동본이 전해주는 가르침은 현재의 모습 속에 감추어진 밝게 빛나는 본질을 자각하여 본질로 되돌아가는데 있다.

부동본에 있어서 본체가 움직이지 않는 까닭은 절대순수인 허조동체(虛粗同體)로 되어 있기 때문이고, 현상계에 좌우되지 않는 근원을 이루고 있기 때문이다. 이 때문에 부동본에 있어 본체는 밝음을 지닐 수밖에 없고, 그 밝음을 지닌 채 움직임이 없기에 무소부재(無所不在)하고, 불생불멸(不生不滅)[1]하며, 천하만사(天下萬事)에 통할 수밖에 없다. 이것은 우리의 본질이 고요함 속에서 밝음을 얻은 중도(中道)[2]의 상태이기 때문임

---

[1] 불생불멸(不生不滅)에 대해 함축되어 있는 글은 〈화엄경〉「수미정상계찬품」에 나와 있다.

> 일체 만법이 나지도 않고(一切法無生)
> 일체 만법이 없어지지도 않는다.(一切法無滅)
> 만약 이렇게 알 것 같으면(若能如是解)
> 모든 부처가 항상 나타나 있다.(諸佛常現前)

이 내용에 대해 성철스님은 "불교의 골수이며, 결국 팔만대장경이 그리 많고 많지만 한 마디로 축소하면 불생불멸이다"라고 말하기도 했다.

[2] 불교에서 말하는 중도(中道)란 양쪽 좌우로 치우침이 없이 조화(調和)를 이루고 있는 상태가 아닌, 양쪽 좌우로 나뉘기 이전 무한계인 무형과 유한계인 유형이 절대순수의 상태에서 서로 하나로 혼재되어 있는 상태를 말한다. 이때가 되면 고요함 속에서 밝음을 얻은 상태가 되고, 이로 인해 움직임이 없는 가운데 무소부재와 불생불멸, 그리고 천하만사에 통하게 되어 있는 까닭에 중도란 일기의 세계와 다르지 않다.

을 말한다. 그런 까닭에 부동본은 우리 모두의 마음속에는 부처가 있다는 것을 알려주기에 충분하다.

우리의 마음속에는 부처가 있지만 속세의 삶이란 육신에 의지하여 살아가기에 죽음을 향해 달려갈 뿐, 본질의 위대함을 자각하기 쉽지가 않다. 우리의 삶이 이처럼 분화를 향해 달려만 가기에 현상계의 나는 본질로부터 멀어져 속세에 물들어가는 망령(妄靈)된 존재가 될 수밖에 없다. 그렇지만 어느 순간 크게 깨어남이 있을 때, 우리는 현재의 모든 것이 사라져가는 허상(虛像)일 뿐이라는 자각이 일어난다. 이때가 되면 움직이지 않고, 죽음이 없는 본래의 모습에 대한 회귀의 마음이 발동하기도 한다.

사람이 회귀의 마음을 갖게 되면 일기와의 합일을 위해서 性命精, 心氣身, 感息觸인 어둠의 장막을 걷어내고자 한다. 그러면 빛나는 밝음을 얻게 되어 속세에 머물러도 물들어 오염되지 않는 삶을 산다. 그렇기 때문에 부동본의 삶이란 자신의 본래모습을 자각하여 되찾음으로써 더 이상 속세에 떨어지지 않는 삶을 살자는 데 있다. 그러므로 내 자신의 본래모습이 부처와 神仙임을 자각하여 이를 회복하는데 있는 것이 부동본의 삶이다.

우리는 어느 순간 밝게 빛나는 본질을 자각하고, 크게 깨어나 닦음의 길을 가게 되는 것인가? 그것은 물질이 소멸되어 가듯이 모든 만상(萬象)이 덧없음을 알게 되는 때이다. 그 시작점이 우선 만물의 변화현상과 삶

〈주역〉「계사전 上」에서도 보게 되면 적연부동(寂然不動) 감이수통(感而遂通) 천하고(天下之故)라고 하여 "고요히 움직임이 없으면 사물에 감응하여 드디어 천하만사의 참된 원인에 통달한다"고 했다. 그런데 여기서의 핵심은 고요함을 얻은 이후 밝음을 이루어야만 한다. 그렇지 않으면 중도(中道)가 이루어질 수 없고, 사물과의 통함이 이루어지지 않는다. 이것은 수행을 통한 득양(得陽)의 상태가 이루어지지 않으면 안 되기 때문이다. 그래서 〈주역〉「계사전 上」에서는 "천하의 지극히 신묘한 존재가 아니고서야 누가 이러한 경지에 참여할 수 있겠는가?(非天下之至神 其孰能與於此)"라고 하여 밝음을 얻은 신묘한 존재가 될 때만이 천하만사에 통하게 되어 있다고 했던 것이다.

의 전체 모습인 생로병사를 크게 자각하는데 있다. 이렇게 되어야 드디어 시간 속에서 살아져가는 모든 것과 세상의 욕망만을 좇다가 늙고 병들어 죽어가는 우리의 가엾은 인생을 알게 되면서 내 자신을 크게 깨어나게 할 수 있기 때문이다.

무지(無知)로부터 해방과 인생의 덧없음을 알게 되면 삶과 인생에 대해 어떻게 살아야 할 것인가 하는 갈급증이 일어난다. 그러면 만물의 본질에 대해 탐구하는 구도자(求道者)로 탈바꿈하게 된다. 이로부터 근본마음을 가리는 티끌을 벗겨내면 밝음을 얻게 되기에 현상계에 걸림이 없는 삶을 살게 되어 있다. 이와 같기에 근본마음은 움직이지 않는다는 부동본(不動本)이 우리에게 가르쳐주는 교훈은 밝음을 얻어 움직임이 없는 가운데 천하만사에 통하게 되는 우리의 본질을 바르게 알아, 꿈결 같은 현상계의 욕망으로부터 벗어나 본질을 회복하기 위한 수도인(修道人)의 삶을 살라 하는 것이다. 그래야만이 어둠 속에서 벗어난 해탈의 삶을 살 수 있기 때문이다.

❑ 부동본(不動本)의 결론 :
내 자신은 속세에 물들어 가게 되나, 속세에 물들지 않는 절대적 존재가 내 안에 있다. 그것은 빛나는 빛으로 충만한 일기(一氣, 眞我)이다. 밝은 빛으로 되어 있는 일기가 이처럼 내 안에 존재하기에 물거품처럼 사라져가는 모습의 뒤에 숨겨진 참모습에 대한 자각과 함께 본질로 되돌아가게 하는 것이 부동본의 핵심이다.

年年歲歲花常似　　歲歲年年人不同
人面不知何處去　　桃花依舊笑春風

"해마다 꽃은 늘 변함없이 같으나

해마다 사람은 그 모습이 같지 않네.
사람의 얼굴은 어느 곳으로 가는지 알 수 없으나
복숭아꽃은 옛날처럼 봄바람에 웃고 있네."

- 義湘大師 悟道頌 -

2. 의상대사의 법성게와 부동본

   의상(義湘)의 법성게(法性偈)는 《화엄일승법계도(華嚴一乘法界圖)》로 나
타난다. 7언 30구의 210자로 되어 있는 문구(文句)는 그가 창안한 도안
(圖案) 속에서 시작과 마침이 하나로 연결되어 있고, 그것은 시작과 마침
이 없는 구절로 나타나기도 한다.

   의상대사의 법성게 첫 구절을 보면 법(法)으로 시작해 불(佛)로 끝이 난
다. 법성(法性)으로부터 시작해 부처가 되는 것으로 끝이 난다는 것은 시
원적 시작을 통해 완성된 마침이 있게 됨을 알려준다. 하지만 그 본질은
시작도 없고 마침도 없는 것으로 돌아가야 함을 알려주기도 한다. 그래서
무엇보다 중요한 구절은 마지막에 나오는 문구로서

   "마침내는 진여 법성 중도 자리 깨달으니
   본래부터 부동하여(변함없어) 이름하여 부처라네"
   (窮坐實際中道床 舊來不動名爲佛)

라는 구절이다. 이 구절은 진여(眞如) 법성(法性)을 얻어 깨달음을 얻고
보니 본래에 있던 자기 자리로 돌아왔을 뿐이요, 그동안의 과정이 찰나의
한 생각으로부터 비롯된 물거품에 지나지 않았다는 것을 말한다. 그런 까
닭에 결국 움직인 것은 찰나의 한 생각이었을 뿐, 본래의 나는 움직인 것

이 아니었다는 이야기이다.

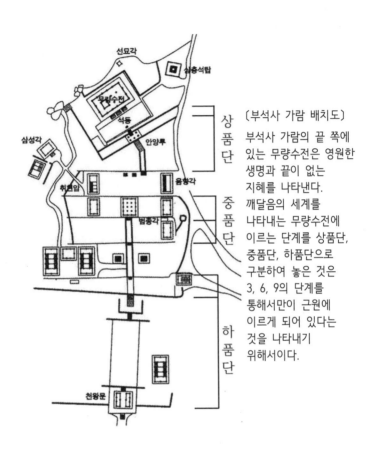

(부석사 가람 배치도)

부석사 가람의 끝 쪽에 있는 무량수전은 영원한 생명과 끝이 없는 지혜를 나타낸다. 깨달음의 세계를 나타내는 무량수전에 이르는 단계를 상품단, 중품단, 하품단으로 구분하여 놓은 것은 3, 6, 9의 단계를 통해서만이 근원에 이르게 되어 있다는 것을 나타내기 위해서이다.

부동하기에 이름하여 부처라는 말은 진여 법성인 부처는 본래부터 움직일 수 없는 것이기 때문임을 말한다. 그런데 이와 같음은 천부경에서의 부동본과 같은 의미이다. 천부경에서의 용변부동본도 결국 작용은 변하지만 근본은 움직이지 않는다고 했기 때문이다. 그러니 너의 현재 모습은 찰나의 모습일 뿐, 한량이 없는 본래의 모습만이 부처라는 것을 천부경에서도 알려준다. 그러므로 화엄일승법계도가 되었든지 아니면 천부경이 되었든지 그 의미는 본래부터 그 자리에서 움직이지 않았던 너의 참모습인 법성(法性)을 자각하여 현재의 모습이 한 생각의 찰나임을 깨우쳐, 시작되지도 않고 마침도 없는 그 자리로 돌아가야 한다는 것이다.

화엄일승법계도와 관련하여 의상대사의 숨결이 깃든 영주에 있는 부석사(浮石寺)의 축단(築段)도 보게 되면 상중하(上中下)인 셋에 각기 상중하마다 다시 셋을 포함하고 있는 삼배구품(三輩九品)[1]인 구품왕생(九品往生)[2]의 논리에 적용하여 가람을 배치한 것을 보게 된다. 가람을 삼배구품으로 배치한 것은 법(法)으로 시작하여 불(佛)로 끝이 나는 길이 삼배구품에 있고, 마치게 되나 마침이 없는 곳이 무량수전임을 나타내고 있기 때문이다. 이와 같기에 부석사의 축단배치에 경우도 화엄일승법계도와 관련이 있을 뿐 아니라, 석삼회(析三回) 아홉수인 천부경의 논리와도 동일하다는 것을 알려주고 있다.

《현대물리학과 한국철학》의 저자인 김상일교수는 화엄일승법계도에 대해 불교철학의 완성이요, 화엄불교의 꽃봉오리와 같다고 한다. 그런데 이와 같은 화엄일승법계도는 의상(義湘)이 천부사상을 지닌 한국인이었기에 가능했다는 말도 있다. 이러하기에 김상일교수는 화엄일승법계도는 화엄불교의 연꽃일 뿐 아니라, 불교를 뛰어넘기에 한국사상의 상징이 담긴 도안(圖案)이라고도 하였다.

---

1) 삼배구품(三輩九品)은 불교 정토신앙의 근본경전 중 하나인 《관무량수경(觀無量壽經)》에 나오는 교법이다. 처음에 《무량수경(無量壽經)》에서는 그 근기와 수행의 우열에 따라 다만 상배(上輩), 중배(中輩), 하배(下輩)의 세 종류로 나누었을 뿐이지만, 《관무량수경》에서는 이 삼배를 각각 상생(上生), 중생(中生), 하생(下生)의 셋으로 나누어 아홉 종류(九品)로 분류해 놓았다.
2) 구품왕생의 가르침은 아미타불 정토신앙으로부터 나왔다. 의상대사의 정토신앙은 부석사 창건으로 집약된다. 부석사는 3단으로 구획되었는데, 일주문에서부터 무량수전까지의 3단 구획은 극락에 왕생하려는 상중하 세 부류의 중생을 상징하고 있다. 이 셋을 다시 셋씩으로 나누어 구품왕생(九品往生)이라 하는데, 이것이 바로 서방정토의 현실적 구현이다.

의상대사에 의해 만들어진 도안을 보게 되면 천부경에서도 나타나고 있듯이 본체를 중심으로 3단계를 거쳐 귀일하게 되는 모습을 보여준다. 여기서 문구로만 구성하면 될 법성게를 왜 미로와 같은 도안으로 만들어 놓았을까 하는 의문이 들기도 한다. 이는 의상대사가 의도하는 뜻이 있기 때문이라 여겨진다.

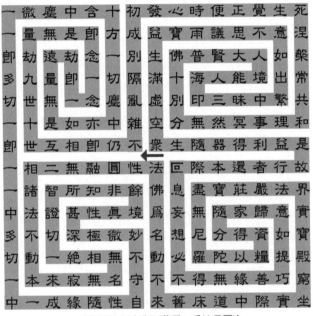

[화엄일승법계도(華嚴一乘法界圖)]
법성으로부터 시작되는 도안이 4단계를 이루고 있는 것이 보인다.
첫 번째 단계는 본체에 해당하고, 나머지는 3단계를 거치게 되어
있기에 화삼(化三)과 같은 원리를 담고 있다는 것을 알려준다.

도안을 보게 되면 본체에 해당하는 첫 번째를 제외한 세 개의 그림에는 각기 네모진 태극모양이 형성되어 있는 것이 보인다. 이러한 모습은 신라인의 눈으로 볼 때 두 개의 소용돌이로 인식되기도 한다. 그러므로

두 개의 소용돌이는 구도의 길을 통해 근본에 도달하는데 목적이 있다는 것을 알려준다.

　본체가 되는 첫 번째 그림에 대해서도 보게 되면 두 개의 소용돌이가 아닌, 세 개의 소용돌이를 만들어 놓고 있는 것을 발견하게 된다. 더군다나 그곳은 마침과 시작인 불(佛)과 법성(法性)이 마주한다. 그런 까닭에 첫 번째에 나타난 세 개의 소용돌이는 삼태극의 모습과 함께 그곳이 종시(終始)를 이루는 자리라는 것을 나타낸다. 이 때문에 첫 번째 칸에서 나타나는 세 개의 소용돌이는 본질인 일기를 나타냄에 그치지 않고, 밝은 빛을 품은 후천일기를 얻게 되어 있다는 것을 나타내어주기도 한다. 그러므로 첫 번째 칸의 소용돌이는 무량광(無量光, 한량없는 광명)을 얻어 조화(造化)를 펼치는 세계임을 알려주고 있다.

　그럼 이제 화엄불교(華嚴佛敎)에서 뿐만 아니라, 불교의 모든 가르침이 압축되어 210자로 구성된 화엄일승법계도의 구절에 대해 간단하게나마 살펴보고자 한다.

화엄일승법계도(華嚴一乘法系圖)

　法性圓融無二相　諸法不動本來寂
　법성원융무이상　제법부동본래적
　법의 성품 원융하여 두 모양이 본래 없고,
　모든 법이 부동하여 본래부터 고요하네.

□ 법의 성품인 본질은 허조동체(虛粗同體)로 되어 있어 하나(一氣)로 어우러져 있다. 이것이 각각의 속성을 잃지 않으면서 서로 걸림이 없이 원

만하게 하나로 융합되어 있는 원융(圓融)이기도 하다. 우리의 본질이 이처럼 서로의 걸림이 없는 허조동체가 되어 하나로 어우러져 있기에 분별하는 두 모습이 있을 수 없고, 사물 속에 있는 모든 본질은 움직이지 않기에 현상세계에 휩쓸리지 않는다는 말씀이다.

無名無相絶一切　證智所知非餘境
무명무상절일체　증지소지비여경
이름이 없고 모양이 없어 일체가 다 끊어지니
깨친 지혜로 알 일일뿐 다른 경계(지식)로 알 수 없네.

❑ 본체가 되는 一氣는 현상으로 나타나지 않는 체험의 세계이기에 현상세계에서는 알 길이 없다는 말씀이다.

眞性甚深極微妙　不守自性隨緣成
진성심심극미묘　불수자성수연성
참성품은 깊고 깊어 지극히 미묘하여
자기 성품 고집 않고 인연 따라 이루어지네.

❑ 참성품(眞性)은 법성(法性)과는 다르게 본질인 '법성'과 '마음'의 중간 단계로써 본질을 떠나 있으나 마음으로 드러나기 이전이다. 이와 같기에 참성품은 법성에 이르지는 못하나 마음의 단계인 집착함이 없으니 인연에 따라 움직이게 됨을 말한다.

一中一切多中一　一卽一切多卽一
일중일체다중일　일즉일체다즉일

556

하나 안에 일체 있고 일체 안에 하나 있어

하나가 곧 일체요 일체가 곧 하나라.

❑ 삼라만상을 보게 되면 '하나 안에 모든 것을 포용하고 있는 것(一中一切)'을 알게 되고, '많은 것 안에는 하나가 있는 것(多中一)'을 알게 된다. 이것은 집일함삼과 회삼귀일의 원리와 같다는 것을 느끼게 한다. 본체인 일기(一氣)의 경우 모든 것을 머금고 있기에 하나 속에 모든 것을 포용하고 있는 것과 같고, 모든 것은 본체인 일기로부터 시작된 것과 같기에 많은 것 안에는 본질이 되는 하나가 있는 것과 같기 때문이다. 이 때문에 하나 안에는 모든 것이 있기에 '하나는 곧 일체(一卽一切)'와 같고, 많은 것 안에 본질이 되는 하나가 있기에 '많은 것은 곧 하나(多卽一)'와 같다고 말한 것이다.

위의 내용에 대하여 쉽게 살펴보면 하나 안에 일체가 있는 것은 씨앗 속에 모든 것의 모습이 포용되어 있어 하나의 씨앗은 모든 것과 같고, 일체 안에 하나가 있는 것은 많은 것 안에 본질이 되는 하나의 씨앗이 있어 많은 것은 하나의 씨앗과 같다는 이야기이다. 이것이 하나가 셋(전부)을 포용하는 집일함삼이요, 셋(전부)에는 하나가 내재되어 있기에 확장을 그만 멈추고 다시 본질인 하나로 돌아가게 하는 회삼귀일이기도 하다.

일중일체다중일(一中一切多中一)이 우리에게 알려주는 것은 내 자신이 만상(萬象)을 포용한 소우주이니 내 자신을 떠나서 우주(宇宙)를 말할 수 없고, 만상은 소우주인 내 자신의 드러남과 같으니 우주를 벗어나 내 자신을 말할 수 없다는 것을 말한다. 그런 까닭에 일중일체다중일이 전해주는 가르침이란 내 자신은 만상을 담고 있는 형체이니 내 자신 속에서 삼라만상의 섭리를 만날 수 있어야 하고, 만상은 소우주인 내 자신을 드러낸 모습과 같으니 삼라만상 속에서 내 자신을 발견할 수 있어야 한다는 것이다. 이것이 〈주역〉「계사전」에서 말하는 근취저신(近取諸身)과 원취저물(遠取諸物)이기도 하다.

一微塵中含十方　一切塵中亦如是
일미진중함시방　일체진중역여시
한 티끌 그 가운데 온 우주를 머금었고
낱낱의 티끌마다 온 우주가 다 들었네.

❑ 티끌의 중심에 있는 것은 본체가 되는 일기를 말한다. 이 일기는 온 우주(宇宙)를 머금고, 각기 티끌마다 본질(體)과 현상(用)이 함께 있어 각각 물질마다 온 우주를 담고 있다는 이야기이다.

無量遠劫卽一念　一念卽是無量劫
무량원겁즉일념　일념즉시무량겁
한량없는 오랜 세월이 한 생각의 찰나이고
찰나의 한 생각이 끝도 없는 겁이어라.

❑ 끝도 없는 무량겁이 한 생각의 찰나인 것은 지나온 기나긴 삶이 한 생각의 찰나 속에 담긴 것과 같다는 뜻으로, 그 한 생각에는 너의 온갖 삶에 모습이 묻어 있다는 것을 말한다. 그러니 너의 한 생각을 깨어 있게 하기 위해서는 온갖 삶을 나타내는 하루하루 깨어있는 삶을 살아야 한다는 것이다. 그래야만이 너의 한 생각은 온전해질 수 있기 때문이다.
　찰나의 한 생각이 끝도 없는 겁이라는 것은 찰나의 한 생각이 끝도 없는 무량겁으로 드러난(확장된) 것과 같다는 뜻으로, 그 무량겁에는 너의 찰나의 한 생각에 바탕을 두고 있다는 것을 말한다. 그러니 너의 온갖 삶

558

에 모습을 깨어 있게 하기 위해서는 한 생각이 일어나는 순간순간 깨어 있는 삶을 살아야 한다는 것이다. 그래야만이 너의 삶은 온전해질 수 있기 때문이다.

九世十世互相卽　仍不雜亂隔別成
구세십세호상즉　잉불잡란격별성
세간이나 출세간이 서로 함께 어울리되
혼란이 없이 정연하게 따로따로 이루었네.

❏ 속세와 깨달음의 경지가 따로 있는 것이 아닌 한 생각에 의해 나뉘게 됨이니, 속세와 깨달음은 항시 일체(一體)로 붙어 다님을 말한다. 혼란이 없이 정연하게 따로따로 이루었다는 것은 속세와 깨달음인 그 방향이 서로 달리하기에 혼란이 없이 질서가 있다는 것이다. 그러니 지금 이 순간 어떤 발심을 일으키느냐가 중요할 뿐이라는 경계의 말씀이다.

初發心時便正覺　生死涅槃常共和
초발심시변정각　생사열반상공화
처음 발심한 때가 바른 깨침을 이룬 때요,
생과 사와 열반 경계 그 바탕이 한 몸이니

❏ 발심의 시작이 부처와 하나가 되는 참마음이요, 생사열반이 나의 한 몸에서 일어나게 된다는 것이다. 그러니 구도심(求道心)을 잃지 않고 사는 것이 중요하고, 어떤 마음을 갖고 사느냐에 따라 그 결과는 나의 한 몸에서 나타나게 되어 있다는 것을 말한다.

理事冥然無分別　十佛普賢大人境

이사명연무분별　십불보현대인경

근본과 현상이 그윽하여 분별할 길 없는 것이

모든 부처님과 보살님 성인들의 경계더라.

□ 본질과 현상을 둘이 아닌 하나로 보는 자는 사(事)와 이(理)에 묶이지 않은 이사무애법계(理事無礙法界)를 통한 자이기에 그는 그윽하여 심리를 분별할 길이 없다는 말씀이시다.

能仁海印三昧中　繁出如意不思議

능인해인삼매중　번출여의불사의

부처님의 거룩한 법 갈무리한 해인 삼매

불가사의 무궁한 법 그 안에서 들어내어

□ 시공(時空)에 장애가 없는 부처님의 능력을 나타내는 해인삼매란 구도자로 하여금 시공을 초월한 눈(目)을 갖게 한다. 그러니 불가사의 무궁한 법을 얻었으면 세상을 위해 드러내야 함을 말한다.

* 해인삼매(海印三昧) : 풍랑이 없는 바다에 달(月)이 찍혀 보이듯이 부처의 마음속에는 과거와 현재, 그리고 미래의 모든 업(業 : 삶의 행적)이 똑똑히 보인다는 것을 의미한다.

雨寶益生滿虛空　衆生隨器得利益

우보익생만허공　중생수기득이익

모든 중생 유익토록 온누리에 법비(法雨)내려

중생들의 그릇 따라 온갖 이익 얻게 하네.

560

❑ 해탈을 하면 중생들을 제도(濟度)하고, 중생들의 그릇에 맞게 부처가
되는 길과 중생들 스스로가 부처임을 알게 하는 일을 하게 된다는 말씀
이시다.

是故行者還本際　叵息妄想必不得
시고행자환본제　파식망상필부득
이런 고로 수행자는 근본으로 돌아가되
망상심을 쉬지 않곤 얻을 것이 하나 없네.

❑ 본질과 현상을 떠나 있지 않고, 시공을 초월한 눈을 갖추어 중생들에
게 법비(法雨)를 내리기 위해서는 망상심을 버리지 않고서는 불가능할 뿐
이라는 말씀이다.

無緣善巧捉如意　歸家隨分得資糧
무연선교착여의　귀가수분득자량
분별을 벗어난 좋은 방편 마음대로 자재(自在)하면
보리 열반 성취하는 밑거름을 얻음 일세

❑ 무연(無緣)은 분별을 벗어남이요, 선교(善巧)는 좋은 방편이다. 그런
까닭에 분별을 벗어나 좋은 방편을 잡고, 속박이나 장애가 없다면 닦음을
통해 부처가 되는 길의 밑거름이 될 수 있다는 말씀이다.
* 선교(善巧) : 부처가 사람을 제도(濟度)할 때, 교묘(巧妙)한 방법(方法)으로
사람에게 이익(利益)을 줌.　* 捉 : 잡을 착
* 自在(저절로 있음) : 속박이나 장애가 없이 마음대로임

以陀羅尼無盡寶　莊嚴法界實寶殿

이다라니무진보　장엄법계실보전

이 말씀 무진 법문 한량없는 보배로써

온 법계를 장엄하여 불국토를 이루면서

❑ 무진법문(無盡法文)이란 화엄일승법계도를 말한다. 의상께서는 한량없는 보배인 화엄일승법계도의 웅장하고 위엄 있는 법문으로 온 세상을 교화하여 불국토를 이루자는 것이다.

窮坐實際中道床　舊來不動名爲佛

궁좌실제중도상　구래부동명위불

마침내는 진여 법성 중도(中道) 자리 깨달으니

본래부터 부동하여(변함없어) 이름하여 부처라네.

❑ 진여 법성 중도 자리는 화엄일승법계도의 첫 구절에서 나온 법성(法性)이다. 이 법성이 본래부터 부동하였다고 함은 결국 화엄일승법계도를 통해 돌아온 것은 실체적 내가 아니라, 생사문의 문턱에서 발심을 일으켜 돌아온 것일 뿐이라는 말씀이다. 한마디로 본질은 움직이지 않았으나, 찰나의 한 생각이 움직였을 뿐이라는 것이다. 그렇다면 법성(法性)으로부터 시작해 부처(佛)로 돌아온 나는 실체가 아니며, 본래부터 그 자리는 그대로 있을 뿐 단지 찰나의 한 생각에 의해 점차 업장(業障)의 먹구름이 걷혔을 뿐이라는 말씀이시다.

　법성을 어둡게 가리는 현상적인 마음이 걷히게 되면 현상세계와 마주하는 것은 오직 법성에서 나오는 밝은 빛이 있을 뿐이다. 그러면 현상적인 세계와 본질과의 사이에는 두 경계가 있을 수 없다. 그러니 이때가 되면 그의 삶은 천하만사(天下萬事)에 통하는 중화(中和)를 이룰 뿐 아니라, 어느 곳이든 존재하지 않는 곳이 없는 무소부재(無所不在)와 낳지도 죽지도 않는 불생불멸(不生不滅)을 이루게 되어 있다. 그러므로 법성에서 나오는 밝은 빛이 있으면 영원한 자유의 상태에 머무르게 되어 있다는 것을 알려준다.

■ 승랑(僧朗)이 밝힌 이제합명중도설(二諦合明中道說)

화엄사상(華嚴思想)은 깨달음의 실상(實相)을 나타내는 법화경과 달리 깨달음의 궁극적인 세계를 나타낸다. 이러한 철학적 의미를 가진 화엄사상을 드러낸 불교의 인물 중에는 의상(義湘)만이 아니라 원효(元曉)와 고구려인 승랑(僧朗)도 빼놓을 수 없다. 승랑은 450~530 경의 승려로서 그가 중국에 당도하기 전까지는 1~2세기로부터 시작된 진체(眞諦, 無)와 속체(俗諦, 有)가 하나로 묶여지지 않고 있었다. 하지만 그로 인하여 무(無)와 유(有)라고 하는 진체와 속체가 하나로 묶여지게 되었으니, 이것은 만물의 본질이라고 하는 중도(中道)의 의미를 완전히 드러낸 것이었다. 그러므로 그는 하나 속에 전체를 포용하는 일즉일체(一卽一切)의 화엄사상을 크게 발전시킨 인물이기도 하였다.

원효는 십문화쟁론(十門和諍論)에서 알 수 있듯이 그의 사상은 대립되는 모든 것이 하나에 근원을 두고 있다는 것으로부터 시작한다. 그래서 둘이 아닌 하나에 근원을 두고 있기에 불이사상(不二思想)을 주장하기도 하였다. 더 나아가 그는 중도가 지닌 원융무애함을 현실 속에서 실현하는 것을 강조했다. 그러므로 원효는 대립되는 모든 것을 중도인 한마음(一心)으로 통일시키는 이사무애법계(理事無碍法界)를 넘어 현실에서 부처의 세상이 이루어지는 사사무애법계(事事無碍法界)의 세상을 꿈꾸기도 했던 인물이다.

의상에 대해서는 화엄일승법계도에서 살펴본 것처럼 화엄사상을 210

자로 압축하여 골수를 전하였으니, 중도가 지닌 가르침에 대해서는 크게 깨우침을 얻은 분이셨다. 그런데 이러한 의상과 원효에 앞서 화엄사상을 크게 드러낸 인물이 고구려 승려 승랑이었다. 그는 원효와 의상보다 150년 이상 앞서 살았던 인물로 그에 의해 용수(龍樹)로부터 시작된 중도사상은 꽃을 피우게 되었다. 그가 밝힌 중도사상은 하나로 묶여진 유무(有無)를 밝히는데 그치지 않고, 3단계를 거쳐 설명하는데 있었다. 이것이 유무(有無, 二諦)를 합(合)하여 중도(中道)를 밝힌(明) 이제합명중도설(二諦合明中道說)이다.

　그는 첫째로 사물의 본질인 중도란 있음(有)과 없음(無)으로 이루어졌다(有無)고 했다. 이것은 일기(一氣)가 허조동체로 존재하고 있다는 것을 말한다. 둘째로 있음(有)도 아니고, 없음(無)도 아니라(非有非無)고 하였다. 이것은 일기인 허조동체가 어떤 고정된 형태로 드러남이 없다는 것을 말한다. 셋째로 있는(有) 것이 아님(非)이 아니고(不), 없는(無) 것이 아님(非)이 아니라고(不) 하였다.(非不有非不無) 이것은 일기가 지닌 허조동체가 고정된 실체가 없으나, 없는 것이 아니라는 이야기와 같다. 그런 까닭에 중도(中道)란 있음(有)과 없음(無)이 하나가 된 허조동체로 되어 있어 허(虛)를 지닌 까닭에 없음(無)이 되기도 하고, 조(粗)를 지닌 까닭에 있음(有)이 되기도 한다는 것이다. 더 나아가서는 유무(有無)가 虛하기도 하는 까닭에 있음과 없음도 아닌(非有非無) 듯 하며, 유무(有無)가 粗하기도 하는 까닭에 있음과 없음도 아님이 아닌(非不有非不無) 듯 하다는 것을 말한다.

　승랑을 통해 밝혀지고 있는 이제합명중도설의 위대함은 우리의 근본자리인 중도(中道)가 없는 듯 있는 듯 공즉시색(空卽是色) 색즉시공(色卽是空)하는 성향을 가졌다는 것을 자세히 밝히고 있기 때문이다. 이 때문에 유(有)와 무(無)의 양면에 모습을 가진 하나(一)는 有하기도 하니 사법계(事法界)로 나타났고, 無하기도 하니 이법계(理法界)로 나타나기도 했던 것이다. 더 나아가 중도설은 비유비무(非有非無)의 논리도 지닌 까닭에 有無가 하나가 되어 없기도 하니, 有無가 서로 걸림이 없는 이사무애법계(理事無碍法界)[1]로 나타나기도 했다. 그런데 여기서 멈추지 않고 중도설은 비불유비불무(非不有非不無)의 논리까지 지닌 까닭에 有無가 하나가 되어 없을 뿐 아니라 있기도 하니, 有無가 상호 구현(무한세계를 현실로 실현시키고, 현상을 무한세계에서 실현시키는 경지)하는 사사무애법계(事事無碍法界)[1]로까지 만들어 놓기도 했다. 이와 같음을 볼 때 이 제합명중도설은 판단의 4구(四句)를 통해 사법계관(四法界觀)을 만들어 놓는 계기가 되었으니 인간의 정신세계를 드러냄에 있어 그 위대함은 말로 다할 수가 없다고 하겠다.

사법계(四法界)를 통해 우리는 유무(有無)가 서로 걸림이 없는 까닭에 번뇌가 곧 보리요, 생사가 곧 열반인 원융무애(圓融無碍)함을 보게 된다. 더 나아가 중도인 본체와 현상적인 작용에 있어 일즉일체(一卽一切)와 일체즉일(一切卽一)이 됨에 따라 하나의 사물은 하나가 아니라 그대로 전 우주를 나타내고, 전 우주는 하나로부터 비롯된 것처럼 모든 것은 하나일 수밖에 없다는 결론에 이른다. 그런 까닭에 우리는 하나와 일체가 서로 연유(緣由)하여 관계를 맺는 법계연기(法界緣起)의 화엄에 세계를 알게 되어 있다. 그래서 일념삼천(一念三千)이라고도 하고, 일념호구(一念互俱)라고 말하기도 한다.

인간과 우주를 하나의 관계로 이해시킨 중도사상은 사사무애법계로까지 의식에 확장을 하게 만들게 되면서 그 위대함을 말함에 있어 고구려인 승려 승랑을 빼놓고는 말할 수가 없다. 그가 있었기에 화엄학의 기초를 세운 두순(杜順, 557 ~ 640)과 제 2대조인 지엄(智儼, 602 ~ 668)이

---

1) 불교에서 전하고 있는 이사무애법계(理事無碍法界)는 사악취선(捨惡取善)하여 제악막작(諸惡莫作)하고 중선봉행(衆善奉行)하는 바탕위에 이루어진다. 이른바 악함을 버리고, 착함을 얻어 어떤 악행도 저지르면 안 되고, 여러 선함을 받들어 행할 때 이루어지게 되어 있다는 것을 말한다. 다시 말해 분별의 세계에서 쌍차쌍조(雙遮雙照), 즉 전체적으로 크게 죽는 가운데 크게 살아나지 않는 한 절대선(善)을 이룸과 모순과 차등을 초월하는 경지에 이르기가 어렵다는 것이다.

1) 유무(有無)가 상호 구현하는 것은 엄밀히 말하면 사사무애법계와 더불어 이이무애법계(理理無碍法界)까지를 말한다. 다만 신(神)의 경지를 나타내는 이이무애법계는 별도로 두고, 현상적인 입장에서만 다루었기에 사사무애법계에 대해서만 내세웠을 뿐으로 여겨진다. 처음으로 이이무애법계에 대해 언급하신 분은 의상대사였다.

나올 수 있었고, 화엄학을 크게 일으킨 법장(法藏, 643 ~ 712)과 의상(義湘)이 존재할 수 있었기 때문이다. 뿐만 아니라 천태학(天台學)을 비롯하여 참선(參禪)과 화두(話頭)를 통해 깨달음을 얻게 되는 간화선(看話禪)도 그가 있었기에 존재할 수 있었다고 본다.

동아시아 불교의 초석을 다진 해동의 고승 승랑은 대승불교(大乘佛敎)의 중심에 서 있는 인물이다. 그의 위대함은 석가 이후 최고의 업적을 드러내었기에 그의 사상적 배경에 대해서도 생각해보지 않을 수 없다. 우리는 여기서 환국, 배달, 조선으로 이어지며 내려온 고구려의 역사를 보게 되고, 삼신일체사상이 지닌 허조동체인 일기에 대한 철학과 만나게 되어 있다. 그러므로 고구려 승려 승랑을 통해 나타나고 있는 이제합명 중도설의 근원이 되는 일시무시일 일종무종일이 지닌 위대함에 대해 우리는 다시 한 번 되돌아보지 않을 수가 없다고 생각한다.

− 경주 계림로 황금보검 −

세 개의 태극문양은 '석삼회 아홉수의 세상(용변)'을 나타냄이요,
보검의 손잡이는 '움직임이 없는 근본(부동본)'이니,
보검의 손잡이를 잡은 자는 마음의 동요가 있을 수 없다.
감정에 치우침이 없으니 바람을 가르는 칼날은 그와 함께
행함이 없는 가운데 펼쳐지는 우주의 칼춤으로 승화한다.

본심본 태양앙명(本心本 太陽昂明)

本心本 太陽昂明 (bonsimbon taeyang-angmyeong)
본심본 태양앙명

본래 마음의 바탕은 태양을 올려다보는 것과 같이 밝도다.
The essence of the original mind is bright as if it were looking up at the sun.

◉ essence : 본질, 핵심. original : 원래의, 기원, 근원
　bright : (빛이) 밝은, 눈부신

　본래 마음의 본질은 일기(一氣)를 말한다. 이 일기를 태양을 올려다보는 것 같이 밝다고 하였다. 이것은 일기가 안으로 무한세계인 삼신(三神)을 포용하고 있기 때문이기도 하다.

　The essence of the original mind is the 一氣(ilgi). It is said that 一氣 was as bright as looking up at the sun. This is because 一氣(ilgi) embraces 三神(Samsin), an infinite world.

◉ embraces : 얼싸안다, 껴안다. infinite : 무한한

1. 일기(一氣)는 본래 마음의 바탕

본심본에서 말하는 본심(本心)은 우리의 본래 마음인 성품이요, 본래 마음의 바탕인 본(本)은 일기(一氣)를 말한다. 이 일기는 허조동체로 이루어진 까닭에 허(虛)의 성향을 본받아 조교치(造敎治)를 이루는 법칙을 가졌다. 이 때문에 사람은 현상세계에서 낳는 역할의 생(生)의 과정과 기르는 역할의 장(長)의 과정, 그리고 이루는 역할의 성(成)의 과정을 밟게 되어 있다.

사람이 생(生)의 과정을 밟게 된다는 것은 생명이 탄생하게 되는 역할만이 아니라, 정신이 발현되어 깨어나게 되는 일이기도 하다. 하지만 깨어나지 못하여 지혜(慧)가 밝지 않으면 어리석어 남에게 고통을 주는 죄만 짓게 되어 있어 이때는 다함이 없는 수(數, 쌓임)의 법칙에 의해 영원토록 응보(應報)를 받게 되어 있다. 그런 까닭에 우리는 生이 지닌 위대함을 본받아 어두워질 수 있는 어리석음으로부터 벗어나 항시 깨어나는 자세가 무엇보다 중요하다.

사람이 장(長)의 과정을 밟게 된다는 것은 생명이 성장하게 되는 역할만 아니라, 정신이 발달하여 도량이 커지는 일이기도 하다. 하지만 사물을 너그럽게 용납할 수 있는 도량이 크지 못하여 덕(德)이 두텁지 않으면 좀스러워 상대의 아픔을 헤아릴 수 없어 이때는 피할 수 없는 리(理, 원리)의 작용에 의해 과보(果報)를 받게 되어 있다. 그런 까닭에 우리는 長이 지닌 위대함을 본받아 천박해질 수 있는 좀스러움으로부터 벗어나 항시 도량을 키우는 자세가 무엇보다 중요하다.

사람이 성(成)의 단계를 밟게 된다는 것은 생명이 완전체의 모습으로 이루어지게 되는 역할만 아니라, 정신이 성숙되어 주체적 성향을 갖게 되는 일이기도 하다. 하지만 주체적이지 못하여 힘(力, 굳센 행위)이 강하지 않으면 비굴한 존재가 되어 남을 속이고, 없는 죄도 얽어 넣는 자가 되기

568

에 이때는 거역할 수 없는 력(力, 힘)에 의해 업장이 자손에 이르도록 쌓여만 가게 되어 있다. 그런 까닭에 우리는 成이 지닌 위대함을 본받아 나약해질 수 있는 비굴함으로부터 벗어나 항시 주체적 성향을 갖는 자세가 무엇보다 중요하다.

만물 속에 텅 빔(虛)과 거친(粗) 것이 일체로 깃들어 있는 것은 오직 일기일 따름이요, 오직 삼신[1]일 따름이다. 다함이 없는 수(數)의 법칙이 있고, 피할 수 없는 원리(理)의 작용이 있으며, 거역할 수 없는 힘(力)의 섭리가 깃들어 있으니, 혹 선(善)하거나 선하지 않은 행동을 하게 되면 그 보답이 영원토록 작용하게 되고, 그 보답을 자연히 받게 되며, 그 보답이 자손에게까지 미치게 되느니라.

庶物之有虛粗同體者는 惟一氣而已오 惟三神而已라. 有不可窮之數하며 有不可避之理하며 有不可抗之力하야 有或善不善이 報諸永劫하며 有或善不善이 報諸自然하며 有或善不善이 報諸子孫이니라.

〈태백일사〉「삼신오제본기」

일기가 지닌 조교치의 법칙이 현상계에서 생장성(生長成)으로 펼쳐질 때는 정신이 발현되는 과정을 거쳐 정신이 발달하게 되고, 나중에는 정신이 성숙되게 되어 있다. 하지만 정신이 발현되는 생(生)의 과정에서 하늘의 성향인 지혜(智慧)가 밝으면 점차 깨우침에 이르게 되나 어둡게 되면 어리석어 남에게 고통을 주는 죄악으로 떨어져가게 되고, 정신이 발달되는 장(長)의 과정에서 땅의 성향인 덕(德)이 두터우면 점차 어짊에 이르게 되나 천박하면 좀스러워 너그러움이 없게 되어 가며, 정신이 성숙되는 성(成)의 과정에서 사람의 성향인 힘(力)이 강하면 점차 성취함을 얻게 되나

---

1) 일기(一氣)만 아니라 삼신(三神)의 경우도 허조동체로 되어 있다는 말은 허(虛)의 성향을 가지고, 조(粗)에 둘러싸여 있기 때문임을 말한다.

나약하면 비굴하여 남을 속이는 방향으로 되어 간다. 그러니 우리는 지혜를 밝게 하고, 덕을 두텁게 하며, 힘을 강하게 하도록 하는 방향으로 가지 않으면 안 된다. 그러기 위해서는 우리에게 지혜와 덕과 힘을 줄 수 있는 일기(一氣)에 점점 다가가는 삶이 중요하다. 그렇지 않으면 점점 어둠에 갇혀가는 인생이 될 수밖에 없기 때문이다.

우리가 밝은 지혜와 두터운 덕과 강한 힘을 갖추기 위해서는 생명의 본질세계로 돌아가지 않을 수 없다. 이는 본질에 가까울수록 다함이 없는 충만함으로 가득해지기 때문이다. 다만 이후에는 생명의 본질세계로 돌아가면 더 이상 분화되지 않도록 하는 것이 중요하다. 이렇게 될 때만이 어리석고, 좀스러우며, 비굴함으로 인해 죄(罪)를 짓게 되는 운명으로 떨어지지 않을 수 있기 때문이다.

내 자신이 죄악에 휘둘리지 않고, 밝음으로 나아갈 수 있는 운명의 주인공이 되기 위해서는 스스로는 절대 어두워지지 않는 일기를 회복하는 길밖에는 없다. 이것은 태양을 올려다보듯이 밝은 일기와 가까워질수록 내 자신은 밝아지게 되고, 멀어질수록 어두워질 수밖에 없기 때문임을 말한다. 그러한 까닭에 우리는 태양처럼 밝은 일기를 회복하는데 힘쓰는 삶을 살아야만 한다. 그래야 더 이상 어둠에 떨어지는 삶을 살지 않을 수 있기 때문이다.

묘향산에 은거했던 유위자(有爲子)는 만물의 주재는 나의 기(氣)가 주재하는 것에도 나타난다고 하여 이것이 집일함삼과 회삼귀일이라 말하기도 하였다. 이 말은 집일함삼이 일신(一神)에 의해 삼신을 머금게 되는 것이지만 나의 一氣에 의해서도 삼신을 머금게 되어 있기 때문임을 말한다. 마찬가지로 회삼귀일은 삼신이 일신으로 되돌아가는 것이지만 나의 몸속에서도 어둠에 가리어져가던 삼신이 다시 회복될 때에 후천일기에 의해 포용되어 근원으로 돌아가게 되어 있기 때문이다. 이와 같기에 집일

570

함삼과 회삼귀일은 대우주인 무한계의 작용에서만 이루어지는 것이 아닌, 나의 氣가 주재하는 곳에서도 이루어지는 까닭에 우리 모두는 대우주와 합일을 이루는 길을 가야만 한다. 그 길만이 우리를 영원한 죽음의 늪에서 건져낼 수가 있기 때문이다.

만물의 주재는 나의 氣의 주재에서도 나타나게 됨이니,
이것이 하나를 잡아 셋을 머금는 것이요,
셋을 모아 하나로 돌아감이다.
物之有宰는 見於吾氣之宰也니 乃執一而含三하고 會三而歸一也니이다.
　　　　　　　　　　　　　　　〈태백일사〉「삼한관경본기」

우리가 일기를 회복하여 대우주와 함께 하기 위한 삶은 삼신과 한 몸이 되는 삶이다. 이를 처음으로 완전하게 실현하신 분이 삼신일체상제(三神一體上帝)이시다. 우리가 삼신일체상제님의 경지에 이르게 되면 조교치(造教治)를 자유롭게 쓰게 되어 있다. 조교치의 경지에 이른 이를 우리는 덕혜력(德慧力)을 지닌 자라고 한다. 그래서 〈태백일사〉「삼신오제본기」에서는 광휘(光輝)를 얻어 삼신이 한 몸인 것과 같은 존재가 될 때만이 만물의 원리가 되어 덕혜력을 낳게 된다고도 하였다.

위대하도다! 삼신일체가 만물의 원리가 되고,
만물의 원리가 덕혜력을 이루게 됨이여!
높고도 크도다, (삼신일체의 원리가) 세상에 충만함이여!
현묘하도다, (삼신일체원리의) 불가사의한 운행이여!
大矣哉라 三神一體之爲庶物原理하고 而庶物原理之爲德爲慧爲力也여
巍湯乎充塞于世하고 玄妙乎不可思議之爲運行也로다.

우리가 삼신을 얻어 일기(一氣)를 회복함은 밝은 존재가 되기 위해서이다. 그런데 일기를 회복하여 밝은 존재가 될 때에는 덕혜력을 이루게 되어 있다고 했다. 그렇다면 우리가 덕혜력을 이루게 될 때에는 성품은 지혜(慧)를 펼치는 신령함이 있게 되고, 목숨은 덕(德)을 베푸는 능함을 갖게 되며, 정수는 힘(力)을 솟게 하는 통함을 얻게 되어 있다. 그러니 이때가 되면 우리는 막힘이 없는 지혜와 헤아릴 수 없는 덕과 부족함이 없는 힘을 갖추게 됨에 따라 천지인의 정신에 합당한 인물이 될 수밖에 없다. 그러므로 일기를 회복하기 위한 삶이란 우리로 하여금 신성(神聖)에 가까운 인물이 되게 하는데 있다는 것을 말한다.

2. 본심본 태양앙명과 거발환의 길

아봐타 프로그램을 창안한 해리 팔머에 의하면 아봐타(Avatar)는 고대 인도어인 산스크리트의 어원으로 (Ava)와 (Tree)의 합성어라고 한다. 이것이 뜻하는 말은 "이 땅에 내려온 화신(化身)"이다. 현대에 우리가 쓰고 있는 아봐타의 개념에 대하여 해리 팔머는 "근원으로써 자기의 삶을 창조하는 자"라고 한다.

화신에 대한 개념을 불교에서는 권화(權化)라고 한다. 이 말은 부처가 중생을 구제하려고 인간계에 사람으로 나타난 것을 말한다. 그러므로 화신이나 권화는 천상(天上)의 근원적 가르침을 들고 이 땅을 교화시키기 위해 내려온 성자(聖子)를 지칭한다.

아봐타에 대한 개념을 우리는 거발환(居發桓)이라는 명칭에서도 찾아볼 수 있다. 〈태백일사〉「삼신오제본기」를 보면 거발환이라 함은 천지인(天地人)을 하나로 정(定)한다는 뜻의 이름이라고 한다. 이것은 근원으로 돌아가 다시 근본이 되어 새롭게 시작을 이룬다는 뜻이다. 거발환이란 명칭이 이처럼 근원으로 돌아가 근본이 되는데 있기에 환국(桓國)을 처음으로 세워 근본을 이루었던 초대 환인(桓因)인 안파견(安巴堅)을 거발환이라고 했다. 이와 같은 거발환의 명칭은 초대 환웅인 배달환웅에게도 붙여졌다.

〈단군세기〉「11세 도해단군」에서는 대원일(大圓一)의 그림을 누전(樓殿)에 걸어놓고 이를 거발환(居發桓)이라 했다는 기록이 보인다. 대원일의 그림을 누전에 걸어놓고 이를 거발환이라 했다는 것은 계율을 극복하여 근원에 도달하자는데 뜻이 있었다는 것을 말한다. 이는 거발환이 천지인(天地人)을 하나로 정한다는 뜻이 있기 때문이다. 이렇게 볼 때 거발환이란 뜻은 내가 근원이 되어 빛나는 빛을 발산하는 태양과 같은 존재가 되는데 있다는 것을 나타내어준다.

거발환이 태양과 같은 존재가 되는데 있기에 〈단군세기〉「11세 도해단군」에서 보면 돌아가신 환웅천왕의 모습을 모셨는데, 그 머리 위에는 광채가 번쩍번쩍하여 마치 큰 해와 같았다고 한다. 뿐만 아니라 둥근 빛은 온 우주를 비추며 박달나무 밑 환화(桓花)의 위에 앉아계시니 하나의 살아 있는 신(神)이 둥근 원(圓)의 가운데 앉아 있는 것 같았다고 전하기도 하였다.

거발환의 명칭에 대해서도 알아보면 거발환의 거(居)는 단순히 크다는 뜻이 아니라, 초대 환웅이 계신 곳이 빛을 발산하는 자리와 같다는 의미이다. 이와 같기에 거발환(居發桓)은 단순히 크게 밝음을 발산하는 커발환의 뜻이 아니라, 그분 자신이 태양과 같은 밝음이 되어 빛을 발산하는 존재라는 뜻이다. 그런 까닭에 거발환은 그가 머무는 곳(居)으로부터 밝음(桓)을 발산(發)하는 태양과 같은 존재임을 나타낸다.

지금까지 알아보았듯이 거발환은 자신이 빛의 존재가 될 때에는 근원이 되기에 자기의 삶을 창조하는 자가 된다. 하지만 거발환이 되기 위한 길은 저절로 되는 것이 아니다. 자신을 자각하고, 빛의 존재가 되기 위한 계율이 필요하다. 그 계율이 삼일철학을 바탕으로 대원일로 구성이 되어 있는 전계(佺戒)이다.

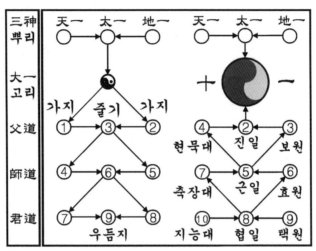

〔영부(靈符)인 대원일도(大圓一圖)〕

전계는 환웅천왕으로부터 시작되어 단군조선에 이르러서는 참전계(參佺戒)로 일컬어졌다. 그 체계는 천부경과 삼일신고의 원리를 바탕으로 거발환을 이루는 원리로 되어 있다. 거발환이 이루어짐을 잘 표현한 것이 천부경에서는 본심본(本心本) 태양앙명(太陽昂明) 인중천지일(人中天地一)이다. 그런 까닭에 참전계는 내 자신을 광명의 존재가 되게 하기에 우리로 하여금 수행에 정진하게 하는데 그 목적이 있다는 것을 알려준다.

《삼일신고》에서도 보게 되면 거발환이 이루어지는 내용이 나온다. 이것은 「제5장, 인물」에서 일의화행(一意化行)이라는 말과 같이 근원을 향해한 뜻을 일으켜 행하는데 있기 때문이다. 이는 「제3장, 천궁」에서도 마찬가지로, 한빛인 일신(一神)이 계신 천궁(天宮)에 도달하는데 그 뜻이 있기 때문이기도 하다. 이와 같이 거발환이 이루어짐은 천부경과 삼일신고를 통해서도 나타난다. 다만 그 실천 방안에 대해서 참전계에서만 자세히 나타내고 있을 뿐이다. 그것이 삼대(三大) 삼원(三圓) 삼일(三一)을 통한 대원일(大圓一)의 길이다.

〈태백일사〉「삼신오제본기」에서는 거발환을 이루게 하는 대원일(大圓一)에 대해 다음과 같이 표현하기도 한다.

'하늘의 일신께서는 아득한 위에 계시나니
곧 삼대(三大)와 삼원(三圓)과 삼일(三一)을 가지고
이를 영부(靈符)로 하여 크게 내리사
만만세의 만만백성이 행하니
모든 것은 오직 三神이 만드신 바이다.'

대원일의 道를 영부(靈符)로 하여 크게 내리었다는 것은 대원일의 가르침이 신령스러움에 부합하는 도상화(圖像化)로 되어 있고, 그 도상화를 신령스런 부적(符籍)으로 삼아 백성들에게 전해주었다는 것을 말한다. 그것으로 만만세의 만만백성이 행했다는 것은 오랜 세월 만백성이 대원일을 통한 전계(佺戒)를 행하였다는 이야기이다. 대원일을 통한 전계를 이처럼 환국시대부터 실천했기에 당시의 사람들은 모두가 스스로를 빛을 내는 환(桓)이라 말하기도 했던 것이다.

당시의 사람들은 모두 스스로 부르기를 환(桓)이라 불렀다.
(時人皆自號爲桓)

〈태백일사〉「환국본기」

참전계를 통해 환하게 밝은 거발환을 이루게 된다는 것은 참전계가 거발환을 이루게 하는 계율로 되어 있기 때문임을 말한다. 참전계는 이처럼 거발환을 이룰 수 있게 하는 계율로 되어 있는 까닭에 나로 하여금 지혜와 안목 속에서 삶의 방향이 오직 한 길인 목적을 갖게 하는데 있다. 더나아가 박식함과 겸허함 속에서 하나의 일에 용맹정진하는 갈력에 힘쓰게 하고, 깊은 고요함과 호탕함 속에서 참된 하나인 순박함을 이룰 수 있도록 하기도 한다. 그런 까닭에 우리는 참전계의 단계를 잘 살펴 점차 밝음에 이르도록 하는 것이 중요하다고 하겠다.

그럼 이제 계율 중에 계율이며, 최고 수준의 계율인 참전계에 대해 간략하게나마 알아보기 위해 원문인 염표문(念標文)의 대원일(大圓一)에 대해 한 번 보도록 한다.

염표문(念標文)

하늘은 깊고 고요한 위대함이 있나니
그 道는 두루 넓음에 원만하여 다함이 없고,
그 하고자 하는 일은 참된 하나(一)에 있음이라.
　天以玄黙爲大　其道也普圓　其事也眞一

땅은 쌓아서 간직하는 위대함이 있나니
그 道는 널리 본받음에 원만하여 억제함이 없고,
그 하고자 하는 일은 부지런한 하나(一)에 있음이라.
　地以蓄藏爲大　其道也効圓　其事也勤一

사람은 깨우침에 능한 위대함이 있나니
그 道는 모든 분별함에 원만하여 꺼려함이 없고,

576

그 하고자 하는 일은 합치(合致)된 하나(一)에 있음이라.

人以知能爲大 其道也擇圓 其事也協一

고로 一神이 충(衷)에 내려오기 시작하면
성품(性)은 밝은 빛에 통하게 되고,
현실을 교화로써 다스릴 수 있게 되며,
널리 인간을 이롭게 하게 됨이라.
이에 돌에 이 글을 새기게 되었도다.

故一神降衷 性通光明 在世理化 弘益人間 仍刻之干石.

〈단군세기〉「11세 도해 단군」

염표문(念標文)인 대원일도는 천지인(天地人)이 하나로 정(定)해지듯이 참된 하나인 일기를 얻어 거발환(居發桓)을 성취하는데 그 목적이 있다. 이것은 우리의 삶에 목적이요, 구도자가 반드시 가야할 길인 까닭에 천지 자연에 순응하는 길이기도 하다. 〈태백일사〉「소도경전본훈」을 보게 되면 충(衷)은 업(業)이요, 업은 곧 속(續)이며, 속은 즉 하나(一)라고 하였다. 이 말은 근본으로 귀일하고자 하는 참마음을 갖고 망령됨이 없이 인생을 살아가는 것이 업(業)이요, 뜻을 세웠으면 미혹됨이 없이 한결같아야 함이 속(續)이며, 한결같은 마음을 갖다보면 천지마음과 일체가 되는 것이 하나(一)임을 말한다. 그런 까닭에 참전계가 전해주는 메시지는 참마음과 망령됨이 없는 가운데 늘 한결같음을 통해 하나가 되는 마음을 가져야 한다는 것이다. 그래야만이 성통광명을 성취하게 되는 거발환의 존재가 될 수 있기 때문이다.

태양앙명을 통해 인중천지일을 이루게 하는 천부경이 아무리 철학적이고, 생명원리의 삼일신고가 수행의 지침서로서 위대하다고 해도 결국에 가서는 내가 수행을 통해 거발환을 이루기 위해 실천을 하지 않으면 소용이 없다. 모든 것은 결국 내 자신이 실천하는데 있고, 누구나 할 것 없이 다함께 참여하는데 있기 때문이다. 그런 까닭에 실천할 수 있도록 단계마다 깨우침을 주고, 다함께 참여하게 하는 참전계에 대해 우리는 이제라도 바르게 인식해야 하리라 본다.

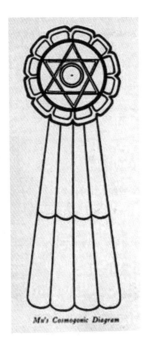

Mu's Cosmogonic Diagram

- 무대륙 우주도(宇宙圖) -

무대륙의 우주도에는 밖으로 12시간을 나타내는 꽃문양이 있을 뿐 아니라, 태양 속에 자아완성을 나타내는 육각형이 있어 제2에 태양이 되었다는 것을 나타낸다. 이것이 본래 마음의 바탕인 一氣가 태양을 우러러 보듯이 밝다고 하는 본심본 태양앙명의 실현이다. 육각형 안에 있는 원형은 자아완성을 이루기 전의 내적 태양인 일기와 같고, 밑으로 단락을 이루는 4개의 태양빛의 빛살은 사방과 사계절을 나타내고 있는 것으로 보인다.

인중천지일(人中天地一)

人中天地一 (injung cheonji-il)
인중천지일

가운데 사람이 있기에 하늘과 땅이 하나가 되느니라.
When human are located in the middle, the heaven and the earth
become one together.
◉ located : ~ 에 위치한. middle : 중앙, 가운데. become : ~ 이 되다

　인중(人中)은 인간이 하늘과 땅의 가운데에 있다는 것을 나타낸다. 이 때
문에 하늘과 땅은 인간에 의해 하나가 된다. 이와 같기에 인간은 하늘과 땅
에 중보자(仲保者)의 역할을 하게 되어 있다.
　The 人中(injung) indicates that humans are in the middle of
the heaven and the earth. Because of this, the heaven and the
earth become one by humans. Thus, humans are supposed to
act as the mediator of heaven and earth.
◉ indicate : 가리키다, 지적하다. mediator : 조정자, 매개자

◈ 인중(人中)을 가장 명쾌하게 나타내는 형상이 있다. 그것은 숨을 들이쉬
고 내뱉는 하늘의 상징인 코(鼻)와 음식을 먹게 되는 땅의 상징인 입(口)의
사이에 가운데 움푹 들어간 인중(人中)이 있기 때문이다. 人中은 이처럼 하
늘과 땅의 가운데 사람이 자리를 잡고 있다는 것을 알려주고 있어 인간이
천지의 중재자임을 알려주기도 한다.

1. 인중천지일의 정의(定義)

가운데 사람이 있고, 위와 아래에 하늘과 땅이 있어 천지인(天地人)이 하나(一)가 된다는 인중천지일(人中天地一)은 동양사상의 핵심이며, 신화학(神話學)에서 가장 기본이 되는 철학이다. 그렇지만 인중천지일을 많은 사람들이 사람의 안에 천지가 있는 것으로 풀어내곤 한다. 불교에서 마음 속에 우주를 품고, 유교에서 소우주의 관점으로 천지를 품은 인간을 말하고 있는 것처럼, 이는 인간이 하늘과 땅을 닮은 위대한 존재라는 생각 때문이라 여겨진다.

우리 인간은 천지로부터 비롯된 까닭에 천지의 모습을 지녔다. 하지만 천지의 모습을 지닌 것은 사람만이 아니다. 대다수의 만물도 천지의 모습을 지니고 있다. 이는 뛰어나든 아니든 천지의 영향을 받고 생성되었기 때문이다. 만물도 이처럼 천지의 영향을 받고 생성되었기에 천지를 품은 소우주의 관점에서 인중천지일을 볼 것이 아니라, 왜 인간만이 하늘과 땅을 연결하는 정중앙 가운데에 위치할 수밖에 없느냐는 원인을 찾아야 한다. 그것은 바로 사람만이 많은 영장류들 가운데 가장 뛰어난 신체구조와 신의 영역까지 넘볼 수 있는 우수한 신령함을 지닌 까닭이다. 이 때문에 인중천지일(人中天地一)을 사람의 안에 있는 천지로 볼 것이 아니라, 사람은 만물을 대표하여 능히 하늘과 땅의 가운데 서게 되었다는 것으로 보아야만 되리라 생각한다.

오직 사람만이 만물 가운데 가장 고귀하고 존엄한 존재이다.
〔惟人이 爲最貴最尊於萬物者也라.〕

〈환단고기〉「단군세기」

가장 샤머니즘적 표현이지만 이렇게 풀 때만이 인간이 만물 중에 최고

580

가 되는 천지인삼재(天地人三才)의 사상에 걸맞게 된다. 이러한 과정에서 피라미드와 같은 기하학도 나왔다. 그래서 피라미드는 밑면인 방형(方形, 땅의 상징)을 지상에 두고, 꼭짓점인 사각뿔(사람의 상징)의 십자형이 원형(圓形)인 하늘을 향해 놓일 수가 있었다.

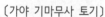

〔가야 기마무사 토기〕   〔흉노족 각배(角盃)〕

　인중천지일의 모습은 피라미드의 형태에서만 나타나지 않는다. 편두와 함께 고깔모자, 그리고 상투를 통해서도 나타난다. 이와 같기에 사람은 발로는 땅을 밟고, 머리로는 하늘에 초점을 맞추고 있는 형국을 취하게 된다. 그런데 무엇 때문에 하늘과 땅의 중심에 뿔과 같은 모습의 형상을 만들어 놓고 있느냐는 의문이 생길 수 있다. 그것은 바로 삼각뿔이든 사각뿔이든지 만물 중에 인간만이 굳센 의지력과 신념(信念)의 소유자임을 나타내고 있기 때문이다. 그래서 최고의 무사계급인 코미타투스들은 신념과 결의를 위해 각배(角盃)로 술을 나누어 마시기도 했다. 이러하기에 천지(天地)의 사이에 사람(人)이 있어 하나가 된다는 인중천지일(人中天地一)은 인간의 굳센 의지력에 의해 참나(眞我)를 성취할 때 이루어지는 것임을 나타내어준다.

　인간의 의지력에 힘입어 인중천지일을 이루는 것과 더불어 무한계와 유한계의 천지(天地)는 어떤 성향을 가졌느냐는 차이에 대해서도 우리는 원방각의 모습을 통해 한 번 알아볼 필요가 있다고 본다. 먼저 하늘을 보게 되면 원형(圓形)을 통한 무한세계로 나타나게 되기에 시작도 끝도 없는 영원성을 지녔다는 것을 나타낸다. 땅은 방위와 공간을 지닌 방형(方形)을 통해 유한세계로 나타나게 되기에 생멸(生滅)이 있는 시간성을 지녔다는 것을 나타낸다. 그런 까닭에 원형은 시작도 끝도 없는 삶을 나타내고, 방형은 생멸이 있는 삶을 나타내고 있다.

〔고깔모자를 쓴 여성 마술사(Magician)〕   〔교황 인노첸시오 3세〕
고깔모자는 마술사의 대표적 상징물.1)   교황의 상징 중 하나인 고깔모자

천지와 더불어 사람을 나타내는 각형(角形)에 대해서도 보게 되면 그 위치가 인중천지일(人中天地一)의 원리에 따라 하늘과 땅과는 다르게 가운데에 위치하게 된다. 각형이 하늘과 땅의 사이에 위치해 있다는 것은 땅을 바탕으로 하늘과 부합하는 정신을 갖게 되기에 유한 속에서도 무한을 향해 있다는 것을 나타낸다. 그러므로 사람은 생멸이 있는 육신을 가졌으나 혼령만큼은 불멸의 존재가 되는데 있다는 것을 알려준다.

---

1) 마술(Magic)의 어원은 마고(Mago)에 기인한다. 이것은 마술이 대지의 어머니이며, 하늘의 중재자인 마고로부터 영향을 받았기 때문이다.

사람은 생멸(生滅)이 있는 육신을 가졌으나 혼령만큼은 불멸(不滅)의 존재가 되는데 있다는 것은 인간이란 그 타고남이 유한함에 있으나, 무한함을 얻는데 그 사명이 있기 때문임을 말한다. 사람은 이처럼 유한함을 바탕으로 무한함에 그 뜻이 있는바 굳센 의지력의 상징인 각형(角形)으로 나타날 수 있었다. 그런 까닭에 사람은 만물을 대표하여 인중천지일을 이루는 굳센 존재로 나타나게 됨에 따라 현상계의 하늘과 땅에 못지 않는 위대함을 지녔다.

〔9마디 옥종(玉琮)〕
시공간을 나타내는 방형을 밖으로 하고,
무형을 나타내는 원형을 안으로 하고 있는
옥종. 이러한 내원외방(內圓外方)의
형태는 내적 무형을 통해 밖으로
시공간이 펼쳐짐을 보여준다(상해 박물관)

〔원방각형태의 옥종〕
천지인의 정신을 나타내는
듯한 內圓外方에 의한
각면(角面)의 옥종.
3300－2200BC
新石器 時代 良渚 文化

사람이 굳셈을 바탕으로 인중천지일을 이룰 수가 있는 것은 사람의 내면에 존재하는 구도심의 참마음(衷)이 있기 때문이다. 이 때문에 인간은 굳센 의지력을 바탕으로 참나(眞我)를 이루게 되어 있다. 그러므로 사람은 참마음을 바탕으로 굳센 의지력을 통해 참나를 이루게 되어 있기에 각형(角形)이란 구도자의 굳센 정신 속에서 인중천지일을 이루게 하는 상징으로 나타날 수가 있었다.

인중천지일(人中天地一)의 정의에 대해 지금까지 알아보았듯이 사람은 구도자의 마음인 참마음을 바탕으로 참나를 이룰 수 있기에 하늘과 땅의 가운데 자리를 잡을 수가 있게 되었다. 이 때문에 인간은 유한세계에 머무르지 않고, 무한세계에까지 이르게 되어 있다. 그러므로 하늘과 땅 사이에서의 사람의 역할은 그 사명이 윤회를 통한 억겁의 시간 속에서도 불멸의 존재가 되는데 있다는 것을 말한다.

■ 인중천지일에 의한 원방각(圓方角)의 정신

하늘의 상징인 원(圓)은 시작도 끝도 없는 영원성이다.

땅의 상징인 방(方)은 생멸이 있는 시간성이다.

사람의 상징인 각(角)은 억겁 속에서의 불멸성이다.

2. 인중천지일은 천지를 완성시키는 일

고차원 의식의 중심으로 이끄는 기하학적 형태에는 카발라의 생명나무와 그 중심에는 헥사그램(hexagram)이 있는 것을 발견하게 된다. 삼각형을 위아래로 겹친 별모양의 헥사그램을 보게 되면 여섯 개의 삼각형을 가진 것이 특징이다. 여섯 개의 삼각형을 가진 6각형에 대해 서구 연금술의 시초로 알려진 에메랄드 타블렛은 다음과 같이 말한다.

이것은 거짓이 없는 진실, 확실히 말해
더 이상이 없는 올바름이다.
한 사물의 경이로움을 이루려고 할 때는
"아래에 있는 것은 위에 있는 것과 같으며
위에 있는 것은 아래에 있는 것과 같다."
그리고 만물은 하나의 사물인 중립에 의해
이루어진 것처럼, 만물은 순응에 의해
이 하나의 사물에서 생겨났다.

6각의 별에 대해 인도에서는 푸루사(절대의식)와 쁘라끄리띠(근본 물질)의 결합, 혹은 시바(우주의 신성, 太一神)와 샥티(근본에너지, 元精)의 결합으로 나타낸다. 그런 까닭에 역삼각형은 창조적 측면을 상징하고, 아래의 삼각형은 영적열망과 승화를 상징한다.

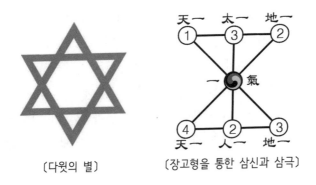

〔다윗의 별〕 〔장고형을 통한 삼신과 삼극〕

6각의 별과 같은 도상은 생명나무의 결론으로 만들어지게 되는 것이지만 천부경의 내용인 운삼사 성환오칠을 통해서도 만들어진다. 다만 그 모양이 장고형(㐅)의 형태로 만들어질 뿐이다. 천부경의 결론으로 만들어지는 장고형은 위로는 삼신(三神)이 있게 되고, 아래로는 삼극(三極)이 자리를 잡게 되어 있다. 그 가운데에는 경이로움을 나타내는 일기(一氣)가 중심이 되기에 다윗의 별과는 조금 달리 표현되었을 뿐, 하늘과 땅이 하나로 통합되어 있는 모습을 보여주는데 있어서는 다르지 않다.

장고형의 도형이 만들어지면 위로는 무형의 삼신과 중앙에 있는 일기가 연결되고, 아래로는 유형의 삼극이 중앙에 있는 일기와 연결이 되기에 서로는 일기를 중심으로 하나로 연결이 이루어진다. 그러면 허조동체인 일기는 유형과 무형의 성향을 동시에 가지고 있는 개체가 될 뿐 아니라, 서로를 연결시키게 되어 있기에 생명의 근원을 이룬다.

생명의 근원을 이루게 되면 그곳은 6각의 별과 마찬가지로 천지를 교통시키는 역할을 하게 됨에 따라 그 자리는 무한계의 영향으로 인해 밝음을 얻을 수밖에 없다. 다만 여기서 중요한 것은 일기가 삼신과 삼극의 가운데에서 중심역할을 하기 위해서는 허조동체인 후천일기(後天一氣)를 얻어 자신을 회복해야만 한다. 이것이 선천일기인 태극(太極)이 후천일기를 얻어 삼태극(三太極)이 되는 일이기도 하다. 이때에 이르면 선천일기인 태극은 황극(皇極)으로 전환이 되고, 후천일기는 황극을 감싸는 태극과 함께 빛으로 나타나게 됨에 따라 우리자신은 삼태극의 모습일 뿐 아니라 광명을 얻은 존재가 될 수밖에 없다는 결론에 이른다.

다시 말해 나의 생명이 처음에 무형인 하늘과 유형인 땅에 의해 태극(太極)을 이루었다면 이제는 참마음(衷)에 의해 만들어진 건정(健精)을 통해 무형인 삼신(三神, 太一)을 얻어 새로운 태극을 만들게 되어 있기에 기존의 태극은 중심역할만 할 뿐이다. 그러면 기존의 태극이었던 일기는 황극이 되고, 새롭게 형성된 태극인 일기는 후천일기가 되어 황극을 감싸

586

안는 모습이 되기에 삼태극(三太極)을 이루게 되어 있다. 이것이 바로 빛을 머금은 후천일기를 얻어 선천일기를 회복하게 되는 원리이다.

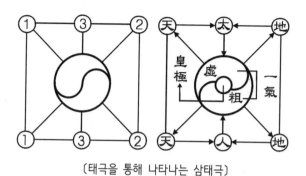

〔태극을 통해 나타나는 삼태극〕

선천일기(先天一氣)인 황극을 중심으로 후천일기를 얻어 삼태극을 이루면 이로부터 하늘의 삼신과 땅의 삼극은 서로 연결이 이루어진다. 그러면 삼태극을 이룬 나를 중심으로 하늘과 땅이 하나가 되어 천지와 일체가 된 인간(人間)으로 자리를 잡게 되어 있다. 이때가 되면 그의 재능은 이제 천지에 버금가게 되어 있어 천지인삼재(天地人三才)를 이룬다. 이것이 타락이전의 원형적 인간인 아담 카드몬의 회복이다.

사람이 원형적 인간이 된다는 것은 용(龍)이 여의주(如意珠)를 얻어 조화(造化)를 부리듯이 광휘(光輝)를 얻게 되고, 인간이 신의 경지에 오르는 신인합일(神人合一)의 상태가 되는 것을 말한다. 이때가 되면 그는 밝은 빛과 함께 장생(長生)을 얻게 되고, 신과 하나가 되기에 시공을 뛰어넘는 경지에 이르게 되어 있다. 그러므로 원형적인 인간이 된다는 것은 신성(神聖)의 경지에 오르는 인간이 된다는 것을 나타낸다.

인간이 밝은 빛을 얻어 장생과 함께 시공을 뛰어넘는 자유를 얻게 된다는 것은 반면에 현상계의 하늘과 땅인 천지를 완성시키는 일이기도 하다. 이는 하늘과 땅에 의해 형성된 인간이 천일(天一)과 지일(地一)의 뜻을 받들어 인일(人一)인 중일(中一)이 되어 법칙적인 무형의 하늘(虛)과 다시금 하나가 되면서 인중천지일(人中天地一)을 이루게 되면 '현상계의 하늘땅(天一, 地一)'에 뜻을 받드는 대행자가 되기 때문이다. 이른바 천지 부모인 건곤(乾坤)으로서 할 수 없는 일을 인간이 대행자가 되어 인중천 지일을 이루게 되는 것이다. 이러하기에 정역(正易)의 창시자인 김일부선 생은 진아(眞我)를 이루어 인중천지일을 이루는 일과 관련하여 "우주 속 에 무중벽(無中碧, 天地의 中心)에서는 천공(天工, 하늘이 하는 일)이 인 간을 기다려 성도(成道)한다"고 말하기도 했던 것이다.

우리 인간이 삼극인 天一, 地一을 바탕으로 분화되었다가 다시 참나(眞 我)를 이루어 삼신과 하나가 되는 인중천지일(人中天地一)을 이루는 것은 개인의 꿈을 뛰어넘어 우주의 꿈을 성취시키는 일이기도 하다. 인중천지 일을 이루는 일이 이와 같기에 우리가 그 일을 이루는 것은 가장 위대한 일이 아닐 수 없다. 이 때문에 우리가 불멸을 위한 빛의 존재인 거발환을 이루기 위해서는 천부경을 통해 만들어지는 천부체계도(天符體系圖)와 삼 일신고를 통해서도 만들어지는 기적의 신기(神機, 신의 베틀), 그리고 참 전계를 통한 대원일도(大圓一圖)에 대해서도 바르게 알아야 할 필요가 있 다. 그래야만 인간완성의 길인 궁극의 길로 들어서기 위한 지혜를 얻을 수 있기 때문이다.

3. 피라미드 신전과 북극성(北極星)

이집트의 피라미드가 되었든, 중국 서안의 파라미드형 무덤과 마야문명 의 피라미드가 되었든 간에 피라미드형 구조는 지상을 바탕으로 하늘을 향해 우뚝 솟아 있는 모습이다. 그 모습은 지상을 바탕으로 방형(方形)의 구조가 밑면을 차지하고 있으며, 각형(角形)을 통한 꼭짓점이 하늘과 땅의 중간에 자리를 잡고 있는 형국이기에 인중천지일(人中天地一)의 모습을 연상시킨다.

〔이집트의 피라미드〕

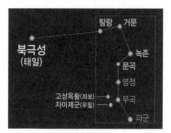
〔북극성과 북두칠성〕

하늘과 땅의 중간에 뾰족한 모양이 자리를 잡고 있기에 피라미드는 뿔(角)의 형태와 같이 굳센 모습을 보여준다. 피라미드가 이처럼 굳센 모습을 보여줌에 따라 피라미드는 굳센 의지의 소유자가 땅을 바탕으로 하늘과 고리를 이루는 형국이다. 이러한 까닭에 피라미드는 하늘과 땅의 정중앙인 가운데에서 참나(眞我)를 이루어 인중천지일(人中天地一)을 이루는 위대한 인물의 상징물임을 나타낸다.

일반적으로 이집트와 중국 서안에서 발견되는 피라미드들이 별자리에 맞추어져 있다고들 한다. 하지만 원형적인 피라미드의 형태는 인중천지일(人中天地一)에 기반을 둔다. 그런 이유로 피라미드는 하늘의 중심인 북극성과 땅의 중심인 소도로 연결이 이루어지게 되어 있다. 이렇게 볼 때 피라미드 구조물은 하늘의 중심인 북극성과 지상의 중심인 소도(蘇塗)를 통해 연결이 이루어지게 됨에 따라 사람과 함께 북두칠성의 상징성으로 나타나기도 했던 것이다.

고대인들에게 북극성은 무병장수와 함께 깨달음을 열어주는 별이기도 했다. 그 까닭은 북극성이 인간에게 생명의 빛을 전해주는 태일(太一)로 여겨졌을 뿐 아니라, 모든 별들의 중심이었기 때문이다. 이와 같기에 태일의 현현(顯現)인 북극성은 우주의 중심으로서 생명의 궁극적인 근원을 나타내기도 한다.

우주의 중심에 있다고 하는 북극성이 부도지(符都誌)에서는 마고대성(麻姑大城)1)으로 나타난다. 반면에 생명을 낳고, 인중천지일을 이루는 북두칠성은 마고여신(麻姑女神)2)에 해당한다. 이와 같음을 《성경》의 창세기로 보면 마고대성은 에덴동산이 되고, 마고여신은 생명을 창조하는 여호와 하나님으로 상징이 되기도 한다.

마고대성과 에덴동산은 북극성(北極星)이 되는 우주의 중심에 해당하기에 부도지에서의 마고대성(麻姑大城)은 지상에서 가장 높은 큰 성(大城)이었다. 이와는 다르게 마고여신과 여호와 하나님은 북두칠성이 가진 생명창조의 역할에 해당하기에 천하창생을 낳는 역할이요, 궁극적으로 우리가 돌아가야 할 근원을 나타내기도 한다. 마고여신과 여호와 하나님이 이처럼 북두칠성이 지닌 근원을 나타내기에 북두칠성으로 상징되는 여호와는 천지창조를 할 수 있었고, 마고여신은 현상계의 하늘과 땅을 대변하는 궁희(穹姬)와 소희(巢姬)를 낳았다고 하였다.3)

---

1) 마고대성(麻姑大城) : 마고대성을 지상에서 가장 높은 큰 성(大城)이라고 하는 것은 뭇 생명의 근원이 되기 때문이다. 이것이 바로 천부사상에서는 태일(太一)을 말함이요, 별자리로 보게 되면 북극성에 해당한다.

2) 마고여신(麻姑女神)은 마고대성과 마찬가지로 팔려지음(八呂之音)을 통한 짐세(朕世)로부터 나왔다. 마고여신은 이처럼 현상계로 나타나기 이전인 짐세로부터 나왔기에 천부경에서의 일기(一氣)에 해당한다. 일기는 창조적 성향으로 인해 마고여신, 또는 조교치(造敎治)인 삼신을 받아 자손줄을 태워준다고 하는 삼신할미의 상징으로 나타나기도 하지만 별자리로 보면 북두칠성의 상징이요, 도(道)의 세계로 보면 삼신상제(三神上帝)님의 상징이 되기도 한다.

3) 《부도지》에서는 궁희와 소희를 여자라고 하였다. 이는 북두칠성이 되는 태극으로부터 현상(물질, 女)적인 하늘과 현상(물질, 女)적인 땅이 나왔기 때문이다. 이와 같음은 법칙적 무한계의 하늘인 삼신과는 달리 유한계인 현상계의 하늘땅이 물

마고는 짐세(朕世)[1]에서 태어나 희노(喜怒)의

감정이 없으므로 선천(先天)을 남자(陽, 無形)[2]로 하고,

후천(後天)을 여자(陰, 有形)로 하여

배우자가 없이 궁희와 소희를 낳았다.

麻姑 生於朕世 無喜怒之情 先天爲男 後天爲女 無配而生二姬

〈부도지〉「제1장」

역사 속에서의 마고여신은 구환(九桓)의 시조가 되시는 어머니 아만(阿曼)[3]에 가깝고, 여호와 하나님은 수메르인들의 조상신에 가깝다. 이러하기에 마고여신과 여호와 하나님의 이야기에는 인류를 낳는 원리를 담고

질(유형, 女)로 나타나기 때문임을 말한다.
1) 짐세(朕世) : 현상계로 나타나기 이전의 조짐, 전조, 징조만이 있던 상태를 말한다. 이른바 암흑과 빛으로만 존재하는 무한계의 세계이다.
2) 선천을 남자로 하고, 후천을 여자로 했다는 것은 현상계 이전의 세상을 양(陽, 무형)으로 하고, 현상계의 세상을 음(陰, 물질)으로 했다는 것을 말한다. 그런 까닭에 선천(先天)은 물질화되기 이전의 세계요, 후천(後天)은 물질화가 이루어진 세계이다.
3) 〈삼성기〉「하편」을 보면 인류의 조상을 나반(那般)이라 하고, 아만(阿曼)과 만나 혼례를 하였다고 한다. 그러면서 구환(九桓)의 무리는 모두가 이들의 후손이라고 했다. 여기서 아만이 구환의 시조이신 어머니가 된다는 것은 인류의 어머니인 마고여신을 말하는 것과 같은 의미가 있다. 이는 아만이나 마고여신 모두 구환족에 있어서는 시원이 되는 어머니이기 때문이다. 다만 마고의 이야기에는 창세신화의 원리가 포함되어 있기에 달리 표현되어 나타났을 뿐이라 여겨진다.
  마고신화는 역사 속에서 아만의 이야기와 삼신원리를 통한 삼신할망의 이야기에 의해 만들어졌다고 볼 수 있다. 이는 마고신화가 아만과 삼신할망의 이야기에 결합으로 보이기 때문이다. 그런 까닭에 마고신화에 나오는 궁희(穹姬)와 소희(巢姬), 그리고 사천인(四天人)과 사천녀(四天女)는 모두 삼신할망과 관련하여 원리적인 측면도 있겠지만 역사 속에서 실존했던 아만과 직접적 관련이 있을 가능성도 무시할 수는 없다. 더 나아가 마고대성으로부터 나온 황궁씨에 의해 유인씨, 환인씨, 환웅씨, 임검씨로 이어지는 점으로 보아 마고신화는 확실히 역사성을 가진 이야기라는 점도 간과해서는 안 된다고 본다. 이 문제에 있어서는 앞으로 많은 탐구가 필요하리라 생각이 된다.

있어 창세신화(創世神話)가 될 수 있었다. 뿐만 아니라 이로 인해 마고여신이나 여호와 하나님이 생명창조의 역할로 나타남에 따라 북두칠성의 상징으로 나타나기도 한다.

북극성(北極星)과 북두칠성, 이 둘은 마고대성(에덴동산)과 마고여신(여호와 하나님)으로 나타났다면 신화(神話)의 상징체계에서는 북극성이 천상(天上)으로 나타나고, 북두칠성이 피라미드의 지하인 대지의 자궁(子宮)으로 나타나게 되어 있다. 그런 까닭에 피라미드의 지하세계인 대지의 자궁을 품고 있는 피라미드는 북두칠성의 상징으로도 나타나게 됨에 따라 천상세계인 북극성과 땅의 한복판인 소도(蘇塗)의 가운데에 위치할 수 있게 되었다.

지하세계를 품고 있는 피라미드의 모습이 북두칠성의 상징이 되어 북극성과 소도의 가운데 위치하게 되는 것은 세계수(世界樹)의 역할이 되고, 대지의 자궁이 되는 역할까지 하게 됨을 말한다. 피라미드가 이처럼 세계수의 역할과 더불어 대지의 자궁에 역할까지 하게 됨에 따라 피라미드는 진리의 세계로 들어가게 하는 상징물임을 알려준다. 그러므로 구도자가 지상에서 피라미드의 꼭짓점(신전)을 통해 지하세계로 내려가게 되면 그곳에서 참나(眞我)를 이루게 됨에 따라 이는 진리세계의 목적지에 도달했다는 것과 다름이 없다.

참나(眞我)를 성취하게 하는 일에 있어 핵심이 되는 것은 천상세계에 해당하는 마고대성과 마주하는데 있다. 이것은 피라미드의 꼭대기인 신전에서 천부(天符)[1]를 받들어 지하세계로 내려감이 마고대성으로 복본(復

---

1) 천부(天符) : 부도지에서의 천부(天符)는 하늘의 길, 생명의 원리, 하늘과 부합되는 섭리를 말한다. 이러하기에 천부는 영생케 하는 생명나무의 원리와 같은 의미를 지닌다. 특히 마고성에서 천부가 받들어지고, 지켜졌다는 것은 하늘과 부합되는 가르침인 천부경의 시원이 창세역사로부터 시작이 되었다는 말과도 같다. 그러므로 천부경의 시원은 나반과 아만이 있던 시대로부터 그 기초가 나왔다고도 볼 수 있다.

本)함과 같고, 이때가 되어야 비로소 마고대성(북극성)으로부터 밝은 빛을 받게 되어 있기 때문이다. 그러면 그 빛을 통해 태일신(太一神, 북극성)과 하나가 되기에 피라미드의 지하세계인 자궁(子宮, 북두칠성)에서 참나를 이루게 된다는 것은 태일(太一)을 품은 인존칠성이 되는 일이요, 태일신 의 회복으로 인해 덕혜력(德慧力)을 이루는 일이기도 하다.

우리 민족은 고대로부터 인중천지일을 이루는 것을 인간세상 최상의 목적으로 삼아왔다. 그래서 피라미드의 원형이 되는 제단(祭壇)에서 참회 와 함께 하늘에 부합되는 길을 가고자 했다. 이러한 문화가 있었기에 천 제단에 대한 이야기는 《부도지(符都誌)》에서도 많이 나타난다. 〈부도지〉 「제13장」을 보면 단군임검께서는 지상에 부도(符都)를 세운 것으로 나온 다. 이것은 천상의 마고대성과 에덴동산을 현실에서 실현하고자 하는 뜻 에서 세워졌다고 보인다. 이와 같기에 부도는 9와 1의 시작과 끝이 다함 이 없는 땅이었다고 한다.

'크게 밝은 땅(소도)'의 꼭대기에 천부단(天符壇)을 축조하고, 사방에 보 단(堡壇)을 설치했다고 하는 부도에 대해 〈부도지〉「제14장」에서는 그곳에 서 북극성과 북두칠성의 위치를 정하고, 반석위에 속죄(贖罪)를 위한 제 물을 올려 번제(燔祭)를 드렸다고 한다. 당시의 사람들이 이처럼 천부단 의 축조와 함께 북극성과 북두칠성의 위치를 정하였다는 것은 그들이 북 극성으로 상징이 되는 마고대성으로 가기를 염원했다는 말과 같다. 그런 데 우리의 역사 속에서 잊혀 졌다고 여겨지던 천제(天祭)를 위한 장소가 1994년 이후 흑룡강성에서 칠성하(七星河)가 있는 포대산(炮臺山) 위에서 발견이 되었다. 그 제단의 이름에 대해서는 칠성제단(七星祭壇)이라고 부 른다.

포대산 위에 칠성제단에서는 3단의 둥근 원형 위에 북극성과 북두칠성 을 나타내는 구멍이 발견되기도 했다. 포대산 앞 칠성하를 건너서는 봉림고성(鳳林古城)이 발견이 되었고, 그 곳은 구환족(九桓族)의 중심지를 나타내고 있기라도 하듯이 9개의 구역으로 이루어졌다. 봉림고성의 아홉 구역과 3단의 원형으로 된 칠성제단의 이와 같은 모습으로 보아 《부도지》에 나오는 천부단(天符壇)과 관련이 있는 것으로 여겨지기도 한다.

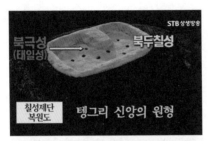

헤이룽장성 쏭야산시
유이현 남쪽 끝 경계에
있는 봉림고성과 칠성제단

봉림고성에서 나타나는 9에 대한 숫자의 의미를 보게 되면 이는 세계수(世界樹)가 있는 한복판인 소도를 나타내고 있기에 봉림고성은 구환족의 중심지요, 인간세계의 성지(聖地)가 됨을 나타낸다. 이 밖에 포대산 위에 3단의 원형으로 된 칠성제단인 천부단을 축조했다는 것은 한민족이 세계의 중심 민족으로서 삼신원리와 칠성신앙을 가지고 있었다는 것을 말해준다. 이와 같기에 한민족은 삼신원리에 의한 창조적 섭리를 가진 민족일 뿐만 아니라, 칠성신앙에 목적을 두고 있듯이 마고대성으로 복본을 하고자 하는 뜻을 가진 민족이기도 했다.

당시에 봉림고성을 아홉 개의 구역으로 만들고, 포대산의 위로 천부단을 축조하여 북극성과 북두칠성의 위치를 정하고 나서 속죄를 위한 번제(燔祭)를 올렸다는 것은 한민족인 우리에게는 칠성신앙에만 머물지 않고 북극성과 북두칠성을 중심으로 천제(天祭)를 모시던 문화가 있었다는 것을 말한다. 한민족인 우리에게는 이처럼 칠성신앙과 더불어 제천문화가 있었기에 북두칠성으로 대표되는 삼신상제님과 북극성으로 상징되는 태일신(太一神)에게 속죄를 위한 제물(祭物)을 바치기도 했다. 이와 같기에 한민족은 세상의 한복판인 소도(蘇塗)에서 인류를 북두칠성의 상징이 되는 지하세계(해탈)로 인도하고, 북극성으로 상징되는 천상세계(대해탈)로까지 인도하고자 했던 천손(天孫)의 민족이다.

— 상(商)나라의 亞字형 무덤형식과 상징적인 아자형 부호 —
상나라 사람들에게 亞字形 부호는 천신과 조상으로 통하는 길과 같다

일종무종일(一終無終一)

一終無終一 (iljong mujong il)
일종무종일

하나에서 마치나 마침이 없는 하나이니라.
One is the end, but One without end.

　하나(一)에서 마친다는 것은 처음에 시작되었던 본래의 하나로 되돌아
가서 마치게 됨을 말한다. 하지만 무시일(無始一)에서 그 하나가 시작되
지 않았던 것처럼 무종일(無終一)에서도 마침이 없는 하나가 된다. 이것
은 일기(一氣)의 겉모양은 시작과 끝이 있지만, 내부는 무형이기에 시작
도 끝도 없기 때문이다.

　Finishing in one refers to returning to the original one that
started at the beginning. However, just as the One didn't begin
without start in 無始一(musi-il), It becomes one without end as
well in the 無終一(mujong-il). This is because the exterior shape
of the 一氣(ilgi) has a beginning and an end, but the inside is
intangible, so there is neither a beginning nor an end.

◉ refers : (조력을 위해) 보내다, 조회하다. exterior : 바깥쪽의, 외부의.
inside : ~ 안에. intangible : 무형의. neither : 어느 것도 ~ 아니다. nor :
~ 도 또한 ~ 않다

1. 일시무시일 일종무종일은 해탈의 노래

우리는 시공(時空)을 초월한 듯한 말들을 《성경》과 베다(Vedas)의 대표적인 《바가바드 기타》와 《우파니샤드》 등을 통해 듣게 된다. 《성경》에서는 이렇게 말한다.

주 하나님이 이르시되 나는 알파와 오메가라.
이제도 있고 전에도 있었고 장차 올 자요,
전능한 자라 하시더라.
〈요한계시록〉「1장 8절」

위에서 말하는 알파는 헬라어 알파벳의 첫 자로 '처음'과 '시작'을 뜻한다. 오메가는 헬라어에서 '나중'과 '끝'을 말한다. 따라서 이 말은 나는 이제도 있고, 전에도 있었고, 장차 오게 되는 존재를 나타낸다. 이와 같은 내용은 《바가바드 기타》[1]에서도 발견이 된다.

아루주나여,
나는 과거와 현재와 미래의 모든 존재를 알고 있도다.
그러나 어느 누구도 나를 알지 못하도다.
〈바가바드 기타〉「지식과 경험」

이제도 있고, 전에도 있었고, 장차 오게 되는 존재는 시공에 제약을 받지 않는 영원함 속에 있는 자이다. 이는 내적인 빛과 함께하기에 현재의 의식 속에서 과거와 미래를 보는 존재가 되기 때문이다.

성경이나 베다에서 전하고 있는 이와 같은 존재가 되기 위해서는 빛을

---

1) 《바가바드 기타》는 산스크리트어로 지고자(至高者)나, 신의 노래라는 뜻이다.

얻은 존재가 되어야 한다. 그러면 시공(時空)을 초월하는 존재가 될 수 있다. 그렇다면 어떻게 해야 빛을 얻는 존재가 될 수 있을 것인가? 그것은 세속적인 삶에 의해 뒤덮인 어둠을 벗겨내는 길밖에는 없다. 이와 같기에 인간은 현상적인 자아(自我)를 벗어나 신성(神性)을 얻도록 하는 구도의 길을 가야만 한다.

사람에게는 두 개의 자아가 있다. 하나는 현상적인 자아와 다른 하나는 영원성을 지닌 자아이다. 영원성을 지닌 자아는 영혼 속에 있는 신성의 불꽃과 같다. 이 불꽃은 꺼지지 않고 영원하며 과거와 미래에까지 훤하게 비추는 불꽃이다. 이와 같기에 현상적인 자아는 이러한 영원한 자아와 합일시키는데 그 목적이 있다. 왜냐하면 자신을 불멸하게 하고, 시공을 초월하는 밝음을 주기 때문이다.

영원한 자아인 아트만(ātman, 自我)이 전해주는 내용을 《바가바드 기타》를 통해 한 번 보도록 한다.

아트만을 알아라.
태어나지도 않고 죽지도 않으며
결코 소멸하지 않으며
결코 시작이 없으며
죽지 않고 태어나지 않으며
영원히 변화되지 않도다.
육체의 죽음에서
어찌 그것이 죽을 수 있을까?……

무기에 의해 상처받지 않고
불에 의해서 타지도 않으며
바람에 의해 마르지 않고
물에 젖지도 않으니

598

바로 이것이 아트만이니
마르지 않고 젖지 않으며
타지 않고 상처받지 않는
가장 깊은 본질로서
모든 곳에 언제나
존재 중 존재로서
변하지 않고 영구하며
영원무궁하도다.

〈바가바드 기타〉「2.지혜의 요가」

위의 내용을 보게 되면 일시무시일(一始無始一)에서도 전해주고 있듯이 시작도 없고, 마침도 없는 하나를 느끼게 한다. 하지만 일시무시일에서의 하나인 일기(一氣)는 양면의 모습을 지닌 까닭에 시작하는 성향도 지니고 있다. 다만 《바가바드 기타》에서는 우주적 원리인 브라만(Brahman)[1]의 입장에서만 보여줌으로 해서 시작이 없는 성향에 대해서만 다루고 있을 뿐이다.

《바가바드 기타》가 브라만의 입장에서만 다루고 있는 것은 시작하는 현상세계는 물거품과 같기 때문이다. 그래서 항상성을 지닌 무한세계에 대해서만 다루고 있는 것이다. 하지만 우리 자신이 허조동체인 양면의 모습을 지닌 까닭에 우리의 생명은 분화할 수밖에 없고, 죽음을 위해 달려갈 뿐이다. 이 때문에 우리의 본래에 모습은 불멸의 존재이나, 타락하여 갈 수밖에 없기에 우리는 영원한 탕자(蕩子)이기도 하다. 이와 같기에 이

---

1) 브라만(Brahman, 梵)은 우주를 지배하는 정신적인 원리이다. 반면에 아트만(ātman, 自我)은 브라만이 내재되어 있는 개체적인 원리이다. 이 때문에 아트만이 현상계를 벗어나 본래의 모습으로 있을 때에는 범아일여(梵我一如)가 되기에 완전한 정신적인 자유에 이르는 大我, 眞我, 근원적 생명의 상태가 된다. 범아일여에 있어서 아(我)는 개별적 조(粗)와 같고, 범(梵)은 전체적인 허(虛)와 같다. 이 두 가지가 같다는 것이 일여(一如)이다.

제 탕자의 길을 갈 수밖에 없는 분화의 길과 구도의 길을 통한 불멸성에 대해서도 알아볼 필요가 있다고 본다.

시작하나 시작이 없는 일기의 분화과정을 살펴보게 되면 일기는 자신을 세상 속에서 실현하고자 함에 따라 자신을 둘러싸게 되는 외형(표면의식)이 점차 확장될 수밖에 없다. 이 때문에 일기가 되는 본체는 움직이지 않으나 본체를 점점 두텁게 덮어씌우는 외형은 분화할 수밖에 없고, 점차 두터워지는 외형으로 인해 본체는 더욱 더 어둠에 가리어져가게 되어 있다. 그런데 이러한 상태에 놓이게 되면 어느 순간 자신의 타락한 모습을 인식하게 되고, 이로 인해 근본으로 되돌리고자 하는 마음이 발동하기도 한다.

사람이 근본으로 되돌아가고자 함은 무형의 존재인 브라만(Brahman, 梵)과의 합일을 위해서이다. 이때의 브라만은 삼일철학에서의 대허(大虛)와 일신(一神), 그리고 삼신(三神)까지를 나타내고 있으며,1) 브라만과의 합일은 우리를 영원함으로 인도하게 되어 있다. 이와 같기에 내가 브라만과 합일을 이루는 것은 시작도 끝도 없는 영원한 자유를 얻게 되는 일이기도 하다.

브라만과의 합일을 이루게 되면 내 자신은 삼신과의 합일을 이룬 후천일기를 얻어 선천일기를 회복함과 같기에 이때에는 마치게 되나 마침이 없는 영원한 자아로 변모하게 되어 있다. 그러면 더 이상 어둠에 휩싸여 있지 않게 됨에 따라 영원한 자아인 아트만은 초월적인 상태에 머무른다. 이때가 되면 그의 삶은 영원히 브라만과 함께하는 상태에 놓인다.

브라만(Brahman, 梵)은 시작이 없고 초월적이며 영원하다.

---

1) 일신(一神)의 작용으로 조화신, 교화신, 치화신이 있듯이 브라만의 작용으로도 브라마(Brahma), 비쉬누(Visnu), 시바(Siva)가 있다.

그는 존재하고 있는 바와 존재하고 있지 않은 바를
마찬가지로 초월하고 있다.

〈바가바드 기타〉「13. 우주와 주관자」

브라만(梵)은 생명이요,
브라만은 환희(歡喜)[1]요,
브라만은 虛이다.……
환희는 진실로 虛와 같은 것이요,
虛는 진실로 환희와 같은 것이다.

《찬도기야 우파니샤드(Chandogya Upanishad)》

가장 순수한 정수 - 온 세상의 영혼, 그것은 실재이다.
그것은 아트만이다. 그것은 당신이다.

《찬도기야 우파니샤드》

아트만(atman)과 브라만, 이 두 개의 존재는 불멸성을 가진 무한계에
속한다. 다만 아트만은 생명의 근원을 이루는 존재이기에 시작과 함께 마
치고자 하는 성향도 가졌을 뿐이다. 이 때문에 생명은 분화되어 나올 수
있었다. 하지만 그 시작됨은 외형적 확장이 덧붙여지는 것에 불과하다.
그 본질은 허조동체가 되어 무한계와 함께 함에 따라 다하지 않고, 움직
이지 않기 때문이다. 이런 까닭에 본래의 자아인 아트만은 시작되나 시작
됨이 없고, 마치게 되나 마침이 없다.

---

1) 브라만은 환희요, 브라만은 虛와 같다고 함은 일체의 집착에서 해방되었을 뿐 아
  니라, 시공에 제약을 받지 않는 자유의 상태이기 때문이다. 〈삼일신고〉「제3장」
  천궁에서도 성통공완을 이룬 자는 일신(一神)이 계신 궁전에 나아가 영원한 쾌락
  을 얻게 된다고 하여 걸림이 없는 자유를 쾌락이라는 표현으로 쓰기도 했다.

가장 순수한 정수인 아트만(眞我)을 회복하면 우리는 마치게 되나, 마침이 없는 상태에 이르게 됨에 따라 브라만(무한계)과 일체가 된 삶을 살게 되어 있다. 이것은 나의 자아(自我)가 시작이 있고 마침이 있는 성향을 가졌으나, 허조동체인 후천일기를 얻어 참나(眞我)로 회복이 되었기에 이제는 시작이 없고 마침이 없는 존재가 되기 때문이다. 이 때문에 그는 현재 의식 속에서 과거와 미래를 보는 상태, 즉 신과 같은 전능한 경지에 있게 된다. 그러므로 천부경에서의 일시무시일과 일종무종일은 단순히 종시(終始)를 이루는 하나가 아닌, 우리로 하여금 시작도 없고 마침도 없는 무시무종(無始無終)의 세계에 살게 하는 하나(一)인 것이다.

2. 천부경은 깨달음의 대서사시

현재의 학인들을 보면 깨달음에 대서사시(大敍事詩)인 천부경을 유교적 음양논리로만 풀어내는 경우가 허다하다. 하지만 천부경은 단순한 음양논리에 머물러 있지 않다. 그것은 다만 기초적 원리일 뿐이다. 천부경의 위대함은 만물의 본체인 일기(一氣)와 더불어 천지인(天地人)의 원리를 바탕으로 인간완성의 길을 제시하고 있기 때문이다.

천부경이 제시하는 천지인에 의한 길은 상고철학 및 불선유(佛仙儒)와 기독교의 내용까지 포함한다. 이런 까닭에 천부경 속에는 수(數)에 대한 철학 뿐 아니라, 하늘의 가르침인 불가(佛家)의 팔만대장경(八萬大藏經)이 깊아져 있고, 땅의 가르침인 도가(道家)의 수많은 도장경(道藏經)과 사람의 가르침인 유가(儒家)의 경전(經典)들, 그리고 기독교의 성경(聖經)[1]까

---

1) 천지인사상(天地人思想)으로 볼 때에 기독교는 인(人)의 사상에 속한다. 이는 불교가 하늘에 해당하는 마음을 닦는 것에 치중이 되어 있고, 도교는 땅에 해당하는 기운을 닦는 것에 치중이 되어 있다면 유교와 마찬가지로 기독교는 행실을 닦는 데에 치중이 되어 있기 때문이다. 이것을 계절의 정신으로 보게 되면 불교

지 두루 갖아져 있다.

천부경의 진면목이 위대함에도 불구하고 우리가 알아보지 못함은 우리들의 인식이 미천하기 때문일 수도 있다. 불교의 팔만대장경이 있다고 하지만 그 핵심이 천부경 81자 안에 모두 숨겨져 있고, 생명의 세계를 전하는 성명쌍수의 가르침이 담긴 방대한 양의 도장경(道藏經)[1]도 마찬가지로 천부경의 근본원리인 천지인(天地人)의 법칙을 벗어나지 못하건만 천부경의 위대함을 우리는 알아차리지 못한다. 유교는 빠질 수 있겠는가! 윤집궐중(允執厥中)을 기본으로 하는 유가의 사서삼경도 천부경의 중일(中一)을 통한 귀일의 정신을 벗어나지 않는다. 뿐만 아니라 삼계유일신(三界唯一神)[2]을 주장하는 기독교에서의 성경 또한 천부경에서 전하는

는 참됨을 주장하는 의(義)를 바탕으로 지(智)를 실현하고자 하고, 도교는 앎의 근원인 智를 바탕으로 인(仁)을 실현하고자 하며, 유교는 부모의 마음인 仁을 바탕으로 예(禮)를 실현하고자 한다면 기독교는 사회 속에서의 禮를 바탕으로 義를 실현하고자 한다. 그러므로 불교는 가을(義)의 종교에 해당하나 겨울이 지닌 생명의 본질에 대한 것으로 가르침을 삼고, 도교는 겨울(智)의 종교에 해당하나 봄이 지닌 생명력에 대한 것으로 가르침을 삼고, 유교는 봄(仁)의 종교에 해당하나 여름이 지닌 인륜질서에 대한 것으로 가르침을 삼고, 기독교는 여름종교(禮)에 해당하나 가을이 지닌 영생하는 것으로 가르침을 삼기도 한다.
　특히 기독교의 영생에 대한 가르침은 불멸의 삶을 바탕으로 삼는 도교와도 많은 유사성이 있다. 그러므로 우리는 구약성경에서도 도교와 같은 신선술(神仙術)의 유사점을 발견하게 된다.
　기독교가 예절에 바탕을 둔 종교라는 것은 최근에 나온 〈성경에서 찾은 메너 '크리스천 메너'〉라는 책을 통해서도 나타난다. 저자는 "성경은 메너 책이다"라고 말한다. 그의 말대로 메너는 겸손으로부터 나오는 까닭에 〈성경〉 곳곳에서는 자신을 낮추는 겸손에 대한 이야기가 많이 나온다. 이것으로 보아 기독교는 여름에 해당하는 종교로서 예절을 기본으로 하여 영생의 가르침을 전한 종교라는 것을 알 수 있다.
1) 도장경(道藏經) 중에 노자의 도덕경(道德經)을 보면 전체가 81장으로 되어 있다. 이는 천부경 81자를 드러내는 듯한 의미가 있다고 하겠다. 도덕경에는 道에 대한 언급이 가장 큰 비중을 차지한다. 그런데 천부경에서도 가장 큰 비중을 차지하는 개념이 道에 해당하는 一氣이다. 이것으로 보아 천부경과 도덕경과는 유사점이 많다. 속설(俗說)에 노자의 어머니가 81년 동안 태내(胎內)에 노자를 임신하고 있었다는 것은 노자가 81장의 도덕경을 짊어지고 나왔기에 붙여진 상징이기도 했다.

일기(一氣)에 대한 개념에서 조차 벗어남이 없다. 이와 같건만 천부경의 위대함을 알아차리지 못하는 것이 현재 우리들의 모습이기도 하다.

천부경의 위대함을 바르게 알기 위해서는 우리는 그 속에서 불가(佛家)의 존재하지 않는 곳이 없는 무소부재(無所不在)[1]한 부처의 마음과 도가(道家)에서 산천과 영원히 함께 하는 장생불사(長生不死)의 신선의 삶, 그리고 유가(儒家)의 천하만사에 통하게 되는 중화(中和)의 경지에 있는 성현의 행위, 또한 기독교(基督敎)의 기름부음을 받은 성령감화를 통해 전지전능(全知全能)하게 되는 그리스도의 발자취까지 담겨져 있는 것을 간파해야 한다. 그래야만이 불선유(佛仙儒)와 기독교(基督敎)가 천부경의 원리 속에 내재되어 있는 것을 알 수 있기 때문이다.

천부경 속에서의 무소부재의 원리는 일시무시일의 법칙 속에서 찾을 수 있다. 이는 일시무시일의 법칙이 시공에 장애가 없는 밝음을 지닌 허조동체로 되어 있는 까닭이다. 천부경 속에서의 장생불사하는 삶도 일시무시일의 법칙을 통해 찾을 수 있다. 이는 일시무시일의 법칙에는 밝음을 둘러싸서 영원히 보전하게 하는 물질(粗)까지 나타내고 있기 때문이다. 천부경 속에서 중화의 경우도 일시무시일의 법칙 속에서 찾을 수 있다. 이는 일시무시일의 법칙에는 너와 나에 구분이 없이 천하만사에 통할 수 있는 절대순수의 개체인 허조동체에 바탕을 두고 있기 때문이다. 마찬가

---

2) 삼계유일신(三界唯一神)신앙의 기원은 이집트의 아톤(Aton, Aten)으로부터 비롯되었다고 한다. 인간적 활동을 하는 태양신 「레(Re)」와는 달리 우주의 전 생물에 생명을 주는 것으로 간주되는 태양신인 「아톤」은 남녀의 성별이 없고, 이름도 없고, 형상도 없는 신일 뿐 아니라 만물을 대표하고, 세상 어디에나 임하는 존재로 알려져 있다. 이것으로 보아 삼계유일신은 만물의 본질이 되는 一氣에 대한 개념이 신화로까지 확대된 명칭이다. 그러므로 삼계유일신 신앙은 일기에 대한 개념이 신화를 거쳐 종교로 유입이 되면서 유일신신앙으로 발전하여 온 것으로 보인다.

1) 무소부재(無所不在, Omnipresence)는 존재하지 않는 곳이 없는, 즉 어디에나 있는 존재를 나타낸다.

지로 천부경 속에서의 전지전능함도 일시무시일의 법칙 속에서 찾을 수가 있다. 이는 일시무시일의 법칙이 밝음을 통해 만물에 내면의 세계를 알게 할 뿐 아니라, 일을 성취시키는 조화(造化)까지 얻게 하기 때문이다. 이와 같기에 불선유와 기독교는 천부경에서의 일시무시일에 원리에서 조차 벗어나질 않는다.

천부경의 위대함은 일시무시일의 원리에서 뿐 아니라, 전체의 내용 곳곳에서도 나타난다. 무진본(無盡本)에 있어 본질은 다함이 없기에 충만함으로 가득한 부처의 삶을 보게 만들기도 하며, 부동본(不動本)에 있어서는 나의 현재의 모습은 허상일 뿐이기에 수행정진(修行精進)에 힘쓰게도 만들기 때문이다. 단계별 천지인(天地人)에 있어서도 차별적인 성향 속에서 분별심을 벗어나 절대적 상태에 이르게 함으로 상대적 긍정이 아닌 대긍정인 불연지대연(不然之大然)을 깨닫게도 하며, 태양앙명(太陽昂明)을 통해서는 밝은 존재를 나타냄에 따라 '위대한 빛(태양)의 여래'라고 하는 대일여래(大日如來)[1]가 되는 가르침까지 전해주기도 하기 때문이다.

천부경 속에 감추어진 무엇보다 위대한 가르침은 천지인(天地人)이 펼쳐 놓게 되는 원리와 인중천지일(人中天地一)의 가르침에 있다. 우선 천지인이 펼쳐 놓는 원리를 보면 이것은 《삼일신고》를 통한 성명정(性命精)인 생명원리로 나타남으로 해서 생명법칙의 위대함을 일깨워준다. 마찬가지로 《전계》를 통해서는 인간의 진보를 위한 대원일의 삼대(三大), 삼원(三圓), 삼일(三一)이 만들어짐으로 해서 수련체계의 위대함을 전해주고 있고, 《전선종》을 통해서는 인간의 진선미(眞善美)를 위한 가르침의 체계가 만들어짐으로 해서 태백진훈의 위대함을 알려주기도 한다. 천지인의

---

1) 대일여래(비로자나불) : 비로자나불의 특징은 침묵 속에서 스스로 빛을 발하는 것이다. 대일여래(大日如來)의 한자어는 '위대한 빛(태양)의 여래(如來)'라는 뜻을 나타낸다. 이것이 초대 환인(桓仁)과 초대 환웅(桓雄)의 명칭이기도 했던 거발환(居發桓)과 같은 뜻이다.

원리가 이처럼 위대하기에 우리는 생명의 법칙과 인간의 진보를 위한 체계, 그리고 진선미를 위한 종교적 가르침도 갖게 되었다. 그런 까닭에 천지인의 원리는 우리와 떼려야 뗄 수 없는 가르침이라 할만하다.

천지인(天地人)의 원리와 함께 빼놓을 수 없는 또 하나의 가르침으로는 인중천지일(人中天地一)이다. 인중천지일의 원리는 인간을 천지에 버금가게 만들어 놓았다. 이러한 까닭은 인간이 현상적인 하늘과 현상적인 땅을 대행하여 무한계의 하늘과 다시금 고리를 연결해줄 수 있는 역할 때문이다. 이 때문에 인간은 현상계의 하늘과 땅인 천지에 효도를 할 수 있게 되었다. 이것으로 보아 천부경의 가르침 속에는 인간이 천지를 대행하여 목적을 이루어 주는 위대한 가르침도 담겨져 있다.

지금까지 만물의 본체인 일기와 더불어 천지인의 원리를 바탕으로 인간완성의 길을 제시하고 있는 천부경의 위대함에 대하여 살펴보았다. 더 나아가서는 천지인의 완성된 모습인 인중천지일의 원리에 대해서도 살펴보았다. 우리가 여기서 느낄 수 있는 것은 불선유와 기독교의 가르침이 되었든 간에 천부경이 전해주는 일기와 함께 천지인의 원리에서 벗어날 수 없다는 사실이다. 그런 까닭에 이제 우리는 더 이상 머뭇거리지 말고, 절대적 진리의 가르침을 담고 있는 천부경으로 돌아가야만 하리라 본다.

3. 태일신(太一神)은 도통의 연원(淵源)

동황태일(東皇太一)
오늘같이 좋은 날, 좋은 때 가려
'높으신 임금님'[1] 뫼시어 기쁨 드리옵고자
긴 칼 옥자루를 매만지려는데

쟁강 부딪치는 이 몸의 패옥(佩玉)소리.

아름다운 옥방석에 백옥을 눌러 깔고
옥 같은 향초가지 한아름 올리고서
혜초로 고기 싸서 난초 위에 놓고
계주 산초 술을 제단에 차리옵네.

번쩍 북채 들어 북을 둥둥 울리자
서서히 흐르는 낮고 느린 가락에
생황 비파 뒤따라 노래 소리 높아가네.

너울너울 춤추는 무녀(巫女)의 고운 옷
향기는 펄펄 날려 당(堂)에 가득한데
오음이 한데 얼려 장엄한 주악소리
임금은 크나큰 기쁨과 즐거움에 평안한 듯 하옵네.

吉日兮辰良(길일혜진량)
穆將愉兮上皇(목장유혜상황)
撫長劍兮玉珥(무장검혜옥이)
璆鏘鳴兮琳琅(구장명혜림랑)
瑤席兮玉瑱(요석혜옥전)
盍將把兮瓊芳(합장파혜경방)
蕙肴蒸兮蘭藉(혜효증혜란적)
奠桂酒兮椒漿(존계주혜초장)
揚枹兮拊鼓(양포혜부고)
疏緩節兮安歌(소완절혜안가)
陳竽瑟兮浩倡(진우슬혜호창)

1) 높으신 임금인 上皇은 동황태일을 말한다. 동황태일의 위패를 모시고 제사와 굿
을 하는 모습이 시(詩)에 담겨 있는 것을 보게 된다.

靈偃蹇兮姣服(영언건혜교복)
芳菲菲兮滿堂(방비비혜만당)
五音紛兮繁會(오음분혜번회)
君欣欣兮樂康(군흔흔혜락강)

<초사(楚辭)>「구가(九歌)」

　동황태일에서 태일(太一)은 삼신인 천일신(天一神), 지일신(地一神), 태
일신(太一神)에서 나타나는 개념이다. 삼신에 대해 <태백일사>「삼신오제
본기」에서는 그 본체인 일신(一神)을 한빛이라 하여 삼신이 한빛을 본체
로 하고 있다는 것을 나타내었다. 그런데 삼신이 한빛을 본체로 하고 있
다는 것은 삼신(三神)도 일신과 마찬가지로 빛의 존재가 된다는 것을 말
한다. 그런 까닭에 삼신 중에 가운데 위치하게 되는 태일신의 경우도 물
론 밝은 빛의 존재로 나타나게 되어 있다. 그러므로 태일도 빛의 존재일
수밖에 없는 이유이다.
　밝은 빛의 존재로서 생명의 근원이 되는 삼신(三神)이 고대에는 제사로
도 받들어졌다는 것이 《사기(史記)》를 보게 되면 나타난다.

　"고대에 천자는 3년 마다 한 차례 태뢰(太牢)[1]로
　삼일신(三一神)에게 제사를 지냈는데
　바로 천일신, 지일신, 태일신이다."

<史記>「封禪書」

　생명의 근원이 되는 삼신이 점차 제사로도 받들어지고, 문화적으로도
나타나게 되면서 영토를 나누어 다스리는 삼한관경제(三韓管境制)[2]로 응

---

1) 태뢰(太牢) : 태뢰는 소와 양과 돼지의 세 가지 희생을 갖춘, 천지에 올리는 고대
　의 제사를 말한다.

용되어 진한(辰韓) 마한(馬韓) 번한(番韓)을 만들어 놓기도 했다. 이후에는 조화(造化)의 성향을 가진 천일신의 역할이 환인(桓仁), 교화(教化)의 성향을 가진 지일신의 역할이 환웅(桓雄), 치화(治化)의 성향을 가진 태일신의 역할이 단군(檀君)으로 인식되어 오기도 하였다. 이런 까닭에 치화의 성향을 가진 단군이 동쪽에 계신 황극(皇極)으로서의 동황태일(東皇太一)로 일컬어지는 계기가 되었다.

치화의 성향을 가진 황극이 동황태일로 일컬어지던 당시의 풍습에 대해 단재 신채호는 《초사(楚辭)》에서의 동황태일, 곧 단군왕검을 제사하는 풍속이 중국 양자강 유역인 호북(湖北), 절강(浙江) 등지에서 많이 유행하였다라고 말하기도 하였다.[1] 홍범구주(洪範九疇)로부터 나타나기 시작한 황극(皇極)은 우임금 시기에 나타났기에 단군왕검과 관련이 깊다. 단군왕검으로부터 황제중경(黃帝中徑)인 오행치수법이 부루태자를 통해 우임금에게로 넘어간 것은 역사가 말해주기 때문이다.

천일(天一)과 지일(地一)에 이어 태일(太一)을 처음으로 역사 속에서 실현한 황극제(皇極帝)가 되신 단군왕검은 당시 동아시아에서 최초의 황극제였다. 이후 중원에서는 진시황(秦始皇)이 처음으로 황(皇)자를 사용하였는데, 이는 중원에서 그 이전까지는 누구도 사용할 수 없었던 명칭이었다. 이것은 동방에 있는 황극제만이 천하의 중심이었기 때문이다.

황극이 천하의 중심이 되었듯이 삼신 중에 최고로 귀한 것은 태일신(太一神)이었다. 그래서 〈史記〉「봉선서封禪書」에서는 "천신 중에 귀한 것은 태일(天神貴者太一)"이라고 한다. 태일에 대해 신채호는 진한(辰韓)에 해당한다고 하여 태일이 최고의 자리에 해당한다고 언급하기도 하였다.

---

2) 삼한관경제(三韓管境制) : 마한과 번한은 각기 부단군이 다스리고, 진한은 대단군이 다스렸다. 진한은 저울대, 마한은 저울판, 번한은 저울추에 해당한다. 이 중에 진한은 사람을 나타내고, 마한은 하늘을 나타내며, 번한은 땅을 나타낸다.

1) 〔신채호「註釋, 조선상고사」상, 115쪽〕

天一은 말한(마한)이요,

地一은 불한(번한)이요,

太一은 신한(진한)으로 최고최상을 나타낸다.....

순차로 말하면 말한이 불한을 낳고,

불한이 신한을 낳았으나 권위로 말하면

신한이 신계와 인계의 대권을 총지(總持)하여

三一 중에 태일이 최귀(最貴)라 한다.

〈조선상고사〉「제3장 110쪽」

진한(辰韓)이 최고최상의 권위를 나타냄은 태일과 마찬가지로 가운데 자리를 잡고 있을 뿐 아니라, 대단군(大檀君)이 머무는 곳이기 때문이다. 그래서 진한을 저울대, 마한을 저울판, 번한을 저울추에 비유하기도 한다. 진한과 태일에서 알 수 있듯이 가운데가 최상의 권위가 되고, 가장 존귀한 존재가 머무르게 되는 이유는 무엇일까? 그것은 가운데 위치가 주체적 성향을 가졌기 때문임을 말한다.

태일이 주체적 성향을 가졌다는 것은 천일과 지일의 합일 속에서 만물에 질서를 잡아가는 역할을 가졌기 때문이다. 그 역할이 이른바 주체적으로 질서를 잡아가며 확장해가는 의미를 가진 바 실질적 신성(神性)의 주체가 됨을 말한다. 이런 까닭에 태일이야 말로 역사를 이루는 근본이 되기에 그 위대함은 무엇과도 비교할 수가 없다.

태일의 위대함은 최상의 신성(神性)으로 인식되어 법칙적인 태일의 원리와는 달리 태일의 세계와 일체가 된 인격신(人格神, 太乙神)[1]이 있다

---

1) 태일(太一)에 대해서는 〈태백진훈〉「하편」백문보와의 문답 편에서 〔주석〕에도 달아놓았듯이 그 핵심은 법칙적인 원리와는 다르게 가장 근원적 신성(神性)의 주체로써 인격신으로도 나타나고 있다는 점이다. 이와 같기에 도가(道家)에서는 태일

고도 여겨졌고, 태일과의 합일을 이루는 것을 도가(道家)에서는 최고의
가치로 여기게 되었다. 그래서 동아시아에서는 태일과의 합일을 이루는
것을 수도자의 궁극적 목적으로까지 삼기도 했다.

　　태일을 체득한 사람은 천지의 실정에 밝고,
　　정신은 만물에 통하며, 총명함은 해와 달보다 빛난다.
　　기뻐함과 노여워함은 사계절과 조화를 이룬다.
　　　　　　　　　　　　　　　〈회남자淮南子〉「본경훈」

　　만물의 시초는 태일이 빚어내고, 음양에서 변화한다.
　　萬物所出 造於太一 化於陰陽.
　　　　　　　　　　　　　　　〈呂氏春秋〉「仲夏紀. 大樂」

　　태일은 원신이요, 만물을 총괄하는 곳이다.
　　太一, 元神, 總萬物者.
　　　　　　　　　　　　　　　〈회남자淮南子〉「詮言訓」註

　　진인은 아직 태일에게서 분리되지 않은 사람이다.
　　眞人者, 未始分於太一者也.
　　　　　　　　　　　　　　　〈회남자〉「詮言訓」

　　태일의 위대함이 동아시아에서는 가장 높은 경지로 여겨졌듯이 천부경
에서의 궁극목적도 태일(太一)을 얻는데 있다. 이는 태일이 만령의 근원

신(太一神)을 태을신(太乙神)과 태일원군(太一元君)이나 태일상원군(太一上元君)
등으로 불러오기도 했던 것이다.

인 원신(元神, 一氣)을 낳고, 질서를 열어가는 빛이기 때문이다. 태일이 이처럼 원신을 낳는 기능과 그 모습이 빛으로 되어 있는 까닭에 태일은 시공을 초월한 세계로 내 자신을 이끌어 주기도 한다. 그런 까닭에 태일은 생명의 복본을 이루게 해주는 역할을 가지게 됨에 따라 태일이 있는 곳은 마고대성이요, 생명의 근원이 되는 북극성으로 여겨지기도 하였다.

〈태백일사〉「삼한관경본기」에서 보게 되면 도(道)의 근원을 출호삼신(出乎三神)이라 하여 道가 출현하기 전에 삼신이 먼저임을 언급하기도 했다. 이 말에서 알 수 있듯이 우리의 본래 자아(自我)는 삼신에서 시작되었고, 그 중일의 역할을 하는 태일(太一)로부터 시작된 것이다. 우리의 자아가 이처럼 태일로부터 시작되었기에 이제 우리가 불멸을 위해 돌아갈 곳은 태일신과의 합일밖에는 없다. 이러하기에 이제 우리는 나의 머릿골인 천궁(天宮)으로 돌아가야만 한다. 그래야 천궁에서 태일신과 하나가 될 수 있기 때문이다.

태일신(太一神)과 하나가 되는 길은 일기(一氣)를 회복하는 길을 통해 이루어진다. 일기를 회복하는 길은 개별적 깨어남이 있을 때 가능하다. 이러한 까닭에 신성(神性)을 얻게 되는 길은 나의 내부로부터 찾게 되는 구도의 길만 있을 뿐이다. 그런데 이와 같은 길을 소수가 아닌 다수가 가야만이 하는 시대가 있다. 이는 문명사(文明史)에 있어 선천말기(先天末期) 불(火)의 시대가 끝나고, 결실을 위한 후천초기(後天初期) 쇠(金)의 시대가 다가오기 때문이다.

선천말기 불(火)의 시대와 후천초기 쇠(金)의 시대가 있다는 것은 외부로 치우치는 성장의 시대가 있고, 성숙된 결실의 시대가 있다는 것을 말한다. 이 때문에 성장의 시대를 마감하고, 성숙된 결실의 시대가 다가오게 될 때에는 모든 생명이 성숙되지 않고서는 살아 갈 수가 없는 까닭에 이때는 누구나 할 것 없이 성숙되는 길로 가야만 한다. 하지만 성숙된 길로 가지 않으면 천지의 환경에 적응을 하지 못하고 죽어갈 수밖에 없다. 그런 까닭에 이때는 그 누구라도 천지의 환경에 적응을 위해 수행을 하지 않을 수 없게 되어 있다.

선천말기에서 후천초기를 맞이하여 인류가 성숙된 사회로 나아가기 위해서는 누구나 할 것 없이 근본으로 돌아가는 길밖에는 없다. 이는 근본으로 돌아가는 길을 통해서만이 내 자신은 성숙된 모습으로 변화가 될 수 있기 때문이다. 그런데 그 근본으로 돌아가기 위한 길은 지나온 역사를 바르게 알고, 혈통(血統)의 뿌리에 대한 보은의 성격도 있겠지만 가장 대표적인 것은 나의 생명에 근원으로 돌아가는 길이다. 그 길은 바로 수행(修行)을 통해 이루어지고, 수행을 통해 참나(眞我)와 가까워질 때 우리는 비로소 성숙된 길로 가게 되어 있다. 그런 까닭에 이제 인류는 선후천교차기를 맞이하여 천지의 환경에 적응을 위해서라도 누구나 할 것이 없이 내 자신을 근원으로 이끄는 수행을 해야만 한다.

우리가 참마음(衷)을 가지고 수행을 하게 될 때 목적을 두는 것은 후천시대를 맞이해서든 아니던 간에 참나(眞我)를 통해 태일신의 세계를 회복하기 위해서이다. 그 길만이 근원으로 돌아가 천지와 하나가 되는 길이기 때문이기도 하다. 하지만 선후천교차기를 맞이해서는 태일신의 회복을 통한 인간성숙의 길을 가기가 그리 쉽지 않다. 이는 여름의 말복에 해당하는 선천시대 막바지에는 욕망의 불기운이 계속하여 타락의 길로 내 자신을 이끌기 때문인 것이다.

선천시대 막바지에는 물질중심의 욕망으로 인해 구도자의 길을 가기 어려운 까닭에 이때에는 참마음의 역할이 되어 근원의 세계로 인도하는 10미토(十未土)의 주인공이 이 땅에 오시게 되고, 근원의 세계에서 태일신과 하나가 될 수 있도록 역할을 하는 인격적 주신(主神)인 태을신(太乙神)[1]이 역사의 전면에 등장하게 되어 있다. 이것은 선후천이 바뀌는 개벽을 맞이하여 금화교역(金火交易)의 법칙에 따라 10미토가 인사(人事)로 드러나게 되는 원리 때문이고, 인류생명의 뿌리가 되는 태일신과 하나가 될 수 있도록 하는 태을신이 후천개벽을 맞이하여 '영원한 생명'을 위한 구원의 조건으로 요구되고 있기 때문이기도 하다. 그런 까닭에 선천의 성자(聖子)들은 하나같이 장차 10미토의 역할이 되는 구원의 메시아가 온다고 했고, 태일신과 하나가 될 수 있도록 하는 태을신의 등장을 예고라도 하듯이 생명의 근원에는 주신(主神)으로서의 태을신이 자리를 잡고 있다고 언급하기도 했다.

10미토(十未土)를 현실에서 실현하는 인물의 등장에 대해 선천시대의 성자(聖子)들은 하나같이 이구동성으로 한 분의 절대적 권력자가 오게 된다고 하였다. 이 분이 불가에서 말하는 미륵불(彌勒佛)이요, 선가에서 말하는 옥황상제(玉皇上帝)이며, 유가에서 말하는 상제조림(上帝照臨)과 서교에서 말하는 백보좌(白寶座) 하느님[1]이시다. 개벽기를 맞이하여 이 분의 역할은 인류구원에 있기에 욕망의 불(火)을 흙(土)으로 묻어 결실(金)을 하게 하는 서신사명(西神司命)[2]의 역할로 오게 되어 있다. 이와 같기에 그 역할을 위해서는 만유생명을 근원으로 이끌게 된다. 그런데 이때에 그 근원을 담당하는 신(神)이 인격성을 지닌 태을신(太乙神)이기에 태을신은 구원의 열쇠를 쥐고 있는 신이기도 하다.

---

1) 태을신(太乙神)이 계신 곳을 태을천(太乙天)이라고도 한다. 궁극의 하늘인 태을천은 북극성의 다른 이름이기도 하고, 가장 근원이 되는 하늘을 나타낸다. 태을천의 주신(主神)에 대해서는 태을신이나, 상원군(上元君), 태을구고천존(太乙救苦天尊) 등으로 부르기도 한다.

1) 백보좌 하느님과는 다르게 〈성경〉「요한복음 14장 30」에서는 예수가 "너희와 이야기를 나눌 시간도 얼마 남지 않았다. 이 세상의 권력자(임금)가 가까이 오고 있다."라고 하였다.

2) 서신사명(西神司命)은 금신사명(金神司命)이라고도 하고, 10土기운이라고도 한다. 서신사명은 금화교역(金火交易)의 주체가 되기에 삶과 죽음을 결정짓는 심판의 신(神)이 되기도 한다.

인격성을 지닌 태을신은 근원이 되어 생명의 시초를 이루는 역할을 하기에 목신사명(木神司命)1)이라고도 한다. 태을신의 역할이 이와 같기에 서신사명의 역할을 하는 삼신상제님과 근원으로써 생명의 시초를 이루는 목신사명의 역할을 하는 태을신에게로 우리 모두는 돌아가야만 한다. 그렇지 않으면 진리에 눈뜨지 못한 어둠과 뿌리기운의 허약으로 인해 여름 말복에 병충해로 알곡들이 쭉정이가 되어 떨어지듯이 추살(秋殺)될 수밖에 없는 운명에 처하기 때문이다.

우리에게 있어 삼신상제님은 진리의 길로 인도해 줄 뿐 아니라, 생사(生死)를 판단하는 추살(秋殺)의 시운에 심판(審判)의 역할이라면 인격신인 태을신(太乙神)은 개개인에 있어 신성(神性)을 열어주는 일에 멈추지 않고, 나로 하여금 대변국(大變局)을 극복하게 하는데 있다. 그런 까닭에 두 분의 역할은 인류가 성숙되지 않으면 죽을 수밖에 없는 추살의 시기에 인간으로 오시어 근원으로 되돌아가게 하는 위대함과 인간으로 오지는 않지만 근원의 자리에서 생명을 건져내는 위대함을 지녔다. 두 분의 역할이 이처럼 창생을 건져내는 위대함을 지녔기에 이제 구도자로 탈바

---

1) 목신사명(木神司命)은 만령(萬靈)의 근원을 담당하고, 서신사명(西神司命)은 만유 생명의 생사(生死)를 판가름하는 역할을 담당한다. 목신사명은 십이지지(十二地支)에서 축(丑)에 해당하는 5土로 나타난다면 서신사명은 미(未)가 되는 10土로 나타난다. 그런 까닭에 서신사명이 오게 될 때에는 10未土로 인해 희생양의 역할로 나타나게 되며, 목신사명은 5丑土로 인해 '하늘 소(牛)'의 역할로 구원의 길을 열게 되어 있다. 그래서 〈격암유록〉「송가전」에서는 "진짜 성인 한 사람을 알려거든 '소울음 소리'가 있는 곳을 찾아드소."라고 했고, 〈격암유록〉「격암가사」에서는 "소울음 소리를 내는 자가 먼저 살 수 있으리라"고 하였다.
   사명신(司命神)에 대한 언급은 굴원의 《초사(楚辭)》에서 나타난다. 초사에서 대사명신(大司命神)은 만물의 생사(生死) 운명을 맡았다고 하여 인간의 생명을 판가름하는 신령(神靈)을 말한다.

   "이 너른 구주(九洲)의 그 많은 생령(生靈)들,
   그 수명(壽命)이 어째서 내 손에 달렸을까?"
                              《초사(楚辭)》大司命神 중에서...

꿈하고, 태일의 뿌리기운을 받기 위해서는 삼신일체상제님을 모시는 일과 함께 태을신으로부터 생명기운을 받기 위한 수행이 절대적일 수밖에 없다. 그러므로 이때에는 누구나 할 것 없이 생명의 근원으로 돌아가기 위한 수행을 해야만 한다.

우리의 생명은 자연의 영향을 받는다. 환경에 적응하면 살게 되고, 자연에 역행하면 죽어갈 수밖에 없다. 자연의 법칙이 이러하기에 후천개벽을 맞이해서는 천부경의 궁극적 목적인 태일을 통한 개인의 신성회복에만 그치지 않는다. 그때에는 결실을 이루는 가을문명으로 전환을 하게 되기에 인류 모두가 다함께 구도자가 되어 태일이 있는 근원으로 돌아가야만 한다. 그런 까닭에 우리 모두는 새로운 천지환경에 적응을 하기 위해서는 수행자의 삶을 살지 않을 수 없다.

하나에서 마치나 마침이 없는 하나인 一終無終一은
근본자리(一氣)의 회복이니 무한세계와의 소통이요,
불멸을 얻음이요, 조화(造化)의 경지에 이르게 됨이다.
거리낄 것이 없으니 이제 그는 도깨비인 망량의 세계에
진입하게 되리라.

천부사상(天符思想)

경주 계림로 장식 보검
(국립경주박물관 소장)

1. 천경신고와 참전계는 생명완성의 길

한민족의 대표적 고대의 지혜로는 천부경(天符經)과 삼일신고(三一神誥), 그리고 참전계(參佺戒)가 있다. 이들 세 가지의 고대지혜는 환웅천왕에 의하여 처음으로 전하여졌다. 이 중에 천부경은 환국으로부터 구전(口傳)이 되어 내려왔고, 삼일신고도 환국으로부터 내려왔다고는 하나, 환웅천왕에 의해 보편화된 것으로 보인다.[1] 참전계는 환웅천왕이 직접 실천하였던 수련지침으로 이전에는 전계(佺戒)라고 하였다.

천경신고(天經神誥)와 참전계는 그 특징이 아홉 단계의 체계로 구성이 되어 있다. 이 중에 아홉 단계의 체계를 처음으로 드러낸 것은 천부경이었다. 천부경은 천지인(天地人)의 법칙에 따른 아홉 가지 체계를 세우게 되면서 수(數)의 변화가 아홉수를 끝으로 10(十)을 얻어 회삼귀일하게 되어 있다는 것을 드러내어 놓기도 했다. 뿐만 아니라 회삼귀일에 이르러서는 후천일기를 얻어 선천일기를 회복하게 되기에 불멸의 존재가 되게 하는 도가(道家)의 가르침과도 일맥상통한다. 이러한 까닭에 천부경에는 인간을 빛의 존재가 되게 하는 가르침이 담겼다.

아홉 단계의 체계를 두 번째로 드러낸 것은 삼일신고이다. 삼일신고는 인간생명을 완성시키는 체계로 구성이 되었다. 삼일신고에서 나타나는 아홉 단계의 체계로는 性命精과 心氣身, 그리고 感息觸이다. 이들 체계는 생명원리로 나타나게 되면서 생명이 현상세계에서 어떻게 작용하는가를 보여준다. 이와 같기에 아홉 단계의 체계는 인간심리의 단계와 모든 수행의 체계에 적용이 될 수밖에 없었다. 그러므로 인간생명의 작용을 알게 하는데 있어서는 〈삼일신고〉「인물」이야말로 최고의 가르침이라 할만하다.

---

1) 《태백진훈》을 보게 되면 천부인(天符印)과 관련하여 류문경공(柳文敬公) 경(璥)의 집안 내력을 설명하는 과정에서 이암선생은 신고(神誥)가 세 개의 인(印)중에 하나라고 말한 바가 있다.

삼일신고가 전해주는 목적에 대해서도 잠시 알아보면 그것은 천궁(天宮)에 이르러서 성품(性) 속에 내재 된 씨(子), 즉 참나(眞我)를 성취하는데 있다. 이와 같기에 삼일신고는 나의 본질을 알게 하는 가르침이요, 생명의 체계에 대해 바르게 알려주는 수행(修行)의 지침서이기도 하다. 그러므로 삼일신고는 우리가 귀중히 보전해야 할 가치가 있는 가르침이다.

천부경과 삼일신고에서도 아홉 단계의 체계가 나타났듯이 참전계의 경우도 마찬가지로 아홉 단계의 체계로 구성이 되어 있다. 참전계에 대한 구체적 내용으로는 3세 단군 가륵이 있던 시대로부터 나타난다. 이 내용 중에 전계의 목적을 거발환(居發桓)에 두었다는 것을 느끼게 하는 기록이 보인다.

3·7일을 기한으로 모든 사람들이 모여 계를 집행했다.
三七計日 會全人執戒
이로부터 조정에는 종훈이 있고 백성들에게는 전계가 있었다.
自是朝有倧訓野有佺戒
우주정기가 태양의 영역에 순수히 뭉치듯
宇宙精氣 粹鍾日域
삼광오정이 뇌해에 응결되었다.
三光五精 凝結腦海
현묘하게 스스로 광명을 얻어 서로 도우니
玄妙自得光明共濟
이것이 거발환이다.
是爲居發桓
이것을 구환에 베푸니 구환의 백성들이 모두
감화되어 따르며 하나가 되었다.
施之九桓 九桓之民 咸率歸一于化

〈단군세기〉「3세 가륵」

전계(佺戒)의 목적이 거발환에 있는 것을 밝히는 이와 같은 내용은 삶의 목적이 궁극적으로 거발환에 있다는 것을 말한다. 그런데 거발환을 이루기 위한 방법으로는 대원일(大圓一)의 가르침에 있다고 〈단군세기〉「11세 도해 단군」편에서는 전한다. 이것은 곧 거발환을 목적으로 두고 있는 전계가 대원일의 체계로 되어 있다는 것을 밝힌 것과 같은 것이다.

천부의 인(印)을 가지고 대원일(大圓一)의 그림을
누전에 걸어 놓으셨으니 이를 일러 거발환(居發桓)이라 하였다.
삼일 동안 계(戒)를 집행하고 칠일 동안 강(講)을 설하니
바람이 사해(四海)를 움직였다.
　持天符印 標揭大圓一之圖旗於樓殿立 號居發桓
　三日而戒 七日而講 風動四海

〈단군세기〉「11세 도해」

위의 내용에서 보듯이 참전계는 대원일(大圓一)의 원리라는 체계를 가지고 거발환을 이루게 되어 있다. 그런데 이와 같은 참전계, 즉 대원일에 대하여 염표문(念標文)이라 하고, 영부(靈符)라고도 일컬어진다. 그렇다면 아홉 가지로 되어 있는 대원일도(大圓一圖)를 신령한 부적과 같이 여겼다는 것을 말한다. 이러한 의미로 볼 때 대원일도는 현실생활에 있어 가장 실천적인 가치가 있었다는 것을 보여준다. 하지만 현대에 이르러 그 난해함으로 인해 그 가치를 모르고 있는 것이 현실이다. 그래서 아홉 가지의 원리를 필자의 저서 《수행문화의 원전 천부경》을 통해 쉽게 풀어 놓고자 시도해 보기도 했다. 다만 간단히 그 내용을 보면 다음과 같다.

하늘의 길(父道) : 정정(定靜)·호탕(浩蕩)·순박(醇樸)
(현묵대玄默大는 정정이요, 보원普圓은 호탕함이요,

620

진일眞一은 성숙된 순박함을 말한다)

땅의 길(師道) : 박식(博識) · 겸허(謙虛) · 갈력(竭力)
(축장대蓄藏大는 박식이요, 효원效圓은 겸허함이요,
근일勤一은 용맹정진하는 갈력을 말한다)

사람의 길(君道) : 지성(知性) · 안목(眼目) · 목적(目的)
(지능대知能大는 지성이요, 택원擇圓은 안목이요,
협일協一은 하나의 뜻으로 합치된 목적을 말한다)

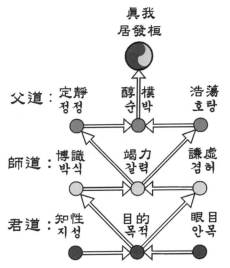

〔대원일도(大圓一圖)〕
알기 쉽게 풀이한
대원일의 원리.
지성으로부터 시작하여
순박함을 통해 일기를
회복하게 됨을 알려준다.

　참전계(參佺戒)에서 유념해야할 일은 그 내용이 수행에 목적을 두고 있기에 그 시작을 사람의 길(君道)인 지성(知性)으로부터 시작을 해야만 한다. 아홉 단계의 끝인 순박(醇樸)함에 이르러서는 거발환(居發桓)을 이루게 되는데, 거발환은 말 그대로 광휘(光輝)를 발산하는 존재가 되는 일이다. 그런 까닭에 참전계는 그 목적이 지성으로부터 시작하여 순박함 속에서 밝음을 얻는데 있다는 것을 말한다.

이제까지의 내용으로 보면 《천부경》은 천지인에 의한 상수원리(象數原理)가 바탕이 되어 일기(一氣)를 회복하게 하는 경전이다. 《삼일신고》는 인간생명의 법칙 속에서 본질이 되는 참나(眞我)를 얻게 하는 가르침이다. 《참전계》는 생명의 체계 속에서 지금 나는 어떤 상태에 이르렀느냐하는 정확한 정체성의 단계를 알아차려 거발환을 이루게 하는 계율이다. 이를 통해 볼 때 천경신고와 참전계는 각기 다른 원리로만 설명이 될 뿐 모두가 하나같이 인간완성에 뜻을 두고 있다는 것을 말한다.

다시 한 번 언급을 하자면 천부경은 삼수원리를 바탕으로 천지인(天地人)의 단계를 논하고 있기에 모든 법칙을 나타내고, 태일신(太一神)과의 합일을 논하고 있기에 인생의 목적과 문명의 목적을 전해준다. 삼일신고는 생명의 법칙을 바탕으로 인간생명의 본질을 크게 깨우쳐주는 까닭에 사람으로 하여금 구도자의 삶을 살 것을 요구한다. 참전계의 경우는 자신이 지닌 본질적인 바탕과 자질 속에서 수행을 해야 한다는 것을 알려주고 있기에 수행을 함에 있어 우리에게 잘못된 길로 들어서지 않도록 올바른 지침을 전해주는 역할에 가깝다. 천경신고와 참전계가 이처럼 삼수원리를 바탕으로 각기 가르침을 전해주는 까닭에 우리는 천경신고와 참전계를 늘 가까이 해야만 한다. 그래야 우리는 원형적인 근본가르침과 멀어지지 않을 수 있기 때문이다.

2. 상고시대의 도학(道學)인 전선종(佺仙倧)

전선종(佺仙倧)이란 무엇일까? 전(佺)에 대해 한자를 찾아보면 '신선(神

仙)이름 전'이라 나온다. 종(倧)에 대해서도 찾아보면 '상고(上古) 신인(神人)'이라 나온다. 이와 관련된 한자가 '신선 선(仙)자'이다. 지금까지 우리에게 잊혀지지 않은 글자는 신선 仙자일 뿐이다. 반면에 佺과 倧은 낯설기까지 하다. 그 까닭은 우리가 그 의미를 잊었기 때문이다.

전선종에 대해 비밀을 밝혀주는 책이 있다. 그것이 《환단고기》 속에 있는 〔태백일사〕이다. 이 책에 의하면 전(佺)은 온전한(全) 사람(人)을 뜻한다. 온전한 사람은 신(神)에게 헌신을 통해 비움을 알았기에 온전할 수밖에 없다. 이런 까닭에 흠잡을 데가 없는 맑고 고고한 성품을 지니게 되는 이유이다. 이 가르침이 전승되어 내려온 것이 오늘 날의 심법을 닦는 불교(佛敎)이다.

선(仙)에 대해서는 도교(道敎)라는 이름으로 많이 알려져 왔다. 이는 신선술(神仙術)을 닦는 도교와 큰 차이가 없이 전해져 왔기 때문이다. 하지만 도교는 장생불사(長生不死)에 치우쳐 있지만 선도(仙道)[1]는 성실함을 통한 밝은 기운을 앞세우기에 생명을 북돋아주는 활달함을 중시한다. 장생불사하는 것은 그 다음의 일이다. 그렇다 보니 현실적인 면이 강하다.

활달함을 중시하기에 선도는 좀스럽지 않고 대범하며 천지와 같은 기질의 호호탕탕함을 지닌 호방(豪放)함을 추구하기도 한다. 그러니 창생을 위해 공덕을 쌓는 것을 최고로 치며, 살아있는 생명을 극도로 존중하는 생명철학에 초점이 맞추어져 있다. 이러한 선도를 통해 장생불사술(長生不死術)의 방향으로만 전승되어 내려온 것이 오늘 날의 도교(道敎)이다.

종(倧)에 대해서도 알아보면 그 명칭은 으뜸(宗)이 되는 사람(人)을 말

---

1) 선도(仙道) : 전선종에서 알 수 있듯이 선도는 도교이전의 천지인사상(天地人思想)으로부터 나온 우리의 옛 가르침이다. 선도는 땅의 성향을 가지고 나왔기에 활달한 생명력을 중시한다. 그런 까닭에 생명존중의 사상이 그 어느 가르침보다도 중요하게 다루어진다. 선도의 맥을 이어온 신라시대의 대표적 인물로는 삼국유사에 나오는 혜숙(惠宿)과 혜공(惠空)이 있다.

한다. 으뜸이 되는 사람은 자신을 되돌아보는 성찰을 통해 굳셈을 가졌기에 존귀함이 있다. 존귀하면 그는 비굴함이 없기에 그의 행위는 훌륭할 수밖에 없다. 이 존귀한 성향의 사람을 목표로 전승되어 온 가르침이 오늘 날의 중용(中庸)을 중시하는 유교(儒敎)이다.

불선유(佛仙儒)를 낳은 전선종의 근원에는 천지인이 있다. 그런 까닭에 전선종은 천지인으로부터 나왔기에 전(佺)은 하늘의 가르침을 나타내고, 선(仙)은 땅의 가르침을 나타내며, 종(倧)은 사람의 가르침을 나타낸다. 이와 같기에 전선종을 안다는 것은 천지인의 가르침을 안다는 것과 같다.

그럼 이제 천지인으로부터 비롯된 전도(佺道)와 선도(仙道), 그리고 종도(倧道)가 어떤 목적을 가지고 있는지에 대해서도 알아보고자 한다. 먼저 전도에 대해 알아보게 되면 온전함을 이루어 성품을 통하게 되는 전도는 그 목적을 참됨(眞)에 두고 있다. 이는 거짓이 없는 참됨이야말로 하늘의 성향인 성품이 지닌 본질이기 때문이다. 참됨이 이처럼 성품이 지닌 본질이기 때문에 성품을 통(通)하여 '크게 맑은 참됨(淸眞大)'을 이루는 것을 목적으로 두고 있는 전도는 이후 마음(心)을 비워 온전함 속에서 참됨을 이루고자 하는 불교(佛敎)의 가르침으로 전승되기도 하였다.

선도에 대해서도 알아보게 되면 활달함을 이루어 목숨을 알게 되는 선도는 그 목적을 착함(善)에 두고 있다. 이는 악함이 없는 착함이야말로 땅의 성향인 목숨이 지닌 본질이기 때문이다. 착함이 이처럼 목숨이 지닌 본질이기 때문에 목숨을 알아(知) '크게 성스러운 착함(善聖大)'을 넓히는 것을 목적으로 두고 있는 선도는 이후 기운(氣)을 밝게 하여 활달함 속에서 착함을 넓히고자 하는 도교(道敎)의 가르침으로 전승되기도 하였다.

이번에는 종도에 대해서도 알아보게 되면 존귀함을 이루어 정수를 보전하게 되는 종도는 그 목적을 아름다움(美)에 두고 있다. 이는 인격적 결핍의 추함이 없는 아름다움이야말로 사람의 성향인 정수가 지닌 본질

624

이기 때문이다. 아름다움이 이처럼 정수가 지닌 본질이기 때문에 정수를 보전(保)하여 '크게 뛰어난 아름다움(美能大)'을 실현하는데 목적을 두고 있는 종도는 이후 몸(身, 행위)을 굳세게 하여 존귀함 속에서 아름다움을 실현하고자 하는 유교(儒教)의 가르침으로 전승되기도 하였다.

청진대와 선성대, 그리고 미능대가 전선종의 목적이 된다는 것은 참되고, 착하고, 아름다움을 나타내는 진선미(眞善美)야 말로 '천지인의 정신(精神)'을 나타내기 때문임을 말한다. 진선미가 이처럼 천지인의 정신으로 나타나게 되어 있기에 진선미는 우리들의 삶에 있어 궁극적인 목적이 아닐 수 없다. 그런 까닭에 우리가 천지인의 정신인 진선미와 부합되기 위해서는 불선유의 가르침이 필요하고, 전선종의 가르침이 필요할 수밖에 없는 이유이다.

불선유(佛仙儒)와 관련하여 전선종(佺仙倧)에 대해 좀 더 알아보게 되면 전(佺)에 이르는 길로는 헌신, 비움, 온전함에 있다. 온전함이 이루어지면 불가(佛家)에 있어서의 목적인 관음(觀音)을 이루게 되는데, 이는 비움을 통한 온전함이 이루어지면 만물의 실상(實相)을 보게 되기 때문이다. 이때가 되면 진선미 중에 거짓이 없는 참된 진(眞)은 이루어진다.

꾸밈이 없어 거짓이 없는 참된 인간상은 불교의 간화선(看話禪)에 있어 목적이 되기도 한다. 간화선은 인간의 진면목(眞面目)을 드러내게 하여 고고(孤高)한 삶을 살게 만들기 때문이다. 이 때문에 불가의 수행법은 자신의 참됨을 이루기 위해 먼저 자신의 모든 것을 내려놓는 헌신을 바탕으로 비움을 실천하는데 있다. 불가의 수행법이 이처럼 헌신과 비움을 통해 참됨을 이루게 되는 까닭에 불교수행의 꽃이라 할 수 있는 간화선을 보게 되면 언어 이전의 소식인 화두(話頭)로 먼저 상대의 정신을 흔들어 공(空)에 빠트려 놓고 질문을 유도하게 된다. 그러므로 헌신과 비움을 통한 깨어 있음 속에서 참됨을 이루고자 하는 공부법이 간화선이기도 하다.

공부법의 특징은 삶을 통해 나타나는 두 개의 대립되는 세상을 보여주며 동시에 그 둘이 하나임을 알려준다. 이는 삶의 순간 속에서 근본자리(中道)를 체득하게 하는 것과 같기에 항시 깨어있는 실천적인 자세를 요구한다. 뿐만 아니라 둘이 하나인 본질을 체득하게 될 때에 그에게는 더 이상 시공과 개체 간에 있어 차별의 세계는 없다. 이는 하나 속에는 전체가 있는 일즉일체(一卽一切)와 너와 내가 서로 연결되어 있는 법계연기(法界緣起)의 세계를 나타내고 있기 때문이다. 그런 까닭에 참선(參禪)이란 집착으로부터 벗어난 텅 비움의 상태인 깨어 있는 삶을 살게 하고, 더 나아가 중생의 세계조차도 진리 아님이 없다는 생각을 하게 만들기에 흠이 없는 온전한 상태에 이르게 하는 공부법이기도 하다.

불가(佛家)의 수행법을 통해 나의 텅 비움이 바탕이 되어 온전함을 얻게 되면 깊은 고요함을 이루게 되어 있다. 이때가 되면 수행자는 적멸 속에서 만상의 모습을 보게 됨에 따라 자신의 참된 본래의 모습을 보게 된다. 그러므로 불가에 있어서는 온전함 속에서 깊은 고요함을 통해 참됨을 이루는데 있으니, 불가의 공부법은 고요함을 통해 만물의 실상을 보게 되는 참된 인간상인 부처(佛)의 삶을 살게 하는데 있다는 것을 알려준다.

선(仙)에 이르는 길로는 성실, 밝음, 활달함에 있다. 활달함이 이루어지면 선가(仙家)에 있어서의 목적인 팔음팔양(八陰八陽)[1]을 이루게 되는데, 이는 밝음을 통한 활달함이 이루어지면 나의 활달한 기운을 하늘과 땅에 가득 채우게 되어 있기 때문이다. 이때가 되면 진선미 중에 악함이 없는

---

1) 팔음팔양(八陰八陽)은 여덟 방위로부터 나타나는 음양기운을 말하기도 하나, 도교의 수련법으로 보면 8陰은 나의 활달한 기운이 땅에 가득한 상태와 8陽은 나의 활달한 기운이 하늘에 가득한 상태를 나타낸다. 그런 까닭에 팔음팔양은 나의 호호탕탕한 기운을 천지에 가득 채우게 된다는 의미이다. 그런데 이처럼 나의 호탕한 기운을 천지에 가득 채우는 것은 세상을 이롭게 하는 것이 되는바, 사랑으로 세상을 가득 채우는 것과 같은 행위이다. 그러므로 이것은 사랑으로 세상을 가득 채우는 자충(慈充)의 역할이 되는 일이기도 하다.

선(善)은 넓혀진다.

악함이 없어 선행을 넓히게 되는 착한 인간상은 목숨을 닦는 선가의 수련(修鍊)에 있어 목적이 되기도 한다. 선가에서의 수련법은 자신을 닦아 밝은 기운 속에서 궁극적으로 선(善)을 넓히는데 있기 때문이다. 이 때문에 선가의 수련법은 자신의 착한 기운을 넓히기 위해 먼저 성실함을 바탕으로 밝은 기운을 얻는데 있다. 이와 같기에 선가에서의 가르침은 성실함을 바탕으로 내 자신을 밝게 하여 활달함 속에서 넘치는 기운을 산천(山川)에 이르기까지 미치게 하여 착함을 넓히고자 하는 공부법이기도 하다.

공부법의 특징은 성실함을 바탕으로 밝은 기운을 얻는데 있기에 우선 정성과 정직함을 통해 내 자신을 맑게 하는데 있고, 내 자신의 어두운 기운을 몰아내는데 있다. 그러면 혼탁함과 어둠이 없이 밝은 기운으로 가득 채우게 됨에 따라 활달한 존재가 되고, 더 나아가 산천에 이르기까지 넘치는 기운을 확장시키게 됨에 따라 착한 존재가 될 수밖에 없다. 이때가 되면 드디어 밝음을 통해 산천에까지 나의 기운을 확장시킴으로 해서 더 이상 움츠러듦에 이르지 않는다.

선가(仙家)의 수련을 통해 나의 밝은 기운이 바탕이 되어 활달함을 갖게 되면 넘치는 나의 호호탕탕(浩浩蕩蕩)함으로 인해 산천(山川)에 가득 나의 기운을 확장시키게 되어 있다. 이때가 되면 구도자는 자신의 기운을 확장시켜 사물에까지 미치는 덕(德)을 펼치게 됨에 따라 자연히 착한 행위는 넓혀지게 된다. 그러므로 선가에 있어서는 활달함 속에서 호탕함을 통해 착함을 넓히는데 있으니, 선가의 공부법은 호탕함을 통해 천지에까지 나의 기운을 확장시키는 착한 인간상인 신선(神仙)의 삶을 살게 하는데 있다는 것을 알려준다.

종(倧)에 이르는 길로는 성찰, 굳셈, 존귀함에 있다. 존귀함이 이루어지면 유가(儒家)에 있어서의 목적인 밝은 덕을 지닌 명덕(明德)을 이루게 되는데, 이는 굳셈을 통한 존귀함이 이루어지면 인간본래의 밝은 덕성을 갖추게 되어 있기 때문이다. 이때가 되면 진선미 중에 추함이 없는 미(美)는 실현되어진다.

인격적 결핍이 없어 추함이 없는 아름다운 인간상은 성리학의 수양법(修養法)에 있어 목적이 되기도 한다. 성리학에서의 수양법은 나무랄 데 없는 훌륭한 인간의 행실에 목적을 두고 있기 때문이다. 이 때문에 유가의 수양법은 자신의 아름다움을 실현하기 위해 먼저 자신을 되돌아보는 성찰(省察)을 바탕으로 흐트러짐과 어긋남이 없는 굳셈을 갖는데 있다.

유교수양의 꽃이라 할 수 있는 성리학에서의 가르침을 보게 되면 거경궁리(居敬窮理)라 하여 깨어 있음과 동시에 사물의 이치를 깊이 파악하게 하는 것이다. 이와 같기에 성리학에서의 가르침은 내 자신의 성찰 속에서 깨어있음으로써 흐트러짐을 없게 하고, 더 나아가서는 사물의 이치에 어긋남이 없는 원천적 이치에 도달하는데 있다. 그런 까닭에 유가의 수양법은 자신의 성찰 속에서 올곧은 자세와 함께 천지의 이치에 부합되는 절도(節度)에 맞는 삶을 살자는 공부법이기도 하다.

공부법의 특징은 내 자신의 성찰을 바탕으로 깨어나지 못한 자신의 흐트러진 모습과 이치에 어긋나는 삶의 자세에 있어 더 이상 이끌리지 않는 굳셈을 갖는데 있다. 그러면 굳셈을 통해 더 이상 흐트러짐과 이치에 어긋남이 없는 삶을 살게 됨으로써 매사의 모든 일에 있어 합당함에 부합하는 존귀(尊貴)한 존재가 될 수밖에 없다. 이때가 되면 드디어 굳센 몸(행위)을 통해 존귀한 삶을 살아가게 되면서 더 이상 천박함에 이르지 않는다.

유가(儒家)의 수양법을 통해 굳셈이 바탕이 되어 존귀함을 얻게 되면 참된 하나인 순박(醇樸)함을 이루게 되어 있다. 이때가 되면 수양자는 천지와 하나가 되는 상태인 순박함 속에서 그의 발자취는 성스러운 거룩함만을 남기게 됨에 따라 아름다움을 실현하게 된다. 그러므로 유가에 있어서는 존귀함 속에서 순박함을 이루어 아름다움을 실현하는데 있으니, 유가의 공부법은 순박함을 통해 세상에 밝은 덕을 드러내는 아름다운 인간상인 성현(聖賢)의 삶을 살게 하는데 있다는 것을 알려준다.

온전함을 통한 관음, 활달함을 통한 팔음팔양, 존귀함을 통한 명덕을 이루게 되면 진선미를 이루는 완성된 인간의 모습을 갖추게 되는데, 이 모든 것은 천지인(天地人)의 원리로부터 나왔다. 천지인의 원리로부터 이처럼 인간완성의 모습이 나왔기에 천지인의 원리는 인간을 깨달음으로 인도하는 대서사시요, 불멸을 위한 생명의 노래이며, 천하를 태평하게 하는 문학이기도 하다. 그런 까닭에 천지인을 바탕으로 두고 있는 전선종의 가르침은 인간을 천지에 부합되게 하는 가르침이라 할만하다.

전선종(佺仙倧)에 대해 그 누구보다도 잘 알았을 것으로 여겨지는 최고운선생(崔孤雲先生)은 난랑비서(鸞郎碑序)에서 우리에게는 유불도(儒佛道)의 뿌리가 되는 풍류도(風流道)를 가지고 있었다고 했다. 그런데 우리가 유불도를 포함한 풍류도를 가지고 있었다는 것은 통합적 사상을 가지고 있었다는 것을 말한다. 우리가 통합적 사상을 가지고 있었다면 그 근본정신이 무엇인지 우리들 각자도 한 번 생각해볼 필요가 있다고 본다. 그래야만 우리는 세분화된 가르침 속에서만 인생의 답을 찾기 보다는 삼교(三敎)가 시작된 하나의 근원 속에서 진정한 자유를 찾을 수 있을지도 모르기 때문이다.

난랑비 서(鸞郎碑序)

"우리나라에 현묘(玄妙)한 도가 있으니 '풍류(風流)'라고 한다. 가르침을 베푸는 바탕은 선사(仙史)에 자세히 실려 있는데, 그 실제 내용은

유, 불, 도 삼교의 가르침을 포함하고 종합하여 백성을 교화한다는
것이다. 우선 집 안에서는 부모님께 효도하고 밖으로 나가서는 나라
에 충성한다는 것은 공자의 가르침과 같다. 인위적이지 않은 방식으
로 처신하고 화려하게 드러내지 않는 가르침을 실천하는 것은 노자
사상의 종지와 같다. 어떠한 악도 실행하지 않고 모든 선(善)을 받들
어 행하는 것은 석가모니의 방식과 같다."

國有玄妙之道 曰風流. 設教之源 備詳仙史 實內包含三教 接化群生.
且如 入則孝於家 出則忠於國 魯司寇之旨也. 處無爲之事 行不言之敎
周柱史之宗也. 諸惡莫作 諸善奉行 竺乾太子之化也.

《三國史記》「新羅本紀」眞興王條

풍류(風流)의 명칭에 대해 한 번 살펴보자면 풍(風)은 홀연히 왔다가
사라지는 혼령과 같기에 신령함이 있고, 류(流)는 낮은 곳으로 스며들며
바다로 흘러들어가니 확장되어 가는 모습을 지닌다. 그러니 풍류는 영검
스러움이 내 안에서 확장되어 사물에까지 미치는 일이요, 개개인의 신령
함이 전체로 확대되어 전체가 하나가 되는 일이기도 하다. 이와 같기에
풍류도는 신(神)의 가르침으로 교화를 펼쳐 전체가 하나가 되는 이신설교
(以神設教)와 다르지 않다.

전체가 하나가 되는 대조화(大調和)의 풍류도는 이신설교의 가르침을
지닌 까닭에 신령함을 기본으로 한다. 무릇 내유신령(內有神靈) 외유기화
(外有氣化)[1]하기에 신령함을 통해 만물을 변화시키게 되어 있다. 여기서

---

1) 내유신령(內有神靈) 외유기화(外有氣化)는 최수운(崔水雲)이 모실 시(侍)자를 설명
하는 중에 나온 글이다. 수운은 〈동경대전〉「논학문」에서 (천주님을) 모신다는 것
은 안으로 신령함이 있으면 밖으로 기화(氣化)를 이루는 내유신령 외유기화처럼
하나의 형체가 두 개의 성향으로 이루어졌듯이 한 세상 사람으로서 (천주님)과
나는 항시 함께 해야 함에 따라 서로 떠남이 없어야 한다고 했다. 즉, 이 말은
허조(虛粗)가 하나인 동체(同體)로 있듯이 천주님을 모시는 것을 내 마음에서 잠
시도 떠나면 안 된다는 뜻이었다. 그런데 이후 이를 잘못 해석하여 비유적으로
설명해 놓은 내유신령(내 안에 존재하는 신령, 虛)을 천주(天主)님으로 인식함에

630

의 신령함은 안으로는 삼신(三神)이 깃들어 있는 것을 말하고, 밖으로 기화(氣化)의 상태는 현상세계를 변화시켜가는 것을 말한다. 그러니 안으로는 신령함이 깃들어 있고, 밖으로는 현상세계를 변화시켜가는 모습을 지닌 까닭에 그것은 곧 일기(一氣)의 모습을 나타낸다.

일기의 모습은 안과 밖으로 신령함과 氣化의 상태를 지녔기에 내적인 밝음 속에서 사물로 드러남에 있어 영향을 끼치지 못함이 없다. 그런 까닭에 일기의 성향을 가진 풍류는 상대로 하여금 감화(感化)를 주어 변화를 시키기에 처처(處處)에 부처가 아님이 없는 불국토(佛國土)가 되게 하고, 집집마다 도방(道房)이 아닌 곳이 없는 지상선경(地上仙境)이 되게 하며, 서로의 뜻이 일치(一致)가 되어 크게 하나가 되는 대동세계(大同世界)를 이루게 할 뿐 아니라, 누구나 성령(聖靈)으로 감화되어 거듭나는 지상천국(地上天國)을 이루게도 한다. 그러므로 일기란 조화(造化) 속에서 낳고, 기화(氣化)를 통해 변화시킬 뿐 아니라, 어떠한 여건에서든 스스로 주

따라 신령은 즉, 내 안에 존재하는 천주이니, 오직 잘 모셔야할 뿐 밖으로 존재하는 천주님이 따로 없다고 생각하게 되었던 것이다. 그런 까닭에 '하늘의 주인(天主)'이신 상제문화(上帝文化)를 되살리지 못하고 있을 뿐 아니라, 자신 속에 내재되어 있는 내유신령의 경우도 다시금 회복해야하는 삼신(三神)이나 허(虛)로 인식하지 못하는 어리석음을 범하고 말았다.

다시 말해 내유신령과 외유기화는 서로 떨어질 수 없는 개체이듯이 각기 그 이치를 알아 하늘의 주인이신 상제님과 항시 떨어지지 않는 것이 모실 시(侍)자의 정신이라는 것이 수운의 말씀이었다. 하지만 후대에 이르러 이를 잘못 해석하여 내유신령을 일신이나 삼신으로 인식하지 못하고, 천주님으로 인식하게 됨에 따라 인내천(人乃天)이란 사상으로까지 발전하여 왔던 것이다.

하늘의 주인을 뜻하는 천주(天主)가 상제(上帝)님인 것은 〈동경대전〉「포덕문」을 보면 이해가 된다. 수운은 천사문답(天師問答)에서 "두려워하지 마라. 무서워하지 마라. 세상 사람들이 나를 일컬어 上帝라 하니, 너는 상제를 알지 못하느냐?"라는 소리를 듣게 되기 때문이다. 뿐만 아니라 "나의 이 주문(呪文)을 받아 사람들로 하여금 나를 위하게 하면 너 역시 장생하여 포덕천하할 것이다."라고 하여 시천주주문(侍天主呪文)이 천주이신 상제님을 받들기 위한 모시는 주문이라는 것을 알 수가 있다. 이것으로 보아 시천주조화정(侍天主造化定)의 의미는 인격신인 상제님을 모시고 조화(造化)를 정(定)하는데 있다는 것을 알려준다.

체가 되어 뜻을 성취하게 하는 성향을 가졌다는 것을 알려준다.

　일기의 성향을 지닌 풍류(風流)는 내적인 밝음 속에서 뭇 생명을 변화시키기에 우리는 어둠을 뒤로 하고, 늘 밝은 곳으로 향하는 자세가 중요하다. 이렇게 될 때 우리는 나의 내적인 밝음을 통해 뜻을 성취시킬 뿐 아니라, 전체가 하나가 되는 세상을 만들 수 있기 때문이다. 그러므로 풍류도는 세상을 다시 근원인 하나로 되돌리는 위대함이 있는 까닭에 우리는 나의 생명에 통일을 위해서라도 근원적 가르침에 늘 가까이 해야만 하리라 본다.

3. 우주목은 해탈과 대해탈로 인도하는 나무

　우주목(宇宙木)은 천상과 지하를 연결하는 나무이다. 이 때문에 우주목은 세계의 중심에 자리를 잡게 되기에 세계수(世界樹)라고도 한다. 이 나무가 있는 곳은 천상과 지하에 있는 신령(神靈)들이 인간과 교통할 수 있는 성소(聖所)가 되기에 이 세상에서 가장 정결한 지성소(至聖所)이기도 하다. 우주목이 있는 곳이 이처럼 성스러운 곳이기에 사람들은 우주목인 신목(神木)의 앞에 제단(祭壇)을 마련하여 천상과 지하의 신령(神靈)들에게 제물(祭物)을 바치기도 하였다. 그래서 환웅천왕(桓雄天王)이 내려온 터를 제단과 신목을 합성시켜 우리는 신단수(神壇樹)라고 부르기도 한다.

> 환웅(桓雄)이 무리 3,000을 거느리고
> 태백산 꼭대기에 있는 신단수(神壇樹) 밑에 내려오니,
> 이곳을 신시(神市)라하고 이 분을 환웅천왕(桓雄天王)이라 한다.
> 〈태백일사〉「삼신오제본기」

우주목(宇宙木)과 빼놓을 수 없는 것은 영웅(英雄)의 출현이다. 영웅은 바로 우주목을 통해 나오는 화신(化身)이기 때문이다. 우주목의 역할이 이처럼 영웅을 낳게 되기에 〈삼성기전〉「상편」에서는 신인왕검께서도 불함산의 박달나무 터에 내려왔다고 하였다. 그런데 영웅은 우주목을 통해 출현만 하는 것이 아니라, 돌아가신 후에도 우주목에 항시 임재(臨在)해 계신다. 그래서 환웅천왕의 상징으로 세운 나무를 웅상(雄常, 천왕께서 항시 임재하신)이라 하여 그 앞에서 제물을 바치기도 한다.

많은 박달나무를 둘러 심은 후 가장 큰 나무를 골라
환웅의 상(像)으로 모시고 여기서 제사를 지내며
웅상(雄常)이라고 명칭을 했다.

〈단군세기〉「11세 단군 도해」

웅상과 관련하여 빼놓을 수 없는 것은 〈산해경〉「해외서경」의 기록이다. 그 내용에 의하면 북쪽에 나무가 있는데 웅상(雄常)이라 하고, 선팔대제(先八大帝)가 그것을 취했다고 한다. 선팔대제라고 하면 중원에서 문명을 열었던 삼황오제(三皇五帝)를 말한다. 그렇다면 이 말은 삼황오제가 천왕의 가르침을 배워갔다는 이야기가 된다. 그러니 웅상이 있는 그곳이 신성한 지성소인 동시에 깨달음으로 인도하는 성지(聖地)였음은 두 말할 나위도 없다. 이런 점에서 보아 이곳이 한민족에게 있어서는 솟대를 세우는 소도(蘇塗)였으며, 가르침을 베풀던 학당(學堂)이기도 하였다.

소도가 세워지는 곳마다 산(山)에는
웅상인 신상(神像)을 보게 되었다.

〈태백일사〉「삼한관경본기」

소도의 제천은 곧 구려(九黎)를 교화하는 근원이 되었다.
〈태백일사〉「삼신오제본기」

소도의 소(蘇)는 끊임없이 소생한다, 솟구친다는 의미이다. 도(塗)는 터라는 뜻이다. 그래서 소도를 솟터라고도 한다. 蘇에 대한 한문 풀이를 좀더 보면 '되살아나다', '깨어나다', '깨닫다'는 뜻도 있다. 그래서 소도는 '되살아나기 위한 터전'이요, '부활의 터전'이기도 했다.

솟대의 경우는 부활의 신목(神木)이요, 신성을 얻기 위한 하늘사다리로 알려져 왔다. 이후에는 솟대에 난새(鸞)를 붙여놓아 인간의 염원을 전해주는 '하늘 우편함'으로 삼기도 하였다. 이 때문에 솟대가 있는 소도는 인간의 기도(祈禱)가 있는 곳이기에 축복과 보호를 받기 위한 공간으로 자리를 잡게 되었다.

솟대를 세운다고 하는 것은 바로 신성한 공간이 되고,
신성한 공간에 살고 있는 사람들은 신령한 축복과
보호를 받는 공간에서 거주하는 의미이다.
〔강릉MBC 2004년 5월 27일 방영〕

소도가 기복적인 성소가 되기 이전에는 세계수로부터 온 화신(化身)을 섬기고, 그의 가르침을 받는 곳이었다. 소도(蘇塗)가 이처럼 화신을 섬기고 가르침을 받는 곳이기에 그 중심에는 세계수와 함께 항시 경당(扃堂)이 세워진다. 세계수의 상징성을 현실에서 펼치는 경당에서의 경(扃)은 문빗장 경이다. 즉 집으로 들어가는 문(門)인 문호(門戶)를 나타내는 경자이다. 당(堂)은 집 당이다. 이와 같기에 세계수의 상징을 지닌 경당은 깨달음이 있는 집으로 들어가기 위한 문, 즉 부활이 있는 집으로 들어가기 위한 서당, 학당, 학교 등의 기관을 말한다.

경당에 대한 의미가 가르침을 나타내고 있듯이 행단(杏壇)과 관련해서도 우리는 그 의미를 찾아볼 수 있다. 행단은 공자(孔子)가 야외수업을 가르친 살구나무가 있던 제사 터였다. 공자는 살구나무 씨앗인 행인(杏仁)에서의 인(仁)을 논어(論語)에서 많이 언급하였는데, 논어를 보면 仁이 108번이나 등장하는 것을 발견하게 된다.

108에 대해서는 108번뇌라는 말도 있듯이 불가에서도 나타나고 있을 뿐 아니라, 더욱 고대로 올라가면 자부선생의 삼황내문에서도 등장한다. 여기서 그 의미를 보면 108은 세상만사(世上萬事)를 나타내는 상징수(象徵數)[1]이다. 이는 108이 공간(세상)을 나타내는 9와 시간(만사)을 나타내는 12(十二地支)가 곱해져서 나온 수(數)이기 때문이다. 이와 같기에 번뇌는 세상만사이기도 했고, 이러한 세상만사는 인(仁)을 펼칠 세상을 나타내기도 하였다.

어질 인(仁)의 의미는 백성을 가엾이 여겨 가르침을 베푸는 일로만 나타나지 않는다. 행단이 있던 곳이 소도와 같은 제사 터였기에 어질 仁은 우리의 근본이 되는 것으로 나타나기도 한다. 어질 仁의 의미 속에 가르침을 베푸는 일과 우리의 근본을 나타내고 있는 것은 겉으로는 생명을 귀하게 여겨 가르침을 펼치게 되나, 안으로는 근본을 향한 마음을 가졌기 때문임을 말한다. 이와 같기에 仁은 만물을 낳고 기르고자 하는 마음의 뒤에 근본을 생각하는 마음을 갖고 있음에 따라 '만물의 근본정신'을 나타낸다. 그러므로 仁은 만물의 근본정신을 나타냄에 따라 가르침의 주체가 되는 수장(首長)의 명칭으로 나타나기도 했다.

---

1) 108을 만들어내는 12와 9는 구환족(九桓族)이 12제국으로 다스렸다는 의미에서도 찾아 볼 수 있다. 당시 구환족은 12제국(十二帝國)으로 이루어졌으니 이것은 세상만사를 나타내는 의미이기도 하였다.

당시 사람들은 모두 스스로 환(桓)이라 불렀고,

무리를 보살피는 사람을 인(仁)이라 하였다.

仁이란 임무를 맡는다는 뜻이다.

〈태백일사〉「환국본기」

　가르침을 펼치고자 함과 근본을 생각하게 하는 인(仁)이 지닌 뜻은 학
문의 기본이 근본정신[1]을 바탕으로 할 때 바르게 세워지고, 이렇게 되어
야 비로소 세상을 다스릴 수 있게 되어 있다는 믿음 때문이다. 이 때문에
스승은 가르침에 앞서 만물의 근본정신을 깨우쳐주는 자로 인식되었다.
그래서 행단이나 경당은 삶을 위해 깨우침을 열어주는 학당(學堂)[2]이 되
기도 하고, 근본정신에 해당하는 역대(歷代) 스승들의 뜻을 받드는 제단
(祭壇)의 역할로도 나타났던 것이다.

　소도가 세워진 곳에는 모두 계율이 있는데,

　바로 충효신용인(忠孝信勇仁)이라는 오상의 도(五常의 道)이다.

　소도의 곁에는 반드시 경당(局堂)을 세우고

　결혼하지 않은 사내들로 하여금

　여러 가지 사물을 익히고 연마하게 하였다.

〈태백일사〉「삼신오제본기」

---

1) 〈논어(論語)〉「학이(學而)」를 보면 "군자(君子)는 근본에 힘쓰는 것이다. 근본이 바
로 서면 도(道)가 생긴다.(君子務本, 本立而道生)"라고 하였다. 이것은 가르침에
앞서 근본의 중요성을 언급한 것이다.

2) 경당에 대해 《구당서》에서는 "민가에서 서적을 사랑하여 가난하고 천한 일에 종
사하는 집에 이르기까지 각기 네 거리에 큰 집을 지어 이를 경당(局堂)이라 부르
고, 그곳에서 혼인하기 전의 자제들이 주야로 글을 읽고 활쏘기를 익힌다."고 했
다. 《신당서》의 경우는 큰 집(大屋)이란 말을 대신하여 엄옥(嚴屋)이라고 하여 엄
격하게 훈육하는 곳을 만들어 제도화하였음을 나타내기도 했다. 이와 같이 경당
은 점차 학당으로서의 역할을 하였던 것으로 여겨진다.

636

여러 한(汗)들은 조서를 받들고

소도를 증설하여 하늘에 제(祭)를 지냈으며,

나라의 큰일이나 이변이 있으면

곧 기도하여 백성의 뜻을 하나로 모았다.

〈단군세기〉「24세 단군 연나」

소도문화(蘇塗文化)에서는 가르침을 펼치고, 근본정신을 내세웠기에 '오상의 도(五常之道)'와 함께 하늘로 대표되는 삼신상제나 역대의 신성(神聖)들에게 제사를 올리기도 하였다. 그러한 까닭에 소도문화는 가르침을 통해 사람들을 올곧게 세우고, 근본정신을 내세웠기에 제사문화와 함께 깨달음의 세계로 우리를 인도하여 왔다.

소도문화에 있어 세계수와 경당은 가르침과 근본정신을 내세웠기에 우리로 하여금 근본정신에 해당하는 세계로 안내하게 되어 있다. 그 세계가 신화(神話)의 체계에 있어 깨달음과 관련하여 지하신(地下神)들이 머무는 지하세계가 되기에 생명의 근원인 지하세계로 우리는 돌아가야만 한다. 그런데 그 근원적인 세계는 지하세계를 거쳐 천상세계로도 올라가게 되어 있기에 우주나무를 통한 첫 번째 경로가 되는 지하세계는 우리로 하여금 우선 1차적 차원의 해탈로 인도하는 의미를 가진다.

지하세계를 거치게 되면 그 다음으로는 우주나무를 통한 천상세계(天上世界)와도 만나게 된다. 두 번째 경로가 되는 천상세계는 인간계와 완전히 인연이 끊어진 천상신(天上神)의 단계이기에 깨달음의 차원으로 보면 대해탈에 해당한다. 이러한 까닭에 처음은 지하세계로 들어가게 되고, 다시 세계수의 내부를 통해 천상세계로 올라가면 해탈에 이어 대해탈의 경지에 오른다. 이때가 되면 용(龍)이 지하세계로부터 얻은 여의주(如意珠)를 물고 천상세계를 비상(飛上)하는 상태가 되니, 한 모금의 물로 비(雨)

를 뿌리듯 지상에 영향을 끼치는 경지에 이르게 됨을 알려준다.

　지하세계와 천상세계의 경로는 천경신고(天經神誥)의 진리체계에서도 나타난다. 천경신고의 진리체계에서 아홉수로 펼쳐진 유한계는 지상이라면 일신과 삼신이 있는 무한계는 천상세계이고, 그 중간에 해당하는 유한계와 무한계가 혼재된 천궁(天宮)은 지하세계에 속하기 때문이다. 그러한 까닭에 참나(眞我)가 있는 천궁으로 들어가게 되는 것은 도통에 이르게 되고, 이사무애법계(理事無碍法界)[1]에 해당하는 해탈을 이루게 됨을 나타낸다. 그런데 더 나아가 천궁에서 무한계인 천상세계를 자유롭게 오고 가는 경지에 이르게 되면 대도통이 되고, 사사무애법계(事事無碍法界)[2]에 이르는 대해탈을 이루게 되어 있다. 이와 같기에 천경신고의 진리체계에 있어서도 해탈과 대해탈의 길이 있다는 것을 알려준다.

　신화의 상징체계에서 해탈을 넘어 대해탈이 있는 것은 깨달음을 얻은 만큼 능수능란하게 세상을 위하여 깨달음의 경지를 자유롭게 쓸 줄 알아야 한다는 것이다. 마찬가지로 도통을 넘어 대도통을 하는 것도 시공에 걸림이 없는 존재가 되었으면 사람들에게 신령스런 가르침으로 자유자재하게 깨어나게 할 줄 알아야 한다는 것을 말한다. 그래야만이 세상을 변

---

1) 이사무애법계(理事無碍法界)는 현상과 본체에 있어 모순과 차등이 없는 세계를 말한다. 이는 중생과 부처가 둘이 아닌 세계이다.
2) 사사무애법계(事事無碍法界)는 현상과 현상에 걸림이 없는 조화(造化)의 세계를 말한다. 즉 현실에 장애가 없는 전지전능한 미륵(彌勒)의 세계이다. 사사무애법계의 실현은 본체계가 지닌 무한계의 성향을 현상세계로 드러냄에 있어 걸림이 없는 상태를 말한다. 그런 까닭에 무한계의 성향으로 인해 현상세계(事)에서 현상(事)에 있어 장애가 없게 되는 세계이다. 그런데 이 경지는 무한세계가 지닌 조화(造化)를 현상세계에서 구현하는 것에 그치지 않고, 현상세계가 지닌 물질현상을 무한세계에서도 구현할 수 있는 경지이다. 이와 같기에 이 경지는 무한세계(理)에서 무한(理)에 장애가 없는 이이무애법계(理理無碍法界)로 나타나기도 한다. 이것이 신(神)이 되어서도 물질세계를 얻어 장생불사하며, 현상세계 그대로를 느낄 수 있는 경지이다.

화시킬 수가 있기 때문이다.

그동안의 내용을 통해 보아 솟터가 있는 곳에 자리 잡은 우주목인 솟대는 경당을 통해 알 수 있듯이 우리를 해탈과 대해탈의 길로 인도하는 진리의 통로였다. 솟대가 이처럼 진리의 통로였기에 소도문화가 우리에게 전해주는 메시지는 깨달음으로 인도하고자 함이요, 신성문화(神性文化)를 열자는 데 있다. 이러한 까닭에 이제 우리가 성통광명과 재세이화를 통한 홍익인간을 이루기 위해서는 다시금 깨달음을 위한 소도문화를 복원하는 길밖에는 없다. 그 길만이 우리를 우리의 위대한 사상으로 인도해 줄 수 있다고 여겨지기 때문이다.

우리 한민족(韓民族)은 고대로부터 구환족, 구려족, 구이족 등으로 일컬어져 왔다. 한민족이 이렇게 일컬어져 온 것은 9가 되는 세상의 한복판에 있는 소도(蘇塗)의 민족이었기 때문이다. 한민족은 이처럼 소도의 민족이었기에 소도의 중심인 세계수(10)를 통해 깨달음이 있는 지하세계와 교통하고, 대해탈이 있는 천상세계와도 교통하고자 하였다. 그렇지만 어느 순간 역사의 흐름 속에서 우리는 이러한 문화의 자부심을 잊고 살아왔다. 이와 같기에 우리는 다시 문화의 자부심을 되찾을 필요가 있다. 그 시작이 소도문화를 복원하는 길이라고 생각한다.

부적(符籍)에 쓰였던
삼두일족응(三頭一足鷹)

맺는 글

《태백진훈과 천부사상》은 이암선생의 도학심법서(道學心法書)로 알려진 〔태백진훈〕과 여기에 더 하여 천경신고(天經神誥)와 참전계(參佺戒)의 가르침을 담은 〔천부사상〕이 함께 엮어진 책이다. 이 중에 〔태백진훈〕은 도학심법서란 명칭답게 천하(天下)와 함께하는 삶, 내적 밝음을 열어주는 신도(神道)의 길, 창업시조와 민족의 얼을 빛낸 영웅들과 끝으로 천부사상을 낳은 삼일철학 등으로 구성되어졌다.

이암선생의 이와 같은 글은 천하중심의 삶과 참나를 찾는 거룩한 길을 가게하고, 역사를 만들어가는 심법전수와 민족의 얼을 되살리게 하며, 민족의 전통사상을 부활시키고자 하는 가치가 있는 가르침들이다. 이와 같은 선생의 훌륭한 글을 풀어내어 출간하게 되었으니 필자로서도 좋은 글을 소개함에 따라 자부심을 갖게 된다. 다만 한자의 실력이 미흡한 필자가 이암선생의 빛나는 글을 풀어내는데 있어 오히려 빛을 가리는 것이 아닌가 하는 염려스러움이 앞서기도 한다.

필자가 《태백진훈(太白眞訓)》을 처음 접하게 된 계기는 《수행문화의 원전 천부경》의 출간 이후 천부경과 관련한 오래된 자료들이 더 이상 없나 찾아보던 중에 《태백진훈》이 그 어떤 서적보다도 천부경 속에 담긴 개념들을 알기 쉽게 전하고 있었기 때문이다. 그런데 천부경을 이해하는데 크나큰 도움이 되는 서적임에도 불구하고 그동안 많이 알려져 있지 않고, 그나마도 난해한 점이 있어 필자가 쉽게 풀어내어 널리 전했으면 하는 생각이 들게 되었다. 그래서 그동안 정리해 놓은 천부사상과 함께 한 권으로 묶어 출간을 하게 된 것이다.

《태백진훈》의 집필은 이유립선생의 대배달민족사(大倍達民族史)에 편입되어 있던 태백진훈을 바탕으로 하였다. 그러나 그동안 한자의 현토(懸吐)와 간단히 직역을 해놓은 것이 전부였기에 필자는 독자들이 쉽게 읽을 수 있게 직역을 다듬고, 각각의 문장마다 소제목과 주해(註解)를 붙이게 되었다. 이렇게 해서 만들어진 책이 《태백진훈과 천부사상》이다.

《태백진훈》과 함께 집필된 《천부사상》은 한민족의 3대 보고(寶庫)인 천부경과 삼일신고, 그리고 참전계를 바탕으로 해서 나오게 되었다. 이 중에 천부경은 그 목적이 일기(一氣)의 회복에 있기에 수행을 통하여 밝음을 얻는데 뜻을 두고 있는 경전이다. 이와 같기에 필자는 수행을 통하여 밝음을 얻게 되는 일기의 회복에 초점을 맞추어 천부경의 내용을 구성할 수밖에 없었다.

천부경이 수행을 통해 밝음을 얻게 되는 일기의 회복에 있듯이 삼일신고(三一神誥)의 경우도 그 목적이 밝음을 얻는 참나(眞我)의 회복에 있고, 참전계에서도 마찬가지로 그 목적이 밝음을 얻게 되는 거발환의 회복에 있다. 그래서 필자는 한민족의 3대 고문진보(古文眞寶)인 천경신고와 참전계가 모두 일기의 회복과 참나를 찾는 일 뿐 아니라, 거발환에 뜻을 두고 있기에 깨달음을 위한 관점에서 책을 집필하게 되었다.

도학심법서(道學心法書)로서 철인(哲人)의 삶을 살게 하는 《태백진훈》,

뿐만 아니라 천부경을 바탕으로 거발환을 성취하게 하는 《천부사상》은 우리로 하여금 신성(神聖)의 길을 가게 하는 귀중한 가르침들이다. 이러한 가르침들을 한 권의 책으로 묶어 출간하게 되었으니 필자로서는 그동안의 노고가 조금이나마 위로가 되는 느낌이다. 아울러 책이 나올 수 있도록 물심양면으로 도와주고 응원을 해준 나의 모친(母親)과 누님, 그리고 여동생에게도 감사함을 전하는 바이다.

이암선생께서는 "전(佺)에 참여하여 계(戒)를 받아 우리의 가르침을 받들고 있으나, 아직도 계발하지 못하고 있다"고 했다. 그러면서 "늙어감이 한스럽다"고 말한바가 있다. 선생의 말씀을 되새겨 볼 때 이 책이 민족의 얼(魂)을 되살리고, 문화종주국(文化宗主國)으로서의 가치를 드높이는 일에 작게나마 보탬이 되었으면 하는 바람이다. 아무쪼록 《태백진훈과 천부사상》이 도학심법서로서 우리의 삶을 충만하게 하고, 빛의 존재가 되게 하는 가르침이 되어 우리의 영혼을 크게 깨어나게 하는 서적이 되길 필자는 바랄 뿐이다.

2023년 국화꽃이 피어나는 계절에
보문산(寶文山) 산정을 바라보며...
진일랑(眞一郞)

참고문헌

《구도자 요가난다》 파라마한사 요가난다, 정신세계사, 1985

《금강삼매경론》 원효, 이기영 역, 대양서적, 1972

《내 몸이 스승입니다》 현유, 계백, 1994

《노자 도덕경》 남만성 역자, 을유문화사, 1979

《대배달민족사》 이유립, 고려가, 1987

《동양사》 동양사학회, 지식산업사, 1983

《동학과 신서학》 김상일, 지식산업사, 2000

《마하무드라의 노래》 틸로빠, 강의 라즈니쉬, 일지사, 1989

《명상의 세계》 정태혁, 정신세계사, 1987

《문명의 창세기(상·하권)》 데이비드 롤(김석희 역), 해냄, 1996

《바가바드 기타》 박석일 역, 정음사, 1978

《백두산족에게 告함》 봉우 권태훈, 정신세계사, 1989

《법화경의 세계》 紀野一義 저, 정승석 편자, 지양사, 1986

《베일 벗은 천부경》 조하선, 물병자리, 1998

《붓다 그 생애와 사상》 마스다니 후미오(반영규 역), 대원정사, 1988

《비법, 초능력선도입문》 高藤聰一郞, 모아출판, 1991

《산해경》 최형주 역, 자유문고, 1998

《삼국유사》 일연(이민수 역), 을유문화사, 1999

《삼성기》 안함로, 원동중 찬, 안경전 역주, 상생출판, 2009

《샤마니즘》 미르치아 엘리아데, 이윤기 옮김, 까치, 1998

《서경(書經)》 감수 류정기, 민창사, 1979

《西王母 孫不二 女丹法》 나종우 편역, 여강출판사, 2002

《선문촬요》 혜암 편역, 현문출판사, 1997

《성과 속》 멀치아 엘리아데(이동하 역), 학민사, 2009

《성명규지》 윤진인 제자(이윤희 역), 법인문화사, 1997

《성학집요》 李珥(김기현・장숙필 역), 을유문화사, 1984

《신선사상과 도교》 도광순 편, 범우사, 1994

《여동빈 이야기》 최창록 편역, 살림, 1994

《영원으로 향하는 마음》 일타큰스님, 효림, 1996

《요가 -불멸성과 자유-》 엘리아데(정위교 역), 고려원, 1991

《용봉문화의 원류》 왕대유(임동석 역), 동문선, 1994

《우리 문화의 수수께끼》 주강현, 한겨레신문사, 1996

《우주변화의 원리》 한동석, 대원출판, 2001

《원효결서 1・2》 彌照 김중태, 화산문화, 1997

《이미지와 상징》 멀치아 엘리아데(이재실 역), 까치, 2010

《이집트 死者의 書》 이석규 편저, 문학동네, 1999

《이집트의 신비》 폴 브런트, 정신세계사, 1994

《인도신화》 라다크리쉬나이야(김석진 옮김), 장락, 1996

《인도 사상의 역사》 早島鏡正・高崎直道 外(정호영 역), 민족사, 1993

《잃어버린 무대륙》제임스 처치워드(지방훈 옮김), 나무, 1989

《전통문화의 구성원리》우실하 지음, 소나무학술 총서 : 1998

《정수연의 부도지》박제상 원전, 정수연해설, 연이당, 2014

《정역과 일부》이정호, 아세아 문화사, 1985

《종경록》延壽 지음, 曇賁 엮음, 송찬우 옮김, 세계사, 1992

《주역(周易)》감수 류정기, 민창사, 1979

《철학적인간 종교적인간》황필호, 범우사, 1990

《초사》송정희 역자, 명지대학 출판부, 1979

《태을금화종지》여동빈(이윤희, 고성훈 역), 여강, 1994

《파탄잘리의 요가수트라》정창영, 송방호 편역, 시공사, 1997

《풍류정신》범부 김정설, 정음사, 1987

《하나 되는 한국사》고준환, 범우사, 1992

《한국 수메르·이스라엘 역사》문정창, 한뿌리, 1993

《한국신화와 원초의식》전규태, 이우출판사, 1980

《한단고기》임승국 번역·주해, 정신세계, 1991

《한철학》김상일, 온누리, 1995

《화랑세기》김대문(조기영 편역), 장락, 1999

《화엄경》최호 역해, 홍신문화사, 1995

《황금의 가지》프레이저(김상일 역), 을유문화사, 1997

《해동고승전》覺訓 撰(이석호 역), 을유문화사, 1982

《해동이적》홍만종(이석호 역), 을유문화사, 1982

《현대물리학과 동양사상》카푸라(이성범, 김용정 역) 범양사, 1981

《현대물리학과 한국철학》김상일, 고려원, 1991

《현묘지도 천부경》최동환, 삼일, 1991

《회남자》안길환 편역, 류안 편저, 명문당, 2001

하나의 그림으로 드러나는 천경신고(天經神誥)와 참전계(參佺戒), 그 그림은 생명나무이다

문명(文明)의 중심에는
수행문화(修行文化)가 있었다.
천경신고와 참전계는
인류 최초의 수행문화
경전이다

김 진 일 지음
신국판 / 18,000
도서출판 거발환

　이 책에서는 천경신고와 참전계가 하나의 그림으로 모두 설명이 된다. 그 그림이 천부체계도(天符體系圖)이다. 김시습은 징심록추기에서 금척(金尺)에 새겨진 형상은 삼태성(三台星)이 늘어선 것 같으며, 머리에는 불구슬을 물고, 네 마디로 된 다섯 치라고 하였다. 이 말은 천부경의 내용이 상호관계 속에서 하나로 연결된 형상을 하고 있다는 것을 말해준다.

　이 책에는 천경신고(天經神誥)와 전계(佺戒) 외에도 천부사상으로부터 비롯된 용봉문화와 삼족오, 천부금척, 신라의 금관, 백제의 칠지도 그리고 삼재수(三災數)에 이르기까지 다양한 문화와 함께 천부경을 설명해 놓고 있다. 그런 까닭에 독자들은 이 책을 통해 천경신고와 전계뿐 아니라, 다양한 천부사상과 관련된 문화와도 만나보게 될 것이다.

찬란한 역사를 꽃피었던 동이족,
그 위대한 신화이야기가 펼쳐진다

신화가 된 동이이야기는
동이족의 영웅들이
중국에서 신화적인 인물들로
살아간 이야기이다

金 眞 一 지음
신국판 / 15,000
도서출판 거발환

　이 책에는 역사(歷史)의 토대위에 상징이 보태어지면서 만들어진 신화
이야기가 담겼다. 그런 까닭에 이 책에서는 지루할 수 있는 역사에 이미
지를 부여하여 흥미롭게 하고, 신화가 가진 본질에 대한 길을 제시함으로
써 역사 속에서 나의 본질을 찾게 하는 길을 제시하기도 한다.

　특히 이 책의 특징으로는 동이족의 이야기 속에 삼신(三神)의 원리와
천부사상을 드러내고 있으며, 천부사상과 물질세계의 대립에 대해서도 다
루어졌다. 이와 같기에 민족의 철학과 우리의 옛 사상뿐 아니라, 천상의
가르침을 전하고자 하는 동이족인 천상의 신(神)들과 물질세계의 유혹에
빠져드는 하계의 신들과의 전쟁이 다루어지기도 한다. 그런 까닭에《신화
가 된 동이이야기》를 통해 독자들은 우리의 사상을 지닌 문화와 함께 중
원 땅에서 살다간 문화영웅들의 발자취까지 보게 될 것이다.